Comportamiento humano en el trabajo

Comportamiento humano en el trabajo

ONCEAVA EDICIÓN

KEITH DAVIS, PH.D.
Arizona State University

JOHN W. NEWSTROM, PH.D.
University of Minnesota Duluth

TRADUCCIÓN
ANTONIO NÚÑEZ RAMOS
Traductor profesional

REVISIÓN TÉCNICA
GRACIELA SÁNCHEZ BEDOLLA
Instituto Tecnológico y de Estudios
Superiores de Monterrey
Campus Ciudad de México
Doctora en Psicología, UNAM

MÉXICO • BUENOS AIRES • CARACAS • GUATEMALA • LISBOA • MADRID
NUEVA YORK • SAN JUAN • SANTAFÉ DE BOGOTÁ • SANTIAGO
AUCKLAND • LONDRES • MILÁN • MONTREAL • NUEVA DELHI
SAN FRANCISCO • SINGAPUR • ST. LOUIS • SIDNEY • TORONTO

Gerente de división: Leonardo Newball González
Gerente de producto: Ricardo del Bosque Alayón
Supervisora de edición: Olga Adriana Sánchez Navarrete
Supervisor de producción: Zeferino García García

COMPORTAMIENTO HUMANO EN EL TRABAJO

Prohibida la reproducción total o parcial de esta obra,
por cualquier medio, sin autorización escrita del editor.

DERECHOS RESERVADOS © 2003, respecto a la quinta edición en español por
McGRAW-HILL/INTERAMERICANA EDITORES, S. A. de C. V.
A Subsidiary of The McGraw-Hill Companies, Inc.
  Cedro Núm. 512, Col. Atlampa
  Delegación Cuauhtémoc
  06450 México, D. F.
  Miembro de la Cámara Nacional de la Industria Editorial Mexicana, Reg. Núm. 736

ISBN 970-10-3736-7
(ISBN 970-10-2538-5 edición anterior)

Traducido de la onceava edición en inglés de *Organizational behavior. Human behavior at work,
11th edition*. Copyright © 2002, 1997, 1993, 1989, 1985, 1981, 1977, 1972, 1967, 1962, 1957.
Published by McGraw-Hill/Irwin, an imprint of the McWraw-Hill Companies, Inc.
All rights reserved.

ISBN: 007-239675-X

1234567890   09876542013

Impreso en México   Printed in Mexico

Esta obra se terminó de
imprimir en Enero del 2003 en
LITOGRAFICA INGRAMEX
Centeno Núm.162-1
Delegación Iztapalapa
C.P.09810 México D.F.

A mi madre Grace,
mi esposa Sue,
mi hijo Charles,
mi hija Jean
y mis adorables nietos
KEITH DAVIS

A mi madre Lillian,
mi esposa Diane,
mi hijo Scott
y mi hija Heidi:
mis fuentes de apoyo familiar y
los tesoros más grandes de mi vida
JOHN W. NEWSTROM

ACERCA DE LOS AUTORES

John W. Newstrom ha impartido cátedra en la University of Minnesota Duluth (UMD) durante más de un cuarto de siglo. Obtuvo su doctorado en administración en la University of Minnesota, campus Minneapolis, y luego enseñó en la Arizona State University. Actualmente imparte cursos de comportamiento organizacional y administración, relaciones interpersonales y administración del cambio a estudiantes de licenciatura avanzados de la School of Business and Economics de la UMD. Recibió los premios Chancellor's Outstanding Advisor y Horace T. Morse/University of Minnesota Alumni Association Award for Outstanding Contributions to Undergraduate Education. Es miembro de la Academy of Distinguished Teachers de la UMD.

Newstrom es coautor de más de 30 libros dirigidos a estudiantes y profesionales. Entre sus obras, se incluyen *Supervision* (8a. ed., 2001, con Lester Bittel), *Leaders and the Leadership Process* (2a. ed., 2000, con Jon L. Pierce), *The Manager's Bookshelf* (6a. ed., 2000, con Jon L. Pierce) y 10 libros de divulgación de apoyo a los profesionales del desarrollo de recursos humanos (la serie *Games Trainers Play*, con Edward Scannell).

Newstrom también ha publicado más de 85 artículos en revistas y ensayos profesionales. Sus artículos dirigidos a profesionales se han publicado en *Business Horizons*, *Training*, *Training and Development*, *Workforce*, *The Personnel Administrator*, *Supervisory Management*, *Journal of Management Development*, *Supervision* y *Personnel Journal*. También ha publicado artículos teóricos y de investigación en *Academy of Management Journal*, *Personnel Psychology*, *Journal of Occupational Behavior*, *Journal of Management*, *Compensation Review*, *Journal of Business Communication* y *California Management Review*.

En el campo de las empresas de servicios, Newstrom ha ocupado posiciones de liderazgo por elección en el nivel nacional en la Academy of Management (presidente de la Management Education and Development Division) y la American Society for Training and Development (consejo de administración). También fue editor de las revistas *Academy of Management Journal*, *Academy of Management Review*, *Academy of Management Executive*, *Journal of Management Development*, *Human Resource Development Quarterly*, *Personnel Administrator* y *Advanced Management Journal*. Ha sido miembro activo de su comunidad, donde formó parte de varios consejos de administración y ha brindado en forma voluntaria su tiempo y recursos a Habitat for Humanity, Arrowhead Regional Blood Center y "Four To Go" (un cuarteto que canta canciones sentimentales), además de fungir como mentor de su "mejor amigo", Mickey Fry.

Keith Davis es Professor Emeritus of Management en el College of Business de la Arizona State University. Es autor de libros reconocidos sobre administración y fue editor consultor de más de 130 obras de la Series in Management de McGraw-Hill. Es miembro de la Academy of Management y de la International Academy of Management.

Antes de integrarse a la docencia, Davis fungió como especialista en personal de empresas industriales y administrador de personal en organismos gubernamentales. Obtuvo su doctorado en la Ohio State University y ha impartido cátedra en la University of Texas y la Indiana University. Sus campos de actividad son el comportamiento organizacional, la administración de personal y los aspectos sociales de la administración. Ha sido profesor visitante en diversas universidades, entre ellas la University of Western Australia y el Georgia Institute of Technology. Además, ha sido asesor de diversas empresas y organismos gubernamentales, como la Mobil Oil Company, Texaco, U.S. Internal Revenue Service y el gobierno del estado de Hawaii.

Davis fue presidente de la Academy of Management y recibió el National Human Relations Award de la Society for Advancement of Management. También se le distinguió como National Beta Gamma Sigma Distinguished Scholar y como Accredited Senior Professional in Human Resources. Le fue otorgado el Distinguished Educator Award por la Academy of Management en reconocimiento a su influencia en toda una generación de profesionales de la administración y profesores de este campo mediante sus escritos y su liderazgo en el área.

Otro libro muy conocido de Davis (con William B. Werther Jr.) es *Human Resources and Personnel Management* (5a. ed., 1996), también publicado por The McGraw-Hill Companies, Inc. Asimismo, el profesor Davis es autor de un texto pionero en el campo de las empresas, el gobierno y la sociedad: el antecesor de la actual edición de *Business and Society: Corporate Strategy, Public Policy, Ethics* (8a. ed., 1996), que escribieron James E. Post, William C. Frederick, Anne T. Lawrence y James Weber, igualmente publicado por The McGraw-Hill Companies, Inc. Ha colaborado con capítulos en más de 100 libros y es autor de más de 150 artículos en revistas como *Harvard Business Review*, *Academy of Management Journal*, *Management International* y *California Management Review*. Cuatro de sus libros se han traducido a otros idiomas.

Por último, Keith Davis fue el creador de la obra predecesora de la que tiene el lector en sus manos, intitulada en ese entonces *Human Relations at Work: Dynamics of Organizational Behavior*. Fue el único autor en las primeras seis ediciones.

CONTENIDO BREVE

Prefacio   xxiii

PARTE UNO
Fundamentos del comportamiento organizacional   1

   1   Dinámica de las personas y las organizaciones   2
   2   Modelos de comportamiento organizacional   30
   3   Administración de la comunicación   54
   4   Sistemas sociales y cultura organizacional   90

PARTE DOS
Sistemas de motivación y recompensa   119

   5   Motivación   120
   6   Evaluación y retribución del rendimiento   156

PARTE TRES
Liderazgo y *empowerment*   191

   7   Liderazgo   192
   8   *Empowerment* y participación   218

PARTE CUATRO
Comportamiento individual e interpersonal   243

   9   Actitudes de los empleados y sus efectos   244
  10   Problemas entre las organizaciones e individuos   274
  11   Comportamiento interpersonal   306

PARTE CINCO
Comportamiento grupal   333

  12   Grupos informales y formales   334
  13   Equipos y construcción de equipos   366

PARTE SEIS
Cambio y sus efectos   393

  14   Administración del cambio   394
  15   Estrés y asesoría   426

PARTE SIETE
Aspectos emergentes del comportamiento organizacional — 459

16 Comportamiento organizacional transcultural — 460

PARTE OCHO
Problemas de casos — 489

Glosario — 553
Referencias — 577
Índice onomástico — 603
Índice de materias — 609

CONTENIDO

Prefacio   *xxiii*

PARTE UNO
Fundamentos del comportamiento organizacional   1

1 Dinámica de las personas y las organizaciones   2

OBJETIVOS DEL CAPÍTULO   2

Para comprender el comportamiento las organizacional   4
Definición • Objetivos • Fuerzas • Características positivas del campo del comportamiento organizacional

Conceptos fundamentales   9
Naturaleza de las personas • Naturaleza de las organizaciones

Enfoques básicos de esta obra   14
Enfoque de recursos humanos (de apoyo) • Enfoque de contingencia • Enfoque orientado hacia los resultados • Enfoque de sistemas

Limitaciones del comportamiento organizacional   20
Prejuicios respecto del comportamiento • Ley de los rendimientos decrecientes • Manipulación poco ética de las personas

Desafíos continuos   22
Búsqueda de correcciones rápidas • Entornos variables • Carencia de una definición única

RESUMEN   24
Términos y conceptos para revisión   24
Preguntas para análisis   25
Evalúe sus propias habilidades   25
Incidente: el representante de ventas transferido   27
Ejercicio de experiencia: ética en el comportamiento organizacional   28
LO QUE LEEN LOS ADMINISTRADORES   15
CONSEJOS A FUTUROS ADMINISTRADORES   23

2 Modelos de comportamiento organizacional   30

OBJETIVOS DEL CAPÍTULO   30

Sistema de comportamiento organizacional   31
Elementos del sistema

Modelos de comportamiento organizacional   35
Modelo autocrático • Modelo de custodia • Modelo de apoyo • Modelo colegiado • Modelo sistémico • Conclusiones relativas a los modelos

RESUMEN	49
Términos y conceptos para revisión	50
Preguntas para análisis	50
Evalúe sus propias habilidades	51
Incidente: el nuevo gerente de planta	52
Ejercicio de experiencia: Rapid Corporation	53
LO QUE LEEN LOS ADMINISTRADORES	46
ADMINISTRACIÓN FUERA DE LAS FRONTERAS	48
CONSEJOS A FUTUROS ADMINISTRADORES	50

3 Administración de la comunicación 54

OBJETIVOS DEL CAPÍTULO 54

Fundamentos de la comunicación 55
Importancia de la comunicación • El proceso de comunicación bidireccional • Problemas potenciales • Barreras a la comunicación • Símbolos de la comunicación • Efecto de las barreras en el proceso de comunicación

Comunicación descendente 68
Requisitos y problemas • Necesidades de comunicación

Comunicación ascendente 71
Dificultades • Prácticas de la comunicación ascendente

Otras formas de comunicación 76
Comunicación lateral • Comunicación electrónica

Comunicación informal 81
Características del chisme • Rumores

RESUMEN	84
Términos y conceptos para revisión	85
Preguntas para análisis	86
Evalúe sus propias habilidades	86
Incidente: una interrupción en la comunicación	88
Ejercicio de experiencia: estilo de comunicación	88
LO QUE LEEN LOS ADMINISTRADORES	58
DIVERSIDAD EN LA COMUNICACIÓN	73
CONSEJOS A FUTUROS ADMINISTRADORES	85

4 Sistemas sociales y cultura organizacional 90

OBJETIVOS DEL CAPÍTULO 90

Para comprender un sistema social 91
Equilibrio social • Efectos funcionales y disfuncionales • Convenios psicológicos y contratos económicos

Cultura social 94
Diversidad cultural • Valores de la cultura social

Roles	99
Percepción de los roles • Mentores • Conflictos de roles • Ambigüedad de roles	
Estatus	103
Relaciones de estatus • Símbolos de estatus • Fuentes de estatus • Importancia del estatus	
Cultura organizacional	107
Características de la cultura organizacional • Medición de la cultura organizacional • Comunicación y cambio de la cultura	
RESUMEN	114
Términos y conceptos para revisión	114
Preguntas para análisis	115
Evalúe sus propias habilidades	115
Incidente: Liberty Construction Company	117
Ejercicio de experiencia: percepciones de roles de los estudiantes y profesores	117
CUESTIÓN DE ÉTICA	98
LO QUE LEEN LOS ADMINISTRADORES	109
CONSEJOS A FUTUROS ADMINISTRADORES	114

PARTE DOS
Sistemas de motivación y recompensa — 119

5 Motivación — 120

OBJETIVOS DEL CAPÍTULO	120
Un modelo de motivación	121
Impulsos motivacionales	122
Motivación hacia el logro • Motivación hacia la afiliación • Motivación hacia el poder • Aplicación administrativa de los impulsos motivacionales	
Necesidades humanas	124
Tipos de necesidades • Jerarquía de necesidades de Maslow • Modelo de dos factores de Herzberg • Modelo E-R-G de Alderfer • Comparación de los modelos de Maslow, Herzberg y Alderfer	
Modificación del comportamiento	130
Ley del efecto • Consecuencias alternas • Programas de refuerzo • Interpretación de la modificación del comportamiento	
Definición de objetivos	136
Elementos de la definición de objetivos	
Modelo de expectativas	138
Los tres factores • Cómo funciona el modelo • Interpretación del modelo de expectativas	
El modelo de equidad	144
Interpretación del modelo de inequidad	

Interpretación de los modelos motivacionales	147
RESUMEN	148
Términos y conceptos para revisión	149
Preguntas para análisis	149
Evalúe sus propias habilidades	150
Representación de papeles: la compañía con reducción de personal	152
Incidente: el fabricante de pianos	153
Ejercicio de experiencia: ¿las calificaciones motivan?	154
LO QUE LEEN LOS ADMINISTRADORES	136
TRABAJADORES EVENTUALES: OTRA FORMA DE DIVERSIDAD	143
CONSEJOS A FUTUROS ADMINISTRADORES	148

6 Evaluación y retribución del rendimiento 156

OBJETIVOS DEL CAPÍTULO 156

Un programa completo 157

El dinero como medio para recompensar a los empleados 159
Aplicación de los modelos motivacionales • Consideraciones adicionales respecto al uso del dinero

Comportamiento organizacional y evaluación del rendimiento 165
Filosofía de la evaluación • Entrevista de evaluación • Programas de retroalimentación de 360 grados

Sistemas de incentivos económicos 175
Propósitos y tipos • Incentivos que vinculan la remuneración con el rendimiento • Incentivos de salarios • Reparto de utilidades • Ganancias compartidas • Pago basado en habilidades

RESUMEN	184
Términos y conceptos para revisión	185
Preguntas para análisis	185
Evalúe sus propias habilidades	186
Incidente: Plaza Grocery	188
Ejercicio de experiencia: filosofía de evaluación del rendimiento-recompensa	188
LO QUE LEEN LOS ADMINISTRADORES	166
CUESTIÓN DE ÉTICA	174
CONSEJOS A FUTUROS ADMINISTRADORES	184

PARTE TRES
Liderazgo y *empowerment* 191

7 Liderazgo 192

OBJETIVOS DEL CAPÍTULO 192

Naturaleza del liderazgo 193
*Administración y liderazgo • Rasgos de los líderes efectivos
• Comportamiento del líder • Aspectos situacionales • Seguidores*

Enfoques de comportamiento del estilo de liderazgo 198
*Líderes positivos y negativos • Líderes autocráticos, consultativos
y participativos • Uso de la consideración y la estructura por parte del líder
• Grid gerencial de Blake y Mouton*

Enfoques de contingencia del estilo de liderazgo 202
*Modelo de contingencia de Fiedler • Modelo de liderazgo situacional de Hersey y
Blanchard • Modelo de liderazgo de trayecto-objetivos • Modelo de toma de
decisiones de Vroom*

Enfoques de liderazgo emergentes 209
*Sustitutos y mejoras del liderazgo • Autoliderazgo y superliderazgo
• Entrenamiento • Otros enfoques*

RESUMEN	214
Términos y conceptos para revisión	214
Preguntas para análisis	215
Evalúe sus propias habilidades	216
Incidente: la asignación de trabajo	216
Ejercicio de experiencia: aplicación de los modelos de liderazgo	217
CUESTIÓN DE ÉTICA	196
LO QUE LEEN LOS ADMINISTRADORES	213
CONSEJOS A FUTUROS ADMINISTRADORES	214

8 *Empowerment* y participación 218

OBJETIVOS DEL CAPÍTULO 218

La naturaleza del *empowerment* y la participación 219
*¿Qué es el empowerment • ¿Qué es la participación? • ¿Por qué se
ha generalizado el uso de la participación? • Beneficios
de la participación*

Cómo funciona la participación 225
*El proceso participativo • Efectos en el poder de los administradores
• Requisitos para la participación • Factores de contingencia*

Programas de participación 231
*Programas de sugerencia • Énfasis en la calidad • Equipos autoadministrados
• Planes de propiedad de acciones para los empleados*

Consideraciones importantes de la participación 235
*Actitudes de los sindicatos hacia la participación • Límites de la participación •
Preocupaciones gerenciales relativas a la participación • Pensamientos finales*

RESUMEN	238
Términos y conceptos para revisión	238
Preguntas para análisis	239

Evalúe sus propias habilidades	239
Incidente: Joe Adams	241
Ejercicio de experiencia: *empowerment* mediante la participación	241
LO QUE LEEN LOS ADMINISTRADORES	220
FORMAS INTERNACIONALES DE PARTICIPACIÓN	234
CONSEJOS A FUTUROS ADMINISTRADORES	238

PARTE CUATRO
Comportamiento individual e interpersonal — 243

9 Actitudes de los empleados y sus efectos — 244

OBJETIVOS DEL CAPÍTULO — 244

Naturaleza de las actitudes de los empleados — 246
Satisfacción con el trabajo • Dedicación al trabajo • Compromiso organizacional • Estados de ánimo en el trabajo

Efectos de las actitudes de los empleados — 251
Rendimiento de los empleados • Rotación de personal • Ausentismo y llegadas tarde • Robos • Violencia • Otros efectos

Estudio de la satisfacción en el trabajo — 258
Beneficios de los estudios de la satisfacción en el trabajo • Condiciones ideales de encuesta • Uso de la información de satisfacción en el trabajo

Diseño y seguimiento de encuestas — 260
Tipos de preguntas en las encuestas • Incidentes críticos • Uso de la información de las encuestas

Cambio de las actitudes de los empleados — 266

RESUMEN — 268

Términos y conceptos para revisión	268
Preguntas para análisis	269
Evalúe sus propias habilidades	269
Incidente: Barry Niland	271
Ejercicio de experiencia: actitudes en el salón de clases	272
LO QUE LEEN LOS ADMINISTRADORES	250
CUESTIÓN DE ÉTICA	251
CONSEJOS A FUTUROS ADMINISTRADORES	267

10 Problemas entre las organizaciones e individuos — 274

OBJETIVOS DEL CAPÍTULO — 274

Áreas de influencia organizacional legítima — 275
Un modelo de legitimidad de la influencia organizacional • Comportamiento fuera del trabajo

Derechos a la vida privada 278
Lineamientos de políticas relativas a la vida privada • Dispositivos de vigilancia • Pruebas de honradez • Tratamiento al alcoholismo • Consumo de drogas • Pruebas genéticas • Discriminación

Disciplina 287

Calidad de la vida en el trabajo 288
Un fundamento • Ampliación del puesto contra enriquecimiento del puesto • Aplicación del enriquecimiento de puestos • Dimensiones centrales: un enfoque de las características del puesto • El potencial motivador de los puestos • Indicios sociales que afectan las percepciones • Factores de contingencia que afectan el enriquecimiento de puestos

Responsabilidades del individuo con la empresa 297
Ciudadanía organizacional • Denuncias del comportamiento poco ético • Confianza mutua

RESUMEN	300
Términos y conceptos para revisión	301
Preguntas para análisis	301
Evalúe sus propias habilidades	302
Incidente: dos empleados de contabilidad	303
Ejercicio de experiencia: el estudiante enriquecido	304
LO QUE LEEN LOS ADMINISTRADORES	278
PRÁCTICAS DE CONTRATACIÓN: ¿DEPENDEN DE LA ÉTICA O DE LA CONVENIENCIA?	285
CONSEJOS A FUTUROS ADMINISTRADORES	300

11 Comportamiento interpersonal 306

OBJETIVOS DEL CAPÍTULO 306

Conflicto en las organizaciones 307
Naturaleza de los conflictos • Niveles de conflictos • Fuentes de conflictos • Efectos del conflicto • Un modelo de conflicto

Comportamiento asertivo 317
Orientaciones interpersonales • Reconocimiento

Poder y política 320
Tipos de poder • Efecto de las bases del poder • Política organizacional • Influencia y poder político

RESUMEN	327
Términos y conceptos para revisión	327
Preguntas para análisis	328
Evalúe sus propias habilidades	328
Incidente: el pasajero enojado	330
Ejercicio de experiencia: evaluación de estrategias políticas	330

DIVERSIDAD DE PREFERENCIAS	315
LO QUE LEEN LOS ADMINISTRADORES	325
CONSEJOS A FUTUROS ADMINISTRADORES	326

PARTE CINCO
Comportamiento grupal 333

12 Grupos informales y formales 334

OBJETIVOS DEL CAPÍTULO 334

Dinámica de grupo 335
Tipos de grupos

Naturaleza de las organizaciones informales 336
*Comparación entre las organizaciones formales e informales
• ¿Cómo surge la organización informal? • Estatus de miembro y líderes informales • Beneficios derivados de las organizaciones informales
• Problemas relacionados con las organizaciones informales • Observación de las organizaciones informales • Cómo influir en las organizaciones informales*

Grupos formales 345
*Comités • Factores sistémicos que deben considerarse • Enfoques estructurados • Resultados potenciales de los procesos de grupo formales
• Consenso, un aspecto clave en los grupos de toma de decisiones
• Debilidades de los comités • Direcciones emergentes*

RESUMEN	361
Términos y conceptos para revisión	361
Preguntas para análisis	362
Evalúe sus propias habilidades	362
Incidente: Excelsior Department Store	364
Ejercicio de experiencia: elección de su líder	364
LO QUE LEEN LOS ADMINISTRADORES	353
LA NECESIDAD DE DIVERSIDAD EN LOS GRUPOS	358
CONSEJOS A FUTUROS ADMINISTRADORES	360

13 Equipos y construcción de equipos 366

OBJETIVOS DEL CAPÍTULO 366

Contexto organizacional de los equipos 367
Conceptos clásicos • Los administradores como vínculos • Diseño organizacional contingente • Organización matricial

Trabajo de equipo 373
*Ciclo de vida de un equipo • Ingredientes de los equipos efectivos
• Problemas potenciales en los equipos*

Construcción de equipos   379
Indicios de su necesidad • Proceso de construcción • Problemas específicos de la construcción de equipos • Habilidades útiles en la construcción de equipos • Características de los equipos maduros • Territorios individuales frente a espacios de equipo • Equipos autoadministrados

RESUMEN   387

Términos y conceptos para revisión	388
Preguntas para análisis	388
Evalúe sus propias habilidades	389
Incidente: conflicto en la división	390
Ejercicio de experiencia: disposición favorable hacia los equipos autoadministrados	390
Ejercicio de experiencia: construcción de equipos	391
LO QUE LEEN LOS ADMINISTRADORES	378
DISYUNTIVAS ÉTICAS EN LOS EQUIPOS	385
CONSEJOS A FUTUROS ADMINISTRADORES	387

PARTE SEIS
Cambio y sus efectos   393

14 Administración del cambio   394

OBJETIVOS DEL CAPÍTULO   394

Cambios en el trabajo   395
Naturaleza de los cambios • Respuestas al cambio • Costos y beneficios

Resistencia al cambio   401
Naturaleza y efectos • Razones para la resistencia • Tipos de resistencia • Posibles beneficios de la resistencia

Implantación exitosa del cambio   404
Liderazgo transformacional y cambio • Tres etapas del cambio • Manipulación de fuerzas • Construcción del apoyo al cambio

Comprensión del desarrollo organizacional (DO)   412
Fundamentos del desarrollo organizacional • Características del desarrollo organizacional • Proceso de desarrollo organizacional • Beneficios y limitaciones del desarrollo organizacional

RESUMEN   420

Términos y conceptos para revisión	421
Preguntas para análisis	421
Evalúe sus propias habilidades	422
Incidente: el nuevo procedimiento de ventas	424
Ejercicio de experiencia: el cambio de ingeniería industrial	424
Ejercicio de experiencia: aplicación del análisis de campo de fuerzas	425

Efectos de la diversidad de la fuerza laboral en el cambio	398
Lo que leen los administradores	417
Consejos a futuros administradores	420

15 Estrés y asesoría — 426

OBJETIVOS DEL CAPÍTULO — 426

Estrés en los empleados — 427
Naturaleza del estrés • Productos extremos del estrés • Causas del estrés • Causas de estrés relacionadas con el trabajo • Frustración • Estrés y rendimiento en el trabajo • Susceptibilidad al estrés • Enfoques de manejo del estrés

Asesoría a empleados — 442
Naturaleza de la orientación • Necesidad de asesoría • Qué pueden hacer los asesores • Función de asesoría de los administradores

Tipos de orientación — 448
Asesoría directiva • Asesoría no directiva • Asesoría participativa • Un punto de vista contingente

RESUMEN	387
Términos y conceptos para revisión	454
Preguntas para análisis	454
Evalúe sus propias habilidades	455
Incidente: Unit Electronics Company	456
Ejercicio de experiencia: evaluación de comportamientos relacionados con el estrés	457
Lo que leen los administradores	435
Cuestión de ética	447
Consejos a futuros administradores	453

PARTE SIETE
Aspectos emergentes del comportamiento organizacional — 459

16 Comportamiento organizacional transcultural — 460

OBJETIVOS DEL CAPÍTULO — 460

Factores que afectan las operaciones multinacionales — 462
Condiciones sociales • Condiciones legales y éticas • Condiciones políticas • Condiciones económicas • Diferencias individuales

Administración de una fuerza laboral internacional — 469
Barreras para la adaptación cultural • Superación de las barreras para la adaptación cultural

Productividad y contingencias culturales — 477
El desafío de lograr productividad • Contingencias culturales

Comunicación transcultural	481
Administradores transculturales	
RESUMEN	483
Términos y conceptos para revisión	484
Preguntas para análisis	484
Evalúe sus propias habilidades	485
Incidente: Piedmont Company	486
Ejercicio de experiencia: adaptabilidad a una asignación multicultural	487
LO QUE LEEN LOS ADMINISTRADORES	482
CONSEJOS A FUTUROS ADMINISTRADORES	483

PARTE OCHO
Problemas de casos — 489

	INTRODUCCIÓN	491
1	El equipo de trabajo virtual	492
2	El hospital escuela	496
3	Creative Toys Company	502
4	Eastern International Food Service Corporation	506
5	Goodman Company	510
6	Falcon Computer	518
7	Consolidated Life	520
8	Video Electronics Company	526
9	Elite Electric Company	530
10	La Operación Patterson	538
11	TRW-Oilwell Cable Division	544

Glosario	553
Referencias	577
Índice onomástico	603
Índice de materias	609

PREFACIO

Hoy en día, muchos estudiantes han tenido por lo menos experiencias de trabajar medio tiempo en algún tipo de empresa. Han aprendido rápidamente que no todo el comportamiento —sin importar que sea el de uno, el de su superior o el de sus compañeros de trabajo— es del todo racional. Además, han ponderado una sucesión de preguntas acerca de lo que vieron y sintieron:

- ¿Por qué las personas se comportan en el trabajo como lo hacen?
- ¿De qué manera los individuos, los grupos y las organizaciones podrían trabajar más efectivamente en el entorno del ritmo cada vez más acelerado del cambio organizacional, reestructuraciones y reducciones drásticas de personal, y competencia global creciente?
- ¿Qué pueden hacer los administradores para motivar una mayor productividad en los empleados?
- ¿Qué responsabilidad tienen los administradores en cuanto a garantizar la satisfacción de los empleados?
- ¿Qué pueden aprender de la teoría, las investigaciones y las experiencias de otros administradores para ser administradores efectivos en el futuro?

Ésas y otras preguntas constituyen la base de esta undécima edición de *Comportamiento humano en el trabajo*.

Se han logrado muchos avances en el campo del comportamiento organizacional desde la primera edición de esta obra. El estudio y la práctica de lo que se conoce como comportamiento organizacional va más allá de la integración y aplicación de las ciencias del comportamiento a situaciones laborales. Es un campo emergente en el que permanecen sin respuesta muchas preguntas y falta aprovechar muchas oportunidades de mejoramiento. Este libro aporta información valiosa para personas que trabajan en todo tipo de situaciones y empresas.

Hemos puesto a prueba ediciones previas de esta obra en la línea de fuego de las aulas universitarias y en muchas compañías durante más de 40 años. Quienes han utilizado durante largo tiempo las ediciones previas de esta obra y otros revisores agudos han brindado muchas ideas que se incluyeron en esta nueva edición. Muchas ideas acerca de temas, figuras y ejemplos aplicados también provienen de profesores y administradores de todo Estados Unidos. Los autores solicitamos activamente los comentarios del profesorado y estudiantes, para ayudarnos a que el libro sea todavía más útil en el futuro. Sabemos escuchar, *nos interesa su retroalimentación* y buscamos aprovecharla para generar un producto de alta calidad. Le invitamos a que se ponga en contacto con el primero de los dos autores por correo (en la University of Minnesota Duluth, Duluth, Minnesota 55812), tel. (218-726-8499) o Internet (jnewstro@d.umn.edu) para cualquier comentario, idea o pregunta que pueda tener.

FUNCIONES DE LOS AUTORES

¿De qué manera creamos un libro como éste? Por principio de cuentas, nos sumergimos continuamente en la teoría, la investigación y el ejercicio del comportamiento organizacional, para comprenderlo de manera profunda. Nos mantenemos al día respecto de los nuevos adelantos mediante la lectura constante de decenas de revistas y libros, además de interactuar con administradores de diversas organizaciones. Luego, elaboramos un marco de referencia organizacional lógico e interesante y procedemos a identificar los elementos más importantes para incluirlos. Por último, organizamos y presentamos la información de manera que ayuden a que los lectores aprendan y retengan las ideas.

Nuestro objetivo final es producir un libro preciso, útil, actualizado e interesante. Hacemos énfasis en el contenido y la sustancia, además de presentar el material de manera organizada y atrayente, que permita a los lectores integrar las diversas partes de esta disciplina en la teoría del comportamiento organizacional. La undécima edición se mejoró con diversas citas de la investigación y práctica recientes, lo cual indica la base de nuestras conclusiones.

Siempre que fue apropiado, se incluyeron puntos de vista alternos o se expresaron las debilidades inherentes a un modelo o concepto específico. No existen respuestas sencillas a problemas de comportamiento complejos. Alentamos a los lectores a razonar e integrar diversas perspectivas. Por consiguiente, creemos que este libro sirve como fundamento valioso de los conocimientos acerca del comportamiento. Esperamos estimular en el lector el enriquecimiento de su comprensión mediante el estudio continuo del comportamiento organizacional. Muchos ex estudiantes han optado por conservar su ejemplar de *Comportamiento organizacional* y lo consultan como un manual de referencia valioso cuando se topan con problemas y temas en la vida real.

CARACTERÍSTICAS DEL LIBRO

Muchas características de *Comportamiento humano en el trabajo* saltan a la vista. La más notable es la **mezcla cuidadosa de la teoría con la práctica**, de tal suerte que sus teorías fundamentales adquieren vida en un contexto real. Los lectores aprenden que los conceptos y modelos sí se aplican en el mundo real y que ayudan a formar mejores organizaciones para una mejor sociedad. Las ideas y habilidades aprendidas respecto del comportamiento organizacional pueden ayudar a que los lectores enfrenten mejor cada aspecto de su vida.

Otra característica conocida corresponde a los cientos de **ejemplos de situaciones organizacionales reales**. Estas viñetas tomadas de la vida real muestran la forma en que funcionan las empresas reales y en que actúan las personas (¡a veces, de manera inesperada!) en situaciones específicas. Muchos conceptos importantes de este libro se ilustran con uno o más de esos ejemplos de la vida real.

Una característica muy apreciada por el profesorado y los estudiantes es la **legibilidad** de la obra. De conformidad con lineamientos normativos que elaboraron Flesch y Gunning, hemos mantenido un nivel de vocabulario intermedio a la vez que descriptivo, con oraciones de longitud manejable y un estilo legible para presentar un campo complejo en un lenguaje comprensible. La variedad —que proviene de las figuras, los ejemplos prácticos y los resultados de investigaciones— mejora la legibilidad, al constituir un cambio de ritmo refrescante en cuanto al análisis en el cuerpo de la obra.

Otras características del libro son las siguientes:

- Tabla de contenido detallada, para localizar temas importantes.
- Epígrafes al comienzo de cada capítulo, para estimular el pensamiento y el análisis en clase, así como notas al margen para resaltar conceptos clave.
- Ejemplos al inicio de cada capítulo, que sumergen al lector en un caso de la vida real.
- Una presentación muy aceptada y especialmente actualizada de cinco modelos de comportamiento organizacional que constituyen un marco de referencia integrador a lo largo de la obra.
- Cobertura profunda y oportuna de la comunicación con los empleados, en gran parte basada en investigaciones de los autores.
- Un capítulo completo acerca de las teorías de la motivación y otro sobre su aplicación a los sistemas de recompensa en las organizaciones.
- Un capítulo sobre *empowerment* y participación, que es único en los libros sobre comportamiento organizacional en su presentación de este tema tan contemporáneo.
- Un repaso de temas internacionales del comportamiento organizacional, de modo que los estudiantes puedan examinar posteriormente la forma en que ciertos conceptos tendrían que adaptarse a otras culturas.
- Un análisis singular de las limitaciones del comportamiento organizacional, para brindar otra perspectiva equilibrada.
- Al menos un incidente de comportamiento para análisis y un ejercicio de experiencia o vivencia para hacer que los estudiantes participen en su propio aprendizaje, al final de cada capítulo.
- Un glosario completo de términos al final de la obra, que brinda una definición concisa, a primera vista, de cientos de términos clave del comportamiento organizacional.

Las siguientes son algunas características significativas de esta undécima edición:

- Una estructura de 16 capítulos muy funcional, que destaque los temas más importantes y actuales en las organizaciones: motivación, liderazgo, comportamiento interpersonal, grupos y equipos, y naturaleza del cambio y sus efectos.
- Cobertura sustantiva de los equipos: su contexto organizacional, los factores que los vuelven exitosos y los procesos de creación de equipos, que ayudan a que sus integrantes trabajen juntos más efectivamente.
- Un recuadro especial, llamado "Lo que leen los administradores", en el que se proporcionan resúmenes concisos de éxitos de librería recientes que guardan relación con el contenido del capítulo.
- Otros recuadros en cada capítulo enfocados a cuestiones éticas, temas de diversidad o aspectos internacionales del comportamiento organizacional.
- Énfasis particular en la práctica, como es evidente en la inclusión de la sección "Consejos a futuros administradores", que les sirve de guía para mejorar la práctica del comportamiento organizacional.

AUXILIARES DIDÁCTICOS

Las características principales de cada capítulo son los objetivos, los epígrafes e incidentes de introducción, el resumen del capítulo, los términos y conceptos para revisión, e incidentes de casos verdaderos para análisis con base en las ideas vertidas en el capítulo. Todos incluyen referencias completas y actualizadas, que constituyen una fuente rica de información adicional para los lectores interesados. Esas referencias corresponden a una amplia variedad de fuentes, que incluyen tanto publicaciones académicas como las destinadas a profesionales, para demostrar que los conocimientos y los casos útiles pueden encontrarse en muchos sitios. Alentamos en los estudiantes la consulta de esas referencias con regularidad, ya que no sólo indican la fuente de información, sino que también brindan una interesante perspectiva histórica sobre un tema o un punto de vista divergente. También se incluyen numerosas preguntas para análisis, muchas de las cuales requieren que se razone, alientan la perspicacia o invitan a que el lector analice sus propias experiencias a la luz de las ideas expresadas en el capítulo. Otras preguntas apuntan a proyectos de grupo apropiados. Además, cada capítulo contiene un ejercicio de experiencia o vivencia para que los estudiantes apliquen un concepto del propio capítulo.

AUXILIARES DE INSTRUCCIÓN*

Puesto que diez ediciones previas de esta obra se han utilizado en aulas, existen diversos auxiliares de instrucción de utilidad comprobada en las propias aulas, que se han desarrollado y mejorado a lo largo de los años.

Manual del instructor. Banco de pruebas (preparados por Amith Shah, de Frosburg State University)

La sección **Manual del instructor** de este complemento está diseñada para ahorrar tiempo a los instructores. Comprende hojas de tareas de muestra para programas trimestrales y semestrales; sinopsis de capítulos; sugerencias docentes; un análisis detallado de los incidentes de caso de final de capítulo, y respuestas sugeridas a las preguntas de análisis de final de capítulo y los problemas de casos que aparecen al final de la obra. Se incluyen líneas en blanco a lo largo del material didáctico, de modo que los instructores puedan escribir notas acerca del tema. La sección **Banco de pruebas** contiene preguntas de opción múltiple y de tipo falso-verdadero para cada uno de los capítulos de la obra, así como las respuestas a esas preguntas.

Banco de pruebas computarizado

Una versión computarizada del Banco de pruebas impreso está disponible en CD-ROM, en versiones para Macintosh y Windows. Este poderoso sistema, con funciones de prueba en línea, permite la preparación rápida y sencilla de exámenes. Los instructores pueden ver las preguntas conforme las eligen para un examen; combinarlas; añadirlas, eli-

---

* Algunos de los materiales suplementarios que se mencionan están disponibles para los profesores que adopten este libro como texto. Pregunte a su representante local de McGraw-Hill, quien lo podrá orientar acerca de la disponibilidad de dichos materiales.

minarlas y editarlas; seleccionarlas por tipo, objetivo y nivel de dificultad, y ver y guardar exámenes.

Transparencias

Un conjunto de transparencias a todo color está disponible para ayudar a que los instructores demuestren los principios y conceptos clave durante sus clases. Las transparencias son ilustraciones de otras fuentes que complementan el material del texto, así como algunas figuras escogidas de la obra.

Presentaciones de PowerPoint

Las transparencias también están disponibles como diapositivas de Microsoft PowerPoint 97.

Serie de videos de McGraw-Hill sobre comportamiento organizacional

Están disponibles videos escogidos de NBC News Archives para que los instructores mejoren la presentación de sus clases.

AGRADECIMIENTOS

Muchos estudiosos, administradores y estudiantes han contribuido a esta obra y quisiéramos expresar nuestra gratitud por su ayuda. En cierto sentido, es su libro, ya que nosotros somos únicamente los agentes que lo prepararon. Vaya nuestro agradecimiento especial por las revisiones completas y competentes de la obra que hicieron Paul Wilkens, de Florida State University; Chan Hellman, de Tulsa Community College; Edward Miller, de Kean University/University of Bridgeport; Robert A. Figler, de University of Akron; Marilee Smith, de Kirkwood Community College; Bill Wickham, de Heidelberg College, y Michele A. Govekar, de Ohio Northern University. Sus comentarios, preguntas y sugerencias se atendieron puntualmente y resultaron ser sustantivas, por lo que se incorporaron a la obra siempre que fue posible.

Muchos de nuestros asociados académicos han aportado directa o indirectamente su valiosa perspicacia, apoyo colegial y aliento continuo, por lo que deseamos expresar nuestra gratitud hacia Jon Pierce, Steve Rubenfeld y Dean Kjell Knudsen, de University of Minnesota Duluth. Vaya también nuestro agradecimiento para muchos empleados de McGraw-Hill —especialmente John Weimeister y Trina Hauger— por mostrar su interés sincero y profesional en mejorar la calidad de esta obra.

John W. Newstrom
Keith Davis

Parte uno

Fundamentos del comportamiento organizacional

Capítulo 1

Dinámica de las personas y las organizaciones

Las personas tienden a ser muy efectivas en el manejo de las relaciones cuando pueden entender y controlar sus propias emociones, además de tener empatía con los sentimientos de otros.
—**Daniel Goleman**[1]

En general, se cuenta con una amplia gama de estrategias [de comportamiento organizacional] útiles para los profesionales en el mejoramiento de las operaciones de su organización.
—**Karlene H. Roberts y colaboradores**[2]

OBJETIVOS DEL CAPÍTULO

ENTENDER:

- El significado del comportamiento organizacional
- Los objetivos y las fuerzas clave con los que guarda relación
- Los conceptos básicos del comportamiento organizacional
- Los principales enfoques usados en este libro
- Los efectos que el comportamiento organizacional tiene en el rendimiento organizacional
- Las limitaciones del comportamiento organizacional

Chris Hoffman terminó sus estudios universitarios y estaba emocionada por empezar su nuevo trabajo como representante de ventas de IBM. Los primeros meses fueron muy agitados. Asistió a numerosas sesiones de capacitación formales, aprendió sobre la gama de productos que debía vender y se esforzó al máximo en entender la naturaleza compleja y fluida de su nuevo patrón.

Un día que regresaba a casa por la noche, estaba demasiado confundida para dormirse de inmediato. Muchas preguntas pasaban por su mente, causadas por sus observaciones en el trabajo durante las semanas recientes: "¿Por qué algunos de mis colegas tienen más éxito que otros? ¿De qué manera podemos actuar como equipo cuando trabajamos fuera de casa e interactuamos principalmente a través de las computadoras portátiles? ¿Cómo aprenderé a tratar el estrés que me provoca el alcanzar mi cuota de ventas? ¿Por qué mi compañera Carrie no coopera conmigo cuando le pido su ayuda? ¿Por qué mi superior me pide sugerencias y luego sigue adelante sin usar mis contribuciones? ¿En qué difiere de la nueva 'cultura de IBM' de la que existía antes? ¿Y por qué está en cambio constante?"

Chris ya está aprendiendo algunos hechos clave acerca de la vida laboral. *Las organizaciones son sistemas complejos*. Si Chris pretende ser efectiva para más adelante ocupar un puesto gerencial, tendrá que entender cómo funcionan estos sistemas. En empresas como IBM, se combinan efectivamente las personas y la ciencia, el hombre y la tecnología. Con el ritmo acelerado de descubrimientos y mejoras que proporcionó la ciencia en el siglo XX, es difícil dominar la tecnología misma. Cuando se agregan personas al escenario, se tiene un sistema sociotécnico muy complejo, que prácticamente imposibilita la comprensión. Sin embargo, el progreso de la sociedad en el siglo XXI dependerá mucho de la comprensión y manejo de las organizaciones efectivas actuales.

Chris también observa que *el comportamiento humano en las empresas es más bien impredecible*. La conducta de sus colegas, sus jefes y clientes se derivan de necesidades profundamente enraizadas, experiencias de toda una vida y sistemas de valores personales. Sin embargo, *el comportamiento humano en las compañías pueden entenderse parcialmente* en el contexto de las ciencias del comportamiento, la administración y otras disciplinas; explorar los diversos aspectos de tal comportamiento es el objetivo de esta obra. *No existe una solución perfecta a los problemas organizacionales*, como pronto se dará cuenta Chris. Sin embargo, los empleados pueden aumentar su comprensión y habilidades de modo que se mejoren las relaciones laborales. Aunque la tarea constituye todo un reto, los resultados valen la pena.

En ocasiones, Chris se frustra tanto que siente la tentación de renunciar a su puesto. Su compañera de trabajo no cooperativa podría limitar la eficacia de Chris, mientras que el comportamiento de su superior a veces es difícil de entender. Sin importar que le agrade o no el comportamiento de esas personas, Chris no puede darse el lujo de *no* trabajar con otras personas ni relacionarse con ellas. Por ende, es imperativo que aprenda acerca del comportamiento humano, explore la forma de mejorar sus habilidades interpersonales y empiece a manejar sus relaciones con otros individuos en el trabajo. Éstas son áreas en que los conocimientos del comportamiento organizacional pueden contribuir de manera considerable a su efectividad.

El comportamiento organizacional es necesario

PARA COMPRENDER EL COMPORTAMIENTO ORGANIZACIONAL

A fin de entender qué ocurre en los centros de trabajo, hay que partir de la definición, los objetivos, las fuerzas y las características principales del comportamiento organizacional (CO). Más adelante en este capítulo, se presentan los conceptos clave que guardan relación con el CO, los cuatro enfoques básicos que se usan en la obra y algunos factores que limitan el éxito del CO.

Definición

Ciencia aplicada

El **comportamiento organizacional** es el estudio y la aplicación de los conocimientos acerca de la forma en que las personas —individual y grupalmente— actúan en las organizaciones. Trata de identificar maneras en que los individuos pueden actuar con mayor efectividad. El comportamiento organizacional es una disciplina científica a cuya base de conocimientos se agrega constantemente una gran cantidad de investigaciones y desarrollos conceptuales.

El comportamiento organizacional brinda un conjunto útil de herramientas en muchos niveles de análisis. Por ejemplo, ayuda a que los administradores observen el comportamiento de los *individuos* en la organización. También facilita su comprensión de la complejidad de las relaciones *interpersonales*, en las que interactúan dos personas (dos compañeros de trabajo o un par formado por un superior y un subordinado). En el nivel siguiente, el comportamiento organizacional es valioso para examinar la dinámica de las relaciones en *grupos* pequeños, tanto en equipos formales como en grupos informales. Cuando es necesario que dos grupos o más coordinen sus esfuerzos, como en las áreas de ingeniería y ventas, los administradores se interesan en las relaciones *intergrupales* que surgen. Por último, también es posible ver y administrar a las organizaciones como *sistemas enteros*, que tienen relaciones entre ellos (por ejemplo, las fusiones y empresas conjuntas).

Objetivos

Los cuatro objetivos del CO son describir, entender, predecir y controlar

Muchas ciencias comparten cuatro objetivos: describir, entender, predecir y controlar ciertos fenómenos. Éstos son los **objetivos del comportamiento organizacional**. El primer objetivo es *describir* sistemáticamente cómo se comportan las personas en condiciones distintas. Lograrlo permite que los administradores se comuniquen con un lenguaje común respecto del comportamiento humano en el trabajo. Por ejemplo, un beneficio del estudio de esta obra es la adquisición de un nuevo vocabulario acerca del comportamiento organizacional (*véase* a tal efecto el glosario que aparece al final de la obra).

Un segundo objetivo es *entender* por qué las personas se comportan como lo hacen. Los administradores se frustrarían mucho si sólo pudieran hablar acerca del comportamiento de sus empleados sin entender las razones subyacentes. Por ende, los administradores interesados aprenden a sondear en busca de explicaciones. *Predecir* el comportamiento futuro de los empleados es otro objetivo del comportamiento organizacional. En teoría, los administradores tendrían la capacidad de predecir cuáles empleados serán dedicados y productivos, y cuáles se caracterizarán por ausentismo, retardos o conducta perturbadora en determinado momento (de modo que sea posible emprender acciones preventivas). El objetivo último del comportamiento organizacional es *controlar*, al menos en parte, y desarrollar cierta actividad humana en el trabajo. Los administradores son responsables de los resultados de rendimiento, por lo que les interesa de manera vital tener efectos en el comportamiento, el desarrollo de habilidades, el trabajo de equipo y la productividad de los empleados. Necesitan mejorar los resultados mediante sus acciones y las de sus trabajadores, y el comportamiento organizacional puede ayudarles a lograr dicho propósito.

Algunas personas temen que las herramientas del comportamiento organizacional se usen para limitar su libertad y privarlas de sus derechos. Aunque ello es posible, también resulta improbable, ya que las acciones de los administradores están sujetas hoy a revisiones profundas. Los administradores tienen que recordar que el comportamiento organizacional es una herramienta humana para beneficio de los seres humanos. Se aplica de manera amplia a la conducta de las personas en todo tipo de organizaciones, como empresas, organismos de gobierno, escuelas y organizaciones de servicios. Donde haya organizaciones, existe la necesidad de describir, entender, predecir y mejorar la administración del comportamiento humano.

Fuerzas

Es complejo el conjunto de fuerzas que afecta a la naturaleza de las organizaciones actuales. La amplia gama de temas y tendencias en dichas fuerzas puede clasificarse en cuatro áreas: personas, estructura, tecnología y ambiente en que opera la organización (figura 1-1). Cuando las personas trabajan en una empresa para el logro de un objetivo, se requiere algún tipo de estructura de relaciones formales. Los individuos también aprovechan la tecnología como auxiliar para realizar su trabajo, de modo que existe interacción entre las personas, la estructura y la tecnología. Por añadidura, tales elementos reciben influencia del entorno e influyen en él. Cada una de estas cuatro fuerzas afecta al comportamiento organizacional, y en las secciones siguientes se consideran brevemente algunos ejemplos de cada una.

Cuatro fuerzas clave

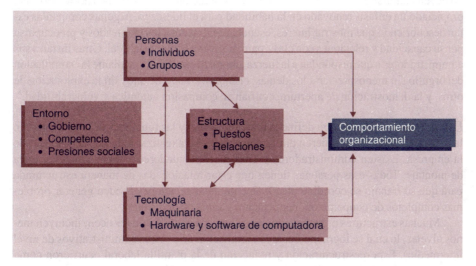

FIGURA 1-1

Factores clave que afectan el comportamiento organizacional

Personas Las personas componen el sistema social interno de una compañía. Este sistema está formado por individuos y por grupos tanto grandes como pequeños. Hay grupos informales o extraoficiales, así como formales y oficiales. Los grupos también son dinámicos, pues se forman, cambian y se desintegran. Las personas son seres vivos, pensantes y con sentimientos, que trabajan en la organización para lograr sus objetivos. Debe recordarse que estas últimas existen para servir a las personas, en vez de que las personas existan para servir a las organizaciones.

Las organizaciones humanas actuales no son las mismas de ayer o anteayer. En particular, la fuerza laboral es ya muy *diversa*, lo cual significa que los empleados llevan a su trabajo una amplia gama de antecedentes educativos, talentos y perspectivas. En ocasiones, esa diversidad entraña dificultades que deben resolver los administradores, por ejemplo, cuando algunos trabajadores se expresan mediante vestimenta o accesorios no convencionales, al tiempo que en otros casos se generan problemas singulares por sus estilos de vida e intereses recreativos peculiares. También existen casos de empleados que han analizado sus valores y deciden poner sus objetivos personales por encima de su compromiso total con la empresa. Los administradores necesitan estar al tanto de estas tendencias y modelos diversos, y estar preparados para adaptarse a ellos.

Algunos cambios de la fuerza laboral son los siguientes. Ha habido una disminución de la ética laboral y un énfasis creciente en la diversión y la expresión, la satisfacción y el crecimiento personales. La aceptación automática de la autoridad por parte de los empleados ha disminuido, mientras que los deseos de participación, autonomía y control se han incrementado. Al mismo tiempo, diversos factores de importancia afectan la fuerza laboral. Las habilidades se vuelven obsoletas como resultado de los adelantos tecnológicos y los trabajadores manuales deben volver a recibir capacitación para puestos orientados a los conocimientos, so pena de ser desplazados. La seguridad en la conservación del empleo es primordial en la mente de millones de trabajadores a causa del riesgo de la reducción de la plantilla laboral. E incluso en épocas de inflación controlada, la ausencia de crecimiento significativo de los sueldos de muchos empleados ha generado énfasis renovado en el dinero como factor de motivación.

De hecho, existe una nueva fuerza laboral, y las prácticas del liderazgo administrativo deben cambiar para adaptarse a las nuevas condiciones. Los cambios acelerados han propiciado un énfasis renovado en la habilidad para el liderazgo. Algunas compañías están descubriendo que mostrar interés, escuchar realmente a los empleados y preocuparse por su capacidad y relaciones son clave para motivar a la fuerza laboral. Otras instan a sus administradores a que respondan a la fuerza laboral diversificada mediante la estimulación del orgullo sin menospreciar a los demás, el *empowerment* de unos sin la explotación de otros, y la demostración de apertura, confianza, compasión auténtica y vulnerabilidad.[3]

Estructura La estructura define la relación formal y las funciones de las personas en las organizaciones. Se requieren diferentes puestos para realizar todas las actividades de la empresa. Existen administradores y empleados, contadores y trabajadores de línea de montaje. Todas esas personas tienen que estar relacionadas de manera estructurada para que su trabajo se coordine efectivamente. Esas relaciones pueden generar problemas complejos de cooperación, negociación y toma de decisiones.

Muchas estructuras organizacionales se han horizontalizado (es decir, incluyen menos niveles, lo cual se logra mediante la eliminación de puestos administrativos de nivel intermedio). Esta reestructuración y reducción de la plantilla laboral ocurrieron como resultado de la presión para reducir los costos y mantener la competitividad. Otras estructuras se han vuelto más complejas como consecuencia de fusiones, adquisiciones y nuevas empresas conjuntas. Diversas compañías han experimentado con la contratación de fuerzas laborales contingentes (empleados eventuales, de medio tiempo o contratados por tiempo o proyectos específicos). Por último, muchas empresas han pasado de estructuras convencionales a otras basadas en equipos (tendencia que se analiza en el capítulo 13).

Tecnología La tecnología aporta los recursos con que trabajan las personas e influye en las tareas que ellas realizan. Es poco lo que puede lograrse sólo con las manos, de modo que con su ayuda se construyen edificios, se diseñan máquinas, se crean procesos de trabajo y se conjuntan recursos. La tecnología también afecta de manera significativa las relaciones laborales. Una línea de montaje no es lo mismo que un laboratorio de investigación, mientras que una siderúrgica tampoco tiene las mismas condiciones de trabajo que un hospital. El gran beneficio de la tecnología es que permite a las personas trabajar más y hacerlo de mejor manera, si bien las restringe en diversas formas: tiene tanto costos como beneficios. Entre los ejemplos de cómo influye la tecnología, se encuentran el uso creciente de robots y sistemas de control automatizados en las líneas de montaje, el cambio impresionante de la economía de manufactura a la de servicios, los adelantos también impresionantes de las características del hardware y software de computadoras, el rápido movimiento hacia el uso generalizado de la supercarretera de la información (Internet) y la necesidad de responder a las exigencias sociales de mejor calidad de los bienes y servicios a precios aceptables. Cada uno de estos adelantos tecnológicos, a su manera, aumenta la presión sobre la CO para mantener el delicado equilibrio entre los sistemas técnico y social.

Ambiente Todas las organizaciones funcionan en el contexto de un ambiente interno y otro externo. Ninguna organización existe aislada, es parte de un sistema más grande, que abarca muchos otros elementos, como el gobierno, las familias y otras organizaciones. Numerosos cambios del ambiente generan exigencias para las organizaciones. Los ciudadanos esperan que éstas sean socialmente responsables; los nuevos productos y la competencia por captar clientes provienen de todo el planeta; es decreciente el efecto directo de los sindicatos (medido con base en la proporción de la fuerza laboral que está sindicalizada) y se acelera el ritmo impresionante de los cambios sociales. Todos esos factores —particularmente la rápida globalización del mercado, cuyo efecto en el CO se analiza en el capítulo 16— ejercen influencia unos en los otros, en un sistema complejo que crea un contexto dinámico (e incluso caótico) para un grupo de personas.

Ninguna organización, como una fábrica o escuela, puede escapar a la influencia de su ambiente externo. Éste afecta las actitudes de las personas y las condiciones de trabajo, además de generar competencia por los recursos y el poder. Es algo que debe considerarse en el estudio del comportamiento humano en las organizaciones.

Características positivas del campo del comportamiento organizacional

Una de las ventajas principales del comportamiento organizacional es su naturaleza *interdisciplinaria*. Integra las ciencias del comportamiento (el sistema de conocimientos acerca de cómo se comportan las personas y por qué lo hacen así) con otras ciencias

Interdisciplinaria

sociales que pueden contribuir con él. De esas disciplinas, aprovecha todas las ideas que mejoran las relaciones entre las personas y organizaciones. Su naturaleza interdisciplinaria es similar a la de la medicina, en que se aplican conocimientos de las ciencias físicas, biológicas y sociales en la práctica médica.

Otra ventaja del comportamiento organizacional es su base emergente de *conocimientos de investigación y marcos de referencia conceptuales*. El campo del comportamiento organizacional se ha profundizado y ensanchado, además de que continúa madurando. Las claves de su éxito pasado y futuro giran alrededor de procesos relacionados con el desarrollo de teorías, investigaciones y práctica administrativa. Las **teorías** brindan explicaciones acerca de cómo piensan, sienten y actúan las personas, y por qué lo hacen así. Permiten identificar variables importantes y vincularlas para formar proposiciones tentativas que sea posible verificar mediante investigaciones. Además, las buenas teorías son prácticas, pues atienden problemas significativos del comportamiento, contribuyen a nuestra comprensión de ellos y brindan lineamientos para el pensamiento y la acción de los administradores. En esta obra, se presentan de manera directa varias teorías interesantes y prácticas.

La **investigación** es el proceso de recopilar e interpretar datos pertinentes, que sustentan una teoría o ayudan a cambiarla. Las hipótesis de investigación son afirmaciones susceptibles de prueba que conectan las variables de una teoría y sirven de guía en el proceso de recopilación de datos. Éstos se generan mediante diversos métodos de investigación, como los estudios de caso, experimentos de campo y laboratorio, y encuestas.[4] Los resultados de estas investigaciones, que se publican en revistas diversas, influyen en la teoría que se analiza y en las prácticas administrativas futuras.

La investigación es un proceso continuo en que se descubren de manera constante conocimientos valiosos acerca del comportamiento. Seguir una línea de investigación es como explorar un río, por ejemplo, el Mississippi, desde su nacimiento en manantiales del norte de Minnesota hasta su enorme desembocadura en el Golfo de México. De igual modo que un recorrido por todo el río permite apreciar mejor su crecimiento, el análisis de las investigaciones ayuda a entender en mayor grado la evolución de las ideas principales del comportamiento organizacional en el tiempo. Por ende, en sitios apropiados de la obra se presentan brevemente los aspectos principales de decenas de investigaciones pertinentes.

No obstante lo anterior, ni las investigaciones ni las teorías son útiles solas. Los administradores aplican los modelos teóricos para estructurar su pensamiento y aprovechan los resultados de las investigaciones como guías pertinentes de su propia situación. De tal manera, existe un flujo natural y saludable de las teorías y la investigación a la **práctica**, que es la aplicación consciente de los modelos conceptuales y resultados de investigaciones para mejorar el rendimiento individual y organizacional en el trabajo.

También existe una función vital que los administradores desempeñan en la otra dirección: el desarrollo de la teoría y la realización de investigaciones. La retroalimentación de quienes practican las teorías indica si éstas y los modelos son simples o complejos, realistas o artificiales, y útiles o inútiles. Las organizaciones sirven como sitios de investigación y proporcionan los sujetos para los diversos estudios. Como se muestra en la figura 1-2, existe una interacción bidireccional de cada par de procesos, y los tres procesos son fundamentales para el futuro del comportamiento organizacional. Deben crearse mejores modelos, hay que emprender investigaciones basadas en las teorías y los administradores tienen que ser receptivos a ambas fuentes y aplicarlas en su trabajo.

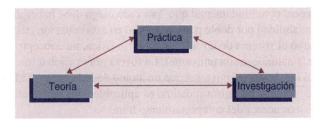

FIGURA 1-2

Interacción de la teoría, las investigaciones y la práctica en el comportamiento organizacional, y ejemplos de fuentes de cada uno

Ejemplos de fuentes		
Información teórica	**Información de investigación**	**Información práctica**
Academy of Management Review	Academy of Management Journal	Academy of Management Executive
Human Relations	Journal of Applied Psychology	Organizational Dynamics
Administrative Science Quarterly	Journal of Management	Harvard Business Review
Psychological Bulletin	Organizational Behavior and Human Decision Processes	Business Horizons
Annual Review of Psychology	Journal of Organizational Behavior	California Management Review

Por fortuna, una tercera ventaja del comportamiento organizacional es la *aceptación creciente de la teoría e investigación* por los administradores en ejercicio. Su disposición favorable para explorar nuevas ideas explica que esta undécima edición de *Comportamiento organizacional* incluya una amplia muestra de teorías y resultados de investigaciones. Hoy, los administradores son más receptivos a los nuevos modelos, apoyan las investigaciones correspondientes y experimentan ávidamente con las nuevas ideas. Son abundantes los ejemplos de este diálogo creciente entre el mundo de la ciencia y el de la práctica, como se aprecia en los experimentos de grupos autoadministrados, práctica que se describe más adelante (capítulo 13). Se trata de ejemplos de los tipos de prácticas organizacionales que, aunadas a la investigación y desarrollo de teorías, continúan mejorando el rendimiento organizacional. Algunos investigadores lograron identificar las preguntas clave, diseñaron estudios apropiados y presentaron los resultados y sus conclusiones. Otros examinan los estudios correspondientes y los emplean para crear modelos y teorías que explican los conjuntos de resultados y ayudan a guiar estudios futuros. En consecuencia, el comportamiento organizacional ha progresado mucho y continuará siendo de vital importancia en el siglo XXI. En la figura 1-2 se ejemplifican las fuentes de información sobre la teoría, investigación y práctica del CO.

CONCEPTOS FUNDAMENTALES

Cada campo de las ciencias sociales o incluso de las ciencias exactas tiene una base filosófica de conceptos básicos que guían su desarrollo. Por ejemplo, en contabilidad es un concepto fundamental que "por cada cargo debe haber un abono". Todo el sistema de contabilidad por doble partida se basó en esta ecuación cuando, muchos años atrás, sustituyó al sistema de un solo asiento. En física, un concepto básico es que los elementos de la naturaleza son uniformes. La fuerza gravitacional funciona de manera uniforme en Tokio y Londres, mientras que un átomo de hidrógeno es idéntico en Moscú y Washington. Aunque tal uniformidad no es aplicable a las personas, sí existen ciertos conceptos básicos acerca del comportamiento humano.

Como se ilustra la figura 1-3, el comportamiento organizacional parte de un conjunto de conceptos fundamentales que giran alrededor de la naturaleza de las personas y organizaciones. Estos conceptos son principios perdurables que constituyen un fundamento sólido del CO. A continuación, se resumen estas ideas, que se detallan en capítulos ulteriores.

Naturaleza de las personas

En lo referente a las personas, existen seis conceptos básicos: diferencias individuales, percepción, la persona como entidad, comportamiento motivado, deseo de participación y valor de la persona.

Diferencias individuales   Las personas tienen mucho en común (se emocionan con un logro y sufren ante la pérdida de un ser amado); pero también cada persona difiere de las demás (¡y esperamos que quienes nos sigan sean diferentes!). La idea de las **diferencias individuales** está sustentada en la ciencia. Cada persona difiere de las demás, probablemente en millones de formas, de igual modo que el DNA de cada quien es diferente, hasta donde se sabe. Además, estas diferencias suelen ser sustantivas, no insignificantes. Por ejemplo, piense en los miles de millones de células cerebrales y de posibles combinaciones de conexiones y experiencias que se almacenan en ellas. Todas las personas son distintas y esta diversidad se debe reconocer y considerar como un activo valioso en las empresas.

La idea de las diferencias individuales proviene de la psicología. Desde el nacimiento, cada individuo es singular (por influencia de la *naturaleza*) y las experiencias individuales después del nacimiento tienden a hacer que las personas sean incluso más diferentes (como efecto de la *crianza*). Las diferencias individuales significan que los

FIGURA 1-3

Conceptos fundamentales del comportamiento organizacional

Naturaleza de las personas	Naturaleza de las organizaciones
• Diferencias individuales	• Sistemas sociales
• Percepciones	• Interés mutuo
• La persona como un todo	• Ética
• Comportamiento motivado	
• Deseo de participación	
• Valor de la persona	

administradores pueden motivar de manera óptima a los empleados si les dan trato distinto. Si no hubiera diferencias individuales, podría adoptarse una forma estándar de tratar a los empleados, para lo que se requeriría un mínimo de juicio. Las diferencias individuales precisan que el trato del administrador hacia los empleados sea individual, no estadístico. Esta creencia de que cada persona difiere de las demás suele llamarse **ley de las diferencias individuales**.

Ley de las diferencias individuales

Percepción Las personas ven el mundo y su contenido de manera distinta. Incluso cuando se les muestra el mismo objeto, dos personas podrían verlo en forma diferente. Su punto de vista del ambiente objetivo está coloreado por la **percepción**, que es la forma singular en que cada persona ve, organiza e interpreta su entorno. Los individuos utilizan un marco de referencia organizado, formado con experiencias y valores acumulados durante toda una vida. Tener puntos de vista singulares es lo que hace de las personas seres humanos, no máquinas racionales.

Los empleados ven su mundo laboral de maneras distintas, por diversas razones. Es factible que difieran en su personalidad, necesidades, factores demográficos y experiencias o que se encuentren en entornos físicos, periodos cronológicos o contextos sociales diferentes. Sin importar cuáles sean las razones, *tienden a actuar de acuerdo con sus percepciones*. En lo fundamental, cada persona parecería decir: "Reacciono no a un mundo objetivo, sino a un mundo que juzgo con base en mis propias creencias, valores y expectativas". Esta forma de reacción lleva al proceso de **percepción selectiva**, en la que el individuo suele prestar atención a características de su ambiente laboral que son compatibles con sus propias expectativas o las refuerzan. La percepción selectiva no sólo puede causar malentendidos en relación con acontecimientos específicos en el trabajo, sino también llevar a una rigidez futura en la búsqueda de nuevas experiencias. Los administradores deben aprender a esperar diferencias de percepción en sus empleados, aceptarlos como seres emocionales, y administrarlos de manera individualizada.

Percepción selectiva

La persona como entidad Aunque a ciertas organizaciones les gustaría emplear sólo las habilidades o el cerebro de sus empleados, en realidad contratan a la persona como un todo, no sólo algunas de sus características. Los diversos rasgos humanos pueden estudiarse por separado, si bien en el análisis definitivo son parte de un sistema que compone a la persona completa. Las habilidades no existen independientemente de los antecedentes o conocimientos. La vida en el hogar no puede separarse por completo de la vida laboral, de igual modo que no es posible separar los problemas emocionales de los padecimientos físicos. Las personas funcionan como seres humanos completos.

> A manera de ejemplo, un supervisor quería contratar a una vendedora de telemercadeo, Anita Wilkins. Ella era una persona talentosa, experimentada y dispuesta a trabajar en el segundo turno. Sin embargo, cuando se le ofreció el puesto, respondió diciendo que necesitaría empezar media hora más tarde los miércoles, ya que el servicio de niñera no estaba disponible hasta entonces. Por añadidura, tenía un impedimento leve, de modo que su estación de trabajo requería un ajuste considerable de altura. Así pues, su supervisor tenía que considerar sus necesidades como persona en su totalidad, no simplemente como trabajadora.

Cuando los administradores ponen en práctica las ideas del comportamiento organizacional, intentan obtener mejores empleados; pero también desean mejores *personas*

Mejor persona

en lo referente a su crecimiento y realización personal. Los puestos conforman a las personas hasta cierto punto a medida que los ejercen, de modo que los administradores deben tener en cuenta el efecto que el puesto tiene en la persona como un todo. Los trabajadores pertenecen a muchas otras organizaciones, además de la de su patrón, y tienen que desempeñar numerosas funciones dentro y fuera de la empresa. Si es posible que mejore la persona, los beneficios se amplían de la organización a la sociedad en que vive el empleado.

Comportamiento motivado Aprendemos de la psicología que el comportamiento normal tiene ciertas causas. Éstas suelen relacionarse con las necesidades de la persona o con las consecuencias que resultan de sus actos. En el caso de las necesidades, las personas están motivadas no por lo que *pensamos* que deberían tener, sino por lo que *ellas* quieren. Para el observador externo, las necesidades del individuo tal vez no estén apegadas a la realidad, si bien todavía ejercen el control. Ello hace que los administradores tengan dos formas básicas de motivar a las personas. Pueden mostrar que ciertas acciones incrementan su satisfacción de necesidades o indicar cómo podría disminuir tal satisfacción si sus acciones son desaconsejables. Está claro que el mejor enfoque es el que se encamina a la satisfacción de necesidades. La motivación es indispensable para el funcionamiento de las organizaciones y, sin importar con cuánta tecnología y equipo cuente una organización, esos recursos no pueden usarse hasta que los liberen y guíen personas motivadas.

> Piense por un minuto en el Concorde —el avión de pasajeros supersónico— estacionado en el extremo de una pista en un aeropuerto de la ciudad de Nueva York. Se ha cargado ya combustible en la aeronave para su viaje de regreso a Europa, el equipaje está en el compartimento correspondiente, se han vendido los boletos y los pasajeros han abordado. Se cuenta con el plan de vuelo y el avión ha recibido autorización para despegar. Sin importar cuán bien se haya realizado todo este trabajo preliminar, el avión no puede moverse ni un centímetro por la pista hasta que el piloto arranque la marcha y proporcione combustible a los motores a chorro; es decir, hasta que se proporcione la "motivación" de la potencia. De igual modo, en una organización la motivación pone en marcha los motores y mantiene el funcionamiento efectivo de ésta.

Deseo de participación En la actualidad, muchos empleados buscan activamente oportunidades en el trabajo para participar en decisiones importantes, con lo que aportan sus talentos e ideas al éxito de la organización. Están ávidos de una oportunidad para compartir lo que saben y aprender de la experiencia. Por ende, las organizaciones necesitan brindar oportunidades para la participación significativa. Ello puede lograrse mediante el *empowerment* de los empleados, práctica que genera beneficios mutuos para ambas partes.

Valor de la persona Las personas merecen trato distinto del que se da a los demás factores de la producción (terreno, capital, tecnología) porque ocupan un orden superior en el universo. A causa de esta distinción, quieren que las traten con interés, respeto y dignidad, trato que exigen cada vez más de sus patrones. Se rehúsan a aceptar la vieja idea de que son simplemente herramientas económicas, quieren ser valoradas por sus conocimientos y habilidades, además de tener oportunidades para desarrollarse.

Naturaleza de las organizaciones

En lo referente a las organizaciones, los tres conceptos clave son que se trata de sistemas sociales, están formados con base en intereses mutuos y deben dar trato ético a los empleados.

Sistemas sociales   Se aprende de la sociología que las organizaciones son sistemas sociales, por lo que sus actividades están regidas por leyes sociales y psicológicas. De igual modo que las personas tienen necesidades psicológicas, también poseen roles y estatus sociales. Su comportamiento está influido por su grupo y por sus intereses individuales. De hecho, en las organizaciones coexisten dos tipos de sistemas sociales. Uno es el sistema social formal (oficial), y el otro, el sistema social informal.

La existencia de un sistema social implica que en el ambiente de una empresa prevalece el cambio dinámico, no el conjunto estático de relaciones que se muestra en el organigrama. Todas las partes del sistema son interdependientes y cada una está sujeta a la influencia de las demás; todo se relaciona con todo.

> Los efectos del sistema social en sentido amplio pueden verse en la experiencia de una supervisora, Glenda Ortiz. La señorita Ortiz castigó a un empleado por transgredir las reglas de seguridad. Se limitó a aplicar el reglamento; la señorita Ortiz la consideró una acción de rutina. Sin embargo, el sindicato ya estaba molesto por lo que consideraba una aplicación excesiva de medidas disciplinarias por transgresiones de seguridad en otra división de la compañía. Quería mostrar solidaridad por sus miembros en la otra división e indicar a los administradores que no aceptaría un trato similar en ninguna otra. Por añadidura, el secretario general del sindicato, Jimmie Swallen, pensaba reelegirse y quería mostrar a los miembros del sindicato que protegía sus intereses.
>
> El sindicato animó al empleado para que presentara una queja acerca de la medida disciplinaria de la señorita Ortiz, lo cual se convirtió en un complejo problema de relaciones laborales que consumió tiempo de muchas personas.

La idea de un sistema social constituye un marco de referencia para analizar los temas del comportamiento organizacional y ayuda a que los problemas de dicho comportamiento sean comprensibles y manejables.

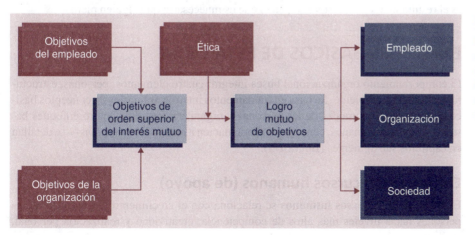

FIGURA 1-4

El interés mutuo constituye un objetivo de orden superior para los empleados, la organización y la sociedad

Interés mutuo Las organizaciones necesitan de las personas, y éstas, de las organizaciones. Las organizaciones tienen un propósito humano. Se forman y mantienen sobre la base de la **mutualidad de intereses** de sus participantes. Los administradores necesitan de los empleados para que les ayuden a alcanzar los objetivos de la empresa, y las personas, de las empresas para el logro de sus objetivos personales.[5] Si este interés mutuo falta, no tiene sentido tratar de conjuntar un grupo y lograr su cooperación, ya que no existiría una base común sobre la cual construir. Como se muestra en la figura 1-4, el interés mutuo constituye un objetivo de orden superior, que puede lograrse sólo mediante el esfuerzo integrado de los individuos y sus patrones.

Tratamiento ético

Ética El **trato ético** es necesario para atraer y retener a empleados valiosos, en una era en que las compañías prácticamente se pelean por los buenos trabajadores. A fin de tener éxito, las empresas deben tratar de manera ética a su fuerza de trabajo. Son cada vez más las compañías que reconocen estas necesidades y responden a ellas con diversos programas para garantizar niveles superiores de desempeño ético de administradores y empleados por igual. Muchas compañías han creado códigos de ética, hacen declaraciones públicas de sus valores éticos, proporcionan capacitación en ética, recompensan a los empleados por su comportamiento ético notable, hacen propaganda a los modelos de roles positivos y establecen procedimientos internos para controlar la conducta indebida. Han empezado a reconocer que, puesto que el comportamiento organizacional siempre se relaciona con la gente, la ética está implícita de una u otra manera en cada acción que las personas emprenden. (*Véase* la sección "Lo que leen los administradores" de este capítulo.) En virtud de la importancia de la ética, este tema se menciona repetidamente a lo largo de la obra.

Sistema de retribución triple

Cuando los objetivos y acciones de una organización son éticos, el interés mutuo crea un **sistema de retribución triple**, en que se satisfacen los objetivos del individuo, los de la organización y los de la sociedad. Las personas encuentran más satisfacción en su trabajo cuando hay cooperación y trabajo de equipo, ya que aprenden, crecen y contribuyen. La empresa también tiene más éxito, ya que funciona con mayor efectividad. Se mejora la calidad, así como los servicios y se reducen los costos. Quizá el mayor beneficiario del sistema de retribución triple sea la sociedad misma, que obtiene mejores productos y servicios, ciudadanos más capaces y un ambiente global de cooperación y progreso. Éste es el resultado del ganar tripartito, en el que es innecesario que alguien pierda.

ENFOQUES BÁSICOS DE ESTA OBRA

El comportamiento organizacional busca integrar cuatro elementos: personas, estructura, tecnología y ambiente. Se basa en fundamentos interdisciplinarios de conceptos básicos acerca de la naturaleza de las personas y organizaciones. Los cuatro enfoques básicos —recursos humanos, contingencia, orientación a resultados y sistemas— se detallan en capítulos subsiguientes (figura 1-5).

Enfoque de recursos humanos (de apoyo)

El **enfoque de recursos humanos** se relaciona con el crecimiento y desarrollo de las personas hacia niveles más altos de competencia, creatividad y realización personal,

Lo que leen los administradores

En su obra *Choosing the Right Thing To Do*, David Shapiro afirma que los empleados de todas las edades tienen la necesidad creciente de orientación moral en el trabajo, quizá debido a la ausencia de tal preparación ética en su educación. Plantean que las organizaciones necesitan la certeza de que los trabajadores emprendan constantemente acciones éticas, incluso en ausencia de supervisión directa. En vez de distribuir listas detalladas de lineamientos éticos, Shapiro plantea que los administradores brinden un conjunto de "prismas morales", a través de los cuales el empleado pueda determinar cuál sería su comportamiento correcto. Estos prismas, con la pregunta fundamental que debe hacerse según cada uno, incluyen los siguientes:

- *Ética de virtudes*: ¿Qué haría una persona muy virtuosa en esta situación?
- *Ética de resultados*: ¿Qué acciones garantizarían más efectivamente el logro de mis objetivos en el corto y largo plazos?
- *Ética universal*: ¿Qué ocurriría si todo mundo tuviera un comportamiento similar al que estoy considerando?
- *Ética de exposición pública*: ¿Cómo actuaría si todos supieran lo que planeo hacer?
- *Ética de preocupación*: ¿Qué acción contribuiría más a una relación comprensiva con las personas que sufrirían los efectos de esta acción y sostendría tal relación?

Fuente: David A. Shapiro, *Choosing the Right Thing To Do*, San Francisco, Berrett-Koehler Publishers, 1999.

puesto que las personas son el recurso central de toda organización y toda sociedad. La naturaleza del enfoque de recursos humanos puede entenderse si se compara con el enfoque administrativo convencional de comienzos del siglo XX. En éste, los administradores decían qué debía hacerse y luego controlaban de cerca a los empleados para lograr su rendimiento en las tareas necesarias. La administración era directiva y de control.

Por otra parte, el enfoque de recursos humanos se basa en el apoyo. Ayuda a que los empleados se conviertan en personas mejores y más responsables, después de lo cual intenta crear un ambiente en que puedan contribuir hasta el límite de su capacidad mejorada.[6] Este enfoque supone que las capacidades y oportunidades ampliadas de las personas lleva directamente al mejoramiento de la efectividad operativa. La satisfacción en el trabajo también es un resultado directo cuando los empleados aprovechan al máximo sus capacidades. En lo fundamental, el enfoque de recursos humanos significa que

De recursos humanos (de apoyo)	Se alientan y apoyan el crecimiento y desarrollo de los empleados.
De contingencia	Los diversos ambientes requieren comportamientos diferentes de los administradores, para que sean efectivos.
Orientado a resultados	Los resultados de los programas de comportamiento organizativo se evalúan con base en su eficacia.
De sistemas	Todas las partes de la organización interactúan en una relación compleja.

FIGURA 1-5

Enfoques básicos del libro

mejores personas logran mejores resultados. Es algo que se ilustra de alguna manera con un antiguo proverbio:

Dadle un pescado a una persona, y la alimentaréis un día;
Enseñadle a pescar, y la alimentaréis durante toda su vida.

Enfoque de apoyo

Otro nombre para el enfoque de recursos humanos es el de **enfoque de apoyo**, puesto que la función principal del administrador cambia del control de empleados al apoyo activo de su crecimiento y rendimiento. El modelo de apoyo del comportamiento organizacional es tema de análisis más detallado en el capítulo 2.

Enfoque de contingencia

La administración convencional se basaba en los principios de proporcionar "la mejor forma" de administrar. Existía una forma correcta de organizar, delegar responsabilidades y dividir el trabajo. Esa manera correcta se aplicaba sin importar el tipo de empresa o situación. Se consideraba que los principios administrativos eran universales. En la medida en que se perfeccionó la disciplina del comportamiento organizacional, muchos de sus seguidores también apoyaron el concepto de la universalidad. Se suponía que las ideas sobre el comportamiento se aplicaban en cualquier tipo de situación. Un ejemplo de ello era la creencia de que el liderazgo orientado a empleados debe ser invariablemente mejor que el orientado a tareas, sin importar las circunstancias. Aunque de vez en cuando podía admitirse una excepción, por lo general las primeras ideas se aplicaban de manera universal.

El punto de vista más aceptado en el siglo XX fue que existían unos cuantos conceptos aplicables en todos los casos. Sin embargo, las situaciones son mucho más complejas de lo que se había percibido inicialmente y las diferentes variables requieren enfoques de comportamiento distintos. El resultado es el **enfoque de contingencia** del comportamiento organizacional, que significa que *situaciones distintas requieren prácticas de comportamiento diferentes para ser efectivas.*

La pregunta clave es *cuándo* usar un enfoque particular, tema que frecuentemente se pasa por alto al analizar el CO de contingencia. Una teoría adecuada y el uso cuidadoso de los resultados de investigaciones pueden ayudar a que los administradores vayan más allá de la expresión simplista "eso depende..." Lo más importante de familiarizarse con los resultados de las investigaciones del CO y los modelos pertinentes es ayudar a que los administradores encuentren las respuestas a la cuestión de "cuándo". *Los administradores necesitan saber según cuáles condiciones deben seleccionar un enfoque del comportamiento en vez de otro* y el de contingencia puede ayudarlos a lograrlo.

No existe una mejor forma

Ya no existe una forma óptima. Cada situación debe analizarse con minuciosidad para determinar las variables significativas que operan, a fin de establecer los tipos de prácticas de eficacia máxima. La fortaleza del enfoque de contingencia reside en que alienta el análisis de cada situación antes de actuar, al mismo tiempo que desalienta la práctica habitual basada en supuestos universales acerca de las personas. Además, el enfoque de contingencia es más interdisciplinario y más orientado a sistemas y a las investigaciones, en comparación con el enfoque convencional. De tal suerte, ayuda a que los administradores aprovechen mejor todos los conocimientos actuales acerca de las personas en las organizaciones.

Enfoque orientado hacia los resultados

Todas las organizaciones necesitan lograr resultados pertinentes. Un objetivo predominante en muchas de ellas es el de ser productivas, de modo que esta **orientación hacia los resultados** es un aspecto común del comportamiento organizacional. La **productividad**, en su definición más sencilla, es una proporción que compara las unidades de productos con las de insumos, con frecuencia contra una norma predeterminada. Si es factible generar más productos con la misma cantidad de insumos, se ha mejorado la productividad. De igual manera, si se puede reducir la cantidad de insumos para obtener la misma cantidad de producto, ha ocurrido una mejoría de productividad. La idea de productividad no implica que deban generarse más productos, en vez de lo cual es una medida de cuán eficientemente se producen. Por consiguiente, una mejor productividad es una medida valiosa de cuán bien se utilizan los recursos en una sociedad. Significa que se consume menos para generar cada unidad de producto. Hay menos desperdicio y una mayor conservación de los recursos, resultado que cada vez valoran más personas en las sociedades.

Productividad

La productividad suele medirse con base en insumos y productos económicos; pero también son importantes los insumos y productos humanos y sociales. Por ejemplo, si el mejor comportamiento organizacional puede incrementar la satisfacción con el trabajo, se tiene un resultado humano. De la misma manera, se obtiene un resultado social valioso cuando los programas de desarrollo de empleados llevan como producto secundario el mejoramiento de los ciudadanos de una comunidad. Las decisiones de comportamiento organizacional suelen abarcar cuestiones humanas, sociales y económicas, de modo que a lo largo de la obra se analizan diversos productos orientados a resultados del comportamiento organizacional efectivo.

Insumos y productos múltiples

Muchas de esas mediciones se entrelazan con la práctica habitual del **control de calidad total** (**TQM**, por sus siglas en inglés). Éste es un intento integrado por mejorar la calidad de los productos o servicios de una empresa mediante diversas técnicas y capacitación. Suele orientarse a generar un alto grado de satisfacción del cliente al escucharlo atentamente, formar sociedades con proveedores, buscar mejoras continuas en los métodos operativos, capacitar a los empleados en la comprensión y uso de herramientas estadísticas, y lograr la participación significativa de los empleados en sistemas basados en equipos.

Una fórmula La función que el comportamiento organizacional desempeña en la creación de los resultados en las organizaciones se ejemplifica con un conjunto de factores y la relación entre ellos (figura 1-6). En primer término, considérese la capacidad del trabajador. En general, se acepta que el producto de los conocimientos por las habilidades

1. Conocimiento × habilidad = capacidad
2. Actitud × situación = motivación
3. Capacidad × motivación = rendimiento humano potencial
4. Rendimiento potencial × recursos × oportunidad = resultados organizacionales

FIGURA 1-6

Ecuaciones que muestran la función del comportamiento organizacional en los sistemas de trabajo

personales al aplicar esos conocimientos constituye el rasgo humano llamado *capacidad* (*véase* la ecuación 1). La capacidad puede mejorarse con la contratación de mejores trabajadores (por ejemplo, los que tengan mayor potencial de aprendizaje, mayor experiencia y deseo de éxito) o brindando a los empleados existentes capacitación relacionada con su trabajo. La *motivación* resulta de las actitudes de una persona que reacciona en una situación específica (*véase* la ecuación 2). En esta obra, se resaltan las actitudes de los empleados (en el capítulo 9) y los efectos que los factores circunstanciales (como el liderazgo, que se estudia en el capítulo 7) tienen para determinar la motivación.

La interacción de la capacidad con la motivación determina el *rendimiento potencial* de una persona en cualquier actividad (*véase* la ecuación 3). Por supuesto, el comportamiento organizacional también participa en la motivación de los trabajadores para que adquieran el otro factor, la capacidad. El potencial de rendimiento humano tiene que mezclarse con los *recursos* y el trabajador debe recibir la *oportunidad* de brindar su rendimiento para lograr los *resultados organizacionales* (como se indica en la ecuación 4).[7] Los recursos, como las herramientas, energía eléctrica y otros insumos, se relacionan principalmente con factores económicos, materiales y técnicos de la organización. El comportamiento organizacional desempeña una función clave en cuanto a brindar oportunidades para manifestar el rendimiento, como se analiza en relación con la necesidad de *empowerment*, en el capítulo 8.

Enfoque de sistemas

Tratar a la organización como un sistema reviste importancia fundamental para su éxito. Los elementos fundamentales de un **enfoque de sistemas** abarcan:

1. Existen numerosas variables en el sistema.
2. Las partes del sistema son interdependientes (una parte afecta a muchas otras, y viceversa, en formas complejas).
3. Los sistemas grandes contienen numerosos subsistemas.
4. Los sistemas habitualmente requieren insumos, llevan a cabo algún proceso y generan productos.
5. El mecanismo insumos-proceso-producto es cíclico y autosustentado (es continuo y repetitivo, y utiliza la retroalimentación para ajustarse).
6. Los sistemas generan resultados positivos y negativos.
7. Los sistemas traen consecuencias intencionadas y no intencionadas.
8. Las consecuencias de los sistemas pueden ser de corto plazo, de largo plazo o de ambos tipos.

Comportamiento organizacional integral (holístico)

Así pues, el enfoque de sistemas obliga a que los administradores tengan un punto de vista integral del tema. El **comportamiento organizacional integral** (u **holístico**) interpreta las relaciones personas-organizaciones con base en la persona, el grupo, la organización y el sistema social completos. Asume un punto de vista amplio de las personas en las organizaciones, con el fin de entender la mayor cantidad posible de factores que influyen en el comportamiento de las personas. Los problemas se analizan con base en toda la situación que tiene efecto en ellos, no como situaciones o problemas aislados.

El punto de vista de sistemas debe interesar a cada uno de los miembros de una organización. Tanto el empleado del mostrador de servicio como el maquinista o el administrador trabajan con personas y, de tal suerte, influyen en la calidad de vida del comportamiento en una empresa y en los productos que genera ésta. Sin embargo, los administradores tienden a tener una mayor responsabilidad, ya que son quienes toman gran parte de las decisiones que afectan cuestiones humanas y que sus actividades cotidianas se relacionan con personas. Así pues, la función de los administradores es emplear el comportamiento organizacional para alcanzar objetivos individuales, organizacionales y sociales. Los administradores ayudan a crear una cultura organizacional en la que se utilizan y desarrollan los talentos, se motiva a las personas, los equipos se vuelven productivos, la organización logra sus objetivos y la sociedad recibe los beneficios.

No obstante lo anterior, en ocasiones el comportamiento de los administradores genera efectos tanto negativos como positivos. Es necesario llevar a cabo un **análisis de costo-beneficio** para determinar si las posibles acciones tendrán efecto positivo o negativo neto (figura 1-7). Los administradores deben preguntarse qué ganarían con el acatamiento rígido de una política, de un nuevo sistema de remuneración o de diferentes métodos de organizar el trabajo. Al mismo tiempo, deben reconocer que existen muchos costos directos e indirectos de las acciones que emprendan, que pueden incluir la desaceleración del trabajo, tasas de ausentismo más altas u otras consecuencias de la insatisfacción de los trabajadores. El proceso de crear un análisis de costo-beneficio también obliga a que los administradores vean más allá de las consecuencias inmediatas de sus acciones. Emprender tal análisis habría sido útil para la supervisora de una fábrica de mobiliario en el caso siguiente.

Análisis de costo-beneficio

> En el departamento de tapicería de una fábrica de muebles, una supervisora rechazó la petición de una empleada, que deseaba un permiso sin goce de sueldo para asistir al funeral de una prima en segundo grado, en una ciudad distante 320 km. La empleada afirmaba que su relación especial con esa prima requería su presencia y se tomó dos días sin permiso. Cuando regresó, la supervisora la castigó suspendiéndola un día sin goce de sueldo. Los empleados de otros departamentos se enteraron del incidente y consideraron que la medida era injusta; así pues, todos interrumpieron sus labores y se declararon en huelga, amenazando con no regresar al trabajo hasta que la supervisora retirara el castigo. La supervisora no previó que sus acciones en su departamento podrían tener efecto más allá de su jurisdicción, en el nivel de la fábrica.

El enfoque de sistemas se aplica particularmente al sistema social y la idea de la cultura organizacional, que se analiza en el capítulo 4.

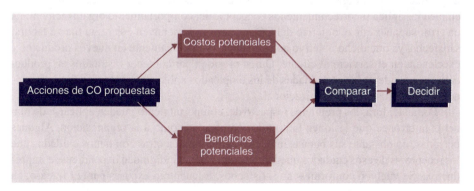

FIGURA 1-7

Análisis de costo-beneficio de las opciones de comportamiento organizacional

LIMITACIONES DEL COMPORTAMIENTO ORGANIZACIONAL

Esta obra se redactó desde un punto de vista especializado que resalta en principio el lado humano de las organizaciones y los beneficios que prestarle atención a este tema puede traer consigo. Se informa continuamente de los resultados de investigaciones en las que se identifican beneficios en áreas como el ausentismo, la rotación de personal, el nivel del estrés y el rendimiento de los empleados. No obstante, también deben reconocerse las limitaciones del comportamiento organizacional, pues éste no anula los conflictos ni la frustración, únicamente puede reducirlos; se trata de una forma de mejorar, no de una respuesta o panacea absoluta a los problemas. Además, es apenas una parte de una organización. Es posible analizar el comportamiento organizacional como un tema separado; pero su aplicación requiere vincularlo con la realidad. Mejorar el comportamiento organizacional no resuelve el desempleo; tampoco contrarresta las deficiencias existentes; no puede ser sustituto de la planeación deficiente, la organización inepta o los controles inadecuados. Es tan sólo uno de los numerosos sistemas que operan en un sistema social más amplio. Esta sección tiene el propósito de alertar al lector respecto de tres limitaciones importantes del CO (prejuicios respecto del comportamiento, rendimientos decrecientes y manipulación poco ética) y de otros problemas.

Prejuicios respecto del comportamiento

Las personas que carecen de comprensión de los sistemas pueden presentar **prejuicios respecto del comportamiento**, lo que los lleva a tener un punto de vista limitado en que se resaltan las experiencias que satisfacen a los empleados mientras se pasa por alto el sistema más amplio de la organización y su relación con todos sus públicos. Este problema es un reflejo de la **visión de túnel**, en que la persona tiene punto de vista limitado, como si viera a través de un túnel o usara anteojeras. Tan sólo aprecia la vista limitada en el otro extremo del túnel, mientras que pasa por alto el paisaje circundante.

Debe resultar evidente que la preocupación por los empleados puede llevarse a un grado de exageración tal que se pierda el propósito original de unir a la gente, es decir, lograr resultados organizacionales productivos para la sociedad. El comportamiento organizacional correcto ayuda al logro de los propósitos de la organización, pero no los sustituye. Quien hace caso omiso de las necesidades de los demás como consumidores de productos de la organización y se convierte en defensor de las necesidades de los empleados aplica incorrectamente los conceptos del comportamiento organizacional. Es un error suponer que el objetivo del CO reside simplemente en crear una fuerza laboral satisfecha, ya que dicho objetivo no se traduce automáticamente en nuevos productos y excelencia en el servicio al cliente. Quien presiona para obtener resultados en producción sin considerar las necesidades de los empleados aplica de manera igualmente errónea el comportamiento organizacional.

Por añadidura, los prejuicios respecto del comportamiento pueden aplicarse de manera tan errónea que lesionen tanto a los empleados como a la organización. Algunas personas, no obstante sus buenas intenciones, abruman a otras con tantos cuidados que los receptores de esos cuidados quedan reducidos a una indignidad dependiente e improductiva. Se vuelven conformes, no satisfechos. Encuentran excusas para el fracaso, en

---

Existen problemas en la naturaleza y uso del comportamiento organizacional

La visión de túnel restringe la objetividad

vez de asumir la responsabilidad por el éxito. Carecen de disciplina y respeto de sí mismos. Tal como ocurrió hace años con la administración científica, los partidarios excesivamente diligentes de la preocupación por las personas pueden aplicarla de manera indebida, hasta el punto de que se vuelva dañina.

Ley de los rendimientos decrecientes

El énfasis excesivo en una práctica de comportamiento organizacional puede generar resultados negativos, como lo indica la **ley de los rendimientos decrecientes**.[8] Es un factor limitante del comportamiento organizacional de igual manera que en la economía. En ésta, la ley de los rendimientos decrecientes se refiere a la cantidad cada vez menor de producción adicional cuando se agrega una cantidad de insumos mayor que la aconsejable a determinada situación económica. Después de cierto punto, la producción por cada unidad de insumo agregado tiende a ser cada vez menor. La producción adicional tarde o temprano llegaría a cero e incluso continuaría disminuyendo cuando se agreguen más unidades de insumo.

Un factor limitante

> Un granjero que contrata un peón para trabajar 20 hectáreas de terreno podría duplicar la producción si agrega otro peón. Habría resultados similares si se duplica la fuerza laboral a cuatro personas; pero pronto se llega a un punto en que el aumento de la producción conforme se añaden trabajadores es cada vez menor. Tarde o temprano, la producción disminuye porque la cantidad de trabajadores es excesiva, se deteriora la coordinación y los cultivos terminan aplastados por la multitud.

La ley de los rendimientos decrecientes en el comportamiento organizacional funciona de manera similar. Afirma que al llegar a cierto punto los aumentos de una práctica aconsejable producen rendimientos cada vez menores, que luego llegan a cero e incluso se vuelven negativos conforme se añaden más incrementos. Este concepto implica que *en cualquier situación dada, existe una cantidad óptima de una práctica aconsejable*, como el reconocimiento o participación. Cuando se excede dicho punto, disminuye el rendimiento. En otras palabras, que una práctica sea aconsejable no significa que una mayor cantidad de ella sea más aconsejable. *Más de algo bueno no es necesariamente bueno.*

¿Cómo funciona la ley de rendimientos decrecientes en el comportamiento organizacional?

> Los rendimientos decrecientes relacionados con diversos incentivos para alistarse en la marina estadounidense fueron tema de estudio en entrevistas con 1 700 civiles del sexo masculino. Se ofrecieron incentivos diferentes: bonos de $1 000 o de $3 000, dos o cuatro años de estudios universitarios gratuitos, y 10 o 25% del sueldo base por rendimiento excepcional. Ninguno de los tres incentivos de mayor cuantía produjeron una disposición más favorable para ingresar en la marina. De hecho, a los encuestados les pareció más atractivo el bono de 10%, lo cual hizo que los investigadores llegaran a la conclusión de que no sólo más no es necesariamente mejor, sino que "puede ser peor".[9]

Los rendimientos decrecientes no sólo se aplican a todas las situaciones humanas, sino que es un concepto tan amplio que resulta de uso general. Por añadidura, el punto exacto en que una aplicación resulta excesiva varía con las circunstancias, si bien es posible llegar a un exceso casi con cualquier práctica o costumbre.

¿Por qué existe la ley de los rendimientos decrecientes? En lo fundamental, se trata de un concepto de sistemas. Se aplica a causa del complejo sistema de las relaciones con muchas variables en una situación. Los hechos afirman que cuando existe una variable en exceso, incluso si es aconsejable, tiende a restringir los beneficios operativos de otras variables de manera tan considerable que disminuye la efectividad neta. Por ejemplo, la seguridad excesiva podría llevar a menos iniciativas y crecimiento de los empleados. Esta relación demuestra que la *eficacia organizacional se logra no al maximizar una variable humana, sino al trabajar con todas las variables del sistema en forma equilibrada.*

Manipulación poco ética de las personas

Una preocupación significativa en relación con el comportamiento organizacional es que *sus conocimientos y técnicas puedan usarse para manipular a las personas de manera poco ética así como para el desarrollo de su potencial.* Quienes carecen de respeto por la dignidad básica de los seres humanos podrían aprender las ideas del comportamiento organizacional y utilizarlas para fines egoístas. Podrían aprovechar lo que saben de motivación o comunicación en la **manipulación de personas**, sin considerar el bienestar humano. Quienes carecen de valores éticos podrían manipular a los demás de maneras poco éticas.

La *filosofía del comportamiento organizacional es de apoyo* y orientada hacia los recursos humanos. Busca mejorar el entorno humano y ayudar a que las personas desarrollen todo su potencial. Sin embargo, *los conocimientos y técnicas de esta disciplina puedan usarse para generar consecuencias negativas y positivas.* Esta posibilidad es válida en relación con los conocimientos de casi cualquier campo, de modo que no existe una limitación especial en el caso del comportamiento organizacional. Empero, debe actuarse con cautela para que no se use lo que se sabe acerca de las personas con el fin de manipularlas. La posibilidad de manipulación significa que quienes ostentan el poder en las organizaciones deben poseer un alto nivel de integridad ética y moral, y no abusar de su poder. A falta de liderazgo ético, los nuevos conocimientos aprendidos sobre las personas se convierten en un instrumento de posible abuso. El **liderazgo ético** reconoce principios como los siguientes:[10]

Los administradores éticos no manipulan a las personas

- *Responsabilidad social.* La responsabilidad hacia otros surge siempre que las personas tienen poder en una organización.
- *Comunicación abierta.* La organización debe operar como sistema abierto y bidireccional, donde se reciba abiertamente lo que aportan las personas y se les revelen de igual manera sus operaciones.
- *Análisis de costo-beneficio.* Además de los costos y beneficios económicos, los costos y beneficios humanos y sociales de una actividad deben analizarse para determinar si se procede o no con la actividad.

En la medida que la gente aprenda más acerca del comportamiento organizacional, será más difícil manipularla, si bien es una posibilidad que permanecerá latente. Es por eso que la sociedad necesita líderes éticos.

DESAFÍOS CONTINUOS

Búsqueda de correcciones rápidas

Un problema que ha afectado el comportamiento organizacional es la tendencia de las empresas a tener metas de corto plazo en cuanto al rendimiento esperado de los progra-

Consejos a futuros administradores

1. Recuerde que sus acciones tienen consecuencias en uno o más niveles del comportamiento organizacional: individual, interpersonal, grupal, intergrupal y del sistema. Por ende, trate de aumentar sus habilidades prediciendo los resultados y vigilando las consecuencias de sus decisiones.
2. Tenga disciplina para leer por lo menos un libro de la bibliografía de la teoría de la CO cada mes y busque aplicaciones de esa teoría.
3. Cree un inventario de diferencias observadas en sus empleados. Luego, exprese las consecuencias de esas diferencias (¿cómo los trataría con base en lo que conoce acerca de ellos?).
4. Identifique los problemas éticos que enfrenta. Coméntelos con sus empleados, de modo que ellos los entiendan, y dígales cuáles prismas morales probablemente afectarían su resolución de esos problemas.
5. Analice los resultados organizacionales de los que actualmente es responsable. Identifique uno de los principales factores que contribuyen a ellos (conocimientos, habilidades, actitudes, situación o recursos), sobre el cual ejerza mayor control, y elabore un plan para mejorarlo.
6. Examine un cambio potencial que quiera realizar. Identifique costos y beneficios, tanto directos como indirectos, y utilice esa información como ayuda para tomar decisiones.

mas de comportamiento. Esta búsqueda de una **corrección rápida** hace que en ocasiones los administradores adopten la moda más reciente, presten atención a los síntomas y hagan caso omiso de los problemas subyacentes, o fragmenten sus esfuerzos en la empresa. El surgimiento de programas de desarrollo organizacional que se enfocan en los cambios en el nivel del sistema y la creación de planes estratégicos de largo plazo para la administración de los recursos humanos ha ayudado a generar expectativas más realistas acerca de los empleados como un activo productivo.

Las expectativas inmediatas no están apegadas a la realidad

Algunos asesores y escritores de temas de administración han recibido el calificativo de "médicos brujos" por su defensa ciega de un solo enfoque como forma de resolver todos los problemas de una organización. Algunos conceptos administrativos que han sido promovidos ciegamente por uno o más autores son la administración por objetivos, ampliación de los puestos, capacitación de sensibilidad, tiempo de relajación, círculos de calidad, actitud visionaria y planeación estratégica. Desafortunadamente, estas soluciones rápidas suelen promoverse sobre la única base de historias interesantes y anécdotas personales. Se recomienda que los administradores consuman con cautela esos puntos de vista.[11]

Entornos variables

Otra dificultad que enfrenta el comportamiento organizacional es ver si las ideas que se han desarrollado y probado durante los periodos de crecimiento organizacional y abundancia económica persisten con igual éxito en nuevas circunstancias. De manera específica, el futuro cercano parece estar marcado por la demanda decreciente, recursos escasos y competencia más intensa. Es evidente que los conflictos y el estrés aumentarán cuando muchas empresas se estanquen, se reduzcan o incluso vean amenazada su supervivencia. ¿Serán útiles los mismos modelos de motivación en tales circunstancias? ¿Existen estilos de liderazgo diferentes que deban usarse en tales casos? ¿Se invertirá la tendencia hacia los procesos participativos? Puesto que no existen respuestas sencillas a estas y muchas otras preguntas, está claro que todavía habrá mucho espacio para el desarrollo ulterior del comportamiento organizacional.

¿Puede adaptarse el comportamiento organizacional al cambio?

Carencia de una definición única

El comportamiento organizacional, como disciplina relativamente nueva, ha experimentado ciertas dificultades para emerger como campo de estudio y aplicación claramente definido. A la fecha, existe falta de consenso acerca de su *unidad de análisis* (el individuo, el grupo o la organización), su mayor *necesidad* (como fuente de datos empíricos y teoría integradora o como base para la información aplicada), su *enfoque* principal (microtemas o macrotemas) y sus *contribuciones* principales.[12] Esta falta de una definición clara se complica con los criterios múltiples que pueden usarse para valorar su efectividad. En este sentido, los problemas incluyen la identificación de sus receptores pertinentes, el marco cronológico de corto o largo plazo para esperar resultados y su fundamentación en datos subjetivos u objetivos (percepciones o registros). Todos estos temas merecen atención y aclaración.

RESUMEN

El comportamiento organizacional es el estudio y aplicación de los conocimientos acerca de la forma en que las personas —como individuos y en grupo— actúan en las organizaciones. Sus objetivos consisten en lograr que los administradores sean más efectivos al describir, entender, predecir y controlar el comportamiento humano. Entre los elementos clave que deben considerarse, están las personas, la estructura, la tecnología y el ambiente externo. El comportamiento organizacional ha surgido como un campo interdisciplinario de mucho valor para los administradores. Se basa en investigaciones cada vez más sólidas y aprovecha ideas útiles y modelos conceptuales de muchas ciencias del comportamiento para mejorar la efectividad de los administradores.

Los conceptos fundamentales del comportamiento organizacional se relacionan con la naturaleza de las personas (diferencias individuales, percepciones, la persona como un todo, comportamiento motivado, deseo de participación y valor de la persona) y las organizaciones (sistemas sociales, interés mutuo y ética). Las acciones de los administradores deben tener una orientación holística o integral, para lograr objetivos de orden superior que interesan a los empleados, la organización y la sociedad. La administración efectiva puede lograrse óptimamente con la comprensión y uso de los enfoques de recursos humanos, de contingencia, orientados a resultados y de sistemas.

Los prejuicios respecto del comportamiento, la ley de rendimientos decrecientes y el uso poco ético de las herramientas del comportamiento organizacional pueden limitar la efectividad de esta disciplina. Los administradores deben cuidarse de aplicar el CO como corrección rápida, de no reconocer la influencia de los diferentes entornos y de suponer que el CO se interpreta de la misma manera en todas partes. Si se superan estas limitaciones, el CO debe producir una mejor calidad de vida, en la que haya mayor armonía en cada individuo, entre las personas y entre las organizaciones del futuro.

Términos y conceptos para revisión

Administración de la calidad total (TQM)
Análisis de costo-beneficio
Comportamiento organizacional
Comportamiento organizacional integral (holístico)
Corrección rápida
Diferencias individuales
Enfoque de apoyo
Enfoque de contingencia
Enfoque de recursos humanos

Enfoque de sistemas
Investigación
Ley de las diferencias individuales
Ley de los rendimientos decrecientes
Liderazgo ético
Manipulación de las personas
Mutualidad de intereses
Objetivos del comportamiento organizacional
Orientación a resultados
Percepción
Percepción selectiva
Práctica
Prejuicios respecto del comportamiento
Productividad
Sistema de triple retribución
Teorías
Tratamiento ético
Visión de túnel

Preguntas para análisis

1. Defina el comportamiento organizacional con sus propias palabras. Pida a un amigo o compañero de trabajo que haga lo mismo. Identifique y explore la naturaleza de las diferencias entre las dos definiciones.
2. Suponga que un amigo suyo afirma: "El comportamiento organizacional es egoísta y manipulador, ya que sólo sirve a los intereses de los administradores". ¿Cómo le respondería?
3. Ahora que empieza a entender el comportamiento organizacional, ¿por qué piensa que se ha convertido en un campo de interés?
4. Considere la afirmación "Las organizaciones necesitan de las personas, y las personas, de las organizaciones". ¿Es válida respecto de todos los tipos de organizaciones? Indique ejemplos de en cuáles lo sería y en cuáles es probable que no.
5. Repase los conceptos fundamentales que son la base del comportamiento organizacional. ¿Qué conceptos piensa que son más importantes que otros? Fundamente su respuesta.
6. Elija a uno de sus compañeros de trabajo o amigos. Identifique las cualidades que lo diferencian sustantivamente de usted. ¿Qué aspectos son básicamente similares? ¿Qué predominan, las diferencias o las similitudes?
7. Analice las características principales del sistema social en una organización donde haya trabajado. ¿En cuáles formas ese sistema social tuvo efectos positivos o negativos en su persona y su rendimiento laboral?
8. Repase los cuatro enfoques del comportamiento organizacional. A medida que lea la obra, elabore una lista de las formas en que se relacionan con cada tema principal.
9. Analice las fórmulas que llevan a la productividad organizacional efectiva. ¿Qué factores tienen mayor potencial de generar diferencias entre las organizaciones? ¿Qué puede hacerse para modificar los demás factores?
10. ¿Es lo mismo o son conceptos diferentes los prejuicios respecto del comportamiento y los rendimientos decrecientes del comportamiento organizacional? Analice el tema.

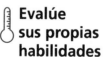

Evalúe sus propias habilidades

¿Cuán bien entiende el comportamiento organizacional?
Lea cuidadosamente las afirmaciones siguientes. Marque con un círculo el número de la respuesta en la escala que refleje mejor el grado en que cada afirmación lo describe con exactitud. Sume su puntuación total y prepare un breve plan de acción para su mejoramiento personal. Esté listo para presentar su calificación con fines de tabulación ante todo el grupo.

	Descripción satisfactoria									Descripción insatisfactoria
1. Entiendo plenamente la naturaleza y definición del comportamiento organizacional.	10	9	8	7	6	5	4	3	2	1
2. Puedo enumerar y explicar los cuatro objetivos principales del comportamiento organizacional.	10	9	8	7	6	5	4	3	2	1
3. No me causa dificultades explicar la interacción de la teoría, investigación y práctica en el comportamiento organizacional.	10	9	8	7	6	5	4	3	2	1
4. Estoy plenamente consciente de las formas en que las personas actúan con base en su percepción del mundo.	10	9	8	7	6	5	4	3	2	1
5. Pienso que muchos empleados tienen un intenso deseo de participar en la toma de decisiones.	10	9	8	7	6	5	4	3	2	1
6. Me es fácil explicar la función de la ética en el comportamiento organizacional.	10	9	8	7	6	5	4	3	2	1
7. Puedo resumir fácilmente la naturaleza básica del enfoque de contingencia del comportamiento organizacional.	10	9	8	7	6	5	4	3	2	1
8. Puedo enumerar y explicar cada uno de los factores de la fórmula para producir resultados organizacionales.	10	9	8	7	6	5	4	3	2	1
9. Puedo explicar por qué es apropiado un enfoque de sistemas del comportamiento organizativo.	10	9	8	7	6	5	4	3	2	1
10. Entiendo la relación entre el punto de vista de sistemas, los prejuicios respecto del comportamiento y la ley de rendimientos decrecientes en el comportamiento organizacional.	10	9	8	7	6	5	4	3	2	1

Calificación e interpretación   Sume los puntos que obtuvo en las 10 preguntas. Escríbalo aquí ____ e indique la calificación cuando se le pida.

- Si obtuvo de 81 a 100 puntos, parece tener una comprensión adecuada de los fundamentos del comportamiento organizacional.
- Si obtuvo de 61 a 80 puntos, observe y revise los temas que tuvieron una calificación baja y estudie de nuevo el material pertinente.

- Si obtuvo menos de 60 puntos, debe estar consciente de que su comprensión deficiente de varios conceptos podría ser un obstáculo para su éxito futuro como gerente. Le instamos a que revise el capítulo completo.

Ahora, identifique las tres calificaciones más bajas y escriba los números de pregunta aquí: ____, ____ y ____. Redacte un párrafo breve en que detalle, para usted mismo, un plan de acción de cómo mejoraría cada una de esas habilidades.

El representante de ventas transferido

Incidente

Harold Burns era representante de ventas de distrito de una empresa de aparatos electrodomésticos. Su distrito abarcaba la parte central de un estado del centro e incluía casi 100 establecimientos minoristas. Había trabajado en la compañía durante 20 años, y en su puesto y zona actuales por espacio de cinco años. A lo largo de ese lapso, alcanzó cada año su cuota de ventas distrital.

Un día, Burns se enteró, por medio de amigos de su comunidad, de que la esposa de un representante de ventas de otro distrito estaba en el pueblo e intentaba alquilar una casa. La señora había dicho a la agencia de bienes raíces que su familia se mudaría en unos cuantos días porque su esposo iba a ocupar el lugar de Burns. Cuando éste se enteró, no podía creer lo que escuchaba.

Dos días después, el 28 de enero, Burns recibió una carta por correo expreso, con matasellos del día anterior, del gerente regional de ventas. La carta decía lo siguiente:

Estimado Harold:
A causa de vacantes de personal, te solicitamos que te mudes al distrito Gunning, a partir del 1° de febrero. George Dowd, del distrito Parsons, ocupará tu lugar. ¿Podrías encargarte de que se le transfieran debidamente el inventario e instalaciones? Sé que te gustará tu nuevo distrito. ¡Felicitaciones!
Atentamente,
(Firma)

En el mismo envío postal, recibió su *pin* (alfiler) de 20 años de servicio. La carta del gerente de ventas regional decía:

Estimado Harold:
Me complace enviarte el pin correspondiente a 20 años de servicio. Has tenido un largo y exitoso historial con la compañía. Nos honra brindarte este reconocimiento y espero que lo portes con orgullo.
    Nuestra compañía está orgullosa de contar con muchos empleados como tú. Queremos que sepas que nos preocupa de manera personal tu bienestar, ya que personas como tú son la columna vertebral de nuestra compañía.
Atentamente
(Firma)

Burns verificó su boletín trimestral de ventas y se dio cuenta de que el distrito Gunning tenía ventas 10% menores que las que su distrito actual.

Preguntas

1. Comente los acontecimientos positivos y negativos en este caso, en lo relativo al comportamiento organizacional.
2. ¿Se aplicó el enfoque de recursos humanos en el caso de Burns? Analice el tema.

Ejercicio de experiencia

Ética en el comportamiento organizacional

Analice las afirmaciones siguientes. Evalúe cada situación según el grado en que crea que le es inherente un problema ético potencial. Después de registrar sus respuestas, forme pequeños grupos (de tres a cinco personas) para examinar y comentar toda diferencia significativa entre las respuestas de los miembros de su grupo.

	Ningún problema ético				Problema ético
1. Una administradora permite, con base en la ley de las diferencias individuales, que sus seis empleados establezcan sus propios horarios de comienzo de labores diarias.	0	1	2	3	4
2. Un supervisor advierte que los miembros de un cierto grupo minoritario trabajan más rápidamente que los caucásicos y en lo sucesivo sólo contrata a personas de esa minoría para ciertos trabajos.	0	1	2	3	4
3. Una compañía decide que la "paga igual para todos los empleados" (no obstante diferencias en su rendimiento) funciona mejor, ello a raíz de la frustración por quejas continuas acerca de su sistema de evaluación y pago.	0	1	2	3	4
4. Una empresa enfrenta una posible elección de certificación sindical. A fin de averiguar qué piensan los empleados, los altos directivos instalan equipo para escuchar subrepticiamente, en la cafetería.	0	1	2	3	4
5. Una compañía contrata a un despacho de asesoría para que realice una encuesta de actitudes entre sus empleados. Cuando los asesores proponen codificar secretamente los cuestionarios, de modo que pueda relacionarse cada cuestionario con quien lo respondió, la compañía acepta que sería algo "interesante".	0	1	2	3	4

Capítulo 2

Modelos de comportamiento organizacional

Ha sido un recorrido excepcional, dolorosamente lento, desde los tiempos en que las compañías tenían éxito —y durante algún tiempo tuvieron gran éxito— por negarles la humanidad a sus empleados.

—**Geoffrey Colvin**[1]

[Muchos y reconocidos] libros tienen un tema en común: la visión de centros de trabajo donde todo el mundo, de arriba abajo, comparte una visión unificada y un propósito, más allá de ganar dinero.

—**Pamela Leigh**[2]

OBJETIVOS DEL CAPÍTULO

ENTENDER:

- Los elementos de un sistema de comportamiento organizacional
- La función de la filosofía y los paradigmas de la administración
- Los modelos alternativos de comportamiento organizacional y sus efectos
- Las tendencias en el uso de esos modelos

● Uno de los autores de este libro abordó recientemente un avión en un día invernal y voló de Duluth a Phoenix para visitar a su coautor. Las diferencias en las condiciones climáticas de las dos áreas geográficas eran muy evidentes. Una estaba fría, húmeda y ventosa, y la otra, cálida, seca y sin viento. De hecho, ¡la diferencia de temperatura entre las dos ciudades era mayor de 38°C!

Las diferencias entre las organizaciones a veces son igualmente extremosas. Además, muchas han sufrido cambios enormes durante los últimos dos siglos. Aunque los patrones de los viejos tiempos no tenían un programa sistemático de administración de sus empleados, sus sencillas reglas ejercían una influencia poderosa en la compañía. Muchas de las antiguas reglas se han vuelto obsoletas y es creciente el número de empresas que experimenta con nuevas e interesantes formas de atraer y motivar a sus trabajadores. Empero, dentro de 100 años, se verán en retrospectiva estas prácticas y también se considerarán obsoletas. Es evidente que las reglas de trabajo varían con cada organización, con el tiempo y con las culturas.

Hace un siglo, la manera en que los granjeros e industriales se referían a sus empleados, como "mano de obra", era reflejo natural del modelo prevaleciente de comportamiento organizacional de la época. Los patrones tenían el punto de vista económico restringido de que compraban el bien llamado mano de obra, es decir, la habilidad de las *manos* de peones u obreros. Para continuar con los temas que se presentaron en el capítulo 1 (los enfoques de recursos humanos, de contingencia, orientado a resultados y holístico), en este capítulo se introducen cinco modelos alternos del comportamiento organizacional. Algunos de ellos reflejan enfoques más progresistas y bien adaptados a los temas y tendencias contemporáneos. Se observa que incluso las palabras para referirse a los empleados (como "obreros", en contraste con el uso, en algunas organizaciones, de términos como "asociado" o "socio" para comunicar la idea de igualdad) dice mucho acerca del modelo subyacente.

En este capítulo se aprovechan los conceptos fundamentales que se presentan en el capítulo 1 y se muestra la manera de combinarse todos los factores de comportamiento para lograr una organización efectiva. Se analizan los elementos interrelacionados del sistema de comportamiento organizacional y se brinda una guía de las partes de la obra donde aparecen esos elementos. Después de una breve revisión de aspectos históricos sobresalientes del CO, se presentan cinco modelos alternos del comportamiento organizacional y se proponen varias conclusiones relativas al uso de esos modelos.

SISTEMA DE COMPORTAMIENTO ORGANIZACIONAL

Muchas empresas logran sus objetivos mediante la creación, comunicación y operación (puesta en práctica) de un **sistema de comportamiento organizacional**, como se muestra en la figura 2-1. Los elementos principales de tal sistema se presentan en las páginas siguientes y se analizan en detalle a lo largo de la obra. Este tipo de sistema existe en toda organización, si bien a veces con formas distintas. Empero, sus probabilidades de éxito son mayores si se ha *creado conscientemente* y se *examina y actualiza con regularidad* para adaptarlo a las nuevas condiciones. La actualización se realiza aprovechando

FIGURA 2-1

Un sistema de comportamiento organizacional

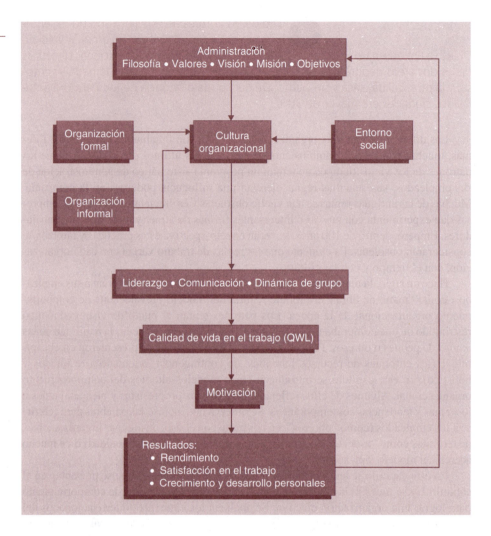

la base de conocimientos de las ciencias del comportamiento, en crecimiento constante, mencionada en el capítulo previo.

Los propósitos fundamentales de los sistemas de comportamiento organizacional son identificar las principales variables humanas y organizacionales que influyen en los resultados que intentan lograr las organizaciones y luego ayudar a modificarlas. Los administradores sólo pueden estar conscientes de algunas de esas variables y reconocer sus efectos, aunque es posible que controlen otras hasta cierto punto. Los resultados finales suelen medirse de diversas formas y con base en tres criterios básicos: *rendimiento* (por ejemplo, cantidad y calidad de productos y servicios, o calidad del servicio a clientes), *satisfacción de los empleados* (que frecuentemente se refleja en disminución del ausentismo, retardos o rotación del personal), y *crecimiento y desarrollo personales* (la adquisición de conocimientos y habilidades para toda la vida, que facilitan tener empleo continuo). El efecto de las prácticas del comportamiento organizacional en estos resultados se analiza en toda la obra.

Elementos del sistema

El sistema se cimienta en las creencias e intenciones fundamentales de quienes se unen para crearlo (como los propietarios) y de los administradores encargados de operarlo. La **filosofía** (modelo) del comportamiento organizacional que manejan los administradores es un conjunto integrado de supuestos y creencias acerca de cómo son las actividades, su propósito y la forma en que deberían ser. Tal filosofía es en ocasiones explícita, y en otras, implícita, es decir, permanece en la mente de los administradores. Cinco filosofías importantes del comportamiento organizacional —autocrática, de custodia, de apoyo, colegiada y sistémica— se estudian más adelante.

La filosofía del comportamiento organizacional que tiene un administrador se deriva de dos fuentes: premisas de hechos y premisas de valores. Las **premisas de hechos** representan un punto de vista descriptivo acerca de cómo se comporta el mundo. Se derivan de las investigaciones de las ciencias del comportamiento y de las experiencias personales (cosas importantes que hemos aprendido). Por ejemplo, nadie lanzaría una costosa cámara de video desde la azotea de un edificio de 10 pisos, lo cual se deriva de su creencia de que la fuerza gravitatoria tiraría invariablemente de ella hacia abajo y terminaría aplastada contra el suelo, y nadie quiere que eso ocurra. Así pues, las premisas de hechos se adquieren gracias al aprendizaje directo e indirecto en la vida y son muy útiles como guía del comportamiento.

Por otra parte, las **premisas de valores** constituyen un punto de vista acerca de cuán aconsejables son ciertos objetivos y actividades. Si alguien estuviera muy a disgusto con el funcionamiento de la cámara de video, tal vez decidiría lanzarla desde la azotea del edificio de 10 pisos. Aunque todavía aceptaría la premisa verdadera de la fuerza gravitatoria, sus premisas de valores habrían cambiado (¡por lo menos momentáneamente!). Como ilustra este ejemplo, las premisas de valor son creencias variables que se tienen y, por consiguiente, están bajo control de la persona. Ésta las elige, modifica, desecha o sustituye (aunque es frecuente que estén muy enraizadas). Muchas organizaciones han tratado de identificar y expresar los valores que aprecian, como se muestra en el ejemplo siguiente:

Premisas de hechos y de valores

> Un grupo de 800 profesionales de Ford Motor Company Corporation (FMC) tenía como meta crear la "satisfacción del usuario" con los servicios que proporcionan a los 28 000 empleados de la compañía. Sin embargo, la clave para lograr este objetivo estaba en una junta de cuatro días, en la cual se generó una declaración de filosofía (*véase* la figura 2-2). Esta aclaración de valores, aunada a otros cambios organizacionales y sesiones de creación de habilidades, produjo mejorías impresionantes en la satisfacción de los empleados y en la calidad del servicio a los "clientes" internos. FMC informó de una reducción de 50% en la rotación de empleados clave después de este proceso de aclaración de valores.[3]

Los administradores también tienen la responsabilidad primaria de instilar otros tres elementos en el sistema de comportamiento organizacional: la visión, la misión y los objetivos. La **visión** es un desafío respecto de lo que pueden ser la organización y sus miembros, un futuro posible y deseable. Es necesario que los líderes creen proyecciones interesantes acerca de hacia dónde debe ir la organización y cuáles son los cambios importantes del futuro. Una vez creada la visión, es preciso comunicarla entusiasta y persistentemente para convencer a empleados de todos los niveles, de modo que la asuman como compromiso.[4]

Visión

FIGURA 2-2

Elementos escogidos de una declaración de filosofía

Fuente: Adaptado de "Mission, Values, and Policies", de sistemas de información administrativa de FMC Corporation, según se reproduce en Edmund J. Metz, "Managing Change toward a Leading-Edge Information Culture", *Organizational Dynamics*, otoño de 1986, pp. 28-40

- Estamos comprometidos con la calidad, rentabilidad y excelencia técnica.
- Las personas deben tratarse con consideración, confianza y respeto.
- Cada persona es valiosa, es única y realiza una contribución.
- Todos los empleados deben comprometerse incesantemente con el rendimiento de excelencia.
- El trabajo de equipo puede y debe producir mucho más que la suma de los esfuerzos individuales. Los miembros del equipo deben ser fiables y estar comprometidos con el equipo.
- La innovación es esencial.
- La comunicación abierta es importante para lograr el éxito.
- Las decisiones deben tomarse de manera participativa.

Misión

También es característico que una organización cree una declaración de su **misión**, en la cual identifica su campo de negocios, los nichos de mercado a los que intenta servir, los tipos de clientes que probablemente tendrá y las razones de su existencia. Muchas declaraciones de misión incluyen una breve lista de ventajas competitivas o puntos fuertes que la compañía cree tener. En contraste con la visión, las declaraciones de la misión son más descriptivas y menos orientadas al futuro. No por ello dejan de ser más bien amplias, y es necesario traducirlas en objetivos para que resulten operativas y útiles.

Objetivos

Los **objetivos** son descripciones relativamente concretas de logros que pretende la organización para determinado periodo, por ejemplo, de uno a cinco años. La definición de objetivos es un proceso complejo, ya que los de los altos directivos deben fusionarse con los de los empleados, que llevan consigo sus necesidades psíquicas, sociales y económicas a la organización. Además, suelen existir objetivos en los niveles individual, grupal y de la organización en sentido amplio, de modo que se precisa una integración considerable antes de que pueda emerger el sistema social funcional. Los elementos de las metas efectivas se analizan en el capítulo 5.

La filosofía parte de las premisas de valores, que ayudan a conformar la visión. Ésta es una versión ampliada de la misión, mientras que los objetivos constituyen una forma de especificar metas para el logro de la misión. En forma conjunta, la filosofía, los valores, la visión, la misión y los objetivos existen en una jerarquía de especificidad creciente (en que la filosofía es la más general, y los objetivos, los más específicos). Ayudan a crear una cultura organizacional reconocible, que es tema del capítulo 4. Por añadidura, esta cultura refleja la organización formal, con sus políticas, estructuras y procedimientos formales, así como el entorno social y cultural (global) existente (capítulo 16). Además, los administradores deben estar conscientes de la organización informal (que se analiza en el capítulo 12) y colaborar con sus miembros para crear normas positivas. Las organizaciones formal e informal proporcionan el elemento de cohesión que mantiene unidos a los diversos elementos de la institución en un equipo de trabajo efectivo.

A partir de lo anterior, se espera que los administradores usen el estilo de liderazgo (capítulo 7), habilidades de comunicación (capítulo 3) y sus conocimientos de la dinámica interpersonal y grupal (capítulos 11 y 12) en la creación de una calidad de la vida en el trabajo apropiada para sus empleados (capítulo 10). Cuando se realiza correctamente esta tarea, los trabajadores se sienten motivados para el logro de los objetivos de la empresa (capítulo 5). Sin embargo, su motivación también resulta de actitudes subyacentes y de factores situacionales específicos en un momento dado. Si se modifica cualquiera de esos factores en el sistema organizacional, la motivación también cambia. Esta interacción hace que los líderes deban aprender a administrar de manera contingente la motivación de los empleados. Por ejemplo, si se cambia arbitrariamente un procedimiento y permanecen sin modificación las actitudes y la situación prevaleciente, es factible que cambie la motivación y se produzcan resultados distintos. En tales circunstancias, se ha alterado el equilibrio social y es inevitable que haya consecuencias. Existen numerosos ejemplos de esta relación de causa efecto, como se ilustra en el informe siguiente:

> Se observaron efectos contrastantes de los sistemas de comportamiento organizacional en algunos de los esfuerzos que se hicieron durante la última década para revitalizar las aerolíneas. Ante la crisis financiera, los empleados de algunas compañías aceptaron de buen grado la necesidad de acciones drásticas de reducción de costos y respondieron con esfuerzos incrementados (y exitosos) para salvar a su compañía y su puesto. Los empleados de otras empresas, como Eastern Airlines, temerosos de perder su trabajo y resentidos por previas acciones autocráticas de los administradores, se resistieron abiertamente a los intentos por modernizar las antiguas reglas de trabajo y sistemas de pago. La compañía se fue a la bancarrota como consecuencia de que no se adoptaron nuevas prácticas laborales.

El resultado de un sistema de comportamiento organizacional efectivo es la motivación que, combinada con las habilidades y capacidades de los empleados, lleva al logro de los objetivos de rendimiento (como se menciona en las fórmulas de la figura 1-6) y a la satisfacción de los trabajadores. Se crea una relación bidireccional de apoyo mutuo, lo cual significa que administradores y empleados influyen unos en los otros y se benefician conjuntamente. Los sistemas de CO de apoyo se caracterizan por el poder *con* las personas, no el poder *sobre* ellas, lo cual es compatible con los valores humanos actuales acerca de cómo desean ser tratados los individuos (respeto de su dignidad). En forma alterna, si no se logran los objetivos, los administradores necesitan esta información para analizar y modificar su sistema de comportamiento organizacional.

MODELOS DE COMPORTAMIENTO ORGANIZACIONAL

Las organizaciones difieren en la naturaleza de los sistemas que crean y mantienen, así como en los resultados que logran. Tales resultados varían de manera predecible con los diversos **modelos** del comportamiento organizacional. Éstos constituyen el sistema de creencias que predomina en los pensamientos de los administradores y afecta sus acciones en cada organización. Reviste suma importancia que los administradores reconozcan la naturaleza, trascendencia y efectividad de sus propios modelos y de los modelos que utilizan los demás.

Supuestos de la teoría X

Douglas McGregor fue uno de los primeros escritores en llamar la atención hacia los modelos administrativos. En 1957, presentó una argumentación convincente de que muchas acciones administrativas son consecuencia directa de la teoría del comportamiento humano que aplican los administradores.[5] Planteó que la filosofía administrativa controla a la práctica administrativa. Las políticas de recursos humanos, estilos de toma de decisión, prácticas operativas e incluso diseños organizacionales de los administradores provienen de *supuestos clave acerca del comportamiento humano*. Es factible que esos supuestos estén implícitos, en lugar de ser explícitos; pero pueden inferirse al observar los tipos de acciones que emprenden los administradores.

La **teoría X** es un conjunto tradicional de supuestos acerca de las personas. Como se ilustra en la figura 2-3, considera que a muchas les desagrada el trabajo y que intentan evitarlo si les es posible. Supone que los trabajadores se inclinan a hacer lo menos posible en su trabajo, tienen poca ambición y evitan las responsabilidades cuando se puede. Plantea que son relativamente egocéntricos, indiferentes a las necesidades organizacionales y resistentes al cambio. Las retribuciones comunes no pueden superar este rechazo

FIGURA 2-3

Teorías X e Y de McGregor, de supuestos alternos acerca de los empleados

Teoría X	Teoría Y
• A la persona promedio no le gusta trabajar y lo evita si le es posible.	• El trabajo es tan natural como el juego o el reposo.
• La persona promedio carece de actitud responsable, tiene poca ambición y busca ante todo seguridad.	• Las personas no son naturalmente holgazanas. Se han vuelto así como resultado de la experiencia.
• Muchas personas deben ser objeto de coerción, control y amenazas para hacer que trabajen.	• Las personas ejercen la autodirección y autocontrol al servicio de los objetivos con los cuales se comprometen.
	• Las personas tienen potencial. En condiciones apropiadas, aprenden a aceptar y buscar las responsabilidades. Poseen imaginación, ingenio y creatividad que pueden aplicarse al trabajo.
Con estos supuestos, la función del administrador es la de coerción y control de los empleados.	Con estos supuestos, la función del administrador es desarrollar el potencial de los empleados y ayudarlos a liberar ese potencial para el logro de objetivos comunes.

natural del trabajo, de modo que los administradores casi se ven forzados (de acuerdo con los supuestos de la teoría X y la lógica consecuente) a aplicar la coerción, el control y las amenazas con los empleados para lograr un rendimiento satisfactorio. Aunque los administradores suelen negar que tienen este punto de vista acerca de las personas, muchas de sus acciones históricas hacen pensar que la teoría X ha sido un punto de vista habitual de los administradores.

La **teoría Y** tiene un enfoque más humanista y de apoyo en la administración del personal. Supone que la holgazanería no es inherente a las personas; que parezca serlo es el resultado de su experiencia con organizaciones menos progresistas. Si los administradores proporcionan el ambiente apropiado para liberar el potencial de los empleados, el trabajo se vuelve tan natural para ellos como las actividades recreativas o el reposo y la relajación. Según esta teoría, los administradores creen que los empleados son capaces de aplicar la autodirección y el autocontrol al servicio de objetivos con los que están comprometidos. La función del administrador es brindar un entorno para que el potencial de las personas pueda liberarse en el trabajo.

Supuestos de la teoría Y

La argumentación de McGregor era que los administradores no toman en cuenta cómo son en realidad las personas. Han usado un conjunto obsoleto de supuestos sobre la gente por su apego a la teoría X, cuando el conjunto de supuestos de la teoría Y es verdaderamente representativo de la forma de ser de muchos individuos. Siempre ha habido diferencias importantes entre las personas, de modo que unos cuantos sujetos corresponden a los supuestos del modelo de la teoría X. Sin embargo, casi todos los empleados tienen algún potencial de crecimiento de sus capacidades y rendimiento demostrado. Por consiguiente, según afirma McGregor, los administradores necesitan cambiar a un conjunto totalmente nuevo de supuestos acerca de los individuos, basado en las investigaciones emergentes de las ciencias del comportamiento. Estos nuevos supuestos tienen un efecto poderoso en las acciones subsiguientes de los administradores.

Cuando se analiza según la perspectiva histórica, deben acreditarse diversas contribuciones a McGregor. En primer lugar, estimuló la concientización de sus sistemas de creencias y modelos administrativos en las generaciones subsiguientes de administradores. En segundo término, fue uno de los primeros promotores del valor práctico de la lectura y del aprovechamiento de los resultados de investigaciones para mejorar la comprensión del comportamiento humano. En tercer lugar, introdujo y difundió una de las primeras teorías de la motivación, el modelo de la jerarquía de necesidades de A. H. Maslow (que se explica en el capítulo 5). Por último, se convirtió en vocero de una tendencia que se ha desarrollado durante largo tiempo: la necesidad de que los valores humanos guarden equilibrio con otros valores en el trabajo.

Los modelos como las teorías X e Y también se denominan **paradigmas** y son marcos de referencia de posibles explicaciones sobre el funcionamiento de la realidad. Todo modelo que utiliza un administrador suele partir de algunos supuestos acerca de las personas y lleva a ciertas interpretaciones, consecuencias e incluso predicciones. Los paradigmas subyacentes, sin importar que se desarrollen de manera consciente o inconsciente, se convierten en guías poderosas del comportamiento administrativo. Los administradores tienden a actuar conforme a sus pensamientos, ya que los predominantes les sirven de guía.

Efecto de los paradigmas

Los paradigmas administrativos, según Joel Barker, actúan de maneras diversas e importantes:

- Influyen en las percepciones que los administradores tienen del mundo que les rodea.
- Definen los límites personales y prescriben la forma de comportarse.
- Estimulan la resistencia al cambio, ya que es frecuente que hayan funcionado en el pasado.
- Afectan de manera consciente o inconsciente el comportamiento de la persona.
- Cuando aparecen nuevos paradigmas, constituyen formas alternas de ver el mundo y resolver problemas.[6]

Los ejemplos de cambios de paradigmas abundan en el mundo comercial. Una década atrás, grandes multitudes abarrotaban los centros comerciales de todas partes en las semanas y días previos a días feriados importantes; hoy, millones de personas realizan al menos parte de sus compras por Internet, sentadas en la comodidad de su hogar. En el campo de la industria automotriz, los motores de combustión interna fueron los únicos durante muchas décadas; ahora, los automóviles eléctricos son una realidad para algunos compradores. En el campo de las comunicaciones, los ciudadanos estadounidenses utilizaron casi exclusivamente en el servicio postal para el envío de sus cartas durante gran parte del siglo XX; en la actualidad, millones de mensajes se transmiten casi instantáneamente por los sistemas de correo electrónico. ¡Los paradigmas cambian por todas partes!

Reviste importancia especial la identificación de los modelos de los altos directivos, puesto que el modelo subyacente en el que se basa el director general de una compañía por lo común se aplica en toda la empresa. Es por ello que son muy importantes los modelos del comportamiento organizacional. Abundan los ejemplos del efecto que tiene un solo ejecutivo en toda una compañía, como los directores generales Carly Fiorina en Hewlett-Packard, Jeff Bezos en Amazon, Jerry Lang en Yahoo!, Meg Whitman en eBay o Steve Ballmer en Microsoft.

En este capítulo, se analizan los cinco modelos (paradigmas) siguientes: autocrático, de custodia, de apoyo, colegiado y sistémico. Esos modelos se resumen en la figura 2-4. En el orden mencionado, corresponden de manera aproximada a la evolución histórica de la práctica administrativa durante los últimos 100 años o más. Aunque un modelo tiende a predominar en determinada época, cada uno de los demás se practica en algunas organizaciones.

De igual modo que las empresas difieren entre ellas, también varían las prácticas en los departamentos o divisiones de una misma compañía. Es posible que el área de producción utilice un modelo de custodia, y el de desarrollo e investigación, uno de apoyo. Por supuesto, las prácticas de cada administrador diferirán del modelo prevaleciente en la organización a causa de las preferencias personales de ese administrador o de las condiciones distintas en su área. Así pues, ningún modelo de comportamiento organizacional es suficiente para describir todo lo que ocurre en una empresa, si bien la identificación de un modelo es útil para distinguir una forma de vida organizacional de otras.

Diversos factores influyen en la elección de un modelo por parte de un administrador. Como se mencionó, la filosofía, los valores, la visión, la misión y los objetivos de los administradores afectan al modelo de comportamiento organizacional, y viceversa. Por añadidura, las condiciones del entorno ayudan a determinar qué modelo es más efectivo. A manera de ejemplo, las condiciones turbulentas de ciertas industrias en la actualidad podrían hacer que las empresas cambien a modelos más colegiados, puesto que se

	Autocrático	De custodia	De apoyo	Colegiado	Sistémico
Base del modelo	Poder	Recursos económicos	Liderazgo	Sociedad	Confianza, comunidad y significado
Orientación administrativa	Autoridad	Dinero	Apoyo	Trabajo de equipo	Preocupación y comprensión
Orientación del empleado	Obediencia	Seguridad y prestaciones	Rendimiento en el trabajo	Comportamiento responsable	Propiedad psicológica
Resultado psicológico en el empleado	Dependencia respecto del jefe	Dependencia respecto de la organización	Participación	Autodisciplina	Automotivación
Necesidades del empleado satisfechas	Subsistencia	Seguridad	Estatus y reconocimiento	Realización personal	Una amplia gama
Resultado en el rendimiento	Mínimo	Cooperación pasiva	Reconocimiento de la motivación	Entusiasmo moderado	Pasión y compromiso con los objetivos de la organización

FIGURA 2-4

Cinco modelos de comportamiento organizacional

requieren flexibilidad y toma de decisiones rápidas. Ello hace pensar que el modelo no tiene que ser estático ni invariable, sino que debe adaptarse con el paso del tiempo. El análisis subsiguiente de los cinco modelos, que comienza con el autocrático, corresponde de manera aproximada a su evolución histórica.

Modelo autocrático

Este modelo tiene sus raíces en la historia y, sin duda, se convirtió en el modelo prevaleciente de la Revolución Industrial. Como se ilustra en la figura 2-4, el **modelo autocrático** depende del *poder*. Quienes mandan deben tener el poder para exigir "hace esto o…", es decir, que un empleado que no acate las órdenes será castigado.

En ese entorno autocrático, la orientación administrativa es de *autoridad* oficial y formal. Esa autoridad se delega mediante la cadena de mando a las personas a las que se aplica. Los administradores creen saber qué es lo mejor y consideran que es obligación de los trabajadores acatar órdenes. Suponen que es necesario dirigir, persuadir y obligar a la gente para lograr su rendimiento, y que ésa es precisamente la tarea del administrador; éste piensa; los empleados sólo obedecen órdenes. Este punto de vista convencional de la administración lleva al control estricto de los empleados en el trabajo. Cuando se combina con las tareas físicas brutales y agotadoras de otras épocas y las condiciones intolerables de enfermedades, insalubridad, peligros y escasez de recursos, es comprensible que el modelo autocrático haya desagradado intensamente a muchas personas (y que todavía lo haga).

Uso del poder y la autoridad

En las condiciones autocráticas, el empleado debe *obediencia* al jefe, no respeto al administrador. El resultado psicológico en los trabajadores de *dependencia* respecto del jefe, cuyo poder para contratarlos, despedirlos y hacerlos sudar es casi absoluto. El jefe paga sueldos mínimos porque sus empleados le dan *rendimiento mínimo*. Estos últimos están dispuestos a brindar ese rendimiento mínimo —aunque a veces de manera renuente— porque deben satisfacer necesidades de *subsistencia* de su propia persona y su familia. Algunos trabajadores proporcionan un rendimiento mayor a causa de su motivación interna para alcanzar logros, de que les agrada personalmente su jefe, de que el jefe es un "líder natural" o de algún otro factor; pero la mayoría sólo rinde el mínimo.

El modelo autocrático funciona

El modelo autocrático es una forma útil de lograr que se realice el trabajo. No constituye un fracaso completo. La imagen del modelo autocrático recién descrita es exagerada; en realidad, este modelo existe en todos los tonos de grises, desde el más oscuro hasta el más claro. Es un punto de vista del trabajo que logró los grandes sistemas ferroviarios, permitió operar siderúrgicas gigantescas y produjo la civilización industrial dinámica que se desarrolló en Estados Unidos de América. Aunque permite obtener resultados, por lo general éstos son apenas medianos. *Su debilidad principal reside en su alto costo humano.*

El modelo autocrático fue un enfoque aceptable como guía del comportamiento administrativo cuando no existían otras opciones y todavía es útil para ciertas condiciones, como las crisis organizacionales.[7] Sin embargo, la combinación de los conocimientos emergentes acerca de las necesidades de los empleados y el cambio de los valores sociales hacen pensar que existen mejores formas de administrar los sistemas organizacionales. Se necesitaba un segundo escalón en la escalera del progreso, y no tardó mucho en llegar.

Modelo de custodia

Conforme los administradores empezaron a estudiar a sus trabajadores, pronto se dieron cuenta de que, si bien los empleados administrados en forma autocrática no le replicaban al jefe, sin duda alguna "replicaban en el pensamiento". Había muchas cosas que querían decir y a veces las decían, cuando renunciaban o perdían el control. Los empleados estaban llenos de inseguridad, frustración y agresividad hacia su jefe. Puesto que no podían ventilar directamente sus sentimientos, en ocasiones iban a casa y se desahogaban en con familia y los vecinos, de modo que toda la comunidad sufría con ese tipo de relación.

> Un ejemplo de los efectos de la frustración inducida por los administradores en el comportamiento de los obreros ocurrió en un aserradero. Los administradores trataban de manera agresiva a los trabajadores, en ocasiones incluso hasta el punto del maltrato físico. Los empleados no podían responder directamente a los golpes por temor a perder su trabajo, de modo que encontraron otra forma de desahogarse. ¡Alimentaron *simbólicamente* a una sierra con su supervisor! Al hacerlo destruyeron a propósito planchas de madera buena, con lo cual el supervisor quedó en una mala situación cuando se prepararon los informes mensuales de eficacia.[8]

Parecía evidente que los patrones progresistas tenían que encontrar la forma de lograr una mayor satisfacción y seguridad en los empleados. Si fuera posible hacer desaparecer la inseguridad, frustración y agresividad de los empleados, éstos tendrían mayores deseos de trabajar; en todo caso, mejoraría la calidad de su vida en el trabajo.

A fin de satisfacer las necesidades de seguridad de los obreros, diversas compañías iniciaron los programas de bienestar social en los decenios de 1890 y 1990. En su peor forma, dichos programas se conocieron posteriormente como *paternalismo*. En la década de 1930, los programas de bienestar evolucionaron a una variedad de prestaciones que brindaban seguridad a los empleados. Los patrones —y los sindicatos y gobiernos— empezaron a preocuparse por las necesidades de seguridad de los trabajadores. Estaban aplicando un **modelo de custodia** del comportamiento organizacional.

> La seguridad de los empleados continúa siendo un tema de alta prioridad para millones de trabajadores en el incierto mercado laboral de nuestros tiempos, en que ya no se puede prometer a una persona un empleo para toda la vida. Muchas empresas han hecho a un lado su costumbre histórica de estabilizar su fuerza laboral y conservar los puestos. A fin de evitar despidos, se enfrascan en la capacitación constante de los empleados, reducción del tiempo extra, congelamiento de contrataciones, aliento a las transferencias de puestos y reubicaciones, programas de incentivos a la jubilación anticipada y reducción de la subcontratación, con el fin de ajustarse a la desaceleración en la industria de las computadoras.[9]

Como se muestra en la figura 2-4, el éxito del enfoque de custodia depende de los *recursos económicos*. La orientación administrativa resultante es hacia el *dinero*, para pagar sueldos y prestaciones. Puesto que ya están satisfechas razonablemente las necesidades físicas de los empleados, los patrones buscan la *seguridad* como fuerza motivadora. Si una empresa no tiene la riqueza para brindar pensiones y pagar otras prestaciones, no puede usar el modelo de custodia.

El enfoque de custodia lleva a que el empleado *dependa de la organización*. En vez de depender de su jefe para el pan de todos los días, los empleados ahora dependen de la compañía en lo referente a su seguridad y bienestar social. Dicho de manera quizá más precisa, la dependencia hacia la empresa se *añade* a la dependencia personal respecto del jefe. Si un empleado tienen 10 años de antigüedad con el contrato sindical y un buen programa de pensiones, no puede darse el lujo de renunciar, incluso si ve mejores oportunidades en otro lado.

Los empleados se vuelven dependientes

> Hay muchos programas compatibles con el ambiente de custodia en los centros de trabajo. En el Calvert Group, una compañía de fondos mutualistas con sede en Maryland, se proporciona apoyo para el acondicionamiento físico, terapia de masaje, seminarios de bienestar físico, ausencia por paternidad, tiempo de cuidado de dependientes y guarderías de atención a niños. La empresa señaló que la tasa de rotación de personal ha disminuido considerablemente, desde el valor preestablecido de 30% anual, además de que se han reducido el número de días de incapacidad por enfermedad, los gastos de cuidados médicos y los costos de reclutamiento y capacitación.[10] Al parecer, los empleados se vuelven dependientes de estas prácticas de custodia y luego se muestran renuentes a cambiar de trabajo.

Quienes trabajan en un ambiente de custodia se preocupan por sus retribuciones económicas y prestaciones. Como resultado de ese ambiente, están bien atendidos y satisfechos. Sin embargo, su estado de ánimo no produce necesariamente una motivación intensa, sino únicamente *cooperación pasiva*. El resultado tiende a ser que los empleados rinden más que en el antiguo modelo autocrático.

El modelo de custodia se describe aquí de manera exagerada para mostrar el énfasis que pone en las retribuciones materiales, la seguridad y dependencia respecto de la organización. En la práctica, el modelo también tiene muchos tonos de grises, del oscuro al claro. Su mayor ventaja es que brinda seguridad y satisfacción a los trabajadores, si bien tiene otras desventajas trascendentales. La más evidente es que muchos empleados no producen de manera siquiera cercana a su capacidad ni se sienten motivados para crecer, ni para cultivar al máximo sus capacidades. Aunque están contentos, muchos en realidad no están satisfechos ni motivados. Esta situación se confirmó con una serie de investigaciones que llevó a cabo entre 1940 y 1950 la University of Michigan, en los que se concluyó que "el empleado feliz no es necesariamente el empleado más productivo".[11] Por ende, los administradores y líderes académicos empezaron a preguntar de nuevo: "¿Existe una mejor forma?"

La búsqueda de una mejor forma no es un rechazo al modelo de custodia en sí, sino al supuesto de que es "la respuesta definitiva", la mejor forma de motivar a los empleados. El error de razonamiento ocurre cuando las personas persiguen el modelo de custodia como algo tan aconsejable que ya resulta innecesario buscar otro mejor. Aunque es un modelo recomendable para brindar seguridad a los empleados, hay que considerarlo como la base para crecer hacia el siguiente escalón.

Modelo de apoyo

El **modelo de apoyo** del comportamiento organizacional tiene sus orígenes en el "principio de las relaciones de apoyo", según lo expresó Rensis Likert, quien afirmaba:

> El liderazgo y otros procesos de la organización deben ser tales, que garanticen la máxima probabilidad de que en todas las interacciones y todas las relaciones con la organización, cada miembro, a la luz de sus antecedentes, valores y expectativas, vea la experiencia como base en la que construya y mantenga su sensación de valía e importancia personales.[12]

El principio de Likert es similar al enfoque de recursos humanos que se describe en el capítulo 1.

Desarrollo de investigaciones

Un detonador clave del enfoque de apoyo fue una sucesión de investigaciones en la planta Hawthorne de la compañía Western Electric, en los decenios de 1920 y 1930.[13] Encabezados por Elton Mayo y F. J. Roethlisberger, los investigadores dieron nivel académico al estudio del comportamiento humano en el trabajo mediante la aplicación de la perspicacia aguda, el pensamiento claro y los antecedentes sociológicos a los experimentos industriales. Llegaron a la conclusión de que una organización es un sistema social y que el trabajador es, de hecho, su elemento más importante. En sus experimentos, sacaron en conclusión que el empleado no es una simple herramienta, sino un individuo con personalidad compleja y, frecuentemente, difícil de entender. Sus estudios también destacaron la importancia de comprender la dinámica del grupo, aunada a la aplicación de la supervisión de apoyo.

La investigación de Mayo-Roethlisberger ha recibido fuertes críticas por haber estado controlada inadecuadamente y por su interpretación excesiva;[14] pero sus ideas fundamentales, como la del sistema social en el ambiente laboral, han soportado la prueba del tiempo. El aspecto más importante es que se trata de una investigación profunda acerca del comportamiento humano en el trabajo y que su influencia ha sido generalizada y duradera. Se trató de un estudio que marcó un hito en la evolución histórica del comportamiento organizacional y despertó interés creciente en el modelo de apoyo.

El modelo de apoyo depende del *liderazgo*, no del poder o del dinero. Mediante el liderazgo, los administradores crean un ambiente de ayuda que favorece el crecimiento de los empleados y permite que alcancen los intereses de la organización al mismo tiempo que los logros de los que son capaces. El líder supone que los trabajadores no son por naturaleza pasivos y resistentes a las necesidades de la organización, sino que se han hecho así por el ambiente de apoyo inadecuado en el trabajo. Asumen responsabilidades, tienen motivación para contribuir y mejoran si los administradores les brindan la oportunidad. Por ende, la orientación de los administradores es de *apoyo al rendimiento del empleado en el trabajo*, no de fomentar simplemente las prestaciones a los empleados, como ocurre en el modelo de custodia.

Se ayuda a los empleados para que se vuelvan productivos

Puesto que los administradores apoyan a los empleados en el trabajo, el resultado psicológico es la sensación de *participación en las tareas* de la organización. Empezarán a decir "nosotros" en vez de "ellos" para referirse a la compañía. Los trabajadores se sienten más motivados que con los otros dos modelos, ya que se satisfacen mejor sus necesidades de *estatus y reconocimiento*. Así pues, tienen *motivación* para el trabajo.

El comportamiento de apoyo no requiere dinero. En vez de ello, es una parte del estilo de vida administrativo en el trabajo, el cual se refleja en la manera de tratar a otras personas. La función del administrador es ayudar a que los empleados resuelvan sus problemas y realicen su trabajo. El siguiente es un ejemplo del enfoque de apoyo:

> Juanita Salinas, una mujer joven, divorciada y con un hijo, tenía antecedentes de llegar tarde con frecuencia a la línea de montaje de una planta de productos electrónicos. Su supervisora, Helen Ferguson, le llamó la atención varias veces por estos retardos, y en cada ocasión Juanita mejoró durante dos o tres semanas, pero luego volvería a su comportamiento habitual. Por ese entonces, Helen Ferguson asistió a un programa de capacitación para supervisores de la compañía, a raíz de lo cual decidió probar el enfoque de apoyo con Juanita.
>
> En la siguiente ocasión que llegó tarde, Ferguson se acercó a ella mostrando preocupación por la causa de sus retardos. En vez de llamarle la atención, expresó preocupación por los problemas de Juanita y le preguntó "¿Cómo puedo ayudarte?" Y, "¿puede ayudarte de alguna manera la compañía?" Cuando la conversación se centró en lo que tardaba en preparar a su hijo para la escuela a hora temprana de la mañana, Ferguson hizo los arreglos para que Juanita hablara con otras madres del mismo departamento. Cuando la empleada mencionó la distancia que tenía que recorrer para tomar el autobús, Ferguson se dirigió con el departamento de personal a fin de integrarla a un grupo que compartiera el automóvil.
>
> Aunque todo esto indudablemente resultó útil, un aspecto importante fue que Juanita apreció el reconocimiento y la preocupación expresados, de modo que se sintió más motivada para llegar a tiempo a su trabajo. También se mostró más cooperativa e interesada en el trabajo mismo. Era evidente que el enfoque de apoyo influyó en su comportamiento. Un producto secundario importante fue que el trabajo de Ferguson se facilitó a causa del mejor rendimiento de Juanita.

El modelo de apoyo es útil tanto para empleados como administradores, y ha recibido amplia aceptación —por lo menos filosófica— entre muchos administradores en Estados Unidos. Por supuesto, su consenso con las ideas de apoyo no significa necesariamente que todos ellos *practiquen* este modelo con regularidad o efectividad. *El paso de la teoría a la práctica es difícil*. No obstante, son cada vez más los informes de compañías que se benefician con el enfoque de apoyo.

¿Son compatibles la teoría y la práctica?

El modelo de apoyo del comportamiento organizacional tiende a ser particularmente efectivo en los países industrializados, ya que responde a la motivación del empleado hacia una gama amplia de necesidades emergentes. Tiene aplicación menos inmediata en los países en vías de desarrollo, donde las necesidades actuales y condiciones sociales de los trabajadores suelen ser muy distintas. Sin embargo, a medida que se satisfacen las necesidades de retribuciones materiales y seguridad, y que los empleados adquieren conciencia de prácticas administrativas de otras partes del mundo, también puede esperarse que los de los países en vías de desarrollo exijan un enfoque de más apoyo. Por consiguiente, su evolución hacia los modelos frecuentemente es más rápida.

Modelo colegiado

Una extensión útil del modelo de apoyo es el **modelo colegiado**. El adjetivo "colegiado" se aplica a un grupo de personas que trabajan juntas de manera cooperativa. El modelo colegiado, que entraña un concepto de equipo, tuvo por primera vez aplicación generalizada en los laboratorios de investigación y ambientes laborales similares. En fechas recientes, también se ha aplicado en una amplia gama de otras situaciones laborales.

El modelo colegiado se ha usado tradicionalmente menos en las líneas de montaje, ya que el ambiente laboral rígido en ellas dificulta su desarrollo. Existe una relación de contingencia, en que el modelo colegiado tiende a ser más útil con el trabajo no programado, un ambiente intelectual y la libertad considerable en el trabajo mismo. En otros ambientes, los administradores frecuentemente consideran que otros modelos serían más exitosos.

Como se muestra en la figura 2-4, el modelo colegiado depende de que los administradores generen una sensación de *sociedad* con los empleados. El resultado es que éstos se sienten necesarios y útiles. También perciben que los administradores contribuyen en todo, de modo que les resulta fácil aceptar y respetar su función en la organización. Ven en ellos colaboradores, no jefes.

La sensación de sociedad puede hacerse de muchas maneras. Algunas empresas han anulado el uso de espacios de estacionamiento reservados para ejecutivos, de modo que todos los empleados tengan iguales probabilidades de encontrar un espacio cerca de su sitio de trabajo. Otras han intentado la eliminación del uso de términos como "jefe" y "subordinado", en la creencia de que simplemente generan percepciones de distancia psicológica entre los administradores y los demás empleados. También existen las que eliminan los relojes marcadores, crean "comités de diversión", patrocinan actividades recreativas o requieren que los administradores pasen una o dos semanas al año trabajando en el campo o en instalaciones fabriles. Todos esos enfoques tienen como fin crear el espíritu de cooperativa, para el que cada persona contribuye y aprecia las de los demás.

Se requiere trabajo de equipo

La administración se orienta hacia el *trabajo de equipo*. El administrador es el entrenador que crea un mejor equipo. La respuesta del trabajador a esta situación es de *responsabilidad*. Por ejemplo, los empleados producen trabajo de calidad no porque los administradores les digan que lo hagan o porque los inspectores se den cuenta cuando no lo hacen, sino porque sienten en su interior la obligación de trabajar con calidad. También sienten la necesidad de defender las normas de calidad que brinden crédito a su trabajo y a su empresa.

El resultado psicológico del enfoque colegiado en el empleado es la *autodisciplina*. Al sentirse responsables, los empleados se disciplinan para brindar rendimiento en el equipo, de la misma manera que los jugadores de un equipo de fútbol se disciplinan a las normas de los entrenamientos y las reglas del juego. En este tipo de ambiente, los empleados normalmente experimentan cierto grado de satisfacción, contribución valiosa y *realización personal*, incluso si es moderada en algunas situaciones. Esta realización personal genera *entusiasmo moderado* hacia el rendimiento.

El modelo colegiado tiende a producir mejores resultados en las situaciones en que éste es apropiado. En un estudio, se evaluó a científicos de tres grandes laboratorios de investigación. Los laboratorios A y B operaban sobre una base jerárquica relativamente tradicional. El laboratorio C lo hacía en una forma colegiada, más abierta y participativa. Hubo cuatro mediciones del rendimiento: estima de los compañeros científicos, contribución a los conocimientos, sensación de logros personales y contribución a los objetivos de la administración. Las cuatro fueron más altas en el laboratorio C, y las primeras tres fueron significativamente más altas.[15]

Modelo sistémico

Un modelo emergente del comportamiento organizacional es el **modelo sistémico**. Es el resultado de una amplia búsqueda de mayor *significado* en el trabajo por muchos empleados en la actualidad: quieren algo más que la simple paga y la seguridad en su puesto (*véase* "Lo que leen los administradores"). Puesto que se les pide que pasen muchas horas diarias en el trabajo, quieren un contexto laboral que sea ético, esté infundido de integridad y *confianza*, y brinde la oportunidad de experimentar una sensación creciente de *comunidad* con los compañeros de trabajo. A fin de lograrlo, los administradores deben mostrar cada vez más *preocupación y comprensión*, ser sensibles a las necesidades de una fuerza laboral diversa, con requerimientos laborales rápidamente cambiantes y con necesidades personales y familiares complejas.

De acuerdo con el modelo sistémico, los administradores intentan transmitir a cada trabajador: "Usted es parte importante del sistema. Nos preocupamos genuinamente por usted. Queremos trabajar conjuntamente para mejorar nuestros productos y servicios, nuestra comunidad y la sociedad en sentido amplio. Queremos esforzarnos al máximo en fabricar productos que no dañen al ambiente". La función del administrador se convierte en una de *facilitar los logros del empleado* mediante diversas acciones (*véase* la figura 2-5).

En respuesta, muchos empleados adoptan el objetivo de la efectividad organizacional y reconocen el carácter mutuo de las obligaciones de la compañía y los empleados desde el punto de vista sistémico. Experimentan una sensación de *propiedad psicológica* de la organización y de sus productos o servicios. Van más allá de la autodisciplina del enfoque colegiado hasta alcanzar un estado de *automotivación*, en que asumen la responsabilidad de sus propias metas y acciones. En consecuencia, las necesidades del empleado que logran satisfacerse son amplias, pero que frecuentemente incluyen las *necesidades de orden superior* (por ejemplo, las de estatus, sociales, de autoestima, de autonomía y de realización personal). El modelo brinda al empleado la oportunidad de satisfacer estas necesidades mediante su trabajo, además de comprender la perspectiva de la empresa, por lo que puede generar en el empleado *pasión* y *compromiso* con los

Lo que leen los administradores

Un nuevo término se filtra lentamente en el léxico administrativo: "espiritualidad". Como se propugna en una amplia gama de libros, entre ellos *Soul of a Business, Leading with Soul, The Search of Meaning in the Workplace, Live the Life You Love* y *Reawakening the Spirit at Work*, la espiritualidad frecuentemente se orienta hacia una oportunidad para que los empleados conozcan mejor la parte más profunda de su ser, crezcan, contribuyan de manera significativa a la sociedad y demuestren su integridad en cada acción que emprendan. La espiritualidad abarca el principio de la conciencia de sí mismo, que alienta en las personas la antigua noción de "conócete a ti mismo", al mismo tiempo que honra y respeta la diversidad de creencias de los demás. Conforme los individuos buscan e identifican valores universales —mediante la lectura, la meditación, la escritura, diarios íntimos o los talleres— se les insta a vivir y actuar de manera genuina, congruente y alegre. Quizá como consecuencia de este movimiento, uno de los criterios de Robert Levering para juzgar lo que considera las mejores compañías para trabajar en Estados Unidos es el grado en que los empleados respondan afirmativamente a la expresión "Mi trabajo tiene significado especial". Y muchas compañías, como Tom's of Maine, Xerox, Aetna y Medtronic, han incorporado activamente elementos de la espiritualidad en sus operaciones cotidianas.

---

objetivos de la organización. Los empleados se sienten inspirados e importantes, amén de creer en la utilidad y viabilidad del sistema para el bien común. Sus esperanzas e ideales se construyen alrededor de lo que logra el sistema, no meramente de lo que pueden hacer ellos como individuos.

Starbucks Coffee Co. es un ejemplo de una compañía comprometida abiertamente con la creación de un entorno laboral humanizado, que ejemplifica los ideales del modelo de sistema del CO. Su director general, Howard Schultz, escribió un libro (*Pour Your Heart Into It*) en que anuncia públicamente los valores de la empresa: autoestima de los empleados, respeto

FIGURA 2-5

Funciones de facilitación de los administradores en el modelo sistémico del comportamiento organizacional

- Apoyo al compromiso de los empleados con los objetivos de corto y largo plazos.
- Entrenamiento a individuos y grupos en relación con habilidades y comportamientos apropiados.
- Modelado y fomento de la autoestima.
- Preocupación y empatía genuinas por las personas.
- Retroalimentación oportuna y aceptable.
- Influencia en las personas para que aprendan continuamente y compartan su aprendizaje con los demás.
- Ayudar a que las personas identifiquen y afronten los problemas de manera ética.
- Estimular la introspección mediante entrevistas, preguntas y sugerencias.
- Estimular a las personas para que se sientan a gusto con los cambios y la incertidumbre.
- Formar equipos de trabajo cohesivos y productivos.

a sí mismo, y apreciación por ellos. Los administradores de la compañía reconocen los logros sobresalientes de sus empleados, honran la pasión que ponen en su trabajo, promueven un ambiente de apertura y brindan opciones de acciones en todos los niveles de la organización. Los resultados se muestran en el servicio efectivo a clientes, nuevas ideas de productos, lealtad de los empleados y tasas bajas de rotación de personal.[16]

Conclusiones relativas a los modelos

Son varias las conclusiones que pueden derivarse acerca de los modelos del comportamiento organizacional. En la práctica, están sujetos a un cambio evolutivo; dependen de las necesidades prevalecientes de los empleados; existe una tendencia hacia los modelos más recientes, y cualquiera puede aplicarse con éxito en algunas situaciones. Además, los modelos pueden modificarse y ampliar de diversas maneras.

Evolución del uso de los modelos El uso administrativo y, en una escala más amplia, organizacional de estos modelos tiende a evolucionar con el paso del tiempo.[17] Conforme aumentan los conocimientos individuales o colectivos del comportamiento humano o se desarrollan nuevas condiciones sociales, se da un movimiento lento hacia nuevos modelos. Es un error suponer que un modelo específico es el "mejor" y prevalecerá a largo plazo. Ése fue el error que cometieron algunos administradores respecto de los modelos autocrático y de custodia, y en consecuencia se quedaron bloqueados psicológicamente en esos modelos y han tenido dificultades para modificar sus prácticas cuando las circunstancias lo exigieron. Tarde o temprano, podría verse limitado el uso del modelo de apoyo. No existe un "mejor" modelo permanente, ya que lo mejor depende de lo que se sabe acerca del comportamiento humano en el entorno y la época correspondientes. En algunas condiciones, el colegiado sería inapropiado, mientras que en otras todavía deben usarse el autocrático o el de custodia.

La dificultad principal para los administradores reside en *identificar el modelo que se usa actualmente y luego evaluar su efectividad*. Este análisis puede ser un problema para algunos administradores, que tienden a aceptar públicamente un modelo (por ejemplo, el de apoyo, colegiado o sistémico) y practicar otro. (Ello puede ocurrir en compañías multinacionales; *véase* "Administración a través de las fronteras".) De hecho, los administradores tienen dos tareas clave: adquirir un nuevo conjunto de valores conforme evolucionan los modelos y aprender a aplicar las habilidades de comportamiento compatibles con esos valores. Puede ser muy difícil llevar a cabo esas tareas.

Efectividad de los modelos actuales

Relación de los modelos con las necesidades humanas Una segunda conclusión es que los cinco modelos que se analizaron en el capítulo guardan relación estrecha con las necesidades humanas. Se han generado nuevos modelos para satisfacer necesidades distintas, que tuvieron importancia en su época. Por ejemplo, el modelo de custodia está dirigido a satisfacer las necesidades de seguridad de los empleados. Constituye un paso adelante respecto del modelo autocrático, que satisface razonablemente las necesidades de subsistencia sin hacerlo con las de seguridad. En forma similar, el modelo de apoyo intenta satisfacer otras necesidades de los empleados, como las de pertenencia y autoestima, que el modelo de custodia no podía satisfacer.

Muchas personas creen que el énfasis en un modelo de comportamiento organizacional entraña el rechazo automático de los demás, si bien las comparaciones hacen

Efecto de las necesidades satisfechas

> ### Administración fuera de las fronteras
>
> Muchas compañías estadounidenses han optado por reducir sus costos estableciendo plantas de montaje en países en vías de desarrollo, como México, donde los sueldos son más bajos. Las compañías envían componentes a dichas plantas, aprovechan la mano de obra barata para las operaciones de montaje y luego mandan el producto terminado al mercado estadounidense. Aunque ello les ayuda a continuar siendo competitivas en lo referente a precios, plantea cuestiones interesantes de comportamiento. Por ejemplo, ¿es apropiado que implanten un modelo de comportamiento organizacional (como el de apoyo o el colegiado) en sus instalaciones de Estados Unidos y elijan conscientemente otro modelo (por ejemplo, el de custodia) en otros países? Otra disyuntiva interesante surge en relación con los trabajos que se pierden en Estados Unidos como resultado de esas plantas de montaje en otras naciones: ¿acaso las compañías deben revertir al modelo de custodia en sus instalaciones de Estados Unidos cuando sientan que sus empleados en dicho país temen que la seguridad en su trabajo está muy amenazada?

pensar que *cada modelo se basa en los logros de los otros modelos*. Por ejemplo, la adopción del enfoque de apoyo no significa el abandono de las prácticas de custodia dirigidas a satisfacer las necesidades de seguridad de los empleados. Sí entraña poner menor énfasis en las prácticas de custodia, ya que los empleados han progresado a un estado en el que predominan necesidades nuevas. En otras palabras, es apropiado emplear en dicho punto el modelo de apoyo, ya que las necesidades de subsistencia y seguridad están satisfechas razonablemente con una estructura y sistema de seguridad idóneos. Si un administrador moderno desorientado optara por abandonar esas necesidades organizacionales básicas, el sistema se movería con rapidez para buscar la estructura y seguridad que satisfagan esas necesidades de sus miembros.

Uso creciente de algunos modelos   Una tercera conclusión es que probablemente continuará la tendencia hacia los modelos de apoyo, colegiado y sistémico. No obstante los rápidos adelantos en las computadoras y sistemas de información administrativa, los altos directivos de organizaciones grandes y complejas no pueden ser autoritarios en el sentido convencional y, al mismo tiempo, ser efectivos. Les es imposible saber todo lo que ocurre en sus organizaciones, por lo que deben aprender a depender de otros centros de poder más cercanos a los problemas operativos. Es frecuente que se vean forzados a redefinir literalmente el antiguo convenio psicológico, y adoptar otro más nuevo y participativo.[18] Por añadidura, muchos empleados no se sienten fácilmente motivados por las tareas creativas intelectuales del modelo autocrático. Únicamente los modelos nuevos pueden satisfacer sus necesidades de autoestima, autonomía y realización personal.

Uso contingente de todos los modelos   Una cuarta conclusión es que, si bien un modelo se usaría prioritariamente en un momento dado, existen ciertos usos apropiados de los modelos restantes. Los conocimientos y habilidades varían de un administrador a otro. También son diferentes las expectativas de roles de los empleados, lo cual depende de la historia cultural. Las políticas y las formas de vida difieren entre las organizaciones. Quizá lo más importante es que las tareas son distintas. Algunos puestos entrañan trabajo rutinario, programado y que requiere pocas habilidades, lo determinan en especial las altas autoridades y proporciona ante todo retribuciones materiales y de seguridad (condiciones autocrática y de custodia). Otros puestos no tienen tareas programadas y son ante todo de naturaleza intelectual, que requiere trabajo de equipo y automotivación. Los empleados en estos puestos suelen responder mejor a los enfoques de apoyo, colegiado y sistémico. Por consiguiente, es probable que continúe el uso de los cinco modelos, si bien será creciente el de los modelos más avanzados a medida que continúe el progreso.

Flexibilidad gerencial   El análisis precedente culmina con una conclusión central: *los administradores no sólo necesitan identificar su modelo de comportamiento actual, sino que también deben mantenerlo flexible y actualizado.* Existe el enorme riesgo de la rigidez en los paradigmas, cuando la naturaleza cambiante de las personas y las circunstancias exige nuevas respuestas y los administradores se aferran a antiguas creencias y prácticas. Es necesario que ellos lean, reflexionen, interactúen con otros y sean receptivos a los desafíos que sus compañeros de trabajo y empleados plantean a su intelecto. La analogía siguiente ilustra este proceso:

> Los practicantes del paracaidismo de caída libre saben que en los paracaídas empacados durante largos periodos pueden surgir pliegues permanentes de la tela, lo que es algo peligroso, ya que impiden que el paracaídas se abra cuando debe. A fin de evitarlo, desdoblan periódicamente los paracaídas y los cuelgan en sitios especiales, para "quitar las arrugas". Luego, se empacan de nuevo, ya listos para su uso seguro. De igual manera, los administradores prudentes se benefician de compartir sus modelos de comportamiento organizacional con otros, abriéndolos de esa manera al público. Luego de realizar los cambios apropiados al modelo, esos administradores los "empacan de nuevo" y ponen en uso los paradigmas mejorados.

RESUMEN

Toda empresa tiene un sistema de comportamiento organizacional. En él, se incluyen la filosofía, los valores, la visión, la misión y los objetivos de la organización, implícitos o explícitos; la calidad del liderazgo, comunicación y dinámica de grupo; la naturaleza de las organizaciones formal e informal dentro de la entidad y la influencia del entorno social. Esos elementos se combinan para crear una cultura en que las actitudes de los empleados y los factores situacionales pueden generar la motivación y el logro de objetivos.

Los cinco modelos de comportamiento organizacional son el autocrático, de custodia, de apoyo, colegiado y sistémico. Los modelos de apoyo, colegiado y sistémico son más compatibles con las necesidades de los empleados contemporáneos y, por ende, generarán resultados más efectivos en muchas situaciones. Se requiere que los administradores analicen el modelo que usan, determinen si es o no el más apropiado, y sean flexibles en cuanto al uso de modelos alternos y emergentes.

La comunicación, que es una importante herramienta para expresar los modelos administrativos, es el centro de la atención en el capítulo 3. Luego, la idea de los mode-

Consejos a futuros administradores

1. Acuérdese de pensar en el comportamiento organizacional desde la perspectiva sistémica, tratando de visualizar los probables efectos que cualquier elemento del sistema o una acción suya tendrían en otras partes del sistema de comportamiento organizacional.
2. Enumere, analice y reevalúe periódicamente sus premisas de hechos acerca de las personas, para darse cuenta de si es necesaria o no su actualización. Luego, cree por separado una lista de sus premisas de valores y compártala con un compañero de trabajo o amigo para ver si soporta un análisis profundo.
3. Muestre a sus empleados la lista de supuestos que subyacen a las teorías X e Y. Luego, pídales ejemplos que indiquen si usted recurre a uno u otro paradigmas. Aliéntelos a ayudarle para que sus acciones sean más compatibles con la teoría Y.
4. Examine con frecuencia los cinco modelos del comportamiento organizacional. Busque formas en que podría usar características de los modelos más avanzados (de apoyo, colegiado y sistémico).
5. Comente a un amigo cercano las formas en que ha cambiado activamente su modelo de comportamiento organizacional subyacente en los últimos años. Proporcione ejemplos específicos.

los de comportamiento organizacional se amplía en el capítulo 4 con el análisis de sistemas, roles y estratos sociales. De manera específica, se estudia la creación y el efecto de las culturas organizacionales, útiles para que los empleados perciban cuál modelo de comportamiento organizacional está en uso.

Términos y conceptos para revisión

Filosofía
Misión
Modelo autocrático
Modelo colegiado
Modelo de apoyo
Modelo de custodia
Modelo sistémico
Modelos
Objetivos
Paradigmas
Premisas de hechos
Premisas de valores
Sistema de comportamiento organizacional
Teoría X
Teoría Y
Visión

Preguntas para análisis

1. Entreviste a varios administradores para identificar la visión de su organización. ¿Cuál es esa visión? ¿De dónde proviene? ¿Cuán exitosamente la han comunicado a los empleados y éstos la han adoptado?
2. La filosofía y la visión son conceptos poco claros. ¿Cómo aclararlos a los empleados? ¿Por qué se incluyen entre los primeros elementos de un sistema de comportamiento organizacional? Señale un ejemplo de una visión organizacional sobre la cual haya leído o de la cual haya oído hablar.
3. Diferencie entre premisas de hechos y de valores. ¿Qué consecuencias tienen para los administradores?
4. Considere alguna empresa, ya sea en la que ahora trabaja (o en la que se haya desempeñado). ¿Qué modelo (paradigma) de comportamiento organizacional aplica (aplicaba) su superior? ¿Es (era) el mismo que el de los altos ejecutivos?
5. Analice las similitudes y diferencias entre los cinco modelos del comportamiento organizacional.

6. ¿Cuál de los modelos de comportamiento organizacional sería más apropiado en cada una de las situaciones siguientes? (Suponga que debe basarse en los tipos de empleados y superiores disponibles actualmente en el mercado laboral de su localidad.)

   a) operadores de larga distancia en una oficina muy grande
   b) contadores de un pequeño despacho de contadores públicos titulados
   c) servidores de alimentos en una franquicia local de una prominente cadena de restaurantes de comida rápida
   d) vendedores en una gran tienda departamental de descuento
   e) trabajadores eventuales de un circo, contratados para laborar durante la semana que el circo estará en la ciudad

7. Analice las razones por las que los modelos de apoyo, colegiado y sistémico del comportamiento organizacional son particularmente apropiados para aplicarse en las naciones industrializadas.
8. Entreviste a un supervisor o gerente para identificar en cuál modelo de comportamiento cree. Explique por qué piensa que el comportamiento de esa persona refleja o no sus creencias.
9. Examine las tendencias en los modelos de comportamiento organizacional según han evolucionado durante un cierto periodo. En su opinión, ¿por qué se mueven las tendencias en esa dirección?
10. Suponga que un amigo suyo afirma: "El modelo sistémico es evidentemente 'el mejor' que puede usarse con los empleados, ya que de otra manera no lo habrían colocado en el lado derecho de la figura". ¿Cómo le respondería?

Evalúe sus propias habilidades

¿Son buenas sus habilidades de facilitador?

Lea cuidadosamente las afirmaciones siguientes. Marque con un círculo el número en la escala de respuestas que se acerque más al grado en que cada afirmación lo describe a usted. Sume el total de puntos y prepare un breve plan de acción para su mejoramiento personal. Prepárese para informar su calificación con fines de tabulación en todo el grupo.

	Descripción satisfactoria									Descripción insatisfactoria
1. Sé cómo apoyar el compromiso de los empleados con los objetivos de corto y largo plazos.	10	9	8	7	6	5	4	3	2	1
2. Podría encargarme del entrenamiento de individuos y grupos sobre habilidades y comportamientos apropiados.	10	9	8	7	6	5	4	3	2	1
3. Me siento capaz de modelar y fomentar la autoestima.	10	9	8	7	6	5	4	3	2	1
4. Puedo mostrar interés y empatía genuinos por las personas.	10	9	8	7	6	5	4	3	2	1

5. Me siento capaz de brindar retroalimentación oportuna y aceptable a otros. 10 9 8 7 6 5 4 3 2 1
6. Estoy decidido a influir en las personas para que aprendan continuamente y compartan su aprendizaje con los demás. 10 9 8 7 6 5 4 3 2 1
7. Ayudaría a que las personas identifiquen y afronten los problemas de manera ética. 10 9 8 7 6 5 4 3 2 1
8. Me siento capaz de estimular la introspección mediante entrevistas, preguntas y sugerencias. 10 9 8 7 6 5 4 3 2 1
9. Creo que es bueno estimular a las personas para que se sientan a gusto con los cambios y la incertidumbre. 10 9 8 7 6 5 4 3 2 1
10. Trabajaría intensamente para formar equipos de trabajo productivos y cohesionados. 10 9 8 7 6 5 4 3 2 1

Calificación e interpretación Sume los puntos que obtuvo en las 10 preguntas. Escriba la calificación aquí ____ e infórmela cuando se le pida.

- Si obtuvo de 81 a 100 puntos, parece tener una comprensión adecuada de las habilidades de facilitación.
- Si obtuvo de 61 a 80 puntos, revise los elementos con calificación baja y explore formas de mejorarlos.
- Si obtuvo menos de 60 puntos, debe estar consciente de que su comprensión deficiente de varios conceptos podría ser nociva para su éxito futuro como gerente. Le invitamos a que vuelva a leer el capítulo completo y busque otro material pertinente en capítulos ulteriores y otras fuentes.

Ahora, identifique las tres calificaciones más bajas y escriba los números de pregunta aquí: ____, ____ y ____. Escriba un párrafo breve pero detallado, para usted mismo, un plan de acción de cómo mejoraría cada una de estas habilidades.

Incidente

El nuevo gerente de planta

Toby Butterfield se abrió paso en Montclair Company hasta convertirse en gerente auxiliar de planta de las instalaciones de Illinois. Finalmente, llegó su oportunidad para una promoción. La planta de Houston tenía dificultades presupuestarias y de cuotas de producción, de modo que lo promovieron a gerente de planta y lo transfirieron a las instalaciones de Houston con las instrucciones de "poner orden".

Butterfield era ambicioso y un tanto orientado al poder. Creía que la mejor forma de resolver problemas era asumir el control, tomar decisiones y hacer uso de su autoridad para poner en práctica esas decisiones. Luego de un estudio preliminar, giró órdenes para que cada departamento redujera su presupuesto en 5%. Una semana después, instruyó a todos los departamentos para que aumentaran su producción en 10% durante el mes siguiente. Solicitó varios informes nuevos y prestó atención estrecha a las operaciones. Al final del segundo mes, despidió a tres supervisores que no habían logrado sus cuotas de producción. Otros cinco supervisores renunciaron. Butterfield insistió en que deban acatarse las reglas y los presupuestos, y no permitió ninguna excepción.

Los esfuerzos de Butterfield produjeron resultados excepcionales. La productividad excedió rápidamente la norma en 7%, además de que en menos de cinco meses la planta estaba dentro de presupuesto. Sus logros fueron tan sobresalientes que lo promovieron a las oficinas generales de Nueva York hacia el final de su segundo año. Antes de que transcurriera un mes desde su partida, la productividad en la planta de Houston se colapsó hasta ser 15% inferior al estándar y de nuevo hubo problemas presupuestarios.

Preguntas
1. Analice el modelo de comportamiento organizacional que usó Butterfield y el tipo de ambiente organizacional que creó.
2. Explique por qué se redujo la productividad cuando Butterfield dejó la planta de Houston.
3. Si fuera el superior de Butterfield en Nueva York, ¿qué le diría acerca de su enfoque? ¿Cómo cree que respondería Butterfield?

Rapid Corporation

Rapid Corporation es una organización que da servicio a equipos de refrigeración en una gran ciudad. Tiene casi 70 empleados, en su mayor parte representantes de servicio para equipos de refrigeración. Durante muchos años, las políticas de la compañía estuvieron dominadas por su presidente y principal propietario, Otto Blumberg, quien se enorgullece de ser un hombre *que se hizo a sí mismo.*

En fecha reciente, Otto y su gerente de oficina asistieron a un seminario de comportamiento organizacional, en el cual se analizó el valor de poner por escrito la filosofía de las empresas. Ambos estuvieron de acuerdo en que cada uno elaborara un borrador y luego los compararan.

1. Divida la clase en tres tipos de grupos. Uno debe elaborar el borrador de la compañía con base en el modelo autocrático; el segundo ha de crear declaraciones comparables de filosofía con el modelo de apoyo y el tercero debe hacerlo con el modelo sistémico.
2. Pida a representantes de cada grupo (autocrático, de apoyo y sistémico) que lean su documento ante toda la clase. Analice las diferencias principales entre los tres grupos. Haga que la clase debata acerca de la utilidad de las declaraciones de filosofía como guía del sistema de comportamiento organizacional en una empresa de este tipo.

Ejercicio de experiencia

Capítulo 3

Administración de la comunicación

Escuchar puede reducir el estrés, la frustración y los conflictos en los centros de trabajo.
—**Jennifer J. Salopek**[1]

El correo electrónico y el correo de voz son eficaces; pero el contacto cara a cara todavía es esencial para la comunicación verdadera.
—**Edward M. Hallowell**[2]

OBJETIVOS DEL CAPÍTULO

ENTENDER:

- El proceso de comunicación bidireccional
- Los obstáculos a la comunicación
- Los factores que llevan a la comunicación efectiva
- Los problemas de la comunicación descendente y ascendente
- Las funciones de preguntar y escuchar
- Los efectos de la comunicación electrónica
- Los chismes y rumores organizacionales

● Un estudio cinematográfico de Hollywood filmaba una película cerca de un pequeño pueblo occidental. El guión incluía algunas escenas de ferrocarril de vía estrecha, y un residente local, que normalmente trabajaba como ingeniero ferrocarrilero, había sido seleccionado como ingeniero del ferrocarril de vía estrecha. Estaba muy orgulloso de esta tarea. Una noche, cuando los visitantes de Hollywood y el ingeniero estaban en un bar local, el ingeniero se acercó al director de la compañía cinematográfica y le preguntó: "John, ¿cómo me fue hoy con las escenas del tren?"

El director, que estaba de buen ánimo, le dio su respuesta hollywoodense más favorable: "Joe, estás haciendo un trabajo brutal".

Joe, que no entendió el significado favorable de ese coloquialismo,[3] lo tomó como crítica, se alteró de inmediato y respondió: "¡Oh! ¿cómo? Tú no podrías hacerlo mejor".

El director, que todavía trataba de comunicarse (aunque en términos de su propio marco de referencia), dijo: "Eso fue lo que dije, Joe. Estás haciendo un trabajo brutal". En dicho momento, Joe se molestó mucho y se rompió la conversación, al tiempo que Joe vociferaba que nadie le hablaba de esa manera frente a amigos. En última instancia, fue necesario separar a los dos hombres para evitar un pleito.

Sin importar que se trate de un estudio cinematográfico, una empresa manufacturera o de servicios, o en el gobierno, la comunicación es una actividad omnipresente, mediante la cual las personas se relacionan y combinan sus esfuerzos. La comunicación es necesaria para perpetuar la salud de una organización. De igual modo que las personas pueden sufrir arterioesclerosis (endurecimiento de las arterias que restringe el flujo de sangre y de los nutrimentos que ésta lleva consigo), una organización puede sufrir problemas similares con sus arterias de información. El resultado es el mismo: reducción innecesaria de la eficacia a causa de bloqueo o restricción del flujo de información clara en diversos puntos de la compañía. Y, a semejanza de la enfermedad, prevenir el problema suele ser más fácil que tratar de curarlo.

En la actualidad, los empleados desean saber qué ocurre y cuál es su papel en su organización. Más que nunca, los administradores tienen que impulsar la comunicación sistemática y extensamente en las direcciones ascendente, descendente y lateral. Como puede verse en la cita de inicio del capítulo, la habilidad para escuchar conserva su importancia en el proceso de comunicación. Por añadidura, a medida que se difunde la tecnología no debe olvidarse el elemento humano de la comunicación. En este capítulo, se analiza con detenimiento la importancia de la comunicación en los centros de trabajo. También se comentan su relación con el comportamiento organizacional y los efectos de la tecnología electrónica.

FUNDAMENTOS DE LA COMUNICACIÓN

La **comunicación** es la transferencia de información y su comprensión entre una persona y otra. Es una forma de ponerse en contacto con otros mediante la transmisión de ideas, hechos, pensamientos, sentimientos y valores. Su objetivo es que el receptor entienda el mensaje tal como lo pretende el emisor. Cuando la comunicación es efectiva,

Se requieren dos personas

establece un puente de significado entre dos personas, de modo que puedan compartir lo que sienten y conocen. Al usar este puente, ambos pueden cruzar sin peligro el río de los malentendidos que a veces las separa.

En la comunicación, siempre participan por lo menos dos personas: el emisor y el receptor. Nadie puede comunicarse solo. El acto de comunicación se completa únicamente cuando existen uno o más receptores del mensaje emitido. Este hecho resulta evidente si pensamos en alguien que está perdido en una isla deshabitada y grita pidiendo ayuda cuando no hay nadie suficientemente cerca para escucharlo. La necesidad de un receptor no es tan evidente para los administradores que envían memorandos a sus empleados. Tienden a pensar que han comunicado su mensaje sólo por haberlo enviado; pero la transmisión del mensaje es nada más el comienzo. Un administrador puede mandar cientos de mensajes, pero no habrá comunicación hasta que cada uno de ellos sea recibido, leído y comprendido. La comunicación es lo que entiende el receptor, no lo que diga el emisor.

La comprensión es fundamental para el éxito

Importancia de la comunicación

Las organizaciones no pueden existir sin comunicación. A falta de ésta, los empleados no sabrían qué hacen sus compañeros de trabajo, los administradores no recibirían información, y los supervisores y líderes de equipos no impartirían instrucciones. La coordinación del trabajo sería imposible y la organización se colapsaría en ausencia de ella. La cooperación tampoco sería factible, ya que las personas no podrían comunicarse sus necesidades y sentimientos. Puede decirse con entera confianza que *todo acto de comunicación influye de alguna manera en una organización*, de igual modo que el aleteo de una mariposa en California influye (aunque sea muy levemente) en la velocidad del viento en Boston. La comunicación ayuda a lograr todas las funciones administrativas básicas —planeación, organización, dirección y control— para que las organizaciones logren sus objetivos y enfrenten sus dificultades.

Cuando la comunicación es efectiva, tiende a mejorar el rendimiento y la satisfacción en el trabajo.[4] Las personas entienden mejor su trabajo y se sienten más comprometidas en él. En algunos casos, incluso renuncian voluntariamente a algunos privilegios de los que gozaban desde hacía tiempo cuando advierten que es necesario un sacrificio.

> En una empresa, los administradores convencieron a los empleados de producción de que llevaran su propio café y lo tomaran frente a la máquina en la que trabajaban, en vez de tomarlo como lo hacían habitualmente, en la cafetería. La compañía trató el tema directa y abiertamente con los empleados. Les presentó una gráfica del uso de energía eléctrica en la planta, donde se mostraba que era menos de la mitad de lo normal durante 15 minutos antes y después de la pausa para café, además de la pérdida normal de producción durante la pausa misma. La compañía planteó muy bien el hecho de que este largo periodo de inactividad y actividad parcial obstaculizaba la rentabilidad de las operaciones. Las gráficas del uso de energía eléctrica fueron convincentes y los empleados aceptaron sin problemas la nueva política de la pausa para café.

Comunicación abierta

La respuesta positiva de los empleados del ejemplo precedente sustenta una de las propuestas básicas del comportamiento organizacional: que la *comunicación abierta generalmente es mejor que la comunicación restringida*. (*Véase* "Lo que leen los administradores".) De hecho, si los empleados conocen los problemas que enfrenta una organización y escuchan lo que intentan hacer los administradores, es usual que respondan favorablemente.

Sería muy sencillo concentrarse sólo en la comunicación con los empleados y hacer caso omiso de las necesidades de los administradores; pero ello significaría un punto de vista limitado. La función del personal gerencial es fundamental, ya que no sólo inicia la comunicación, sino que también la transmite e interpreta para los empleados. De igual modo que una fotografía no puede tener mayor nitidez que la del negativo del cual se imprime, a los administradores no les es posible transmitir un mensaje con una claridad mayor que la de su propia comprensión de ese mensaje.

Kiki, una supervisora de departamento, recibió una copia de un informe de 110 páginas. En vez de distribuirlo directamente a sus empleados y esperar que leyeran el informe completo, preparó un resumen de dos páginas y dio una copia de éste a cada empleado. Aunque apreciaron el tiempo que les ahorró, se dieron cuenta de que ahora dependían de su interpretación del informe completo. De igual manera, la calidad del resumen estaba en función de la legibilidad del informe original y de la capacidad de interpretación de Kiki.

Los administradores necesitan información útil y oportuna para tomar decisiones adecuadas. Los datos inadecuados o deficientes pueden afectar el rendimiento de toda un área, ya que el alcance de la influencia gerencial es muy amplio. Dicho de manera muy sencilla, las decisiones de los administradores tienen efectos en muchas personas y actividades.

El proceso de comunicación bidireccional

Proceso de comunicación bidireccional. Es el método mediante el cual el emisor llega al receptor con un mensaje. Este proceso requiere ocho pasos, sin importar que la comunicación sea verbal, con el lenguaje de signos o con algún medio de comunicación de tecnología de punta. Los pasos se muestran en la figura 3-1.

Los ocho pasos del proceso

Desarrollo de una idea   El paso 1 consiste en *desarrollar la idea* que el emisor pretende transmitir. Es el paso clave, ya que todos los demás resultan un tanto inútiles si no se tiene un mensaje valioso. Es el paso que se representa con el letrero que a veces

FIGURA 3-1

El proceso de la comunicación

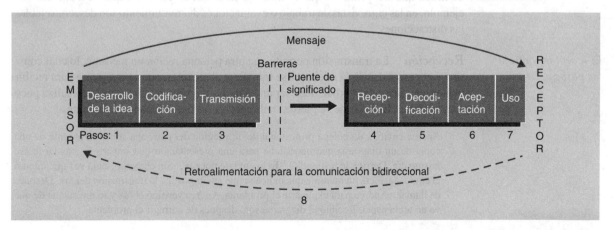

Lo que leen los administradores

John Case, en su serie de libros sobre la administración de libros abiertos, afirma que las empresas requieren empleados bien dispuestos, entusiastas y talentosos que se preocupen por el éxito de su compañía. Para alcanzar ese éxito, los administradores deben lograr que los empleados:

1. Vean que la compañía y sus prácticas son abiertas y transparentes
2. Se vean a sí mismos como socios de la empresa (tengan interés en su éxito)
3. Reciban cotidianamente *empowerment* para ayudar a que funcione el centro de trabajo.
4. Entiendan de qué se trata el negocio (sepan cuáles son las cifras cruciales, qué significan y cómo se puede influir en ellas)

Los sistemas de **administración de libros abiertos** proporcionan a los empleados información financiera de la compañía y datos de tipo operativo, lo cual les permite vigilar y entender de manera independiente el rendimiento de la organización. Luego, se debe esperar y permitir que los empleados llegan a cabo las acciones apropiadas para mejorar los resultados. Por último, éstos deben confiar en que derivarán algún beneficio directo del éxito de la organización.

Fuente: John Case, *The Open-Book Experience*, Reading, MA., Addison-Wesley, 1998.

---

cuelga de los muros de oficinas o fábricas: "No olvide conectar el cerebro antes de poner la boca en marcha".

Codificación   El paso 2 es la *codificación* (conversión) de la idea en palabras, gráficas u otros símbolos adecuados para su transmisión. En este punto, el emisor determina el método de transmisión, de modo que las palabras y símbolos se organicen apropiadamente para el tipo de transmisión. Por ejemplo, la conversación bidireccional no suele organizarse de manera similar a un memorando escrito.

Transmisión   Una vez creado el mensaje, el paso 3 consiste en su *transmisión* por el método que se elija, como un memorando, una llamada telefónica o una vista personal. El emisor también elige cierto canal, como evitar o no al superintendente, y se comunica de manera oportuna. Por ejemplo, podría decidir que hoy no sería conveniente hablar con su superior acerca del aumento de sueldo. Además, el emisor intenta mantener sin obstáculos o interferencias el canal de comunicación, como se muestra en la figura 3-1, de modo que sea probable que el mensaje llegue al receptor y capte su atención. Por ejemplo, en las entrevistas de trabajo o evaluaciones del rendimiento son desaconsejables las distracciones.

El receptor controla los pasos del 4 a 8

Recepción   La transmisión permite que otra persona *reciba* un mensaje, lo cual constituye el paso 4. En él, la iniciativa se transfiere al receptor, que se concentra para recibir el mensaje. Si éste es verbal, debe ser un buen interlocutor, habilidad que se analiza poco más adelante. El mensaje se pierde si el receptor no funciona adecuadamente.

> Andrea envió, a un colega profesional de otra región del país, una solicitud urgente de una copia de un diagrama que necesitaba para una presentación que impartiría más tarde ese mismo día. Derrick le respondió: "Te lo enviaré por fax". Sin embargo, cada vez que intentó el envío, aparecía un mensaje que indicaba que era imposible la transmisión del fax. Después de llamar a Andrea para explicarle el problema, Andrea verificó el fax y se dio cuenta de que ya no tenía papel. Recibió el diagrama sólo después de corregir el problema.

Decodificación El paso 5 consiste en la *decodificación* del mensaje, de modo que pueda entenderse. El emisor necesita que el receptor entienda el mensaje exactamente como le fue enviado. Por ejemplo, si el emisor transmite el equivalente de un cuadrado y el paso de decodificación genera un círculo, se habrá enviado el mensaje sin que haya lugar a mucho entendimiento.

Necesidad de comprensión

El entendimiento sólo puede ocurrir en la mente del receptor. Aunque el emisor logra que otros le escuchen, no existe ninguna forma en que pueda hacer que le entiendan. El receptor decide si entiende o no. Muchos patrones pasan por alto este hecho cuando imparten explicaciones o instrucciones. Piensan que decir algo a alguien es suficiente; pero la comunicación no puede proceder hasta que haya entendimiento. Ello es lo que se conoce como *hacerse entender*.

> La secuencia codificación-decodificación es hasta cierto punto similar a la actividad que tiene lugar cuando las modernas casas de madera se construyen cerca de la fuente de la madera, no en el sitio final. La casa terminada no puede moverse en una sola pieza, de modo que se desensambla tronco por tronco y se pone una marca en cada tronco para identificar su posición correcta. Este proceso es similar a la acción de un emisor que tiene una idea y la codifica (desensambla) en un conjunto de palabras, cada una marcada en cuanto a su posición y por otros medios para guiar al receptor. A fin de mover la idea (transmitirla), el emisor necesita ponerla en palabras. El ensamble de la casa tronco por tronco en su destino final se asemeja a la acción del receptor, al cual llegan las palabras y las ensambla de nuevo en su mente para formar ideas completas. Si se usa incorrectamente un tronco (o palabra), suele debilitarse toda la estructura (mensaje).

Aceptación Una vez que el mensaje llega al receptor y éste lo decodifica, tiene la oportunidad de *aceptarlo o rechazarlo*, lo cual constituye el paso 6. Por supuesto, al emisor le gustaría que el receptor aceptara el mensaje conforme a sus intenciones, de modo que las actividades continúen según lo tenía planeado. Sin embargo, la aceptación es cuestión de elección y de grado, de modo que el receptor tiene control amplio sobre aceptar o no el mensaje, o aceptarlo sólo en parte. Ciertos factores con efecto en la decisión de aceptación giran alrededor de la percepción de la exactitud del mensaje, la autoridad y credibilidad del emisor y las consecuencias de comportamiento para el receptor.

Uso El paso 7 del proceso de comunicación es el *uso de la información* por el receptor. Éste puede desecharla, llevar a cabo una tarea según instrucciones, almacenar la información para el futuro o hacer algo más. Es un paso de acción fundamental, en que el receptor controla gran parte de lo que se hace.

Retroalimentación Cuando el receptor acepta el mensaje y responde al emisor, ha ocurrido la *retroalimentación*. Ésta completa el ciclo de comunicación, ya que ocurre un flujo de mensajes del emisor al receptor, y de éste al emisor, como lo muestra la flecha de retroalimentación (paso 8) en la parte inferior de la figura 3-1.

> La comunicación bidireccional puede compararse con jugar un partido de tenis. Considérese el proceso que ocurre en la mente de una de las estrellas del tenis, Venus Williams. Cuando Venus sirve, no puede decirse a sí misma: "Mi siguiente tiro será un revés cruzado". De hecho, su siguiente tiro depende de la retroalimentación del receptor, es decir, de dónde y

cómo devuelva el servicio su oponente. Sin duda, Venus tiene una estrategia global para el partido; pero cada tiro depende de la forma en que le devuelvan la pelota —la fuerza, efecto y ubicación de la devolución— y de la posición de su rival en el lado opuesto de la cancha. Si Venus no adapta sus tiros al juego de su oponente, el suyo no resultará tan efectivo como podría haberlo sido. Al igual que en el caso de la comunicación, hacer caso omiso de la retroalimentación limita las probabilidades de éxito en el intercambio.

Los emisores precisan retroalimentación

La comunicación bidireccional, posible gracias a la retroalimentación, es una vía de ida y vuelta. En ella, el emisor envía el mensaje y luego le llega la respuesta de su receptor. El resultado es una situación de desarrollo jugada por jugada, en que el emisor puede y debe ajustar el siguiente mensaje conforme a la respuesta previa del receptor. El emisor necesita retroalimentación —el paso final de la comunicación— porque ésta le indica que si el mensaje se recibió, decodificó correctamente, aceptó y usó. En caso necesario, el emisor debe buscar y solicitar la retroalimentación del receptor. Cuando ocurre este proceso bidireccional, ambas partes experimentan mayor satisfacción, se previene la frustración y se logra mucho mayor exactitud en el trabajo.

Problemas potenciales

La comunicación bidireccional no siempre es benéfica. También puede causar dificultades. Dos personas tal vez no estén para nada de acuerdo acerca de algún concepto, pero no se dan cuenta de ello hasta que se establece la comunicación bidireccional. Cuando exponen sus puntos de vista distintos, incluso es posible que se **polaricen** todavía más, es decir, que asuman posiciones más extremas. Cuando las personas se sienten amenazadas por la vergüenza potencial de perder una discusión, tienden a abandonar la lógica y racionalidad, y enfrascarse en el **razonamiento defensivo**.[5] Acusan a los demás, recopilan y usan selectivamente datos, intentan mantener el control y suprimen los sentimientos negativos. El razonamiento defensivo tiene como fin evitar los riesgos y la apariencia de incompetencia; pero suele generar un impulso hacia controlar y ganar. Éstos interfieren de manera predecible en la comunicación efectiva.

Posible problema de disonancia cognoscitiva

Otra dificultad que puede surgir es la **disonancia cognoscitiva**. Se trata del conflicto interno y ansiedad que ocurre cuando dos personas reciben información que es incompatible con sus sistemas de valores, decisiones previas u otra información con la que cuenten. Puesto que no se sienten a gusto con la disonancia, tratan de eliminarla o disminuirla. Quizás intenten obtener nueva información, cambien su interpretación de ella, inviertan su decisión o modifiquen sus valores. Incluso podrían rehusarse a creer en la información disonante o racionalizarla para deshacerse de ella.

Guardar las apariencias

El emisor debe comunicarse con cuidado, ya que la comunicación es una forma poderosa de revelarse a otros y una fuente de posible evaluación. No sólo se revela algo de la propia persona al hablar, sino que al mismo tiempo sus interlocutores la juzgan. Este aspecto de la comunicación genera la presión para concentrarse en **guardar las apariencias**, un intento por proteger de ataques al valioso concepto de sí mismo. La autoestima de la persona se ve amenazada cuando alguien le dice algo que preferiría no oír. En ocasiones, también se arrepiente por haber dicho algo que ataca al **concepto de sí mismo** de otras personas. Aunque es frecuente que esos mensajes no sean intencionados, suelen generar resentimiento en el receptor, ponen a tensión la relación o incluso causan el deterioro de ésta. Existen diversos tipos de mensajes de los que el emisor se arrepiente, como las agresiones verbales directas, ataques personales, comentarios estereotipados, críticas sarcásticas o información dañina. Las personas suelen enviar mensajes de los que se arrepienten durante enfrentamientos emocionales, como en el ejemplo siguiente:

> Damián (un supervisor de contabilidad) y Janny (una gerente de marketing) habían entrevistado a varios candidatos para el puesto de auditor. Después, se reunieron con otros tres jefes de departamento para tomar la decisión final. Cuando Janny señaló una debilidad que vio en uno de los candidatos, Damián reaccionó agresivamente con cuestionamientos de su capacidad para evaluar las habilidades de auditoría, ya que había dedicado toda su carrera al marketing. Por supuesto, Janny se mostró furiosa por ese ataque a su persona. Aunque Damián se disculpó más adelante y señaló que lamentaba el incidente, Janny nunca olvidó su comentario.

Barreras a la comunicación

Incluso cuando el mensaje llega al receptor y éste se esfuerza genuinamente en decodificarlo, son diversas las interferencias que limitarían su comprensión. Esos obstáculos actúan como **ruido**, o barreras a la comunicación, y pueden surgir en el entorno físico (como los sonidos de la radio de un compañero de trabajo que obstaculizan una conversación telefónica) o en las emociones del individuo (la distracción por la preocupación del receptor a causa de la enfermedad en un familiar). El ruido incluso puede obstaculizar por completo la comunicación, filtrar una parte de ella o hacer que se le asigne un significado incorrecto. Hay tres tipos de barreras: personales, físicas y semánticas.

Barreras personales   Las **barreras personales** son interferencias en la comunicación que resultan de las emociones humanas, los valores y los hábitos de escuchar deficientes. También pueden provenir de diferencias en la educación, el grupo étnico, el género, la posición socioeconómica u otros factores. Las barreras personales son comunes en las situaciones de trabajo, por ejemplo, los hábitos de distracción verbal (como la repetición innecesaria de "ah" o iniciar casi todas las oraciones con "¿me entiende?..."). Todo mundo ha experimentado la forma en que los sentimientos personales pueden limitar la comunicación con otras personas, situaciones que sobrevienen en el trabajo de igual manera que en la vida personal.

Es frecuente que las barreras personales entrañen una **distancia psicológica** —la sensación de estar separados emocionalmente— entre las personas similar a la distancia física real. Por ejemplo, Marsha habla en tono condescendiente a Janet, quien resiente dicho trato, y el resentimiento de Janet las separa.

Distancia psicológica

Nuestras emociones actúan como filtros de percepción en casi todas las comunicaciones. Vemos y oímos lo que estamos sintonizados emocionalmente para ver y oír, de modo que la comunicación está guiada por las expectativas personales. Además, comunicamos nuestra interpretación de la realidad, no la realidad misma. Alguien dijo: "Sin importar qué diga que es algo, no lo es", lo cual significa que el emisor envía una percepción filtrada emocionalmente de la realidad. En tales condiciones, la comunicación es más efectiva cuando las percepciones del emisor y receptor son razonablemente similares.

Barreras físicas   Las **barreras físicas** son interferencias en la comunicación que ocurren en el entorno donde ésta tiene. Una barrera física habitual es un ruido que produce una distracción repentina que de pronto opaca un mensaje verbal. Otras barreras físicas serían la distancia entre las personas, los muros o la estática que interfiere en los mensajes radiofónicos. Las personas suelen darse cuenta cuándo ocurre la interferencia física e intentan compensarla.

Control ecológico

A manera de ejemplo, las barreras físicas pueden convertirse en fuerzas positivas mediante el **control ecológico**, en que el emisor modifica el entorno para influir en los sentimientos y el comportamiento del receptor. La limpieza moderada, la colocación de un escritorio abierto, una cantidad razonable de símbolos de estatus, plantas y decoración de los muros pueden afectar las percepciones de los visitantes. Considérese la forma en que opera el control ecológico en la situación siguiente:

> Cuando llegaban visitantes a su oficina, Carmen Valencia se sentaba rígidamente detrás del escritorio, mientras que la otra persona quedaba hasta cierto punto distante, al frente del escritorio. Tal disposición creaba una distancia psicológica y la establecía claramente como la lideresa y superior en la interacción. Luego, reordenó su oficina de modo que el visitante se sentara junto a ella, a un mismo lado del escritorio. Tal disposición indicaba una mayor receptividad e igualdad en la interacción con quienes la visitaban. Además, tenía la ventaja de contar con un área de trabajo sobre el escritorio para el examen de documentos de trabajo. Cuando quería conferir mayor informalidad a la relación, particularmente con miembros de su equipo, se pasaba al frente del escritorio y se sentaba en una silla junto al empleado.

Distancia apropiada

El comportamiento de Carmen también ilustra la práctica de mantener la distancia física apropiada entre dos personas cuando se comunican. El estudio de la separación espacial se llama **proxémica** y consiste en explorar las diferentes prácticas y sentimientos acerca del espacio interpersonal en una cultura y entre culturas. Por ejemplo, en Estados Unidos la práctica general permite que las comunicaciones *íntimas* entre amigos cercanos ocurran a muy poca distancia, por ejemplo, de 15 a 45 centímetros. Las conversaciones con conocidos suelen tener lugar a la distancia *personal*, de 90 a 120 centímetros. Las de trabajo entre compañeros usualmente se llevan a cabo a la distancia *social* de 1.20 a 3.60 metros, y en las conversaciones formales y más impersonales en *público* suelen utilizarse distancias incluso mayores. No sólo es importante conocer y acatar la práctica común según la naturaleza de la relación (íntimas, amistosa, de trabajo o informal) entre las personas, sino que también es imperativo adaptar esas prácticas a las diferencias culturales. En algunas sociedades prevalecen prácticas muy distintas. Por ejemplo, en los países latinoamericanos y asiáticos generalmente es menor la distancia para las conversaciones personales, mientras que los trabajadores en países árabes suelen conversar a distancias muy pequeñas. Así pues, el emisor debe reconocer las normas culturales y preferencias del receptor, además de esforzarse en entenderlas y adaptarse a ellas.

Barreras semánticas   La **semántica** es la ciencia del significado, en contraste con la *fonética*, que es el estudio de los sonidos. Casi toda la comunicación es simbólica, o sea, ocurre mediante el uso de símbolos (palabras, imágenes y acciones) que indican ciertos significados. Estos símbolos son simplemente un mapa que describe un territorio, sin ser el territorio mismo, por lo que el receptor debe decodificarlos e interpretarlos. Empero, antes de presentar los tres tipos de símbolos es necesario mencionar otro tipo de barrera, que se origina en la semántica.

Las **barreras semánticas** surgen de las limitaciones de los símbolos con los que nos comunicamos. Los símbolos suelen tener diversos significados y es necesario elegir uno de ellos. En ocasiones, se elige el significado incorrecto y tiene lugar un malentendido. Un ejemplo es el caso del ingeniero ferrocarrilero descrito al comienzo del capítulo. Entendió incorrectamente el significado de la frase coloquial y su reacción fue emocional. En este caso, una barrera semántica también produjo una barrera emocional y además se bloqueó la comunicación.

La semántica constituye un desafío especialmente problemático para las personas de diferentes culturas que intentan comunicarse. No sólo deben aprender el significado literal de las palabras en otra lengua, sino que también han de interpretarlas en su contexto y en la forma de usarlas (tono, volumen y gestos no verbales que las acompañan). Está claro que la emergente globalización de la economía exige que los administradores de todo el mundo superen la carga adicional que las barreras semánticas entrañan en sus comunicaciones interculturales.

Siempre que se interpreta un símbolo según supuestos personales, no de los hechos, se está haciendo una **inferencia**. Esta última es fundamental en gran parte de las comunicaciones. Resulta imposible evitar las inferencias y esperar que toda la comunicación se refiera a hechos para aceptarla. Sin embargo, las inferencias pueden dar lugar a una señal errónea, por lo que siempre es necesario estar consciente de ellas y evaluarlas cuidadosamente. En caso de duda, debe buscarse más información.

Hechos frente inferencias

Símbolos de la comunicación

Palabras Las palabras son el principal símbolo de comunicación en el trabajo. Muchos empleados dedican más de 50% de su tiempo a la comunicación verbal. Sin embargo, existe una dificultad importante, ya que casi todas las palabras de uso común tienen varios significados. Ello es necesario, ya que se intenta hablar de un mundo infinitamente complejo con un número limitado de palabras. La complejidad de una sola lengua se vuelven incluso mayor cuando intentan comunicarse personas con diferente formación, como el nivel de estudios, grupo étnico o cultura diferentes. ¡No debe sorprender que existan dificultades en su comunicación!

Si las palabras no tienen un solo significado, ¿cómo pueden dar sentido los administradores a su comunicación con los empleados? La respuesta está en el *contexto*, o sea, lo que rodea al uso de una palabra. Por ejemplo, usar la expresión "títere" para referirse a alguien en una discusión en oficina puede ser peyorativo, mientras que su utilización en el contexto de diversiones infantiles sería aceptable. Es necesario rodear las palabras clave con el contexto de otros vocablos y símbolos, para que su significado se delimite de manera razonable y se minimice la posible confusión. Por consiguiente, los comunicadores efectivos se centran en las ideas, no en las palabras. Saben que *las palabras no proporcionan el significado, sino que éste lo asignan las personas*.

El contexto proporciona significado

El contexto brinda significado a las palabras en parte gracias a los indicios que las personas reciben de su entorno social, como los amigos y compañeros de trabajo. Los **indicios sociales** son la información negativa o positiva que influye en la manera de reaccionar de las personas ante la comunicación. Entre los ejemplos al respecto, se cuentan los títulos de los puestos, las formas de vestir y el uso histórico de las palabras en una región geográfica o grupo étnico específicos. La susceptibilidad a recibir influencia de estos in-

Indicios sociales

dicios es variable y depende de la credibilidad de la fuente, la exposición previa al indicio en cuestión, la ambigüedad de éste y las diferencias individuales, como los antecedentes culturales. Siempre es importante estar consciente de los indicios sociales, ya que el uso del lenguaje con el contexto inadecuado genera contaminación semántica. Al igual que la contaminación física, irrita los sentidos e interfiere en la exactitud de las percepciones.

El significado de las palabras es difícil de dilucidar, incluso con el uso del contexto, de modo un supuesto razonable es que el receptor entenderá más fácilmente estos símbolos si es posible simplificarlos. Por añadidura, cuando se usan símbolos del tipo que prefiere el receptor, éste se vuelve más receptivo. Tal es la premisa subyacente a la idea de **legibilidad**, la cual es el proceso de hacer que un escrito o una conversación sean más comprensibles. Rudolf Flesch y otros popularizaron la idea de la legibilidad y elaboraron fórmulas que pueden aplicarse a revistas, boletines, discursos, manuales de políticas y otros comunicados para juzgar su grado de legibilidad.[6]

En la figura 3-2, se presentan algunos lineamientos para hacer más claro un escrito, según la fórmula de Flesch. Luego, se aplican los lineamientos para mostrar la forma en que un escrito originalmente complejo puede simplificarse en la segunda versión. Cuando escriba su siguiente informe para la clase, verifique antes de entregarlo si practicó con éxito las ideas expresadas en dicha figura.

Legibilidad

FIGURA 3-2

Redacción clara: lineamientos y ejemplo
Fuente: Adaptado de *Readingease: The Key to Understanding*, Employee Relations Staff, General Motors Corporation, sin fecha.

Lineamientos para la redacción legible

- Use palabras y frases *sencillas* y *familiares*, como "aclaración" en vez de "esclarecimiento" y "como" en lugar de "en una forma similar a la de". Ello facilita la tarea del lector y hace más probable su comprensión.
- Emplee *pronombres personales*, como "usted" y "ellos", si el estilo lo permite. Ayudan a que el receptor se relacione con el mensaje.
- Utilice *ilustraciones, ejemplos y gráficas*. Recuerde que "una imagen vale más que mil palabras".
- Emplee *oraciones y párrafos cortos*. Exprese sus pensamientos de manera eficaz. Evite las conjunciones excesivas y divida los párrafos largos.
- Use *verbos activos*, como "El gerente decidió..." en lugar de "El gerente llegó a la conclusión de que...". Las palabras activas tienen más efecto.
- Maneje sólo las palabras *necesarias*. Por ejemplo, en la oración "Las malas condiciones del clima sirvieron para impedir mi viaje", la palabra "condiciones" y "sirvieron para impedir" pueden abreviarse. Diga: "El mal clima impidió mi viaje".
- Recurra a una *estructura* clara. Recurra a títulos y subtítulos para indicar que sigue un esquema. Aplique técnicas de énfasis (por ejemplo, subrayado o cursivas) para resaltar las ideas que considera más importantes. Incluya listas útiles de puntos clave, destacadas con párrafos numerados o de balazos.

Gran parte de las lecturas sobre temas organizacionales que se envía a empleados y clientes tiene un nivel más difícil que el estándar de legibilidad. Los manuales para empleados, códigos de ética, informes anuales a los accionistas, manuales de ensamble de productos, planes estratégicos y contratos sindicales se califican invariablemente como "difíciles" o "muy difíciles". Ello indica que su redacción está por encima del nivel estándar de un adulto común y corriente.

Vigilar la legibilidad y simplificar los documentos es una tarea de comunicación decisiva. A manera de ejemplo, muchos trabajadores estadounidenses tienen dificultades con el lenguaje. En otras palabras, *millones de estadounidenses son analfabetos funcionales*. Ello significa que no tienen las habilidades de lectura necesarias para entender ni siquiera las descripciones de puesto básicas u órdenes de trabajo en que se les asignan tareas. Por añadidura, a medida que aumenta la proporción de la fuerza laboral proveniente de diversos culturales también lo hace la de personas para las que el inglés es su segunda lengua. Ello significa que términos y frases habituales para algunos trabajadores podrían parecer extraños para otros, por lo que es necesario evitarlos o por lo menos aclararlos. El propósito fundamental de la comunicación es darse a entender, por lo que está claro que deben considerarse las necesidades de los receptores y adaptar el uso de las palabras a *su* nivel.

Imágenes Un segundo tipo de símbolos lo conforman las imágenes, que sirven para aclarar la comunicación con palabras. Las organizaciones usan mucho las imágenes, como programas, gráficas de avance, gráficas de espina, mapas causales, auxiliares visuales en programas de capacitación, modelos a escala de productos y otros similares. Las imágenes pueden aportar el poder de los indicios visuales, como lo indica el proverbio "Una imagen vale más que mil palabras". Sin embargo, para que las imágenes sean efectivas deben combinarse con palabras y acciones bien escogidas, que complementen lo que pretende decirse.

> Una compañía, Lake Superior Paper Industries, planeaba construir una fábrica de papel con tecnología de punta. En virtud de la complejidad de la tecnología que se usaría, los 400 000 000 de dólares de costo de construcción y el impacto considerable de toda demora en la construcción de la fábrica, la compañía decidió elaborar un modelo tridimensional de toda la construcción y su contenido, del tamaño de un cuarto. Los funcionarios de la empresa afirmaron que esta "imagen", creada con un costo mayor al millón de dólares, les ahorró muchas veces dicho importe, al permitir que los diseñadores y el personal de construcción vieran con exactitud dónde podría haber problemas de diseño antes de que surgieran en realidad esos costosos problemas.

Acción (comunicación no verbal) Un tercer tipo de símbolos de comunicación consiste en las acciones, también conocidas como **comunicación no verbal**. Es frecuente que las personas olviden que lo que hacen es una forma de comunicación, en la medida en que sus acciones están abiertas a la interpretación de otros. Por ejemplo, un apretón de manos y una sonrisa tienen significado. Un aumento de sueldo o llegar tarde a una cita también lo tienen.

En ocasiones, se pasan por alto dos aspectos significativos acerca de las acciones. Uno de ellos es que no actuar constituye una forma importante de comunicarse. Un administrador que no alaba a un empleado por un trabajo bien realizado o no le propor-

Las acciones tienen significado

ciona los recursos prometidos está enviando un mensaje a esa persona. Se envían mensajes con las acciones y con las inacciones, de modo que las personas se comunican casi todo el tiempo en el trabajo, *sin importar cuáles sean sus intenciones*.

Un segundo aspecto es que las acciones hablan más fuerte que las palabras, por lo menos en el largo plazo. Los administradores que dicen algo y hacen lo opuesto pronto se dan cuenta de que sus empleados "escuchan" principalmente lo que hacen. El *comportamiento* del administrador es el indicio social más fuerte. Un ejemplo característico es el de un ejecutivo que propugna verbalmente por el comportamiento ético y al mismo tiempo transgrede en repetidas ocasiones el código de ética de la compañía. Los empleados reciben señales contradictorias y podrían suponer conveniente imitar las acciones poco éticas del ejecutivo.

La falta de credibilidad genera problemas

Siempre que existe una diferencia entre lo que alguien hace y lo que dice, existe una **falta de credibilidad**. La credibilidad en la comunicación se basa en tres factores: veracidad, experiencia y dinamismo.[7] Estos tres factores indican que los administradores deben actuar con integridad, hablar a partir de una base de conocimientos adecuada y comunicar sus mensajes con confianza y entusiasmo. Aunque pueden pasar años para que se desarrolle la credibilidad del administrador, se requieren sólo unos cuantos momentos para destruirla. El ejemplo siguiente muestra como una falta de credibilidad grande puede causar en la pérdida de confianza en un líder:

> Willie Beacon, gerente de zona de una oficina de ventas, resalta la idea de que depende de que sus empleados le ayuden a realizar un buen trabajo porque, en sus palabras: "Ustedes los vendedores son quienes tienen contacto directo con el cliente y obtienen mucha información valiosa y muchas sugerencias útiles". En muchas de sus juntas de ventas, dice siempre que da la bienvenida a las ideas y sugerencias de los empleados. Sin embargo, he aquí como traduce sus palabras en acciones. En esas mismas juntas de ventas, el programa está tan apretado que cuando termina su discurso introductorio no queda tiempo para que nadie plantee problemas o haga preguntas, y difícilmente toleraría una interrupción de su discurso, ya que afirma que las interrupciones restan fuerza a su discurso.
>
> Si uno de los representantes de ventas intenta presentar una sugerencia en la oficina del Beacon, usualmente el gerente comenta: "Muy bien, me da gusto que me plantee su sugerencia". Sin embargo, antes de que pase mucho tiempo cambia el tema de la conversación a otro que tenga en mente, debe llegar a una cita o encuentra alguna otra razón para no recibir la sugerencia. En cuanto a las contadas sugerencias que logran cruzar la barrera, su respuesta es: "Sí, ya pensé en eso hace algún tiempo; pero no funcionaría". En última instancia, el resultado es que no recibe sugerencias. Sus acciones hablan más fuerte que sus palabras. Su falta de credibilidad es demasiado grande para que los empleados lo superen.

El lenguaje corporal tiene significado

Una parte importante de la comunicación no verbal es el **lenguaje corporal**, mediante el cual la persona comunica significados a otras personas con su cuerpo en las interacciones personales. El lenguaje corporal es un complemento importante de la comunicación verbal en gran parte del mundo.

Las expresiones faciales son fuentes especialmente importantes del lenguaje corporal en las situaciones laborales. Entre los ejemplos, están el contacto visual, los movimientos de los ojos, las sonrisas y fruncir el entrecejo. En una ocasión, un gerente frunció el entrecejo cuando un empleado le planteó una sugerencia, y el subordinado lo interpretó como rechazo, cuando en realidad su jefe tenía dolor de cabeza. Otro ejemplo es el de una sonrisa en un momento inapropiado, la cual se interpretó como una sonrisa burlona y dio origen a una discusión. Los indicios no verbales pueden ser sin querer, como en los ejemplos precedentes, o intencionados, en cuyo caso vuelven más complejo el proceso de comunicación. Otros tipos de lenguaje corporal son el contacto físico, movimientos de las manos y las caderas, inclinar el tronco hacia adelante o atrás, cruzar los brazos o las piernas, y suspirar o bostezar. No obstante la abundancia de datos sobre los indicios no verbales, su interpretación es muy subjetiva y contiene un alto potencial de error. Se recomienda cautela.

Efecto de las barreras en el proceso de comunicación

Hasta aquí, se han analizado las barreras que obstaculizan el intercambio de información entre las personas. A continuación, resultaría valioso examinar cuáles de esas barreras influyen en las acciones del proceso de comunicación de ocho pasos delineado en la figura 3-1. Ello permitirá que los administradores, como estudiantes del comportamiento organizacional, dirijan su atención a minimizar los efectos de ciertas barreras específicas.

El análisis de la figura 3-3 indica que las barreras personales afectan profundamente la comunicación. Las emociones pueden afectar el desarrollo de una idea para su presentación, el método y la forma de su transmisión, la manera de decodificarla y, sin duda alguna, que sea o no aceptada. La habilidad para escuchar (que se analiza en las páginas 73-74) tiene efecto considerable en la recepción e interpretación (decodificación) de un mensaje. El sentimiento de distancia psicológica también afecta mucho la recepción, la

FIGURA 3-3

Efecto primario de las barreras en los pasos de la comunicación

Pasos de la comunicación	Barreras personales			Barreras físicas		Barreras semánticas	
	Emociones	Saber escuchar	Distancia psicológica	Ruido	Distancia geográfica	Semántica	Símbolos
1. Desarrollo de la idea	X						
2. Codificación						X	X
3. Transmisión	X			X	X		
4. Recepción		X	X	X	X		
5. Decodificación	X	X				X	X
6. Aceptación	X		X			X	
7. Uso			X				
8. Retroalimentación			X				

aceptación y el uso de un mensaje, así como la calidad de la retroalimentación que se envía al emisor.

Las barreras físicas, como el ruido y la distancia geográfica, tienen efecto ante todo en la transmisión y recepción de los mensajes, mientras que los problemas semánticos y diversos símbolos de comunicación suelen crear problemas en la codificación, decodificación y aceptación. El mensaje general para los administradores es que las barreras pueden alterar la efectividad de la comunicación en las ocho etapas del proceso y, de hecho, lo hacen. Los participantes activos en un intercambio de comunicación —al igual que dos acróbatas en el trapecio— no pueden darse el lujo de descuidarse ni siquiera un instante, ¡ya que de lo contrario las consecuencias negativas pueden ser permanentes!

COMUNICACIÓN DESCENDENTE

La **comunicación descendente** en una organización es el flujo de información de los niveles superiores de autoridad a los niveles inferiores. Casi la mitad de las comunicaciones esenciales tiene lugar con subordinados, mientras que el resto se divide entre los superiores, colegas y receptores externos. En la comunicación descendente, algunos ejecutivos se basan en panfletos coloridos, atractivas presentaciones de PowerPoint y juntas con empleados planeadas con cuidado. Aunque estos enfoques reciben atención, no suelen lograr la comprensión en los empleados, uno de los objetivos de la comunicación efectiva. La clave para una mejor comunicación no reside únicamente en el uso de color, acción y auxiliares electrónicos, sino en gerentes más sensibles, que preparen minuciosamente sus mensajes y los transmitan con sinceridad y calidez. Los administradores que se comunican con éxito son sensibles a las necesidades humanas y están abiertos al diálogo verdadero con sus empleados.

Requisitos y problemas

Cuatro requisitos

Una parte del fracaso de la administración es que no está preparada para la comunicación efectiva. No se han establecido buenos fundamentos, de modo que su casa de comunicación está construida sobre arena. Los fundamentos adecuados son cuatro piedras angulares que fungen como requisitos de un enfoque efectivo. En primer lugar, los administradores necesitan *desarrollar una actitud de comunicación positiva*. Deben convencerse a sí mismos de que la comunicación es parte importante de su trabajo, como lo demuestran de manera concluyente las investigaciones sobre las responsabilidades administrativas. En segundo término, deben trabajar continuamente para *estar informados*. Necesitan buscar información pertinente de interés para sus empleados, compartirla con ellos y ayudar a que se sientan informados. En tercer lugar, necesitan *planear la comunicación* de manera consciente y deben hacerlo al empezar un curso de acción. Por último, deben *desarrollar la confianza*; como se mencionó, la confianza entre emisores y receptores es importante en toda comunicación. Si los subordinados no confían en sus superiores, es menos probable que escuchen los mensajes de los administradores o que crean en ellos.

Considérese el caso de dos empleados de una misma compañía a quienes su administrador les dijo que no comentaran entre ellos sus sueldos, ya que uno de ellos podría sentirse muy a gusto de saber que tenía un sueldo más bajo. Tiempo después, en una fiesta de fin de año, empezaron a conversar sobre el tema y pronto se dieron cuenta de que ganaban exactamente el mismo sueldo. ¿Cuánta confianza tendrán en su superior en el futuro?

Sobrecarga de comunicación   En ocasiones, los administradores operan con la filosofía de que más comunicación significa mejor comunicación. Proporcionan enormes cantidades de información a sus empleados, hasta que éstos se sienten abrumados con datos, pero no se mejoró su comprensión. Lo que ocurre es una **sobrecarga de comunicación**, en la que los empleados reciben más información de la que pueden procesar o necesitan. La clave para mejorar la comunicación consiste en su oportunidad y calidad, no en su cantidad. Es posible lograr una mejor comprensión con un menor volumen de comunicación total si es de alta calidad y se proporciona en el momento apropiado.

Aceptación de la comunicación   Como se mencionó, la aceptación del mensaje por el receptor es fundamental, ya que si falta no existe la comunicación. Son varios los factores que alientan la aceptación de un mensaje:

La calidad es preferible a la cantidad

- Legitimidad reconocida del emisor para enviar el mensaje
- Competencia percibida del emisor en relación con el tema
- Confianza en el emisor como líder y como persona
- Credibilidad percibida del mensaje que se recibe
- Aceptación de las tareas y objetivos que se intenta lograr con el comunicado
- Poder del emisor para aplicar directa o indirectamente sanciones al receptor

Si es factible prevenir la sobrecarga y se aumentan las probabilidades de aceptación con el uso de esos seis factores, el administrador puede dirigir su atención a satisfacer las cuatro necesidades de comunicación importantes de los empleados.

Necesidades de comunicación

Los empleados de niveles inferiores tienen necesidades de comunicación diversas. Los administradores creen entender tales necesidades, si bien es frecuente que los subordinados no compartan esa opinión.[8] Esta diferencia fundamental de percepción tiende a existir en cada nivel de las organizaciones, lo cual dificulta más la comunicación. Hace que los comunicadores de arriba abajo tengan confianza excesiva y probablemente cuidado insuficiente en sus mensajes descendentes.

Instrucciones relativas al trabajo   Una de las necesidades de comunicación de los empleados es la de instrucciones adecuadas para llevar a cabo su trabajo. Los gerentes logran mejores resultados si expresan sus instrucciones de acuerdo con los requisitos objetivos del puesto, además de señalar las áreas de oportunidades y problemas potenciales. Las consecuencias de las instrucciones deficientes en el trabajo pueden ser desastrosas, como en el ejemplo siguiente:

> Un fabricante de herramientas pequeñas contrató a un nuevo representante de ventas, le llevó en un recorrido por la planta, le dio una copia del catálogo de productos y le asignó un territorio. Al cabo de unas cuantas semanas, el representante envió jubiloso un pedido por 100 000 unidades de una herramienta multifuncional. Fue entonces cuando la compañía se

dio cuenta de que no se le había dicho que ese producto no se promovía porque su precio era muy inferior al costo de producción (para igualar el precio de un competidor). ¡El resultado fue que la compañía perdió más de 10 000 dólares en este pedido!

La rotación disminuye con las descripciones realistas de puestos

La necesidad de información objetiva reviste importancia especial con empleados en un nuevo puesto u organización. Con frecuencia, sus altas expectativas entran en conflicto con la realidad, de modo que pueden sentirse rápidamente insatisfechos. Al fin de evitarlo, las empresas usan **descripciones preliminares realistas del puesto**, en que los candidatos a un puesto reciben una pequeña muestra de la realidad organizacional. Ello minimiza las expectativas no satisfechas del empleado, pues proporciona información tanto positiva como negativa acerca de su futuro ambiente laboral. La rotación de personal disminuye cuando se emplea este método.

Los administradores también deben ajustar su comunicación según las necesidades de tareas de los receptores. Por ejemplo, en la medida en que aumenta la incertidumbre respecto de una tarea, existe una necesidad predecible de mayor flujo de información para mantener un nivel comparable de rendimiento. Así, un empleado que realiza una tarea estandarizada y repetitiva en una máquina, necesita poca información. Por otra parte, un ingeniero que trabaja en un nuevo producto podría precisar información considerable para que su rendimiento sea satisfactorio. Estas necesidades variables se reflejan en la tendencia emergente hacia la **capacitación justo a tiempo**, en que la información clave está disponible para los empleados en módulos pequeños y convenientes, de modo que tengan acceso a ella cuando sea necesario.

El rendimiento mejora con la retroalimentación

Retroalimentación del rendimiento Los empleados también necesitan retroalimentación concerniente a su rendimiento. Ello les ayuda a saber qué hacer y cuán bien están logrando sus objetivos. Les muestra que otras personas se interesan en lo que hacen. En el supuesto de que el rendimiento sea satisfactorio, la retroalimentación correspondiente mejora la imagen que tienen de sí mismos y sus sentimientos de competencia. Por lo general, la **retroalimentación del rendimiento** mejora el rendimiento mismo y las actitudes.

Comportamiento de búsqueda de retroalimentación

Proporcionar retroalimentación es una tarea difícil para el personal gerencial. Este proceso se analiza con detenimiento en el capítulo 6. Algunos empleados dedicados se embarcan en un **comportamiento en busca de retroalimentación**, con el que intentan obtener información acerca de su rendimiento y de áreas de mejoría potencial. Los individuos que buscan la retroalimentación pueden vigilar activamente los indicios relativos a su propio rendimiento ("Este informe me dice que todavía estoy 3% arriba del presupuesto") e indagar acerca del avance hacia sus objetivos ("¿Cómo voy?"). Es más probable que los empleados presenten el comportamiento de búsqueda de retroalimentación si tienen un motivo de competencia intenso y un impulso poderoso para la autoevaluación, carecen de retroalimentación y no esperan que los resultados pongan en riesgo su autoestima.[9] Los administradores deben alentar este comportamiento y tratar de satisfacer las necesidades que sus empleados tengan de información concerniente al rendimiento.

Noticias Los mensajes de arriba abajo deben llegar a los empleados como noticias frescas y oportunas, no a la manera de una confirmación de lo que ya sabían por otras fuentes. Los empleados son impacientes, y con toda razón, ya que no pueden actuar de manera con base en información desactualizada. A lo largo de las décadas, los patrones han distribuido información mediante boletines informativos, anuncios en tableros o inserciones en los sobres de pago. Otros métodos más contemporáneos son el circuito cerrado de televisión; los mensajes telefónicos grabados diariamente, que los empleados pueden recibir al marcar un número preestablecido (incluso desde su hogar), los sistemas de correo electrónico y los sitios Web.

> El fabricante de aviones McDonell Douglas ha ampliado considerablemente su programa de difusión de noticias. Redactores de la compañía preparan boletines informativos diarios, mensuales y trimestrales acerca de una gama de temas operativos (costos, análisis numéricos, informes de avance, precios de acciones y problemas). Se transmiten electrónicamente a todas las personas relacionadas con el programa: empleados, clientes, proveedores y administradores. Se mantiene informado a todo el mundo y de manera oportuna.[10]

Apoyo social Otra necesidad de comunicación de los empleados en el trabajo es el **apoyo social**, es decir, la percepción de que existe interés por ellos, se les estima y se les valora. Cuando los gerentes despliegan calidez y confianza interpersonales, suele haber efectos positivos en la salud física y psíquica, así como satisfacción en el trabajo y mayor rendimiento. Empero, interesa señalar que los empleados afirman que sienten un mayor nivel de apoyo social, sin importar que la comunicación sea acerca de asignaciones de trabajo, temas de desarrollo laboral o cuestiones personales; que brinden retroalimentación sobre el rendimiento, o que respondan a las preguntas planteadas.[11] Al parecer, es la *presencia* de la comunicación (y su transmisión cálida), no el tema, lo de mayor importancia para satisfacer esta necesidad particular.

COMUNICACIÓN ASCENDENTE

Cuando el flujo bidireccional de información se rompe con la **comunicación ascendente** insatisfactoria, los administradores pierden contacto con las necesidades de los empleados y carecen de información suficiente para tomar decisiones adecuadas. Por ende, no pueden brindar el apoyo social y de tareas que requieren los empleados. Los administradores deben sintonizarse con los empleados de la misma manera que una persona sintoniza la radio. Ese proceso requiere iniciativa, acciones positivas, sensibilidad a señales débiles y capacidad de adaptación a diferentes canales de información proveniente de los empleados. Precisa ante todo conciencia y creencia en que los mensajes ascendentes son importantes, como se ilustra en el ejemplo siguiente:

> La necesidad de comunicación ascendente se demuestra con la difícil experiencia de una compañía manufacturera que creció rápidamente, en dos o tres años. No obstante los estándares de trabajo, la presión de los supervisores y la amplia comunicación descendente, faltaba entusiasmo en los empleados y disminuyó la productividad.
>
> Finalmente, los administradores trajeron a un equipo de entrevistadores de las oficinas centrales de la compañía. Aunque muchas quejas fueron insignificantes, parecía haber un sentimiento generalizado entre los supervisores y empleados de mayor antigüedad en el sentido de un distanciamiento cada vez mayor respecto de los altos directivos a medida que creció la compañía. Se sintieron aislados e imposibilitados para tratar sus problemas. Poco a

poco, sintieron que perdían el apoyo de los altos ejecutivos y tendieron a contagiar ese sentir a los nuevos empleados, contratados debido a la expansión de la compañía.

En cuanto los directivos se dieron cuenta de cuál era el problema fundamental, pudieron emprender medidas correctivas. Sin embargo, gran parte de las dificultades se habría evitado si los administradores hubiesen desarrollado con prontitud suficiente procedimientos efectivos para alentar la comunicación ascendente.

Dificultades

Demora

Son varios los problemas que afectan a la comunicación ascendente, especialmente en organizaciones grandes y complejas. La primera es la *demora*, es decir, la transmisión lenta de la información a los niveles superiores. Los gerentes indecisos dudan en plantear un problema a sus superiores porque hacerlo implica admitir el fracaso, de modo que en cada nivel se demora la comunicación mientras la persona intenta decidir cómo solucionar el problema. El segundo factor, estrechamente relacionado con el primero, es la *filtración*. Esta selección parcial de la información ocurre por la tendencia natural de los empleados de decir a sus superiores sólo lo que el empleado piensa que el superior desea escuchar.

Filtración

No obstante lo anterior, podría haber razones legítimas para la filtración. Es posible que el mensaje completo sea excesivamente técnico o que la información sea especulativa y requiera confirmación adicional. En algunos casos, el supervisor podría haber solicitado con antelación al empleado que le comunique sólo los detalles importantes de las situaciones. Esto indica que la filtración no es necesariamente un problema de comunicación.

Corto circuito

En ocasiones, para evitar la filtración, las personas recurren al *corto circuito* alrededor de su superior, lo cual significa que omiten uno o más niveles de la jerarquía de comunicación. Visto de manera positiva, el **corto circuito** reduce la filtración y las demoras, mientras que en el lado negativo los patrones usualmente lo desalientan porque molesta a quienes son omitidos. Otro problema gira alrededor de la *necesidad de respuesta* legítima de los empleados. Puesto que éstos inician la comunicación ascendente, se convierten en emisores y tienen la expectativa de que ocurra la retroalimentación (y que lo haga pronto). Si los administradores proporcionan una respuesta rápida, se alienta la continuación de los mensajes ascendentes. A la inversa, la falta de respuesta suprime la comunicación ascendente futura, como se muestra en el ejemplo siguiente:

Necesidad de respuesta

> Los gerentes de sucursales de ventas de una compañía recibieron un memorando que los alentaba a plantear sugerencias para mejorar las relaciones con los clientes. Poco después de recibir el memorando, Esther Helbring, gerente de una sucursal, pidió a la compañía que se revisara una cláusula de letra pequeña en uno de sus contratos de ventas, ya que varios clientes habían planteado objeciones al respecto. No mucho después de enviar su carta, recibió una llamada telefónica de un alto directivo que le solicitaba aclaraciones. Sin embargo, un año después no había tenido retroalimentación adicional y la cláusula no se había enmendado. Comentó al entrevistador: "Una respuesta de este tipo no alienta la comunicación ascendente".

Distorsión

Un problema más de la comunicación es la *distorsión*. Ésta consiste en la modificación intencionada de un mensaje para el logro de objetivos personales. Por ejemplo, algunos empleados exageran sus logros en espera de obtener mayor reconocimiento o un

Diversidad en la comunicación

¿Acaso los hombres y mujeres tienen hábitos distintos de comunicación? Las investigaciones sobre los estilos de comunicación basados en el género han empezado a revelar una diversidad fascinante entre los dos grupos. En muchos estudios se ha analizado si los hombres y las mujeres usan estilos de comunicación diferentes (aprendidos).

Por lo general, los hombres y las mujeres muestran diversidad considerable en su forma de comunicarse en el trabajo. Los hombres hacen énfasis en el poder, y las mujeres, en establecer una relación de comunicación; es más probable que los primeros, en comparación con las segundas, reclamen crédito por logros; los hombres tienden a minimizar su incertidumbre en vez de transmitirla; las mujeres hacen preguntas para aprender más, mientras que los hombres piensan que hacer preguntas los hace parecer ignorantes; las mujeres se disculpan de manera más formal, intercambian cumplidos entre ellas, piden la retroalimentación sincera y dulcifican sus críticas con alabanzas; los hombres buscan estar en una posición de superioridad, se enfrascan en discusiones ritualistas y buscan reconocimiento. En general, los hombres tienden a hablar más directamente, mientras que las mujeres prefieren un enfoque indirecto.

El conocimiento de estos estilos lingüísticos basados en el género lleva a varias conclusiones útiles para los administradores:

1. Reconocer que cada persona vive en un "mundo" de comunicación distinto; los hombres y las mujeres simplemente valoran estilos distintos.
2. Aceptar que la forma en que uno habla es sólo una de muchas posibles.
3. Aprender que las personas (de ambos géneros) esperan, valoran y retribuyen los estilos de comunicación semejantes a los de ellas.
4. Los administradores necesitan leer las señales clave en sus interacciones con otros y ajustar en concordancia su estilo de comunicación.
5. Los administradores deben permitir que sea escuchada toda persona que tenga una contribución, sin importar sus propias preferencias de estilo de comunicación.

Fuentes: Deborah Tannen, "The Power of Talk: Who Gets Heard and Why", *Harvard Business Review*, septiembre-octubre de 1995, pp. 138-148; Deborah Tannen, *You Just Don't Understand: Women and Men in Conversation* (William Morrow, 1990); y Deborah Tannen, *Talking from 9 to 5* (Avon Books, 1995).

mayor aumento de sueldo. Otros encubren las dificultades operativas de su departamento con miras a evitar un enfrentamiento con su superior. Toda distorsión de los mensajes priva a los gerentes de información precisa y de la capacidad para tomar decisiones basadas en datos adecuados. Lo que es peor, representa un comportamiento poco ético, que puede destruir la confianza entre dos personas. Los administradores deben reconocer el potencial de todos estos problemas de la comunicación ascendente y buscar activamente su prevención.

Prácticas de la comunicación ascendente

Un punto de partida para crear una mejor comunicación ascendente es establecer una política general en que se exprese qué tipos de mensajes son bienvenidos. Ello podría incluir áreas de las cuales son responsables los altos directivos, temas polémicos, asuntos que requieren asesoría gerencial o cualquier excepción a las políticas de la compañía o cambios que se recomiende a ellas. Además de las declaraciones de políticas, diversas prácticas son necesarias para mejorar la comunicación ascendente. Las sesiones de asesoría, los sistemas de quejas, la administración participativa, los sistemas de sugerencias, las encuestas de satisfacción en el trabajo y otras prácticas se analizan en capítulos ulteriores. Otras más, que son tema de esta sección, comprenden el cuestionamiento, saber escuchar, tener juntas con empleados, las políticas de puertas abiertas y la participación en grupos sociales.

Maneras de preguntar Los gerentes pueden alentar la comunicación ascendente si formulan buenas preguntas. Esta práctica muestra a los empleados que los administradores se interesan en sus opiniones, desean recibir información adicional y valoran sus aportaciones. Las preguntas pueden asumir varias formas, si bien los tipos más comunes son las abiertas y cerradas. En las **preguntas abiertas**, se introduce un tema amplio y se brinda a otros la oportunidad de responder en muchas formas. Una pregunta abierta clásica es "¿Cómo marchan las cosas?", y la respuesta puede aportar indicios abundantes para que el gerente realice el seguimiento. En contraste, las **preguntas cerradas** se concentran en un tema más restringido e invitan a que el receptor brinde una respuesta específica. Un ejemplo sería: "¿Cuáles son los costos del plan de jubilación anticipada que se ha propuesto?" Tanto las preguntas abiertas como las cerradas pueden ser útiles para iniciar la comunicación ascendente. Empero, sin importar lo buenas que hayan sido las preguntas, resultan inútiles si no se acompañan de una buena habilidad para escuchar y se comprende el significado de las respuestas.

Escuchar Saber **escuchar** consiste en algo más que oír; requiere el uso de los oídos y la mente. Escuchar con efectividad funciona en dos niveles: ayuda a que los receptores entiendan los hechos y el mensaje emocional que pretende comunicar el emisor. Los buenos interlocutores no sólo escuchan lo que se les dice, sino que también aprenden acerca de los sentimientos y emociones del individuo. Reviste igual importancia el hecho de que los administradores que escuchan de manera efectiva envían una señal clave, de interés en el empleado. Aunque muchas personas no son hábiles para escuchar, pueden mejorar esta capacidad mediante cursos de capacitación y con práctica. Los participantes en tales cursos suelen recibir enseñanzas para no soñar despiertos, concentrarse en el objetivo de quien habla, sopesar los datos, buscar ejemplos e indicios de significado, y usar el tiempo de ocio para revisar mentalmente lo que se ha dicho. Otras sugerencias para saber escuchar se presentan en la figura 3-4.

Juntas con empleados Un método útil para lograr la comunicación ascendente es reunirse con pequeños grupos de empleados. En estas juntas, se insta a los empleados para que hablen acerca de problemas en el trabajo, necesidades y prácticas administrativas que les ayudan en su rendimiento laboral o lo obstaculizan. Las juntas tienen como fin sondear con cierta profundidad los problemas que están en la mente de los empleados. En consecuencia (suponiendo que también se emprenden acciones de seguimiento), mejoran las actitudes de los empleados y disminuyen la rotación de personal.

Uno de estos sistemas de juntas con empleados es el que se usa en Haworth Company, de Holland, Michigan. Las juntas, llamadas "sesiones de detección", son oportunidades para que los traba-

FIGURA 3-4

Lineamientos para saber escuchar efectivamente

1. **¡Deje de hablar!**
   Es imposible escuchar cuando se está hablando
   Polonio (*Hamlet*): "Dad a cada hombre vuestro oído, y a pocos vuestra voz".
2. **Trate de que quien habla se relaje.**
   Dé la bienvenida a la persona y exprésele que está disponible para ella.
   Ayude a que la persona se sienta en libertad de hablar, haciéndola sentir cómoda.
   Cree un ambiente permisivo estableciendo una relación de comunicación.
3. **Muestre a su interlocutor que desea escucharle.**
   Demuestre interés. Establezca contacto visual y dé respuestas no verbales.
   Actúe mostrando interés. No lea su correo mientras la otra persona habla.
   Escuche para entender, no para oponerse.
4. **Elimine las distracciones.**
   No garabatee, tamborilee con los dedos o arrugue papeles.
   Ofrezca cerrar la puerta.
5. **Establezca empatía con su interlocutor.**
   Trate de ver las cosas desde el punto de vista de la otra persona.
   Conéctese con la persona compartiendo con ella una experiencia similar.
6. **Sea paciente.**
   Dedique tiempo suficiente al asunto en cuestión. No interrumpa a su interlocutor. Espere cuando él haga pausas breves. No se dirija hacia la puerta ni se aleje caminando.
7. **Controle su temperamento.**
   Haga una pausa antes de hablar o responder.
   Una persona enojada asigna significado erróneo a las palabras.
8. **Actúe tranquilamente ante discusiones y críticas.**
   Ello hace que el interlocutor se ponga a la defensiva y que se enoje.
   No discuta. Incluso si gana la discusión, habrá perdido.
9. **Haga preguntas pertinentes.**
   Hacer preguntas estimula al interlocutor y muestra que se le está escuchando.
   Ayuda a desarrollar más los temas que se tratan y revela emociones pertinentes.
10. **¡Deje de hablar!**
    Este lineamiento es el primero y el último, ya que todos los demás dependen de él.
    No se puede ser un interlocutor efectivo mientras se habla.

- La naturaleza dio a las personas dos oídos y una sola lengua, lo cual es un indicio sutil de que deben escuchar más que hablar.

- Escuchar requiere dos oídos, uno para el significado y otro para el sentimiento.

- Quienes toman decisiones sin escuchar tienen menos información para tomar decisiones adecuadas.

jadores informen qué piensan a los administradores. Los gerentes hacen algunas preguntas abiertas para descubrir qué anda bien y qué anda mal, además de buscar sugerencias de mejoras. Otras preguntas se orientan más a problemas específicos. Con la dirección de ejecutivos corporativos como facilitadores, las sesiones de detección han sido útiles para obtener ideas, formar sociedades y alentar la colaboración relativa a mejoras en la organización.[12]

Política de puertas abiertas   Una **política de puertas abiertas** es una declaración en que se alienta a que los empleados planteen a su superior o a altos directivos todo asunto que les preocupe. Por lo general se invita a que los empleados vean en primer término al superior inmediato. Si éste no resuelve el problema, pueden acercarse a directivos de más alto nivel. El objetivo es eliminar el bloqueo de la comunicación ascendente. Se trata de un objetivo valioso, si bien no es fácil intentarlo porque suele haber barreras reales o percibidas entre los administradores y los demás empleados. Aunque la puerta de los gerentes esté abierta físicamente, pueden existir barreras sociales y psicológicas, merced a las cuales el empleado esté renuente a entrar. Algunos empleados no quieren aceptar que carecen de cierta información o tienen un problema. También los hay temerosos de caer en desgracia con su superior si plantean problemas espinosos.

Las barreras limitarían su uso

Una "puerta abierta" incluso más efectiva es que los gerentes salgan por la puerta de su oficina y se mezclen con el personal. Tal enfoque refuerza la política de puertas abiertas con un poderoso indicio social. De esa manera, los administradores aprenden mucho más que sentados en su oficina. Esta práctica puede describirse como **administración por recorridos**, en la cual el administrador toma la iniciativa de establecer contacto sistemático con un gran número de empleados. Al salir de su oficina, el administrador no sólo obtendría información clave de los empleados, sino que también aprovecharía la oportunidad para proyectar un ambiente de apoyo. De tal suerte, ambas partes ganan.

Participación en grupos sociales   Las reuniones recreativas informales son oportunidades insuperables para la comunicación ascendente no planeada. Esas situaciones, en que se comparte información de manera espontánea, revelan condiciones verdaderas en grado mucho mayor que muchas comunicaciones formales. Puede tratarse de fiestas departamentales, partidos de algún deporte, equipos de boliche o entretenimientos favoritos, días de campo y otras actividades patrocinadas por la compañía. Aunque la comunicación ascendente no es el propósito fundamental de estas actividades, puede convertirse en un producto secundario importante de ellas.

OTRAS FORMAS DE COMUNICACIÓN

No siempre la comunicación tiene lugar directamente hacia arriba o hacia abajo en la jerarquía organizacional, está escrita formalmente por la organización u ocurre en el trabajo o con la interacción cara a cara. En esta sección, se presenta un panorama general de la comunicación lateral y el efecto de algunas formas electrónicas de comunicación.

Comunicación lateral

Comunicación lateral

Los administradores practican con frecuencia la **comunicación lateral** o *cruzada*, que es la comunicación que se da a lo largo de la cadena de mando. Es necesaria para la coordinación de trabajo con personal de otras áreas. También ocurre porque las personas prefieren la naturaleza informal de esta comunicación, en vez del proceso vertical de la cadena de mando oficial. Es frecuente que la comunicación lateral sea la predominante entre el personal gerencial.

Los empleados que desempeñan una función importante en la comunicación lateral reciben la denominación de "**vínculos**". Se trata de personas que tienen lazos de comunicación fuertes en su departamento, con personal de otras áreas y, frecuentemente, con la comunidad exterior. Esa relación con otras unidades permite que recopilen grandes cantidades de información, que filtran o transfieren a otros. Ello les brinda una fuente de estatus y poder potencial.

"Vínculos"

Redes Los "vínculos" adquieren su función mediante responsabilidades de trabajo formales, mientras que gran parte del resto de la comunicación lateral ocurre de manera menos formal. Una **red** es un grupo de personas que desarrollan y mantienen el contacto para intercambiar información de manera informal, por lo general en torno a intereses comunes. Se dice que "**está en red**" un empleado que participa activamente en estos grupos. Aunque pueden existir redes dentro y fuera de una compañía, es usual que se formen alrededor de intereses externos, como los de recreación, clubes sociales, de minorías étnicas, grupos profesionales, intereses de carrera y reuniones gremiales.

Estar en red

> Deb Caldwin es una ingeniera que forma parte de una red de investigadores que están en contacto a través de reuniones profesionales y, en ocasiones, por teléfono. Además, es una excelente golfista y miembro de una red de golfistas en un club campestre local. Por ende, conoce personalmente a los altos ejecutivos de varias compañías de la localidad, así como a otras personas influyentes de la región. Algunas de sus redes se relacionan con los negocios, otras con su carrera y algunas más son puramente sociales.

Las redes sirven para ampliar los intereses de los empleados, los mantienen informados sobre nuevos adelantos técnicos y logran que los demás los conozcan. También son útiles para que la gente sepa quién tiene conocimientos de algo específico e incluso quién conoce a la persona que tiene esos conocimientos. En consecuencia, alguien que esté pendiente de lo que sucede a su alrededor puede tener acceso a personas influyentes y centros de poder si aprovecha antecedentes comunes, lazos de amistad, funciones organizacionales complementarias y vínculos comunitarios. Los empleados pueden obtener habilidades valiosas y mejorar su rendimiento recopilando información relacionada con su trabajo y desarrollar relaciones de trabajo productivas mediante redes efectivas. En la figura 3-5 se presentan varias sugerencias prácticas para el desarrollo de redes.

Ombudsperson Otra opción para facilitar la comunicación es el uso de un **ombudsperson**. Es un puesto creado para recibir solicitudes, quejas, peticiones de aclaración de políticas o acusaciones de actos indebidos, de empleados que no se sienten a gusto con la idea de utilizar los canales normales, y responder a todo ello. Es habitual que todo contacto sea confidencial, para alentar la sinceridad. El ombudsperson investiga el asunto e interviene para corregir tanto el problema como el sistema, a fin de evitar problemas futuros. De esta manera, se crea una opción directa respecto de la cadena de mando y los empleados sienten que el problema es atendido por un interlocutor justo e imparcial.

FIGURA 3-5

Sugerencias para desarrollar y usar una red personal

1. Haga un inventario de sus recursos personales, para saber qué puede ofrecer a los demás.
2. Tenga en claro su propósito al formar una red o unirse a otra ya existente.
3. Únase a organizaciones importantes de la comunidad y contribuya a ellas.
4. Inicie el contacto con personas siempre que pueda encontrar (o crear) una razón.
5. Comparta noticias, información e ideas con otros, creando con ello una obligación para su reciprocidad.
6. Busque responsabilidades que lo pongan en contacto con personas clave.
7. Demuestre a otros participantes de la red que se puede confiar información confidencial.
8. Identifique a los miembros clave de su red, es decir, quienes ejercen mayor influencia y tienen más conexiones y disposición para ayudar.
9. No dude en pedir a los miembros de su red consejos generales, contactos que ayuden en su carrera y otra información útil.
10. Encuentre diversas formas de ayudar a otros miembros de su red en la satisfacción de sus necesidades.

Comunicación electrónica

Redes electrónicas

Correo electrónico   El **correo electrónico** (*e-mail*) es un sistema de comunicación que utiliza las computadoras y permite enviar casi instantáneamente un mensaje a una persona o a centenares de personas. Se almacena en el sistema de la computadora hasta que los receptores encienden su computadora personal en red, y leen el mensaje cuando les resulta conveniente, momento en que pueden responder de la misma manera. Algunos sistemas de correo electrónico pueden enviar mensajes en diversos modos (como sería una carta a un corresponsal que no tiene computadora), mientras que otros permiten traducir el mensaje a diferentes idiomas. Las ventajas principales de los sistemas de correo electrónico residen en su alta velocidad y conveniencia, y sus desventajas más importantes, en la pérdida del contacto cara a cara, la tentación de enviar mensajes espontáneos y cargados de emociones, los riesgos del uso de acrónimos y emoticonos (versiones de teclado de diversos estados psicológicos) que pueden ser malentendidos, y la dificultad acompañante de trasmitir e interpretar con exactitud las emociones y matices en mensajes impresos y hasta cierto punto "estériles".

En respuesta a esos problemas, las organizaciones han iniciado políticas de comunicación en cuanto a qué temas son apropiados o no en el correo electrónico, quiénes deben ser parte de las listas de distribución, qué lenguaje es aceptable e incluso la frecuencia con que debe usarse el correo electrónico (en lugar del correo de voz o las juntas cara a cara). También ha surgido todo un campo de la etiqueta en el correo electrónico "redtiqueta", con un conjunto de lineamientos (*véase* la figura 3-6) útil para que los administradores decidan la mejor forma de proceder con el correo electrónico.[13]

FIGURA 3-6

Lineamientos de la etiqueta de red para el correo electrónico

1. Proporcione al receptor de su mensaje información sobre el tema del propio mensaje.
2. Indique el grado de urgencia con que necesita la respuesta.
3. Limite el uso de acrónimos y emoticonos, a menos que el receptor esté plenamente familiarizado con ellos y tenga una actitud receptiva hacia ellos mismos.
4. Sea cauteloso al reenviar mensajes y responder a ellos; cerciórese de que el mensaje se envíe sólo a las personas apropiadas.
5. No suponga que todo mundo se siente a gusto por igual con el correo electrónico ni que lee sus mensajes con la misma frecuencia que usted.
6. Abra su bandeja de entrada varias veces al día, para ver cuáles mensajes tienen prioridad máxima y responder primero a ellos. Empero, intente responder a todos los mensajes que lo precisen en no más de 24 horas.
7. Sea breve.
8. Tenga tanto cuidado con la ortografía y puntuación como la tendría con mensajes impresos; los receptores frecuentemente le juzgan con base en su cuidado y atención a los detalles.

El psiquiatra Edward Hallowell, catedrático de la Harvard Medical School, cree que la época actual de comunicaciones asistidas por computadora ha creado un desafío totalmente nuevo, de combinar la alta tecnología con el alto contacto. Afirma que los administradores necesitan conectarse en un nivel emocional para que tenga lugar la comunicación efectiva y que eso no puede lograrse mediante el correo de voz o el correo electrónico. Propone dedicar tiempo al *momento humano*, es decir, un encuentro genuino entre dos personas. Ello requeriría la presencia física en un mismo espacio, la sintonización psicológica con otra persona y concentrarse en el interlocutor con gran energía. ¿Cuáles son los beneficios de esto? Menos soledad y aislamiento, una mayor sensación de relaciones con un significado, y una mayor estimulación de la actividad mental.

Trabajo a distancia Un miembro de un despacho de abogados de Chicago tiene su residencia en un club de esquí en Colorado. Un operador de procesamiento de información trabaja la mitad del tiempo en su casa y la otra mitad en un banco del centro de la ciudad. Un autor, que tiene su casa en una playa de California y trabaja con fechas límite, termina un manuscrito justo antes de las 8:00 a.m., y unos cuantos minutos después llega una copia del manuscrito al escritorio del editor, distante cientos de kilómetros, casi al mismo tiempo que el autor camina hacia el océano para nadar en la playa. Todas estas personas llevan a cabo el **trabajo a distancia**, también llamado *casita electrónica*. Los trabajadores a distancia realizan toda su labor o una parte de ella en casa, o tienen vínculos satelitales con las computadoras de su oficina.

Las investigaciones muestran que entre las ventajas personales del trabajo a distancia se incluyen la ausencia de las distracciones del centro de trabajo, menor gasto de tiempo y dinero en transporte, la oportunidad de disminuir las erogaciones por vestimenta y la oportunidad de dedicar más tiempo a la familia o incluso la posibilidad de cuidar de los hijos en casa. Entre las ventajas para las compañías, se cuentan mejoras de la productividad (a veces hasta de 15 a 25%), menores necesidades de espacio de oficina, la oportunidad de contratar a empleados clave que trabajan desde una ciudad distante, una mayor lealtad de los empleados porque el patrón "hizo el esfuerzo adicional" de configurar el sistema y la oportunidad de dar cabida a empleados con impedimentos o enfermedades crónicas.[14] También entraña ventajas para la sociedad ya que se reduce el tráfico automovilístico y la contaminación, así como se contrata a personas que no pueden trabajar fuera de casa. Algunos empleados incluso se sienten inclinados a dedicar más tiempo y esfuerzo a cambio de la comodidad de trabajar en el hogar.

En Estados Unidos, el número de personas que trabaja a distancia ya es superior a los 10 millones y podría alcanzar 25% de la fuerza laboral, según algunos cálculos optimistas. El crecimiento del trabajo a distancia depende en gran parte de la capacidad de los administradores para superar el temor a perder el control sobre empleados a los que no pueden vigilar directamente. También pueden surgir otros problemas considerables para quienes trabajan a distancia. Entre ellos, está la posibilidad de que los pasen por alto en las promociones porque cotidianamente son menos visibles, el riesgo del agotamiento por la tentación de trabajar más horas diarias y, en particular, el aislamiento social que suelen sentir quienes trabajan en casa.[15]

Como consecuencia del aislamiento físico, los trabajadores a distancia pueden sentirse sin contacto con sus redes habituales (sociales), incapacitados para experimentar el estímulo intelectual de sus compañeros de trabajo, alejados de los canales de comunicación informales y aislados de muchas fuentes de apoyo social. Los costos emocionales pueden ser inaceptablemente altos, a menos que la compañía evalúe con cuidado a los potenciales trabajadores a distancia, les informe por anticipado qué pueden esperar que ocurra, y se esfuerce al máximo en mantener el contacto con ellos. Está claro que el progreso tecnológico en las comunicaciones no se gana sin algunos costos humanos y esfuerzos organizacionales.

Oficinas virtuales   El efecto de los adelantos tecnológicos en las comunicaciones está acompañado tanto de grandes posibilidades como de algunos problemas. Ciertas compañías, como Compaq, Hewlett-Packard, IBM y AT&T, han creado **oficinas virtuales**, en las cuales el espacio físico de oficina y los escritorios son sustituidos con una gama sorprendente de herramientas de comunicación portátiles: correo electrónico, teléfonos celulares, computadoras portátiles, sistemas de correo de voz, faxes, módems y sistemas para videoconferencias. Quienes cuentan con estas herramientas pueden realizar su trabajo no sólo en el hogar, como los trabajadores a distancia, sino casi en cualquier parte: en el automóvil, en restaurantes, en las oficinas de los clientes o en aeropuertos. Las herramientas de comunicación electrónica permiten que las compañías reduzcan mucho el espacio de oficina necesario para cada empleado, lo cual en ocasiones hace posible que sustituyan decenas de escritorios con un solo "centro de productividad", que los trabajadores usan para celebrar juntas, responder al correo y llevar a cabo otras tareas breves. Un riesgo significativo es la pérdida de oportunidades para la interacción social; todavía es necesario que los empleados se reúnan informalmente, intercambien experiencias e ideas cara a cara, y tengan la sensación de trabajo de equipo.[16]

COMUNICACIÓN INFORMAL

En las organizaciones, el chisme coexiste con el sistema de comunicación formal de los administradores.* Aunque esa información tiende a transmitirse verbalmente, también puede estar escrita. En ocasiones se usan notas escritas a mano o a máquina, si bien en las modernas oficinas electrónicas los mensajes habitualmente aparecen en las pantallas de las computadoras, lo que crea la nueva era del **chisme electrónico**. Este sistema puede acelerar la transmisión de más unidades de información en un lapso muy breve. Sin embargo, no sustituye a la comunicación informal cara a cara, por dos razones: 1. no todos los empleados tienen acceso a una red de computadoras personales en el trabajo, y 2. muchos trabajadores disfrutan de la interacción social más personal que tiene lugar con la comunicación informal convencional.

Chismes electrónicos

Este tipo de comunicación surge de la interacción social, de modo que es tan voluble, dinámico y variado como las personas. Es la expresión de su motivación natural para comunicarse. Es el ejercicio de su libertad de expresión y una actividad normal y natural. De hecho, sólo los empleados desprovistos de interés en su trabajo no se enfrascan en tal comunicación. El interés de los empleados en sus compañeros de trabajo se ilustra con la siguiente experiencia de una compañía:

> La esposa de un supervisor de planta dio a luz a las 11:00 p.m., y una encuesta en la planta al día siguiente, obtenida a las 14:00 p.m., mostró que 46% del personal administrativo sabía al respecto gracias al rumor.[17]

Características del chisme

Varios aspectos distinguen al rumor y ayudan a entenderlo mejor. La forma en que usualmente se difunde la información por este medio es mediante de lo que se llama **cadena de grupos**, ya que cada eslabón de la cadena tiende a informar a un grupo de personas, no a una sola. Por añadidura, sólo unas cuantas personas son comunicadoras informales activas de una unidad de información específica. Se les denomina **individuos de enlace o vínculos**.

> En una compañía, ocurrió un problema de control de calidad y 68% de los ejecutivos sabía al respecto, si bien apenas 20% de ellos difundió la información. En otro caso, cuando un administrador planeó renunciar, 81% de los ejecutivos se enteró de la noticia; pero apenas 11% la comunicó.

Como ilustra el ejemplo precedente, la comunicación informal es frecuentemente más el producto de la situación que de las personas. Ello significa que, *dada determina-*

---

*El término *grapevine* surgió durante la guerra de Secesión estadounidense. Las líneas telegráficas de inteligencia se colgaban laxamente de un árbol a otro, a la manera de una parra, e incluso en algunas regiones crecían vides silvestres sobre las líneas. Los mensajes transmitidos por éstas eran frecuentemente incorrectos o confusos, por lo que se decía que todo rumor provenía de la *grapevine*. Hoy, el término se aplica a toda comunicación informal, que comprende la que se da acerca de compañías que se comunica informalmente entre empleados y personas en la comunidad.

FIGURA 3-7

Factores que alientan la actividad de la comunicación informal

- Agitación e inseguridad
- Participación de amigos y colegas
- Que la información sea reciente
- Procedimientos que hace que las personas estén en contacto
- Trabajos que permiten la conversación
- Trabajos que proporcionan información de interés para otros
- Personalidad del comunicador

da situación motivación, cualquier persona tiende a comunicar chismes. Algunos de los factores que estimulan a las personas para dicha actividad se enumeran en la figura 3-7.

Entre los ejemplos clásicos de situaciones que estimulan la actividad del chisme, se cuentan los despidos masivos, las adquisiciones de empresas, los despidos específicos, las promociones o la introducción de nueva tecnología. Algunos puestos, como los de secretaria, concentran la información y, de tal suerte, estos puestos participan en los chismes. Ciertas empleadas simplemente tienen una personalidad que las hace participantes activos (por ejemplo, les gusta hablar con otros acerca de otros más). No parece haber diferencias de género en el chisme, ya que tanto hombres como mujeres participan por igual en ello.

También se sabe que, al contrario de la percepción común, más de 75% de la información que se pasa mediante chismes es correcta.[18] Sin embargo, también puede ser incompleta y generalmente tiene rasgos de verdad, mas de no toda la verdad. Por añadidura, se caracteriza por su difusión rápida, flexible y personal. Su velocidad dificulta a los administradores detener los rumores indeseables o dar a conocer las noticias importantes en tiempo para prevenir los chismes. Gran parte de la retroalimentación acerca de los empleados y su trabajo llega por este medio a los administradores que le prestan atención, además de que puede aportar información útil a los empleados acerca de su superior ("No hables hoy con Carolina; está muy ocupada"). En conclusión, los datos muestran que *el rumor informal ejerce influencia tanto favorable como desfavorable.* Logra tanto en ambos sentidos que es difícil determinar si su efecto neto es positivo o negativo. Resulta indudable que sus efectos varían de un grupo de trabajo y organización a otros. Las investigaciones con administradores y empleados de oficina señalan que 53% de ellos lo considera como factor negativo en la organización; apenas 27%, como factor positivo, y 20%, como algo neutral.[19]

Rumores

Definición de rumor

El problema fundamental con el chisme, y el que le ha dado su mala reputación, consiste en los **rumores**. La palabra "rumor" en ocasiones se utiliza como sinónimo de "chisme"; pero desde el punto de vista técnico existe una diferencia importante entre los dos términos. Los rumores son información que se comunica informalmente sin pruebas que la confirmen. Es la parte no verificada y no cierta del chisme. Aunque por casualidad puede ser correcta, en general es incorrecta y, de tal suerte, se la considera indeseable.

Los rumores se deben principalmente a intereses y ambigüedades en una situación. Si un tema es insignificante o no reviste interés para una persona, ésta no tiene una razón para comunicar un rumor al respecto. Por ejemplo, los autores de esta obra nunca han comunicado rumores acerca de la producción de cocos en la isla de Martinica durante el año previo. De igual modo, a falta de ambigüedad en una situación tampoco existe causa para diseminar un rumor, ya que se conocen los hechos correctos. Dos factores —*interés y ambigüedad— normalmente deben estar presentes* para que se inicie y mantenga un rumor. El siguiente es un ejemplo, en la comunidad financiera, de estos dos factores en acción:

Interes y ambigüedad conducen al rumor

> Se difundió por todo el país el rumor de que "el Banco X estaba hundido". Por supuesto, el origen del rumor fue una situación ambigua con diferentes significados. Había goteras en el techo del edificio y se estaba hundiendo y ello, aunado al interés de los empleados y los analistas financieros, se tradujo en rumores de problemas financieros en el banco. El rumor desapareció una vez que se aclaró la ambigüedad.

Los rumores dependen en gran parte de la ambigüedad y de los intereses de cada persona, por lo que tienden a cambiar conforme pasan de un individuo a otro. Es usual que pueda mantenerse su tema general, no así los detalles. Están sujetos a **filtración**, con la cual se reducen a unos cuantos detalles fundamentales que se pueden recordar y comunicar a otros. En general, las personas eligen detalles de los rumores que se ajustan a sus propios intereses y visión del mundo.

Se pierden los detalles

Las personas también agregan nuevos detalles, lo cual con frecuencia empeora la historia, además de incluir sus propios sentimientos y razonamiento, proceso llamado **tergiversación**.

> Marlo Green, trabajadora de una fábrica, escuchó el rumor de que un empleado de otro departamento había sufrido lesiones. Cuando comunicó el rumor a alguien más, lo había tergiversado al decir que la lesión probablemente había resultado del deficiente mantenimiento de la maquinaria por el supervisor. Al parecer, ello se debió a que no le agradaba su supervisor y su sentir era que si alguien resultaba lesionado la culpa tenía que ser del supervisor.

Tipos de rumores Los ejemplos previos (el techo del banco y la lesión en la fábrica) indican *la existencia de diferentes tipos de rumores*. Algunos son históricos y explicativos, es decir, intentan asignar significados a acontecimientos incompletos. Otros son más espontáneos y orientados a la acción, es decir, surgen sin mucho pensar y representan intentos por cambiar una situación actual. En ocasiones, los rumores son negativos, como los que generan una separación entre personas o grupos, destruyen lealtades y perpetúan hostilidades. También pueden ser positivos, como el caso de empleados que especulan acerca de los efectos benéficos de un nuevo producto que recién se puso a la venta. La existencia de una variedad de tipos de rumores recuerda a los administradores que no deben condenarlos universalmente, aunque a veces causen problemas.

Control de los rumores Puesto que los rumores por lo general son incorrectos, un brote importante de rumores puede ser una epidemia devastadora que arrase con toda una organización tan rápidamente como un tornado, usualmente con daños de magnitud semejante. Los rumores deben enfrentarse de manera firme y constante; pero es necesa-

FIGURA 3-8

Elementos de control de rumores

- Eliminar sus causas para prevenirlos.
- Dedicar esfuerzos principalmente a rumores graves.
- Refutar los rumores con hechos.
- Afrontar los rumores con la brevedad posible.
- Poner énfasis en el aporte de hechos cara a cara, confirmándolos por escrito si es necesario.
- Comunicar hechos de fuentes fiables.
- Abstenerse de repetir un rumor mientras lo refuta.
- Alentar la ayuda de líderes sindicales e informales si su actitud es cooperativa.
- Escuchar todos los rumores para entender qué podrían significar.

Recurrir a la prevención

rio saber cómo y cuándo atacarlos. Es un error grave luchar contra todos los chismes meramente porque son el agente que difunde los rumores; tal enfoque sería tan desaconsejable como tirar un teclado de computadora por unas cuantas palabras con errores ortográficos. En la figura 3-8 se resumen diversas formas de controlar los rumores. El mejor enfoque es prevenirlos mediante la eliminación de sus causas. Sin embargo, cuando existen rumores, informar de los hechos cara a cara —si se hace con prontitud— ayuda a resolver las ambigüedades en la mente de cada persona.

RESUMEN

La comunicación es la transferencia de información de una persona a otra y su comprensión subsiguiente. Las organizaciones necesitan la comunicación efectiva en las direcciones descendente, ascendente y lateral. El proceso de comunicación bidireccional consiste en los ocho pasos siguientes: desarrollo de una idea, codificación, transmisión, recepción, decodificación, aceptación, uso y retroalimentación. A fin de superar las barreras personales, físicas y semánticas a la comunicación, los administradores deben prestar atención estrecha a los símbolos de la comunicación, como palabras, imágenes y acciones no verbales. La comunicación efectiva requiere el estudio y uso de la semántica, la ciencia de los significados, para estimular la comprensión.

Los administradores desempeñan una función clave en la comunicación ascendente y descendente, en ocasiones incluso al demorar o filtrar el flujo de información. Son muchas las herramientas disponibles para su uso, como la retroalimentación del rendimiento y el apoyo social o el establecimiento de políticas de puertas abiertas y celebrar juntas con los empleados. Sin embargo, saber escuchar es una de las herramientas más poderosas. Las redes se han vuelto formas habituales gracias a las cuales los empleados se enteran de lo que ocurre a su alrededor, mientras que el rápido desarrollo y uso de las computadoras y otras herramientas ha hecho posibles los sistemas de correo electrónico, el trabajo a distancia y las oficinas virtuales para algunos empleados.

Consejos a futuros administradores

1. Piense en la comunicación como mucho más que *enviar* un mensaje; también prevea la reacción del receptor y tenga la certeza de que corresponda a sus intenciones.
2. Esté atento a algunas de las muchas consideraciones del comportamiento en la comunicación (por ejemplo, posiciones polarizadas, actitud defensiva o guardar las apariencias) y trabaje para evitarlas en su propia persona y prevenirlas en los demás.
3. Mejore sus habilidades de presentación escrita, sin importar que sean informes formales o mensajes de correo electrónico informales. Plantéese el desafío de aprender más acerca de la buena redacción prestando atención a la buena lectura.
4. Piense en formas de practicar el apoyo social a otros, convenciéndolos en cada comunicación de que son individuos valorados.
5. Sin importar cuál sea su género, trate de minimizar sus tendencias negativas habituales al comunicarse y aproveche las positivas.
6. Obtenga retroalimentación de otras personas acerca de qué sería necesario para que aprendiera a saber escuchar. Luego, siga sus consejos, aprovechando cada momento humano significativo que le sea posible.

Los chismes son comunicaciones informales que surgen en la forma de cadena de grupos. En general, son precisos, rápidos e influyentes, si bien en ocasiones se omiten detalles y contadas veces se comunica la historia entera. Los rumores son comunicaciones informales desprovistas de pruebas concluyentes respecto de lo que se informa. Ocurren cuando existen ambigüedad e interés en la información. Los administradores pueden influir hasta cierto punto en los chismes y los rumores, pues su objetivo básico es integrar los intereses de los sistemas de comunicación formal e informal, de modo que mejore su funcionamiento conjunto.

Términos y conceptos para revisión

Administración de libros abiertos
Administración por recorridos
Apoyo social
Barreras físicas
Barreras personales
Barreras semánticas
Cadena de grupos
Capacitación justo a tiempo
Chisme
Comportamiento de búsqueda de retroalimentación
Comunicación
Comunicación ascendente
Comunicación descendente
Comunicación informal electrónica
Comunicación lateral
Comunicación no verbal
Concepto de sí mismo
Control ecológico
Correo electrónico
Corto circuito
Descripción preliminar realista del puesto
Disonancia cognoscitiva
Distancia psicológica
Elaboración
Estar en red
Falta de credibilidad
Filtración
Guardar las apariencias
Indicios sociales
Individuos de enlace
Inferencia
Legibilidad
Lenguaje corporal
Oficinas virtuales
Ombudsperson
Polarizado
Política de puertas abiertas
Preguntas abiertas
Preguntas cerradas
Proceso de comunicación bidireccional
Proxémica
Razonamiento defensivo
Red
Retroalimentación del rendimiento
Ruido

85

Rumor
Saber escuchar
Semántica

Sobrecarga de comunicación
Trabajo a distancia
Vínculos

Preguntas para análisis

1. Piense en un trabajo en que haya estado y una situación en que la comunicación fracasó o fue inefectiva. Analice la forma en que se aplicó el proceso de comunicación en esas circunstancias y dónde ocurrió el problema (en cuál de los ocho pasos).
2. Analice las barreras a la comunicación que existen cuando se examina un tema con su instructor en el aula.
3. Elija una situación en que haya hecho una inferencia errónea. Analice cómo se generó la malinterpretación y cómo podría evitar malinterpretaciones similares en el futuro. ¿Cuán importante es la retroalimentación para evitar problemas con las inferencias?
4. Observe su propio comportamiento y analice los hábitos de comunicación no verbal que suele utilizar. ¿Cuál es la intención o mensaje de cada uno? ¿Existen algunos comportamientos que puedan desorientar a los receptores de sus mensajes?
5. Visite la oficina de un instructor y tome nota de sus sentimientos respecto a si se siente cómodo en ella. ¿Qué elementos físicos de la oficina contribuyen a su reacción? Analice el uso aparente que hace el instructor del espacio (proxémica).
6. Examine los lineamientos de la figura 3-4 para saber escuchar apropiadamente. ¿Cuáles utiliza mejor? ¿Cuáles podría mejorar? Cree un plan de mejoramiento de sus habilidades para saber escuchar y solicite retroalimentación a un amigo, luego de tres meses, para vigilar su mejoría.
7. Piense en un trabajo de medio tiempo o de jornada completa que haya tenido.

    a) Analice la sobrecarga de comunicación que haya experimentado, si acaso la hubo.
    b) Analice cuán bien los administradores manejaron la comunicación descendente con usted.
    c) Explique las dificultades de comunicación ascendente que haya tenido y qué hizo para tratar de superarlas.
    d) ¿Acaso emprendió el comportamiento de búsqueda de retroalimentación? Describa qué hizo o, si no hizo nada, explique por qué.

8. ¿De cuáles redes es parte? Explique cómo se integró a ellas y qué han hecho por usted. ¿Cuáles son sus planes futuros de integración a redes?
9. Evalúe el correo electrónico en el contexto de este capítulo. ¿Cuán bien encaja en los ocho pasos del proceso de comunicación? ¿Cuáles barreras es más probable que surjan al usarlo? ¿Cómo se pueden superar o por lo menos minimizar?
10. Elija una historia que le hayan transmitido por un chisme que haya escuchado y analice la forma en que le fue comunicada y su grado de precisión.

Evalúe sus propias habilidades

¿Cuán buenas son sus habilidades de comunicación?

Lea minuciosamente las afirmaciones siguientes. Marque con un círculo el número de la escala de respuesta que se acerque más al grado en que cada afirmación le describe con exactitud. Sume los puntos totales y prepare un breve plan de acción para su mejoramiento personal. Esté listo para indicar su calificación con fines de tabulación en todo el grupo.

	Descripción satisfactoria									Descripción insatisfactoria
1. Sería un practicante convencido de la comunicación abierta y la administración de libros abiertos.	10	9	8	7	6	5	4	3	2	1
2. Estoy consciente de la necesidad de prestar atención a los ocho pasos del proceso de comunicación.	10	9	8	7	6	5	4	3	2	1
3. Estoy consciente de mi tendencia al razonamiento defensivo y a guardar las apariencias.	10	9	8	7	6	5	4	3	2	1
4. Entiendo cuáles barreras tienen efecto en cada etapa del proceso de comunicación.	10	9	8	7	6	5	4	3	2	1
5. Puedo recitar varios lineamientos para crear escritos más flexibles.	10	9	8	7	6	5	4	3	2	1
6. Busco conscientemente manejar los mensajes que envío con mi lenguaje corporal.	10	9	8	7	6	5	4	3	2	1
7. Cuando es importante lograr la aceptación de mensajes por el receptor, sé cuáles condiciones crear para dicho propósito.	10	9	8	7	6	5	4	3	2	1
8. Puedo señalar tres formas sustantivas en que los hombres y mujeres difieren en sus hábitos de comunicación.	10	9	8	7	6	5	4	3	2	1
9. Por lo general, aplico muchos de los lineamientos clásicos de la interlocución efectiva.	10	9	8	7	6	5	4	3	2	1
10. Tengo y uso una red activa de contactos personales para beneficio mutuo.	10	9	8	7	6	5	4	3	2	1

Calificación e interpretación Sume los puntos que obtuvo en las 10 preguntas. Escriba la calificación aquí ____ y señálela cuando se le pida.

- Si obtuvo de 81 a 100 puntos, parece ser buena su comprensión de las habilidades de comunicación adecuadas.
- Si obtuvo de 61 a 80 puntos, revise de cerca los elementos con calificación baja y explore formas de mejorarlos.
- Si obtuvo menos de 60 puntos, debe estar consciente de que sus habilidades pobres en relación con varios elementos podría ser nocivo para su éxito futuro como geren-

te. Le instamos a que revise el capítulo completo y busque otro material pertinente en capítulos ulteriores y otras fuentes.

Ahora, identifique las tres calificaciones más bajas y escriba los números de pregunta aquí: ____, ____ y ____. Escriba un párrafo breve en que detalle, para usted mismo, un plan de acción de cómo mejoraría cada una de estas habilidades.

Incidente

Una interrupción en la comunicación

Linda Barry, madre soltera con tres hijos, fue contratada como empleada de registro de pedidos en una compañía camionera. Sus primeras dos semanas en su trabajo estuvieron dedicadas a una clase especial, de 8:00 a 16:00 horas, en la que aprendió cómo ordenar, codificar y registrar los pedidos en la computadora. Un instructor trabajó inicialmente con ella en forma constante y luego lo hizo cada vez menos, a medida que adquiría habilidad y confianza. Linda estaba contenta con el puesto y disfrutaba de su programa de trabajo. Cuando se completó su capacitación, se le dijo que se presentara el lunes siguiente en el departamento de registro de pedidos.

En el momento de su contratación, Linda no leyó ni entendió la información impresa acerca de su horario de trabajo habitual o quizá la persona encargada de su contratación no le dijo que llenaría una vacante de un turno especial, de modo que trabajaría desde las 4:00 a.m. hasta el mediodía. Sea cual fuere el caso, Linda no se presentó a trabajar de madrugada en el primer día de trabajo normal. Cuando llegó a las 8:00 horas, su supervisor la criticó por su irresponsabilidad. Linda respondió que no podía trabajar en el turno especial porque debía preparar a los niños para la escuela y dijo que renunciaría si era imposible que trabajara a partir de las 8:00 horas. A causa de la fuerte carga de trabajo y la escasez de mano de obra, el supervisor necesitaba a Linda, si bien no tenía espacio para ella en el turno de 8:00 a 16:00 horas.

Preguntas
1. Analice los bloqueos de la comunicación en este caso. Comente ideas como la comunicación ascendente y descendente, saber escuchar, vista preliminar realista del puesto, retroalimentación e inferencia.
2. Explique cómo manejaría la situación de empleo al final de este caso. ¿Qué ideas del capítulo podrían aplicarse para facilitar la resolución de este problema?

Ejercicio de experiencia

Estilo de comunicación

Lea los tres párrafos que siguen y clasifíquelos (1 = el más alto, 2 = intermedio y 3 = el más bajo) según el grado en que describa su estilo de comunicación. Es importante que use los tres números (1, 2 y 3), de modo que 1 sea el más descriptivo y 3 el menos descriptivo.

_____ A. Me gusta *visualizar* una idea mediante gráficas, diagramas, mapas, figuras y modelos; prefiero la comunicación escrita a la verbal; me gustan los ejemplos concretos y las instrucciones específicas; tiendo a la retroalimentación verbal ("Veo hacia dónde va").

_____ B. Me gusta *escuchar* ideas de otros y luego disfruto de conversar y debatir con ellos; repito las ideas de otros para que se me queden grabadas en la mente; me distraigo con el ruido de fondo excesivo; tiendo a dar indicios verbales a otros ("Escucho lo que me dice").

_____ C. Me gusta *hacer* algo; es la forma en que mejor aprendo. Aprendo mucho con los ejemplos y generalmente soy muy activo, una persona de manos a la obra; tiendo a dar indicios verbales en forma física ("Necesito tomar la sartén por el mango antes de decidir").

Ahora, formen grupos de tres personas e inicien el análisis de algún tema estimulante que preocupe a los miembros del grupo. Después de 5 o 10 minutos, evalúe a los demás en relación con elementos que los describan mejor, conforme a los tres párrafos que preceden. Luego, compare sus notas con los otros dos miembros para ver cuán precisamente percibe cada quien el estilo de comunicación de los otros dos.

Capítulo 4

Sistemas sociales y cultura organizacional

El mayor regalo que un mentor puede dar a sus protegidos es mostrar autenticidad y veracidad.

—Chip Bell[1]

Todos los días somos defensores de la cultura al garantizar la consideración por las personas en las decisiones de negocios.

—Sally Gore[2]

OBJETIVOS DEL CAPÍTULO

ENTENDER:

- El funcionamiento de un sistema social
- El convenio psicológico
- Las culturas sociales y su influencia
- El valor de la diversidad cultural
- Los roles y conflictos de roles en las organizaciones
- El estatus y los símbolos de estatus
- La cultura organizacional y sus efectos

Los empleados de Herman Miller, Inc., un gran fabricante de mobiliario de oficina, trabajan intensamente para crear productos bien diseñados y de máxima calidad, como consolas de escritorio, gabinetes y sillas. Aunque los productos innovadores de la compañía son muy conocidos en el mundo del diseño industrial, Herman Miller, Inc. es incluso más reconocida por su cultura organizacional distintiva.[3]

Los solicitantes de empleos se evalúan con mucho cuidado en cuanto a su carácter general y su capacidad para relacionarse con las personas. Los empleados están organizados en equipos de trabajo, en los cuales los líderes y miembros se evalúan mutuamente a intervalos semestrales. Los empleados pueden cumplir requisitos para recibir bonos trimestrales, basados en sugerencias para el ahorro de costos y otras contribuciones. Sin embargo, la clave principal de la cultura de la compañía reside en un "convenio" que se establece entre los altos directivos y todos los empleados. En él, la compañía afirma que intentará "compartir valores, ideales, objetivos, respeto por cada persona [y] por el proceso de nuestro trabajo conjunto". En consecuencia, la empresa ha logrado éxito significativo y se ubica constantemente en 5% superior de las evaluaciones de "las compañías más admiradas" de Estados Unidos.

Los empleados de compañías como Herman Miller, Southwest Airlines y Dell Computers trabajan en complejos sistemas sociales que ejercen influencia significativa en ellos. La cultura de esas organizaciones refleja las carencias y los valores de los fundadores de la compañía, así como las de su personal actual. Por añadidura, los sistemas sociales tienen efecto profundo en la forma de trabajar juntos de los empleados. Las culturas proporcionan indicios directos e indirectos a los empleados sobre la forma de tener éxito. Los indicios directos abarcan la capacitación de orientación, declaraciones de políticas y consejos de supervisores y colegas. Los de tipo indirecto son más sutiles y comprenden inferencias derivadas de promociones y patrones de vestimenta aceptable. En este capítulo, se presentan ideas primordiales acerca de los sistemas sociales, como el equilibrio social, los efectos de los cambios sistémicos, los convenios psicológicos, la diversidad cultural y la influencia de los roles y el estatus. También se examinan la naturaleza y los efectos de la cultura social (que existe en la sociedad en sentido amplio) y la organizacional (la de una compañía).

PARA COMPRENDER UN SISTEMA SOCIAL

Un **sistema social** es un conjunto complejo de relaciones entre seres humanos que interactúan de muchas formas. Las interacciones posibles son tan infinitas como el número de estrellas en el universo. Cada pequeño grupo es un subsistema en grupos mayores, que su vez lo son de otros incluso más grandes, y así sucesivamente, hasta incluir toda la población mundial. En una sola organización, el sistema social incluye a todas las personas que la conforman y las relaciones entre ellas y con el mundo exterior.

Dos aspectos sobresalen en las interacciones complejas de las personas en un sistema social. En primer término, el comportamiento de cada uno de sus miembros puede tener efecto directo o indirecto en la conducta de los demás. Aunque dicho efecto puede ser grande o pequeño, *todas las partes del sistema son mutuamente interdependien-*

tes. Dicho de manera sencilla, el cambio en una parte del sistema afecta a todas las demás, incluso si su efecto es leve.

El segundo aspecto importante gira alrededor de los límites del sistema. Todo sistema social lleva a cabo intercambios con su entorno, del cual recibe entradas(inputs) y al cual da salidas(outputs) (que a su vez se convierten en las entradas de sistemas adyacentes). Así pues, los sistemas sociales son **sistemas abiertos** que interactúan con su entorno. Por consiguiente, los miembros de un sistema deben tener conciencia de la naturaleza de su ambiente y de su efecto en otros miembros de su sistema social y fuera de éste. Esta conciencia del sistema social será cada vez más importante en el siglo XXI, en la medida en que el comercio globalizado y los mercados internacionales de los productos y servicios de una compañía amplían la necesidad de que las organizaciones y sus empleados se anticipen a los cambios de su entorno competitivo y reaccionen a ellos.

Sistemas abiertos

Equilibrio social

Se dice que un sistema está en **equilibrio social** cuando existe un equilibrio funcional dinámico entre sus partes interdependientes. El concepto de equilibrio es dinámico, no estático. Pese a los cambios y movimientos constantes en todas las organizaciones, es posible conservar el equilibrio funcional de un sistema. Éste es como el mar: está en movimiento constante e incluso se altera de manera considerable con las tormentas, si bien su naturaleza básica cambia muy poco.

Cuando ocurren cambios menores en un sistema social, se absorben pronto mediante ajustes en el sistema y se recupera el equilibrio. Por otra parte, un solo cambio significativo (como la renuncia de un ejecutivo clave) o una sucesión de cambios pequeños a la vez que rápidos pueden desequilibrar a una empresa, reduciendo gravemente su progreso hasta que alcance de nuevo el equilibrio. En cierto sentido, cuando está en desequilibrio sus partes funcionan una contra la otra, en vez de hacerlo con armonía. El siguiente es un ejemplo:

> Las fábricas de automóviles estadounidenses han enfrentado un reto significativo: responder al diseño, calidad y ventajas de costos de fabricantes internacionales, como Toyota, Nissan, Honda y Mazda. En particular, a las compañías estadounidenses en ocasiones les toma demasiado tiempo llevar un nuevo automóvil al mercado (el tiempo total desde su concepción hasta el inicio de la producción). Entre las muchas razones mencionadas, está la lucha interna entre departamentos competitivos de esas compañías, como las de diseño de productos, ingeniería de producción, ventas y marketing. En ocasiones, existe un desequilibrio desafortunado e improductivo.
>
> A fin de contrarrestar esos problemas, Ford Motor Company crea equipos multifuncionales de gerentes de línea encargados de la tarea de acelerar el desarrollo de productos. Estos equipos se localizan en la misma área de trabajo, lo cual facilita mucho la comunicación. Además, comparten un objetivo: reducir los costos de desarrollo del producto en 20%. De tal manera, Ford mantiene un equilibrio más productivo en su sistema y tiene trabajando juntos a subgrupos funcionales.[4]

Efectos funcionales y disfuncionales

Efectos de los cambios

Un cambio, como la introducción de equipos de diseño multifuncionales, tiene **efecto funcional** cuando éste es favorable al sistema. En caso de que una acción o un cambio genere efectos desfavorables en el sistema, como la caída de la productividad, produce un **efecto disfuncional**. Una tarea importante de los administradores es evaluar los cambios actuales y propuestos del sistema social para determinar sus posibles efectos funcionales o disfuncionales, de modo que se puedan anticipar y emprender las respuestas apropiadas. Además, los administradores deben predecir los efectos de corto y largo plazos, medir criterios objetivos (como la productividad) y subjetivos (como la satisfacción y dedicación), y considerar los probables efectos en varios grupos de interés, como empleados, administradores y accionistas. Evaluar la funcionalidad global de determinada acción gerencial es sin duda un proceso complejo.

Los empleados también pueden provocar efectos funcionales o disfuncionales en la empresa. Es posible que sean creativos, productivos y entusiastas, además de buscar activamente el mejoramiento de la calidad de los productos o servicios de la organización. Por otra parte, también podría ocurrir que lleguen tarde, falten con frecuencia al trabajo, no estén dispuestos a usar su talento y se resistan a los cambios organizacionales. A fin de que los trabajadores tengan comportamiento funcional, deben recibir expectativas y promesas de retribución claras. Además, la organización necesita recibir a cambio de ello el compromiso de sus empleados.

Convenios psicológicos y contratos económicos

Cuando los empleados ingresan en una empresa, celebran un **convenio psicológico** no escrito con ella, si bien frecuentemente no están conscientes de hacerlo. Como se muestra en la figura 4-1, este convenio es adicional al contrato económico por cual se intercambian tiempo, talento y energía por sueldo, horas y condiciones de trabajo razonables. El convenio psicológico define las condiciones de la participación psicológica de cada empleado —tanto sus contribuciones como sus expectativas— en ese sistema so-

FIGURA 4-1

Resultados del convenio psicológico y el contrato económico

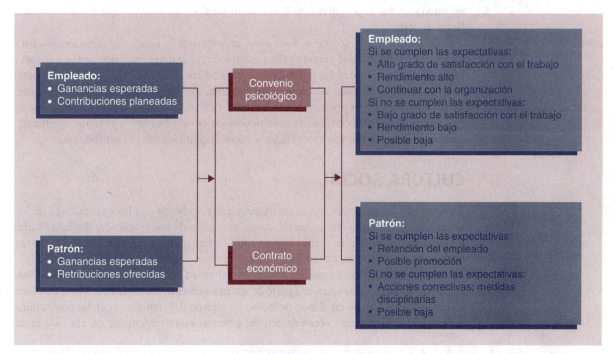

cial. Los empleados acceden a otorgar un cierto grado de lealtad, creatividad y esfuerzo adicional; pero a cambio esperan más que retribuciones económicas del sistema. Buscan seguridad en el trabajo, trato justo (dignidad humana), relaciones satisfactorios de trabajo y apoyo de la empresa para lograr sus expectativas de desarrollo.

Si la compañía respeta sólo el contrato económico y no el convenio psicológico, los empleados tienden a estar insatisfechos porque no se cumplen todas sus expectativas. Además, podrían dejar de brindar algunas de sus contribuciones relacionadas con el trabajo. Por otra parte, si se cumplen tanto las expectativas psicológicas como las económicas, suelen experimentar satisfacción, permanecen en la empresa y su rendimiento es satisfactorio.

> Las obligaciones recíprocas en cuanto a la relación entre el empleado y la organización pueden incumplirse a causa de incapacidad para respetarlas o de que una de las partes decida no cumplirlas. Las investigaciones muestran que en tal caso los empleados tienen sentimientos de ira y de haber sido traicionados. A fin de evitar el incumplimiento del convenio psicológico, los patrones deben ayudar a que sus trabajadores tengan en claro sus expectativas y percepciones, iniciar conversaciones explícitas de las obligaciones mutuas, tener cautela a la hora de hacer promesas, dar explicaciones sinceras en caso de romper una promesa y alertar a los empleados en cuanto a las perspectivas reales de incumplimiento (por ejemplo, cuando la desaceleración económica obliga a que una compañía se retracte de compromisos previos).[5]

Como lo indica la figura 4-1, los administradores responden de manera similar al contrato económico y al convenio psicológico. Esperan respuestas como un rendimiento alto, mejoramiento continuo de la calidad, compromiso con la organización y servicio amigable a sus clientes. Cuando ocurren tales resultados, la empresa retiene al empleado e incluso podría otorgarle una promoción. Empero, si la cooperación y el rendimiento no satisfacen las expectativas, se emprenden medidas correctivas que incluso podrían llegar al despido.

Teoría del intercambio

El convenio psicológico se basa en el concepto de la *teoría del intercambio*. Ésta simplemente plantea que cuando existe una relación continua entre dos partes, cada una examina con regularidad las retribuciones y los costos de la interacción. A fin de continuar sintiéndose tentadas a continuar la relación, *ambas* partes deben considerar que existe una proporción positiva neta (retribuciones sobre costos) desde su perspectiva. Por consiguiente, el convenio psicológico es objeto de examen y revisión continuas, conforme emergen nuevas necesidades y están disponibles nuevas retribuciones.

CULTURA SOCIAL

Siempre que las personas actúan de manera que concuerda con las expectativas de los demás, su comportamiento es social, como en el caso de una empleada, llamada María. Al igual que todos, María se convirtió en adulto como parte de una **cultura social**, que es su entorno de creencias, costumbres, conocimientos y prácticas creadas por el hombre. La cultura es el comportamiento convencional en su sociedad e influye en todas sus acciones, aunque pocas veces sea parte de sus pensamientos conscientes. María conduce su automóvil al trabajo en el lado derecho o izquierdo del camino, según las costumbres de su país, si bien pocas veces se detiene a pensar conscientemente en ello. De igual manera, el automóvil que conduce, la obra de teatro a la que asiste, los tipos de alimentos que come y la organización en la que trabaja son signos de su cultura social.

Las culturas sociales con frecuencia son constantes dentro de un país, con lo que se produce la llamada cultura nacional. En su nivel más sencillo, las culturas nacionales pueden compararse con base en la forma en que sus miembros se relacionan, trabajan y responden a los cambios.[6] No obstante, también pueden existir varias culturas sociales distintas *dentro* de una nación, como es el caso de la trágica disputa entre pueblos diversos en lo que era Yugoslavia. Las culturas sociales pueden tener efecto considerable en el comportamiento laboral, como se ilustra en el capítulo 16. Algunos de los aspectos en que difieren las culturas son la forma de tomar decisiones, el respeto por la autoridad, el trato a las mujeres y los estilos de liderazgo aceptados. El conocimiento de las culturas sociales reviste importancia especial, ya que los gerentes deben entender y apreciar la cultura y las creencias de todos los miembros de su unidad laboral.

Las personas aprenden a depender de su cultura. Ésta les brinda estabilidad y seguridad, ya que les permite entender qué ocurre en su comunidad cultural y saben cómo responder según ella. Sin embargo, esta dependencia de una cultura también puede poner anteojeras intelectuales a los empleados, impidiéndoles aprovechar los beneficios de la exposición a personas con otros antecedentes culturales. La dependencia cultural se complica todavía más en condiciones que entrañan la integración de dos o más culturas en los centros de trabajo. Los empleados tienen que aprender cómo adaptarse a otros para aprovechar las oportunidades que se presentan, así como para evitar posibles consecuencias negativas.

Diversidad cultural

En casi todas las organizaciones, los empleados se dividen en subgrupos de diversos tipos. La formación de grupos depende de dos conjuntos amplios de factores. En primer término, las diferencias y similitudes *relacionadas con el trabajo* (creadas por la empresa), como el tipo de trabajo, el nivel jerárquico y la proximidad física, en ocasiones hacen que las personas se agrupen. Sin embargo, un segundo conjunto de factores *no relacionados con el trabajo* (los que tienen que ver con la cultura, el grupo étnico, la posición socioeconómica y género) surge principalmente de los antecedentes personales del individuo y es muy importante por razones legales, morales y económicas. Por ejemplo, la fuerza laboral estadounidense se está volviendo mucho más diversa, con la integración de mujeres, afroestadounidenses, "hispanos" y personas de ascendencia asiática que aportan sus conocimientos a las empresas en número sin precedente. Esta **diversidad cultural** o amplia variedad de diferencias entre las personas en una compañía plantea la cuestión del trato justo a los trabajadores cuya posición no es de autoridad.

Leyes de oportunidades iguales de empleo Uno de los primeros intentos para hacer frente a la diversidad cultural en el trabajo y a la cuestión del trato justo a los empleados fue el de las leyes federales y estatales en Estados Unidos. Las **oportunidades iguales de empleo** consisten en brindar la misma oportunidad de trabajo seguro y remunerado sin importar factores no relacionados con el rendimiento en el trabajo. Se establece en el Título VII de la *Civil Rights Act* de 1964 (con sus enmiendas) y se ha ampliado y apoyado con diversas órdenes ejecutivas y leyes federales y estatales subsiguientes. Requiere que los patrones, sindicatos y agencias de colocación brinden igual

Leyes de oportunidades iguales de empleo

trato en todas las fases de empleo a todas las personas, sin importar el grupo étnico, el color de la piel, la religión, el origen nacional, el género, los impedimentos, las preferencias sexuales o la edad.

Las leyes de oportunidades iguales de empleo proscriben la discriminación basada en factores ajenos al rendimiento en el trabajo. En respuesta, muchas empresas fomentaron voluntariamente planes de lo que se llama **acción positiva afirmativa**, en las que adoptaron políticas contra la discriminación, revisaron sus prácticas relacionadas con el personal y vigilaron los avances. Estos programas, diseñados para ampliar las oportunidades a empleados calificados, tienen tres objetivos principales:

- Reparar la discriminación pasada (social)
- Corregir la discriminación actual
- Buscar una mayor diversidad como objetivo valioso[7]

Si el concepto de oportunidades iguales de empleo tuviera éxito completo, produciría los beneficios que se muestran en la figura 4-2. Aunque se han logrado adelantos considerables, con frecuencia éste es un proceso lento y todavía existen problemas y, además, surgió un debate social acerca de los méritos de la acción positiva. Los problemas persistirían a causa de una diferencia clave, en este contexto, entre **discriminación** y **prejuicio**. *La discriminación generalmente se muestra con acciones, mientras que los prejuicios son actitudes.* La primera puede existir sin los segundos. La ley está dirigida a las acciones de los patrones, no en sus sentimientos. Si se emprenden acciones que lle-

Discriminación y prejuicios

FIGURA 4-2

Posibles beneficios sociales de las oportunidades iguales de empleo

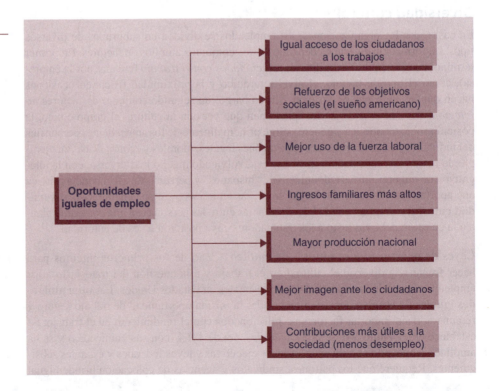

van a lo que se determina legalmente como resultados discriminatorios, tales acciones son ilegales sin importar que el patrón alegue tener buenas intenciones.

Un enfoque promisorio para superar las prácticas discriminatorias intenta en la actualidad cambiar las actitudes subyacentes. Los programas encaminados a administrar y **valorar la diversidad** se basan en una premisa clave: los estereotipos de prejuicios se derivan de supuestos infundados acerca de los demás y de pasar por alto sus cualidades. *Es necesario reconocer, aceptar, apreciar y usar las diferencias para lograr ventajas colectivas.* La fuerza laboral del futuro (sin importar si se trata de Estados Unidos, la Unión Europea u otros sitios) contendrá una rica mezcla de personas representativas de condiciones culturales y sociales diversas. *Todos* los participantes —hombres y mujeres, miembros de grupos étnicos distintos, personas de todas las edades, padres solteros que trabajan o parejas de profesionales— deben explorar sus diferencias, aprender de quienes les rodean y aprovechar esa información para formar organizaciones más fuertes.[8]

No es fácil cambiar la actitud propia o la de otros empleados, si bien existen constantes presiones políticas, económicas, sociales y técnicas para el cambio en las personas y organizaciones. Cada vez más empleados se topan con diferencias culturales tanto mínimas como sustantivas con sus compañeros de trabajo, en la medida en que la fuerza laboral se vuelve más diversa.[9] Reconocer estos cambios constituye una fuerza cultural poderosa a la cual deben adaptarse los patrones. Si administran activamente la diversidad, es muy probable que obtengan ventajas competitivas, pues se enriquecerá la calidad de su fuerza laboral, mejorará su sensibilidad al mercado y habrá un mayor rendimiento individual y de grupo.[10]

Valores de la cultura social

Ética laboral   Durante muchos años, la cultura de gran parte de occidente ha hecho énfasis en el trabajo como una actividad deseable y satisfactoria. Dicha actitud también tiene fuerza en algunas partes de Asia, como Japón. El resultado de esta importancia cultural es que muchas personas practican una **ética laboral**, lo cual significa que ven su trabajo como algo muy importante y como un objetivo deseable en la vida; les gusta su trabajo y obtienen satisfacción de él. Es usual que su dedicación a la empresa y a sus objetivos sea mayor que el de otros empleados. Los patrones aprecian mucho estas características de la ética laboral.

> Un ejemplo del valor que se concede a la ética laboral ocurrió cuando una compañía minera de taconita, LVT Steel, decidió cerrar sus operaciones de extracción de ese mineral de hierro en el norte de Minnesota. Esa decisión dejaría sin trabajo a 1 600 trabajadores de la industria siderúrgica. El gobernador del estado de Minnesota, Jesse Ventura, apareció al cabo de unas cuantas semanas en un programa de televisión en cadena nacional ("The Tonight Show") y comentó al conductor Jay Leno y a su auditorio nacional que tenía una "mina de oro" de trabajadores competentes en busca de un puesto, por si acaso alguna empresa se interesaba en mudarse al área. ¿Y cuál fue su punto de venta principal? Ventura alabó la ética laboral extraordinariamente alta que poseían esos 1 600 trabajadores. En cuestión de días, varias compañías interesadas —algunas incluso de estados tan distantes como California— se habían puesto en contacto con la oficina del gobernador en busca de información adicional.

No obstante su importancia, la ética laboral es tema de polémica continua. ¿Está vigente? ¿Está en decadencia? ¿Es un tema muerto? Las investigaciones disponibles

Diferencias de grupo

Deterioro gradual

muestran que es posible llegar sin riesgos a dos conclusiones. La primera, que la proporción de empleados que actúan con ética laboral fuerte varía mucho en los grupos investigados. Las diferencias resultan de factores como los antecedentes personales, el tipo de trabajo realizado y la región geográfica. El rango es muy amplio, ya que la proporción de empleados de diferentes tipos de trabajos que consideran su trabajo como interés central en la vida va de 15 a 85%.

La segunda conclusión es que el nivel general de la ética laboral ha disminuido gradualmente a lo largo de muchas décadas. Ello es más evidente en la diferencia de actitudes entre los trabajadores jóvenes y viejos. No sólo los empleados jóvenes no apoyan tanto la ética laboral, sino que el nivel de apoyo que mostraban antes ha disminuido muchísimo. Ello tiene consecuencias graves para la productividad industrial, en particular conforme se intensifica la competencia internacional.

¿Por qué ha decaído la ética laboral? Los grandes cambios sociales han originado su deterioro. Han surgido valores sociales competitivos, como la ética del tiempo libre (conceder alta prioridad a la satisfacción personal), el deseo de intimidad (énfasis en las relaciones personales cercanas) y la creencia en el derecho inherente a algo (las personas deben recibir beneficios sin tener que trabajar). Además, los cambios en la política social y en las leyes fiscales han reducido los incentivos para trabajar y, en ocasiones, incluso castigan el trabajo intenso y el éxito (por lo menos, en la mente de algunos trabajadores). Por último, el fenómeno de la "riqueza instantánea" ha florccido en tiempos recientes. Ello ocurre cuando miles de personas —empleados en compañías de alta tecnología que se inician o inversionistas afortunados en el mercado accionario— se convierten en millonarios después de trabajar sólo unos cuantos años. El cambio impresionante que ocurre en su situación financiera ha llevado a la creencia, en algunas personas, de que pueden amasarse enormes fortunas con sólo estar en el sitio correcto y el momento adecuado, sin importar cuál sea la creencia personal en la ética laboral. Todos estos factores son ejemplos adicionales de complejas relaciones sociales y muestran la forma en que la ética laboral del empleado depende de factores del sistema social en que está inmerso. En el siglo XXI, los administradores ya no podrán basarse únicamente en la ética laboral para lograr que los empleados sean productivos.

Cuestión de ética

Muchos empresarios tienen una ética laboral muy asimilada. También creen que sus *empleados* deben mostrar una fuerte dedicación al trabajo y reflejarlo en su orientación de servicio a clientes, registros de asistencia y retardos, preocupación por la calidad, disposición a trabajar más allá del horario normal y productividad general. Sin embargo, algunos empleados hacen a un lado la afirmación de que "el trabajo ennoblece" y se preguntan "¿Y yo qué gano?" La cuestión clave es el derecho polémico de los patrones a imponer su ética laboral y expectativas a los empleados. Entre los ejemplos clásicos, está el concepto del *karoshi* japonés, en el que es virtualmente una cuestión de orgullo morir por trabajar excesivamente, o el derecho de un fabricante de automóviles para exigir que los empleados trabajen tiempo extra. ¿Qué piensa *usted* que sería ético para el patrón en relación con la ética laboral?

Responsabilidad social   Cada acción que emprenden las organizaciones se acompaña de costos y beneficios. En años recientes, se ha observado una tendencia social intensa a mejorar la relación costo-beneficio para hacer posible que la sociedad obtenga beneficios de las empresas y que éstos se distribuyan de manera justa. La **responsabilidad social** es el reconocimiento de que las compañías influyen de manera significativa en el sistema social y que esa influencia se debe considerar y equilibrar apropiadamente en todas las acciones organizacionales.

Un signo de que las empresas se preocupan cada vez más por la responsabilidad social son los criterios usados para juzgar públicamente su rendimiento general. La revista *Fortune* evalúa todos los años a las "compañías más admiradas de Estados Unidos" (*America's Most Admired Companies*), proceso en el que incluye a más de 300 empresas.[11] Uno de los criterios que utiliza es la "responsabilidad social". Entre las compañías que han recibido calificación global alta, se cuentan General Electric, Microsoft, Dell, Cisco, Wal-Mart, Home Depot y Southwest Airlines.

La presencia de valores sociales fuertes, como la responsabilidad social, tiene un efecto poderoso en las organizaciones y sus acciones. Las lleva a usar un *modelo socioeconómico de toma de decisiones*, en que se consideran los costos y beneficios sociales junto con los valores económicos y técnicos tradicionales. Las organizaciones asumen un punto de vista más amplio de su función en el sistema social y aceptan su interdependencia de éste.

ROLES

Un **rol** es un conjunto de acciones que se esperan de una persona en actividades relacionadas con otros individuos. El rol refleja la posición del sujeto en el sistema social, con sus correspondientes derechos y obligaciones, poder y responsabilidad. A fin de poder interactuar, las personas necesitan alguna forma de prever el comportamiento de los demás. Los roles cumplen esta función en el sistema social.

Acciones esperadas

Una persona tiene roles en el trabajo y fuera de éste, como se muestran la figura 4-3. Sus roles incluyen el laboral del trabajador, el familiar de padre, el social de presidente de un club y muchos otros. En esos roles diversos, el individuo es comprador y vendedor, superior y subordinado, y buscador y proveedor de consejos. Cada rol precisa diferentes tipos de comportamiento. En el entorno laboral, el trabajador puede tener varios roles, como los de trabajador del grupo A, subordinado del superior B, maquinista, miembro del sindicato y representante del comité de seguridad.

Percepción de los roles

Las actividades de los administradores y trabajadores están guiadas también por sus **percepciones de roles**, es decir, la manera en que suponen que deben actuar en sus roles tanto ellos como los demás. Los administradores tienen muchos roles distintos, por lo que deben ser muy adaptativos (o sea, tener *flexibilidad de roles*) para cambiar rápidamente de un rol a otro. En particular, los supervisores requieren mucha flexibilidad porque trabajan con subordinados y superiores, además de realizar actividades técnicas y tareas no técnicas.

Cuando interactúan dos personas, como un gerente y un empleado, cada uno necesita entender al menos tres percepciones de roles, como se ilustra en la figura 4-4. En el

FIGURA 4-3

Cada empleado cumple con muchos roles

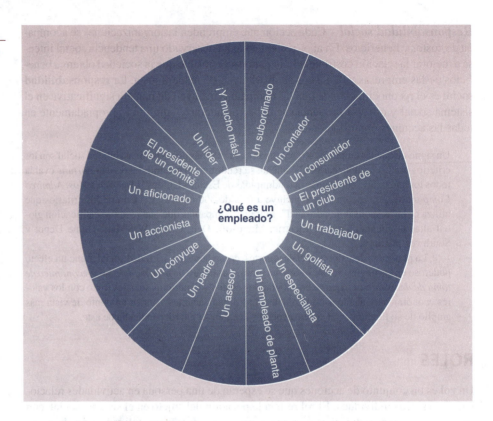

caso de un gerente, los tres roles son los siguientes. En primer término, la percepción del rol del gerente según lo requiere el trabajo que realiza (A). En segundo lugar, la percepción que el administrador tiene del rol del empleado con el cual está en contacto (B), y en tercer lugar, la percepción del propio administrador de su función como es probable que la vea el empleado (C). Es evidente que no pueden satisfacerse las necesidades de otros

FIGURA 4-4

La red compleja de percepciones de roles de administradores y empleados

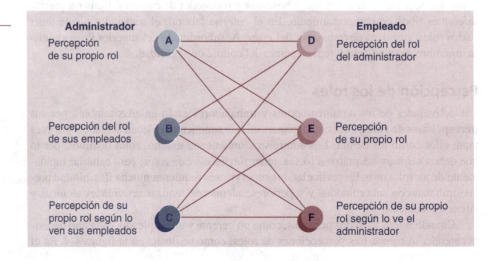

a menos que se perciba que esperan de uno. Existen tres percepciones de roles correspondientes (D, E y F) desde la perspectiva del empleado, posiblemente con diferencias considerables (según el administrador), en particular en comparaciones directas, como A-D, B-E y C-D. La clave es que *ambas* partes tengan una percepción precisa de su propio rol y del de la otra parte. Lograrlo requiere estudiar las descripciones del puesto y abrir líneas de comunicación para descubrir las percepciones que tiene la otra parte. Si no se aclaran los roles y ambas partes se ponen de acuerdo al respecto, inevitablemente surgirán conflictos.

Mentores

¿Dónde pueden obtener los empleados información acerca de sus roles relacionados con el trabajo, de modo que los perciban con exactitud? Además de las fuentes de información tradicionales, como las descripciones de puesto y sesiones de orientación, muchas organizaciones tienen programas más o menos formales con mentores. Un **mentor** es un **modelo de rol** que guía a otro empleado (el **protegido**) al compartir con él consejos valiosos acerca de los roles que debe desempeñar y comportamientos que ha de evitar. Los mentores enseñan, aconsejan, entrenan, apoyan, alientan, actúan como tableros de resonancia y patrocinan a sus protegidos para agilizar el progreso en su carrera. Entre las ventajas de los programas con mentores se cuentan mayor lealtad de los empleados, curvas de aprendizaje más rápidas, mejores planes de sucesión mediante el desarrollo de sustitutos y aumento en cuanto al logro de objetivos.[12] Algunas empresas de hecho asignan protegidos a ciertos mentores, si bien dicha práctica puede generar problemas de resentimiento, abuso de poder y falta de disposición para servir. En consecuencia, en otras simplemente se permite que los empleados busquen sus mentores. En la figura 4-5*a*), se proporcionan consejos para los protegidos que trabajan con mentores, y en la figura 4-5*b*), consejos para los mentores.

Modelado de roles de los mentores

1. Elija varios mentores. Selecciónelos en su grupo de colegas, entre administradores de nivel superior o incluso opte por colegas profesionales ajenos a la organización.
2. Consúltelos periódicamente. Disciplínese en cuanto a reunirse con ellos en forma regular.
3. Coménteles sobre sus avances, temas actuales y problemas que enfrenta.
4. Busque su retroalimentación. Pregunte qué opinan de su trabajo. Preséntales muestras de su trabajo y pida sugerencias para mejorar.
5. Muéstreles un resumen de sus cualidades y defectos, así como su plan de acción para superar sus limitaciones. Compare su punto de vista con las percepciones que tienen ellos de sus cualidades, además de pedirles ideas de mejoras en las áreas donde necesita trabajar.
6. Pida a sus mentores que estén atentos a nuevas oportunidades que se abran en las que pueda usar sus habilidades.
7. Busque su consejo sobre movimientos benéficos para su carrera, que aumenten sus probabilidades de promociones.

FIGURA 4-5*a***)**

Consejos para protegidos que usan mentores

FIGURA 4-5b)

Consejos para mentores

1. Identifique las cualidades de su protegido y aprovéchelas.
2. Estimule el descubrimiento de sí mismo en su protegido haciéndoles preguntas que generen introspección.
3. Permita que el protegido tome decisiones, ya que con ello las hace propias.
4. Seleccione cuidadosamente sus palabras, evitando órdenes o juicios.
5. Escuche; observe a distancia; intervenga sólo cuando es necesario.
6. No se ponga a sí mismo en un pedestal; evite hablar como experto.
7. Sea genuino; sea auténtico; brinde apoyo; elimine los signos de poder.
8. Esté abierto a puntos de vista y decisiones diferentes; ayude a que el protegido los mejore.

Los mentores suelen ser personas mayores, exitosas y respetadas por sus colegas (influyentes). Además, deben estar dispuestos a dedicar tiempo y energía a ayudar a otros en su ascenso por la escalera corporativa, ser capaces de comunicarse efectivamente y compartir ideas sin imponerlas, y disfrutar del desarrollo de otros paso a paso. Es frecuente que los mentores no sean el superior inmediato del empleado correspondiente, por lo que pueden brindarle apoyo adicional para facilitar el progreso en su carrera. Que no desempeñen el rol de superiores inmediatos también les permite ser más objetivos respecto de las cualidades y los defectos observados en el protegido.

No obstante lo anterior, pueden surgir diversos problemas con este tipo de programas.[13] Algunos mentores son modelos de roles más efectivos que otros o simplemente están más interesados en ser buenos mentores. De igual modo, algunos protegidos son más entusiastas en la búsqueda de candidatos adecuados para la función de mentor, lo cual hace que otros protegidos se queden con mentores menos hábiles. En otros casos, el mentor proporciona consejos o información que en realidad obstaculizan el desarrollo de su protegido. Un problema especial que a veces enfrentan las mujeres y los grupos minoritarios es la dificultad para encontrar modelos de rol exitosos del mismo género o grupo étnico. Cuando existen diferencias de género en la relación mentor-protegido, en ocasiones surgen problemas difíciles, por ejemplo, cuando una parte explota los esfuerzos y el tiempo de la otra o cuando un vínculo legítimo a la vez que emocionalmente cercano genera rumores de una relación sexual. Por último, la carrera del protegido podría verse detenida repentinamente si el mentor es transferido o sale de la organización. Por estas y otras razones, es práctica común que cada protegido tenga varios mentores, lo que genera una constelación de relaciones de las cuales el protegido puede obtener percepciones de roles. No obstante los intentos bien intencionados, muchas veces fracasan los esfuerzos para crear este tipo de relaciones, como lo ilustra el ejemplo siguiente:

> Kenneth Benton, un empleado con cierta antigüedad, se ofreció para desempeñar el rol de asesor y ayudar a un nuevo y prometedor empleado de oficina, Ben Grossman. Sin embargo, Grosmann interpretó mal la iniciativa de Benton y sintió que aceptar su ayuda implicaría admitir su debilidad. Además, resintió la idea de recibir órdenes de alguien que no tenía derecho a dárselas, de modo que rechazó con brusquedad todo ofrecimiento de ayuda.
>
> Al haber sido rechazado como mentor, Benton se rehusó a compartir sus ideas sobre otros temas con Grossman incluso años después del incidente, aun cuando se le pedía direc-

tamente su ayuda. Tiempo después, Grossman cometió una serie de pequeños errores que aminoraron un poco el progreso en su carrera. Estos errores se habrían prevenido si hubiese permitido la relación de mentor-protegido con Benton.

Conflictos de roles

Cuando otros individuos tienen percepciones o expectativas diferentes del rol de una persona, ésta tiende a experimentar el **conflicto de roles**; éste es el que dificulta establecer un conjunto de expectativas sin rechazar otro. Por ejemplo, la presidenta de una compañía experimenta el conflicto de roles cuando se entera de que tanto el contralor como el director de personal desean que asigne una nueva función de planeación organizacional a sus departamentos.

Los conflictos de roles son comunes en el trabajo. Una muestra nacional de trabajadores a sueldo reveló que 48% lo experimenta de vez en cuando, además de que 15% señaló que el conflicto de roles era un problema frecuente y grave.[14] Resulta más difícil para los empleados con muchos contactos de trabajo fuera de la organización, es decir, con *roles limítrofes*. Tales empleados advierten que sus roles externos plantean exigencias a su trabajo diferentes de las de sus roles internos, con lo que surge el conflicto. Cuando se clasifica a las personas según el número de contactos externos, quienes tienen pocos contactos experimentan en menor grado el conflicto de roles, mientras que las personas con contactos frecuentes lo sufren en grado máximo.

Ambigüedad de roles

Existe **ambigüedad de roles** cuando se han definido inadecuadamente los roles o se desconocen en gran parte, ya que las personas no saben cómo actuar en situaciones de este tipo. En caso de haber conflicto o ambigüedad de roles, es probable que disminuyan la satisfacción con el trabajo y el compromiso con la organización. Por otra parte, los empleados tienden a estar más satisfechos con su trabajo cuando se definen claramente sus roles en las descripciones de puesto y declaraciones de expectativas de rendimiento. Una mejor comprensión de los roles ayuda a que las personas acepten lo que esperan otros de ellas y cómo deben actuar. En caso de existir malentendidos en cuanto a roles, en la interacción de las personas, es probable que ocurran problemas, como ilustra el ejemplo siguiente:

Un empleado de una fábrica, Bryce Bailey, fungía como representante sindical. Se presentó ante su supervisora, Shelly Parrish, para pedirle asesoría sobre un problema laboral. Parrish pensó que Bailey lo hacía en su función de representante sindical y trataba de poner en duda su autoridad. A causa del malentendido de roles, fue imposible que se comunicaran y el problema continuó sin resolverse.

ESTATUS

El **estatus** es la posición social de una persona en grupo. Es una marca del grado de reconocimiento, honor y aceptación conferido a la persona. En los grupos, las diferencias de estatus al parecer se han reconocido desde que existe la civilización. Siempre que las personas se reúnen en grupos, es probable que surjan distinciones de estatus, ya

Nivel social

que permiten a los individuos afirmar las características y habilidades diferentes de los miembros del grupo.

Los individuos forman grupos en **sistemas de estatus** o jerarquías de estatus, las cuales definen su posición relativa frente a los demás. Cuando se alteran seriamente en relación con su estatus, se dice que sienten **ansiedad de estatus**.

La pérdida del estatus —a veces llamada **privación de estatus**— es un acontecimiento grave para muchas personas; pero se considera algo mucho más devastador en ciertas sociedades. Por lo tanto, los individuos se tornan muy responsables para proteger y desarrollar su estatus. Uno de los pioneros de la administración, Chester Barnard, afirmó: "El deseo de mejorar el estatus y, en particular, el de protegerlo, parece ser la base del sentido de responsabilidad general".[15]

Puesto que el estatus es importante para las personas, éstas trabajan intensamente para lograrlo. Si puede vincularse con acciones que favorecen los objetivos de la compañía, los empleados estarán muy motivados para apoyar a la organización.

Bob Pike, presidente de Creative Training Techniques e instructor reconocido internacionalmente, plantea que los trabajadores tienen sus "aparatos de radio emocionales" sintonizados en dos frecuencias. En cada una, el empleado escucha intencionadamente la respuesta a una pregunta o exigencia. La primera frecuencia es QOYFM, y la segunda, HSIAM, lo cual significa "¿Qué obtengo yo [FM]?", "Hágame sentir importante [AM]". Ambos casos muestran que los empleados son egocéntricos, es decir, están ávidos de información que refuerce su imagen de sí mismos y del estatus percibido. Por consiguiente, los administradores deben actuar como locutores de radio que reproducen canciones a petición del auditorio; así, satisfacen las necesidades de estatus de sus trabajadores.

Relaciones de estatus

Efectos del estatus

Las personas de estatus alto en un grupo suelen tener mayor poder e influencia que los de estatus bajo. Además, reciben más privilegios del grupo y tienden a participar más en las actividades del grupo mismo. Interactúan mayormente con sus colegas que con personas de niveles inferiores. En lo fundamental, el estatus alto brinda a la persona la oportunidad de desempeñar un rol más importante en la organización. En consecuencia, quienes poseen estatus bajo tienden a sentirse aislados y a mostrar más síntomas de estrés que los de estatus alto.

En una empresa, el estatus es un sistema mediante el cual las personas se relacionan mientras trabajan. Si dicho sistema faltara, habría confusión y se perdería mucho tiempo en tratar de aprender cómo trabajar juntos. Aunque es posible abusar del estatus, normalmente es útil porque ayuda a que las personas cooperen entre ellas.

Símbolos de estatus

El sistema de estatus llega a sus últimas consecuencias con los **símbolos de estatus**. Se trata de objetos visibles y externos relacionados con la persona o su área de trabajo y sirven como muestra de la posición social. Existen en oficinas, talleres, almacenes, refinerías o cualquier sitio en que se congreguen grupos de trabajo. Son más evidentes entre los diferentes niveles de administradores, ya que cada nivel sucesivo suele tener la autoridad para proporcionarse un entorno levemente distinto del que corresponde a personas de niveles más bajos de la estructura.

FIGURA 4-6
Símbolos característicos de estatus

- Mobiliario, como un escritorio de caoba o una mesa de juntas
- Decoración de interiores, como alfombras, cortinas y obras de arte
- Localización de la oficina, como un privado en una esquina o tener una oficina con ventana y una buena vista
- Equipo en la oficina, como una terminal de computadora o faxes
- Calidad y novedad del equipo usado, como un nuevo vehículo o herramientas
- Tipo de ropa que normalmente usa, como trajes
- Privilegios concedidos, como la membresía en un club o automóvil de la compañía
- Nombre o nivel organizacional del puesto, como el de vicepresidente
- Empleados asignados, como una secretaria privada
- Su grado de discrecionalidad financiera, como la autorización hasta de 5 000 dólares para gastos
- Membresía organizacional, como un puesto en el comité ejecutivo

Como se muestra en la figura 4-6, existen símbolos diversos de estatus, lo cual depende de a qué le dan importancia los empleados. Por ejemplo, en una oficina el tipo de cesto de basura tal vez sea una marca de distinción. En otra, los símbolos importantes serían el tipo de escritorio y de aparato telefónico. En las oficinas de ejecutivos, resultan primordiales objetos como los tapetes, los libreros, las cortinas y las pinturas colgadas en los muros. Otro símbolo clásico de mucha importancia es una oficina en esquina, ya que suele ser mayor y tener ventanas en dos lados. Incluso puede haber distinciones entre una oficina con ventanas y otra que no las tiene. Fuera de las oficinas, el conductor de camiones que maneja el camión más grande o reciente posea un símbolo de estatus.

Toda esa preocupación por el estatus parecería divertida, sino fuera porque esos símbolos son un tema serio. Puede estar en riesgo la satisfacción en el trabajo, porque los empleados que no tienen cierto símbolo y piensan que deberían poseerlo podrían preocuparse por tal necesidad. Por ejemplo, si un empleado concede atención excesiva a los símbolos de estatus, ello es signo de ansiedad de estatus y es una situación que requiere atención por parte de los administradores.

Muchas empresas tienen una política en que se indica que personas de igual rango en un mismo departamento deben recibir símbolos de estatus aproximadamente iguales. Puede haber diferencias entre departamentos, como los de producción y ventas, porque el trabajo es distinto y no es posible comparar las jerarquías. Sea cual fuere el caso, los administradores deben enfrentar el hecho de que existen diferencias de estatus y que se deben administrar satisfactoriamente. Los gerentes tienen el poder para influir en las relaciones de estatus y controlarlas hasta cierto punto. La compañía confiere cierto estatus, pero también puede retirarlo.

Fuentes de estatus

Aunque las fuentes de estatus son numerosas, en una situación laboral típica pueden identificarse fácilmente varias fuentes. Como se muestra en la figura 4-7, el nivel de estudios y el puesto son dos fuentes importantes de estatus más alto. También lo serían las habilidades y capacidades de la persona, y el tipo de trabajo.

Otras fuentes de estatus son el sueldo, la antigüedad, la edad y las opciones de acciones. El sueldo confiere reconocimiento económico y la oportunidad de tener más satisfactores en la vida, como los viajes. La antigüedad y la edad suelen proporcionar ciertos privilegios, como la opción de elegir primero la fecha de vacaciones o el respeto de los compañeros de trabajo. El método de pago (por hora o sueldo fijo) y las condiciones laborales también son distinciones de estatus importantes, como lo sería la diferenciación entre obreros y empleados de oficina. Las opciones de compra de acciones brindan al empleado la oportunidad de compartir el éxito financiero de la organización.

Importancia del estatus

El estatus reviste importancia para el comportamiento organizacional en varias formas. Cuando los empleados se consumen por su deseo de estatus, es frecuente que ello origine problemas entre ellos y conflictos que deben resolver los administradores. Ello influye en los tipos de transferencias que aceptan los empleados, ya que no desean ser asigna-

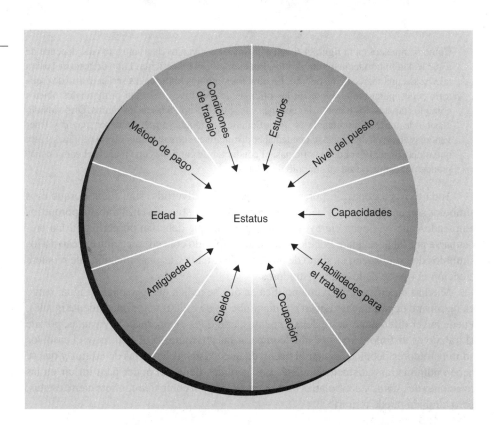

FIGURA 4-7

Fuentes principales de estatus en el trabajo

dos a un sitio de bajo estatus. El estatus ayuda a determinar quién es el líder informal de un grupo, además de servir definitivamente para motivar a quienes buscan ascender en la empresa. Algunas personas son buscadoras de estatus, es decir, desean un trabajo de estatus alto, sin importar otras condiciones de trabajo. Estas personas pueden ser estimuladas para cumplir los requisitos de puestos de estatus alto, de modo que se sientan retribuidas.

> Algunas compañías han buscado conscientemente usar sus conocimientos de la influencia de los símbolos de estatus para reducir esos indicadores. El National Bank of Georgia optó por un diseño de oficinas abiertas en su nueva matriz, con el fin de fomentar la comunicación abierta y el consenso. Los altos ejecutivos de Home Box Office evitaron seleccionar el prestigiado piso más alto de su nuevo edificio (el 15), en vez de lo cual eligieron el octavo piso para estar más cerca de los departamentos de marketing y programación. Los ejecutivos de la Lake Superior Paper Company optaron por usar vestimenta informal (similar a la de los obreros) para eliminar la posible barrera de estatus entre los dos grupos. Es cada vez mayor número de empresas en las que no existen espacios de estacionamiento reservados y todo el mundo tiene iguales derechos en el área de estacionamiento.

Estos ejemplos ilustran que ha habido una reacción intensa de la sociedad contra los símbolos de estatus excesivos. Ciertos voceros afirman que se ha creado un énfasis exagerado en el estatus, o que al menos se ha amplificado, de modo que existe una brecha entre los que tienen y los que no tienen. En consecuencia, algunos empleados contemporáneos *rechazan* los símbolos de estatus tradicionales, incluso cuando están a su disposición. Optan por usar vestimenta de su propia elección para el trabajo, no siempre conducen automóviles caros y después de haber recibido una promoción prefieren mezclarse con los empleados pese a tener acceso al comedor para ejecutivos.

CULTURA ORGANIZACIONAL

La cultura social (nacional) es el contexto amplio en el que funcionan las organizaciones. Constituye un sistema social complejo de leyes, valores y costumbres en el cual tiene lugar el comportamiento organizacional. El comportamiento de los empleados (C), según el psicólogo social Kurt Lewin, es una función de la interacción de las características personales (P) con el ambiente (A) que rodea a la persona, es decir, C = f (P, A). Una parte del ambiente es la cultura social en la que vive y trabaja el individuo, la cual proporciona indicios generales en cuanto a la forma en que se comporta una persona con determinados antecedentes. El análisis previo indica cómo las acciones de los empleados se ven afectadas considerablemente por los roles que se les asignan y el nivel de estatus que se les confiere.

En cualquier empresa, existe otra fuerza poderosa que determina el comportamiento individual y grupal. La **cultura organizacional** es el conjunto de supuestos, creencias, valores y normas que comparten los miembros de una organización.[16] Es factible que la hayan creado conscientemente sus miembros clave o que tan sólo haya evolucionado con el paso del tiempo. Constituye un elemento clave del ambiente laboral donde los empleados realizan su trabajo. La idea de la cultura organizacional es hasta cierto punto intangible, ya que no se puede ver ni tocar, si bien está presente y tiene efectos amplios. Al igual que el aire en un cuarto, rodea todo lo que ocurre en la compañía y tiene efecto

Las normas compartidas ayudan a definir la cultura

en ello. Puesto que se trata de un concepto sistémico dinámico, la cultura también se ve afectada por casi todo lo que sobreviene en la empresa.

Por varias razones, la cultura organizacional es importante para el éxito de una empresa. Confiere identidad organizacional a sus empleados, es decir, una visión definitoria de lo que representa la organización. También es una fuente importante de estabilidad y continuidad de la organización, con lo que brinda una sensación de seguridad a sus miembros. Al mismo tiempo, los conocimientos de la cultura organizacional ayudan a que los nuevos empleados interpreten lo que ocurre en la empresa, pues brindan un contexto importante para acontecimientos que de otra manera parecerían confusos. Más que cualquier otra cosa, tal vez la cultura ayude a estimular el entusiasmo de los empleados por su trabajo. La cultura atrae la atención, transmite una visión y por lo general honra como héroes a los individuos productivos y creativos. El reconocimiento y retribución hace que la cultura organizacional identifique a estas personas como modelos de roles que deben emularse.

Características de la cultura organizacional

Las culturas son distintivas, estables, implícitas y simbólicas

Las organizaciones, al igual que las huellas digitales y los copos de nieve, son únicas. Cada una tiene su propia historia, hábitos de comunicación, sistemas y procedimientos, visiones y declaraciones de misión, relatos y mitos que, en conjunto, forman su cultura *distintiva*. Las culturas son de naturaleza relativamente *estable* y es usual que cambien sólo de manera lenta con el paso del tiempo. Las excepciones tendrían lugar cuando una crisis importante pone en riesgo a una compañía o dos empresas se fusionan (lo cual requiere una mezcla cuidadosa, a fin de evitar un choque cultural). Muchas culturas organizacionales han estado *implícitas*, en vez de ser explícitas. Sin embargo, recientemente muchas compañías han empezado a hablar acerca de la cultura que pretenden y muchos líderes de alto nivel ven como uno de sus roles principales hablar sobre el tipo de ambiente que les gustaría crear en su empresa. (*Véase* "Lo que leen los administradores".) Una característica definitiva final de muchas culturas es que se consideran *representaciones simbólicas* de creencias y valores subyacentes. Pocas veces se lee una descripción de la cultura de una compañía. Lo más frecuente es que los empleados hagan inferencias acerca de ella cuando escuchan relatos sobre cómo se realiza el trabajo, leen los lemas que comunican los ideales de la compañía, observan artefactos clave o presencian ceremonias en las cuales se honra a cierto tipo de empleados.

Los ejemplos de representaciones simbólicas abundan en General Mills, con sede en Minneapolis, Minnesota.[17] Los ejecutivos se refieren a la cultura de la "compañía de campeones" y señalan con orgullo una declaración de valores de la empresa que se refuerza con retribuciones, programas de reconocimiento y sistemas de desarrollo de empleados. Un lema popular en la empresa es "Las águilas se atreven a ganar", afirmación que adorna muchos de los premios concedidos a los empleados y sus unidades por trabajo excepcional. Un programa de capacitación, "El camino al campeonato", brinda la oportunidad para que la compañía comunique sus valores corporativos e identifique barreras que puedan impedir su logro.

Con el tiempo, la cultura de una organización se perpetúa por su tendencia a atraer y retener a personas que encajan en sus valores y creencias. De igual modo que los seres humanos suelen optar por mudarse a una cierta región en virtud de características geo-

Lo que leen los administradores

Jack Welch, ex director general de General Electric, llevó su compañía a un nivel de éxito sobresaliente durante más de 20 años. Muchas revistas de negocios y observadores corporativos lo han calificado como el "más exitoso ejecutivo que haya existido". Logró sus resultados gracias a que definió, resaltó y recompensó la práctica de una cultura corporativa formada alrededor de varios principios valiosos:

- Eliminó los límites que inhiben el flujo de ideas
- Aumentó la rapidez y sencillez al "quitar capas" de la organización
- Estableció objetivos elásticos para los empleados y recompensó sus logros
- Siguió un programa "seis sigma" para mejorar la calidad y rendimiento
- Resaltó la importancia de la satisfacción de los clientes
- Creó una cultura de aprendizaje que subraya la moralidad, el intercambio abierto de ideas y los altos niveles de contribuciones de cada empleado.

Fuente: Robert Slater, *Jack Welch and the GE Way*, Nueva York, McGraw-Hill, 1998.

---

gráficas como la temperatura, humedad y precipitación pluvial, los empleados también gravitan hacia la cultura organizacional que prefieren como ambiente de trabajo. Ello produce el ajuste adecuado del patrón con los empleados.

Por desgracia, abundan los ejemplos de fusiones corporativas en que ocurren choques culturales. La adquisición de WordPerfect por Novell y las fusiones de Daimler-Benz con Chrysler, General Electric con Honeywell y Wells Fargo con Norwest Bank se toparon con dificultades que produjeron demoras en la obtención de los beneficios esperados. En consecuencia, incluso los grandes despachos de contabilidad piden que los socios potenciales de fusiones respondan a una serie de preguntas con la debida diligencia, antes de proceder. Entre esas preguntas, la más importante es: "¿Se logrará un ajuste adecuado entre las dos empresas?"[18]

Es importante señalar otras dimensiones de la cultura. Por principio de cuentas, *no existe una mejor cultura* para todas las organizaciones; está claro que la cultura depende de los objetivos, el giro industrial, los competidores y otros factores del ambiente de una compañía. La cultura se reconoce más fácilmente cuando sus elementos se *integran* de manera general y son compatibles entre sí, es decir, encajan como las piezas de un rompecabezas. Además, la mayoría de sus miembros debe por lo menos *aceptar* los supuestos y valores de esa cultura, si no es que adoptarlos. Históricamente, los empleados pocas veces hablan acerca de la cultura en la que trabajan; pero en fechas recientes la cultura se ha vuelto un tema de conversación cada vez más aceptable entre los empleados. Muchas culturas evolucionan directamente desde los *altos directivos*, quienes ejercen una influencia poderosa en sus empleados con lo que dicen. Sin embargo, las *acciones* de los administradores son todavía más importantes para los empleados observadores, que pueden detectar rápidamente cuándo los administradores sólo hablan de ciertos ideales, pero en verdad no los apoyan, como el servicio a clientes y los productos de calidad. La cultura puede abarcar toda una organización o componerse de varias *subculturas* —el ambiente en cada división, sucursal, planta o departamento. Por último, las culturas tienen fuerza variable, es decir, pueden caracterizarse por ser relativamente fuertes o débiles, lo cual depende en gran parte del grado de su efecto en el comportamiento de los empleados y la amplitud con que se adoptan las creencias y los valores subyacentes. Las 10 características de las culturas organizacionales se resumen en la figura 4-8.

FIGURA 4-8

Características de la cultura organizacional

- Distintiva
- Estable
- Implícita
- Simbólica
- Ningún tipo es el mejor
- Integrada
- Aceptada
- Es un reflejo de los altos directivos
- Subculturas
- Fuerza variable

El efecto de la cultura organizacional en el comportamiento de los empleados es difícil de valorar. Ciertas investigaciones indican que debe haber una relación positiva entre algunas de ellas y el rendimiento, y de hecho existe. El consenso en una empresa respecto de su cultura debe generar más cooperación, aceptación de la toma de decisiones y del control, la comunicación y el compromiso con la compañía. Tales resultados son en especial factibles cuando la compañía busca de manera consciente crear una cultura de mejoramiento del rendimiento que elimine las barreras hacia el éxito. De igual modo que la levadura es ingrediente decisivo del pan, una cultura de productividad es elemento esencial del éxito organizacional. Sin embargo, cuando se hace énfasis en el ingrediente erróneo, los resultados pueden ser costosos, como lo muestra la investigación siguiente.

> En un estudio de cinco despachos contables internacionales, se analizaron su cultura, tasas de retención de empleados (rotación de personal) nuevos y costos de oportunidad relacionados con la salida de empleados. Se identificaron dos culturas principales. En una, se hacía énfasis en los valores de las tareas de trabajo de detalle y estabilidad, y en la otra, en los valores de relaciones interpersonales de la orientación de equipo y el respeto por las personas. Los profesionales recién contratados en la segunda de esas culturas permanecieron en la organización, en promedio, 14 meses más que los de la otra cultura. El costo calculado (en utilidades perdidas) en un solo despacho de rotación alta (supuestamente debida a la cultura más orientada a tareas) fue de seis a nueve millones de dólares durante los 14 meses.[19]

Medición de la cultura organizacional

La medición y comparación sistemáticas de las culturas es bastante difícil. Muchos de los primeros intentos de investigadores se basaron en el análisis de relatos, símbolos, rituales y ceremonias para obtener indicios y formarse una imagen completa. Otros han recurrido a las entrevistas y los cuestionarios de preguntas abiertas, en un intento por evaluar los valores y creencias de los empleados. En otros casos, el análisis de las declaraciones de filosofía corporativas ha aportado datos sobre la cultura adoptada (los valores y creencias que la organización declara públicamente). Otro enfoque es una encuesta directa entre los empleados para indagar su percepción de la cultura de la organización. Uno de los métodos más interesantes ha sido integrarse como miembro de una empresa y emprender la observación como participante. Este método permite sentir directamente la cultura desde la perspectiva de un participante que la vive.

> Prudential Insurance Company of America se sirvió de un instrumento estándar —lápiz y papel— para identificar una parte de su cultura. La compañía midió las normas vigentes e

identificó fuertes percepciones de conformidad, cautela, competencia con otros grupos de trabajo, el tratar de evitar riesgos y toma de decisiones desde los puestos altos. Luego, la compañía evaluó las normas que deseaba y encontró grandes diferencias. Los empleados tenían una cultura en que se destacaba el trabajo de equipo, la colaboración, el servicio a clientes, las iniciativas, la capacitación y la cooperación. Este proceso de medición hizo posible que Prudential lograra la participación de sus empleados en el cambio a una nueva cultura, en la cual se medía a los administradores contra sus objetivos de cambio cultural.[20]

Todo intento por medir la cultura organizacional puede ser una evaluación imperfecta. Tales mediciones sólo capturan una instantánea de la cultura, en un momento específico. En realidad, muchas culturas organizacionales están en proceso de cambio y es necesario vigilarlas con regularidad y con diversos métodos para tener una imagen más real.

Comunicación y cambio de la cultura

Si se pretende que las empresas creen y administren conscientemente su cultura, deben ser capaces de comunicarla a los empleados, especialmente a los recién contratados. Por lo general, las personas están más dispuestas a adaptarse cuando desean complacer a los demás, lograr su aprobación y aprender acerca de su nuevo ambiente laboral. De igual modo, las compañías están interesadas en que los nuevos empleados se adapten, por lo que muchas se concentran en un enfoque intencionado que ayuda a lograr este último objetivo. Entre los ejemplos de vehículos de comunicación formal para trasmitir la cultura organizacional se incluyen las visiones de los ejecutivos acerca del futuro de la compañía, las declaraciones de filosofía corporativas y los códigos de ética. Los medios informales comprenderían que el reconocimiento público a héroes y heroínas, contar repetidamente las grandes historias de éxito e incluso permitir que se exageren los mitos sin que se llegue a exagerar. Por supuesto, los elementos de la cultura organizacional también se comunican de manera no intencionada a los empleados por diversos medios, por ejemplo, cuando la noticia del error de un gerente y el perdón que le otorga un ejecutivo se difunden por toda la empresa.

En forma colectiva, estos actos de comunicación cultural pueden expresarse en la frase **socialización organizacional**, que es el proceso continuo de trasmitir los elementos claves de una cultura organizacional a los empleados. Consiste en métodos formales (el adoctrinamiento militar en los campamentos o la capacitación de orientación corporativa para nuevos empleados) e informales (el modelado de roles por parte de los mentores, tema que se analiza en páginas previas de este capítulo). Todos estos enfoques ayudan a conformar las actitudes, los pensamientos y el comportamiento de los empleados. Desde la perspectiva de la empresa, la socialización organizacional es como poner las huellas digitales de la organización en las personas o estampar el código genético organizacional en ellas. Desde el punto de vista del empleado, es el proceso fundamental de aprender lo básico para sobrevivir y obtener promociones en la compañía. El tema crucial es que la socialización puede ser funcional tanto para empleados como para patrones.

La socialización tiene efectos en los empleados

Se recomienda que los administradores emprendan la **narración de historias** como manera de forjar una cultura y lograr la identidad organizacional. Las buenas historias llegan a las emociones del auditorio y se ha demostrado que son una forma poderosa de crear un significado y propósito compartidos. Esas historias transmiten una sensación de tradición, explican cómo se resolvieron problemas en el pasado, comunican la fragilidad personal mediante relatos de errores cometidos y aprendizaje derivado de ellos, y aumentan la cohesión alrededor de valores. Las historias más memorables entretienen al mismo tiempo que informan y elevan el ánimo a la vez que enseñan. Resaltan aspectos que valora la organización, ponen de relieve las consecuencias de las acciones y constituyen lecciones valiosas que transmiten la sabiduría acumulada con los años.[21] Así pues, la narración de historias es un método clave para lograr la socialización de los empleados.

Un proceso recíproco surge cuando ocurren cambios en la otra dirección. Los empleados también pueden tener efecto activo en la naturaleza de la cultura y en las operaciones de una empresa. La **individualización** surge cuando los empleados ejercen influencia en el sistema social que les rodea en el trabajo, al poner en tela de juicio la cultura o desviarse de ella. La interacción de la socialización e individualización se ilustra en la figura 4-9, en la que se muestran los tipos de empleados que aceptan o rechazan las normas y valores de una organización al mismo tiempo que ejercen grados variables de influencia en ella. Los dos extremos —*rebelión* y *conformismo* total— pueden resultar disfuncionales en el largo plazo para la organización y para la carrera del individuo. Por supuesto, el *aislamiento* pocas veces es un curso de acción productivo. Si se supone que la cultura de cierta compañía invita a que sus empleados pongan en tela de juicio, cuestionen y experimenten sin ser tampoco excesivamente alborotadores, entonces un *individualista creativo* puede infundir nueva vida e ideas para beneficio de la organización, como lo demuestra el ejemplo siguiente:

La individualización tiene efectos en la organización

FIGURA 4-9

Cuatro combinaciones de socialización e individualización

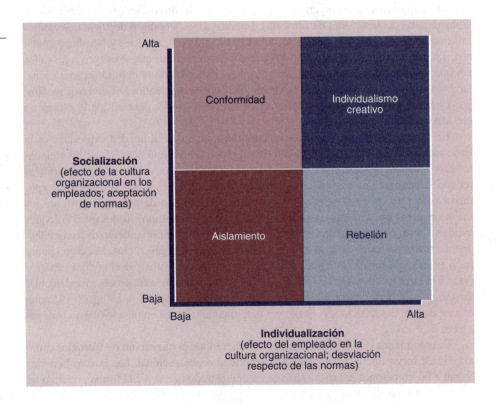

Delbert Little es un ingeniero que trabaja para una importante compañía estadounidense de productos electrónicos. Empleado muy creativo, vigoroso y talentoso, se enorgullece de dar 110% de esfuerzo en su trabajo. Aunque acepta por completo los valores de su patrón en cuanto a la necesidad de crear productos nuevos y mejorados mediante adelantos tecnológicos, también expresa el rechazo a algunas normas de la compañía acerca del comportamiento personal (forma de vestir y deferencia a las autoridades). Se comunica intensamente con sus empleados y les suplica con regularidad que ejerciten una capacidad de innovación similar. Cada vez que en su opinión la compañía se mueve hacia el producto o mercado erróneos, escribe memorandos nada fríos a los altos ejecutivos, en que detalla su razonamiento y trata de convencerlos de que cambien su parecer.

Delbert puede ser descrito como una persona que cree en el individualismo creativo (casi rayano en la rebelión). Acepta ciertas normas y valores, mientras que rechaza otros (y, por ende, está moderadamente socializado). Lucha con denuedo por lo que cree que es correcto e intenta cambiar la forma de pensar de otros. Por consiguiente, tiene bastante efecto en su sector de la organización (individualismo). Un día, comentó riendo: "¡La compañía tolera mi comportamiento sólo porque he generado más de 100 patentes desde que trabajo aquí!"

¿Puede cambiarse la cultura organizacional? Un estudio de la cultura en nueve grandes compañías —Federal Express, Johnson & Johnson, 3M, AT&T, Corning, Du Pont, Ford, IBM y Motorola— hace pensar que sí es posible. Empero, requiere un esfuerzo a largo plazo, que frecuentemente tarda en completarse de cinco a 10 años. En la figura 4-10 se indica la efectividad relativa de diversos métodos de modificación de la cultura.[22] Está claro que la expresión abierta del compromiso de los altos directivos con los

FIGURA 4-10

Efectividad de los métodos de cambio de la cultura organizacional

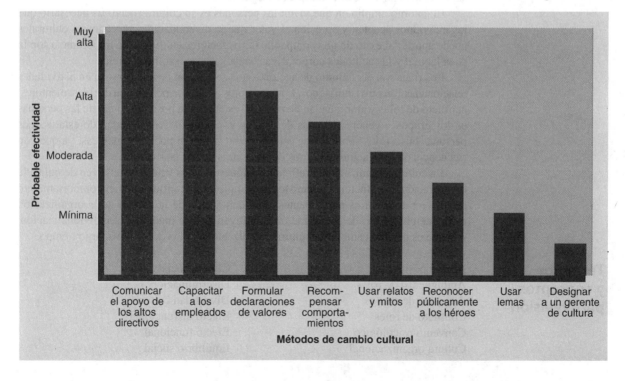

Consejos a futuros administradores

1. Vea a su organización como un sistema social y pregúntese si está en equilibrio o no. En caso negativo, ¿es funcional el desequilibrio para la organización?
2. Trate de entender y manejar activamente el convenio psicológico que tiene con cada uno de sus empleados.
3. Haga una lista de las formas positivas en que difiere cada uno de sus empleados. Logre que en su entorno de trabajo se aprovechen estos aspectos de la diversidad.
4. Encuentre y use por lo menos un mentor activo para su propia persona. Después, ofrézcase como mentor de al menos una persona que no le reporte directamente.
5. Analice los símbolos de estatus que son evidentes en su organización. Decida si son funcionales o disfuncionales para el ánimo y rendimiento de los empleados.
6. Haga un retrato verbal completo de la cultura organizacional en su compañía. ¿Es fuerte o débil esa cultura? Describa qué podría hacer para aclararla y fortalecerla.

nuevos valores y creencias, así como su apoyo a éstos, reviste importancia crucial, al igual que la capacitación de los empleados que les permita cambiar.

RESUMEN

Cuando las personas se integran a un grupo de trabajo, se convierten en parte del sistema social de la organización. Dicho sistema es el medio por el cual se relacionan con el mundo laboral. Las variables de un sistema organizacional funcionan en un equilibrio funcional, llamado equilibrio social. Los individuos celebran un convenio psicológico que define su relación personal con el sistema. Su comportamiento se califica de funcional cuando contribuye al éxito de una empresa.

El entorno amplio en que viven las personas es su cultura social. Es necesario que los individuos acepten y aprecien el valor que la diversidad de antecedentes culturales puede aportar al éxito de una compañía. Otros factores culturales de importancia son la ética laboral y las actitudes corporativas hacia la responsabilidad social.

Los roles son el conjunto de acciones que se esperan de una persona en actividades relacionadas con otros individuos. Los conceptos afines son percepción de roles, mentores, conflicto de roles y ambigüedad de roles. El estatus es la posición social de las personas en los grupos y genera sistemas de estatus y, posiblemente, ansiedad de estatus. Las personas buscan los símbolos de estatus como si fueran pociones mágicas, ya que con frecuencia otorgan signos externos de un estatus de sus poseedores.

La cultura organizacional refleja los supuestos y los valores que sirven de guía a la organización. Son factores poderosos e intangibles que influyen en el comportamiento de los empleados. Los participantes aprenden acerca de la cultura de la organización mediante el proceso de socialización e influyen en ella mediante la individualización. Aunque es posible cambiar la cultura organizacional, el proceso lleva largo tiempo.

Términos y conceptos para revisión

Acción positiva
Ambigüedad de roles
Ansiedad de estatus
Conflicto de roles
Convenio psicológico
Cultura organizacional

Cultura social
Discriminación
Diversidad cultural
Efecto disfuncional
Efecto funcional
Equilibrio social

Estatus
Ética laboral
Individualización
Mentor
Modelo de roles
Narración de historias
Oportunidades iguales de empleo
Percepción de roles
Prejuicios
Privación de estatus
Protegido
Responsabilidad social
Roles
Símbolos de estatus
Sistema social
Sistemas abiertos
Sistemas de estatus
Socialización organizacional
Valoración de la diversidad

Preguntas para análisis

1. ¿Qué tipo de convenio psicológico siente que existe en este curso? Describa sus características clave.
2. Considere el debate continuo en Estados Unidos acerca de los méritos de la acción positiva. Identifique tres argumentos en favor y en contra de ese concepto.
3. Observe su salón de clases, escuela u organización estudiantil. ¿De qué manera reflejan la diversidad cultural? Proponga formas en las que los recursos representados en esa diversidad podrían usarse para mayor provecho de los participantes.
4. Un especialista en administración comentó recientemente acerca de la ética laboral: "Puede darse cuenta si tiene ética laboral en lo personal si piensa más en su sueldo que en la calidad de los productos que genera (o los servicios que brinda)". Comente esta afirmación.
5. ¿Qué significa la responsabilidad social para usted? ¿Se aplica por igual a personas e instituciones? Describa tres actos de responsabilidad social que haya visto o realizado en el último mes.
6. Describa una situación en que haya experimentado el conflicto o ambigüedad de roles. ¿Cuál fue su causa? ¿En cuáles aspectos se relacionan y en cuáles difieren estos dos conceptos?
7. Entreviste a un administrador para indagar cuáles piensa que son los cinco símbolos de estatus más importantes en su entorno laboral. Identifique si la importancia de los símbolos de estatus es creciente o decreciente en esa empresa.
8. Describa la cultura organizacional que parece existir en su salón de clases. ¿Cuáles son algunos de sus valores, normas y supuestos implícitos o explícitos?
9. Reflexione sobre sus primeros días de clase en la universidad o en un trabajo de medio tiempo o de verano. ¿De qué maneras socializó? ¿Cómo se sintió respecto de lo que ocurría?
10. Ahora, analice el proceso recíproco de la individualización. ¿En qué formas produjo efectos en la universidad o en su trabajo?

¿Cuán buenas son sus habilidades de mentoría?
    Lea minuciosamente las afirmaciones siguientes. Marque con un círculo el número de la escala de respuestas que refleje más estrechamente el grado en que cada afirmación le describe con exactitud. Sume los puntos totales y prepare un breve plan de acción para su mejoramiento personal. Esté listo para indicar su calificación con fines de tabulación ante todo el grupo.

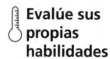

Evalúe sus propias habilidades

	Descripción satisfactoria									Descripción insatisfactoria
1. Estoy disponible para que me contacte mi protegido siempre que necesite.	10	9	8	7	6	5	4	3	2	1
2. Proporciono retroalimentación constructiva cuando es apropiado.	10	9	8	7	6	5	4	3	2	1
3. Narro historias de mis propios éxitos y fracasos cuando pienso que se requieren ejemplos.	10	9	8	7	6	5	4	3	2	1
4. Brindo apoyo emocional cuando siento que es el momento oportuno.	10	9	8	7	6	5	4	3	2	1
5. Cumplo los compromisos que celebro, para establecer una imagen de integridad.	10	9	8	7	6	5	4	3	2	1
6. Considero como confidencial y personal toda la información obtenida y no la revelo a nadie.	10	9	8	7	6	5	4	3	2	1
7. Trabajo intensamente en estar abierto a las necesidades y objetivos de mi protegido.	10	9	8	7	6	5	4	3	2	1
8. Escucho atentamente las palabras y los sentimientos de mi protegido.	10	9	8	7	6	5	4	3	2	1
9. Trato estar disponible para entrar en contacto inmediato cuando me necesita mi protegido.	10	9	8	7	6	5	4	3	2	1
10. Reconozco la necesidad de brindar apoyo y aliento a mi protegido.	10	9	8	7	6	5	4	3	2	1

Calificación e interpretación Sume los puntos que obtuvo en las 10 preguntas. Escriba la calificación aquí ____ y señálela cuando se le pida.

- Si obtuvo de 81 a 100 puntos, parece tener una comprensión adecuada de las habilidades de mentoría.
- Si obtuvo de 61 a 80 puntos, revise a los elementos con calificación baja y explore formas de mejorarlos.
- Si obtuvo menos de 60 puntos, debe estar consciente de que sus pobres habilidades en relación con varios elementos podría ser nociva para su éxito futuro como mentor. Le instamos a que revise el capítulo completo y busque otro material pertinente en capítulos ulteriores y otras fuentes.

Ahora, identifique las tres calificaciones más bajas y anote los números de pregunta aquí: ____, ____ y ____. Escriba un párrafo breve en el que detalle, para usted mismo, un plan de acción de cómo mejoraría cada una de estas habilidades.

Liberty Construction Company

Incidente

Liberty Construction Company es una pequeña empresa de Colorado. Más de la mitad de sus ingresos proviene de la instalación subterránea de líneas de abastecimiento de agua potable y energía eléctrica, de modo que gran parte del trabajo es estacional, por lo que la rotación de personal es alta.

Michael Federico, un estudiante universitario, ha trabajado en la compañía durante los últimos tres veranos como operador de excavadora. En su regreso al trabajo por cuarto verano, se le asigna la segunda más nueva de las excavadoras de la compañía. El propietario piensa que Federico tiene nueve meses de antigüedad en el trabajo, de modo que conforme a los criterios de antigüedad estrictos debe tener ese equipo. Esta acción requiere que el operador actual de la excavadora, Pedro Álvarez, empleado no eventual que ha trabajado en compañía durante siete meses, sea reasignado a una máquina más antigua. Álvarez está muy insatisfecho con la situación; piensa que como empleado no eventual debería conservar esa máquina, en vez de que se la den a un trabajador eventual. Los demás empleados pronto se dividen en dos bandos, uno que apoya a Álvarez y otro que apoya a Federico. Surgen conflictos laborales y cada grupo parece disfrutar causando problemas al grupo contrario. Menos de un mes después, Álvarez deja la compañía.

Pregunta
Analice este caso con base en los conceptos del sistema social, equilibrio, convenio psicológico, roles, estatus y símbolos de estatus.

Percepciones de roles de los estudiantes y profesores

Ejercicio de experiencia

Considérese como subordinado en esta clase, mientras que el profesor es su superior.

1. (Trabajo individual.) En la relación estudiante-profesor en esta clase, identifique:

    a) Su percepción de los roles de los estudiantes
    b) Su percepción de los roles de los profesores
    c) Su percepción de la percepción que tiene el profesor de sus roles como estudiantes

    (Al mismo tiempo, el profesor debe identificar su propia percepción de sus roles, la percepción que tiene de los roles de los estudiantes y su percepción de las percepciones que tienen los estudiantes de sus roles como profesor.)
2. Formen pequeños grupos de estudiantes y combinen sus ideas en declaraciones colectivas de percepciones.
3. Expresen las percepciones de su grupo a la clase en relación con los tres factores. Soliciten al profesor que comparta sus percepciones con la clase.

Parte dos

Sistemas de motivación y recompensa

Capítulo 5

Motivación

Por sencillos que parezcan, las alabanzas y los agradecimientos son todavía los gestos sociales más olvidados en los centros de trabajo.

—**Brenda Paik Sunoo**[1]

La teoría de las expectativas es práctica, es sencilla, es psicología dominante, ha existido durante largo tiempo, es fácil de aplicar y, lo que es más importante, funciona.

—**Thomas L. Quick**[2]

OBJETIVOS DEL CAPÍTULO

ENTENDER:

- El proceso motivacional
- Los impulsos motivacionales
- Los sistemas de categorías de necesidades
- Las modificaciones del comportamiento y su refuerzo
- La definición de objetivos y sus efectos
- El modelo de expectativas de la motivación
- Las comparaciones de equidad

Hyatt Hotels Corporation tenía un problema. Contrataba a personal joven, pujante y brillante para operar sus hoteles. Trabajaban durante varios años como operadores de conmutador, subgerentes de mantenimiento o en otros puestos, mientras aprendían el funcionamiento de los hoteles. Luego, deseaban promociones rápidas a puestos administrativos y, viendo que tendrían que esperar mucho tiempo, buscaban un nuevo patrón.

Una parte del problema residía en la expansión lenta de la compañía, lo que con frecuencia desaceleró el progreso individual a puestos administrativos, de tres años en otros tiempos a ocho años o más. A fin de evitar la tasa alta de rotación de personal y aprovechar el talento de sus empleados, Hyatt empezó a brindarles la oportunidad de crear nuevas empresas en campos afines, como la atención de fiestas y el alquiler de equipo. El efecto motivacional de la autonomía que generaron estas empresas permitió que Hyatt retuviera a más de 60% de sus administradores, al mismo tiempo que incrementaba sus ingresos y brindaba experiencia valiosa a su fuerza laboral.[3]

La situación de Hyatt constituye una oportunidad para mirar hacia atrás (a la parte uno) y adelante (a este capítulo y el siguiente). Sin duda alguna, el nuevo programa en la cadena hotelera creó en ella una nueva cultura organizacional; los ejecutivos de la compañía mostraron una actitud de apoyo en la búsqueda de formas de conservar recursos humanos valiosos, además de que empezaron a escuchar atentamente lo que decían sus empleados para descubrir la forma de responder. Así pues, la motivación tiene lugar en una cultura, refleja un modelo de comportamiento organizacional y precisa habilidades de comunicación.

La motivación también requiere descubrir y entender los impulsos y necesidades de los empleados, ya que se originan en el individuo. Es necesario reforzar los actos positivos que ellos realizan en favor de la empresa, como generar satisfacción en los clientes mediante el servicio personalizado. Además, están más motivados cuando tienen objetivos claros que alcanzar. Las necesidades, el refuerzo, los objetivos, las expectativas y los sentimientos de equidad son los temas principales de este capítulo.

UN MODELO DE MOTIVACIÓN

Aunque son pocas las actividades humanas que ocurren en ausencia de motivación, casi todo el comportamiento consciente está motivado o causado. No se requiere ninguna motivación para el crecimiento del cabello y sí para hacerse un corte de pelo. Tarde o temprano, las personas se quedan dormidas sin motivación (aunque los padres con hijos pequeños pondrían en duda tal afirmación), si bien irse a la cama es un acto consciente que requiere motivación. El trabajo del personal gerencial es identificar los impulsos y las necesidades de los empleados a fin de canalizar su comportamiento para motivarlos hacia el desempeño de sus tareas.

La función de la motivación en el rendimiento se resume en el modelo de motivación de la figura 5-1. Las necesidades e impulsos internos generan tensiones sujetas al efecto del entorno. Por ejemplo, la necesidad de alimentos produce la tensión llamada hambre. Luego, la persona hambrienta observa su entorno a fin de ver cuáles alimentos

FIGURA 5-1

Un modelo de motivación

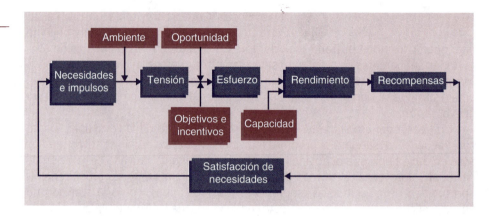

$P = C \times M$

(incentivos externos) tiene disponibles para satisfacer su hambre. El entorno afecta el apetito de la persona por tipos específicos de alimentos, de modo que un nativo de zonas costeras preferiría pescado a las brasas, y un granjero, bistec asado. Ambas personas logran su objetivo, si bien buscan alimentos distintos para satisfacer sus necesidades. Éste es un ejemplo de las diferencias individuales y las influencias culturales en acción.

Como se aprecia en las fórmulas del capítulo 1, el rendimiento potencial (P) es el producto de la capacidad (C) por la motivación (M). Se obtienen resultados cuando se brindan, a empleados motivados, la oportunidad (por ejemplo, con la capacitación apropiada) y los recursos (como las herramientas adecuadas) de poder brindar un buen rendimiento. La presencia de objetivos y la conciencia de los incentivos para satisfacer las necesidades personales también son factores motivacionales poderosos, que llevan al esfuerzo. Cuando un empleado es productivo y la empresa se da cuenta, le retribuye en concordancia. Si tal recompensa es apropiada en cuanto a su naturaleza, momento y distribución, quedan satisfechos los impulsos y las necesidades originales del trabajador. En ese momento, surgen nuevas necesidades y se inicia de nuevo el ciclo.

Con base en lo anterior, debe resultar evidente que un punto de comienzo importante es *entender las necesidades de los empleados.* En primer término, se analizan varios enfoques tradicionales para clasificar los impulsos y las necesidades, modelos con que los administradores intentan comprender el efecto que las necesidades internas de los trabajadores tienen en su comportamiento subsiguiente. Estos enfoques históricos van seguidos, lógicamente, del análisis de una forma sistemática de modificar el comportamiento de los empleados mediante el uso de satisfactores.

IMPULSOS MOTIVACIONALES

Las personas tienden a desarrollar ciertos **impulsos** motivacionales como resultado del ambiente cultural en el que viven, impulsos que afectan la manera en que consideran su trabajo y enfrentan la vida. Gran parte del interés en estos modelos de motivación se generó con las investigaciones de David C. McClelland, de Harvard University.[4] Este investigador creó un esquema de clasificación en el que se resaltan tres de los impulsos más dominantes y se pone de relieve su importancia en la motivación. Sus estudios revelaron que los impulsos motivacionales de las personas reflejan elementos de la cultura en la cual crecieron: su familia, la escuela, la religión y los libros. En muchas naciones, uno o dos de los modelos motivacionales tienden a ser más fuertes en los trabajadores, por el hecho de haber crecido en ambientes similares. La investigación de McClelland se centró en los impulsos hacia el logro, la afiliación y el poder (figura 5-2).

Tres impulsos

Motivación hacia el logro

La **motivación hacia el logro** es el impulso que sienten algunas personas para buscar y lograr objetivos. Un sujeto con este impulso desea lograr objetivos y ascender en la escalera del éxito. Los logros parecen tener importancia principalmente por sí mismos, no sólo por las recompensas que los acompañan.

Hay diversas características que definen a los empleados orientados a logros. Trabajan más intensamente cuando perciben que se les dará crédito personal por sus esfuerzos, existe riesgo apenas moderado de fracaso y se les brinda retroalimentación específica sobre su rendimiento. Las personas que sienten un impulso intenso para alcanzar logros se responsabilizan de sus acciones y resultados, controlan su destino, buscan retroalimentación con regularidad y disfrutan de ser parte de los logros obtenidos individual o colectivamente. Como administradores, tienden a esperar que los trabajadores a su cargo también se orienten hacia los logros. Estas expectativas altas en ocasiones dificultan que los administradores orientados a logros deleguen efectivamente responsabilidades y que los empleados "promedio" satisfagan las necesidades de esos administradores.

Características de personas motivadas por logros

Motivación hacia la afiliación

La **motivación hacia la afiliación** es el impulso que sienten las personas de relacionarse socialmente. Las comparaciones de los empleados motivados hacia los logros y hacia la afiliación indican la manera en que ambos modelos influyen en el comportamiento. Las personas orientadas hacia los logros trabajan más intensamente cuando sus superiores les proporcionan evaluaciones detalladas de su comportamiento en el trabajo. Sin embargo, los individuos motivados hacia la afiliación trabajan mejor si se les felicita por sus actitudes favorables y su cooperación. Cuando los individuos con orientación hacia logros ocupan puestos gerenciales, eligen asistentes técnicamente capaces, con escasa consideración de sus sentimientos personales, mientras que las personas motivadas hacia la afiliación tienden a rodearse de amigos. Obtienen satisfacción interna por estar entre amigos y quieren libertad en el trabajo para formar esas relaciones.

Comparación de los impulsos de logros y afiliación

Los gerentes con una necesidad intensa de afiliación suelen tener dificultades para ser eficaces en ese tipo de puestos. Aunque el interés considerable por las relaciones sociales positivas suele producir un ambiente de trabajo cooperativo, en el que los emplea-

Logro	Impulso para alcanzar objetivos y seguir adelante
Afiliación	Impulso para relacionarse efectivamente con otras personas
Poder	Impulso para influir en personas y situaciones

FIGURA 5-2

Impulsos motivacionales

dos realmente disfrutan de trabajar juntos, el énfasis excesivo del administrador en la dimensión social suele interferir en el proceso de lograr que se realice el trabajo. Los administradores orientados hacia la afiliación suelen tener dificultades para asignar tareas que representan retos, dirigir las actividades laborales y vigilar la eficacia en el trabajo.

Motivación hacia el poder

La **motivación hacia el poder** es un impulso para tratar de cambiar a personas y situaciones. Quienes actúan con este tipo de motivación desean influir en la organización y están dispuestas a asumir riesgos para ello. Una vez que obtienen el poder, pueden usarlo de manera constructiva o destructiva.

Poder institucional contra poder personal

Las personas motivadas hacia el poder son gerentes excelentes si su impulso es de poder institucional, no de poder personal. El *poder institucional* es la necesidad de influir en el comportamiento de otros para bien de la empresa. Las personas con esta necesidad buscan el poder por medios legítimos y ascienden a las posiciones de liderazgo mediante su rendimiento satisfactorio, de modo que reciben la aceptación de los demás. Sin embargo, un empleado que tiene la necesidad de poder personal no suele ser exitoso como líder organizacional.

Aplicación administrativa de los impulsos motivacionales

El conocimiento de las diferencias entre los tres tipos de impulsos motivacionales requiere que los gerentes entiendan las actitudes de cada empleado en el trabajo. Así, pueden tratar de manera diferente con cada uno, según el impulso motivacional más intenso que hayan identificado en él. De esta manera, el superior se comunica con cada subordinado conforme a sus necesidades. En palabras de un empleado: "Mi supervisor habla en mi idioma". Aunque pueden emplearse diversas pruebas para identificar la intensidad de los impulsos motivacionales en los empleados, la observación directa de su comportamiento es uno de los mejores métodos para determinar a qué responderán.

NECESIDADES HUMANAS

Cuando una máquina falla, las personas se dan cuenta de que es necesario arreglarla. Los administradores intentan encontrar las causas de la falla por medios analíticos, con base en sus conocimientos del funcionamiento y las necesidades de la máquina. De la misma manera, si un operador no trabaja bien suele deberse a causas que se relacionan con sus necesidades. A fin de que mejore, el operador requiere cuidados hábiles y profesionales, al igual que la máquina. Si se tratara ("se les diera mantenimiento") a las personas de manera semejante a lo que se hace con la maquinaria costosa, se tendrían trabajadores más productivos y, por ende, más satisfechos. En primer término, es necesario identificar las necesidades que revisten importancia para ellos.

Tipos de necesidades

Necesidades primarias

Hay diversas formas de clasificar las necesidades. Una clasificación muy sencilla es: 1. necesidades físicas básicas, llamadas **necesidades primarias**, y 2. necesidades sociales y psicológicas, denominadas **necesidades secundarias**. Entre las primeras se incluyen las de alimento, agua, relación sexual, sueño, aire y temperatura razonablemente templada. Estas necesidades son básicas en la vida e importantes para la conservación de la raza humana. Por lo tanto, revisten carácter casi universal, si bien su intensidad varía de una persona a otra. Por ejemplo, un niño necesita muchas más horas de sueño que un adulto.

Las necesidades también están condicionadas por las costumbres sociales. Quien acostumbra ingerir tres comidas diarias tendrá hambre tres veces al día, pese a que dos podrían ser suficientes. Si se hace una pausa para café por la mañana, se convierte en un hábito de satisfacción del apetito por el café, además de una necesidad social.

Las **necesidades secundarias** son menos precisas, ya que representan requerimientos de la mente y del espíritu, no físicas. Muchas de ellas van apareciendo conforme madura la persona. Los ejemplos al respecto abarcan las de autoestima, sentido del deber, competitividad, asertividad, sensación de pertenencia, y recibir y dar afecto. Estas necesidades secundarias son las que complican los esfuerzos motivacionales de los gerentes. Casi todas las acciones que emprenden los administradores tienen efecto en las necesidades secundarias, *por lo que en la planeación administrativa debe considerarse el efecto de cualquier acción propuesta en las necesidades secundarias de los empleados.*

Necesidades secundarias

Las siguientes son siete conclusiones clave acerca de las necesidades secundarias:

- Están condicionadas de manera significativa por la experiencia
- Su intensidad y tipo varían de una persona a otra
- Están sujetas al cambio en el tiempo, en una persona dada
- Es usual que no se puedan aislar, sino que funcionen de manera combinada y se influyan mutuamente
- Es frecuente que no sean conscientes
- Son sensaciones o sentimientos vagos, en contraste con las necesidades físicas específicas
- Influyen en el comportamiento

Los tres impulsos motivacionales mencionados no se agrupan en un modelo específico: tres teorías principales de las necesidades humanas que se analizan en las secciones siguientes intentan aclararlas. Al menos de manera implícita, las teorías de Maslow, Herzberg y Alderfer se basan en la distinción entre necesidades primarias y secundarias. Además, existen algunas similitudes y diferencias importantes entre ellas. No obstante sus limitaciones, estos tres enfoques de las necesidades humanas ayudan a tener una base importante para modelos motivacionales más avanzados, que son tema de estudio más adelante.

Jerarquía de necesidades de Maslow

Según A. H. Maslow, no todas las necesidades humanas son de igual intensidad, pero sí aparecen en un orden definido. En particular, en la medida en que se satisfacen las necesidades primarias, la persona concede mayor énfasis a las secundarias. La **jerarquía de necesidades** de Maslow destaca cinco niveles, como se muestra en la figura 5-3.[5] Esta jerarquía se analiza brevemente y luego se interpreta en párrafos siguientes.

Necesidades de orden inferior Las necesidades de primer nivel comprenden las de supervivencia y las fisiológicas de alimento, aire, agua y sueño. En el segundo nivel,

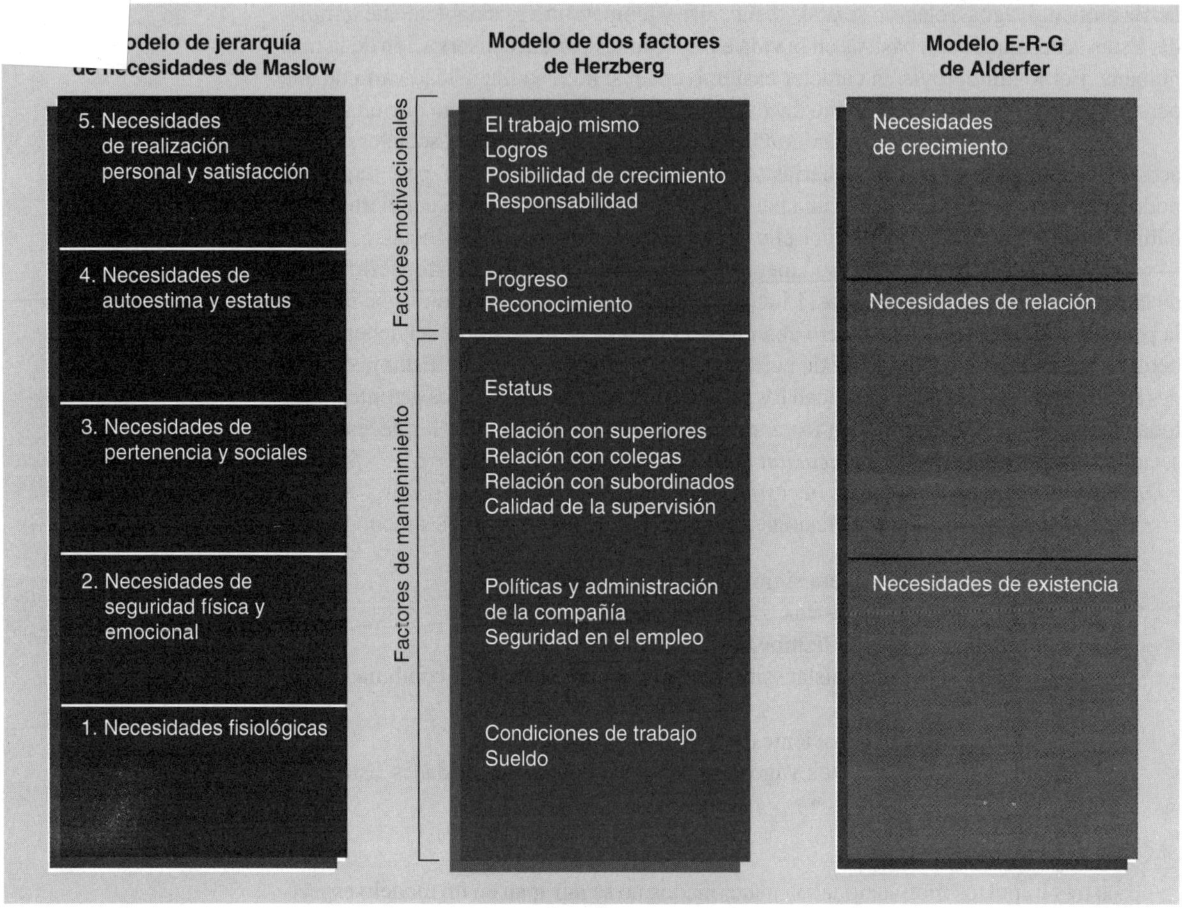

Modelo de jerarquía de necesidades de Maslow	Modelo de dos factores de Herzberg	Modelo E-R-G de Alderfer
5. Necesidades de realización personal y satisfacción	**Factores motivacionales:** El trabajo mismo / Logros / Posibilidad de crecimiento / Responsabilidad	Necesidades de crecimiento
4. Necesidades de autoestima y estatus	Progreso / Reconocimiento	
3. Necesidades de pertenencia y sociales	**Factores de mantenimiento:** Estatus / Relación con superiores / Relación con colegas / Relación con subordinados / Calidad de la supervisión	Necesidades de relación
2. Necesidades de seguridad física y emocional	Políticas y administración de la compañía / Seguridad en el empleo	Necesidades de existencia
1. Necesidades fisiológicas	Condiciones de trabajo / Sueldo	

FIGURA 5-3

Comparación de los modelos de Maslow, Herzberg y Alderfer

tienden a predominar la seguridad corporal (como el estar en un ambiente laboral que no presente riesgos) y la económica (como la de no quedarse sin trabajo y contar con un plan de jubilación apropiado). Estos dos niveles forman juntos lo que suele llamarse **necesidades de orden inferior** y son similares a las necesidades primarias ya mencionadas.

Necesidades de orden superior   Existen tres niveles de **necesidades de orden superior**. El tercer nivel de la jerarquía se relaciona con el amor, sentido de pertenencia y participación social en el trabajo (amistades y compañeros de trabajo compatibles). Las de cuarto nivel comprenden las necesidades de autoestima y estatus, entre ellas las sensaciones de valía personal y competencia. Esta última, que se deriva de lo que expresan otras personas, brinda estatus. La necesidad del quinto nivel es la de **realización personal**, es decir, de convertirse en lo que uno es capaz y aprovechar las habilidades y talentos personales al máximo.

Interpretación de la jerarquía de necesidades   El modelo de jerarquía de necesidades de Maslow afirma, en lo fundamental, que las personas tienen necesidades por satisfacer y que las que se consiguen no constituyen motivaciones tan intensas como las insatisfechas. *Los empleados están motivados más entusiastamente por lo que buscan, no por recibir más de lo que ya tienen.* Una necesidad satisfecha plenamente no es un motivo intenso.

Si se interpreta de esta manera, la jerarquía de necesidades de Maslow tienen efecto poderoso en los administradores contemporáneos, ya que les brinda ciertas ideas útiles cuando necesitan saber cómo motivar a los empleados. En virtud de la amplia familiaridad con este modelo, los administradores actuales necesitan:

- Identificar y aceptar las necesidades de los empleados
- Reconocer que las necesidades difieren de un empleado a otro
- Brindar satisfactores de necesidades específicas que estén insatisfechas
- Percibir que dar más de lo mismo (en especial, de lo que satisface las necesidades de orden inferior) puede tener efecto decreciente en la motivación

El modelo de Maslow también presenta numerosas limitaciones y ha sido muy criticado. Como marco de referencia filosófico, es difícil de estudiar y no se ha comprobado plenamente. Desde una perspectiva pragmática, no es fácil brindar oportunidades de realización personal a todos los empleados. Además, las investigaciones no han sustentado la presencia de los cinco niveles de necesidades y tampoco se ha establecido la progresión de cinco pasos, de las necesidades de nivel inferior a las de nivel superior. Sin embargo, sí es verdad de que a menos que se satisfagan en lo fundamental las necesidades de orden inferior (fisiológicas y de seguridad) los empleados no se preocupan mucho por las de orden superior.[6] Los datos de un número más limitado de niveles de necesidades son compatibles con cada uno de los modelos que se analizan a continuación.

Limitaciones

Modelo de dos factores de Herzberg

Con base en investigaciones realizadas con ingenieros y contadores, Frederick Herzberg creó en la década de 1950, un **modelo de motivación de dos factores**.[7] Pidió a los sujetos que pensaran por un momento en las cosas que les proporcionaban bienestar especial en relación con su trabajo y otro en las que les provocaban malestar. También les pidió que describieran los factores que generaban esos sentimientos. Herzberg descubrió que los empleados señalaban diferentes tipos de factores, no siempre relacionados, que producían bienestar o malestar. En otras palabras, mientras la sensación de logro llevaba al bienestar, la carencia de logros pocas veces se mencionó como causa de malestar. En vez de ello, se citaba algún otro factor negativo, por ejemplo, las políticas de la compañía.

Factores de mantenimiento y motivacionales Herzberg llegó a la conclusión de que dos conjuntos de factores independientes tenían influencia en la motivación. Hasta entonces, las personas suponían que la motivación o su ausencia eran meramente formas opuestas de un factor en un continuo. Herzberg refutó ese punto de vista tradicional, al afirmar que ciertos factores laborales, como las condiciones y la seguridad en el trabajo, hacían que los empleados estuvieran insatisfechos, en especial si carecían de ellos. Sin embargo, como se muestra en la figura 5-4, por lo general su presencia hace que el sentir de los empleados sea apenas neutro. Esos factores no son motivos intensos. Esos insatisfactores potentes se llaman **factores de higiene** o *factores de mantenimiento*, ya

Factores de higiene

Parte dos *Sistemas de motivación y recompensa*

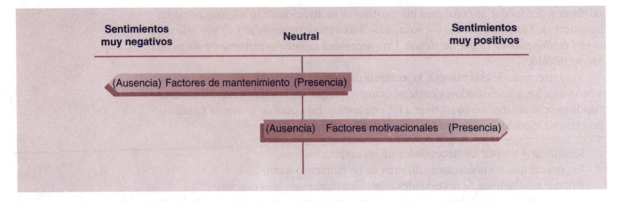

FIGURA 5-4

Efectos de los factores de mantenimiento y motivacionales

Factores motivacionales

que no se debe hacer caso omiso de ellos. Son necesarios para sentar las bases de un nivel razonable de motivación en los empleados.

Otros factores del trabajo tienen el efecto principal de intensificar la motivación; pero su ausencia pocas veces genera insatisfacción profunda. Se llaman **factores motivacionales**, *motivadores* o *satisfactores*. Durante muchos años, los administradores se preguntaban por qué no aumentaba la motivación en los empleados con sus políticas de custodia y la amplia gama de prestaciones. La idea de factores de mantenimiento y motivacionales separados ayudó a responder esta pregunta, ya que según Herzberg las prestaciones y las políticas de personal son principalmente factores de mantenimiento.

Contenido y contexto del puesto   En la figura 5-3 se muestran los factores del modelo de Herzberg. Factores motivacionales como los logros y la responsabilidad se relacionan directamente, en gran parte, con el trabajo mismo, el rendimiento del empleado, y el reconocimiento y crecimiento personales que experimenta el sujeto. Estos factores se centran en el trabajo, es decir, guardan relación con el **contenido del puesto**.

Por otra parte, los factores de mantenimiento se vinculan principalmente con el **contexto del puesto**, es decir, con el ambiente que rodea al trabajo. Esta diferencia entre contenido y contexto del puesto es significativa, pues indica que los empleados se motivan con lo que hacen ellos mismos, y más cuando asumen responsabilidades u se les reconoce su comportamiento.

Motivadores intrínsecos y extrínsecos

Motivadores intrínsecos y extrínsecos   La diferencia entre contenido y contexto del puesto es similar a la que existe entre los motivadores intrínsecos y extrínsecos en psicología. Los **motivadores intrínsecos** son las satisfacciones internas que siente la persona al realizar su trabajo, de modo que existe una conexión directa y frecuentemente inmediata entre trabajo y satisfacción. En tal situación, el empleado está automotivado. Los **motivadores extrínsecos** son las retribuciones externas, que se dan por separado de la naturaleza del trabajo y no brindan una satisfacción directa en el momento de ejecutarlo. Sus ejemplos abarcarían planes de jubilación, seguros de gastos médicos y vacaciones pagadas. Aunque los empleados valoren esos elementos, no son motivadores efectivos.

Interpretación del modelo de dos factores El modelo de Herzberg proporciona una distinción útil entre los factores de mantenimiento, que son necesarios pero no suficientes, y los de motivación, que pueden generar un mayor esfuerzo del empleado. Este modelo de dos factores amplió la perspectiva de los administradores, al mostrar el rol potencialmente poderoso de las recompensas intrínsecas, que se derivan del trabajo mismo. (Esta conclusión se vincula con otros importantes conceptos del comportamiento, como enriquecimiento del puesto, *empowerment*, autoliderazgo y calidad de la vida en el trabajo, que se analizan más adelante en el capítulo.) Empero, ahora los administradores deben tener conciencia de que no pueden hacer caso omiso de una amplia gama de factores que generan al menos un ambiente de trabajo neutro. Por añadidura, salvo que se satisfagan razonablemente los factores de higiene, su ausencia sirve como una distracción significativa para los trabajadores.

El modelo de Herzberg, al igual que el de Maslow, ha sido objeto de muchas críticas.[8] No es aplicable de manera universal, ya está dirigido a empleados administrativos, profesionales y oficinistas de niveles superiores. Por añadidura, el modelo *parece* reducir la importancia motivacional del sueldo, el estatus y las relaciones con los demás, ya que son factores de mantenimiento. Este aspecto del modelo contradice la intuición de muchos administradores y les resulta difícil aceptarlo. Puesto que no existe una distinción absoluta entre los efectos de los dos factores principales (figura 5-4), el modelo delinea sólo tendencias generales: los factores de mantenimiento serían motivadores para algunas personas y los motivadores serían factores de mantenimiento para otras. Por último, el modelo también parece estar vinculado con el método, lo cual significa que sólo el enfoque de Herzberg (pedir comentarios al propio empleado sobre sus experiencias laborales favorables y desfavorables) produce el modelo de dos factores. En pocas palabras, parecería haber dos factores cuando en realidad sólo existe uno.

Modelo E-R-G de Alderfer

A partir de los modelos de necesidades que lo precedieron (principalmente, el de Maslow) y en busca de superar algunas de sus debilidades, Clayton Alderfer propuso una jerarquía de necesidades modificada —el modelo E-R-G— con apenas tres niveles (figura 5-3).[9] Planteó que los empleados están interesados al principio en satisfacer sus **necesidades de existencia**, en las cuales se combinan los factores fisiológicos y de seguridad. Esas necesidades se satisfacen con el sueldo, las condiciones físicas del trabajo, la seguridad en el puesto y las prestaciones. Las **necesidades de relación** ocupan el nivel siguiente e implican sentirse entendidos y aceptados por las personas que están arriba, debajo y alrededor del empleado, tanto en su trabajo como fuera de él. Las **necesidades de crecimiento** forman la tercera categoría y comprenden el deseo de autoestima y realización personal.

Existencia

Relación

Crecimiento

El presidente de una cadena de tiendas de ropa pensaba que todo iba bien. La compañía acababa de añadir 10 nuevas tiendas a su cadena de 90 establecimientos, como parte de un ambicioso programa corporativo de expansión. Un día, el principal director de marketing entró en la oficina del presidente y le anunció que odiaba su trabajo. El presidente se preguntaba, "¿Qué querrá?", al mismo tiempo que le invitaba a sentarse y conversar acerca de sus necesidades y aspiraciones. El presidente continuó pensando: "Seguramente no es la seguridad en su puesto ni mejores condiciones de trabajo. Quizá siente la necesidad de aprender nuevas habilidades y adquirir capacidades de ejecutivo".

La inminente conversación que seguiría entre el presidente y el director de marketing podría estructurarse con base en el **modelo E-R-G** de Alderfer. En primer término, el presidente necesitaría identificar cuáles niveles están satisfechos. Por ejemplo, una amplia disparidad entre sus sueldos podría llevar a que el director de marketing se sintiera frustrado en relación con sus necesidades de existencia, no obstante su respetable paquete de sueldo y prestaciones. También podría ser que su concentración en el trabajo durante largas horas y los incesantes viajes por los preparativos para la apertura de las tiendas dejara insatisfechas sus necesidades de relación. Por último, suponiendo que domina las tareas actuales de su puesto, sería factible que experimente la necesidad de desarrollar sus habilidades no relacionadas con el marketing y crecer en nuevas áreas.

Además de condensar los cinco niveles de necesidades de Maslow en tres que son más compatibles con las investigaciones, existen otras diferencias entre ese modelo y el modelo E-R-G. Por ejemplo, este último no supone una progresión rigurosa de un nivel a otro. En su lugar, acepta la posibilidad de que los tres niveles estén activos en un momento dado o, incluso, de que sólo lo esté uno de los niveles superiores. Además, hace pensar que una persona frustrada en cualesquiera de los dos niveles superiores regresaría a concentrarse en el nivel inferior, para luego avanzar de nuevo. Por último, mientras que los dos primeros niveles son un tanto limitados en sus requisitos de satisfacción, las necesidades de crecimiento no sólo son ilimitadas, sino que en realidad se debilitan cada vez que se logra su satisfacción.

Comparación de los modelos de Maslow, Herzberg y Alderfer

Las similitudes entre los tres modelos de necesidades humanas son evidentes, como se ilustra en la figura 5-3, si bien existen diferencias importantes. Los modelos de Maslow y Alderfer se orientan hacia las necesidades internas del empleado, mientras que el de Herzberg también identifica y diferencia los factores (contenido y contexto del puesto) que pueden brindarse para la satisfacción de necesidades. Hay interpretaciones muy socorridas de los modelos de Maslow y Herzberg que suponen que en las sociedades modernas las necesidades de orden inferior están satisfechas para muchos trabajadores, por lo que están motivados principalmente por necesidades y factores de orden superior. Alderfer plantea que la falta de satisfacción de las necesidades de relación o crecimiento causa interés renovado en las de existencia. (Las consecuencias de la falta de satisfacción de necesidades, ya sea que produzcan frustración o confrontación constructiva, son tema del capítulo 15.) Por último, los tres modelos indican que antes de que un gerente brinde una recompensa resultaría útil descubrir cuáles necesidades predominan por el momento en el empleado. De tal manera, todos los modelos de necesidades proporcionan los cimientos para entender y aplicar la modificación del comportamiento.

MODIFICACIÓN DEL COMPORTAMIENTO

Teorías de contenido

Los modelos de motivación analizados hasta ahora se conocen como *teorías de contenido de la motivación*, ya que se concentran en el contenido (naturaleza) de los elementos que motivan a las personas. Se relacionan con el yo interior del sujeto y la forma en que su estado interno de necesidades determina su comportamiento.

La dificultad principal con estos modelos es que los administradores no han observado ni medido las necesidades de las personas para fines de seguimiento. Por ejemplo, es difícil obtener una medición de las necesidades de autoestima del empleado o evaluar su cambio con el paso del tiempo. Por añadidura, el simple conocimiento de las necesidades de los empleados no indica directamente qué deben hacer los gerentes con esa información. En consecuencia, existe interés considerable en los modelos de motivación que se basan más en los resultados buscados, la medición minuciosa y la aplicación sistemática de incentivos. La **modificación del comportamiento organizacional** es la aplicación de los principios de la modificación del comportamiento, que evolucionaron a partir del trabajo de B. F. Skinner.[10] La modificación del CO y los modelos siguientes son *teorías de proceso* de la motivación, ya que brindan una perspectiva de la dinámica con que se puede motivar a los empleados.

Modificación del comportamiento organizacional

Teorías de proceso

Ley del efecto

La modificación del CO se basa en la idea de que el *comportamiento depende de sus consecuencias*, por lo que es posible que los administradores controlen diversos comportamientos de los empleados o, por lo menos, tengan efecto en ellos, manipulando sus consecuencias. La modificación del CO recurre en gran medida a la **ley del efecto**, según la cual una persona tiende a repetir un comportamiento que está relacionado con consecuencias favorables (refuerzo) y a evitar el que produce consecuencias desfavorables. Se requieren dos condiciones para aplicar con éxito la modificación del comportamiento organizacional: debe ser posible que el gerente *identifique* algunas consecuencias poderosas (según las percibe el empleado) y que luego pueda *administrarlas* de modo que el empleado mismo vea la conexión entre el comportamiento y las consecuencias.

> En algunos deportes profesionales, se han creado sistemas de recompensa que parecen basarse en estos principios. Por ejemplo, en la gira de la Ladies Professional Golf Association (LPGA), sólo las jugadoras que completan las cuatro rondas de un torneo y tienen las mejores calificaciones cobran cheque al terminar. Además, el premio para la ganadora es casi el doble de lo que recibe quien ocupa el segundo lugar. La LPGA identificó el dinero como una consecuencia favorable y ha vinculado directamente su distribución con el nivel de rendimiento a corto plazo de sus miembros. Se supone que este sistema alienta a que las jugadoras participen en numerosos torneos, jueguen en las cuatro rondas y traten de hacerlo muy bien.

La ley del efecto proviene de la teoría del aprendizaje, según la cual se aprende mejor en entornos agradables. Mientras las teorías de contenido afirman que *las necesidades internas originan el comportamiento*, la modificación del comportamiento organizacional propone que *las consecuencias externas tienden a determinar el comportamiento*. La ventaja de la modificación del CO es que confiere mayor grado de control y responsabilidad al administrador. Diversas empresas, como Frito-Lay, Weyerhaeuser y B. F. Goodrich, han aplicado con éxito diversas formas de modificación del CO.

Concentrarse en las consecuencias

Consecuencias alternas

La modificación del CO hace hincapié en el uso de recompensas (*véase* el modelo de motivación en la figura 5-1) y consecuencias alternas para apoyar el comportamiento.

Parte dos *Sistemas de motivación y recompensa*

Sin embargo, antes de aplicar este modelo los administradores deben decidir si desean aumentar o disminuir las probabilidades de que continúe el comportamiento de una persona. Una vez decidido este objetivo, tienen dos decisiones más que tomar, las cuales determinan el tipo de consecuencia que aplican. En primer término, ¿debe tratarse de una consecuencia positiva o de una negativa? En segundo lugar, ¿deben aplicarla o abstenerse de ella? Las respuestas a estas dos preguntas originan cuatro posibles consecuencias alternas, que se muestran en la figura 5-5 y se analizan a continuación.

Refuerzo positivo

El comportamiento se estimula principalmente mediante el **refuerzo positivo**, que es una consecuencia favorable con que se alienta la repetición de un comportamiento. Por ejemplo, un trabajador se daría cuenta de que trabajar con calidad hace que el supervisor le brinde la recompensa del reconocimiento. Al empleado le gusta tal reconocimiento, de modo que se refuerza su comportamiento y tiende a trabajar de nuevo con calidad. El refuerzo siempre debe depender del comportamiento adecuado del empleado.

La diversidad de retribuciones o recompensas disponible para los administradores es casi ilimitada, no siempre es costosa y es frecuente que produzca efecto en su receptor. Los siguientes son unos cuantos ejemplos:

- Blandin Paper Company resalta el reconocimiento proveniente de los supervisores, aunado a recompensas como camisetas, tazas para café y certificados de regalo para uso en restaurantes locales.
- Pfeiffer-Hamilton Publisher invita anualmente a sus empleados a una fiesta de "celebración de la creatividad", además de darles un ejemplar autografiado gratuito de todos los libros que publica la compañía.

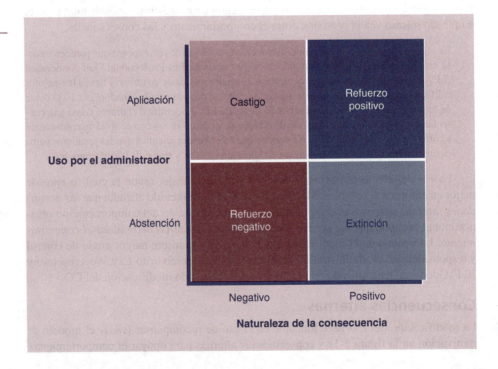

FIGURA 5-5
La modificación del comportamiento organizacional usa cuatro consecuencias alternas

- La cadena Grandma's Restaurant no sólo regala a sus empleados un reloj de oro por 10 años de servicio, sino que también manda hacer manteles individuales para sus mesas con la fotografía del empleado e información sobre él.
- Otras compañías propugnan el uso de notas personales en las que se alaba el rendimiento de los empleados, regalan a los trabajadores un almuerzo gratuito en el día de su cumpleaños o incluyen la firma de los empleados en los productos que fabrican. La clave consiste en hacer que la retribución o recompensa sea tan personal y espontánea como resulte posible.[11]

La **conformación** es la aplicación sistemática y progresiva de los refuerzos positivos. Ocurre cuando se proporcionan sucesivamente refuerzos más frecuentes o de mayor fuerza conforme el empleado se acerca al comportamiento buscado. Aunque todavía no ocurra el comportamiento del todo correcto, éste se alienta mediante el refuerzo del comportamiento orientado hacia la dirección correcta. La conformación es particularmente útil en la enseñanza de tareas complejas.

Conformación

> Un ejemplo de la conformación es el procedimiento de capacitación que usaba un supervisor en una tienda minorista. La tienda era tan pequeña que no contaba con un programa de capacitación centralizado para sus vendedores, de modo que toda la capacitación de ventas era responsabilidad de un supervisor. Al principio, cuando un nuevo vendedor no sabía cómo tratar a los clientes, el supervisor le explicaba el procedimiento de ventas apropiado. Luego, observaba el comportamiento del vendedor y, de vez en cuando, cuando el empleado mejoraba su comportamiento en alguna parte del procedimiento, el supervisor expresaba su aprobación y lo alentaba. Puesto que era un reconocimiento favorable, ayudaba a conformar el comportamiento en la dirección correcta.

El **refuerzo negativo** tiene lugar cuando el comportamiento se acompaña de la *interrupción* de la consecuencia desfavorable, por lo que no equivale a un castigo, con el que normalmente se *agrega* algo desfavorable. De manera compatible con la ley del efecto, el comportamiento que origina la eliminación de ese algo desfavorable se repite cuando ocurre de nuevo ese estado desfavorable. Un ejemplo de refuerzo negativo es la experiencia de una mecánica de aviación, quien aprendió que al usar los protectores contra ruido para proteger los oídos prevenía el malestar que le provocaba el ruido de los motores de los aviones, es decir, la consecuencia desfavorable. Ese refuerzo alentó en ella el uso del equipo protector.

Refuerzo negativo

El **castigo** es la administración de una consecuencia desfavorable que desalienta cierto comportamiento. Aunque podría ser necesario en ocasiones para prevenir un comportamiento indeseable, debe emplearse con cautela, en virtud de sus limitaciones. No estimula ningún tipo de comportamiento favorable, a menos que el receptor del castigo tenga plena conciencia de las opciones que podría seguir; puede hacer que los administradores se comporten como ogros, que generen desagrado con sus acciones disciplinarias, y podría ocurrir que el receptor del castigo no tenga claro qué es lo que se está castigando.

Castigo

La **extinción** consiste en abstenerse de toda consecuencia positiva de importancia que solía proporcionarse por un comportamiento deseable. Este comportamiento aprendido debe reforzarse para estimular su repetición en el futuro. A falta de tal refuerzo proveniente del administrador, el empleado o cualquier otra persona, el comportamiento tiende a disminuir (extinguirse) por la falta de refuerzo.

Extinción

Programas de refuerzo

Datos basales

A fin de que sean aplicables los diversos tipos de consecuencias, los administradores deben observar el comportamiento de los empleados para indagar la frecuencia y el grado de su rendimiento. La frecuencia del comportamiento genera un *dato basal* o norma, contra el cual pueden compararse las mejoras. Luego, el administrador selecciona un programa de refuerzo, que es la frecuencia con que la consecuencia elegida acompaña al comportamiento buscado.

Refuerzo continuo

El refuerzo puede ser continuo o parcial. El **refuerzo continuo** tiene lugar cuando cada comportamiento apropiado de un empleado se acompaña del refuerzo correspondiente. En algunos casos, ello sería aconsejable para alentar el aprendizaje rápido, si bien en la situación laboral prototípica suele ser imposible recompensar a un empleado por cada comportamiento correcto, y mucho menos a varios empleados. Un ejemplo de refuerzo continuo es pagar a los trabajadores por cada unidad aceptable que produzcan.

Refuerzo parcial

El **refuerzo parcial** ocurre cuando se estimulan sólo algunos comportamientos apropiados. El aprendizaje es más lento con el refuerzo parcial que con el continuo. Sin embargo, una característica singular del refuerzo parcial es que el aprendizaje tiende a permanecer más tiempo cuando se adquiere con este tipo de refuerzo. Existen cuatro tipos de programas de refuerzo parcial: de intervalo fijo, de intervalo variable, de proporción fija y de proporción variable, que brindan diferentes tipos de refuerzo.

Programas de refuerzo

Un programa a **intervalo fijo** otorga el refuerzo después de transcurrido cierto periodo. Un ejemplo habitual es el pago catorcenal o quincenal. Los programas de **intervalo variable** proporcionan el refuerzo al cabo de lapsos diversos. Es usual que las variaciones se agrupen en torno a un periodo blanco o promedio de refuerzo. Los programas de **proporción fija** aplican el refuerzo tras un cierto número de comportamientos correctos. Un ejemplo es el pago de bonos de ventas luego de vender determinada cantidad de unidades de precio alto (como los automóviles). Por último, en un programa de **proporción variable** el refuerzo se da al cabo de un número no fijo ni revelado de respuestas correctas, por ejemplo, 19, 15, 12, 24 y 17 respuestas. Este tipo de programa de refuerzo genera mucho más interés y los empleados lo prefieren en relación con algunas tareas. Tiende a ser el más poderoso de los programas de refuerzo.

Interpretación de la modificación del comportamiento

Contribuciones

El beneficio principal de la modificación del comportamiento es que convierte a los administradores en motivadores conscientes. Alienta a que el personal gerencial analice el comportamiento de los empleados, por qué ocurre y con qué frecuencia, e identifique consecuencias específicas que ayudan a cambiarlo si se aplican de manera sistemática. El uso de este proceso provoca que los supervisores efectivos dediquen más tiempo a observar el comportamiento de sus empleados. La retroalimentación y el reconocimiento del rendimiento suelen ser parte de esta estrategia, ya que tienden a ser muy deseables y, por lo tanto, refuerzos poderosos. En la figura 5-6, se muestran lineamientos generales de una estrategia de modificación del comportamiento. Cuando es posible identificar comportamientos específicos y aplicar correctamente los refuerzos deseados, la modificación del comportamiento puede originar mejoras sustantivas en áreas específicas, como el ausentismo, las llegadas tarde y las tasas de error.

- Identificar el comportamiento exacto que se pretende modificar.
- Cerciorarse de que el comportamiento esperado está dentro de la capacidad del empleado.
- Determinar no sólo las recompensas que los empleados valoran, sino también la dimensión de ellas que afectaría su comportamiento.
- Aclarar la relación entre el comportamiento deseado y las recompensas.
- Usar el refuerzo positivo siempre que sea posible.
- Castigar sólo en circunstancias inusuales y en relación con comportamientos específicos.
- Hacer caso omiso de comportamientos indeseables de importancia secundaria, para que se extingan.
- Emplear procedimientos de conformación para lograr comportamientos complejos apropiados.
- Minimizar el tiempo entre la respuesta correcta y el refuerzo.
- Proporcionar el refuerzo de manera frecuente y con base en un programa.

FIGURA 5-6

Lineamientos generales para aplicar la modificación del comportamiento

Collins Food International aplicó los principios de la modificación del comportamiento con empleados de oficina en su departamento de contabilidad.[12] Uno de los elementos seleccionados para su modificación fue la tasa de errores en facturación. Los administradores midieron dicha tasa y luego se reunieron con los trabajadores para analizar y definir los objetivos de mejoramiento. También alabó a los propios empleados cuando los errores disminuían y les informó con regularidad sobre los resultados correspondientes. Los empleados del departamento de cuentas por pagar respondieron con una disminución de la tasa de errores, de más de 8% a menos de 0.2%.

La modificación del comportamiento ha recibido críticas en relación con diversos aspectos, como su filosofía, sus métodos y su factibilidad (*véase* "Lo que leen los administradores"). En virtud del gran poder de las consecuencias deseadas, la modificación del comportamiento fuerza efectivamente en las personas un cambio de conducta. De tal suerte, manipula a los sujetos y es incompatible con los supuestos humanistas mencionados en páginas previas, de personas que desean ser autónomas y realizarse en lo personal. Además, ciertos críticos piensan que confiere poder excesivo a los administradores, y se preguntan: ¿quién controlará a los controladores?

Otros críticos afirman que la modificación del comportamiento es un insulto a la inteligencia de las personas. En un extremo, se trataría a las personas como a ratas en una caja de acondicionamiento, cuando en realidad son sujetos inteligentes, pensantes y con control de sí mismos, que pueden tomar sus propias decisiones y quizás incluso automotivarse. Otro problema es que la modificación del comportamiento es poco aplicable en tareas complejas. Por ejemplo, resulta difícil la identificación y el refuerzo de

Limitaciones

Lo que leen los administradores

Alfie Kohn afirma que los planes de incentivos en las compañías no sólo fracasan, sino que también socavan los objetivos que intentan lograr. En su opinión, ello se debe a los supuestos psicológicos inadecuados en que se basan los sistemas de recompensas. Kohn, que explica su posición en la obra *Punished by Rewards*, afirma:

- Las recompensas castigan a las personas: su uso confirma que alguien ejerce control sobre ellas; además, no reciben las recompensas que esperaban.
- Las recompensas rompen relaciones: exageran los efectos de las diferencias de poder y crean competencia cuando lo que se desea es que haya trabajo de equipo y colaboración.
- Las recompensas hacen caso omiso de las razones: liberan a los administradores de la necesidad urgente de explorar *por qué* un empleado es efectivo o inefectivo.
- Las recompensas desalientan la asunción de riesgos: los empleados tienden a hacer exactamente lo que se requiere para obtener la recompensa, y no mucho más que eso.
- Las recompensas socavan el interés: distraen al administrador y empleado de considerar los motivos intrínsecos.

Es frecuente que pregunten a Kohn: "Pero, ¿nunca funcionan las recompensas?" Su respuesta es: "Por supuesto que sí. Motivan a las personas para *obtenerlas*"; pero no para hacer mucho más que lo mínimo necesario.

Fuente: Alfie Kohn, *Punished by Rewards: The Trouble with Gold Stars, Incentive Plans, A's, Praise, and Other Bribes*. Boston, Houghton-Mifflin, 1993.

comportamientos específicos en el trabajo de abogados corporativos, desarrolladores de software y directores generales de compañías. Ese desafío se vuelve cada vez mayor, en la medida en que la economía de Estados Unidos y otros países se basa cada vez más en los servicios.

DEFINICIÓN DE OBJETIVOS

Los objetivos son metas de rendimiento futuro. Ayudan a orientar la atención de los empleados hacia los elementos de mayor importancia para la empresa, alentar la mejor planeación y asignación de recursos fundamentales (tiempo, dinero y energía), y estimular la preparación de planes de acción para alcanzarlos. Los objetivos aparecen en el modelo de motivación (figura 5-1) *antes* del rendimiento de los empleados, lo cual acentúa su función como indicio de comportamiento aceptable. Además, los son útiles *después* de que ocurre dicho comportamiento, cuando se comparan los resultados contra las metas definidas y se analizan las razones de las diferencias.

La **definición de objetivos** funciona como un proceso motivacional, ya que crea una discrepancia entre el rendimiento existente y el esperado. Esto produce tensión, que el empleado puede disminuir con el logro futuro de los objetivos. Alcanzarlos también ayuda a satisfacer el impulso de logros de la persona, contribuye a sus sentimientos de competencia y autoestima, y estimula todavía más sus necesidades de crecimiento personal pues quienes tienen éxito en el logro de objetivos tienden a establecer objetivos incluso más altos en el futuro.

Un factor importante en el éxito de la definición de objetivos es la **eficacia personal**. Ésta es la creencia interna en las capacidades y competencias personales relacionadas con el trabajo. (La eficacia personal difiere de la autoestima, que es un sentimiento más amplio de agrado o desagrado por la propia persona.)[13] La eficacia personal puede juzgarse en relación con una tarea específica o con una diversidad de obligaciones de rendimiento. Si el empleado cuenta con ella, tiende a establecer objetivos personales más altos, en la creencia de que son alcanzables. La primera clave para la definición de objetivos exitosa consiste en reforzar la eficacia personal del empleado (*véase* consejos prácticos al respecto en la figura 5-7). Después de este paso, los administradores deben tratar de incorporar los cuatro elementos esenciales de la definición de objetivos, que se analizan a continuación.

Elementos de la definición de objetivos

Como herramienta motivacional, la definición de objetivos tiene eficacia máxima cuando están presentes todos sus elementos principales. Éstos son la aceptación del objetivo, la especificidad, los retos, y la vigilancia y retroalimentación del rendimiento. Cada uno se analiza brevemente en los párrafos siguientes.

Aceptación del objetivo   A efecto de ser efectivos, no sólo es necesario que los objetivos se entiendan, sino que se *acepten*. La simple asignación de objetivos a los empleados no siempre entraña su compromiso con ellos, en particular si son difíciles de alcanzar. Los administradores deben explicar por lo menos el propósito subyacente a los objetivos y las razones de que sean necesarios. Un método más efectivo para obtener su aceptación es permitir que los empleados mismos participen en el proceso de definición de objetivos. Asimismo, una declaración pública de intenciones de rendimiento contribuye al compromiso de los trabajadores con su logro.

Especificidad   Los objetivos deben ser tan específicos, claros y mensurables como sea posible, de modo que los empleados sepan cuándo los han alcanzado. No es de mucha utilidad pedir a los subordinados que mejoren o trabajen más intensamente, ya que ese tipo de objetivo no les brinda una meta específica. Los objetivos específicos les permiten saber qué buscar y cómo medir su propio progreso.

Reto   Tal vez sorprenda que muchos empleados trabajen con mayor empeño cuando tienen objetivos difíciles de alcanzar, no cuando son fáciles. Los objetivos difíciles cons-

1. No creer implícitamente que los empleados son incompetentes.
2. No hablarles de manera condescendiente acerca de su trabajo.
3. No buscar pequeños errores en sus resultados.
4. No criticar su trabajo enfrente de sus colegas.
5. No minimizar la importancia de su trabajo o tareas.
6. Alabarles por sus esfuerzos apropiados.
7. Pedir sus aportaciones.
8. Escuchar atentamente sus ideas de mejoras.
9. Compartir con ellos la retroalimentación positiva de sus colegas.
10. Brindarles reconocimiento formal por sus logros.

FIGURA 5-7

Consejos para aumentar la eficacia personal de los empleados

tituyen un reto que estimula el impulso de logro en muchas personas. Sin embargo, esos objetivos deben ser alcanzables, estar de acuerdo con la experiencia del individuo y los recursos disponibles.

> El valor motivacional del reto se demostró en el caso del propietario de un motel en una pequeña ciudad. Richard Fann estaba preocupado por el tiempo que requería el personal de limpieza para cambiar las camas cuando limpiaban las habitaciones. El tiempo promedio era de siete minutos, lo cual incluía numerosos recorridos a uno y otro lado de la cama para estirar las sábanas y acomodar las colchas. Las sugerencias que se hicieron al personal de limpieza para disminuir sus movimientos innecesarios no tuvieron mucho éxito. Finalmente, Fann decidió celebrar un concurso entre los empleados de limpieza. No sólo funcionó la estrategia, sino que los resultados fueron asombrosos. ¡El ganador pudo cambiar una cama en menos de un minuto y lo hizo desde un solo lado de la cama! Cuando Fann preguntó: "¿Por qué no lo habían hecho antes?", la respuesta fue: "Porque no nos había retado".

Supervisión y retroalimentación del rendimiento Incluso después de que los empleados han participado en la generación de objetivos bien definidos y retadores, quedan otros dos pasos estrechamente relacionados e importantes para completar el proceso. La **supervisión del rendimiento** —observación del comportamiento, inspección del producto o estudio de los documentos de indicadores de rendimiento— proporciona al menos indicios sutiles a los empleados en el sentido de que su trabajo es importante, se requiere su esfuerzo y se valora su contribución. Esta supervisión aumenta su conciencia del rol que desempeñan con su contribución a la efectividad organizacional.

No obstante lo anterior, la mera observación de los resultados podría ser insuficiente. Muchos empleados están ávidos de información acerca de lo bueno que es su desempeño. A falta de **retroalimentación del rendimiento** —el aporte oportuno de datos o juicios acerca de los resultados relacionados con tareas— muchos de ellos trabajan en la oscuridad y no tienen una idea verdadera de la magnitud de su éxito. Un equipo de béisbol necesita conocer el marcador; un tirador requiere dar en el blanco y un pájaro carpintero precisa ver que las astillas vuelen y que se acumule la pila de astillas. Lo mismo puede decirse de un equipo en una línea de producción o de un vendedor en un establecimiento minorista. Dar retroalimentación acerca del rendimiento estimula un mejor rendimiento laboral y la retroalimentación que genera la propia persona es una herramienta motivacional especialmente poderosa.

> Un grupo de investigadores analizó el rendimiento financiero de 437 compañías para explorar los efectos de la definición de objetivos, el uso de la retroalimentación, la revisión de resultados y las recompensas al comportamiento. Descubrieron que las empresas con estos programas de administración del rendimiento tuvieron mayores utilidades, mejor flujo de efectivo y una mejor posición en el mercado bursátil, en comparación con las compañías que no tenían dichos programas. Además, en una comparación del rendimiento antes y después de instaurar el programa de administración del desempeño, ¡el rendimiento por acción promedio aumentó en 25%, mientras que las ganancias de productividad promediaron 94%![14]

MODELO DE EXPECTATIVAS

$V \times E \times I = M$

Un enfoque muy aceptado de motivación es el **modelo de expectativas**, también llamado teoría de las expectativas, que desarrolló Víctor H. Broom, y ampliaron y mejoraron tanto Porter y Lawler como otros.[15] Vroom explica que la motivación es el producto de tres factores: cuánto desea la persona obtener una recompensa (valencia), su propio cálculo de las probabilidades de que el esfuerzo genere el rendimiento adecuado (expectativas) y su cálculo de que el rendimiento genere la retribución o recompensa (instrumentalidad). Esta relación se expresa con la fórmula siguiente:

$$\text{Valencia} \times \text{Expectativa} \times \text{Instrumentalidad} = \text{Motivación}$$

Los tres factores

Valencia   El término **valencia** se refiere a la preferencia de la persona por recibir una recompensa. Es una expresión de la dimensión de su deseo de alcanzar un objetivo. Por ejemplo, si un empleado desea intensamente una promoción, la promoción tiene valencia alta para él. La valencia de una retribución varía con cada empleado y, de esta manera, refleja el concepto de las diferencias individuales que se presenta en el capítulo 1. La valencia de una retribución en el individuo está condicionada por la experiencia y puede variar significativamente con el paso del tiempo, en la medida en que se satisfacen antiguas necesidades y surgen otras nuevas.

Preferencia por recompensas

Es importante entender la diferencia entre las consecuencias de los modelos de motivación basados en necesidades y la idea de la valencia en el modelo de expectativas. En los modelos basados en necesidades se aplican generalizaciones amplias para predecir dónde un *grupo de empleados* podría tener impulsos más intensos o mayores necesidades insatisfechas. En el modelo de expectativa, los administradores deben obtener información específica acerca de las preferencias *individuales del empleado* en relación con un conjunto de recompensas y luego continuar observando los cambios en esas preferencias.

Puesto que las personas pueden tener preferencias positivas o negativas en cuanto a un resultado, la valencia también puede ser negativa o positiva. Si el individuo prefiere *no* alcanzar un resultado, en vez de lograrlo, la valencia es negativa. En caso de que le sea indiferente, la valencia es igual a cero. El intervalo va de −1 a +1, como se muestra en la figura 5-8.

¿Puede ser negativa la valencia?

Algunos empleados encuentran una valencia intrínseca en el trabajo mismo, en particular si lo asumen con ética laboral o actúan con motivación de competencia fuertes. Obtienen satisfacción directa de su trabajo gracias a la sensación de realización, de llevar a cabo correctamente una tarea o de crear algo. En tal caso, los resultados están en gran parte controlados por el empleado y menos sujetos al sistema de recompensas de los administradores. Tales empleados poseen automotivación.

Expectativas   Las **expectativas** son la intensidad de la creencia de que el esfuerzo personal en el trabajo lleve a terminar una tarea. Por ejemplo, una persona dedicada a las ventas de puerta en puerta de suscripciones de una revista sabe por experiencia que el volumen de ventas guarda relación directa con el número de puertas que toque. Las expectativas se expresan como probabilidades, es decir, el cálculo que hace el empleado del grado en que el rendimiento depende de la magnitud del esfuerzo realizado. Puesto que las expectativas son las probabilidades de relación entre esfuerzo y rendimiento, su valor va de 0 a 1. En caso de que el empleado no vea ninguna probabilidad de que el

Esfuerzo → probabilidades de rendimiento

FIGURA 5-8

Intervalos de la valencia, expectativas e instrumentalidad

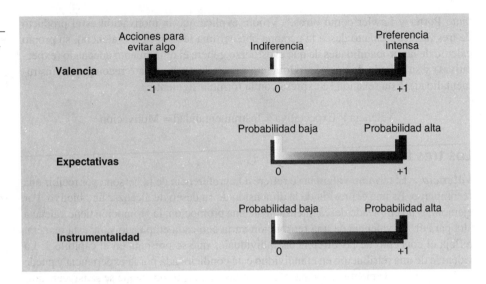

esfuerzo genere el rendimiento buscado, la expectativa es igual a cero. En el otro extremo, si tiene confianza plena de que se completará la tarea, la expectativa vale 1. En condiciones normales, los cálculos de expectativas de los trabajadores se sitúan entre los dos extremos.

Una de las fuerzas que contribuyen a las expectativas de la relación esfuerzo-rendimiento es la eficacia personal del sujeto. Los empleados con alto nivel de eficacia personal tienden más a creer que el esfuerzo dará lugar a un rendimiento satisfactorio. La eficacia personal alta genera una evaluación de expectativas con valor alto.

Impostores

En contraste con la eficacia personal alta, algunos trabajadores sufren el llamado **fenómeno del impostor**. El "impostor" cree no ser tan capaz como parece serlo y, por consiguiente, teme que su incompetencia sea evidente para los demás. Está lleno de dudas acerca de sí mismo, tiene miedo de asumir riesgos y pocas veces pide ayuda. Cree que le falta la competencia necesaria, de modo que también es probable que dude en cuanto a que un esfuerzo de cualquier magnitud genere rendimiento alto. Por todo lo anterior, el impostor tiene de manera predecible evaluaciones de expectativas con valores bajos en relación consigo mismo. Los conceptos de eficacia personal y de fenómeno del impostor muestran la importancia de entender las características generales de los empleados como factores que predicen sus impulsos motivacionales específicos.

Rendimiento → probabilidades de recompensa

Instrumentalidad La **instrumentalidad** es la creencia del empleado en que se le dará una retribución o recompensa toda vez que termine una tarea. En este caso, él elabora otro juicio subjetivo acerca de las probabilidades de que la empresa *valore* su rendimiento y *proporcione retribuciones contingentes*. El valor de la instrumentalidad tiene intervalo efectivo de 0 a 1.[16] A manera de ejemplo, si un trabajador ve que las promociones usualmente se basan en datos de rendimiento, la instrumentalidad tiene valor alto. Empero, si la base de tales decisiones dista de estar clara o supone que hay favoritismo de los administradores, su cálculo de instrumentalidad será bajo.

Cómo funciona el modelo

La **motivación** es el producto de la valencia por las expectativas y la instrumentalidad. Se define como la intensidad del impulso hacia una acción. A continuación, se presenta un ejemplo práctico del modelo de expectativa.

> Marty Fulmer, de 31 años de edad, trabaja como soldador en una gran fábrica. Fulmer tiene deseos intensos (valencia alta) de estar en un trabajo de oficina, en vez de su puesto actual, que ya no disfruta.
>
> Fulmer reconoce que un buen trabajo de soldadura origina evaluaciones de rendimiento altas de su supervisor (expectativa alta). Sin embargo, todos los puestos de oficina en la planta requieren estudios universitarios y él apenas terminó el bachillerato. A causa de este obstáculo, su cálculo de instrumentalidad es bajo. Ser un buen soldador no le brindará la promoción al puesto que desea. Pese a su intenso deseo de algo, no ve una forma viable de lograrlo y, por ende, no está motivado para trabajar mejor.

Los tres factores del modelo de expectativas podrían existir en un número infinito de combinaciones. La combinación multiplicativa que produce la motivación más intensa es la valencia positiva alta, expectativas altas e instrumentalidad alta. Si el deseo de una retribución o recompensa es alto y las probabilidades calculadas son bajas, la motivación probablemente será moderada, en el mejor de los casos. En caso de que sean bajas las expectativas y la instrumentalidad, la motivación también lo será, incluso si la recompensa tiene valencia alta.

Un caso especial es el que tiene lugar cuando la valencia es negativa. Por ejemplo, ciertos empleados preferirían *no* ser promovidos a puestos administrativos, a causa del estrés, la pérdida del pago de horas extra o las responsabilidades adicionales que asumirían. En particular, las reducciones de personal generalizadas de la última década del siglo XX estuvieron dirigidas claramente a los administradores de nivel intermedio y generaron inseguridad en los que mantuvieron su puesto. En situaciones como ésas, en las que la promoción tiene una valencia negativa, el empleado intenta no obtenerla. La intensidad del comportamiento de no hacer depende no sólo de la valencia negativa, sino también de los factores de expectativas e instrumentalidad.

En virtud de la experiencia, las personas aprenden a asignar un valor distinto a las recompensas disponibles y a los niveles variables de recompensas ofrecidas. Asimismo, elaboran sus cálculos de expectativas e instrumentalidad mediante experiencias directas y por las observaciones de lo que ocurre con los demás. En consecuencia, los empleados realizan un tipo de análisis de costo-beneficio, frecuentemente implícito, respecto de su propio comportamiento en el trabajo. Si el beneficio calculado vale el costo, es probable que se esfuercen más.

Efecto de la incertidumbre El modelo de expectativa depende de la percepción que el empleado tiene de la relación entre esfuerzo, rendimiento y recompensas. La conexión del esfuerzo con la recompensa suele ser incierta. Existen tantas causas y efectos en una situación que el trabajador pocas veces tiene la certeza de que una recompensa deseada seguirá a determinada acción. Por añadidura, se obtienen resultados primarios y secundarios. Los **resultados primarios** son los que se derivan directamente de una acción, y los **resultados secundarios**, los que siguen a los primarios. Por ejemplo, un empleado

Resultados primarios y secundarios

recibe capacitación y tarde o temprano obtiene el resultado primario de una promoción y el aumento de sueldo que la acompaña. Luego, vienen los resultados secundarios. La promoción genera mayor estatus y reconocimiento de sus compañeros de trabajo. El sueldo más alto permite que él y su familia adquieran más productos y servicios que necesitan. La consecuencia es una sucesión variable y compleja de resultados de cualquier acción importante.

Otra causa importante de incertidumbre en los resultados es que en muchos casos están bajo control de otros y el empleado no puede tener certeza de cómo actuarán los demás. En el caso de quien busca una promoción, tanto ésta como los ingresos más altos son conferidos por los administradores, y el estatus más alto, por sus compañeros de trabajo. Esta relación con segundas partes suele generar mucha incertidumbre.

Existen dos formas con las que los administradores pueden hacer frente a esa incertidumbre cuando aplican el modelo de expectativas. En primer término, pueden trabajar para fortalecer el valor *real* de las recompensas ofrecidas y las *conexiones* formales entre el esfuerzo y rendimiento, y de éste con la recompensa. (En este enfoque, se incorporan los principios de la modificación del comportamiento organizacional, antes mencionados, en que el gerente establece relaciones estrechas entre los comportamientos deseados y las recompensas efectivas.)

El segundo enfoque precisa que los administradores reconozcan y acepten la legitimidad de la *percepción* que el empleado tiene de las recompensas. Podría ser que el trabajador no perciba las recompensas como valiosas (valencia) o que haya probabilidades altas de recibirlas (las relaciones esfuerzo-rendimiento y rendimiento-recompensa). Por consiguiente, un incentivo directo y sencillo frecuentemente es más motivador que otro complejo. Este último podría entrañar tanta incertidumbre que el trabajador no establecerá la conexión suficiente entre el comportamiento laboral deseado y la recompensa valuada. Por otra parte, el incentivo sencillo permite un curso de acción práctico, que el empleado puede visualizar y entender, de modo que se acompaña de valores más altos de expectativas e instrumentalidad. A fin de que funcione el modelo de expectativas, el administrador debe *aclarar las percepciones de su subordinado*. Ésta es un área donde pueden ser invaluables las habilidades de comunicación del administrador (capítulo 3).

Interpretación del modelo de expectativas

Ventajas El modelo de expectativas es una herramienta valiosa para ayudar a que los administradores piensen en los procesos mentales mediante los cuales se produce la motivación. En este modelo, los empleados no actúan simplemente a causa de impulsos internos de carácter intenso, de necesidades insatisfechas o por la aplicación de recompensas y castigos. En vez de ello, son *individuos pensantes*, cuyas creencias, percepciones y cálculos de probabilidades influyen poderosamente en su comportamiento. Este modelo refleja los supuestos de la teoría Y acerca de las personas como sujetos capaces y, en consecuencia, valora la dignidad humana.

El enfoque de expectativas también alienta en los administradores el diseño de un ambiente motivacional que estimule el comportamiento apropiado en los empleados. Es necesario que los gerentes se comuniquen con los trabajadores y les hagan tres tipos de preguntas:

> ### Trabajadores eventuales: otra forma de diversidad
>
> En sus intentos por controlar los costos y tener flexibilidad en la fuerza laboral, muchas empresas han recurrido a la contratación de trabajadores eventuales, de medio tiempo o de contrato por proyecto o tiempo específico para cubrir sus necesidades, en especial las de carácter estacional o relacionadas con proyectos especiales. En la actualidad, varios millones de trabajadores tienen empleos eventuales, y aunque en muchos casos se trata de personas que buscan puestos de tiempo completo, saben que su trabajo actual podría durar apenas semanas o meses.
>
> ¿Cómo motivar a los trabajadores eventuales? La respuesta parece residir en la adaptación lógica de los conceptos existentes del comportamiento organizacional y en los modelos motivacionales. Por ejemplo, se insta a los administradores para que:
>
> - Evalúen a los trabajadores eventuales con criterios similares a los usados para empleados fijos (establecer objetivos retadores para que los superen)
> - Los integren con cuidado a la fuerza laboral (brindarles comunicación completa y orientación detallada, además de dedicar tiempo a indagar sus aspiraciones de carrera)
> - Les paguen conforme a los precios de mercado (ayuda a que perciban equidad)
> - Descubran su interés en los retos que se dan en el trabajo y les asignen tareas acordes con sus habilidades
> - Les brinden autonomía, los invitan a participar y demuestren confianza en ellos
>
> Por encima de todo, se pide a los patrones que nunca se refieran a estos trabajadores como *eventuales*, con lo cual les separan de los demás.* Incluso un término al parecer inocuo como ése puede hacer que el empleado se sienta aislado, inseguro y sometido a ostracismo, por lo que, en consecuencia, evitaría hacer aportaciones creativas. Este análisis sobre los trabajadores eventuales muestra lo importante que es que los gerentes descubran qué valoran los empleados (el primer paso del modelo motivacional de expectativas).
>
> * Shari Caudron, "Are Your Temps Doing Their Best?", *Personnel Journal*, noviembre de 1995, pp. 33-38.

- ¿Cuál de los tipos de recompensas disponibles valoraría más?
- ¿Cree que su esfuerzo le llevará al éxito en el rendimiento? En caso negativo, ¿qué puedo hacer para tranquilizarlo?
- ¿Qué probabilidades hay de que reciba las recompensas que desea si su rendimiento es adecuado?

Después de ello, los administradores deben enfrentar tareas difíciles, como decir a los empleados por qué no están disponibles las recompensas que desean o explicarles por qué otros factores podrían limitar su rendimiento, no obstante su esfuerzo intenso. Incluso si los trabajadores no pueden recibir todo lo que desean, sus expectativas estarán más apegadas a la realidad después de que ocurra la comunicación efectiva.

Limitaciones No obstante su atractivo general, el modelo de expectativas presenta ciertos problemas, por lo que es necesario someterlo a pruebas adicionales a fin de formar una base amplia de datos de investigación que lo sustenten. La combinación multiplicativa de los tres elementos también debe corroborarse. Es necesario considerar las recompensas intrínsecas y extrínsecas. Los efectos predichos de los resultados múltiples de un mismo esfuerzo deben incorporarse al modelo.

Además de lo anterior, se requiere la creación de mediciones fiables de valencia, expectativas e instrumentalidad. Existe la necesidad especial de crear mediciones que los administradores puedan usar en el contexto laboral. Siempre que sea posible, los gerentes necesitan saber qué perciben los empleados y *por qué* tienen esas creencias de valencia, expectativas e instrumentalidad.

El modelo también debe ser más completo y, al mismo tiempo, continuar siendo suficientemente pragmático para que les sirva a los administradores. Se tienen indicaciones recientes de que podrían añadirse factores adicionales, que expliquen mejor el comportamiento de los empleados. Por ejemplo, es frecuente que haya varias recompensas distintas a disposición de los empleados. La valencia de cada una se debe evaluar y combinar con las de las otras, para calcular la fuerza motivacional total en cada trabajador. Otra posible adición sería brindar a los empleados motivados la *oportunidad* de desempeñarse (figura 5-1).

El modelo plantea algunas preguntas fundamentales: ¿es tan complejo que los administradores tenderán a usar solamente sus aspectos sobresalientes, sin explorar sus detalles y consecuencias? ¿Lo omitirán por completo otros administradores? Muchos gerentes en situaciones operativas no disponen de los recursos o el tiempo para aplicar un sistema motivacional complejo en el trabajo. Sin embargo, en la medida en que empiecen a aprender sobre este modelo, quizá puedan aprovechar algunas de sus partes.

EL MODELO DE EQUIDAD

En el análisis precedente de los modelos motivacionales, se consideró al empleado como individuo, prácticamente independiente de los demás. Sin embargo, como se menciona en el capítulo 1, ellos en un sistema social, donde cada uno depende hasta cierto punto de los otros. Los trabajadores interactúan en sus tareas y en circunstancias sociales. Se observan los unos a los otros, se juzgan mutuamente y hacen comparaciones. El modelo que se analiza en siguiente término se basa en este concepto de la comparación, para agregar nuevas dimensiones a la comprensión global de la motivación de los empleados.

Muchos trabajadores están interesados en algo más que la satisfacción de sus necesidades; también quieren que el sistema de retribución sea *justo*. La cuestión de la justicia se aplica a todo tipo de recompensas —psicológicas, sociales y económicas— y hace más compleja la función administrativa de la motivación. La **teoría de la equidad** de J. Stacy Adams afirma que los empleados tienden a juzgar la justicia mediante la comparación de los resultados de sus esfuerzos contra los esfuerzos mismos y también al comparar esta *proporción* (no siempre el valor absoluto de la recompensa) contra la de otras personas (figura 5-9), como se muestra en la fórmula siguiente:[17]

$$\frac{\text{Resultados personales}}{\text{Aportaciones personales}} \stackrel{?}{=} \frac{\text{Resultados de otras personas}}{\text{Aportaciones de otras personas}}$$

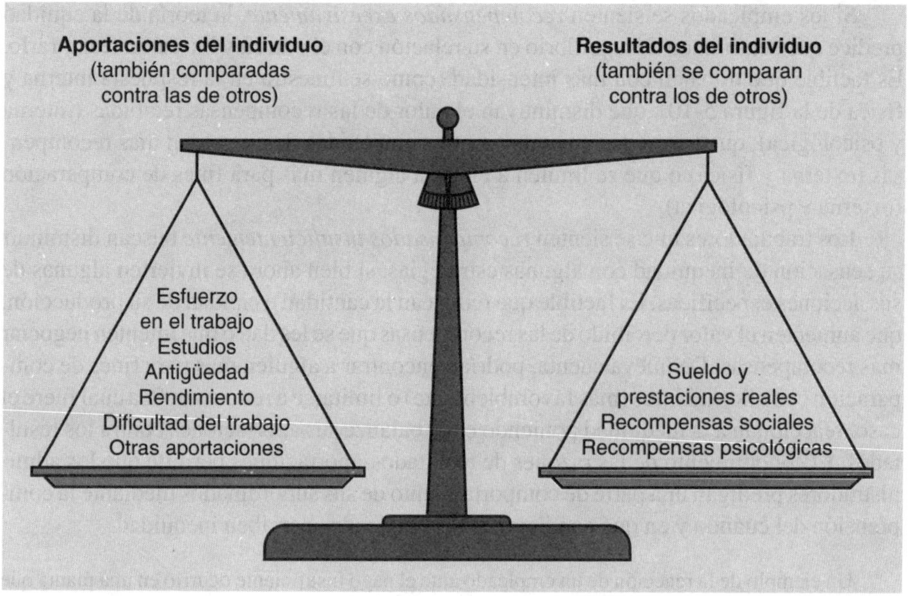

FIGURA 5-9

Factores clave en la evaluación de la equidad

Aportaciones del individuo
(también comparadas contra las de otros)

Esfuerzo en el trabajo
Estudios
Antigüedad
Rendimiento
Dificultad del trabajo
Otras aportaciones

Resultados del individuo
(también se comparan contra los de otros)

Sueldo y prestaciones reales
Recompensas sociales
Recompensas psicológicas

Las **aportaciones** son todos los elementos que los empleados piensan que aportan a su puesto o que contribuyen al trabajo: estudios, antigüedad, experiencias laborales previas, lealtad y dedicación, tiempo y esfuerzo, creatividad y rendimiento laboral. Los **resultados** son las recompensas percibidas que obtienen de su trabajo y su patrón, lo que incluiría sueldo y bonos, prestaciones, seguridad en el trabajo, recompensas sociales y recompensas psicológicas.

Los empleados analizan la justicia de su propio "contrato" de resultados-aportaciones y luego lo comparan contra el de otros trabajadores en puestos similares e incluso de otros puestos. La justicia de las recompensas (equidad) se juzgaría incluso con criterios relativamente arbitrarios, como la *edad*, según se ilustra en el ejemplo siguiente:

> Irene Nickerson es supervisora en una gran empresa de servicios públicos. Durante años, sus amigas le dijeron que podría sentirse exitosa cuando su sueldo (en miles de dólares) fuera mayor que su edad. Cuando tenía 34 años, recibió un aumento de sueldo considerable, con lo que su ingreso fue de 33 865 dólares. Se sintió frustrada, indignada y desmoralizada durante semanas, ¡por no haber recibido lo que tanto quería! Con tan sólo 135 dólares más, la compañía habría alcanzado sus expectativas de equidad y ella habría continuado siendo una empleada motivada.

Se comparan las aportaciones contra los resultados

El ingreso era una referencia simbólica, con la cual esa empleada comparaba sus resultados contra sus aportaciones (puesto que incluía la edad entre sus aportaciones, de estudios, experiencia y esfuerzo). Su reacción es sólo una de las tres combinaciones que pueden ocurrir con las comparaciones sociales, como equidad, recompensa excesiva o recompensa insuficiente. Si el empleado percibe *equidad*, continúa aportando aproximadamente en el mismo nivel. De lo contrario, en condiciones de inequidad, experimenta una tensión que lo motiva para reducir la necesidad misma. Las acciones resultantes pueden ser físicas o psicológicas, internas o externas.

Equidad

Recompensa excesiva

Si los empleados se sienten *recompensados excesivamente*, la teoría de la equidad predice que sentirán un desequilibrio en su relación con el patrón y buscarán restaurarlo. Es factible que trabajen con más intensidad (como se muestra en la respuesta interna y física de la figura 5-10), que disminuyan el valor de las recompensas recibidas (interna y psicológica), que traten de convencer a otros empleados de que pidan más recompensas (externa y física) o que se limiten a elegir a alguien más para fines de comparación (externa y psicológica).

Recompensa insuficiente

Los trabajadores que se sienten *recompensados insuficientemente* buscan disminuir su sensación de inequidad con algunas estrategias, si bien ahora se invierten algunas de sus acciones específicas. Es factible que reduzcan la cantidad o calidad de su producción, que aumenten el valor percibido de las recompensas que se les dan o que intenten negociar más recompensas. De nueva cuenta, podrían encontrar a alguien más para fines de comparación con ellos mismos (más favorablemente) o limitarse a renunciar. Sea cual fuere el caso, reaccionan a la inequidad poniendo en la balanza sus aportaciones contra los resultados. El conocimiento de las razones de resultados-aportaciones permite que los administradores predigan una parte de comportamiento de sus subordinados mediante la comprensión del cuándo y en qué condiciones los empleados perciben inequidad.

Un ejemplo de la reacción de un empleado ante el pago insuficiente ocurrió en una planta que fabrica partes mecánicas pequeñas para las industrias aeroespacial y automotriz.[18] Se cancelaron ciertos contratos importantes y la compañía se vio forzada a anunciar una reducción de 15% en el pago a todos los trabajadores. En comparación con un grupo de control en otra planta, cuyo sueldo no se redujo, los empleados afectados reaccionaron duplicando la tasa de robos habituales (de herramientas y otros insumos). La rotación de personal también aumentó a 23%, en comparación con el índice normal de 5%. Al parecer, los empleados experimentaron un cambio, de equidad relativa a la inequidad del pago insuficiente. Reaccionaron a este trato que percibían como incorrecto mediante la transferencia no oficial de recursos de la empresa hacia su persona. Cuando la medida de reducción de ingresos se canceló, luego de 10 semanas, la tasa de robos volvió a los valores normales.

FIGURA 5-10

Posibles reacciones ante la inequidad percibida

Tipo de reacción ante la inequidad	Posibles reacciones ante la recompensa excesiva	Posibles reacciones ante la recompensa insuficiente
Interna y física	Trabajar más intensamente	Menor productividad
Interna y psicológica	Disminuir el valor de la recompensa	Aumentar el valor de la recompensa
Externa y física	Instar a la persona de referencia para que obtenga más	Negociar en busca de más; posiblemente renunciar
Externa y psicológica	Cambiar a la persona de referencia	Cambiar a la persona de referencia

Interpretación del modelo de inequidad

Entender la equidad debe recordar a los administradores que los empleados trabajan en *varios* sistemas sociales; de hecho, suelen elegir diversos grupos de referencia dentro y fuera de la empresa. Además, se inclinan a cambiar las bases de sus comparaciones a la norma que les resulta más favorable. Las personas con estudios con frecuencia exageran el valor de esos estudios, y los empleados con mayor tiempo en la compañía, la antigüedad como criterio dominante. Otros optarían por grupos hasta cierto punto más altos (económicamente) como referencia. Muchos tienen muy desarrollado el ego y una opinión alta de sí mismos. Por consiguiente, todos estos factores (grupos de referencia múltiples, estándares cambiantes, orientación ascendente y ego) hacen que la tarea de predecir cuándo ocurrirá la inequidad sea compleja.

La teoría de la equidad ha generado amplias investigaciones, cuyos resultados en muchos casos la sustentan. En particular, la recompensa insuficiente parece producir tensión motivacional, con consecuencias predecibles (negativas), mientras que son menos constantes los resultados concernientes a la recompensa excesiva. Esos resultados disímiles de las investigaciones podrían conciliarse con el concepto de **sensibilidad a la equidad**, según el cual las personas poseen grados de preferencia distintos por la equidad. Algunas, al parecer, prefieren la recompensa excesiva, otras se ajustan al modelo de equidad tradicional y algunas más prefieren la recompensa insuficiente.[19] Identificar cuáles empleados corresponden a cada categoría ayudaría a que los administradores predigan quiénes experimentarán la inequidad y lo importante que sería el efecto en su comportamiento.

Sensibilidad a la equidad

Se observan elementos similares —esfuerzo (aportaciones) y recompensas (resultados)— cuando se comparan los modelos de equidad y expectativas. En ambos enfoques, la percepción desempeña una función clave, lo cual indica de nuevo lo valioso que es que los administradores recopilen la información *directamente* de los trabajadores, en vez de tratar de imponerles sus percepciones. Los principales retos para un administrador que aplica el modelo de equidad residen en medir las evaluaciones que hacen los empleados de sus aportaciones y resultados, identificar sus elecciones de referencias y evaluar las percepciones que tienen de sus aportaciones y resultados.

INTERPRETACIÓN DE LOS MODELOS MOTIVACIONALES

En este capítulo, se presentan varios modelos motivacionales. Todos tienen sus fortalezas y debilidades, defensores y críticos. Aunque ninguno es perfecto, todos añaden algo a la comprensión del proceso motivacional. Están elaborándose otros modelos; además, hay intentos por integrar los existentes.

Los modelos cognoscitivos (de proceso) probablemente continuarán dominando la práctica organizacional durante algún tiempo. Son más compatibles con el punto de vista sustentador e integral de las personas como seres pensantes que toman decisiones hasta cierto punto conscientes respecto de su comportamiento. Sin embargo, la modificación del comportamiento también reviste cierta utilidad, en especial en situaciones estables de complejidad mínima, en las que parece haber una conexión directa entre el comportamiento y sus consecuencias. En situaciones más dinámicas y complejas, son

Uso contingente de los modelos motivacionales

Consejos a futuros administradores

1. Identifique las necesidades e impulsos de cada uno de sus empleados, así como sus cambios con el paso del tiempo.
2. Reduzca el efecto de distracción de los factores de higiene antes de dirigir su atención a proporcionar motivadores.
3. Establezca conexiones estrechas entre los comportamientos deseados y las recompensas otorgadas; brinde mayores recompensas a quienes logren más; administre las recompensas en forma sistemática (por ejemplo, con programas de refuerzo de proporción variable).
4. Establezca objetivos orientados a rendimientos que sean específicos, retadores y aceptables.
5. Busque información acerca de las percepciones que tiene el empleado de la valencia, las expectativas y la instrumentalidad; comparta la información clave con los empleados para mejorar sus evaluaciones.
6. Descubra cuáles son las personas o grupos de referencia y las proporciones de resultados-aportaciones percibidas con que los empleados calculan la equidad; compare sus evaluaciones de probable equidad con las de ellos.

más útiles los modelos cognoscitivos. En otras palabras, el modelo motivacional usado debe adaptarse a la situación, además de mezclarlo con otros modelos.

RESUMEN

Cuando las personas se integran a una organización, llevan a ésta ciertos impulsos y necesidades que afectan su rendimiento en el trabajo. En ocasiones, esos impulsos y necesidades son inmediatamente evidentes, si bien es usual que no sólo sea difícil identificarlos y satisfacerlos, sino que además varían mucho de una persona a otra. Empero, resulta útil entender la forma en que las necesidades crean tensiones que estimulan el rendimiento y la forma en que el rendimiento efectivo lleva a la satisfacción de las recompensas.

En el capítulo se analizaron diversos enfoques para entender las necesidades y los impulsos internos de los empleados. Cada modelo contribuye a entender la motivación. Todos comparten ciertas similitudes. En general, estimulan a los administradores a considerar no sólo los factores de orden inferior, de mantenimiento y extrínsecos, sino también los del orden superior, motivacionales e intrínsecos.

La modificación del comportamiento se concentra en el ambiente externo, pues afirma que ciertos comportamientos de los empleados pueden verse afectados si se manipulan sus consecuencias. Éstas, de carácter alterno, incluyen los refuerzos positivo y negativo, el castigo y la extinción. El refuerzo puede aplicarse según programas continuos o parciales.

Una mezcla de los enfoques interno y externo se obtiene al considerar la definición de objetivos. Se insta a que los administradores aprovechen determinados indicios —como objetivos aceptados, retadores y específicos— para estimular el comportamiento aconsejable en los empleados. De tal manera, la definición de objetivos combinada con el refuerzo de la retroalimentación por el desempeño constituye un enfoque equilibrado de la motivación.

Otros modelos de motivación presentados en el capítulo son los de expectativas y equidad. El primero de ellos afirma que la motivación es producto del grado en que una persona desea algo y de las probabilidades de que su esfuerzo lleve al logro de la tarea y a la recompensa. La fórmula es que la motivación es igual a la valencia multiplicada por la expectativa y la instrumentalidad. La valencia es la intensidad de la preferencia de una persona por un resultado. Las expectativas son la fuerza de la creencia en que el esfuerzo personal servirá para lograr una tarea. La instrumentalidad es la fuerza de la creencia en que el rendimiento se recompensará.

Los modelos motivacionales de expectativas y equidad se relacionan específicamente con los procesos intelectuales del empleado. El modelo de equidad incluye una doble comparación: una entre las aportaciones y los resultados percibidos del empleado, y otra de las recompensas de referencia de la persona contra el nivel de sus aportaciones.

Se recomienda que los administradores combinen las perspectivas de varios modelos con el fin de crear un ambiente motivacional completo para sus empleados.

Términos y conceptos para revisión

Aportaciones
Castigo
Conformación
Contenido del puesto
Contexto del puesto
Definición de objetivos
Eficacia personal
Expectativa
Extinción
Factores de higiene
Factores motivacionales
Fenómeno del impostor
Impulsos
Instrumentalidad
Jerarquía de necesidades
Ley del efecto
Modelo de expectativas
Modelo E-R-G
Modelo motivacional de dos factores
Modificación del comportamiento organizacional
Motivación
Motivación del poder
Motivación hacia el logro
Motivación hacia la afiliación
Motivadores extrínsecos

Motivadores intrínsecos
Necesidades de crecimiento
Necesidades de existencia
Necesidades de orden inferior
Necesidades de orden superior
Necesidades de relación
Necesidades primarias
Necesidades secundarias
Realización personal
Refuerzo a intervalos fijos
Refuerzo a intervalos variables
Refuerzo continuo
Refuerzo de proporción fija
Refuerzo de proporción variable
Refuerzo negativo
Refuerzo parcial
Refuerzo positivo
Resultados
Resultados primarios
Resultados secundarios
Retroalimentación por el rendimiento
Sensibilidad de equidad
Supervisión del rendimiento
Teoría de la equidad
Valencia

Preguntas para análisis

1. Piense en alguien que haya hecho una tarea excelente de motivarlo. Describa cómo lo hizo. ¿Cuál de los enfoques siguientes usó esa persona (implícita o explícitamente)?

    a) Necesidades de orden inferior o de orden superior
    b) Factores de mantenimiento o motivacionales. En su caso, ¿cuáles?
    c) Necesidades de existencia, relación o crecimiento

d) Modificación del comportamiento
e) Definición de objetivos

2. En su función de estudiante, ¿piensa estar motivado más por las necesidades de orden inferior o las de orden superior de Maslow? Explique su respuesta. Describa cómo espera que cambie su motivación una vez que termine sus estudios.
3. ¿Cuál de los dos factores del modelo de Herzberg le motiva más actualmente? Explique su respuesta. ¿Es un factor de mantenimiento o uno motivacional?
4. Es relativamente sencillo que un administrador manipule las recompensas *extrínsecas*. Describa algunas formas en que ello podría tener efecto en las satisfacciones *intrínsecas* de un empleado.
5. Analice la forma en que la modificación del comportamiento motiva a las personas. ¿Por qué reviste importancia entender las necesidades de las personas al aplicar este enfoque?
6. Explique las diferencias entre el refuerzo negativo y el castigo.
7. Después de que la clase se divida en dos grupos (uno a favor y otro en contra), debátase la afirmación siguiente: "Las recompensas motivan a las personas".
8. ¿Cómo aplicaría el modelo de expectativa en las situaciones siguientes?

   a) Desea que dos empleados cambien sus vacaciones de verano a la primavera, de modo que las necesidades de trabajo se cubran de manera más adecuada en el verano.
   b) Piense que una de sus empleadas tiene potencial excelente de promoción y desea estimularla con el fin de que se prepare para ello.
   c) Se torció un tobillo y desea que un amigo camine hasta un restaurante de comida rápida y le compre una hamburguesa.

9. Aplique el modelo de equidad a su propia persona, como estudiante. ¿Cómo mediría sus aportaciones y resultados? ¿A quiénes elegiría como individuos de referencia? ¿Acaso percibe equidad? En caso negativo, ¿cómo la lograría?
10. El texto hace pensar que las percepciones de equidad del individuo pueden distorsionarse. Si ése fuera el caso, ¿cómo las corregiría o ajustaría?

Evalúe sus propias habilidades

¿Son buenas sus habilidades motivacionales?

Lea cuidadosamente las afirmaciones siguientes. Marque con un círculo el número de la escala de respuestas que refleje mejor el grado en que cada afirmación lo describe con exactitud. Sume los puntos totales y prepare un breve plan de acción para su mejoramiento personal. Esté listo para indicar su calificación con fines de tabulación ante todo el grupo.

	Descripción satisfactoria								Descripción insatisfactoria
1. Aplico conscientemente un modelo motivacional integrado, como el de la figura 5-1, para motivar a las personas.	10	9	8	7	6	5	4	3	2	1

2. Determino si las personas están motivadas por logros, afiliación o poder, y respondo en concordancia.   10 9 8 7 6 5 4 3 2 1
3. Intento determinar qué nivel de la jerarquía de necesidades es más importante para cada empleado.   10 9 8 7 6 5 4 3 2 1
4. Me encargo de eliminar los factores de insatisfacción en el contexto de trabajo antes de tratar de proporcionar factores motivacionales a mis empleados.   10 9 8 7 6 5 4 3 2 1
5. Reconozco que los empleados podrían estar interesados en la satisfacción de sus necesidades de crecimiento, como lo indican los modelos de Maslow, Herzberg y Alderfer.   10 9 8 7 6 5 4 3 2 1
6. Estoy consciente de la necesidad de proporcionar consecuencias sistemáticas, tanto positivas como negativas, a los empleados, para utilizar la ley del efecto.   10 9 8 7 6 5 4 3 2 1
7. Reconozco que el refuerzo negativo y el castigo son estrategias muy distintas.   10 9 8 7 6 5 4 3 2 1
8. Siempre que es posible, aplico un programa de proporción variable para administrar recompensas.   10 9 8 7 6 5 4 3 2 1
9. Busco proporcionar las condiciones que permitan a los empleados mejorar su nivel de eficacia personal.   10 9 8 7 6 5 4 3 2 1
10. Vigilo cuidadosamente el nivel de rendimiento de cada empleado y le proporciono retroalimentación constructiva en la medida necesaria.   10 9 8 7 6 5 4 3 2 1

Calificación e interpretación   Sume los puntos que obtuvo en las 10 preguntas. Escriba la calificación aquí ____ y señálela cuando se le pida.

- Si obtuvo de 81 a 100 puntos, parece tener una buena comprensión de las habilidades motivacionales adecuadas.
- Si obtuvo de 61 a 80 puntos, revise de cerca los elementos con calificación baja y explore las formas de mejorarlos.

- Si obtuvo menos de 60 puntos, debe estar consciente de que sus habilidades débiles en relación con varios elementos podría ser nociva para su éxito futuro como motivador. Le instamos a que relea el capítulo completo y busque otro material pertinente en capítulos ulteriores y otras fuentes.

Ahora, identifique las tres calificaciones más bajas y escriba los números de pregunta aquí: ____, ____ y ____. Escriba un párrafo breve en que detalle, para usted mismo, un plan de acción acerca de cómo mejoraría cada una de ellas.

Representación de papeles

La compañía con reducción de personal

Instrucciones Divida la clase en grupos de cuatro personas, en los cuales cada uno asuma los papeles de Phil, Sue, John y Linda. Cada persona sólo debe leer su papel. Cuando todo mundo esté listo, Phil debe reunirse con cada uno de los demás y tratar de crear un ambiente motivacional que los estimule para continuar con la empresa y ser productivos.

Phil Usted es el supervisor del departamento de circulación de una editorial científica. En fecha reciente, se redujo la plantilla de su departamento y perdió dos representantes de servicio a clientes. Se les despidió por conveniencia de la empresa, pero no por su rendimiento en el trabajo. Quedan tres representantes —Sue, John y Linda— y está a punto de reunirse con cada uno de ellos para tratar de convencerlos de que sigan estando motivados, sean productivos (realicen el trabajo que correspondía a cinco personas) y continúen con la empresa.

Sue Su departamento sufrió recientemente una reducción de personal, en la que se despidió a dos de cinco representantes de servicio a clientes. Supuestamente la medida se debió a razones no relacionadas con su rendimiento en el trabajo. Usted es uno de los representantes que permanecen (los otros son John y Linda). Usted es una madre soltera, que tiene que faltar al trabajo cuando se enferman sus hijos. En ocasiones, necesita un horario de trabajo flexible para adaptarlo al de sus hijos. Empieza a preguntarse si ello la hará más vulnerable en cualquier situación futura de despidos. Está a punto de reunirse con Phil.

John Su departamento sufrió recientemente una reducción de personal, en la que se despidió a dos de cinco representantes de servicio a clientes. Se supone que los despidos no se relacionan con el rendimiento en el trabajo. Usted es uno de los tres representantes que quedan (los otros son Sue y Linda). Ha ocupado este puesto durante dos años. Asiste a la universidad por la noche y ve en este trabajo un trampolín para un puesto administrativo. Sin embargo, después de observar el despido de sus dos colegas (y amigos), empieza a preguntarse si debe continuar en esta compañía. Está a punto de reunirse con Phil.

Linda Su departamento sufrió recientemente una reducción de personal, en la que se despidió a dos de cinco representantes de servicio a clientes. Supuestamente los despidos no guardan ninguna relación con el rendimiento en el trabajo. Usted es uno de los representantes que quedan (los otros dos son Sue y John). Ha estado en el área de servicio a clientes durante 15 años y siempre ha sentido el trabajo como un compromiso de toda la vida. Ahora, empieza a preguntarse si su puesto es seguro. Después de todo, si le ocurrió a dos de sus colegas, también podría ocurrirle a usted. Está a punto de reunirse con Phil.

Análisis
1. ¿Cuál o cuáles modelos motivacionales principales aplicó Phil con Sue, John y Linda?
2. ¿Qué enfoques habrían funcionado mejor?
3. ¿Cuáles son las lecciones principales que puede derivar de este ejercicio?

El fabricante de pianos[20]

Incidente

Waverly Bird fabrica pianos. También asesora a un fabricante de pianos. Está disponible para consultas telefónicas y trabaja una semana por mes, lo que incluye algunos viajes, para resolver problemas de los clientes. Además, cada año reconstruye poco más de una decena de pianos de cola para clientes especiales; pero, según sus propias palabras, la parte más satisfactoria de su vida es la afición de construir todo el piano. Afirma: "Es lo que me mantiene con vida". El reto del trabajo estimula a Bird. Obtiene satisfacción de la precisión y la calidad, y comenta: "Los detalles marcan la diferencia. Cuando se corta una esquina aquí y otra allá, se corta un gran orificio. Un piano es como el cuerpo humano; todas las partes son importantes".

Bird enfrenta un gran reto cuando fabrica todo un piano. En su trabajo, combina las habilidades de tareas de carpintería, forja metales e ingeniería con conocimientos de acústica y un buen oído musical. Su trabajo requiere gran precisión, ya que una falta de alineación mínima arruina la tonalidad del piano. También se requiere flexibilidad: el teclado debe estar equilibrado para que responda al contacto de los dedos, mientras que el *pinblock* debe soportar 20 toneladas de presión. Por añadidura, Bird tiene que fabricar muchas de sus herramientas.

Bird ha producido 40 pianos en su carrera de 34 años. Aunque la fabricación de cada uno le lleva casi un año, los vende al precio moderado de un piano comercial. No busca dinero, sino retos y satisfacción. Afirma: "Este negocio es como una sucesión de puertas cerradas. Se aprende algo, y está otra puerta cerrada esperando ser abierta". Bird afirma que su gran sueño es fabricar un piano de cola: "Es algo que no he hecho todavía y que me gustaría hacer".

Preguntas
1. Analice la naturaleza de la motivación de Bird en cuanto a la fabricación de pianos. ¿Cuáles son sus impulsos y necesidades? ¿Tendría efectos en su motivación un programa de modificación del comportamiento? ¿Por qué sí? o ¿Por qué no? ¿Cómo le afectaría definir el objetivo de fabricar dos pianos por año?
2. ¿De qué manera un fabricante de pianos podría imbuir en sus empleados la motivación que tiene Bird?

Ejercicio de experiencia

¿Las calificaciones motivan?

1. Evalúe la valencia de recibir 10 de calificación en este curso. Asigne a esa calificación una valencia situada entre –1 y 1, usando graduaciones de una décima (0.8, 0.9, 1, etcétera.)
2. Ahora, evalúe las probabilidades (entre 0 y 1) de que el grado de esfuerzo que espera dedicar a este curso le produzca rendimiento suficientemente alto para obtener 10 de calificación. Ello constituye su calificación de expectativa.
3. Luego, evalúe las probabilidades (entre 0 y 1) de que su mejor rendimiento en este curso (10 de calificación) mejore considerablemente su promedio global. Esto representa su calificación de instrumentalidad.
4. A continuación, multiplique los valores de V, E e I para obtener una medición global de su probable motivación (en relación con esta tarea y su recompensa). Esta calificación global debe estar entre –1 y 1. Escriba su nombre y datos en la línea 1 de la tabla que se incluye más abajo.
5. Comparta su calificación con los compañeros de clase, en un formato como el mostrado. Tome nota del intervalo de respuestas de la clase en relación con cada elemento.

Nombre del estudiante	Valencia	Expectativa	Instrumentalidad	Motivación
1.				
2.				
3.				
4.				
5.				
etc.				

Capítulo 6

Evaluación y retribución del rendimiento

Pero en ocasiones —y nos aventuraríamos a decir que frecuentemente— el rendimiento deficiente de un empleado puede atribuirse en gran parte a su jefe.
—**Jean-Francois Manzoni y Jean-Louis Barsoux**[1]

La mayoría de las personas quiere retroalimentación, por supuesto, a condición de que refleje su propia percepción. Cuando lo hace, tiende a agradarles. Cuando no lo hace, les desagrada.
—**Larry Cipolla**[2]

OBJETIVOS DEL CAPÍTULO

ENTENDER:

- Los sistemas de recompensa total
- El dinero como medio de intercambio económico y social
- La función del dinero en los modelos motivacionales
- Consideraciones del comportamiento en la evaluación del rendimiento
- Las características de los buenos programas de retroalimentación
- El proceso de atribución
- Cómo y por qué vincular el sueldo con el rendimiento
- Uso de los programas de reparto de utilidades, ganancias compartidas y sueldo basado en habilidades

Durante 24 años, Mark McCann trabajó como cajero en el banco en un pequeño poblado. Era el de mayor antigüedad de los tres cajeros, y en contadas ocasiones, cuando salían del banco los ejecutivos, él se quedaba a cargo. En su comunidad era un ciudadano respetado. Pertenecía a un club empresarial y era el de mayor edad en su congregación religiosa. En fecha reciente, comentó a un amigo de su confianza: "Estoy buscando otro trabajo, cualquier cosa con tal de salir de ese banco." Las preguntas al respecto indicaron que había estado muy satisfecho con su trabajo y que de hecho todavía lo estaba, salvo por un incidente. A causa de la escasez de mano de obra local, uno de los puestos de cajero estuvo vacante durante tres meses. Finalmente, ya en una situación desesperada, el banco contrató a un joven estudiante universitario sin capacitación, proveniente de otra ciudad. A fin de atraerlo, el banco le pagó un sueldo mensual que era de 25 dólares más que el de McCann. En forma repentina, McCann se sintió hecho a un lado y olvidado. Todo su mundo se derrumbó el día que se enteró del sueldo otorgado al nuevo cajero. Sintió que su posición social en la comunidad se había colapsado y que su imagen de sí mismo estaba destruida. ¡El empleado al que estaba capacitando ganaba 25 dólares mensuales más que él!

Este caso ilustra la importancia que las recompensas económicas tienen para los empleados y el inmenso valor social que se confiere a las relaciones de sueldos. Los administradores no siempre reconocen su importancia social para los trabajadores. En el siglo XIX y comienzos del XX, se supuso que los empleados querían principalmente dinero, por lo que se llegó a la creencia de que el dinero producía motivación directa, es decir, cuanto más dinero se ofrecía, tanto mayor era la motivación. Roethlisberger y sus discípulos tuvieron éxito en desechar esta idea, pues demostraron que las recompensas económicas operan mediante las actitudes de los trabajadores en el sistema social y generan un incentivo de carácter *indirecto*.

En este capítulo se analizan las relaciones complejas de los sistemas de remuneración y el comportamiento organizacional. En libros acerca de las compensaciones económicas y administración de recursos humanos, se incluyen muchos más detalles sobre estos sistemas, mientras que en éste sólo se analizan los aspectos relacionados con el comportamiento. El capítulo se concentra primero en la manera de combinar los **incentivos** con otras partes de la administración de sueldos para crear un sistema de remuneración completa, que estimule la motivación. Luego, se analiza el dinero como forma de retribuir a los empleados, se aplican modelos motivacionales a los sueldos, se realizan comparaciones de costo-remuneración y se considera el comportamiento en la evaluación del rendimiento. Por último, se analiza el pago de incentivos, enfoque en que el sueldo del trabajador varía en proporción al rendimiento organizacional o del empleado.

UN PROGRAMA COMPLETO

Se requieren muchos tipos de sueldos o formas de pago para que exista un sistema de remuneración completo.[3] En los análisis de puestos y las encuestas de sueldos, se califican los *puestos*, comparando uno contra otro para determinar el sueldo base (según los niveles de responsabilidad y la situación del mercado). En las evaluaciones del rendimiento e incentivos, se califica a los *empleados* según su rendimiento y se recompensan sus aportaciones. Por su parte, con el reparto de utilidades se califica a la *organización* con base en su rendimiento económico general y se recompensa a los trabajadores como socios de ella. En forma conjunta, estos tres sistemas —sueldo base, remuneración por rendimiento y reparto de utilidades— constituyen los cimientos de un programa de remuneración completo, como se ilustra en la pirámide de remuneraciones de la figura 6-1. Cada uno de ellos contribuye en cierta medida a la satisfacción económica del empleado.

Los tres sistemas son complementarios, ya que cada uno refleja un conjunto distinto de factores para determinada situación. El sueldo base y la remuneración según el rendimiento motivan a los empleados para que aspiren a puestos que requieren mayores habilidades y entrañan mayores responsabilidades. El sueldo según rendimiento es un incentivo para mejorar precisamente el rendimiento en el trabajo. El reparto de utilidades motiva a los empleados para que trabajen en equipo y mejoren los logros de la organización.

Otras formas de pago, que en lo primordial no son incentivos, se añaden al sistema de incentivos. Las compensaciones por antigüedad tienen como fin recompensar a los

Relación del pago con objetivos

FIGURA 6-1

Pirámide de recompensas: los componentes de un programa de remuneración completo (*léase de abajo arriba*)

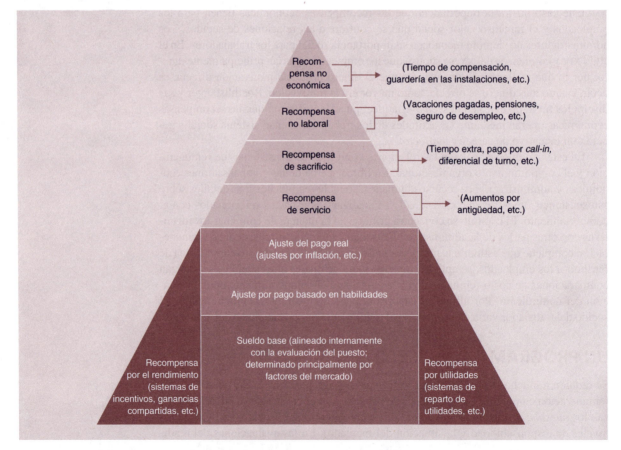

trabajadores por sus servicios en el largo plazo y alentarlos para que continúen en la empresa. Si el patrón pide a sus empleados que se sacrifiquen trabajando tiempo adicional, en su día de descanso o en un horario inconveniente, es usual que les pague más por hacerlo. Otros pagos se realizan por periodos en que el empleado no trabaja, por ejemplo, vacaciones, días feriados, cuando sirven como miembros de jurados o en caso de despido sujeto a un pago garantizado.

Las adiciones al cimiento de incentivos en la pirámide de remuneración tienen escaso valor como incentivos, ya que no aumentan conforme mejora el rendimiento en el trabajo. Algunas de ellas son incentivos indirectos, que mejoran la actitud del empleado. Otras, como los aumentos de sueldo por antigüedad, en realidad desempeñarían una función contraria a la de los incentivos. Está claro que no es un solo factor, sino muchos, los que componen el cálculo del pago a un trabajador. Algunos se relacionan mucho menos con la incentivación que con objetivos amplios, como seguridad, equidad y justicia social. Un programa efectivo de remuneración económica equilibra muchos de sus factores, como se muestra en el ejemplo siguiente:

> Lincoln Electric Company es una combinación clásica y particular de un programa de compensación a sus empleados para crear un programa de remuneración completo, junto con otras políticas administrativas únicas.[4] Éstas comprenden el pago por unidad, el reparto de utilidades, los programas de sugerencias, los bonos de fin de año y las oportunidades de compra de acciones. Ello se complementa con la ausencia de pago de vacaciones o incapacidad, tiempo extra obligatorio, carencia de un sistema de antigüedad y no contar con lineamientos definidos de promociones. Sin embargo, la empresa tiene 50 años sin despidos masivos, lo cual constituye un gran logro de seguridad en el trabajo, en esta era de tantas reducciones de personal. Los resultados son claros: su nivel de ventas por empleado es del doble al triple del estándar en la industria manufacturera, sus productos se singularizan por su fiabilidad y la tasa de rotación de personal después del periodo de contratación de prueba es menor de 3% anual, incluidas las muertes y jubilaciones.

Además de lo anterior, existe una amplia gama de programas no económicos que complementan a los de remuneración completa en muchas empresas. Algunas recompensan a sus empleados con periodos contingentes de descanso pagado por rendimiento ejemplar, mientras que otras permiten que devenguen "tiempo de compensación" por horas trabajadas y no pagadas. Muchas empresas también cuentan con una gran diversidad de otras prestaciones para sus empleados, como los servicios de guardería en sus propias instalaciones y programas de bienestar social. El número de las opciones y sus costos para los patrones han aumentado de manera impresionante y suelen ser de 35 a 40% de la remuneración total.

EL DINERO COMO MEDIO PARA RECOMPENSAR A LOS EMPLEADOS

Resulta evidente, con base en la figura 6-1, que el dinero es importante para los empleados, por diversas razones. Sin duda alguna, es valioso por los bienes y servicios que permite comprar. Este aspecto es su valor económico como medio de intercambio para la distribución de recursos económicos; pero el dinero también es un *medio social de intercambio*. Todo el mundo ha observado su importancia como símbolo de estatus de quie-

El dinero tiene valor social

nes lo tienen y, de tal suerte, pueden ahorrarlo, gastarlo indiscriminadamente o regalarlo con generosidad. El dinero tiene valor de estatus cuando se recibe y cuando se gasta. Representa para los empleados lo que su patrón piensa de ellos. También es un indicador del estatus de un empleado en relación con el de otros. Tiene casi tantos valores como el número de sus poseedores. He aquí un ejemplo de las diferentes respuestas que genera en las personas:

> Un gerente concedió a dos representantes de ventas el mismo aumento de sueldo, ya que ambos habían realizado un buen trabajo. Uno de los representantes era una mujer, que se mostró muy complacida con este reconocimiento. Sentía que era respetada y recompensada, ya que el aumento la ubicaba en una tasa impositiva más alta. El otro representante de ventas estaba molesto, ya que sabía que el incremento de sueldo correspondía al mínimo estándar disponible, de modo que lo consideró un insulto, no una recompensa adecuada por el trabajo sobresaliente que en su opinión había realizado. Sentía que no se le reconocía apropiadamente y vio en ese pequeño aumento un golpe serio a su autoestima y respeto por sí mismo. El aumento de sueldo afectó de manera diferente la seguridad emocional de los dos empleados. La primera sentía ahora que había obtenido más seguridad, mientras que el segundo sentía que su seguridad estaba en riesgo.

Aplicación de los modelos motivacionales

Una forma útil de pensar en el dinero como recompensa es aplicar algunos de los modelos motivacionales que se presentaron en el capítulo 5.

Impulsos   Los empleados orientados a logros llevan una tarjeta simbólica en su mente, con la cual comparan sus ingresos totales contra los de otros. El sueldo es una medida de sus logros. El dinero también se relaciona con otras necesidades, ya que las personas pueden usarlo para comprar su entrada en clubes caros (afiliación) y tener la capacidad (poder) para influir en otros, por ejemplo, con contribuciones políticas.

El dinero satisface muchos impulsos y necesidades

Necesidades   En el modelo de Herzberg, el pago se considera principalmente como factor de higiene, pese a que también puede tener valor motivacional, por lo menos en el corto plazo. En otros modelos basados en necesidades, lo más fácil es ver su capacidad para satisfacer necesidades de orden inferior (como las fisiológicas y de seguridad de Maslow o las de existencia de Alderfer). Sin embargo, también es apreciable su relación con otros niveles, como las necesidades de estima de Mark McCann en el ejemplo con que se inicia este capítulo.

Expectativas   Recordará el lector que la teoría de las expectativas afirma:

$$\text{Valencia} \times \text{Expectativas} \times \text{Instrumentalidad} = \text{Motivación}$$

Ello significa que si se pretende que el dinero actúe como motivador poderoso, el empleado debe quererlo en cantidad (valencia), ha de creer que el esfuerzo tendrá éxito en el logro del rendimiento deseado (expectativa) y tiene que confiar en que la recompensa monetaria seguirá al rendimiento mejorado (instrumentalidad).

La valencia del dinero no es un factor en el que influyan fácilmente los administradores. Depende de los valores personales, las experiencias y necesidades del empleado, así como del macroambiente motivacional. Por ejemplo, si el empleado también tiene ingresos por su cuenta, un pequeño incremento de sueldo tendría poca valencia. La misma conclusión se aplica al trabajador que atesora otros valores y desea tener apenas un ingreso de subsistencia. De igual modo, el valor directo del dinero para las personas tiende a disminuir en sociedades prósperas, ya que por lo general satisface necesidades de orden inferior de manera más directa que las de orden superior. Sin embargo, el dinero tiene muchos significados sociales para los individuos, de modo que podrían buscarlo por su valor social (una medida de estatus y estima) incluso si su valor económico tiene valencia baja. Esta doble función significa que *muchos empleados sí responden al dinero como recompensa* (es decir, tiene valencia para ellos).

El dinero frecuentemente tiene valencia alta

En cuanto a la instrumentalidad, son muchos los empleados que no tienen la certeza de que el rendimiento adicional traiga consigo un pago adicional (la relación rendimiento-to-recompensa). Ello se debe a su observación de que algunos empleados rinden lo mínimo, pese a lo cual se les conceden aumentos de sueldo casi iguales a los de los de alto rendimiento. Es frecuente que piensen que las promociones se basan más en la antigüedad o las relaciones personales que en el rendimiento. La instrumentalidad es un área en la que los administradores tienen amplias oportunidades de generar confianza y emprender acciones positivas, ya que pueden modificar considerablemente la relación del aumento del rendimiento con la recompensa.

Modificación del comportamiento Las dos condiciones deseables para la aplicación de recompensas contingentes según los principios de la modificación del comportamiento se ilustran en la figura 6-2 como situaciones 1 y 4. En cada caso, los empleados pueden ver la relación directa del rendimiento con la recompensa (la instrumentalidad es alta). Los estados indeseables son las situaciones 2 y 3, en las que no se otorgan recompensas a los empleados de rendimiento alto o se conceden a los de rendimiento bajo (la instrumentalidad es baja). Cuando se permite que ocurran estas situaciones, muchos empleados experimentan como mínimo confusión respecto de cuál debe ser su rendimiento e incluso podrían estar muy insatisfechos con el sistema de recompensas.

Se desea instrumentalidad alta

> Considérense los casos de cuatro empleados, a cada uno de los cuales el patrón da trato diferente, y lo que podrían estar pensando. Shannon recibió un aumento de sueldo considerable por su rendimiento sobresaliente. ("Creo que me esforzaré incluso más en el futuro, ya que evidentemente aquí se reconoce el trabajo bien realizado.") La productividad de Chet es similar a la de Shannon, pese a lo cual se le otorga un incremento de sueldo apenas simbólico. ("Si eso es lo que vale mi esfuerzo para ellos, me esforzaré menos el próximo año".) Aunque Travis no tuvo un buen rendimiento, la organización sí tuvo un año exitoso, por lo cual se le concedió un aumento considerable. ("Éste es un buen sitio para trabajar; puedo dejar que pasen simplemente los días y todavía lograr un aumento.") Pam tuvo un año igualmente malo, de modo que su supervisor no le concedió aumento de sueldo. ("Creo que si quiero salir adelante, necesito trabajar mejor en el futuro.") En cada caso, la recompensa otorgada (cuando se compara contra el rendimiento) envía una señal intensa —aunque no siempre la que se pretendía— al empleado respecto de las probabilidades de recompensas futuras basadas en el rendimiento.

Equidad No existe una respuesta sencilla para los patrones en cuanto a sus esfuerzos por crear sistemas funcionales de recompensas económicas para mejorar la productivi-

FIGURA 6-2

Condiciones de instrumentalidad deseables e indeseables

Situación	Nivel de rendimiento	Nivel de recompensa económica	Condición de instrumentalidad
1	Alto	Alto	Deseable
2	Alto	Bajo	Indeseable
3	Bajo	Alto	Indeseable
4	Bajo	Bajo	Deseable

Comparación costo-recompensa

dad, si bien por lo menos deben esforzarse por entender la perspectiva de los empleados. El enfoque que dan éstos a este problema complejo es elaborar un tipo burdo de **comparación costo-recompensa**, similar al análisis del punto de equilibrio que se emplea en las evaluaciones financieras. El empleado identifica y compara sus costos y recompensas personales para determinar el punto en que son aproximadamente iguales, como se ilustra en la figura 6-3. Considera todos los costos del rendimiento alto, como el esfuerzo, el tiempo, la adquisición de conocimientos y nuevas habilidades, y la energía mental que debe dedicar a la innovación y la solución de problemas. Luego, compara esos costos con todas las posibles recompensas, tanto económicas (como el sueldo, las prestaciones, las vacaciones pagadas) como de otros tipos (estatus, autoestima y autonomía, si bien su valor suele ser más difícil de cuantificar). Este proceso de comparación de aportaciones y resultados es similar en parte al modelo motivacional de equidad que se analiza en el capítulo 5, salvo que en este análisis se supone que los empleados todavía no se comparan unos contra otros. Siempre se valoran los costos (aportaciones) y recompensas (resultados).

El punto de equilibrio es cuando los costos y las recompensas son iguales para un nivel dado de rendimiento esperado, correspondiente al punto B de la gráfica. El rendimiento de los empleados tiende a acercarse al punto de equilibrio; pero es levemente

FIGURA 6-3

Costos del rendimiento en relación con la recompensa para un empleado. El nivel de rendimiento del empleado tiende a estar entre A' y B'

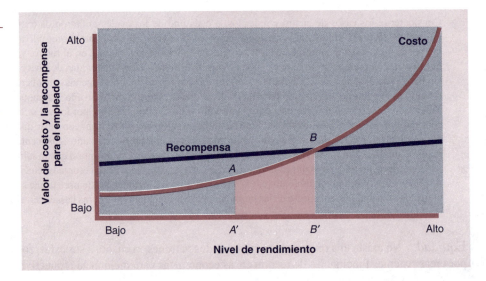

inferior a éste, por dos razones. La primera es que ellos por lo general no tienen la precisión necesaria para calcular con exactitud el punto de equilibrio. En segundo lugar, intentan mantener una relación personalmente satisfactoria, en que las recompensas sean favorables cuando las comparan contra los costos.[5] El rendimiento tiende a ubicarse en la línea $A'B'$.

No obstante lo anterior, deben expresarse varias reservas acerca de este tipo de análisis. En la figura 6-3 se muestra que los costos del empleado aumentan de manera más pronunciada cerca del nivel máximo de expectativas de rendimiento, con lo que representan el esfuerzo y la concentración adicionales requeridos. Además, la forma de las líneas de cada empleado (y la ubicación de su punto de equilibrio) es distinta, lo cual corresponde al valor personal que se asigna a los costos y las recompensas (un ejemplo de las diferencias individuales en acción). Además, la línea de recompensas se muestra como una recta, como en el caso de un sistema de pago a destajo; pero en muchos casos aumenta de manera escalonada, después de que ocurre una cierta mejoría del rendimiento. Si los gerentes pueden lograr que la línea de recompensas percibidas sea más pronunciada, ofreciendo o resaltando recompensas más grandes o diferentes, el punto de equilibrio corresponde a un nivel de rendimiento más alto. En forma alterna, cuando los administradores pueden convencer a los empleados de que su línea de costos no es tan pronunciada, el punto de equilibrio también se ubica en un nivel de rendimiento más alto.

> Muchos representantes de ventas trabajan con algún tipo de plan de comisiones, que incluye bonos periódicos. En muchos casos, estos bonos aumentan conforme la persona se acerca a los niveles altos de rendimiento, de acuerdo con el supuesto de que ello hace que tienda a la excelencia. Sin embargo, es un principio que a veces se omite, como el caso de un distribuidor al que entrevistó uno de los autores. De hecho, ese distribuidor *redujo* la magnitud de los bonos que otorgaba cuando los representantes de ventas alcanzaban nuevos niveles durante el mes. ¿Su explicación? "No quiero que mis empleados se hagan ricos a mi costa."

Consideraciones adicionales respecto al uso del dinero

Recompensas extrínsecas e intrínsecas   El dinero es, en lo fundamental, una recompensa extrínseca, no intrínseca, de modo que es fácil aplicarlo en los programas de modificación del comportamiento. No obstante, también tiene todas las limitaciones de las recompensas extrínsecas. Sin importar lo cerca que esté vinculado con el rendimiento, es una necesidad que se origina fuera del trabajo y es útil sólo fuera de él. Por lo tanto, tiende a generar menos satisfacción inmediata que las recompensas laborales intrínsecas. Por ejemplo, la satisfacción personal del trabajo bien realizado es un motivador poderoso para muchas personas. En contraste, las recompensas económicas no pueden proporcionar toda la satisfacción necesaria a una persona psicológicamente saludable.

La tarea importante de los gerentes es integrar con éxito las recompensas extrínsecas e intrínsecas. Uno de los problemas reside en que los empleados difieren en cuanto a la magnitud que desean de unas y otras, además de las diferencias en los puestos y las condiciones de la organización. Otro sería que los patrones empiecen a pagar a los empleados por trabajo que resultó previamente satisfactorio, ya que ciertos datos indican que el pago de una recompensa extrínseca disminuye la satisfacción intrínseca recibida.[6] Además, es difícil que los administradores proporcionen de manera sistemática recompensas intrínsecas. Todo ello hace suponer que se necesita un enfoque de contingencia

Dificultad de integración

de las recompensas, que considere las necesidades de los empleados, el tipo de trabajo, el ambiente organizacional y las diferentes recompensas. Algunos beneficios especiales, como el reconocimiento o estatus, en ocasiones resultan en especial valiosos para los empleados por su mayor significado psicológico y social. En el ejemplo siguiente se ilustra cómo frecuentemente se entrelazan las recompensas intrínsecas y extrínsecas en los programas de reconocimiento.

> El Wells Fargo Bank creó un programa para reconocer y reforzar el comportamiento de individuos que realizan aportaciones excepcionales en el área de servicio a clientes.[7] Aunque el programa incluye recompensas en efectivo y una amplia gama de otras opciones de valor sustantivo, la experiencia máxima gira en torno a una comida de reconocimiento y celebración para los ganadores de los premios en un elegante restaurante de San Francisco, con altos ejecutivos de la compañía.

Apego a la ley Además de la complejidad de aplicar diversos modelos motivacionales y considerar factores intrínsecos y extrínsecos, los administradores deben apegarse a una amplia gama de leyes federales y estatales. Una de las más significativas es **la Ley federal de igualdad de pago** (1963) de Estados Unidos, aplicable a empresas que tienen actividades de comercio interestatal y a muchos empleados de los gobiernos federal, estatales y municipales. Esta ley, y otras similares que se ha promulgado en muchos estados de dicho país, requiere que los sistemas de recompensa se diseñen y administren de modo que las personas que realizan el mismo trabajo reciban el mismo pago, sin importar el sexo. Tiene como fin prevenir una forma de discriminación sexual, pues elimina diferencias históricas ya que era una práctica habitual pagar menos a las mujeres.

Valor comparable

Otro programa, llamado **valor comparable**, busca garantizar igual sueldo por igual trabajo. Este enfoque requiere que los sistemas de recompensa se diseñen para que las personas en puestos comparables —los de igual *valor* para el patrón— reciban pago similar. Por ejemplo, un hospital podría determinar que el puesto de técnico de laboratorio requiere estudios, capacidad de toma de decisiones y habilidades de manejo del estrés similares a los de un auditor interno y, por ende, optaría por establecer paga similar para ambos. Ese programa también tiene la intención de poner fin a la discriminación histórica contra las personas que tienen puestos estereotipados en relación con su género (como las mujeres que son enfermeras tituladas).

Otros factores Hay muchos más elementos que complican el proceso de remuneración. En contraste con las presiones legales y psicológicas de equidad (equiparar las aportaciones y los resultados, en comparación con los de otras personas), algunos individuos abogan por la *igualdad*. Preferirían que todos los empleados recibieran las mismas recompensas, sin importar sus habilidades o nivel de rendimiento individuales. Está claro que la equidad y la igualdad son dos bases totalmente distintas para comparar las retribuciones. En ocasiones, el *secreto* en los programas de sueldos se vuelve tema de debate. Ciertas organizaciones mantienen en secreto toda la información sobre el tema, mientras que otras lo revelan, en la creencia de que la apertura es preferible. El *control* también puede ser un problema. ¿Deben encargarse expertos en personal de diseñar los sistemas de recompensa o debe permitirse la participación de los empleados en su creación y dirección? Asimismo, el nivel de *flexibilidad* ha sido tema de polémica. Aunque ciertas prendas de vestir son "unitalla", sería irracional esperar que todas las dimensiones de la compensación satisfagan las necesidades de todos los empleados. Está claro que la administración de los sistemas de recompensa organizacionales comprenden muchos problemas y que cada organización tiene sus propias respuestas.

COMPORTAMIENTO ORGANIZACIONAL Y EVALUACIÓN DEL RENDIMIENTO

Las organizaciones requieren niveles constantes de rendimiento alto de sus empleados para sobrevivir en un ambiente muy competitivo (*véase* "Lo que leen los administradores"). Muchas empresas buscan alguna forma de sistemas de control y planeación orientados a resultados. La **administración por objetivos** es un proceso cíclico que suele consistir en cuatro pasos para lograr el rendimiento buscado:

1. *Definición de objetivos.* Determinación conjunta, por parte del administrador y del empleado, de los niveles apropiados de rendimiento futuro de este último en el contexto de los objetivos y recursos globales de su unidad de trabajo. Es frecuente que se definan estos objetivos en relación con el año calendario siguiente.
2. *Planeación de acciones.* Planeación participativa o incluso independiente por parte del empleado en cuanto a *cómo* alcanzar los objetivos que se establezcan. Brindar cierta autonomía a los trabajadores es invaluable, ya que aumenta las probabilidades de que empleen su ingenio y de que se sientan más comprometidos con el éxito del plan.
3. *Revisiones periódicas.* Evaluación conjunta del progreso hacia los objetivos, que emprenden de manera informal y en ocasiones espontánea el administrador y el empleado.
4. *Evaluación anual.* Evaluación más formal del éxito en el logro de los objetivos anuales del empleado, que se completa con la renovación del ciclo de planeación. En algunos sistemas de administración por objetivos, también se usa la evaluación del rendimiento para vincular las recompensas a los empleados con el nivel de resultados alcanzados.

La **evaluación del rendimiento** desempeña una función clave en los sistemas de recompensa. Es el proceso de valorar sus resultados, compartir información con ellos y buscar formas de mejorar el rendimiento. Esta evaluación es necesaria para: 1. asignar recursos en un ambiente dinámico; 2. motivar y recompensar a los empleados; 3. retroalimentarlos acerca de su trabajo; 4. mantener relaciones justas en los grupos; 5. emprender el entrenamiento y desarrollo de los empleados y 6. acatar reglamentos. También es una oportunidad formal para llevar a cabo lo que debería hacerse con mayor frecuencia en las empresas: agradecer las contribuciones de los trabajadores.[8] Por consiguiente, los sistemas de evaluación son necesarios para la administración apropiada y para el desarrollo de los empleados.

Razones para la evaluación de empleados

El ambiente social que rodea a las compañías se ha modificado considerablemente en años recientes. La complejidad y dificultad de los planes de evaluación han aumentado con la promulgación de leyes federales y estatales. Por ejemplo, como se muestra en la figura 6-4, son muy estrictos los criterios de apego a las leyes de oportunidades igua-

Lo que leen los administradores

Jeffrey Pfeffer afirma que muchas compañías han visto en los empleados un elemento de costo y no el recurso competitivo único que son o pueden ser. Plantea que las personas trabajan más intensa e inteligentemente, además de mostrar mayor responsabilidad, si tienen control sobre su trabajo, la oportunidad de aplicar sus conocimientos para beneficio de la empresa y participación en relaciones cooperativas con sus superiores. Siete prácticas administrativas de alto rendimiento son indispensables para el éxito:

1. Brindar seguridad en el empleo.
2. Contratación selectiva de personas competentes.
3. Uso de equipos autoadministrados.
4. Lograr que el aumento de los ingresos dependa de mejorar el rendimiento.
5. Realizar inversiones continuas en empleados mediante la capacitación.
6. Reducir la diferencia de estatus entre los niveles organizacionales.
7. Brindar poder a los empleados compartiendo información con ellos.

Fuente: Jeffrey Pfeffer, *The Human Equation: Building Profits by Putting People First*, Boston, Harvard Business School, 1998.

---

les de empleo. Los administradores tienen que diseñar y operar con cuidado sus sistemas de evaluación, para no incumplir esas leyes.

Filosofía de la evaluación

Énfasis en el rendimiento y los objetivos

Una generación atrás, en los programas de evaluación se tendía a poner énfasis en las cualidades, deficiencias y capacidades de los empleados; pero en la filosofía de evaluación moderna se ponen de relieve el rendimiento actual y los objetivos futuros. Asimismo, la filosofía moderna resalta la participación de los empleados en la definición conjunta de objetivos con el supervisor y el conocimiento de los resultados alcanzados. Así pues, los aspectos importantes de la filosofía de evaluación moderna son los siguientes:

1. *Orientación al rendimiento.* Es insuficiente que los empleados se *esfuercen*; su esfuerzo debe originar que se logren *resultados* (productos o servicios).
2. *Enfoque en objetivos.* Como se vio en la administración por objetivos, los empleados deben tener una idea clara de qué se supone que deben hacer y la jerarquía de

FIGURA 6-4

Criterios necesarios para garantizar oportunidades iguales de empleo en la evaluación del rendimiento

El sistema de evaluación del rendimiento:

- Es una necesidad organizacional.
- Se basa en criterios objetivos y bien definidos.
- Se basa en el análisis minucioso de los puestos.
- Usa solamente criterios relacionados con el trabajo.
- Se sustenta en estudios adecuados.
- Lo aplican evaluadores capacitados.
- Se aplica objetivamente en toda la organización.
- Es posible demostrar que no es discriminatorio, según se define en la ley.

prioridades de sus tareas. Como dice el adagio: "Cuando se sabe adónde ir, es más probable llegar allí."
3. *Definición conjunta de objetivos por parte del supervisor y del empleado.* Este aspecto se basa en la creencia de que las personas trabajan más intensamente para lograr objetivos en cuya definición han participado. Entre sus deseos, se encuentran realizar una tarea valiosa, participar en un esfuerzo de grupo, ser incluidos en la definición de sus objetivos, compartir las recompensas de sus esfuerzos y continuar su crecimiento personal. El supuesto (de la teoría Y) es que las personas quieren satisfacer algunas de sus necesidades mediante el trabajo y que lo harán si los gerentes les proporcionan un ambiente de apoyo.

Definición conjunta de objetivos y retroalimentación

4. *Aclaración de expectativas de comportamiento.* Es habitual que se realice mediante una *escala de calificación basada en el comportamiento*, la cual brinda tanto al empleado como al gerente ejemplos concretos de diversos niveles de comportamiento. Se especifican descripciones breves de comportamiento —sobresaliente, muy bueno, aceptable, inferior al promedio e inaceptable— para cada dimensión importante de un puesto, lo cual indica por anticipado al trabajador las expectativas que tiene la organización. Este tipo de escala ayuda a reducir la tendencia de los administradores a concentrarse en las actitudes, la personalidad y las peculiaridades del empleado, desviándose de los comportamientos productivos.
5. *Sistemas de retroalimentación extensa.* Los empleados pueden ajustar mejor su rendimiento si saben lo bien que están trabajando en opinión de la organización.

Entrevista de evaluación

Muchos sistemas de evaluación organizacionales requieren que los administradores evalúen a los empleados en diversos aspectos de su productividad (resultados), comportamiento o rasgos personales. Los ejemplos de estas tres dimensiones incluyen la calidad del trabajo y la cantidad de producción, atención e iniciativa, así como su actitud general. Además, muchos sistemas de evaluación apuntan hacia el rendimiento histórico del individuo y su potencial de crecimiento y progreso. Las formas reales y procedimientos que se emplean para evaluar esta información son muy diversos. Ciertas organizaciones piden a los supervisores que redacten escritos en los que describan el rendimiento de los empleados, mientras que en otras se recomienda acumular un expediente de incidentes importantes (positivos y negativos); son numerosas las que utilizan diversos tipos de escalas de calificación gráficas, en que se califica a los empleados con sistemas A-B-C-D-E o 1-2-3-4-5.

Sin importar el sistema que se use, la evaluación se comunica luego al empleado en una **entrevista de evaluación**. Ésta es una sesión en que el supervisor le proporciona retroalimentación sobre su rendimiento pasado, comenta los problemas que han surgido y pide una respuesta. Luego, las dos partes establecen objetivos para el periodo siguiente y se informa al trabajador acerca de su sueldo futuro. La entrevista de evaluación también constituye una oportunidad excelente para motivar a los empleados. Por ejemplo, con el modelo de Herzberg, un administrador podría explorar cuáles son los factores de mantenimiento que generan insatisfacción en el empleado. Si es posible resolverlos, la conversación puede cambiar a las formas de incluir en el puesto más oportunidades de logros, responsabilidad y retos.

Parte dos *Sistemas de motivación y recompensa*

Enfoques propuestos Son abundantes las investigaciones acerca del proceso de evaluación y las características de sus formas más efectivas. Las entrevistas de evaluación tienen más probabilidades de éxito cuando el evaluador:

- Conoce el trabajo del empleado.
- Ha establecido previamente estándares de rendimiento mensurables.
- Recopilar datos específicos y frecuentes acerca del rendimiento.
- Busca y utiliza la información proveniente de otros observadores en la organización.
- Delimita claramente las críticas a unos cuantos elementos principales (de modo que el empleado pueda *concentrar* sus esfuerzos de mejoramiento).
- Brinda apoyo, aceptación y alabanza por tareas bien realizadas.
- Escucha activamente los comentarios y reacciones del empleado.
- Comparte la responsabilidad de los resultados y ofrece ayuda futura.
- Permite que el empleado participe en la conversación.

Autoevaluación

El último de esos puntos se ha ampliado incluso más en enfoques recientes de las entrevistas de evaluación del rendimiento. Algunas organizaciones de los sectores privado y público incluyen la **autoevaluación** como parte formal del proceso. Es una oportunidad para que el empleado practique la introspección y brinde su propia evaluación de los logros, así como de sus fortalezas y debilidades. Entre las preguntas dirigidas al empleado, estarían: "¿En qué aspectos le fue muy bien durante este periodo?" "¿Qué tipos de problemas han tenido?" O, "¿qué ideas tiene para mejorar sus aportaciones?" Las respuestas del empleado a ese tipo de preguntas se comparan luego con la evaluación que el supervisor hace de su subordinado. Este enfoque permite que se ventilen y se resuelvan abiertamente las diferencias de opinión.

Pese a lo anterior, pueden surgir problemas con la autoevaluación.[9] En ocasiones, las personas con bajo rendimiento tienden a minimizar su nivel de dificultades y atribuir sus problemas a factores situacionales que los rodean; además, unas cuantas se califican a sí mismas de manera muy complaciente. Sin embargo, estas limitaciones se compensan con el hecho de que la mayoría de los empleados son más bien sinceros cuando se les pide que identifiquen sus fortalezas y debilidades, y también pueden comparar su rendimiento contra las expectativas previas. Por añadidura, las autoevaluaciones son mucho menos amenazantes para la autoestima que las evaluaciones recibidas de otras personas. Así pues, constituyen tierra más fértil para el crecimiento y el cambio.

Programas de retroalimentación de 360 grados

Todos los sistemas de evaluación se basan en el supuesto de que los empleados necesitan retroalimentación acerca de su rendimiento (un elemento básico del modelo de comunicación que se describe en el capítulo 3). La retroalimentación les ayudar a saber qué hacer y lo bien que están en el logro de sus objetivos. Les muestra que otras personas están interesadas en lo que hacen. En el supuesto de que su rendimiento sea satisfactorio, la retroalimentación mejora la imagen que el empleado tiene de sí mismo y su sentimiento de competencia. Por lo general, la **retroalimentación del rendimiento** logra que mejoren el rendimiento mismo y las actitudes, si el gerente la maneja apropiadamente.

No obstante lo anterior, debe señalarse que proporcionar retroalimentación es una tarea difícil para los gerentes. Es más probable que se acepte esa retroalimentación y que cause mejoría cuando se presenta apropiadamente (*véanse* lineamientos de la retroalimentación efectiva en la figura 6-5). Por lo general, debe enfocarse en comportamientos específicos del trabajo, estar basada en datos objetivos y no en opiniones subjetivas o inferencias, y ser oportuna proporcionándola poco después de un incidente importante, además debe verificarse que el receptor lo haya comprendido. Lo habitual es que las probabilidades de que induzca un cambio de comportamientos sean máximas si el empleado la desea sinceramente, se relaciona con tareas laborales y se permite que el receptor elija un nuevo comportamiento entre las recomendaciones que se le ofrecen.

No obstante la importancia de la retroalimentación del rendimiento, muchos gerentes no la proporcionan de manera suficiente y continua. Es factible que estén muy ocupados, piensen que los empleados ya saben cuál es su nivel de rendimiento o se rehúsen a comunicar algo malo por la reacción negativa que podrían generar.

Otra posible razón —no tener información válida suficiente para generar conclusiones sustanciadas— puede superarse con la práctica creciente de la **retroalimentación de 360 grados** (también llamada retroalimentación de fuentes múltiples o de círculo completo). Se trata de un proceso de recopilación sistemática de datos acerca de las habilidades, capacidades y comportamientos de una persona en diversas fuentes: superiores, colegas, subordinados e incluso clientes.[10] Estas perspectivas se examinan para saber dónde existen problemas a los ojos de uno o más grupos. También es posible comparar los resultados con el paso del tiempo, para ver si ha habido mejoría, o contrastarlos contra normas organizacionales, para ver si la persona guarda una posición mejor o peor que la de otras. El sistema de retroalimentación de 360 grados funciona óptimamente cuando la autoevaluación que hace el individuo guarda correspondencia con los datos recopilados, ya que ello alienta la confrontación sincera de la necesidad personal de cambio. El producto de este enfoque de evaluación multidireccional es una retroalimentación abundante (tanto positiva como negativa), cuyo uso adecuado puede facilitar que el rendimiento mejore. Requiere la cooperación de otros individuos para brindar retroalimentación sincera, garantías de que los datos serán confidenciales y facilitadores hábi-

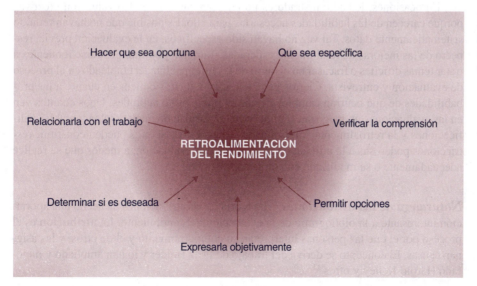

FIGURA 6-5

Lineamientos para una retroalimentación efectiva del rendimiento les que ayuden a que los receptores entiendan la información compleja y elaboren planes de acción útiles para mejorar. Sin embargo, los programas de retroalimentación de 360 grados requieren mucho tiempo, intimidan a los receptores y son caros (por el desarrollo y administración de formularios de calificación y la capacitación para su uso).

La función de un facilitador hábil es vital para el éxito de la retroalimentación de 360 grados en AT&T; en esta empresa personal capacitado de recursos humanos frecuentemente llena esa función.[11] Los facilitadores integran las aportaciones, identifican temas de consenso, ayudan a que la persona que recibe la retroalimentación convierta la concentración natural en la retroalimentación negativa en un análisis del uso de sus fortalezas para superar sus debilidades, y sirve para elaborar planes de acción concretos destinados a generar los cambios necesarios. El facilitador también actúa como amortiguador, para impedir que el gerente ataque a quienes brindan comentarios sinceros.

Problemas de la evaluación La necesidad de llenar funciones múltiples en el proceso de evaluación hace que la entrevista de evaluación se dificulte e incluso resulte amenazante para numerosos administradores. Además, existen varios problemas de comportamientos inherentes al proceso.[12] Éste puede ser de *confrontación*, porque cada parte intenta convencer a la otra de que su punto de vista es más preciso. (Estas perspectivas se deforman con tendencias de atribución, como se analiza más adelante en el capítulo.) Es habitual que sea *emocional*, puesto que el rol del administrador requiere una perspectiva crítica, mientras que el deseo que tiene el empleado de guardar las apariencias le lleva a una actitud defensiva. Es *sentencioso*, en virtud de que el gerente debe evaluar el comportamiento y los resultados del empleado, lo cual pone claramente a este último en una posición de subordinado. Por añadidura, las evaluaciones del rendimiento son tareas *complejas* para los gerentes, ya que requieren comprender el puesto, observar de manera minuciosa el rendimiento y la sensibilidad ante las necesidades de los empleados. Además, precisa que los administradores manejen los problemas que surgen espontáneamente durante la entrevista misma.

En ocasiones, los administradores no realizan entrevistas de evaluación efectivas porque carecen de las habilidades necesarias para ello. Es posible que no hayan reunido sistemáticamente datos. Tal vez no hayan sido específicos, en la evaluación previa, respecto de las mejoras de rendimiento esperadas. También podrían mostrarse renuentes a tratar temas difíciles o fracasar en el logro de la participación del empleado en el proceso de evaluación y entrevista. Ciertos gerentes se han vueltos cínicos en cuanto a las probabilidades de que ocurran cambios de comportamiento o actitudes. Unos cuantos ven en las evaluaciones un juego sin sentido y aun deforman de manera intencional las calificaciones y la retroalimentación brindada. Todos estos factores pueden constituir restricciones poderosas a la utilidad de la entrevista de evaluación, a menos que se realice adecuadamente o se modifique con otras aportaciones.

Naturaleza de las atribuciones La teoría de las atribuciones ha hecho una aportación interesante a la bibliografía de la evaluación del rendimiento. La **atribución** es el proceso por el que las personas interpretan su comportamiento y el de otros, y les asignan causas. El concepto se deriva del trabajo de Fritz Heider y lo han ampliado y mejorado Harold Kelley y otros.[13]

Las atribuciones son explicaciones causales

FIGURA 6-6

Proceso de crear y usar atribuciones

El proceso de atribución guarda paralelismo estrecho con los cuatro objetivos básicos del comportamiento organizacional que se delinean en el capítulo 1. Como se muestra en la figura 6-6, el gerente *observa* algún comportamiento del empleado o sus consecuencias y frecuentemente lo *describe* como funcional o disfuncional para la unidad de trabajo. En busca de *entender* y diagnosticar ese comportamiento, el administrador le asigna una atribución causal (explicación tentativa). Luego, intenta *predecir* el comportamiento futuro del empleado y *controlarlo* (influir en él) como producto de esa atribución.

Hay tres factores básicos que se evalúan como atribuciones en relación con el comportamiento de un individuo. El primero es la *constancia*, es decir, que el comportamiento sea relativamente estable (similar) o inestable (infrecuente) en el tiempo. La segunda dimensión es su *carácter distintivo*, es decir, que el rendimiento de la persona sea diferente en una tarea, en comparación con muchas otras de su trabajo. La tercera es el *consenso*, es decir, el grado en que sus colegas se comportan de manera similar.

La combinación de esas tres evaluaciones produce varias explicaciones potenciales del rendimiento del empleado en determinada tarea. Podría atribuirse a su capacidad alta o baja, a su esfuerzo mayor o menor, a la dificultad o facilidad de la tarea o a su buena o mala suerte. La capacidad y el esfuerzo son atributos *personales*, que tienden a usarse como explicaciones cuando existe el juicio de constancia alta y de carácter distintivo y consenso bajos. La dificultad de la tarea y la suerte son atributos *situacionales*, que suelen emplearse como explicaciones cuando el comportamiento sobresale por distintivo y diferente del de los colegas, además de ser inconstante. El siguiente es un ejemplo de cómo usar el proceso de atribución.

Atribuciones personales contra atribuciones situacionales

> Después de cada juego de fútbol americano profesional, el jefe de entrenadores se sienta con sus asistentes y califica el desempeño de cada jugador. ¿Jugó mejor o peor que lo normal? ¿Jugó mejor o peor que sus compañeros de equipo? ¿Fue excelente su desempeño en algunas tareas y no lo fue en otras? Tras evaluar a cada jugador, el entrenador también debe determinar si ese rendimiento bueno o malo resultó de su capacidad superior o inferior, de un esfuerzo mayor o menor, de que sus oponentes tengan o no experiencia, o de su buena o mala suerte (atribuciones). Luego, es probable que el entrenador alabe y dé retroalimentación constructiva a los jugadores.

Las atribuciones son evaluaciones subjetivas, de modo que interesan los factores que afectan la selección de explicaciones. Un factor importante es si se evalúa el com-

Prejuicio de autoservicio portamiento propio o el de otra persona. En general, los seres humanos tienden al **prejuicio de autoservicio**, en que se brindan crédito excesivo a sí mismos por su éxito y minimizan su responsabilidad por los problemas. Esta tendencia ocurre cuando se sobreestima la influencia de factores internos (rasgos personales) al evaluar los éxitos personales y se asignan causas externas (situacionales) a los resultados menos exitosos (figura 6-7).

Prejuicio de atribución fundamental El comportamiento opuesto —**prejuicio de atribución fundamental**— es frecuente cuando se juzga a otras personas. Se tiende a atribuir los logros de otros a la buena suerte o la facilidad de las tareas, además de suponer que los demás no se esfuerzan en grado suficiente o que simplemente carecen de los rasgos personales o la capacidad necesarios, si fracasan. Se trata de un proceso de comparación interpersonal, en que cada parte intenta mejorar su imagen de sí misma, manipulando las evaluaciones y atribuciones. Las tendencias de atribución acentúan las diferencias de roles existentes entre los administradores y empleados, prejuicios que emergen claramente durante la evaluación gerencial de los empleados.

Conjunto perceptivo **Conceptos afines** Las atribuciones ilustran los efectos de un **conjunto perceptivo**, es decir, las personas tienden a percibir lo que esperan percibir. (Recuérdese que el optimista ve el vaso medio lleno, mientras que el pesimista lo ve medio vacío.) El conjunto perceptivo a veces hace que se malinterprete una situación y sólo se vea lo que se espera ver. De tal manera, se asemeja mucho a los paradigmas analizados en el capítulo 2. Por consiguiente, los gerentes deben tener conciencia de su propio conjunto perceptivo y de sus efectos en la evaluación que hacen de otras personas. De igual manera, deben conocer el conjunto perceptivo de sus empleados para entenderlos mejor.

Profecía de autocumplimiento El concepto relativamente pasivo del conjunto perceptivo se amplía al comportamiento de los individuos cuando se presencia el poder de la **profecía de autocumplimiento** o efecto de Pigmalión. Según este concepto, las expectativas que el gerente tiene de un empleado hacen que el primero dé un trato distinto al segundo y que éste

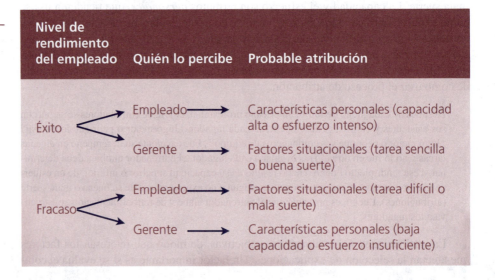

FIGURA 6-7
Diferentes atribuciones en relación con el comportamiento de un empleado

responda de una manera que confirma las expectativas iniciales de aquél.[14] Por ejemplo, si se dice a un supervisor que un nuevo empleado es competente, no sólo es más probable que el supervisor perciba esa competencia, sino también que brinde al empleado oportunidades para demostrarla en el trabajo. Luego, el supervisor atribuye el rendimiento a la capacidad del empleado. Este ejemplo muestra la importancia del conjunto perceptivo y de la profecía de autocumplimiento para revertir las tendencias de atribución naturales antes mencionadas.

> La experiencia de un supervisor muestra la función que pueden desempeñar el conjunto perceptivo y la profecía de autocumplimiento. Uno de sus maquinistas deseaba intensamente tres días de vacaciones para ir a cazar venados. El departamento estaba bajo tal presión que incluso se trabajaba tiempo extra todos los sábados, por lo que el supervisor no le concedió el permiso.
>
> El maquinista también tenía antecedentes de llegadas tarde. Una mañana, llegó 30 minutos tarde. El presionado supervisor, sin pensar mucho lo que decía, amenazó al empleado con suspenderlo tres días sin goce de sueldo en caso de que llegara tarde nuevamente durante el mes.
>
> ¿Adivine quién llegó tarde a la mañana siguiente? Está en lo correcto. El maquinista percibió la amenaza como la oportunidad para lograr su ansiado viaje de cacería. El supervisor no tuvo otra opción que aplicar al maquinista un castigo disciplinario de tres días de suspensión sin goce de sueldo. De tal manera, se aplicaron las políticas administrativas y el maquinista logró su objetivo de ir a cazar venados; pero el trabajo necesario no se terminó a tiempo.

Aplicaciones de la atribución El modelo de atribución puede integrarse fácilmente al análisis previo, del capítulo 5, de otros enfoques motivacionales. Por ejemplo, las personas orientadas a logros afirmarían que éstos son resultado directo de su esfuerzo más intenso. Aunque los objetivos tienen efecto motivacional máximo cuando son un reto, los empleados los analizan de cerca para determinar si son muy difíciles de alcanzar.

En relación con el modelo de expectativas, un empleado que no realiza una tarea podría sentir que el ambiente impidió su éxito y, en consecuencia, reduciría la intensidad de sus esfuerzos futuros. Se aconseja a los usuarios de la modificación del comportamiento que consideren con cautela y minuciosidad su respuesta al rendimiento exitoso de los empleados. Los gerentes pueden suponer que se debe a la buena suerte o la facilidad de la tarea correspondiente y no brindar el reconocimiento apropiado. El empleado, en la creencia de que el éxito resultó de su capacidad o esfuerzo, experimentaría la disminución de su motivación, por la falta de recompensas.

Los gerentes se beneficiarían al tener una mayor conciencia de sus propios procesos de atribución y los efectos que tienen en su comportamiento hacia los empleados. También podrían tratar de reforzar, entre sus subordinados, la idea de que el éxito se debe al esfuerzo (expectativas de esfuerzo-rendimiento) y capacidad del empleado, al mismo tiempo que desalentarían la atribución, por parte del empleado, de que el fracaso se debió a la dificultad de la tarea o a la mala suerte. Deben evitarse las atribuciones simplistas, ya que el comportamiento de los empleados también depende en parte de la tarea, el contexto social y el ambiente, como se analiza en el capítulo 1.

Efectos gerenciales Llevar a cabo evaluaciones del rendimiento también tiene efectos considerables en el evaluador. En el lado positivo, un sistema de evaluación formal

> ### Cuestión de ética
>
> Los gerentes suelen verse atrapados entre presiones contradictorias, sin una aparente solución "perfecta". Por ejemplo, considérese a un administrador que tiene conciencia del comportamiento y acepta la necesidad de brindar retroalimentación del rendimiento a los empleados. Sin embargo, mientras practica los lineamientos de la retroalimentación efectiva, descubre que los empleados frecuentemente tienen un problema grave de imagen, pues escuchan que su rendimiento real no es tan bueno como ellos lo percibían. Al escuchar eso, algunos asumen una actitud estoica y tranquila, otros gritan y unos cuantos se vuelven francamente agresivos, hostiles y groseros.
>
> Después de reflexionar en esta situación, el gerente plantea una pregunta general: "¿Es ético que los administradores compartan con los empleados la percepción sincera de su rendimiento, con el riesgo de herir sus sentimientos?" ¿Qué piensa *usted*?

estimula en los administradores el pensamiento más analítico y constructivo en relación con sus empleados. El requisito de una entrevista cara a cara alienta en los gerentes una mayor especificidad en la identificación de las capacidades, los intereses y las motivaciones de cada empleado. Es frecuente que empiecen a percibir que en verdad cada empleado es distinto y se le debe tratar en concordancia. Por ejemplo, sería más apropiada una mayor participación cuando un empleado tiene conocimientos, necesidad intensa de independencia y rendimiento aceptable demostrado en el pasado.

No obstante lo anterior, en la realidad los gerentes a veces evitan las evaluaciones porque no quieren alterar una relación sin problemas con un empleado si tienen que darle una retroalimentación negativa. Es particularmente difícil tratar con los empleados de bajo rendimiento, con quienes se precisan observación y revisiones más frecuentes. En otros casos, los administradores simplemente no se dan cuenta que el proceso de evaluación se acompaña de recompensas organizacionales para ellos. Cuando no existe un incentivo extrínseco o intrínseco para realizar esta tarea, los administradores podrían omitirla por completo, como en el ejemplo siguiente:

> Gordy, empleado de una empresa de servicios públicos, informó que durante muchos años su supervisor simplemente le entregaba una hoja de papel doblada, donde escribía su sueldo del año siguiente. ¡Ésa era su "evaluación del rendimiento" completa! Sólo en años recientes la compañía se preocupó por las prácticas efectivas de comportamiento organizacional y empezó a capacitar y recompensar a sus administradores por evaluar a los empleados. Ahora, Gordy disfruta de los beneficios de la discusión abierta de su rendimiento y la definición conjunta de objetivos.

Incluso cuando los administradores conducen de manera capaz las entrevistas de evaluación, es dudoso que éstas generen por sí solas cambios a largo plazo en el rendimiento. La evaluación funge sólo como una fuente de retroalimentación y retribución psíquica, de modo que los incentivos económicos todavía son necesarios para lograr la motivación de los empleados. A continuación, se describen diversos enfoques de incentivos económicos, junto con evaluaciones de sus ventajas y desventajas.

SISTEMAS DE INCENTIVOS ECONÓMICOS

Propósitos y tipos

Un **sistema de incentivos económicos** de algún tipo puede aplicarse en casi cualquier puesto. El concepto básico de estos sistemas es inducir un nivel más alto de rendimiento del individuo, grupo u organización haciendo que el pago al empleado dependa de una o más de esas dimensiones. Entre los objetivos adicionales, se incluyen facilitar la contratación y retención de buenos empleados, estimular los comportamientos de roles deseables (como la creatividad), alentar el desarrollo de habilidades valiosas y satisfacer necesidades clave de los trabajadores. Los criterios para esos incentivos abarcarían la producción del empleado, las utilidades de la compañía, los ahorros en costos, las unidades embarcadas, la calidad del servicio al cliente o proporción de costo de mano de obra sobre ventas totales. La evaluación del rendimiento podría ser individual o colectiva, y el pago, inmediato o postergado, como en los planes de reparto de utilidades.

El análisis siguiente de los incentivos económicos se concentra en su naturaleza general, propósito y consecuencias en el comportamiento. No se pretende analizar todos los tipos de incentivos ni todos los detalles respecto de ellos. Los seleccionados para su presentación son los incentivos de salarios, muy usados como motivadores individuales, y los repartos de utilidades y ganancias compartidas, que son incentivos grupales muy utilizados. Los sistemas de pago basados en habilidades se emplean cada vez más, especialmente en la industria. Se pide al lector que vea en la figura 6-1 cómo se combinan los incentivos con otras partes de la administración de sueldos para conformar un **programa de remuneración completo**.

Aunque gran parte del análisis se dedica a los programas de incentivos a largo plazo, los de corto plazo también desempeñan funciones en la compensación económica. En ocasiones, los segundos brindan apenas la cantidad correcta de motivación adicional para provocar un incremento deseado del rendimiento. El siguiente es un ejemplo:

> Un fabricante de equipo para empresas especializado sufrió una disminución considerable de las ventas de uno de sus modelos. La reducción fue tan grave que fue necesario programar el cierre de la línea de producción de ese modelo durante un mes, en la temporada navideña. Por sugerencia del gerente de ventas, la compañía ofreció a sus representantes de ventas un billete nuevo de 10 dólares por cada unidad de ese modelo que vendieran en diciembre. El ofrecimiento se realizó en el contexto de una oportunidad de bono navideño adicional. La respuesta fue tan buena que se mantuvo en operación la línea de producción y algunos representantes ganaron bonos de más de 4,000 dólares, pagados en billetes de 10. Un bono de 4 000 dólares equivalía a 10 o 20% de los ingresos anuales promedio de los representantes de ventas.

Incentivos que vinculan la remuneración con el rendimiento

Existen varios tipos generales de incentivos que vinculan la remuneración con el rendimiento; los principales se muestran en la figura 6-8. Quizá los más utilizados sean los que recurren a la producción para determinar la remuneración, como sería el caso de las comisiones de ventas o el **pago a destajo**. Implican una conexión directa y sencilla entre el rendimiento y la remuneración. Se remunera más a los trabajadores que producen más. Es frecuente que el sueldo se determine con base en una combinación de medición de cantidad-calidad, a fin de garantizar que se mantenga la calidad del producto o servi-

Tarifa a destajo

FIGURA 6-8
Principales mediciones de incentivos para vincular el pago con el rendimiento

Medición del incentivo	Ejemplo
Cantidad de producción	Tarifa a destajo; comisión de ventas
Calidad de producción	Tarifa a destajo sólo por unidades que satisfacen la norma; comisión de ventas únicamente en relación con ventas que no generan cuentas incobrables
Éxito en el logro de objetivos	Bono por la venta de un número establecido de unidades durante un periodo predeterminado
Importe de utilidades	Reparto de utilidades
Eficacia en costos	Ganancias compartidas
Habilidades del empleado	Pago basado en habilidades

cio. Por ejemplo, es usual que se paguen a destajo sólo las unidades que satisfagan las normas de calidad.

En otros casos, el bono de incentivo se otorga únicamente a los empleados que alcanzan objetivos establecidos. Por ejemplo, podría otorgarse un bono por vender 15 automóviles durante el mes, mientras que no lo habría si sólo se venden 14. Las recompensas también pueden darse con base en las utilidades, como en los planes de reparto de utilidades. Otra opción es vincular el sueldo con la eficacia en relación con costos. De ello son ejemplo las ganancias compartidas, que se analizan más adelante en el capítulo. Los sistemas de retribución basados en habilidades remuneran a los individuos de acuerdo con su capacidad. Sin importar el tipo de incentivo usado, su objetivo es vincular una parte del pago al empleado con alguna medición de su rendimiento o el de la organización.

Ventajas Los incentivos entrañan diversas ventajas potenciales para los empleados. Una de las más importantes es que *incrementan la creencia del empleado (instrumentalidad) en que la recompensa es una consecuencia del rendimiento alto*. Si se supone que el dinero tiene valencia para el empleado, debe aumentar su motivación.

Mejoramiento de la motivación

Los incentivos también parecen ser favorables desde la perspectiva de la teoría de la equidad. Quienes tienen mejor rendimiento son objeto de mayores recompensas. Este tipo de equilibrio de aportaciones-resultados es el que muchos trabajadores perciben como equitativo. Por añadidura, si un mayor ingreso es una recompensa valiosa, los sistemas de incentivos son favorables desde el punto de vista de la modificación del comportamiento. Proporcionan una consecuencia deseable (mayor ingreso), que debe reforzar el comportamiento. Remuneraciones como las comisiones de ventas suelen ser inmediatas y frecuentes, lo cual también es compatible con la filosofía de la modificación del comportamiento.

Otra ventaja desde el punto de vista del empleado es que los incentivos son comparativamente objetivos. Es posible calcularlos con base en el número de unidades, importe de ventas o criterios objetivos similares. Si ello se contrasta con las calificaciones subjetivas que da el supervisor respecto del rendimiento, el enfoque objetivo tiende a tener mayor aceptación entre los empleados.

Dificultades   En virtud de tantos aspectos favorables de los incentivos, parecería que los empleados darían la bienvenida a casi cualquier tipo de incentivo, gracias a las recompensas que los acompañan. Sin embargo, existen dificultades que contrarrestan algunas de sus ventajas. La equidad potencial se ve compensada con otros aspectos que se perciben como inequitativos. En términos de la modificación del comportamiento, ciertas consecuencias desfavorables acompañan a las consecuencias favorables de un mayor sueldo, de modo que tienden a reducir las ventajas potenciales del pago de incentivos. Cuando los trabajadores realizan sus análisis de costo-recompensa, advierten que los costos aumentan junto con las recompensas. El resultado sería que el punto de equilibrio cambia si acaso muy poco. Los problemas adicionales que causan los incentivos contrarrestarían en gran parte la ganancia económica esperada. Por ejemplo, los nuevos empleados tendrían dificultades para aprender el sistema, otros con vigor decreciente experimentarían la disminución de su pago total, y algunos sindicatos se opondrían a la idea de los incentivos.

La empresa también puede sufrir problemas. Es difícil establecer una base justa para el pago de incentivos, es decir, una que motive mejoras del rendimiento en una amplia gama de empleados sin producir efectos desfavorables. Además, ciertos sistemas de incentivos son difíciles de observar y requieren procedimientos complicados para contabilizarlos. El pensamiento clave es que *los sistemas de incentivos producen consecuencias positivas y negativas en los empleados*, como se muestra en la figura 6-9. Tanto unas como otras deben evaluarse para decidir si es aconsejable o no un sistema de incentivos. Es probable que las consecuencias económicas sean positivas, mientras que resultaría menos cierta la dirección de las consecuencias psicológicas y sociales.

Evaluar los pros y contras

Incentivos de salarios

Mayor pago a mayor producción   En esencia, los incentivos de salarios brindan un mayor ingreso conforme se incrementa la producción. La razón principal de su uso es clara: casi siempre incrementan la productividad y disminuyen los costos unitarios de mano de obra. En condiciones normales, los trabajadores sin incentivos de salarios tienen la capacidad de producir más, y dichos incentivos son una forma de liberar ese potencial. El incremento de productividad suele ser considerable.

> Un ejemplo es el de Nucor, empresa constructora y operadora de pequeñas siderúrgicas. La empresa paga bonos semanales, con base en una medida de la producción aceptable. Es habitual que los grupos reciban un bono mayor a 100% del sueldo base. La tasa de rotación de personal, después del periodo inicial, es tan insignificante que la compañía ni siquiera se toma la molestia de medirla.[15]

A fin de tener éxito, los incentivos de salarios deben ser suficientemente sencillos para que los empleados tengan la creencia firme de que su rendimiento será recompensado. En caso de que el plan sea tan complejo que el empleado experimente dificultades para relacionar el rendimiento con la recompensa, es menos probable que mejore la

Criterios de los sistemas de incentivos

FIGURA 6-9

Ventajas y desventajas de los incentivos que vinculan el pago con el rendimiento

Ventajas	Desventajas
• Fortalecen las creencias en la instrumentalidad	• Costo (para el patrón y los empleados)
• Crean la percepción de equidad	• Complejidad del sistema
• Refuerzan comportamientos aconsejables	• Pago decreciente o variable
• Proporcionan una base objetiva para las recompensas	• Resistencia sindical
	• Demora en su recepción
	• Rigidez del sistema
	• Restricción del rendimiento

motivación. Los participantes deben establecer y entender los objetivos, los criterios de inclusión, los de rendimiento y el sistema de pago.

Cuando operan con éxito los sistemas de incentivos, reciben evaluaciones favorables de los participantes, quizá porque generan recompensas psicológicas tanto como económicas. Los empleados obtienen satisfacción del trabajo bien realizado, lo cual corresponde a su impulso de logros. Su imagen de sí mismos mejoraría a causa de un sentimiento más intenso de competencia. Incluso podrían sentir que contribuyen a la sociedad, al tratar de conservar o recuperar una posición de liderazgo de productividad de su país entre las naciones. Algunos incentivos alentarían la cooperación entre los trabajadores, cuando es necesario que los empleados trabajen conjuntamente para obtenerlos.

> Uno de los autores visitó una pequeña planta de montaje en una zona rural de Illinois. Después de que otros trabajadores habían realizado diversas tareas preliminares, grupos de dos personas integrados a un sistema de incentivos colocaron diversos componentes —bisagras, abrazaderas, cerraduras, decoraciones y manijas— en grandes muebles. La velocidad de trabajo observada de los grupos era casi increíble, ya que parecían "volar" en su estación de trabajo. Su interacción productiva era casi como un ballet, con coreografía perfecta y ejecución impecable. Siempre parecían saber no sólo cuál era su tarea individual, sino también la de su compañero, y sólo de vez en cuando un asentimiento con la cabeza era la señal necesaria entre ellos. Se les asignó una tarifa a destajo razonable, tenían las herramientas y habilidades necesarias, y querían ganar más dinero. En consecuencia, trabajaban intensamente durante un par de horas, descansaban siempre que lo necesitaban y todavía ganaban más incentivos que ningún otro equipo en la fábrica.

Dificultades Los incentivos de salarios por producción son un ejemplo de los tipos de dificultades que pueden surgir con muchos planes de incentivos, no obstante sus beneficios potenciales. El trabajo de los gerentes es tratar de prevenir o reducir estos problemas al mismo tiempo que incrementan los beneficios, de tal suerte que el plan de incentivos funcione con mayor efectividad.

La dificultad humana básica con los incentivos de salarios de este tipo es que *la alteración del sistema social puede originar sentimientos de inequidad e insatisfacción*. En ocasiones, esas alteraciones son lo suficientemente graves como para hacer que los trabajadores incentivados estén menos satisfechos con su sueldo que quienes reciben pago por hora, pese a que los primeros obtengan un mayor ingreso.

Alteración de los sistemas sociales

A fin de que tenga éxito todo plan de incentivos basados en salarios, es necesario coordinarlo cuidadosamente con el sistema operativo en su totalidad. Si existen largos periodos en que los empleados deben esperar para que el trabajo llegue hasta su lugar, el incentivo pierde fuerza. En caso de que el plan probablemente disminuya la necesidad de empleados, los administradores deben programar el trabajo de éstos en otras partes, de modo que no sientan amenazada su seguridad en el empleo. Si los métodos de trabajo son erráticos, es necesario estandarizarlos para que se establezca una tarifa de recompensa justa. Éste es un proceso complejo que puede originar muchas dificultades.

1. Los incentivos de salarios normalmente requieren contar con estándares de rendimiento. La **definición de tasa** es el proceso de determinar la producción estándar de cada puesto, que se convierte en el trabajo razonable diario del operador. Es frecuente el resentimiento hacia quienes determinan dicha tasa, ya que el proceso entraña un juicio subjetivo y casi siempre se piensa que causan un cambio y estándares más difíciles.

Definición de tarifas

2. Los incentivos de salarios suelen volver más complejo el trabajo del supervisor. Éste debe familiarizarse con el sistema, de modo que pueda explicarlo a los empleados. Aumenta el papeleo, lo que produce mayores probabilidades de error y más insatisfacción en los trabajadores. Se complican las relaciones y se requiere que los supervisores solucionen diferentes expectativas de los altos directivos por un lado, quienes fijan el estándar de producción, y los trabajadores y los sindicatos por el otro.

3. Un problema delicado con los incentivos de salarios según la producción corresponde a las **tasas laxas**. Una tasa es "laxa" cuando el empleado puede alcanzar la producción estándar con un esfuerzo mínimo. Si los administradores ajustan la tasa a un estándar más alto, los trabajadores experimentan de manera predecible una sensación de inequidad.

Tarifas laxas

4. Los incentivos de salarios suelen generar falta de armonía entre quienes trabajan por incentivos y los que laboran por hora. Cuando estos dos grupos realizan trabajos secuenciales, quienes lo hacen por hora suelen sentirse discriminados porque ganan menos. Si los trabajadores incentivados aumentan la producción, quienes trabajan por hora en fases ulteriores del proceso deben hacerlo con mayor rapidez, para que no se forme un cuello de botella. Los trabajadores por incentivo ganan más al aumentar la producción, no así quienes trabajan por hora.

Los trabajadores por hora que preceden a los trabajadores por incentivos en el proceso de producción podrían relajarse y producir menos, sin que disminuya su ingreso. Sin embargo, el de los trabajadores por incentivo se reduce cuando lo hace el trabajo disponible. El mismo problema ocurre si un trabajador por hora está ausente y se reduce el flujo de material a los trabajadores por incentivos. Los conflictos de este tipo son tan difíciles de resolver que lo más conveniente para los gerentes es no mezclar los dos tipos de grupos en cualquier secuencia de producción estrechamente integrada.

Restricciones de producción

5. Otra dificultad con los incentivos a salarios es que pueden originar la **restricción de la producción**, en la cual ciertos trabajadores limitan su producción y, de tal suerte, anulan el propósito del incentivo. Este fenómeno se debe a varios factores: inseguridad grupal de que se aumentará el estándar de producción, resistencia al cambio en la organización social informal y el hecho de que las personas no se sienten cómodas si trabajan siempre a su máxima capacidad.

Reparto de utilidades

Naturaleza y ventajas El **reparto de utilidades** es un sistema con que se distribuye a los empleados una parte de las utilidades de la empresa, ya sea de inmediato (en la forma de bonos en efectivo) o diferida a una fecha ulterior (que se tiene en fideicomiso, en la forma de acciones propiedad de los empleados). El uso creciente del reparto de utilidades se ha visto alentado con leyes fiscales federales, que permiten diferir el impuesto sobre la renta de empleados sobre fondos colocados en planes de pensiones de reparto de utilidades.

Se pone énfasis en el interés mutuo

En los tabuladores de sueldo base, aumentos de sueldo por rendimiento y muchos otros sistemas de incentivos, se reconocen las diferencias individuales, mientras que el reparto de utilidades reconoce los intereses *mutuos*. Los empleados se interesan en el éxito económico de la organización cuando ven que tiene efecto en sus propios ingresos. Tiende a surgir en mayor grado el trabajo de equipo institucional.

Las empresas pequeñas en industrias competitivas, que requieren un alto compromiso de los empleados para lograr adelantos tecnológicos o llevar más rápidamente nuevos productos al mercado, son idóneas para los programas de reparto de utilidades. Si la compañía tiene éxito, la recompensa es grande. Esta posibilidad genera motivación considerable en los empleados para apreciar la situación general y permite que la compañía se mantenga adelante de sus competidores.

> Andersen Corporation es una compañía de miles de millones de dólares que produce diversos tipos de ventanas para la industria de construcción. La empresa inició un plan de reparto de utilidades en 1914, el cual ha crecido desde entonces con el éxito de la empresa. Hace poco, distribuyó más de 100 millones de dólares entre sus empleados de tiempo completo a través de dicho plan. Este bono equivalió a casi 43 semanas de sueldo adicionales para cada empleado.[16]

Por lo general, el reparto de utilidades tiende a funcionar mejor con organizaciones rentables de crecimiento rápido, donde existen oportunidades para recompensar muy bien a los empleados. Por supuesto, también funciona mejor cuando las condiciones económicas generales son favorables. Es menos probable que se utilice en compañías estables o en decadencia, con márgenes de utilidades bajos y competencia intensa. El reparto de utilidades por lo general es bien recibido y entendido por los administradores y profesionales de alto nivel, ya que sus decisiones y acciones tienen mayores probabilidades de producir un efecto significativo en las utilidades de la empresa. Los trabajadores operativos, especialmente en grandes empresas, tienen más dificultades para conectar sus acciones individuales con la rentabilidad de la compañía, de modo que el reparto de utilidades, en principio, le resultaría menos atrayente. En situaciones en las que ha funcionado de manera efectiva, los administradores compartieron abiertamente los informes financieros con trabajadores de todos los niveles, capacitaron a los empleados para que entiendan dichos informes y proporcionan terminales de computadora en el centro de trabajo para acceso inmediato a la información pertinente cuando los trabajadores lo requieran. (Tal vez convendría que revise el análisis de la administración de libros abiertos en el recuadro "Lo que leen los administradores" del capítulo 3.)

Dificultades Incluso en situaciones en las que el reparto de utilidades parece apropiado, hay ciertas desventajas generales:

1. Las utilidades no se relacionan directamente con el esfuerzo del empleado en su trabajo. Las condiciones inadecuadas del mercado anularían el trabajo intenso del empleado.   *Relación indirecta*
2. Los empleados deben esperar para recibir su recompensa y la prolongada demora reduce su efecto.   *Demora*
3. Las utilidades son hasta cierto punto imprevisibles, de modo que el ingreso total de los trabajadores puede variar de un año a otro. Algunos preferirían la seguridad de un sueldo o salario más estables.   *Carácter imprevisible*
4. Ciertos líderes sindicales se han opuesto históricamente al reparto de utilidades. Temen que socave la lealtad sindical, produzca ingresos totales variables de una compañía a otra y debilite sus campañas. Sin embargo, los sindicatos más progresistas han dado la bienvenida a la oportunidad de que sus miembros compartan las utilidades de las compañías.   *Escepticismo sindical*

Los aspectos sociales del reparto de utilidades son tan significativos como los económicos y fiscales, si no es que más. Para que el reparto de utilidades produzca una comunión de intereses genuina, los trabajadores necesitan entender cómo funciona y tener una sensación de justicia en sus cláusulas. En caso contrario, es posible que lo resientan, como en la situación siguiente.

> Marvin Schmidt, un propietario idealista de un pequeño establecimiento minorista, tenía 25 empleados. Había trabajado intensamente para convertir su modesta inversión en una tienda próspera, en un breve periodo de siete años. Gran parte de su éxito se había debido a empleados leales y cooperativos, que habían trabajado con él durante varios años. Reconocía su contribución y quería darles una recompensa adicional, si bien siempre le había faltado capital.
>
> Finalmente, tuvo un año muy próspero, de modo que decidió iniciar un plan de reparto de utilidades en efectivo, que entregaría como bono navideño. El generoso bono equivalía a 30% del pago anual de cada trabajador. Se anunció y se entregó como sorpresa con el pago semanal anterior a la Navidad. Ningún empleado se lo agradeció y muchos se mostraron fríos y poco cooperativos en lo sucesivo. Más adelante, se enteró de que sentían que si podía dar un bono tan generoso, con seguridad los había estado explotando injustamente durante años, aunque aceptaron que habían recibido sueldos más altos que lo normal.

Ganancias compartidas

Otro incentivo grupal útil es el de las **ganancias compartidas** o producción compartida. Un **plan de ganancias compartidas** establece un periodo base histórico de rendimiento organizacional, mide su mejoría y comparte las ganancias con los empleados con base en alguna fórmula. Entre los ejemplos de factores de rendimiento medidos, se incluyen los valores de inventario, horas de mano de obra por unidad de producto, uso de materiales e insumos, y calidad de los productos terminados.[17] La idea es escoger áreas que puedan controlar los empleados y luego darles un incentivo para que identifiquen e implanten ideas que produzcan ahorros en costos, como se muestra en el ejemplo siguiente.

> Un ejemplo de plan de ganancias compartidas es el que se usa en Turner Brothers Trucking, una compañía que desmonta y ensambla perforadoras, da servicio a tuberías y opera grandes grúas.[18] A fin de reducir su enorme pasivo y primas de compensación a trabajadores, la compañía ofreció a un grupo de empleados 50 dólares mensuales a cada uno si las pérdidas totales por lesiones, daño a cargamentos y accidentes de tránsito eran menores de 300. Los resultados fueron impresionantes: la proporción de ganancias compartidas pagada a los empleados en comparación con los costos de seguridad esperados fue de 1:4 en los primeros años después de que se introdujo el programa y disminuyó incluso más en lo sucesivo. Este programa de ganar-ganar demostró que los empleados no sólo podían controlar su seguridad, sino que también lo hacían con un costo relativamente moderado para la organización.

Base de comportamiento En los planes de ganancias compartidas, que son mucho más que sistemas de pago, se emplean varias de las ideas fundamentales del comportamiento organizacional. Alientan las sugerencias de los empleados, brindan incentivos por la coordinación y el trabajo de equipo, y promueven la comunicación mejorada. Es frecuente que mejoren las relaciones entre el sindicato y los directivos, ya que el primero adquiere mayor estatus al llevarse el crédito de las prestaciones obtenidas. Las actitudes hacia el cambio tecnológico también mejoran, ya que los trabajadores están conscientes de que la mayor eficiencia lleva a bonos más cuantiosos. Las ganancias compartidas amplían el entendimiento de los empleados, puesto que ven la imagen más amplia del sistema gracias a su participación, en vez de limitar su punto de vista a la limitada especialidad de su puesto.

Factores de contingencia El éxito de las ganancias compartidas depende de diversos factores clave, como el tamaño moderadamente pequeño de la unidad de trabajo, su historial operativo suficiente para la creación de estándares, existencia de áreas de costos controlables y estabilidad relativa del negocio. Además, los directivos deben ser receptivos a la participación del empleado, la empresa ha de estar dispuesta a compartir los beneficios del aumento de producción con los empleados y el sindicato debe mostrar una actitud favorable hacia tal esfuerzo cooperativo. Se requiere que los administradores sean receptivos a las ideas y tolerantes a las críticas de los empleados.

> Un programa de ganancias compartidas sustituyó a otro de pago a destajo en Tech Form Industries (TFI), un pequeño fabricante (400 empleados) de sistemas tubulares de escape para automóviles.[19] La compañía experimentaba varios problemas externos con productos rechazados e insatisfacción de los clientes, además de que en lo interno el estado de las relaciones industriales era muy tenso. Después del diseño e implantación cuidadosos de un nuevo programa, un seguimiento a dos años reveló disminuciones de 83% en la devolución de productos defectuosos, de 50% en las horas de mano de obra directa gastadas en reparaciones y de 41% en la tasa de quejas. La empresa, sus clientes y sus empleados estaban fascinados con los resultados.

Algunos programas de ganancias compartidas han ampliado el concepto básico para incluir la idea de que los empleados deben compartir las ganancias y las pérdidas. En el departamento de fibras de Du Pont, se designa una porción del sueldo base de los empleados (por ejemplo, 6%) como **pago en riesgo**.[20] Si la unidad no alcanza sus objetivos de crecimiento, los empleados reciben apenas 94% de su sueldo base, mientras que en caso de cumplirse los objetivos podrían ganar bonos hasta de 12% por encima de él. De esta manera, los empleados realmente pueden experimentar los efectos positivos y negativos de su esfuerzo.

Pago en riesgo

Pago basado en habilidades

En contraste con los sueldos (que se pagan a quien tiene un puesto) e incentivos de salarios (pagados según el nivel de rendimiento), el **pago basado en habilidades** (también llamado *pago basado en conocimientos* o *pago por habilidades múltiples*) recompensa a los individuos por lo que saben hacer. Se paga a los empleados por la variedad, la profundidad y los tipos de habilidades en los cuales demuestran capacidad.[21] El empleado trabaja con una tarifa uniforme por hora y recibe aumentos por el desarrollo de habilidades en su trabajo primario o el aprendizaje de cómo realizar otras tareas en su unidad de trabajo. Algunas compañías otorgan incrementos por cada nuevo trabajo aprendido; muchas otras piden que los empleados adquieran bloques de nuevas habilidades relacionadas entre sí, cuyo aprendizaje puede tardar varios años. El funcionamiento de este sistema requiere la amplia disponibilidad de capacitación, además de métodos de fijación justa del precio de tareas y de certificación de los niveles de habilidad de los empleados. Algunos sistemas de pago basados en habilidades incluyen supervisores que evalúan los conocimientos y habilidades de los empleados, mientras que otros permiten que los equipos de trabajo se encarguen de tal evaluación.

Ventajas   Aunque los sistemas de pagos basados en habilidades son muy recientes, poseen varias ventajas potenciales. Proporcionan una motivación intensa para que los empleados adquieran habilidades relacionadas con el trabajo, refuerzan su sentido de autoestima y brindan a la empresa una fuerza laboral muy flexible, que puede llenar huecos cuando alguien se ausenta. Los trabajadores alternan entre los puestos para aprehenderlos, de modo que disminuye el aburrimiento, por un tiempo al menos. La satisfacción con el pago debe ser relativamente alta, por dos razones. En primer término, la tarifa que recibe por hora el empleado (al tener habilidades múltiples) suele ser mayor que la pagada por la tarea que realiza normalmente, ya que sólo en un sistema perfecto todos los empleados usarían constantemente sus habilidades al máximo. En consecuencia, algunos pueden sentir incluso que se les paga en exceso. En segundo lugar, los trabajadores deben percibir el sistema como equitativo, tanto en el sentido de que hay correspondencia entre sus costos y recompensas como en el conocimiento de que todos los empleados con las mismas habilidades reciben el mismo pago.

Desventajas   Son varias las desventajas del pago basado en habilidades y algunas empresas se han alejado de los primeros experimentos con este sistema. Por principio de cuentas, muchos empleados aprenden voluntariamente trabajos de nivel superior, de modo que la tarifa promedio por hora sería mayor que lo normal. (Sin embargo, este incremento de costo debe estar más que compensado con el de la productividad.) En segundo término, debe efectuarse una inversión considerable en capacitar a los empleados, particularmente en tiempo que dedican los supervisores y colegas al entrenamiento. En tercer

Consejos a futuros administradores

1. Busque mediciones precisas del rendimiento y establezca de manera clara para todos la relación entre el rendimiento y las recompensas.
2. Proporcione recompensas que las personas valoren; si no sabe qué valoran, pregúnteles.
3. Aclare a los empleados la relación de las recompensas monetarias de la organización con sus diversas necesidades e impulsos.
4. Cerciórese de que los empleados crean que los objetivos son alcanzables si su rendimiento es satisfactorio.
5. Si intenta promover el trabajo de equipo, proporcione recompensas de equipo, no individuales.
6. Esté consciente de las consecuencias no intencionadas que acompañan a todo sistema de recompensas y trate de minimizarlas.
7. Utilice las ventajas de los sistemas de retroalimentación de 360 grados para brindar a los empleados una fuente amplia y rica de retroalimentación de su rendimiento.
8. Vigile su propio comportamiento y el de sus empleados en busca de signos de atribuciones inapropiadas de comportamiento durante las evaluaciones del rendimiento.

lugar, no a todos los empleados les gusta el pago basado en habilidades, ya que los presiona a ascender en la escalera de habilidades. La insatisfacción subsiguiente podría tener diversas consecuencias, por ejemplo, una mayor rotación de personal. En cuarto y último término, algunos empleados tendrían áreas de habilidades que probablemente usarían poco, lo cual haría que la organización les pague tarifas más altas que las justificadas con base en su rendimiento.

Pagar con base en habilidades, al igual que otros programas de incentivos, funciona mejor cuando la cultura de la empresa es en general de apoyo y confianza. Los empleados deben entender el sistema, han de tener expectativas apegadas a la realidad acerca de sus perspectivas de paga más alta, debe ser posible que aprendan nuevas habilidades y que se evalúen con prontitud, y tienen que existir ciertos límites en cuanto a las habilidades que pueden adquirir. En tales condiciones, el programa es compatible con otros incentivos analizados en el capítulo, puesto que vincula el pago a los empleados con su potencial de mejor rendimiento.

RESUMEN

Las recompensas económicas tienen valor social, además del económico. Desempeñan una función clave en diversos modelos motivacionales y se mezclan con los enfoques de expectativas, equidad, modificación del comportamiento y modelos basados en necesidades. Los empleados hacen una comparación aproximada de costo-recompensa y trabajan en un punto cercano al de equilibrio, si bien inferior a éste.

La evaluación del rendimiento constituye una base sistemática para valorar las contribuciones de los empleados, emprender el entrenamiento para mejorar el rendimiento y distribuir recompensas económicas. La filosofía de evaluación moderna se concentra en el rendimiento, los objetivos, la definición mutua de objetivos y la retroalimentación. Los nuevos enfoques de la evaluación, como la autoevaluación y la retroalimentación de 360 grados, brindan una perspectiva adicional acerca del rendimiento del trabajador y sugerencias para mejorarlo. No obstante, la entrevista de evaluación puede ser difícil tanto para el administrador como para el empleado.

Un factor importante que genera confusión en las evaluaciones es la probabilidad de que una o ambas partes se enfrasquen en atribuciones inapropiadas. Éstas consisten en la asignación perceptiva de causas alternas al comportamiento de la propia persona, con base en ideas preconcebidas y razonamientos deficientes; causan dificultades entre el administrador y el empleado evaluado, a menos que se resuelvan mediante el análisis minucioso.

Los sistemas de incentivos proporcionan importes de pago distintos de acuerdo con alguna medición del rendimiento. Suelen incrementar las expectativas que tiene el empleado de que el rendimiento tenga una recompensa, si bien la demora entre uno y otras puede ser de una semana a un año. Es frecuente que los incentivos estimulen una mayor productividad; pero también tienden a producir algunas consecuencias negativas, que contrarrestan ese incremento de productividad. Los incentivos de sueldos recompensan la mayor producción de individuos o grupos, mientras que el reparto de utilidades pone de relieve el interés mutuo, con el patrón, de formar una organización exitosa. Las ganancias compartidas resaltan el mejoramiento de diversos índices del rendimiento organizacional, al tiempo que el pago basado en habilidades recompensa a los empleados por la adquisición de niveles más altos o tipos distintos de habilidades. Los empleados tienen diferentes necesidades que satisfacer, de modo que se requieren muchos tipos de programas de pago para un sistema de remuneración completo.

Términos y conceptos para revisión

Administración por objetivos
Atribuciones
Autoevaluación
Comparación costo-recompensa
Conjunto perceptivo
Definición de tarifas
Entrevista de evaluación
Evaluación del rendimiento
Ganancias compartidas
Incentivos
Incentivos de salarios
Ley de igualdad de pagos (1963)
Pago en riesgo
Plan de ganancias compartidas
Prejuicio de atribución fundamental
Prejuicio de autoservicio
Profecía de autocumplimiento
Programa de remuneración completo
Reparto de utilidades
Restricción de la producción
Retroalimentación de 360 grados
Retroalimentación del rendimiento
Sistema de incentivos económicos
Sueldo basado en habilidades
Tarifa a destajo
Tasas laxas
Valor comparable

Preguntas para análisis

1. Explique por qué el dinero puede ser un medio de intercambio económico y social. Como estudiante, ¿de qué manera usaría el dinero como medio social de intercambio?
2. Piense en un trabajo que haya ocupado u ocupe actualmente.
    a) Analice específicamente la forma en que se aplicaba (aplica) a su pago el modelo de expectativa.
    b) Analice cómo se sentía (siente) acerca de la equidad de su pago y por qué se sentía (siente) así.
    c) Desarrolle y explique una gráfica de comparación de costo-recompensa relativa a su pago y su esfuerzo.

3. Piense en alguna ocasión en que evaluó, formal o informalmente, el nivel de rendimiento de otra persona y resultó deficiente según sus normas. ¿A qué atribuyó las razones del rendimiento inadecuado? ¿Se enfrascó en alguna tendencia de atribución? ¿Cómo evitaría hacerlo?
4. Suponga que en el primer semestre de su primer trabajo el gerente le pide que participe en el llenado de un formulario de retroalimentación en el que se describen las fortalezas y las debilidades de su superior inmediato. ¿Cuán a gusto se sentiría al hacerlo? Ahora, suponga que su gerente le pide que participe en el mismo proceso, en este caso buscando retroalimentación de sus colegas, el propio gerente y sus clientes en relación con usted mismo. ¿Cuál sería ahora su reacción? Fundamente su respuesta.
5. ¿Cuáles son las principales mediciones usadas para vincular el pago con la producción? ¿Cuáles se usaron, si acaso, en su último trabajo? Analice la efectividad de las mediciones utilizadas.
6. Indique si usaría el reparto de utilidades, las ganancias compartidas, el pago basado en habilidades o incentivos a salarios en los puestos siguientes. Analice su elección en cada caso.

   a) Un empleado en una pequeña compañía de computadoras que crece rápidamente.
   b) Un maestro en una escuela pública.
   c) Un empleado de procesamiento de reclamaciones de seguro en la oficina de una compañía aseguradora.
   d) Un mecánico de reparación de automóviles en un pequeño taller.
   e) Un trabajador agrícola dedicado a la pizca de duraznos.
   f) Un obrero en una fábrica de zapatos para hombres.

7. Divídase la clase en pequeños grupos, cada uno encabezado por un miembro que haya trabajado como comisionista de ventas. Analicen la relación de la comisión con las teorías de equidad y expectativas, para luego informar sobre los aspectos sobresalientes de su análisis a toda la clase.
8. ¿Ha participado alguna vez en una restricción de la producción en algún trabajo o un curso académico? En caso afirmativo, analice por qué lo hizo y cuáles fueron las consecuencias.
9. "El pago basado en habilidades es un desperdicio de dinero de la compañía, ya que se paga por el rendimiento *potencial*, no por el rendimiento *real*." Analice esta afirmación.
10. Durante sus primeros 10 años después de terminar los estudios universitarios, ¿cuál fracción de su sueldo estaría dispuesto a arriesgar si existe la posibilidad de experimentar ganancias o pérdidas? ¿Qué porción arriesgaría en los últimos 10 años previos a su jubilación? Fundamente su respuesta.

Evalúe sus propias habilidades

¿Son buenas sus habilidades de evaluación del rendimiento?

Lea cuidadosamente las afirmaciones siguientes. Marque con un círculo el número de la escala de respuestas que refleje mejor el grado en que cada afirmación lo describe con exactitud. Sume los puntos totales y prepare un breve plan de acción para su mejoramiento personal. Esté listo para indicar su calificación con fines de tabulación ante todo el grupo.

	Descripción satisfactoria								Descripción insatisfactoria	
1. Reconozco y entiendo las funciones del dinero en cada uno de los modelos motivacionales.	10	9	8	7	6	5	4	3	2	1
2. Planeo administrar las recompensas monetarias de manera contingente, de modo que brinde mayores recompensas por mejor rendimiento y recompensas menores por rendimiento bajo.	10	9	8	7	6	5	4	3	2	1
3. Reconozco la importancia de ayudar a que los empleados entiendan la necesidad de equilibrio entre sus recompensas y sus aportaciones.	10	9	8	7	6	5	4	3	2	1
4. Entiendo la necesidad de brindar a los empleados oportunidades de recompensas extrínsecas e intrínsecas.	10	9	8	7	6	5	4	3	2	1
5. Me siento a gusto con los cinco aspectos principales de la filosofía de evaluación moderna y los usaría en mis propias evaluaciones de empleados.	10	9	8	7	6	5	4	3	2	1
6. Considero la entrevista de evaluación del rendimiento como una oportunidad más amplia que simplemente dar retroalimentación a los empleados.	10	9	8	7	6	5	4	3	2	1
7. Me sentiría a gusto al recibir la retroalimentación de todos los participantes en un proceso de evaluación de 360 grados.	10	9	8	7	6	5	4	3	2	1
8. Podría acatar fácilmente los lineamientos para brindar retroalimentación del rendimiento a los empleados.	10	9	8	7	6	5	4	3	2	1
9. Puedo ver fácilmente cómo el prejuicio de autoservicio de un empleado podría deformar su propia autoevaluación.	10	9	8	7	6	5	4	3	2	1

10. Entiendo el prejuicio de atribución fundamental y creo que tendría éxito en evitarlo.   10 9 8 7 6 5 4 3 2 1

Calificación e interpretación   Sume los puntos que obtuvo en las 10 preguntas. Escriba la calificación aquí ____ y señálela cuando se le pida.

- Si obtuvo de 81 a 100 puntos, parece tener una comprensión adecuada de las habilidades de evaluación del rendimiento.
- Si obtuvo de 61 a 80 puntos, revise de cerca los elementos con calificación baja y explore formas de mejorarlos.
- Si obtuvo menos de 60 puntos, debe estar consciente de que sus debilidades en relación con varios elementos podría ser nociva para su éxito futuro como administrador. Le instamos a que relea el capítulo completo y busque más material pertinente en capítulos ulteriores y otras fuentes.

Ahora, identifique las tres calificaciones más bajas y escriba los números de pregunta aquí: ____, ____ y ____. Redacte un párrafo breve en que detalle, para usted mismo, un plan de acción de cómo mejoraría cada una de estas habilidades.

Incidente

Plaza Grocery

Brad Holden es el vicepresidente ejecutivo de Plaza Grocery, una cadena familiar de seis tiendas de comestibles en un área metropolitana mediana. Enfrenta un problema relacionado con los empleados de almacén y trabajadores de carga de mercancía en cajas, de las tiendas. No obstante que les paga el sueldo usual (el salario mínimo por hora general), ha tenido dificultades para encontrar suficientes solicitantes de los puestos. Lo que es todavía peor, muchos de ellos parecen carecer de motivación una vez que se les contrata. Esta situación creó problemas de anaqueles vacíos y servicio lento en el área de cajas.

A fin de resolver el problema, Brad se reunió con pequeños grupos de trabajadores para recibir sus ideas. También consultó a un experto local en problemas de compensación. Algunos trabajadores afirmaron que deseaban una tarifa más alta por hora, y otros, algún incentivo para trabajar más rápidamente, mientras que algunos más no hicieron ningún comentario. El asesor recomendó a Brad considerar el uso de alguno de los sistemas de compensación contemporáneos.

Preguntas

1. ¿Cuál de los principales sistemas de incentivos económicos analizados en el capítulo tiene mayores probabilidades de funcionar en este caso?
2. ¿Es posible combinar dos o más sistemas de incentivos con probabilidades incluso mayores de éxito? ¿Qué se ganaría con la combinación y cuáles serían los costos (para la empresa y sus empleados)?
3. ¿Cuáles teorías motivacionales usaría específicamente en su recomendación?

Ejercicio de experiencia

Filosofía de evaluación del rendimiento-recompensa

1. Lea las siguientes afirmaciones acerca de las personas e indique, en las escalas de calificación, el grado en que concuerda o no con ellas.

Evaluación y retribución del rendimiento **Capítulo seis**

	Acuerdo total			Desacuerdo total	
a) Muchas personas no quieren la equidad; quieren ganar más que sus colegas.	1	2	3	4	5
b) El pago basado en habilidades no funciona, ya que los empleados aprenden lo mínimo necesario para ganar una tarifa más alta y luego olvidan lo aprendido.	1	2	3	4	5
c) Muchos empleados se sienten a gusto con el *statu quo* y no quieren esforzarse en aprender nuevas habilidades.	1	2	3	4	5
d) Muchos empleados no entienden qué son las utilidades y no aprecian su importancia, por lo que los sistemas de reparto de utilidades están destinados al fracaso.	1	2	3	4	5
e) Si se les pide que participen en un programa de retroalimentación de 360 grados para evaluar a su gerente, muchos empleados deforman su evaluación, en vez de ser sinceros.	1	2	3	4	5
f) La separación entre los administradores y los trabajadores es tan grande que es probable que fracase tanto el sistema de ganancias compartidas como el de reparto de utilidades.	1	2	3	4	5
g) Puesto que las personas no desean escuchar nada acerca de sus debilidades y fracasos, las entrevistas de evaluación del rendimiento no cambian el comportamiento de los empleados.	1	2	3	4	5
h) La idea de que los empleados evalúen los costos y las recompensas que guardan relación con cualquier comportamiento de importancia es ridícula; simplemente deciden si tienen ganas de hacer o no algo y luego lo hacen o no.	1	2	3	4	5

2. Formen pequeños grupos de análisis y tabulen las respuestas a cada pregunta (distribución de frecuencia y media), para luego explorar las razones de cualesquiera diferencias significativas en las calificaciones de su grupo.
3. En su grupo, elaboren afirmaciones alternas de cualquiera de los elementos que no apoyen (calificaciones 3-5). Explique la manera en que sus nuevas afirmaciones reflejan sus conocimientos del comportamiento humano derivados de la lectura de los primeros capítulos de la obra.

Parte tres

Liderazgo y *empowerment*

Capítulo 7

Liderazgo

Es importante que los miembros de una organización tengan algo de qué sentirse orgullosos.
— **Percy Barnevik**[1]

Es evidente que la flexibilidad es un atributo crucial, que deben tener los futuros administradores.
— **Brent B. Allred, Charles C. Snow y Raymond E. Miles**[2]

OBJETIVOS DEL CAPÍTULO
ENTENDER:

- La naturaleza del liderazgo y de los seguidores
- La diferencia entre rasgos y comportamientos
- Los diferentes estilos de liderazgo
- Los primeros modelos de liderazgo
- Los enfoques de contingencia del liderazgo
- Los sustitutos del liderazgo
- El autoliderazgo y superliderazgo
- Entrenar como rol del líder

Al Dunlap fue director general de Scott Paper Company durante dos años. Poco después de su elección para encabezar la compañía, se ganó el sobrenombre Al "Sierra" (*Chainsaw Al*) por su forma impresionante de hacer recortes en la empresa y reducir la escala de sus operaciones. En total, despidió a 11 000 empleados, redujo el área de investigación y desarrollo en 50%, prohibió la participación de los gerentes en actividades de la comunidad y eliminó todas las donaciones corporativas a obras de beneficencia. Su tozudez y tenacidad se concentraron en obtener ganancias para los accionistas. El resultado fue un aumento del precio de las acciones de la compañía de casi 225% y una fusión exitosa con Kimberly-Clark.[3] Sin embargo, el último intento que hizo Dunlap de repetir su hazaña en Sunbeam fue desastroso.

NATURALEZA DEL LIDERAZGO

El **liderazgo** es el proceso de influir en otros y apoyarlos para que trabajen con entusiasmo en el logro de objetivos. Es el factor crucial que ayuda a que los individuos o grupos identifiquen sus objetivos y luego los motiva y auxilia para alcanzarlos. Los tres elementos importantes en la definición son influencia-apoyo, esfuerzo voluntario y logro de objetivos. A falta de liderazgo, las empresas serían sólo una confusión de personas y máquinas, de igual modo que una orquesta sin director sólo sería cierto número de músicos e instrumentos. La orquesta y cualquier otra organización requiere liderazgo para desarrollar al máximo sus preciosos activos.

El proceso del liderazgo es similar, de hecho, al del compuesto químico secreto que convierte a una oruga en una mariposa con toda la belleza que estaba latente en la oruga. *Así pues, el liderazgo es el catalizador que transforma el potencial en realidad.* Ese rol se aprecia de manera impresionante en las grandes corporaciones, como en el caso del director general Jack Welch, que encabezó la transformación de General Electric, de un gigante dormido en 1980 en una máquina bien aceitada en este naciente siglo XXI. Es igualmente importante en empresas más pequeñas, como Microsoft Corporation, que Bill Gates inició y guió hasta alcanzar prominencia internacional como creador de sistemas operativos y software para microcomputadoras. El ejemplo de inicio de capítulo acerca de los éxitos y fracasos de Al Dunlap resalta el rol catalizador que desempeñan los líderes, el mismo tiempo que muestra el hecho de que muchos estilos de liderazgo tienen un "lado oscuro" (por ejemplo, la dificultad de despedir empleados y los riesgos de concentrarse nada más en un solo objetivo). En todos los casos, el liderazgo es el acto final que identifica, desarrolla, canaliza y enriquece el potencial existente en una organización y sus miembros.

Un catalizador

En este capítulo, se analiza la naturaleza del liderazgo, es decir, comportamientos, roles y habilidades que se combinan para formar los diferentes estilos de liderazgo. Los enfoques de comportamientos son *descriptivos* y presentan una diversidad de formas en que suelen diferir las *acciones* de los líderes (que pueden ser positivos o negativos, autocráticos o participativos, orientados a empleados o a tareas). Los enfoques de contingencia son más *analíticos* y alientan en los administradores a que analicen su situación y la elección del estilo que se *adapte* mejor a ella. El capítulo se concluye con el examen de algunas de las ideas más recientes, como los sustitutos del liderazgo, superliderazgo y entrenamiento.

Administración y liderazgo

El liderazgo es una parte importante de la administración, pero no es la única. *El rol primario de un líder es influir en otras personas para que busquen voluntariamente objetivos definidos* (de preferencia, con entusiasmo). Los gerentes también planean actividades, organizan estructuras apropiadas y controlan recursos. Los administradores tienen puestos formales, mientras que cualquier persona puede usar su influencia informal al actuar como líder. Los gerentes logran resultados dirigiendo las actividades de otros, mientras que los líderes crean una visión e inspiran a otras personas para lograr esa visión y esforzarse más allá de su capacidad normal. Existe una diferencia entre la administración y el liderazgo, de modo que los líderes fuertes pueden ser malos administradores si su planeación inadecuada hace que el grupo se mueva en la dirección incorrecta. Aunque pueden mantener en marcha al grupo, podría no tratarse de la dirección que más sirva a los objetivos de la organización.

También son posibles otras combinaciones. Una persona puede ser un líder débil y al mismo tiempo un administrador efectivo, en especial si administra a personas que tienen una clara comprensión de su trabajo y un fuerte impulso para trabajar. Este conjunto de circunstancias es menos probable, por lo que se espera que los administradores excelentes tengan capacidad de liderazgo razonablemente alta, entre otras habilidades. Por fortuna, la capacidad de liderazgo puede adquirirse mediante la observación de modelos de rol efectivos, capacitación administrativa y aprendizaje de experiencias de trabajo.[4]

Rasgos de los líderes efectivos

Tipología de Myers-Briggs

Los seres humanos se han interesado en la naturaleza del liderazgo desde el comienzo de historia. En las primeras investigaciones, se trató de identificar los **rasgos** —características físicas, intelectuales o de personalidad— que difieren entre los líderes y quienes no lo son y entre los líderes exitosos y los fracasados. Se estudiaron muchos factores cognoscitivos y psicológicos, como inteligencia, ambición y agresividad. Otros investigadores analizaron características físicas, como estatura, complexión y forma corporales, y atractivo personal. Muchas compañías todavía utilizan la polémica prueba de personalidad Type Indicator de Myers-Briggs, basada en el trabajo del psicólogo Carl Jung, para etiquetar a los administradores en relación con cuatro dimensiones: introvertidos o extrovertidos, pensadores o sentimentales, sensitivos o intuitivos, y jueces o perceptivos. Está claro que persisten el interés y la especulación acerca de las características que conforman a un buen líder.

Rasgos clave

Las investigaciones actuales sobre los rasgos de los líderes llevan a pensar que ciertos factores ayudan a diferenciar entre los líderes y quienes no lo son (figura 7-1).[5] Los rasgos más importantes son un impulso personal fuerte, el deseo de ser líderes, la integridad personal y la confianza en sí mismos. También es frecuente que sean aconsejables características como capacidad cognoscitiva (analítica), conocimiento de los negocios, carisma, creatividad, flexibilidad y calidez personal.

Una conclusión importante acerca de estos rasgos de liderazgo es que no *garantizan* necesariamente el éxito como líder. Lo mejor es considerarlas como competencias o recursos personales que se pueden o no desarrollar y usar. Muchas personas tienen la capacidad para ser líderes efectivos, si bien algunas optan por no mostrar los rasgos que poseen. Otras tendrían los rasgos necesarios y el deseo de usarlos, sin que surja nunca la

FIGURA 7-1
Rasgos del líder

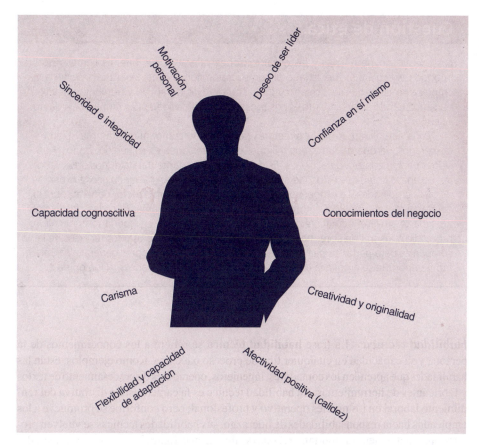

oportunidad para que lo hagan. Un aspecto final es si es posible o no desarrollar o mejorar con el tiempo los rasgos del liderazgo, cuando una persona aspira al liderazgo. Algunos rasgos serían difíciles de acumular en el corto plazo, mientras que otros (como la confianza en sí mismo y los conocimientos de los negocios) probablemente puedan adquirirse con aplicación al estudio.

Comportamiento del líder

Muchas investigaciones han tratado de identificar los *comportamientos* del líder. Según esta perspectiva, el liderazgo exitoso depende más del comportamiento, las habilidades y las acciones apropiados, y menos de los rasgos personales. La diferencia es similar a la que hay entre la energía potencial y la energía cinética en física: un tipo (rasgos) corresponde al potencial latente, y el otro (comportamientos, habilidades y acciones) conforman la liberación y expresión adecuadas de estos rasgos, al igual que con la energía cinética. La distinción es significativa, ya que los comportamientos y habilidades se pueden aprender y cambiar, mientras que numerosos rasgos son relativamente fijos en el corto plazo. Los tres tipos generales de habilidades que aprovechan los líderes son los de órdenes técnico, humano y conceptual. Aunque esas habilidades se interrelacionan en la práctica, pueden analizarse por separado.

> ### Cuestión de ética
>
> Los líderes son necesarios y las organizaciones valoran a sus buenos líderes. Éstos infunden energía a la fuerza laboral con su visión convincente del futuro, guían a la empresa en crisis difíciles, crean culturas corporativas de apoyo y aumentan el valor bursátil. Cuando el rendimiento es positivo, se venera a los líderes. Sin embargo, ¿cuánto valen?
>
> En la actualidad, muchos directores generales de compañías están muy bien remunerados, ya que ganan varios millones de dólares anuales en sueldo, bonos y opciones para la compra de acciones. Esto resulta preocupante para algunos observadores, quienes sienten que estos líderes organizacionales se están haciendo ricos a expensas de otros empleados. La proporción del ingreso máximo de un director general sobre la del trabajador promedio ha aumentado muchísimo en las últimas décadas, desde casi 20:1 hasta su nivel actual, cercano a 300:1. En una época en que la remuneración promedio a los trabajadores ha permanecido estable, ¿es ético usar los recursos de las compañías para pagar sumas cada vez más grandes a los directores generales, al mismo tiempo que se amplía la diferencia entre ellos y sus empleados? ¿Qué opina?

Habilidad técnica   La frase **habilidad técnica** se refiere a los conocimientos de la persona y su capacidad en cualquier tipo de proceso o técnica. Como ejemplos, están las habilidades que aprenden los contadores, ingenieros, operadores de procesamiento de textos y fabricantes de herramientas. La habilidad técnica es la característica distintiva del rendimiento laboral en los niveles operativo y profesional; pero conforme se promueve a los empleados hacia responsabilidades de liderazgo, sus habilidades técnicas se vuelven proporcionalmente menos importantes, como se ilustra en la figura 7-2. Como administradores, dependen cada vez más de las habilidades técnicas de sus subordinados, y en muchos casos jamás practicaron ninguna de las habilidades técnicas que supervisan.

Habilidad para relacionarse   La **habilidad para relacionarse** es la capacidad de trabajar efectivamente con otras personas y tener éxito en el trabajo de equipo. Ningún líder en ningún nivel organizacional escapa al requisito de la habilidad para relacionarse. Es parte importante del comportamiento del líder y se analiza a lo largo de la obra. La falta de habilidad para relacionarse ha motivado la caída de muchos gerentes y directores generales.

Habilidad conceptual   La **habilidad conceptual** es la capacidad para pensar en términos de modelos, marcos de preferencia y relaciones amplias, como en planes de largo plazo. Se vuelve cada vez más importante conforme se asciende a los puestos administrativos altos. La habilidad conceptual se relaciona con ideas; la habilidad para relacionarse, con personas, y la habilidad técnica, con objetos.

El análisis de las habilidades del líder explica por qué los jefes de departamento sobresalientes en ocasiones son inadecuados como vicepresidentes. Es factible que no usen la mezcla apropiada de habilidades necesarias para los puestos de altos niveles, en particular la habilidad conceptual adicional.

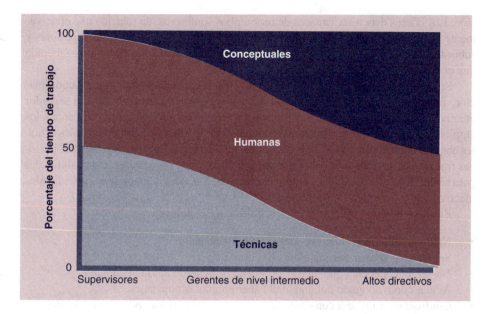

FIGURA 7-2

Variaciones del uso de las habilidades de liderazgo en distintos niveles organizacionales

Aspectos situacionales

El éxito en el liderazgo requiere un comportamiento que una y estimule a los seguidores hacia el logro de objetivos definidos en situaciones específicas. Los tres elementos —líder, seguidores y situación— son variables que se afectan mutuamente en la determinación del comportamiento de liderazgo apropiado.

Tres elementos que deben considerarse

Es evidente que el liderazgo es situacional. En una situación, la acción A sería la mejor, mientras que en la situación siguiente sería preferible la acción B. Tratar de que todos los líderes encajen en un modelo estándar suprime las diferencias creativas y también produce ineficacia, ya que muchas clavijas cuadradas intentan entrar en orificios redondos. El liderazgo es parte de un sistema complejo, de modo que no existe una respuesta sencilla a la pregunta: ¿en qué consiste un líder?

En ocasiones, los líderes deben resistirse a la tentación de ser visibles en una situación. Aunque el buen liderazgo entraña un conjunto de comportamientos, no debe confundirse con la mera actividad cuando ésta es innecesaria. La agresividad e interacción constante con los demás no es garantía de buen liderazgo. En ocasiones, la acción correcta del líder es permanecer en segundo plano para no ejercer presión sobre el grupo, callarse para que los demás hablen, mantener la calma en tiempos de tormenta, dudar intencionadamente y postergar decisiones. En otras, el líder debe ser más decisivo, directivo y controlador. La tarea clave de un líder es *reconocer las diferentes situaciones y adaptarse a ellas de manera consciente.*

Seguidores

Salvo contadas excepciones, los líderes en una empresa también son seguidores. Casi siempre tienen que reportar ante alguien más. Incluso el presidente de una compañía pública o de una organización no lucrativa debe rendir cuentas al consejo de administración. Los líderes deben ser capaces de usar ambos sombreros, de relacionarse efectivamente hacia arriba y abajo. Y de igual modo que los líderes *dan algo* a sus superiores y subordinados, *necesitan la validación* de las autoridades superiores en la misma medida que el apoyo de sus seguidores.

En organizaciones formales de varios niveles, la capacidad para seguir (subordinación dinámica) es uno de los primeros requisitos del buen liderazgo. Ser un seguidor efectivo es una prueba para líderes futuros, un terreno en que se observa de cerca a los empleados para ver si tienen potencial de líderes. El desempeño hábil en los roles actuales abre las puertas para oportunidades futuras de liderazgo. En contraste, muchas personas fracasan en su trabajo, no por falta de capacidad, sino porque carecen de habilidades para seguir. Ésta ayuda a que los empleados apoyen a su líder actual y sean subordinados efectivos.

Comportamientos de los seguidores

Entre los comportamientos de los **seguidores**, se incluyen:

- No competir con el líder por ser el centro de atención.
- Ser leales y apoyar, ser jugadores de equipo.
- No ser una "persona que dice sí", que está de acuerdo automáticamente.
- Actuar como abogado del diablo al hacer preguntas punzantes.
- Confrontar de manera constructiva las ideas, los valores y las acciones del líder.
- Anticipar problemas potenciales y prevenirlos.

Así pues, los buenos seguidores necesitan tener éxito en su propio trabajo, al mismo tiempo que ayudan a que su superior lo tenga en el suyo. Además, los subordinados efectivos pueden prepararse para las promociones si desarrollan habilidades conceptuales y de liderazgo. En forma similar, los buenos líderes nunca deben olvidar qué es estar en la trinchera. Muchos líderes efectivos se recuerdan a sí mismos la importancia de los roles de seguidor con visitas periódicas a las tiendas, trabajando un turno en la planta o realizando otras actividades que los mantienen en contacto con los empleados de primer nivel.

ENFOQUES DE COMPORTAMIENTO DEL ESTILO DE LIDERAZGO

El conjunto total de acciones explícitas e implícitas de los líderes, según las vean los empleados, se llama **estilo de liderazgo**. Se trata de una combinación constante de filosofía, habilidades, rasgos y actitudes que son parte del comportamiento de una persona. Cada estilo también refleja en forma explícita o implícita las creencias del superior acerca de las capacidades del subordinado (teoría X o teoría Y, que se analizan en el capítulo 2). Como se destaca a lo largo de la obra, las *percepciones* que el empleado tiene del estilo de liderazgo son lo que realmente le importa. Los empleados no responden sólo a lo que los líderes piensan, hacen y dicen, sino también a lo que ellos *perciben* que son los líderes. El liderazgo está en los ojos de quien lo mira.

En esta sección se analizan diversos estilos que difieren según la motivación, el poder o la orientación hacia las tareas y las personas. Se han propuesto muchas clasificaciones distintas de los estilos de liderazgo y han resultado útiles. Las más sencillas se basan en una sola dimensión, mientras que otras destacan dos o más aspectos diferentes de los estilos. Aunque cada estilo suele usarse en combinación con otros o incluso se aplica de manera distinta para cada empleado, las clasificaciones de los estilos se analizan por separado para resaltar los contrastes entre ellos. Por lo general, los primeros sistemas de clasificación se basaron en un enfoque universalista, para tratar de identificar el mejor estilo de liderazgo. Sin embargo, después se ha comprobado que dicho objetivo es imposible de alcanzar.

Líderes positivos y negativos

Existen diferencias en la forma en que los líderes se acercan a las personas para motivarlas. Si su enfoque pone énfasis en las recompensas —económicas o de otro tipo— ese líder usa el *liderazgo positivo*. Mejorar los estudios de los empleados, mayores exigencias de independencia y otros factores han hecho que la motivación satisfactoria de los empleados dependa del liderazgo positivo.

¿Recompensas o castigos?

Cuando se presta mayor atención a los castigos, el líder aplica el *liderazgo negativo*. Aunque este enfoque permite lograr rendimiento aceptable en muchas situaciones, tiene costos humanos altos. Los líderes negativos actúan dominando a las personas. A fin de lograr que se realice el trabajo, amenazan a su personal con castigos, como la pérdida del trabajo, reprimendas en presencia de otros y unos cuantos días de suspensión sin goce de sueldo. Despliegan su autoridad en la falsa creencia de que atemorizan a todo el mundo y logran productividad. Son jefes, más que líderes.

Existe un continuo de estilos de liderazgo, que van de lo muy positivo a lo muy negativo.[6] Casi todos los gerentes recurren a una mezcla de estilos positivo y negativo en algún punto de ese continuo, si bien su estilo dominante establece el tono en cada grupo. El estilo se relaciona con el modelo personal de comportamiento organizacional. El modelo autocrático tiende a producir un estilo negativo; el de custodia es hasta cierto punto positivo, y el de apoyo, colegiado y sistémico son claramente positivos. *El liderazgo positivo generalmente produce mayor satisfacción en el trabajo y mejor rendimiento.*

Líderes autocráticos, consultativos y participativos

La forma en que el líder utiliza el poder también establece un estilo. Cada estilo —autocrático, consultativo y participativo— tiene beneficios y limitaciones. Es frecuente que los líderes utilicen los tres estilos en determinado periodo, si bien uno tiende a predominar. Un ejemplo sería el de una supervisora de fábrica que normalmente es autocrática, mientras que se vuelve participativa a la hora de determinar los calendarios de vacaciones y es consultativa en cuanto a la selección de un representante del departamento para el comité de seguridad.

Estilos y uso del poder

Los **líderes autocráticos** centralizan el poder y la toma de decisiones. Estructuran toda la situación de trabajo para sus empleados, de quienes esperan que hagan lo que se les dice, y que no piensen por su propia cuenta. El líder asume toda la autoridad y toda la responsabilidad. El liderazgo autocrático suele ser negativo, pues se basa en amenazas y castigos; pero también puede ser positivo, como se demuestra en el caso de los *autócratas benevolentes*, que deciden brindar ciertas recompensas a sus empleados.

Entre las ventajas del liderazgo autocrático, están que frecuentemente resulta satisfactorio para el líder, permite decisiones rápidas, posibilita el uso de subordinados menos competentes y brinda seguridad y estructura a los empleados. Su desventaja principal es que desagrada a muchos trabajadores, en particular si es suficientemente extremo para generar miedo y frustración. Por añadidura, pocas veces logra el compromiso organizacional fuerte del personal, el que lleva a tasas bajas de ausentismo y rotación de personal. El estilo de liderazgo de Al Dunlap, que se describe al comienzo del capítulo, es evidentemente autocrático.

Los **líderes consultativos** se acercan a uno o más empleados y les piden su aportación antes de tomar decisiones. Sin embargo, luego tal vez opten por utilizar o desechar la información y los consejos recibidos. En caso de que se perciba el uso de sus aportaciones, los empleados tienden a sentir que producen un efecto positivo, mientras que en el supuesto de que se rechacen constantemente, es probable que sientan que se desperdicia su tiempo.

Los **líderes participativos** descentralizan la autoridad. Las decisiones participativas no son unilaterales, como en el caso de los autócratas, ya que los líderes participativos *aprovechan* las aportaciones y la participación de sus seguidores. Informan a los empleados acerca de las condiciones que afectan a su trabajo y los alientan para que expresen sus ideas, hagan sugerencias y *emprendan acciones*. La tendencia general es hacia el uso más amplio de las prácticas participativas, ya que son compatibles con los modelos de apoyo y colegiado del comportamiento organizacional. Debido a su importancia y su uso generalizado y creciente, la administración participativa se analiza a fondo en el capítulo siguiente.

Uso de la consideración y la estructura por parte del líder

Orientaciones a empleados y a tareas

Dos estilos de liderazgo distintos que se utilizan con los empleados son la **consideración** y la **estructura**, también llamados *orientación a empleados* y *orientación a tareas*, respectivamente. Existen datos constantes de que los líderes logran satisfacción mayor de los empleados en su trabajo si su estilo de liderazgo dominante es de alta consideración. Los líderes considerados se preocupan por las necesidades humanas de sus empleados, tratan de conformar el trabajo de equipo, brindar apoyo psicológico y ayudarlos con sus problemas. Por otra parte, los líderes estructurados, orientados a tareas, creen que obtienen resultados al hacer que las personas estén ocupadas constantemente, no tomar en cuentas sus problemas y emociones personales, y presionarlas para que produzcan.

> La diferencia entre las dos orientaciones se ilustra claramente con la respuesta de Paul Blumberg, un superintendente de mina en un pueblo minero. Un empleado le comunicó la noticia siguiente acerca de uno de sus conductores de camiones: "John Jones acaba de salirse del camino en Mile Deep Canyon." La respuesta de este superintendente orientado a tareas fue: "Lleven de inmediato otro camión al sitio para transportar el mineral a la fábrica." (Nos preguntamos qué ocurrió con Jones.)

La consideración y la estructura parecen ser independientes una de otra, de modo que no deben verse necesariamente como los extremos opuestos de un continuo. Un administrador que se vuelve más considerado no es necesariamente menos estructurado. El gerente puede tener ambas orientaciones en grado variable. Si la consideración existe sola, la producción pasaría a segundo plano en aras de la popularidad y satisfacción superficiales; de modo que parece que *los gerentes más exitosos son los que combinan la consideración y la estructura relativamente altas, con cierto énfasis mayor en la consideración*.[7]

Las primeras investigaciones acerca de la consideración y la estructura se realizaron en la University of Michigan y en la Ohio State University. En varios tipos de ambientes, como una fábrica de camiones, una constructora de ferrocarril y oficinas de aseguradoras, se demostró que los líderes muy considerados obtienen relativamente más satisfacción en el trabajo y productividad. Algunos estudios subsiguientes confirman esta tendencia general y señalan más efectos colaterales favorables, como la disminución de las tasas de quejas, la menor rotación de personal y menos estrés en el grupo.[8] A la inversa, la rotación, el estrés y otros problemas son más probables si el administrador no muestra consideración.

Grid gerencial de Blake y Mouton

Robert R. Blake y Jane S. Mouton desarrollaron la **grid gerencial**, muy popular entre los gerentes como herramienta para la identificación de su estilo.[9] Esta cuadrícula se basa en las dimensiones del estilo de liderazgo de preocupación por las personas y por la producción, que en esencia son como espejos de las dimensiones, consideración y estructura mencionadas. La cuadrícula aclara, en dos escalas de nueve puntos, la relación existente entre esas dos dimensiones (figura 7-3). Además, establece un lenguaje y un marco de referencia uniformes para la comunicación acerca de los estilos de liderazgo apropiados. Los líderes 1,9 demuestran una preocupación alta por las personas y baja por la producción, de modo que esta última suele ser baja. Se trata de los "líderes de club campestre". En contraste, los líderes 9,1 se preocupan excesivamente por la producción, a costa de las necesidades de sus empleados. Tienden a ser jefes autoritarios.

Un líder 1,1 no pone el énfasis adecuado en ninguna de las dos dimensiones y su fracaso es predecible. Un equilibrio más aconsejable de las dos dimensiones corresponde a las posiciones 5,5 a 9,9 (Blake y Mouton suponen que esta última es el estilo más efectivo.) La cuadrícula ayuda a que las personas identifiquen no sólo su estilo de liderazgo primario, sino también su estilo de respaldo. Éste es el que tienden a usar los gerentes cuando no logran resultados con su estilo normal. Los gerentes suelen ser más autocráticos y preocuparse más por la producción si su estilo primario fracasa.

Se prefiere el estilo 9,9

> Sally, una gerente con siete supervisores subordinados, se considera una líder 9,9. Al entrevistarla, afirma que se esfuerza al máximo en mostrar apoyo a su personal, porque lo incluye en las decisiones clave y le comunica lo que sucede en la empresa. También expresa su preocupación intensa por la necesidad de cumplir con los objetivos y no salirse del presupuesto. Sin embargo, sus empleados tienen otra idea de ella. Señalan que siempre que la cuestionan o no están de acuerdo con ella cambia inmediatamente a su estilo de respaldo, que caracterizan como un estilo 8,2. Se pone tensa y poco receptiva a sus aportaciones, además de retarlos a que "dejen de pensar tanto en su propia persona y se preocupen más por los resultados". ¿Cuál es el verdadero estilo de liderazgo de Sally, 9,9 u 8,2?

Los modelos como el grid gerencial han sido útiles para resaltar dimensiones múltiples del liderazgo, hacer que los administradores piensen y hablen acerca de su estilo, y estimular el debate y estudios adicionales sobre liderazgo. En forma conjunta, los primeros enfoques de los estilos de liderazgo sirvieron como caja de resonancia útil para la aparición de nuevos modelos, que se analizan en el apartado siguiente.

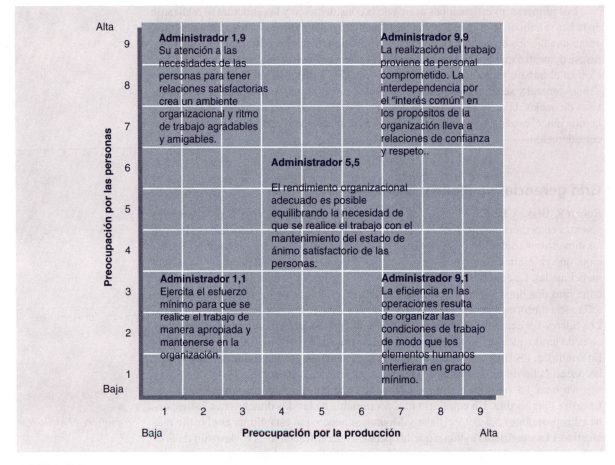

FIGURA 7-3

El grid (cuadrícula) gerencial
Fuente: Robert R. Blake y Jane S. Mouton, "Managerial Facades", *Advanced Management Journal*, julio de 1966, p. 31. Copyright. Reproducido con autorización.

ENFOQUES DE CONTINGENCIA DEL ESTILO DE LIDERAZGO

El estilo de liderazgo positivo, participativo y considerado no siempre es el mejor. Existen excepciones y la necesidad primordial para los líderes es identificar cuándo deben usar un estilo diferente. Se han elaborado diversos modelos que explican estas excepciones, llamados *enfoques de contingencia*. En ellos se afirma que el estilo de liderazgo más apropiado depende del análisis de la naturaleza de la situación que enfrenta el líder. En primer término, hay que identificar los factores clave de la situación. Cuando se combinan con los datos de las investigaciones, estos factores indican cuál estilo debe ser el más efectivo. A continuación, se analizan brevemente cuatro modelos de contingencia de este tipo.

Modelo de contingencia de Fiedler

Uno de los primeros **modelos de contingencia** del liderazgo, con frecuencia polémico, es el que crearon Fred Fiedler y sus colaboradores.[10] Este modelo se basa en la distinción previamente mencionada entre la orientación a tareas y a empleados, además de proponer que el estilo de liderazgo más apropiado depende de si la situación general es favorable al líder, es desfavorable a él o se ubica en un estado intermedio al respecto. A medida que varía la situación, también lo hacen los requisitos para el liderazgo.

Fiedler muestra que la efectividad de un líder depende de que la orientación a empleados interactúe con tres variables adicionales que se relacionan con sus seguidores, las tareas y la organización. Se trata de las relaciones líder-miembros, estructura de tareas y la posición de poder del líder. Las **relaciones líder-miembros** se determinan por la forma en que el grupo acepta al líder. Por ejemplo, si existe fricción del grupo con el líder, rechazo a éste y acatamiento renuente de sus órdenes, las relaciones líder-miembros son bajas. La **estructura de tareas** refleja el grado en que se requiere una forma específica de llevar a cabo el trabajo. La **posición de poder** del líder describe el poder organizacional que acompaña a la posición que ocupa el líder, por ejemplo, el poder para contratar y despedir, los símbolos de estatus y el poder para conceder aumentos de sueldo y promociones.

La relación entre esas variables se muestra en la figura 7-4. La orientación a empleados baja y alta se ilustra en la escala vertical. Diversas combinaciones de las tres variables restantes se representan en la escala horizontal, ordenada de las condiciones favorables al líder a las condiciones que le son desfavorables. Cada punto en la gráfica representa los datos de un proyecto de investigación específico. La gráfica indica con claridad que los gerentes considerados y orientados a empleados son los más exitosos en situaciones medianamente favorables al líder (porción central de la gráfica). En los ex-

Tres variables situacionales

FIGURA 7-4

Resultados de investigaciones según se aplican en el modelo de liderazgo de contingencia de Fiedler
Fuente: Adaptado de Fred E. Fiedler, *A Theory of Leadership Effectiveness*, p. 146. Copyright © 1967, McGraw-Hill Book Company. Reproducido con autorización de McGraw-Hill Book Company.

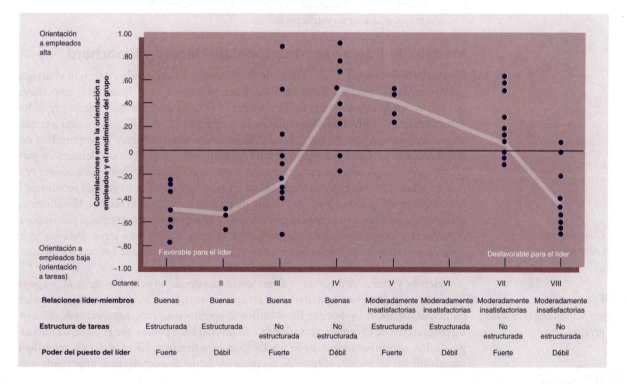

tremos de la gráfica, que representan condiciones muy favorables o desfavorables al líder, parece tener mayor efectividad el líder orientado a tareas y estructurado. Por ejemplo, los miembros de una cuadrilla de línea de montaje en una fábrica de automóviles tienen una tarea estructurada y el supervisor, una posición de poder considerable. Si las relaciones líder-miembros son positivas, la situación es favorable para que los líderes orientados a tareas usen su fuerza. De igual manera, un líder estructurado es más efectivo en una posición de poco poder, estructura de tareas baja y relaciones líder-miembros deficientes. Sin embargo, en condiciones medianamente favorables, como en los grupos de trabajo, el líder considerado suele ser el más efectivo.

Las conclusiones del modelo de Fiedler se explican de la siguiente manera. En situaciones muy poco estructuradas, la estructura y el control del líder se consideran un factor que elimina la ambigüedad indeseable y la ansiedad resultante, de modo que los empleados suelen preferir un enfoque estructurado. Cuando las tareas son rutinarias y el líder tiene buenas relaciones con los empleados, éstos perciben una orientación a tareas como apoyo a su rendimiento en el trabajo (les aclara el camino). Las situaciones intermedias restantes precisan el establecimiento de mejores relaciones líder-miembros, de modo que resulta más efectivo un líder considerado y orientado a empleados.

No obstante las críticas, el modelo de contingencia de Fiedler ha desempeñado una función importante en estimular las discusiones acerca del estilo de liderazgo y en la generación de lineamientos útiles. Por ejemplo, se insta a que los gerentes:

- Examinen su situación (personas, tareas y organización).
- Sean flexibles en el uso de diversas habilidades dentro de un estilo general.
- Consideren la modificación de elementos de su trabajo para obtener una mejor correspondencia con su estilo preferido.

Modelo de liderazgo situacional de Hersey y Blanchard

Otro modelo de contingencia, el **modelo de liderazgo situacional** (o del ciclo vital) que elaboraron Paul Hersey y Kenneth Blanchard, propone que el factor más importante que influye en la selección del estilo del líder es el nivel de desarrollo (madurez) de los subordinados.[11] El **nivel de desarrollo** es la combinación, específica en cuanto a tareas, de la competencia para tareas y la motivación para el rendimiento (compromiso) del empleado. Los gerentes evalúan el desarrollo analizando el nivel de conocimientos para el trabajo del empleado, sus habilidades, su capacidad, y la disposición para asumir responsabilidades y actuar independientemente. Los empleados por lo general (conforme a los supuestos de la teoría Y) desempeñan mejor una tarea cuando reciben lineamientos apropiados, adquieren experiencia en el puesto y observan las recompensas por su comportamiento cooperativo. Tanto la *competencia* para realizar una tarea dada como el *compromiso* respectivo varían de un empleado a otro, de modo que los niveles de desarrollo diferentes exigen respuestas distintas de los líderes.

Competencia y compromiso después del nivel de desarrollo

Cuatro estilos corresponden a cuatro niveles

Hersey y Blanchard recurren a una combinación de orientación de guía y apoyo (también llamada tarea y relación) para crear cuatro estilos principales, de decir, vender, participar (de apoyo) y delegar. Estos estilos se correlacionan con los niveles de desarrollo progresivos de los empleados (figura 7-5), lo cual hace pensar que el estilo de liderazgo de los administradores debe variar con la situación. El modelo es sencillo e intuitivamente atrayente, además de acentuar un factor de contingencia importante —la

Nivel de desarrollo del empleado	Estilo recomendado del líder
1. Poca capacidad; poca disposición	Indicativo (directivo; poco apoyo)
2. Poca capacidad; mucha disposición	Venta- entrenamiento (directivo; apoyo)
3. Mucha capacidad; poca disposición	Participativo-apoyo (apoyo; poca dirección)
4. Mucha capacidad; mucha disposición	Delegación (poca dirección; poco apoyo)

FIGURA 7-5
Recomendaciones del modelo de liderazgo situacional en cuanto al estilo de liderazgo que debe emplearse con cada nivel de desarrollo

capacidad *individual* del empleado para una tarea específica— que en ocasiones se pasa por alto. No obstante, hace caso omiso de otros elementos cruciales que determinan el estilo de liderazgo y no tiene una base de investigación aceptada.[12] Pese a estas limitaciones, su uso se ha excedido y también permitió que los administradores hayan adquirido conciencia del concepto de los enfoques de contingencia en relación con el estilo de liderazgo. El siguiente es un ejemplo de uso del modelo de liderazgo situacional.

> Dos empleadas, Cindi y Mary, fueron contratadas por la misma compañía para realizar trabajos similares. Aunque sus estudios también eran similares, Cindi tenía varios años más de experiencia laboral pertinente, en comparación con Mary. Al aplicar el modelo de liderazgo situacional, su supervisor identificó a Mary como de desarrollo medianamente bajo ("dispuesta, aunque todavía no puede rendir plenamente"), y a Cindi como de desarrollo medianamente alto ("muy capaz, si bien carece de cierta confianza para el rendimiento"). Luego de ese análisis, el supervisor decidió darles trato diferente durante los primeros meses en el trabajo: de "venta" con Mary y de "participación" con Cindi. Casi dos años después, el supervisor pudo usar estilos distintos con cada una de ellas, de "participación" con Mary y de "delegación" con Cindi, ya que cada una de ellas había adquirido habilidades y confianza en sí misma, respectivamente.

Modelo de liderazgo de trayecto-objetivos

Robert House y otros investigadores profundizaron todavía más en el punto de vista de trayecto-objetivo de liderazgo que presentó inicialmente Martin G. Evans, enfoque que a su vez se deriva del modelo de expectativas de la motivación (capítulo 5).[13] El modelo de **liderazgo de trayecto-objetivo** afirma que la tarea del líder es usar la estructura, el apoyo y las recompensas para crear un ambiente laboral que ayude a los empleados en el logro de los objetivos de la empresa. Los dos roles principales son crear la orientación a objetivos y mejorar el trayecto hacia los objetivos, de modo que se logre alcanzarlos.

En la figura 7-6 se muestra el proceso de trayecto-objetivo. Los líderes identifican las necesidades de los empleados, les brindan objetivos apropiados y luego conectan el logro de objetivos con las recompensas, al aclarar las relaciones de expectativas e instrumentalidad. Se eliminan las barreras para el rendimiento y se brinda una guía al empleado. Los resultados esperados del proceso incluyen la satisfacción en el trabajo, aceptación del líder y mayor motivación. Ello debe originar rendimiento efectivo y logro de los objetivos.

FIGURA 7-6

Proceso de liderazgo de trayectoria-objetivos

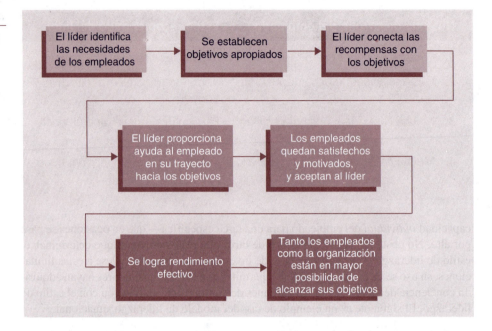

Definición de objetivos Los objetivos tienen una función fundamental en el proceso de trayecto-objetivos. La definición de los objetivos es el establecimiento de metas de rendimiento exitoso, tanto en el corto como en el largo plazos. Constituye una medición de lo bien que los individuos y grupos cumplen con los estándares de rendimiento.

La premisa básica subyacente en la definición de objetivos es que el *comportamiento humano está dirigido a objetivos*, como se analiza en el capítulo 5. Los miembros de los grupos necesitan sentir que es posible alcanzar algún objetivo valioso con los recursos y el liderazgo disponibles. A falta de objetivos, los miembros de un grupo podrían ir en direcciones distintas. Esta dificultad continúa mientras no exista un entendimiento común de los objetivos en cuestión.

Mejoramiento del trayecto Los pasos que rodean a la definición de objetivos son apenas la mitad del proceso de liderazgo de trayecto-objetivos. Los líderes también deben considerar ciertos factores de contingencia y la gama de opciones de liderazgo a su disposición, antes de decidir cómo aclarar el trayecto hacia un objetivo. En particular, deben ponderar la necesidad de dos tipos de apoyo.

Los líderes brindan un equilibrio de tareas y apoyo psicológico a sus empleados, como indicaría la lógica. Proporcionan el **apoyo a tareas** cuando ayudan a conjuntar el presupuesto, poder y otros elementos indispensables para realizar el trabajo. De igual importancia es que puedan eliminar las limitaciones ambientales que a veces inhiben el rendimiento de los empleados, ejercer influencia ascendente y brindar reconocimientos que dependen del esfuerzo y rendimiento efectivos. Sin embargo, también se requiere el **apoyo psicológico**. Los líderes deben estimular a las personas para que quieran realizar el trabajo. La combinación de apoyo a tareas y psicológico de un líder se describe con el caso siguiente de un empleado de una compañía telefónica:[14]

En la región occidental, existe un supervisor que se considera la personificación de un líder. ¿La razón? Se preocupa. Se interesa en las personas (apoyo psicológico) y en que se haga bien el trabajo (apoyo a tareas). Su entusiasmo es real, no forzado, y muy contagioso. Sus empleados quieren trabajar con él y aprender de él.

Todo parece derivarse de dos razones básicas: sabe de qué habla y trata a sus subordinados como seres humanos racionales, con capacidad para realizar el trabajo. Además, espera de ellos que lo hagan. Les brinda el reconocimiento de que su trabajo es importante. Por lo tanto, las personas sienten que trabajan con él para completar las tareas.

Estilos de liderazgo Según la teoría de trayecto-objetivos, los roles de los líderes son ayudar a que los empleados entiendan qué es necesario hacer (objetivos) y cómo hacerlo (el trayecto). Además, los líderes necesitan ayudar a que los empleados vean cómo el logro de objetivos es benéfico para ellos y para la empresa. Esta acción de liderazgo debe originar percepciones de alta expectativa (el esfuerzo lleva al logro de los objetivos y, con ello, de recompensas valiosas). Sin embargo, los líderes tienen que decidir qué estilo usar con cada empleado, y con el modelo de trayecto-objetivos se identifican cuatro opciones al respecto:

- *Liderazgo directivo.* El líder se enfoca en la asignación de tareas claras, estándares de rendimiento exitoso y programas de trabajo.
- *Liderazgo de apoyo.* El líder muestra preocupación por el bienestar y las necesidades de los empleados, al tiempo que intenta crear un ambiente de trabajo placentero.
- *Liderazgo orientado a logros.* El líder establece expectativas altas en relación con los empleados, les comunica confianza en su capacidad para lograr los objetivos retadores y modela de manera entusiasta del comportamiento deseado.
- *Liderazgo participativo.* El líder invita a que los empleados contribuyan e intenta seriamente utilizar sus sugerencias a la hora de tomar las decisiones finales.

Factores de contingencia Deben analizarse dos factores principales: el ambiente de trabajo general y las características específicas del empleado. En el ambiente de trabajo, el líder debe identificar si la *tarea* del empleado está o no estructurada, si el *sistema de autoridad formal* es más compatible con un enfoque directivo o participativo, y si el *grupo de trabajo* existente satisface o no las necesidades de estima y sociales del empleado.

De igual modo, el líder ha de evaluar tres variables significativas en cada empleado. El **locus de control** consiste en las creencias alternativas acerca de si los logros de los empleados son producto de su esfuerzo (*locus interno*, más compatible con el estilo participativo) o el resultado de fuerzas externas (*locus externo*, más receptivo a un enfoque directivo). Un segundo factor es la **disposición a aceptar la influencia de otras personas**. Si esta variable tiene valor alto, el enfoque directivo resulta más exitoso, y si es bajo, sería más provechoso un estilo participativo. La tercera característica individual es la **capacidad para tareas autopercibidas**. Los empleados con gran confianza en su potencial reaccionan de la manera más favorable a un líder que brinda apoyo. Por su lado, los empleados que no perciben su propia capacidad para las tareas, con toda probabilidad darían la bienvenida a un líder orientado a logros.

El modelo de trayecto-objetivos contribuyó a identificar variables de contingencia adicionales; asimismo amplió la gama de comportamientos que el líder puede escoger.

Es necesario evaluar las características de los empleados

También se singulariza hasta cierto punto porque relaciona explícitamente el estilo de liderazgo con un modelo motivacional subyacente. Por otra parte, el modelo en su totalidad está siendo sometido a prueba en diferentes investigaciones y es un tanto especulativo. Los datos disponibles hacen pensar que el uso del modelo sí se correlaciona con la *satisfacción* que el empleado tiene con el liderazgo, si bien no se ha documentado plenamente su efecto en el rendimiento.

Modelo de toma de decisiones de Vroom

Un **modelo de toma de decisiones** útil para seleccionar entre diversos grados de estilos de liderazgo (autocrático a participativo) es el que elaboraron V. H. Vroom y otros.[15] Reconocieron que las situaciones para solucionar problemas varían, de modo que crearon un enfoque estructurado para que los gerentes analicen la naturaleza de esas diferencias y respondan apropiadamente.

Atributos de problemas En este modelo, los gerentes evalúan una situación real de decisión conforme a sus *atributos del problema* (*véanse* las ocho preguntas de la figura 7-7), especialmente la importancia percibida de la calidad técnica y la aceptación del empleado. Las dimensiones *decisión-calidad* incluyen costos, disponibilidad de información y que el problema esté o no estructurado. Las dimensiones de *aceptación del empleado* abarcan la necesidad de compromiso, su aprobación previa, la congruencia de sus objetivos con los de la organización y las probabilidades de conflicto entre los empleados. Al dar seguimiento minucioso a este análisis en un formato de árbol de decisiones estructurado, los gerentes pueden identificar y clasificar varios tipos singulares de problemas.

Opciones de liderazgo Una vez que se determina el tipo de problema por enfrentar, se brindan lineamientos para ayudar a que los administradores seleccionen uno de cinco enfoques. Por ejemplo, entre los elementos que se consideran están las limitaciones de tiempo, la dispersión geográfica de los subordinados y la motivación del líder para apro-

FIGURA 7-7

Preguntas de guía en el modelo de toma de decisiones de Vroom

1. ¿Es importante la calidad técnica en cuanto la decisión que se toma?
2. ¿Es importante el compromiso de los subordinados con la decisión (aceptación de los empleados)?
3. ¿Se cuenta con información suficiente para tomar una decisión de alta calidad?
4. ¿Está bien estructurado el problema?
5. Si toma la decisión, ¿los subordinados la aceptarán?
6. ¿Acaso los subordinados comparten los objetivos que deben alcanzarse para la solución del problema?
7. ¿Es probable que exista conflicto entre los subordinados en cuanto a soluciones alternas?
8. ¿Acaso los subordinados cuentan con información suficiente para llegar a una solución de alta calidad?

vechar el tiempo y capacitar a sus subordinados. Todas estas consideraciones tienen efecto en la elección del uso de un enfoque más autocrático o más consultativo, entre los cinco que se describen a continuación:

- *Autocrático I*. El líder soluciona de manera personal el problema que tiene enfrente aprovechando la información disponible.
- *Autocrático II*. El líder obtiene datos de los subordinados y luego decide.
- *Consultativo I*. El líder explica el problema a cada subordinado y obtiene ideas de ellos antes de decidir.
- *Consultativo II*. El líder se reúne con un grupo de subordinados para explicarles el problema y obtener ideas, y luego decide.
- *Grupal II*. El líder comparte el problema con un grupo y facilita la discusión de opciones para llegar a un consenso de grupo respecto de una solución.

La utilidad del modelo de Vroom reside por lo menos en tres componentes clave. En primer término, supone que los administradores pueden clasificar con exactitud los problemas según los criterios expuestos. En segundo lugar, considera que los administradores pueden adaptar su estilo de liderazgo a las condiciones de contingencia que enfrentan respecto de cada decisión importante y están dispuestos a hacerlo. Por último, sostiene la premisa de que los empleados aceptan la legitimidad de los diferentes estilos usados para problemas distintos, así como la validez de la clasificación que hace el líder de la situación. Si todos estos supuestos son válidos, el modelo sería muy promisorio como ayuda para que los administradores seleccionen el estilo de liderazgo apropiado.

ENFOQUES DE LIDERAZGO EMERGENTES

En los apartados precedentes, se analizó el desenvolvimiento de diferentes puntos de vista acerca del liderazgo: los que se concentran en rasgos, comportamientos y factores de contingencia. Cada modelo se centra en algo diferente y llega a una conclusión distinta. De tal manera, son semejantes a la antigua parábola de los ciegos que se topan con un elefante y cada uno lo describe de manera distinta, según haya tocado su oreja, cola, tronco o pata. Pese a las diferencias aparentemente sustantivas entre los modelos de liderazgo, son muy semejantes en algunos aspectos. En la figura 7-8 se identifica su énfasis común en dos tipos de factores, los "suaves" y los "duros".

Varias perspectivas adicionales —sustitutos y mejoras del liderazgo, autoliderazgo y superliderazgo, entrenamiento y otros dos enfoques— se presentan brevemente en los apartados que siguen. Estas perspectivas constituyen nuevas y útiles formas de ver el liderazgo. En el capítulo 8 se analizan con detalles los enfoques participativos.

Sustitutos y mejoras del liderazgo

Un enfoque totalmente distinto del liderazgo, que todavía tiene un ligero sabor a contingencia, es el que proponen Steven Kerr y otros.[16] Los modelos de liderazgo anteriores habían propuesto la necesidad de un líder formal que brinde dirección de tareas, estructura y recompensas, además de la consideración y el apoyo social que necesitan los empleados. Desgraciadamente, estos roles del líder pueden generar una *dependencia insana* respecto de ellos, que obstaculiza el crecimiento y la autonomía de los subordinados. El líder

FIGURA 7-8
Similitudes entre los modelos de liderazgo

Modelo	Énfasis "suave"	Énfasis "duro"
Estudios de la University of Michigan y la Ohio State University	Consideración	Estructura
Grid (cuadrícula) gerencial de Blake y Mouton	Personas	Producción
Modelo de contingencia de Fiedler	Orientación a empleados	Orientación a tareas
Modelo situacional de Hersey y Blanchard	Relaciones	Guía de tareas
Modelo de trayecto-objetivos	Apoyo psicológico	Apoyo a tareas
Modelo de toma de decisiones de Vroom	Aceptación por los empleados	Calidad de las decisiones

también puede carecer de los rasgos, los conocimientos y las habilidades necesarios para cumplir de manera efectiva estos roles, además tal vez no esté presente en todo momento. Por añadidura, podrían intervenir algunos **factores neutralizantes**. Se trata de los atributos de los subordinados, las tareas y las organizaciones que de hecho interfieren en los intentos del líder por influir en los empleados o los minimizan. Dichos factores comprenden la distancia física, los sistemas de recompensas rígidos y la práctica que tienen los subordinados o superiores de saltarse a los administradores de algún nivel.

Cuando no resulta fácil cambiar la situación o al líder, pueden usarse sustitutos y mejoras para el liderazgo. Los **sustitutos del liderazgo** son factores que vuelven innecesarios los roles del líder porque se sustituyen con otras fuentes. En la figura 7-9 se ejemplifican tales sustitutos, presentes en los factores de contingencia de las tareas, la organización y los empleados. La presencia de sustitutos —como la experiencia amplia de un subordinado, las reglas claras o un grupo de trabajo cohesionado— ayudan a disminuir la necesidad de la orientación a tareas tradicional del líder. Otros factores, como las tareas intrínsecamente satisfactorias, la orientación profesional de los empleados o la necesidad considerable de independencia en los propios trabajadores, disminuirían el requisito del comportamiento orientado a la consideración en el líder.

En forma alterna, las características y habilidades existentes en el líder se pueden aclarar y ampliar mediante otros factores. Las **mejoras del liderazgo** son elementos que amplían la influencia del líder en los empleados (figura 7-9).[17] Una orientación directiva puede mejorarse si aumenta el estatus del líder o su poder de recompensa, o cuando ese estilo de liderazgo se usa en trabajos con crisis frecuentes. El estilo de liderazgo de apoyo se mejoraría alentando las actividades de trabajo basadas en equipos o incre-

FIGURA 7-9

Neutralizadores, sustitutos y mejoras potenciales del liderazgo

Neutralizadores	Sustitutos	Mejoras
Distancia física entre el líder y el empleado	Evaluación de colegas-retroalimentación	Objetivos de orden superior
Indiferencia del empleado hacia las recompensas	Sistemas de recompensa de ganancias compartidas	Aumento del estatus del grupo
Tareas intrínsecamente satisfactorias	Personal disponible en caso de problemas	Aumento del estatus y poder de recompensas del líder
Reglas de trabajo inflexibles	Reingeniería de puestos para mayor retroalimentación	El líder como fuente central de aporte de información
Sistemas de recompensa rígidos	Métodos de resolución de conflictos interpersonales	Ampliación del punto de vista de los subordinados acerca de la experiencia, influencia e imagen del líder
Grupos de trabajo cohesionados	Formación de equipos para ayudar a solucionar problemas relacionados con el trabajo	
Empleados con capacidad, experiencia o conocimientos significativos		Uso de las crisis para demostrar la capacidad del líder
Práctica de saltarse al gerente en cuestión (de los subordinados o de sus superiores)	Satisfacción intrínseca del trabajo mismo	
	Grupos de trabajo cohesionados	
	Necesidad de independencia de los empleados	

mentando la participación de los empleados en la toma de decisiones. La contribución importante del enfoque de factores neutralizantes-sustitutos-mejoras es que la empresa contará con un remedio alterno cuando resulta imposible sustituir o capacitar al líder, o encontrar una mejor correspondencia entre el líder y el trabajo. Sin embargo, también están en juego las emociones del líder; alguien que antes se consideraba a sí mismo de importancia crucial y ahora ve que es en parte un elemento reemplazable puede sufrir una pérdida desmoralizante de su autoestima.

Autoliderazgo y superliderazgo

Los sustitutos del liderazgo compensan parcialmente las debilidades de un líder, mientras que las mejoras del liderazgo amplían sus fortalezas. En otro enfoque emergente de liderazgo, un sustituto radical del liderazgo es el concepto de **autoliderazgo**, que proponen

Charles Manz y Henry Sims.[18] Este proceso tiene dos fundamentos: la autodirección para realizar tareas que motivan en forma natural y la administración de la propia persona para realizar el trabajo que es necesario pero poco motivador. El autoliderazgo requiere que los empleados apliquen las *habilidades de comportamiento* de la observación de sí mismos, los objetivos que ellos mismos establecen, el manejo de indicios, las recompensas que define el propio empleado, el ensayo de actividades antes de su ejecución y la autocrítica. También entraña las *actividades mentales* de incorporar recompensas naturales a las tareas, pensamiento concentrado en esas recompensas naturales, y establecimiento de hábitos de pensamiento efectivos, como la imaginación guiada y la conversación consigo mismo. El resultado neto es que los empleados influyen en sí mismos para aprovechar su automotivación y autodirección con el fin de tener buen rendimiento.

> Denise es gerente de seguridad y capacitación en Lakehead Pipeline Company, una empresa que bombea petróleo crudo del Norte de Canadá a áreas del Norte y Este de Estados Unidos. Gran parte de los 300 empleados de campo de la compañía trabajan en sitios geográficamente aislados, en grupos muy pequeños. Algunos son independientes, sin un supervisor en cientos de kilómetros a la redonda. A fin de prepararlos respecto de posibles crisis de derrame de petróleo, en los programas de capacitación de Denise se alienta a los trabajadores para que sean *autolíderes* (sin dejar de trabajar dentro de los límites de las políticas operativas estándar). De tal suerte, ellos deben establecer sus propios objetivos diarios, observar su comportamiento personal y ensayar antes de ejecutar los procedimientos de seguridad, en especial en tareas que representan un riesgo. Luego, en ausencia de supervisores, deben criticar sus propias prácticas de seguridad y alabarse a sí mismos cuando sea apropiado.

¿Cómo pueden convertirse los empleados en autolíderes? La respuesta es el apoyo de los *superlíderes*, es decir, las personas que trabajan activamente en liberar las capacidades de sus subordinados.[19] El **superliderazgo** se inicia con un conjunto de creencias positivas acerca de los trabajadores, como las de la teoría Y. Requiere practicar el autoliderazgo consigo mismo y hacer que otros lo vean. Los superlíderes también comunican expectativas de sí mismos positivas, recompensan el progreso de sus empleados hacia el autoliderazgo y hacen que este último sea parte esencial de la cultura de la unidad de trabajo. Al igual que otros sustitutos del liderazgo, los administradores pueden experimentar dificultades para trabajar hacia el superliderazgo, ya que deben ceder una parte del control directo que habían aprendido a ejercitar y que les resulta cómodo.

Entrenamiento

Una metáfora del líder que emerge rápidamente es la de **entrenador**. Derivada y adaptada de los deportes (*véase* "Lo que leen los administradores"), ser entrenador significa que el líder prepara, guía y dirige a un "jugador", *sin jugar el juego*. Estos líderes reconocen que están a un lado del campo de juego, no dentro de él. Su función es seleccionar a los jugadores más apropiados, enseñar y capacitar a los subordinados, estar disponibles para consultas orientadas a problemas, revisar las necesidades de recursos, plantear preguntas y escuchar lo que comunican los empleados. Algunos gerentes señalan que dedican de 50 a 60% de su tiempo al entrenamiento.[20] Alaban, presionan, habilitan, inspiran, exhiben calidez y apoyo, y mantienen conversaciones informales. Los entrenadores se consideran a sí mismos como porristas y facilitadores, al mismo tiempo que reconocen la necesidad ocasional de ser duros y exigentes.

Lo que leen los administradores

Don Shula —el exitoso ex jefe de entrenadores del equipo de fútbol americano profesional Delfines de Miami— y el autor de libros sobre administración Ken Blanchard se unieron para explorar sus pensamientos sobre el liderazgo. Llegaron a la conclusión de que todos los líderes necesitan aplicar el entrenamiento a los miembros de su equipo. ¿Qué significa entrenamiento (coach) para ellos? Proponen que los buenos entrenadores administrativos poseen cinco características:

- **C**onvicción como guía. Tienen una clara visión de dónde quieren que esté la organización y venden apasionadamente esa visión a sus miembros.
- **O**bsesión por el aprendizaje. Dedican tiempo y energía considerables a la preparación de sus miembros para el logro del rendimiento en sus tareas con un alto nivel de habilidad.
- **A**pertura a escuchar. Reconocen la necesidad de adaptaciones momentáneas a circunstancias cambiantes y permiten en sus seguidores clave la autonomía para desviarse del plan original.
- **C**onstancia en sus acciones. Reconocen la avidez de los empleados por la claridad y naturaleza predecible del comportamiento cotidiano del líder y luchan por actuar con constancia, sin importar el tiempo ni las situaciones.
- **H**onestidad. Identifican y expresan sus valores personales y sirven como modelos de rol para los empleados en sus comportamientos éticos.

Shula y Blanchard piensan que el entrenamiento no se limita a los deportes, sino que es aplicable universalmente a todas las relaciones gerentes-empleados, como una forma de ayudar a los demás a fomentar el potencial pleno.

Fuente: Don Sula y Kenneth Blanchard, *Everyone's a Coach*, Nueva York, HarperBusiness, 1995.

El entrenamiento puede ser una herramienta de liderazgo poderosa si se maneja de manera adecuada. Se ha descrito como el arma secreta de algunas organizaciones sobresalientes, que les permite formar un arsenal de gerentes bien preparados. El buen entrenamiento se centra principalmente en mejorar el rendimiento apoyado en expectativas altas y retroalimentación oportuna, al mismo tiempo que hace crecer las herramientas de la confianza, el respeto mutuo, la integridad, la apertura y los propósitos comunes. Las siguientes son las áreas específicas en las que muchos administradores aceptan la necesidad del entrenamiento:

- Mejoramiento de su estilo de interacción.
- Afrontar más efectivamemte el cambio.
- Desarrollo de sus habilidades para escuchar y hablar.[21]

Con el fin de facilitar el cambio mediante el entrenamiento, los líderes hábiles inician diálogos periódicos que mantienen un equilibrio saludable entre construir la autoestima del empleado e introducir una tensión creativa para lograr el cambio. Los requisitos para el entrenamiento exitoso abarcan la disposición favorable al cambio en el empleado, su capacidad para cambiar y la oportunidad de practicar nuevos comportamientos.

Otros enfoques

Se justifica mencionar otras dos perspectivas del liderazgo. Los líderes visionarios —aquellos capaces de ver el panorama general de lo que debe ser la empresa y luego usar sus habilidades de comunicación para lograr que los demás compartan esa visión— desempeñan una función especialmente importante en épocas de transición. El liderazgo transformacional y el carisma se analizan en el capítulo 14. Un segundo enfoque consi-

Consejos a futuros administradores

1. Cultive y aproveche sus rasgos de liderazgo positivo; convierta sus debilidades en fortalezas con el paso del tiempo.
2. Reconozca que existen numerosos modelos de liderazgo y muchas dimensiones distintas que les sirven de fundamento; acepte sus acciones mientras busca forma de integrarlos.
3. Adopte la naturaleza contingente del liderazgo, reconociendo que las habilidades analíticas fuertes son un requisito para la aplicación efectiva de muchos modelos de liderazgo.
4. Muéstrese debidamente cauteloso ante los modelos de liderazgo simplistas, en particular los que se acompañan de poco sustento en investigaciones.
5. Reconozca la necesidad de variar con flexibilidad su estilo del liderazgo según las exigencias de la situación y, al mismo tiempo, muestre cierto grado de constancia.
6. Acepte la importancia de su función como entrenador, con la experiencia, empatía, objetividad, habilidad de cuestionamiento y capacidad para escuchar entre sus mayores activos.
7. Trate de convertirse en un superlíder, cuyo objetivo principal es desarrollar la capacidad para el autoliderazgo en los demás.
8. Reconozca cuándo es *innecesario* el liderazgo (debido a la presencia de sustitutos) o es improbable que resulte efectivo y no desperdicie esfuerzos inútilmente.

dera la naturaleza recíproca de la influencia entre los administradores y sus empleados, y estudia los intercambios que tienen lugar entre ellos. Este enfoque sirve como base de la administración participativa, en que ambas partes dan y reciben algo, por lo que se presenta en el capítulo siguiente.

RESUMEN

El liderazgo es el proceso de influir en otros y apoyarlos para que trabajen con entusiasmo hacia el logro de objetivos. Está determinado en parte por ciertos rasgos, que constituyen el potencial de liderazgo, así como por el comportamiento de roles. En los roles de los líderes, se combinan las habilidades técnicas, humanas y conceptuales, que los líderes aplican con grados diferentes en los diversos niveles organizacionales. Su comportamiento como seguidores también es importante para la empresa.

Los líderes aplican diferentes estilos del liderazgo, que van desde el consultativo hasta el autocrático. Aunque los líderes positivos, participativos y considerados tienden a ser más efectivos en muchas situaciones, los enfoques de contingencia hacen pensar que una variedad de estilos puede resultar exitosa. Los líderes deben analizar primero la situación y descubrir los factores clave en las tareas, los empleados y la organización, que indican cuál estilo sería óptimo para esa combinación. Además deben reconocer la posibilidad de que no sean siempre necesarios en forma directa, debido a la disponibilidad de sustitutos o mejoras del liderazgo. También, sería aconsejable que capaciten a los empleados para que sean autolíderes, mediante el entrenamiento efectivo y el ejercicio de los comportamientos del superliderazgo.

Términos y conceptos para revisión

Apoyo a tareas
Apoyo psicológico
Autoliderazgo
Capacidad para tareas autopercibida
Consideración
Disposición a aceptar la influencia de otros
Entrenador

tenía estudios de contabilidad, si bien todos eran hábiles en el manejo de registros y cifras. Ante todo, elaboraban planes presupuestarios y análisis para los departamentos operativos. Los datos se obtenían de los diferentes departamentos y los registros de la compañía. Pardini asignaba los proyectos a sus subordinados con base en los intereses y habilidades de éstos. Algunos proyectos eran más deseables que otros, a causa del prestigio que los acompañaba, su dificultad, los contactos necesarios u otros factores, de modo que había conflictos ocasionales respecto de a cuál empleado se asignaba un proyecto de ésos. Uno de los trabajadores que parecía ser especialmente sensible y se quejaba con regularidad sobre el tema era Sonia Prosser.

En una ocasión, Pardini recibió uno de esos proyectos y lo asignó a Joe Madden. Prosser se molestó de manera especial, ya que pensaba que le deberían haber asignado el proyecto. Su molestia era tanta que retó a su supervisora reuniendo los documentos del trabajo que estaba haciendo y los hizo a un lado; después tomó un libro y empezó a leerlo. Todos los empleados del departamento trabajaban en la misma área, de modo que muchos se dieron cuenta de su comportamiento. Sonia dijo, en voz suficientemente alta para que la escucharan los demás: "Aquí nunca se me da una buena tarea."

Pardini escuchó el comentario de Sonia y se le quedó viendo desde su escritorio, tomando nota de lo que ocurría. Aunque se molestó, permaneció sentada a su escritorio durante cinco minutos, pensando qué hacer. Entretanto, Sonia continuó leyendo su libro.

Preguntas
1. ¿Qué problemas del liderazgo se advierten en este incidente?
2. Analice las acciones que debe emprender la supervisora. Considere el modelo de liderazgo de trayectoria-objetivos y los enfoques de contingencia del liderazgo antes de tomar su decisión.

Aplicación de los modelos de liderazgo

1. Formen grupos pequeños, de cinco a siete personas.
2. Seleccionen, como tema de análisis, a un líder visible con el que estén razonablemente familiarizados todos los miembros de la clase (por ejemplo, el director de su escuela, el alcalde local, el gobernador de su estado o el director general de una compañía importante).
3. Cada miembro de cada grupo debe seleccionar un modelo de liderazgo distinto y relacionarlo con ese líder. Dediquen unos cuantos minutos a explicar a los otros miembros del grupo:

    a) En qué aspectos se aplica su modelo a ese líder.
    b) En qué aspectos su modelo no se aplica claramente a ese líder y por qué.

4. Analicen brevemente las similitudes, las diferencias y la complementariedad potencial entre los modelos.
5. Deriven un conjunto de consecuencias de acción para ustedes mismos como líderes futuros, con base en este análisis.

Ejercicio de experiencia

Capítulo 8

Empowerment y participación

El empowerment es una falsa promesa, nada más.

—**Chris Argyris**[1]

Pueden esperarse grandes ganancias con la implantación del empowerment; pero no sin costos significativos.

—**Jay Klagge**[2]

OBJETIVOS DEL CAPÍTULO

ENTENDER:

- La naturaleza del *empowerment*
- La idea de participación
- El proceso participativo
- Los requisitos para la participación
- Los beneficios de la participación
- Los tipos de programas participativos
- Las limitaciones de la participación

Un gran fabricante de aviones contrató de 5 000 a 20 000 trabajadores de taller durante un periodo de 10 años. Tenía un sistema de comité de seguridad, en el que cada departamento estaba representado en el comité por uno de sus trabajadores. Durante esos 10 años, ocurrió un fenómeno sorprendente. Cuando los obreros se convertían en miembros de este comité, dejaban de tener lesiones incapacitantes. Ello ocurrió no obstante que hubo cientos de miembros durante el decenio, y en ocasiones se designaba como miembros del comité a trabajadores propensos a accidentes para que hicieran conciencia de la seguridad. Los hechos de este caso muestran una diferencia significativa entre los miembros del comité y quienes no lo eran en cuanto a lesiones.

Los miembros del comité de seguridad de la empresa fabricante de aviones probablemente cambiaron su propio comportamiento por muchas razones. Se volvieron más *conscientes* de los problemas de seguridad, *participaron* en el proceso de mejorar las prácticas de seguridad, se les brindaron ciertos *recursos* y sintieron que no sólo tenían la responsabilidad de afectar los resultados, sino también el *poder* para hacerlo. La idea del *empowerment* a los empleados es el fundamento de la participación.

Como se analiza en capítulo precedente, la orientación a empleados y el estilo consultativo o participativo suelen ser importantes para el liderazgo efectivo. La participación tiene el potencial excelente de lograr el desarrollo de los empleados y la formación del trabajo de equipo; pero es una práctica difícil y fracasa si se aplica mal. Cuando se utiliza de manera efectiva, dos de sus mejores resultados son la aceptación del cambio y un compromiso decidido con los objetivos que estimulan un mejor rendimiento.

LA NATURALEZA DEL *EMPOWERMENT* Y LA PARTICIPACIÓN

¿Qué es el *empowerment*?

Casi todas las sociedades incluyen grupos minoritarios que se sienten incapaces de controlar su propio destino. De igual modo, en muchas empresas existe cierto número de empleados que creen depender de los demás y que sus propios esfuerzos tienen un efecto mínimo en el rendimiento. Esta impotencia contribuye a la experiencia frustrante de la *eficacia personal baja*, es decir, la convicción, en las personas, de que no pueden lograr un rendimiento exitoso o realizar contribuciones importantes en su trabajo. Los problemas de la eficacia personal suelen ocurrir con los grandes cambios organizacionales, que están más allá del control de los empleados (como las fusiones). Los problemas también pueden derivarse de tener que trabajar con un líder autoritario, en un sistema que no refuerce la competencia o innovación, o en un puesto que carezca de variedad, discrecionalidad o claridad de roles.

La falta de poder genera autoestima baja

Por fortuna, las percepciones individuales de los bajos niveles de eficacia personal pueden mejorarse con el *empowerment* a los empleados. El **empowerment** es *aquel proceso que brinda mayor autonomía a los empleados al compartir información pertinente con ellos y darles control sobre factores que afectan su rendimiento en el trabajo.* El *empowerment* ayuda a eliminar las condiciones que causan impotencia, al mismo tiempo

Empowerment

Lo que leen los administradores

Blanchard y sus colaboradores tejen una narración fantasiosa e interesante de la odisea de un administrador a la Tierra del *Empowerment*. En el trayecto, los autores se basan en sus experiencias de investigación y asesoría para resaltar que el *empowerment* no es el último grito de la moda, no se logra fácilmente y no se alcanza sin el apoyo de los altos directivos. Basan su enfoque en tres principios fundamentales:

1. Es necesario compartir ampliamente la información con los empleados.
2. Los empleados a los que se les da *empowerment* necesitan autonomía, si bien deben conocer asimismo sus límites.
3. El *empowerment* está restringido por jerarquías, que deben sustituirse con equipos autoadministrados.

Por consiguiente, el rol de los administradores es enseñar a sus empleados para que se vuelvan menos dependientes de los superiores. Los empleados deben aprender a aceptar su nueva independencia y aprovechar la información recién obtenida para convertirse en equipos autoadministrados. Sin embargo, esta nueva libertad para actuar se acompaña de una nueva obligación: la responsabilidad. El viaje al *empowerment* es largo, atemorizante y difícil, si bien está lleno de recompensas potenciales enormes.

Fuente: Ken Blanchard, John P. Carlos y Alan Randolph, *Empowerment Takes More than a Minute*, Nueva York, Fine Publications, 2000.

---

que mejora los sentimientos de eficacia personal de los empleados.[3] El *empowerment* otorga autoridad a los empleados para afrontar situaciones de manera tal que les permite asumir el control de los problemas a medida que surgen. Se han propuesto cinco enfoques generales del *empowerment*:

1. Ayudar a que los empleados dominen *el puesto* (con capacitación apropiada, entrenamiento y experiencias guiadas que producen éxitos iniciales).
2. Brindarles mayor *control* (darles discrecionalidad sobre el desempeño de su trabajo y luego hacerlos *responsables* de los resultados).[4]
3. Proporcionarles *modelos de roles* exitosos (permitirles que observen a colegas que ya tienen éxito con el rendimiento en su trabajo).
4. Usar el *refuerzo social* y la *persuasión* (alabar, alentar y brindar retroalimentación verbal diseñada para mejorar la confianza en sí mismos).
5. Brindar *apoyo emocional* (reducir el estrés y la ansiedad mediante una mejor definición de roles, ayuda en tareas y preocupación genuina).

Si los administradores usan esos enfoques, los empleados empiezan a creer que son competentes y valiosos, que su trabajo tiene un significado y efecto, y que disfrutan de oportunidades para usar su talento. De hecho, cuando tiene lugar su *empowerment* en forma legítima, es más probable que sus esfuerzos deriven en satisfacción personal y en el tipo de resultados que valora la empresa. Esta cadena de acontecimientos se ilustra en la figura 8-1.

> En una amplia revisión de la bibliografía teórica acerca del *empowerment*, se llegó a la conclusión de que es el resultado de cuatro fenómenos cognoscitivos en los empleados: significado y propósito de la persona en el trabajo; competencia en las habilidades y capacidades requeridas; autonomía y control sobre la forma de realizar el trabajo asignado, y sentido de efecto personal en los resultados organizacionales pertinentes. Un estudio realizado en una compañía manufacturera y una empresa de servicios mostró que estas cuatro dimensiones fueron necesarias para producir un efecto positivo en la efectividad organizacional y la satisfacción individual.[5]

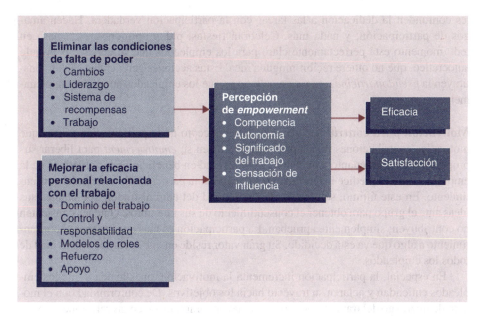

FIGURA 8-1

El proceso de *empowerment*

Los gerentes tienen muchas herramientas del comportamiento a su disposición para atacar el problema de la falta de poder. Algunas de ellas, como la definición conjunta de objetivos, retroalimentación acerca del trabajo, modelado y sistemas de recompensa contingentes, son tema de capítulos previos. Sin embargo, un enfoque importante se apoya en el uso de diversos programas de administración participativa. Éstos brindan a los empleados grados diversos de "propiedad" percibida, información de diversos pasos del proceso de toma de decisiones y la sensación clave de capacidad de decisión en su ambiente laboral.

¿Qué es la participación?

Los gerentes participativos consultan a sus empleados, llevándoles problemas y decisiones para trabajar conjuntamente como equipo. No se trata de gerentes autocráticos, ni tampoco de administradores que abandonen sus responsabilidades como tales. Los jefes participativos conservan en última instancia la responsabilidad de la operación de sus unidades; pero han aprendido a compartir la responsabilidad operativa con quienes realizan el trabajo. El resultado es que los empleados tienen una sensación de participación en los objetivos del grupo. (Tal vez convendría que consulte la figura 2-4, en la que se muestra que el resultado psicológico de la administración de apoyo en los empleados es la participación.) Por consiguiente, la **participación** es la *inclusión mental y emocional de las personas en situaciones de grupo, que las alienta a contribuir con los objetivos del grupo y a compartir la responsabilidad por tales objetivos*. Los conceptos importantes en esta definición son tres: inclusión, contribución y responsabilidad.

Elementos en la participación

Inclusión Por principio de cuentas, y probablemente lo más importante, la participación entraña inclusión significativa, no simple actividad muscular. Quien participa lo hace con toda su persona, en vez de hacerlo simplemente en la tarea. Algunos geren-

Participación del ego

tes confunden la dedicación a las tareas con la participación verdadera. Hacen amagos de participación, y nada más. Celebran fiestas, piden opiniones, etc.; pero en todo momento está perfectamente claro para los empleados que su gerente es un jefe autocrático, que no quiere recibir ninguna idea. Estas acciones gerenciales vacías constituyen la *pseudoparticipación* y su resultado es que los empleados no participan plenamente.

Motivación para contribuir Un segundo concepto de la participación afirma que motiva las contribuciones de las personas. Obtienen su *empowerment* para liberar sus propios recursos en cuanto a iniciativa y creatividad en beneficio de los objetivos de la empresa, como lo predice la teoría Y. De tal manera, la participación difiere del consentimiento. En este último, sólo se usa la creatividad del administrador, que plantea sus ideas ante el grupo para obtener el consentimiento de sus miembros. Quienes consienten no contribuyen; simplemente aprueban. La participación es más que obtener el consentimiento a algo que ya está decidido. Su gran valor reside en que apela a la creatividad de todos los empleados.

Los empleados usan su creatividad

En especial, la participación incrementa la motivación, pues ayuda a que los empleados entiendan y aclaren su trayecto hacia los objetivos. De conformidad con el modelo de liderazgo del trayecto-objetivos, la mayor comprensión de las relaciones trayecto-objetivos incrementa la sensación de responsabilidad para el logro de los objetivos mismos. El resultado es el mejoramiento de la motivación.

> Una de las plantas manufactureras de Xerox Corporation en Nueva York tenía pérdidas.[6] Los altos directivos llegaron a la conclusión de que la única alternativa era subcontratar la producción de algunos componentes. En un intento por evitar el despido de 180 empleados, se formó un equipo para reunir propuestas de ahorros en costos. Después de seis meses de análisis y esfuerzos intensos, el equipo propuso un conjunto de cambios de gran alcance, con el cual se proyectaban ahorros anuales de 3.7 millones de dólares. Tanto los directivos como el sindicato aceptaron las recomendaciones, se evitaron los despidos y la planta fue nuevamente rentable. Los miembros del equipo, con ayuda de otros trabajadores interesados, tenían una motivación importante para contribuir y lograron el éxito.

Aceptación de la responsabilidad Por último, la participación estimula en las personas la aceptación de la responsabilidad por las actividades del grupo. Es un proceso social mediante el cual las personas forman parte de una empresa y quieren ver que funcione con éxito. Cuando hablan acerca de la compañía, empiezan a decir "nosotros", no "ellos". Cuando observan un problema del trabajo, dicen "nuestro", no "suyo". La participación les ayuda a convertirse en buenos ciudadanos organizacionales, en vez de ser ejecutores irresponsables, semejantes a máquinas.

La responsabilidad genera trabajo de equipo

A medida que las personas empiezan a aceptar la responsabilidad de las actividades del grupo, advierten que existe una forma de hacer lo que quieren hacer, es decir, de realizar un trabajo por el cual sienten responsabilidad. Esta idea de hacer que el grupo desee el trabajo de equipo es un paso clave en el desarrollo de una unidad laboral exitosa. Cuando las personas desean hacer algo, encuentran una forma de hacerlo. En tales circunstancias, los empleados ven, en los administradores, colaboradores del equipo que les brindan apoyo. De tal suerte, los empleados están listos para trabajar activamente con el personal gerencial, en vez de hacerlo contra éste.

¿Por qué se ha generalizado el uso de la participación?

Durante años, los gerentes han reconocido los diversos beneficios de la participación, si bien éstos se demostraron al principio de manera experimental en estudios clásicos de empresas industriales, que llevaron a cabo Roethlisberger, Coch y French, y otros.[7] Esos experimentos, que realizaron hábiles científicos sociales en condiciones controladas, fueron útiles para llamar la atención hacia el valor potencial de la participación. Sus resultados colectivos hacen pensar en una propuesta general, de que *la participación tiende a mejorar el rendimiento y la satisfacción en el trabajo, especialmente con la introducción de cambios.* Las investigaciones ulteriores realizadas en empresas han sustentado varias veces esta propuesta, como señalan los autores de una revisión amplia: "La participación puede tener efectos estadísticamente significativos en el rendimiento y la satisfacción" (aunque no siempre esos efectos sean de gran magnitud).[8]

Conclusiones de investigaciones

Existen buenas razones para el interés creciente en la participación. Las empresas estadounidenses y de otros países compiten en un mercado globalizado. Por consiguiente, muestran un claro interés por toda práctica administrativa que incremente la productividad o acelere la introducción de los productos en el mercado.[9] Las prácticas participativas facilitan estos objetivos porque delegan más responsabilidad en niveles inferiores de la organización y aceleran los procesos de aprobación. Además, brindan con mayor prontitud oportunidades de poder a trabajadores de grupos minoritarios, en una fuerza laboral cada vez más diversa, ya que éstos no necesitan esperar hasta que alcancen niveles organizacionales más altos para que su contribución sea significativa.

Además de lo anterior, la participación ayuda a satisfacer una necesidad emergente en los empleados: encontrar un significado y realización personal en el trabajo. Esta búsqueda de *espíritu* o armonía entre todas las facetas de la vida guiada por un poder superior (religioso) ha hecho que compañías como Tom's of Maine, Boeing, Lotus Development y Medtronic busquen formas de restaurar el "alma" en sus centros de trabajo.[10] Las empresas han observado que los empleados buscan un significado y la oportunidad de usar su mente y dedicar sus esfuerzos a un propósito superior en su trabajo. La participación significativa puede ser útil para satisfacer esas necesidades.

Espíritu en el trabajo

También son dignas de mención otras razones del uso creciente de las prácticas participativas. El nivel de estudios de la fuerza laboral con frecuencia permite que existan trabajadores con capacidades singulares, que pueden aplicarse creativamente para resolver problemas en el trabajo. Los empleados también han adquirido un mayor *deseo* de influir en las decisiones relacionadas con el trabajo y la *expectativa* de que se les permitirá participar en esas decisiones. Asimismo, puede argumentarse con igual fuerza que la participación es un **imperativo ético** para los administradores. Este punto de vista se basa en la conclusión de que los puestos con muy poca participación pueden causar a largo plazo daños psicológicos y físicos en los empleados. Como resultado de estas fuerzas (figura 8-2), los administradores necesitan crear condiciones participativas, que permitan a los empleados interesados experimentar la sensación de *empowerment* en su trabajo.

Deseos, expectativas e imperativos éticos

Beneficios de la participación

En distintos tipos de empresas y en condiciones operativas muy diferentes, la participación ha generado una gran variedad de beneficios. Algunos de éstos son directos, y otros,

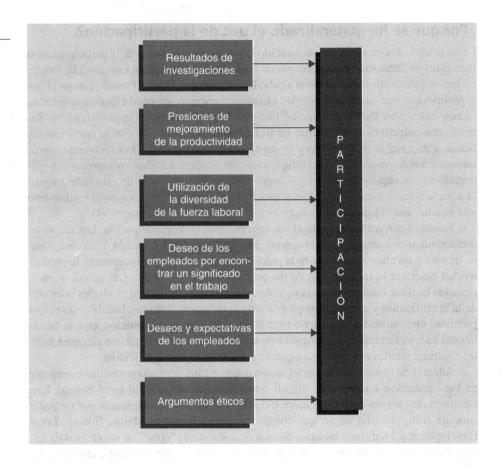

FIGURA 8-2

Fuerzas que afectan el uso de la participación

menos tangibles. Es característico que la participación se acompañe de más producción y que ésta, a su vez, tenga mejor calidad. En ciertos tipos de compañías, el mejoramiento de la calidad en sí vale la pena en relación con el tiempo invertido en la participación. Es frecuente que los empleados planteen sugerencias para mejoras cualitativas y cuantitativas. Aunque no todas las ideas son útiles, el número de las valiosas suele ser suficiente para producir mejoras genuinas a largo plazo.

> Kelly es supervisora de cuadrilla en una siderúrgica estadounidense. Cuando empezó a desempeñar el puesto, se dio cuenta que el costo anual de reposición de los guantes de trabajo (provistos de un aislamiento grueso para soportar el calor del acero fundido) alcanzaba la enorme suma de 144 000 dólares. Antes de que pasara mucho tiempo, planteó este problema a la cuadrilla de trabajo y pidió su participación para reducir el costo. Con base en las ideas de sus trabajadores y luego de aceptar la solución que plantearon, el costo de reposición de los componentes pronto se desplomó a menos de $1 000 por mes y se estabilizó sucesivamente en menos de $9 000 por año. Su enfoque participativo redujo este costo a 6% de su nivel previo.

La participación tiende a aumentar la motivación, ya que los empleados se sienten más aceptados y que son parte de la situación. También mejoran su autoestima, la satisfacción en el trabajo y cooperan más con la administración. Es frecuente que los resultados incluyan una reducción de los conflictos y el estrés, un mayor compromiso con los objetivos y una mejor aceptación del cambio.[11] Suelen disminuir la rotación de personal y el ausentismo, ya que los empleados sienten que tienen un mejor centro de trabajo y mayor éxito. Por último, el acto de la participación misma establece una mejor comunicación, cuando las personas analizan conjuntamente los problemas de trabajo. Los administradores tienden a proporcionar más información a los trabajadores acerca de las finanzas y la operación de la compañía, información que permite a los empleados plantear sugerencias de mayor calidad.

Los resultados muestran con claridad que la participación tiene efectos sistémicos amplios que influyen favorablemente en diversos resultados organizacionales. Sin embargo, los beneficios podrían no apreciarse de inmediato. Cuando una compañía adoptó la administración participativa, predijo que pasarían *10 años* antes de lograr sus efectos plenos. Una vez que cambia la cultura organizacional (lo cual es un proceso lento), el sistema como un todo se vuelve más efectivo.

Los beneficios suelen darse lentamente

CÓMO FUNCIONA LA PARTICIPACIÓN

El proceso participativo

En la figura 8-3 se presenta un modelo sencillo del proceso participativo. En él, se indica que en muchas situaciones los programas participativos generan un cambio mental y emocional que habitualmente produce resultados favorables para los empleados y la empresa. Por lo general, los trabajadores que participan están más satisfechos con su trabajo y su superior, además de que su eficacia personal mejora como resultado de su *empowerment* recién obtenido.[12]

Gran parte del resto del capítulo se dedica a identificar programas participativos de importancia y analizar sus ventajas relativas. Antes de estudiar la gama de prácticas que se aplican en la actualidad, se responde a tres preguntas: ¿qué ocurre con el poder de los administradores en los programas participativos? ¿Cuáles son los requisitos de la participación exitosa? ¿Qué factores de la situación afectan el éxito de los programas participativos?

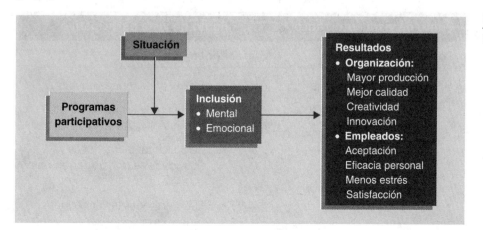

FIGURA 8-3

El proceso participativo

Efectos en el poder de los administradores

Intercambio líder-miembros La participación es un proceso compartido entre administradores y empleados. Se basa en el **modelo de intercambio líder-miembros** del liderazgo.[13] Éste propone que los líderes y sus seguidores desarrollan una relación recíproca hasta cierto punto única, en que el líder selectivamente delega responsabilidades, informa, consulta, practica la mentoría, alaba o recompensa a cada empleado. A cambio, cada uno de ellos contribuye con diversos grados de rendimiento en tareas, lealtad y respeto a su superior. La calidad de la relación varía según el equilibrio de los intercambios realizados, de tal suerte que algunos trabajadores logran un estatus favorecido (grupo interno) y otros perciben cierta injusticia en su trato (grupo externo). También son importantes las percepciones gerenciales. Si el administrador cree que un empleado tiene gran capacidad y existe una relación de intercambio de gran calidad, es más probable que le permita un mayor grado de influencia en las decisiones.

Se desarrollan relaciones recíprocas

Al principio, cuando los administradores consideran la necesidad del *empowerment* de los empleados mediante la participación, frecuentemente se plantean: "Si comparto la autoridad con mis empleados, ¿no pierdo una parte de ella?" Ése es un temor natural que se deriva de un punto de vista de los administradores como controladores, si bien es injustificable porque los gerentes participativos por lo general retienen la autoridad final. Lo único que hacen es compartir el uso de la autoridad, de modo que los empleados experimenten una mayor sensación de formar parte de la organización. Los gerentes realizan un intercambio social bidireccional con los trabajadores, en vez de imponer sus ideas desde arriba. Demuestran su confianza en el potencial de sus subordinados al conferirles cierto poder, a cambio de lo cual reciben la creatividad y el compromiso de los empleados.

Dos puntos de vista del poder Por extraño que parezca, la participación en realidad podría incrementar el poder tanto de los administradores como de sus empleados. Mientras es evidente que los empleados obtienen mayor poder con la participación, ¿sucede lo mismo respecto de los gerentes? La perspectiva autocrática de la administración es que el poder existe en una cantidad fija, de modo que alguien pierde lo que otro gana.

No obstante lo anterior, como se muestra en la figura 8-4, el punto de vista participativo es que el poder en el sistema social puede incrementarse sin quitárselo primero a

FIGURA 8-4

Dos puntos de vista del poder e influencia

Punto de vista autocrático	Punto de vista participativo
Poder	**Poder**
• Existe en cantidad fija	• Existe en cantidad variable
• Proviene de la estructura de autoridad	• Proviene de las personas por medios oficiales y extraoficiales
• Lo aplican los gerentes	• Se aplica mediante ideas y actividades compartidas en un grupo
• Fluye hacia abajo	• Fluye en todas las direcciones

alguien.[14] El proceso funciona así: el poder de los gerentes depende en parte de la confianza que tienen los empleados en ellos, la sensación de trabajo de equipo y el sentido de responsabilidad. La participación mejora estos tres factores. Los empleados se sienten más cooperativos y responsables, de modo que es más probable que respondan favorablemente a los intentos del administrador por influir en ellos. En cierto sentido, los gerentes realizan transacciones sociales con sus grupos de trabajo, como resultado de las cuales se generan activos como el "crédito mercantil" y responsabilidad mejorados. Estos activos son similares a una cuenta de depósito de ahorros, de la cual los administradores pueden hacer retiros posteriormente, quizá con intereses, cuando necesitan aplicar su poder. El siguiente es un ejemplo que ilustra cómo un administrador incrementaría su poder si lo comparte.

La participación amplía la influencia

> La gerente de una compañía de computadoras con más de 50 empleados sintió que era necesario llevar a cabo algunos cambios. Al principio, intentó el enfoque autocrático usual, con ayuda de un asesor. Aunque se propusieron los cambios deseados, los empleados no los aceptaron. Finalmente, se abandonó la propuesta.
>
> La gerente continuaba pensando que se requerían cambios, de modo que un año después los intentó de nuevo, con enfoques más participativos. Comentó la necesidad con sus supervisores y varios empleados clave. Luego, estableció comités para trabajar en las partes específicas de un estudio de autoexamen. Los grupos trabajaron de manera intensa y en cuestión de unos cuantos meses entregaron un informe bien elaborado, en que se recomendaban varios cambios importantes. En este caso, los miembros se sintieron orgullosos y que eran parte del informe. Era suyo. Lo habían creado. El resultado fue que se esforzaron genuinamente en implantar los cambios. Con todo el apoyo del grupo interno, se hicieron modificaciones considerables. La participación había incrementado el poder e influencia de la gerente.

Requisitos para la participación

El éxito de la participación guarda relación directa con el grado en que se satisfagan ciertos requisitos, como se ilustra en la figura 8-5. Algunos de esos factores se relacionan con los participantes, y otros, con su ambiente. Muestran que la participación funciona mejor en algunas situaciones que en otras (mientras que en algunas más no funciona para nada). Los requisitos principales son los siguientes:

1. Debe contarse con *tiempo para la participación* antes de que se requiera actuar. La participación difícilmente es apropiada en situaciones de urgencia.
2. Los *beneficios potenciales de la participación deben ser mayores que sus costos*. Por ejemplo, los empleados no pueden dedicar tanto tiempo a participar al grado de descuidar su trabajo.

FIGURA 8-5

Requisitos de la participación

1. Tiempo adecuado para la participación.
2. Los beneficios potenciales son mayores que los costos.
3. Relevante para los intereses de los empleados.
4. Capacidad adecuada de los empleados para manejar el tema.
5. Capacidad mutua de comunicación.
6. Ninguna de las partes se siente amenazada.
7. Restricción del área de libertad en el trabajo.

3. El tema de la participación debe ser *relevante e interesante para los empleados*; de no ser así, lo verán simplemente como más trabajo.
4. Los participantes deben tener la *capacidad*, como la inteligencia y los conocimientos técnicos, para *participar*. Por ejemplo, difícilmente es aconsejable pedir al personal de seguridad de un laboratorio farmacéutico que participe en la decisión respecto de cuál de las cinco fórmulas químicas que se presentan merece prioridad en las investigaciones; pero podrían participar en la resolución de otros problemas relacionados con su trabajo.
5. Los participantes deben tener la *capacidad mutua de comunicarse* —de hablar el lenguaje del otro— para que les sea posible intercambiar ideas.
6. *Ninguna de las partes debe sentir que su posición está amenazada con la participación.* Si los trabajadores piensan que su estatus se verá afectado de manera adversa, no participarán. Si los gerentes sienten que su autoridad está en riesgo, se rehusarán a participar o estarán a la defensiva. Cuando los empleados sienten que la seguridad en su puesto también está en riesgo, es menos probable que participen plenamente.
7. La participación para decidir acciones en una empresa sólo puede tener lugar *dentro del área de libertad de trabajo del grupo*. Se requiere cierto grado de restricción en cuanto a las partes de la compañía para mantener la unidad del todo. Es imposible que cada unidad tome por separado decisiones que contradigan las políticas, los convenios de negociación colectiva, los requisitos legales y restricciones similares. De igual modo, existen limitaciones debidas al ambiente físico (una inundación que genera el cierre de una planta sería un ejemplo extremo) o a limitaciones personales (como el hecho de que un empleado no entienda de electrónica). El **área de libertad de trabajo** de un departamento es su área de discrecionalidad luego de aplicar todas las restricciones. En ninguna organización existe libertad absoluta, incluso para su director general.

Área de libertad en el trabajo

Dentro del área de libertad de trabajo, existe la participación en un continuo, como se muestra en la figura 8-6. En determinado periodo, un gerente utiliza la participación en diversos puntos del continuo. En otras palabras, un gerente buscaría las ideas del grupo antes de decidir el programa de vacaciones, mientras que ese mismo gerente decidiría por su cuenta el programa de tiempo extra. De igual modo, un administrador podría considerar necesario limitar la participación con un empleado y consultar libremente a otro (práctica compatible con el modelo de Hersey-Blanchard analizado en el capítulo 7). Puesto que la constancia en un enfoque permite que los empleados tengan un ambiente previsible, cada gerente se identifica poco a poco con algún estilo general de participación como práctica usual. Los términos más empleados para designar el grado de participación en el continuo son representativos de un área amplia de ese continuo, no de cierto punto de él. Varios de esos términos se definen más adelante.

Factores de contingencia

Al igual que con muchos otros conceptos del comportamiento, varios factores de contingencia influyen en el éxito de los programas participativos. Esos factores pueden estar presentes en el ambiente, la organización, sus líderes, la naturaleza de las tareas en cuestión o los empleados. Por ejemplo, las culturas nacionales y los sistemas políticos varían mucho en el mundo, lo cual produce un ambiente restrictivo para la participación en una

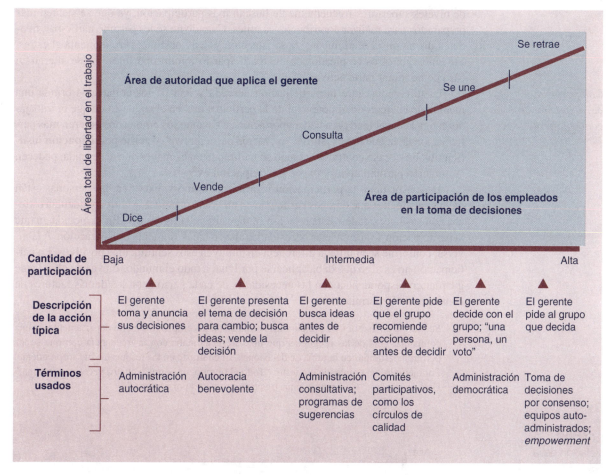

FIGURA 8-6

La participación existe en un continuo
Fuente: Adaptado de Robert Tannenbaum y Warren H. Schmidt, "How to Choose a Leadership Pattern", *Harvard Business Review*, marzo-abril de 1998, p. 96.

dictadura y uno de más apoyo en una democracia. Las prácticas organizacionales también deben adaptarse al ritmo de cambio en su ambiente, que puede variar de estable a turbulento.

En el capítulo 7 se analizó el efecto de los supuestos de las teorías X o Y en la elección de un estilo de liderazgo por parte de los administradores. También existen datos de que las creencias y los valores de los altos directivos, según se reflejan en la cultura organizacional, influyen en el uso de la participación por parte de los administradores de nivel inferior. Es necesario analizar las características de las tareas antes de elegir un programa participativo; las tareas intrínsecamente satisfactorias disminuyen la necesidad de mayor participación, al tiempo que con las tareas rutinarias la participación podría generar resultados fructíferos. Además, existen diversas tareas en que pueden participar los empleados, por ejemplo, definición de objetivos, toma de decisiones, solución de problemas y planeación de cambios organizacionales importantes.

Necesidades distintas de participación en los empleados Algunos empleados desean la participación más que otros. Como se mencionó, los empleados con estudios y

Comparar la participación deseada contra la real

de niveles superiores frecuentemente buscan más participación, ya que se sienten más preparados para realizar contribuciones útiles. Cuando no se les permite participar, tienden a disminuir el rendimiento, la satisfacción y la autoestima, pero aumenta el estrés. Sin embargo, otros empleados desean participar lo mínimo posible y no se alteran en caso de no tomar parte activa.

La diferencia entre la participación deseada y real de los empleados brinda una medida de la efectividad potencial de la participación, en el supuesto de que el trabajador tenga la capacidad para hacer aportaciones. Cuando los empleados quieren más participación de la que tienen, sufren "privación participativa" y existe **participación insuficiente**. En el caso contrario, cuando su participación es mayor que la deseada, padecen "saturación participativa" y existe **participación excesiva**.

De existir tanto la participación insuficiente como la excesiva, las personas están menos satisfechas que quienes participan en un grado que guarda correspondencia estrecha con sus necesidades. Esta relación se muestra en la figura 8-7. En la medida en que la participación se acerca a las necesidades altas o bajas, aumenta la satisfacción. A la inversa, conforme se amplía la diferencia disminuyen esos sentimientos positivos. La participación no es algo que deba aplicarse por igual a todo el mundo. En vez de ello, ha de guardar correspondencia con las necesidades de cada persona (si los demás factores de contingencia lo permiten).

> Se pidió a un asesor que evaluara las actitudes de los empleados en un departamento de una compañía. Una de las preguntas que hizo se relacionaba con la frecuencia con que se les permitía participar en la toma de decisiones. El contraste en las respuestas fue sorprendente. Por ejemplo, un empleado contestó: "Todo el tiempo, unas tres o cuatro veces por semana." Otro respondió: "Casi nunca, unas tres o cuatro veces por semana."

FIGURA 8-7

Relación de la satisfacción con la correspondencia entre las necesidades y la participación real

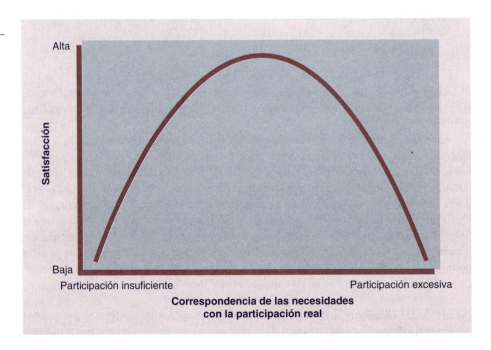

En el ejemplo precedente, es evidente que la *percepción* que tienen los empleados de la situación reviste suma importancia. Los datos indican que la participación tiene más éxito cuando los trabajadores sienten que cuentan con una aportación que hacer, que la empresa la valorará y que serán recompensados por ello. También es imperativo que crean que los administradores están interesados verdaderamente en sus ideas y que las usarán, de modo que no se desperdicien su tiempo y energía.

Responsabilidades de los empleados y gerentes Un elemento fundamental de la contingencia en el éxito de cualquier programa participativo es el grado en que todos los empleados reconocen que las oportunidades brindadas se acompañan de un conjunto de responsabilidades. En teoría, todos los empleados deben:

- Aceptar responsabilidad plena por sus acciones y las consecuencias de éstas.
- Operar dentro de las políticas organizacionales relevantes.
- Contribuir como miembros del equipo.
- Respetar y buscar las perspectivas de los demás.
- Ser fiables y éticos en sus acciones derivadas del *empowerment*.
- Mostrar autoliderazgo responsable.

Expectativas en relación con los empleados

Esas responsabilidades de los empleados se equilibran con las del gerente:

- Identificar los problemas a los que se debe hacer frente.
- Especificar el nivel de participación deseada.
- Aportar información pertinente y capacitación.
- Asignar recompensas justas.

Expectativas en relación con los gerentes

PROGRAMAS DE PARTICIPACIÓN

Es posible entender todavía más cómo funciona la participación si se analizan ciertos programas para su desarrollo. En la figura 8-8 se presenta una gama de programas, que van desde moderados hasta considerables respecto del grado de participación. Estos programas suelen ser el centro de prácticas similares, que se concentran en modelos específicos de participación. Uno o más de ellos podrían usarse en una sola empresa. Algunas entidades confieren a sus gerentes cierta discrecionalidad en la elección del programa que aplicarán en su propia área, mientras que en otras es obligatorio poner en práctica un determinado enfoque en toda la compañía. Además de diferir considerablemente en su naturaleza, también varían en formalidad, grado de participación directa o indirecta, oportunidades para ejercer influencia y tiempo que dura la participación. Cuando una compañía emplea un enfoque muy significativo de aplicación generalizada o un número de programas suficiente para desarrollar un sentido considerable de *empowerment* en sus empleados, se dice que practica la **administración participativa**.

Programas de sugerencias

Los **programas de sugerencias** son planes formales que invitan a cada uno de los empleados para que recomienden mejoras en el trabajo. En muchas compañías, el empleado cuya sugerencia origina ahorros en costos suele ser objeto de una remuneración propor-

FIGURA 8-8

Tipos selectos de programas participativos

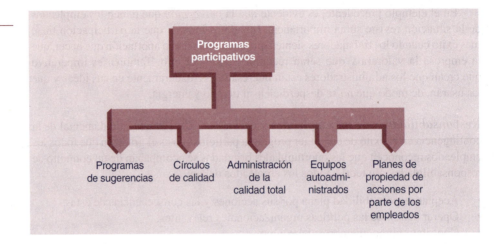

cional a los ahorros del primer año. Así pues, esa remuneración puede variar desde 25 dólares hasta importes que llegarían, por ejemplo, a 50 000 en casos especiales. Las sugerencias se evalúan en cuanto a su factibilidad y razón de costos-beneficios; su tasa de aceptación se acerca a 25% en muchas empresas.[15]

Áreas problemáticas

Aunque muchos programas de sugerencias dan lugar a ideas útiles, son una forma limitada de participación, que acentúa la iniciativa personal en vez de la solución de problemas en grupo y el trabajo de equipo. Apenas una pequeña fracción de los empleados hace sugerencias con regularidad, mientras que el resto no siente ningún grado de participación significativa en el programa. Por añadidura, las demoras en el procesamiento de las sugerencias y el rechazo de ideas aparentemente buenas pueden causar reacciones desfavorables entre los contribuyentes. Quizá lo más significativo es que a algunos supervisores les resulta difícil ver de manera constructiva las sugerencias, ya que las consideran críticas a su capacidad.

Énfasis en la calidad

Durante muchos años, empresas con o sin sindicatos han agrupado a trabajadores y gerentes en comités para considerar y resolver problemas del trabajo. Estos grupos suelen llamarse comités de trabajo, comités de relaciones laborales, grupos de fuerza de trabajo para el mejoramiento de las tareas o equipos participativos. Revisten utilidad amplia para mejorar la productividad y la comunicación, ya que puede participar la mayoría de los empleados. Dos enfoques muy usados para este propósito son los círculos de calidad y la administración de la calidad total.

Círculos de calidad   Se llama **círculos de calidad** a grupos de voluntarios que reciben capacitación en técnicas estadísticas y habilidades de solución de problemas, para luego reunirse y generar ideas que mejoren la productividad y las condiciones de trabajo. Estos grupos se reúnen con regularidad —frecuentemente durante la jornada laboral— y proponen soluciones para su evaluación e implantación por los altos directivos. Los círculos de calidad se están expandiendo rápidamente como técnica de participación en Estados Unidos y Europa, después de lograr éxito generalizado y uso amplio en Japón.

En una investigación que se llevó a cabo en una compañía manufacturera, se compararon las actitudes y el rendimiento de seis círculos de calidad con un grupo equivalente de trabajadores no incluidos en programas de participación.[16] La participación en los círculos de calidad influyó favorablemente en las actitudes de los empleados hacia la toma de decisiones, comunicación grupal y sensación de haber logrado algo valioso. La productividad aumentó en 23%, contra 2% en el grupo testigo (de control). El ausentismo disminuyó de manera constante en el grupo del círculo de calidad hasta ser 27% inferior a su valor inicial, mientras que tuvo cambios erráticos en el grupo de comparación.

Efectos de los círculos de calidad

El enfoque de círculos de calidad ayuda a que los empleados sientan que ejercen alguna influencia en la compañía, incluso si los altos directivos no aceptan todas sus recomendaciones. Constituyen oportunidades para el crecimiento, los logros y el reconocimiento personales. Por añadidura, los empleados se comprometen con las soluciones que generan, ya que son "suyas".

A fin de tener éxito, los círculos de calidad deben usarse conforme a los lineamientos siguientes:

- Emplearlos en problemas mensurables y de corto plazo.
- Obtener apoyo continuo de los altos directivos.
- Aplicar las habilidades del grupo a los problemas en el área de trabajo del círculo.
- Capacitar a los supervisores en habilidades de facilitación.
- Ver los círculos de calidad como un punto de partida para el uso futuro de otros enfoques más participativos.

Lineamientos

Control de la calidad total   No todos los círculos de calidad han tenido éxito y algunas empresas que los utilizan han sufrido diversos problemas con ellos. No se dio la participación de todos los empleados, y cuando la hubo, fue frecuente que se dedicaran inicialmente a problemas más bien insignificantes. Algunos grupos de círculos de calidad se sintieron aislados en sus esfuerzos y no pudieron ver el efecto de éstos en la organización.

En respuesta a esta experiencia, las presiones competitivas incesantes y la oportunidad de competir por reconocimientos nacionales (por ejemplo, el Malcolm Baldrige National Quality Award, en Estados Unidos), algunas organizaciones han iniciado programas de **control de la calidad total**.[17] El enfoque de control de la calidad total logra que cada empleado participe en el proceso de búsqueda de mejoras continuas en sus operaciones. La calidad de los productos y servicios es el criterio en el que deben concentrarse los empleados y cada paso de los procesos de la organización es objeto de análisis profundo y regular en busca de formas de mejorarlo. Los empleados reciben capacitación amplia para la solución de problemas, toma de decisiones grupales y métodos estadísticos. El enfoque de control de la calidad total constituye un programa formal en el que participan directamente todos los empleados. Casi cualquier problema es tema de exploración, y el proceso es uno continuo y de larga duración. En consecuencia, el control de la calidad total parece promisorio como programa sustantivo de administración participativa.

Tomar parte ampliamente; mayor capacitación

Equipos autoadministrados

Algunas empresas han ido más allá de las formas limitadas de participación permitiendo que grupos de empleados tomen decisiones importantes (*véase* el extremo derecho de la

> ### Formas internacionales de participación
>
> La administración participativa no se limita a un solo país, como Estados Unidos, y sus formas varían alrededor del mundo. La **democracia industrial** es un programa de participación de los trabajadores estipulado por los gobiernos en diversos niveles de las organizaciones, en lo referente a decisiones que afectan a los trabajadores. En ocasiones, el término también se refiere a programas voluntarios, no obligatorios. En los niveles inferiores, se aplica mediante *consejos de trabajo*, mientras que en los superiores se llama **codeterminación**. Diversas naciones europeas tienen leyes que estipulan la codeterminación, que implica representación de los trabajadores en el consejo de administración (y, en ocasiones, en otros comités) de las grandes compañías.
>
> La idea de la democracia industrial reside en institucionalizar lo que muchos consideran algo bueno: la mayor participación de los trabajadores en los niveles gerenciales altos, lo cual les confiere cierta voz en decisiones importantes de políticas y operaciones empresariales. Aunque los problemas que surgen son muy significativos, es una forma *representativa* de participación, en la que actúa directamente sólo una pequeña fracción de los trabajadores. Además, impone restricciones a organizaciones multinacionales no familiarizadas con esa práctica en su país de origen.

figura 8-6). En estos enfoques progresivos, se recurre mucho a los análisis en grupo, en los cuales se aprovechan plenamente las ideas y la influencia grupales. Estos grupos frecuentemente buscan lograr apoyo consensado para sus acciones, lo cual es reflejo de muchas ideas adaptadas de exitosas compañías japonesas.

Una versión más formal del enfoque de decisiones grupales es la de equipos autoadministrados. En ocasiones llamados *grupos de trabajo semiautónomos* o *equipos sociotécnicos*, los **equipos autoadministrados** son grupos de trabajo naturales a los cuales se confiere un alto grado de autonomía en la toma de decisiones y de los cuales se espera que controlen su propio comportamiento y resultados. Una característica clave es que se minimiza la función (o se cambia) del administrador, en la medida en que los miembros del grupo aprenden a adquirir nuevas habilidades. En virtud de su uso generalizado e importancia, estos equipos se analizan más extensamente en el capítulo 13.

Planes de propiedad de acciones para los empleados

Ha sido frecuente pedir a los empleados que "compren los productos que fabrican", y actualmente ese lema se ha sustituido con "compren la compañía para la cual trabajan". La **compra de acciones por parte de los empleados** en una empresa surge cuando proporcionan el capital para adquirir el control de una compañía existente. El estímulo frecuentemente proviene del posible cierre de plantas poco rentables, en las que los trabajadores ven pocas esperanzas de encontrar otro empleo cuando la economía local está en crisis. La participación de los empleados se ha intentado en diversos giros industriales, como aserraderos, empacadoras de carne, siderúrgicas y fábricas de muebles. En apariencia, estos planes brindarían un grado más alto de toma de decisiones participativas, ya que los empleados tienen el control. Se ha predicho que a ello siguen mejoras en la administración, la moral de los empleados y la productividad.

El National Center for Employee Ownership (Centro Nacional Estadounidense de Propietarios de Empresas) encuestó a 3 000 participantes en 37 empresas que son propiedad de sus empleados.[18] Ser propietarios de títulos accionarios generalmente aumentó el interés de los empleados en el éxito financiero de la compañía y los estimuló para permanecer más tiempo en ella. Sin embargo, no incrementó la percepción que tienen de su influencia en la toma de decisiones, no les hizo sentir que recibían trato más igualitario de sus superiores y no informaron que trabajaran más intensamente. Parecería ser que las posibles recompensas financieras, aunadas a una mayor comprensión de los problemas y las prácticas organizacionales, son los mayores beneficios de los empleados cuando son propietarios de una organización.

El uso de los planes de propiedad por parte de los empleados continúa en expansión y abarca a casi 10 millones de empleados, tan sólo en Estados Unidos. Aunque algunas grandes compañías, como Hallmark y W. L. Gore, tienen alguna forma de propiedad de acciones para los empleados o fideicomisos de acciones, los beneficios económicos serían más evidentes para quienes laboran en compañías más pequeñas. Además, otorgan seguridad en el trabajo a miles de trabajadores que estaban en riesgo de perder su empleo, aun cuando nada lo garantiza si se desacelera la economía. No obstante, los planes de propiedad de acciones para los empleados no producen necesariamente un mayor control o una participación directa en las decisiones clave cotidianas.[19] En algunas compañías, incluso se han ampliado las diferencias de remuneración entre los trabajadores y administradores, además de deterioro de las relaciones industriales respecto de niveles previos. Está claro que el hecho de que los empleados posean acciones tiene costos y beneficios como herramienta participativa.

¿Acaso la propiedad de acciones implica participación?

CONSIDERACIONES IMPORTANTES DE LA PARTICIPACIÓN

Actitudes de los sindicatos hacia la participación

Ciertos líderes sindicales han sentido tradicionalmente que si participan en ayudar a que los administradores decidan las acciones organizacionales se debilita la capacidad del sindicato para ponerlas en tela de juicio. Estos líderes sindicales prefieren seguir aislados, para tener la libertad de expresar su desacuerdo con los administradores y desafiarlos en cualquier momento. El punto de vista opuesto, que sostienen líderes más progresistas, es que la participación les brinda la oportunidad de estar dentro y expresar sus opiniones *antes* de que se emprendan acciones, lo cual es mejor que estar en desacuerdo y protestar *después* de tomadas las decisiones. En la práctica, muchos puntos de vista sindicales se ubican entre esos dos extremos, de modo que algunos tipos de participación se consideran aceptables, no así otros.

Una señal de peligro inicial acerca de la respuesta sindical a algunas formas de participación se dio cuando el National Labor Relations Board (NLRB) estadounidense emitió algunas decisiones relacionadas con los casos de Electromation y Du Pont.[20] En efecto, el NLRB sostuvo las decisiones del juez de lo administrativo en el sentido de que los patrones habían creado y estructurado comités de acción que constituían organizaciones laborales, los habían dominado y ayudado, y les estaban permitiendo manejar las condiciones de empleo (con lo cual se viola la *National Labor Relations Act* de ese país).

Se recomienda que las compañías eviten dar la apariencia de dominio, establezcan objetivos y límites claros, permitan que los empleados elijan a algunos miembros y brinden autonomía a los comités en la toma de decisiones.

Límites de la participación

En apartados previos del capítulo, se identificaron las fuerzas principales que impulsan hacia la práctica creciente de la participación. Por muy poderosas que sean esas fuerzas, serían contrarrestadas parcialmente por otros factores que empujan en la dirección opuesta, como los que se ilustran en la figura 8-9. El siguiente es un ejemplo de tales *limitaciones a la participación*.

> En una compañía aseguradora, se apreció que la toma de decisiones por parte de los empleados se estaba volviendo *excesivamente* independiente después de implantar un plan participativo. En ocasiones, dos empleados llamaban al mismo cliente. Otros buscaban únicamente las cuentas fáciles, mientras que dejaban las difíciles a alguien más. En última instancia, la compañía tuvo que reinstituir ciertos controles.

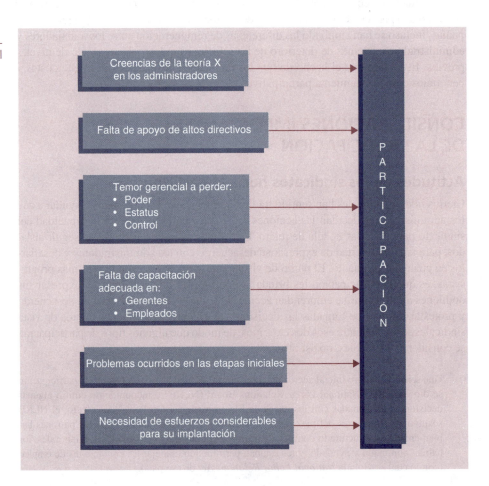

FIGURA 8-9

Fuerzas que disminuyen el uso de la participación

Aunque los fracasos de ese tipo pueden resultar de la planeación e implantación erróneas, es frecuente que reciban publicidad excesiva, lo cual alienta a que otros gerentes eviten la participación.

Preocupaciones gerenciales relativas a la participación

Algunos gerentes tienen dificultades para ajustarse a sus nuevos roles en sistemas de alta participación. Suelen aferrarse a sus creencias y supuestos de la teoría X, temen perder su antiguo estatus como tomadores de decisiones clave o les preocupa tener menos poder y control. En gran parte, se trata de fuentes de resistencia perceptivas, si bien son factores muy reales.

Hay fuerzas incluso más poderosas que actúan contra el éxito de los programas participativos. Por ejemplo, el hecho de que la organización no prepare adecuadamente a sus administradores o empleados para sus nuevos roles en un ambiente con *empowerment*. Es frecuente que se requiera una inversión considerable en capacitación, además de la necesidad de afrontar problemas clave, como la filosofía subyacente a la participación y las herramientas específicas para ayudar a que funcione de manera efectiva. Los programas piloto bien diseñados suelen ser útiles para aclarar el camino del éxito futuro, ya que de lo contrario los problemas que surjan en las etapas iniciales pueden sabotear un esfuerzo de gran magnitud. Uno de los mayores impedimentos para el éxito es la falta de apoyo a los programas participativos por parte de los altos directivos, o incluso su resistencia a ellos. Un grupo de observadores lo expresó sin rodeos al decir: "Es casi imposible que personas sin *empowerment* proporcionen *empowerment* a otras."[21] De igual modo que es importante que el perro líder y todos los demás en un trineo tiren en la misma dirección, es fundamental que la participación reciba el apoyo verbal y de comportamiento desde la oficina del director general hacia abajo pasando por todos los niveles jerárquicos de la organización.

Impedimentos para el éxito

Los gerentes tienen que empezar a abandonar sus roles de jueces y críticos y verse a sí mismos como *socios* de sus empleados. Todavía será necesario que dirijan su unidad, ayuden a establecer objetivos retadores y vigilen el uso de recursos. Sin embargo, su nuevo rol debe hacer que se consideren como enlaces entre una amplia gama de recursos humanos y técnicos. Este paradigma de los enlaces cambia su énfasis, de la dirección y el control al *liderazgo sirviente*, en que el reto consiste en ayudar a que otros alcancen objetivos relevantes al mismo tiempo que desarrollan sus habilidades y capacidades.[22]

Pensamientos finales

No obstante sus numerosas limitaciones, por lo general se ha logrado un éxito considerable con la participación. Aunque no es la panacea de todos los problemas organizacionales, la experiencia muestra su utilidad general. La exigencia de los empleados, de mayor poder y uso de su talento, no es una moda pasajera ni una ventaja competitiva que deba pasarse por alto. Al parecer, está enraizada profundamente en la cultura de las personas libres de todo el mundo y es probable que sea un impulso básico en los seres humanos. Los empleados quieren tener cierto control sobre lo que les afecta y encontrar algún significado en su trabajo. Los líderes organizacionales deben dedicar esfuerzos de largo plazo y discusión continua a fomentar la participación como una forma de construir algunos de los valores humanos necesarios en el trabajo. La participación ha tenido tanto

Consejos a futuros administradores

1. Permita que los trabajadores avancen de la participación en problemas sencillos a otros más complejos.
2. Brinde capacitación relevante a los empleados, de modo que entiendan todo el panorama y estados financieros de la empresa.
3. Comunique anticipadamente las áreas de libertad de decisión y los límites correspondientes.
4. No fuerce la participación de los trabajadores si ellos prefieren omitirla.
5. Proporcione asesoría a los supervisores, de modo que sepan cómo manejar el poder compartido.
6. Establezca objetivos apegados a la realidad en las etapas iniciales de cualquier proceso participativo.
7. Tenga claro en la mente, en todo momento, la filosofía que sirve de guía a la participación.
8. Por ningún concepto intente manipular una decisión con el disfraz de la participación.
9. Mantenga el delicado equilibrio entre la participación excesiva y la insuficiente.
10. Vigile las percepciones que los empleados tienen del nivel de *empowerment* que están experimentando.

éxito en la práctica que se ha vuelto de aceptación generalizada en las naciones más avanzadas y será una herramienta de progreso importante para los países en vías de desarrollo.

RESUMEN

Muchos empleados quieren recibir más *empowerment*. Si se les permite que desempeñen un rol significativo en las tareas de la empresa, mejora su autoestima y contribuyen con su capacidad y esfuerzo a lograr el éxito organizacional.

La participación es un vehículo importante para el *empowerment* de los empleados. Es la inclusión mental y emocional de las personas en situaciones grupales, que las alienta a contribuir a los objetivos del grupo y compartir la responsabilidad de dichos objetivos. En el caso de los empleados, es el resultado psicológico de la administración de apoyo.

La participación es un proceso de compartir que puede incrementar el poder de los empleados y los gerentes, ya que el poder es un recurso renovable. Cuando se satisfacen los requisitos de participación, puede brindar diversos beneficios a ambas partes. Algunos trabajadores desean más participación que otros, de modo que el enfoque participativo es más efectivo cuando guarda correspondencia razonable con las necesidades individuales. En caso de que haya participación insuficiente o excesiva, pueden disminuir la satisfacción y el rendimiento.

Diversos programas participativos pueden ser efectivos y varían en el grado con que satisfacen los criterios de participación plena. Todos tienen sus ventajas y sus limitaciones. Un programa que es aconsejable con ciertos empleados no es necesariamente bueno para todos. Los administradores necesitan redefinirse como enlaces de recursos y tratar de fungir en el rol de liderazgo sirviente, que ayuda al crecimiento y desarrollo de otras personas.

Términos y conceptos para revisión

Administración participativa
Área de libertad en el trabajo
Codeterminación
Control de la calidad total
Democracia industrial
Empowerment
Equipos autoadministrados
Imperativo ético

Joe Adams

Incidente

Joe Adams es supervisor en el departamento de montaje final de una planta de carrocerías de automóviles. El trabajo en su departamento es inconstante, con suspensiones de trabajo o semanas acortadas tres o cuatro veces por año. El trabajo en sí es físicamente agotador y, debido a que se requieren habilidades mínimas, muchos empleados sólo terminaron estudios de bachillerato, y algunos ni siquiera los completaron. Casi la tercera parte de su fuerza laboral proviene de grupos minoritarios. El procedimiento y ritmo de trabajo están bajo control estricto de ingenieros industriales y otros grupos de personal.

Adams asistió en fecha reciente a una conferencia de un día, patrocinada por la asociación de supervisores a la que pertenece, y se enteró de los numerosos beneficios potenciales de la participación. En sus palabras: "Esta conferencia me convenció de la participación." De tal suerte, ahora desea implantarla en su departamento de montaje.

Los directivos sienten que las condiciones en una línea de montaje son inadecuadas para la participación. Además, creen que muchos de los trabajadores tienen una expectativa del rol autocrático de los supervisores. Por añadidura, han afirmado que el programa de producción no permite dedicar tiempo a la participación durante la jornada laboral. Ello significa que si Adams quiere celebrar juntas relativas al tema, tendrá que hacerlo después del horario de trabajo, en el tiempo libre de los trabajadores. Adams está convencido de que sus empleados no aceptarán quedarse después del horario de trabajo; de hecho, ni siquiera está seguro de que lo harían si les pagara tiempo extra.

Preguntas
1. Recomiende las acciones que debería emprender Adams.
2. ¿Acaso algún concepto de los modelos de comportamiento organizacional de McGregor, Herzberg, McClelland o Fiedler, o de los requisitos de participación, área de libertad en el trabajo y programas de participación sería útil en este caso?

Empowerment mediante la participación

Ejercicio de experiencia

El *empowerment* ocurre plenamente cuando los empleados se sienten competentes y valorados, disfrutan de oportunidades para usar su talento, y su trabajo tiene significado e influencia. Después de que se divida la clase en grupos de tres o cuatro personas, califiquen (1 = bajo, 10 = alto) el grado en que el grupo siente que cada programa participativo generaría esas sensaciones de *empowerment*. Compartan sus calificaciones con los otros grupos y analicen las consecuencias de sus evaluaciones.

Programas	*Sensación de* empowerment			
	Competencia	Valor	Uso del talento	Trabajo significativo
1. Programas de sugerencias				
2. Círculos de calidad				
3. Control de la calidad total				
4. Equipos autoadministrados				
5. Propiedad de acciones por parte de los empleados				

Parte cuatro

Comportamiento individual e interpersonal

Capítulo 9

Actitudes de los empleados y sus efectos

La satisfacción de los empleados no es un lujo; es una base para el crecimiento.

—George M. C. Fisher[1]

Ya sin garantía de lealtad y la más alta competencia de todos los tiempos entre las habilidades de los trabajadores capaces, las compañías hacen lo que pueden para mantener a los empleados contentos, productivos, sin estrés y comprometidos con su trabajo.

—Diane E. Lewis[2]

OBJETIVOS DEL CAPÍTULO
ENTENDER:

- La naturaleza de las actitudes y la satisfacción en el trabajo
- La relación entre rendimiento y satisfacción
- La participación en el trabajo y el compromiso organizacional
- Algunos efectos positivos y negativos de las actitudes de los empleados
- Los comportamientos de ciudadanía organizacional
- Los beneficios de estudiar las actitudes de los empleados
- El diseño y uso de encuestas de satisfacción en el trabajo

Actitudes de los empleados y sus efectos **Capítulo nueve**

Hugh Aaron tiene una compañía de materiales plásticos que ha sufrido tres dolorosas recesiones, dolorosas porque en cada ocasión tuvo que despedir a empleados muy capaces y motivados.[3] No sólo fue emocionalmente doloroso su despido, sino que cada vez que mejoraban las condiciones del negocio, algunos de sus antiguos empleados ya habían encontrado otro trabajo. La pérdida de sus trabajadores requería que contratara a otros sin experiencia, lo cual retrasaba el regreso de la compañía a sus antiguos niveles de eficacia. Incluso los que podía recontratar habían perdido algunas de sus habilidades y frecuentemente sentían amargura relacionada con su despido. Buscando protegerse al ver acercarse la siguiente recesión, desaceleraban el ritmo de su trabajo para postergar el despido. Sin embargo, esta práctica sólo aceleraba el ritmo de los despidos y contribuía al círculo vicioso.

Después de estudiar algunas prácticas de comportamiento revolucionarias de compañías japonesas, Hugh introdujo algunos cambios importantes. A cambio de la sencilla promesa de eliminar futuros despidos, los empleados acordaron trabajar todo el tiempo extra que fuese necesario y recibir capacitación cruzada para poder desempeñarse en diversos puestos. La ayuda adicional necesaria se obtendría de jubilados y estudiantes universitarios.

Los resultados fueron más allá de las expectativas. El orgullo era evidente; la rotación de personal insignificante; la moral, alta, y los costos de seguros de desempleo y prestaciones médicas se redujeron al tener una fuerza laboral más pequeña y estable. También mejoraron las actitudes, como se ilustra con la disposición de los empleados para dedicar un esfuerzo adicional y una sensación de cohesión en el equipo de la "familia". Lo mejor de todo fue que no se requirieron despidos en los ocho años que siguieron, pese a que hubo dos recesiones más.

Está claro que las actitudes de los empleados son muy importantes para las empresas, como se aprecia en el ejemplo precedente. Cuando las actitudes son negativas, constituyen tanto un *síntoma* de problemas subyacentes como una *causa* que contribuye a las dificultades futuras de la compañía. El deterioro de las actitudes puede originar huelgas, desaceleración del trabajo, ausentismo y mayor rotación de personal. También suele ser parte de las quejas, el rendimiento bajo, la baja calidad de los productos y un deficiente servicio a clientes, robos de los empleados y problemas disciplinarios. Los costos organizacionales relacionados con las actitudes inadecuadas de los empleados pueden afectar gravemente la competitividad de la empresa.

Por otra parte, los directivos desean las actitudes favorables, ya que tienden a estar conectadas con algunos de los resultados positivos que querrían. La satisfacción de los empleados y la productividad alta son signos de compañías bien administradas. Sin embargo, muchas personas tienen un concepto erróneo acerca de la relación satisfacción-productividad, el cual se analiza más adelante.

Un reto clave para los administradores es tratar con empleados que *esperan* cada vez más que se muestre interés en sus actitudes y sentimientos, además de recibir recompensas. Es frecuente que se trate de una actitud relacionada con *tener derechos*, es decir, la creencia de que merecen cosas porque la sociedad se las debe. Sin embargo, esas expectativas pueden ser poco realistas. La administración del comportamiento efectiva que crea todo el tiempo un ambiente sustentador en la organización ayuda a generar actitudes favorables. Este capítulo se concentra en las actitudes de los empleados hacia su trabajo, la forma de obtener información acerca de esas actitudes y la manera de usar efectivamente esa información para vigilar y mejorar la satisfacción de los empleados.

NATURALEZA DE LAS ACTITUDES DE LOS EMPLEADOS

Las actitudes afectan en las percepciones

Las **actitudes** son los sentimientos y las creencias que determinan en gran parte la forma en que los empleados perciben su ambiente, su compromiso con las acciones que se pretenden y, en última instancia, su comportamiento. Las actitudes forman un conjunto mental que afecta la manera de ver algo, como una ventana que constituye un marco para ver hacia el interior o exterior de una construcción. La ventana permite ver algunas cosas; pero su tamaño y forma impiden la observación de otros elementos. Además, el color del cristal podría afectar la exactitud de las percepciones, de igual modo que el "color" de las actitudes tiene efectos en la manera de ver y juzgar el entorno laboral. Los administradores del comportamiento organizacional están muy interesados en la naturaleza de las actitudes de los empleados hacia su trabajo, su carrera y la organización misma.

Aunque muchos de los factores que contribuyen a la satisfacción en el trabajo están bajo control de los administradores, también es cierto que las personas difieren en su disposición personal cuando se integran a una empresa.[4] Algunas son optimistas, alegres y corteses, en cuyo caso se dice que tienen **afectividad positiva**. Otras son en general pesimistas, irritables e incluso ásperas, y se dice que la suya es una **afectividad negativa**. Parecería que las personas están predispuestas a la satisfacción o insatisfacción y que los gerentes sólo pueden afectar parcialmente las respuestas de los empleados. No obstante, es importante explorar la naturaleza y los efectos de la satisfacción en el trabajo.

Satisfacción en el trabajo

Sentimientos, pensamientos e intenciones

Elementos   La **satisfacción en el trabajo** es un conjunto de sentimientos y emociones favorables o desfavorables con que los empleados ven su trabajo. Se trata de una actitud afectiva, un *sentimiento* de agrado o desagrado relativo hacia algo (por ejemplo, un empleado satisfecho comentaría: "Disfruto de tener diversas tareas que hacer"). Existe una diferencia importante entre estos sentimientos de satisfacción relacionados con el trabajo y otros dos elementos de las actitudes de los empleados. El mismo trabajador podría tener una respuesta intelectual a su trabajo, situación en que se expresaría el *pensamiento objetivo* (creencia): "Mi trabajo es muy complejo." En otra ocasión, ese empleado manifestaría sus *intenciones de comportamiento* a un compañero de trabajo ("Pienso renunciar en tres meses"). Así pues, las actitudes consisten en sentimientos, pensamientos e intenciones de actuar.

Enfoque individual   La frase "satisfacción en el trabajo" generalmente se refiere a actitudes de un solo empleado. Por ejemplo, un administrador podría llegar a la conclusión: "Antonio Ortega parece muy complacido con su reciente promoción." Cuando las evaluaciones de la satisfacción individual se promedian entre todos los miembros de una unidad de trabajo, la palabra que se usa para describir la satisfacción global del grupo es

moral. Reviste importancia especial estar atento a la moral del grupo, ya que es frecuente que los individuos se fijen en los indicios sociales que proporcionan sus compañeros de trabajo y adapten sus propias actitudes para que se conformen a las del grupo.

La moral es la satisfacción de grupo

¿Global o multidimensional? La satisfacción en el trabajo puede verse como una actitud global o aplicarse a las diversas partes del trabajo. Sin embargo, en caso de considerarla como una actitud global, los administradores podrían pasar por alto algunas excepciones clave ocultas cuando evalúan la satisfacción del empleado. Por ejemplo, aunque la satisfacción en el trabajo de Antonio Ortega sea alta por lo general, reviste importancia descubrir tanto que le gusta su promoción como que está insatisfecho con su calendario de vacaciones de este año. Así pues, los estudios de satisfacción en el trabajo frecuentemente se concentran en las diversas partes que se consideran importantes, ya que las *actitudes relacionadas con el trabajo predisponen a que el empleados se comporte de cierta manera*. Los aspectos importantes de la satisfacción en el trabajo incluyen la remuneración, el superior inmediato, la naturaleza de las tareas realizadas, los compañeros o equipo de trabajo y las condiciones de trabajo inmediatas.

Elementos de la satisfacción en el trabajo

Puesto que es mejor visualizar la satisfacción en el trabajo como un hecho multidimensional, se recomienda que los gerentes no permitan que la satisfacción alta de un empleado respecto de un elemento anule su insatisfacción alta en relación con otro mediante un promedio aritmético de ambos sentimientos. Sin embargo, en los estudios se divide de manera útil la atención entre los elementos que guardan relación directa con el *contenido del puesto* (la naturaleza del puesto) y los que son parte del *contexto del puesto* (el superior inmediato, los compañeros de trabajo y la organización en sentido amplio).

Estabilidad de la satisfacción en el trabajo Las actitudes generalmente se adquieren durante largos periodos. De igual modo, la satisfacción o insatisfacción en el trabajo surge a medida que el empleado obtiene más y más información acerca de su centro de trabajo. No obstante, la *satisfacción en el trabajo es dinámica*, ya que puede disminuir incluso con rapidez mayor que la de su surgimiento. Los gerentes no pueden establecer hoy las condiciones que llevan a que la satisfacción sea alta y luego descuidarlas, ya que las necesidades de los empleados suelen fluctuar repentinamente. Es necesario que los administradores presten atención a las actitudes de los trabajadores semana tras semana, mes tras mes, año tras año.

Los niveles de satisfacción son variables

Impacto ambiental La satisfacción en el trabajo es parte de la satisfacción en la vida. La naturaleza del ambiente del empleado fuera de su centro de trabajo influye de manera indirecta en sus sentimientos en el trabajo. Así mismo, el trabajo es parte importante de la vida de muchas personas, de modo que la satisfacción en él influye en su satisfacción general con la vida. El resultado es que existe un **efecto de cascada**, que ocurre en *ambas* direcciones, entre la satisfacción en el trabajo y en la vida. Así pues, se requiere que los gerentes no sólo observen el trabajo y el ambiente laboral inmediato, sino también las actitudes de sus empleados hacia otros sectores de la vida, como se muestra en la figura 9-1 y se ilustra con el ejemplo siguiente.

Efecto de cascada

> El comportamiento de Nancy Rickson, secretaria en una pequeña oficina, era difícil de entender para su supervisor. Se le había conferido recientemente una promoción y un aumento de

Parte cuatro *Comportamiento individual e interpersonal*

FIGURA 9-1

Algunos elementos relacionados con la satisfacción en la vida

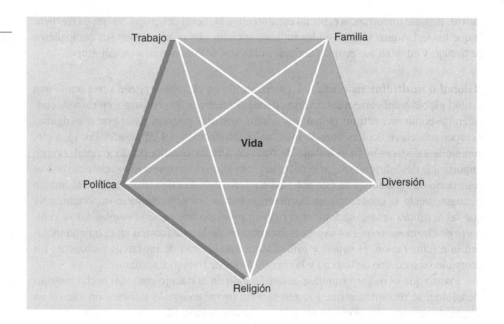

sueldo; pero pronto se volvió cada vez más descontenta, distraída y descuidada en su trabajo. Numerosas conversaciones en que se sondeaban sus actitudes relacionadas con el trabajo no aportaron indicios directos en cuanto a la fuente de su insatisfacción.

Un día, el supervisor preguntó acerca de uno de los hijos de Nancy, cuyas fotografías estaban en el escritorio de ella. Casi de inmediato, Nancy relató una serie de historias desgarradoras acerca de sus dos divorcios, sus hijos delincuentes, la falta de apoyo de sus padres y su fracaso por dominar una actividad recreativa que intentó (el tenis). Estos problemas y no tener con quien compartirlos estaban afectando evidentemente sus actitudes en el trabajo y su rendimiento. Al ver la situación en su totalidad, el supervisor empezó a darse cuenta de la conexión estrecha entre la satisfacción de Nancy en su vida y en su trabajo.

Importancia   El ejemplo precedente muestra que los supervisores deben estar atentos a indicios sutiles acerca de los niveles de satisfacción de los empleados. ¿Acaso los administradores también deben estudiar sistemáticamente la satisfacción en el trabajo de sus empleados y tratar de mejorarla cuando sea apropiado? Dar una respuesta afirmativa a esta pregunta se fundamenta en el concepto de la promoción de la dignidad humana, como se plantea en este libro. Los autores pensamos que es importante aplicar los conocimientos del comportamiento organizacional para mejorar las empresas. Entonces será posible obtener beneficios tanto los individuos como la sociedad. Otras perspectivas sobre el tema giran alrededor de varias preguntas cruciales que se plantean más adelante:

- ¿Existe la posibilidad de mejoría? (¿Existe algún vacío o deficiencia que puedan llenarse o mejorarse con un costo razonable?)
- ¿Qué empleados son actualmente los más insatisfechos?
- ¿Qué otras actitudes deben estudiarse, además de la satisfacción en el trabajo?
- ¿Cuáles son los efectos de las actitudes negativas de los empleados?

- ¿Cómo puede obtenerse información sobre las actitudes?
- ¿Cómo pueden usarse constructivamente los conocimientos acerca de las actitudes de los empleados?

Nivel de satisfacción en el trabajo   Estudios a largo plazo indican que el nivel general de satisfacción en el trabajo ha sido relativamente alto y estable en Estados Unidos. Aunque las expectativas de los trabajadores aumentaron y su enfoque ha cambiado con el paso del tiempo, también ha mejorado la calidad de las prácticas administrativas. Como resultado de ello, más de 80% de la fuerza laboral usualmente informa de satisfacción razonable en su trabajo.[5] Empero, los gerentes no deben tener una actitud complaciente, ya que el mismo dato estadístico indica que millones de trabajadores (el otro 20%) están insatisfechos, además de que es probable que muchos otros millones lo estén con algún aspecto específico de su trabajo. Además muchos dicen sentirse satisfechos y podrían haberse resignado simplemente a su situación laboral, del tal suerte que no estarían satisfechos ni insatisfechos. Asimismo, muchos trabajadores viven amenazados por la inseguridad laboral como resultado de los intentos por mejorar la efectividad organizacional mediante el despido de miles de empleados.

Muchos trabajadores están satisfechos

El nivel de satisfacción en el trabajo es inconstante de un grupo a otro y se relaciona con diversas variables. El análisis de esas relaciones permite que los administradores predigan en cuáles grupos son más probables los comportamientos asociados con la insatisfacción. Las variables clave giran alrededor de la edad, el nivel ocupacional y el tamaño de la empresa.

A medida que los empleados envejecen tienden inicialmente a estar un poco más satisfechos con su trabajo. Al parecer, reducen sus expectativas a niveles más realistas y se ajustan mejor a su situación laboral. Tiempo después, su satisfacción disminuye porque son menos frecuentes las promociones y, además, tienen que enfrentar la cercanía de la jubilación. También es predecible que las personas con nivel ocupacional más alto tienden a estar más satisfechas con su trabajo. Como cabría esperar, es usual que estén mejor pagadas, tengan mejores condiciones de trabajo y su puesto les permita aprovechar plenamente sus capacidades. Por último, existen ciertos datos indicativos de que el nivel de satisfacción en el trabajo es mayor en empresas pequeñas, como la sucursal de una fábrica o una pequeña compañía de computadoras. Las organizaciones más grandes tienden a abrumar al personal, alterar los procesos de apoyo y limitar la magnitud de la cercanía personal, amistad y trabajo de equipo en grupos pequeños, que son aspectos importantes de la satisfacción en el trabajo para muchas personas.

¿Quién está satisfecho?

Dedicación al trabajo

Además de la satisfacción en el trabajo, existen otras tres actitudes de los empleados, distintas y, al mismo tiempo, relacionadas, de importancia para las organizaciones. La **dedicación al trabajo** es el grado en que los empleados se sumergen en su trabajo, invierten tiempo y energía en él, y lo consideran parte central de su vida. Contar con un trabajo que tiene un sentido y llevarlo a cabo satisfactoriamente son aspectos importantes de la imagen de sí mismos, lo cual ayuda a explicar el efecto traumático que la pérdida del trabajo tiene en las necesidades de autoestima. Los empleados dedicados a su trabajo creen en la ética laboral, tienen necesidades de crecimiento altas y disfrutan de la participación en la toma de decisiones. En consecuencia, pocas veces llegan tar-

Lo que leen los administradores

Catlette y Hadden son dos autores que compararon a seis empresas que se singularizan por ser buenos lugares de trabajo (por ejemplo, Hewlett-Packard y Lincoln Electric) contra otras seis compañías competidoras. Los empleados con mejor reputación supusieron colectivamente que sus colegas desean que su tarea tenga significado, quieren estar en trabajos con estándares altos y un sentido claro de propósito, buscan libertad y autonomía, desean experimentar la sensación de que se preocupan por ellos y hay justicia, y desean ser y sentirse competentes. En respuesta, esas organizaciones exitosas tratan de:

- Encontrar y conservar a personas que se comprometan con el propósito central de la empresa.
- Enviar mensajes de todo tipo a los empleados en el sentido de que se les valora, son importantes y se les cuida.
- Facilitar el rendimiento de sus empleados (mediante recursos y capacitación).

En opinión de los autores, estas prácticas logran que los empleados estén más satisfechos y, por ende, generen productos y servicios de mejor calidad, no necesariamente en mayor cantidad. A ello se debe el título de su obra, *Contented Cows Give Better Milk* ["las vacas contentas producen mejor leche"].

Fuente: Bill Catlette y Richard Hadden, *Contented Cows Give Better Milk*, Williford Communications, 2000.

de o faltan, están dispuestos a trabajar largas jornadas e intentan lograr un rendimiento alto.

Compromiso organizacional

El **compromiso organizacional** o *lealtad* de los empleados es el grado en que un empleado se identifica con la empresa y desea continuar participando activamente en ella. Al igual que una fuerza magnética intensa, que atrae entre sí a objetos metálicos, es una medida de la disposición del empleado para permanecer en la compañía a futuro. Es frecuente que refleje su creencia en la misión y los objetivos de la empresa, su disposición a dedicar esfuerzos a lograrlo, y su intención de continuar trabajando en ella. El compromiso suele ser mayor entre los empleados con mayor antigüedad, con éxito personal en la organización o que se desempeñan con un grupo de trabajadores comprometidos. Este tipo de empleado suele tener antecedentes satisfactorios de asistencia al trabajo, muestra apego a las políticas de la compañía y pocas veces cambia de trabajo. En particular, su base más amplia de conocimientos del puesto frecuentemente se traduce en clientes leales, que le compran más, le conectan con clientes en perspectiva que se convierten en nuevos clientes, e incluso pagan precios más altos.[6]

Estados de ánimo en el trabajo

Los sentimientos de los empleados acerca de su trabajo son muy dinámicos, ya que pueden cambiar en un mismo día, hora o minuto. Estas actitudes variables hacia el trabajo se llaman **estados de ánimo en el trabajo**. Se pueden describir en un intervalo que va de negativas ("Odio esta tarea") a positivas ("Estoy emocionado por este nuevo reto") y de débiles a fuertes e intensas. Cuando los empleados tienen un estado de ánimo muy positivo hacia su trabajo, es frecuente que muestren energía, actividad y entusiasmo. Ello resulta muy importante para el administrador, ya que de manera predecible produce mejor atención en el servicio a clientes, menor ausentismo, mayor creatividad y cooperación interpersonal.[7] El estado de ánimo en el trabajo se traduce en acciones gerenciales, como las alabanzas; la creación de un ambiente lleno de diversión ocasional, humor

> ### Cuestión de ética
>
> "A quien no habla, Dios no lo escucha." Este adagio describiría la situación en ciertas compañías. Los empleados insatisfechos —en particular los que expresan su insatisfacción a su superior inmediato— suelen recibir atención excesiva. Es factible que haya más comunicación con ellos, se les asignen tareas preferentes, reciban una carga de trabajo menos pesada o se les dé equipo nuevo con mayor prontitud. Sin embargo, nótese la ironía de tal situación: mientras los administradores se esfuerzan en disminuir la insatisfacción de algunos empleados, al mismo tiempo aumentarían la de muchos otros, quienes consideran que ese trato especial es injusto. Parecería que los gerentes están en una encrucijada. Si tratan de disminuir la insatisfacción de algunos empleados, se arriesgan a incrementar la de otros. Empero, si hacen caso omiso de la insatisfacción presente en esa minoría, aquélla podría volverse más intensa y, de cualquier modo, contagiarse a los demás. ¿Usted qué recomendaría?

y atmósfera poco pesada; así como proporcionar un sitio de trabajo agradable, y participar y alentar una cantidad razonable de interacción social.

La satisfacción en el trabajo ha recibido mucha atención de investigadores y gerentes, por lo que a continuación se analizan en detalle algunos efectos de la satisfacción e insatisfacción en el trabajo. Sin embargo, el enfoque comprensivo del comportamiento organizacional hace pensar que los gerentes deben considerar formas en los que el ambiente laboral ayude a producir las cuatro actitudes clave de los empleados: satisfacción en el trabajo, dedicación al trabajo, compromiso organizacional y estado de ánimo positivo en el trabajo.

EFECTOS DE LAS ACTITUDES DE LOS EMPLEADOS

Las actitudes son factores de predicción razonablemente satisfactorios del comportamiento. Aportan indicios acerca de las intenciones de comportamiento de un empleado o su inclinación a actuar de cierta manera. Las actitudes positivas en el trabajo ayudan a predecir comportamientos constructivos, y las negativas, a prepararse para los indeseables. Cuando el empleado está insatisfecho con su trabajo, no se dedica a él, es bajo su compromiso con la compañía y tiene un estado de ánimo muy negativo, ello suele ir seguido de una amplia variedad de consecuencias. Tal resultado es especialmente probable si los sentimientos son intensos y persistentes. Los empleados insatisfechos pueden caer en el **retraimiento psicológico** (por ejemplo, soñar despiertos en el trabajo), **retraimiento físico** (como las ausencias no autorizadas, la interrupción prematura de la jornada laboral, los descansos prolongados o la desaceleración del trabajo) e incluso a actos francos de **agresión** y retos por presuntas injusticias. Por otra parte, los empleados satisfechos suelen brindar servicio al cliente más allá de su deber, tienen un expediente laboral impecable y buscan activamente la excelencia en todas las áreas de su trabajo.[8] Son muchos los estudios en los que se han analizado los resultados de la satisfacción e insatisfacción, y la naturaleza básica de los resultados es la que se presenta aquí en las áreas de rendimiento, rotación de personal, ausentismo y retardos, robo de bienes de la compañía, violencia y otros comportamientos. Todos ellos son resultados que a las compañías les interesa de manera vital controlar.

Rendimiento de los empleados

Aunque ciertos gerentes se aferran a un antiguo mito —que la satisfacción alta siempre lleva al rendimiento alto de los empleados— se trata de un supuesto *incorrecto*. En realidad, los trabajadores satisfechos pueden generar producción alta, promedio o incluso baja, además de que tienden a continuar en el nivel de rendimiento que con anterioridad les permitió obtener satisfacción (según el modelo de modificación del comportamiento). La relación satisfacción-rendimiento es más compleja que la simple idea de que "la satisfacción lleva al rendimiento".

Una relación compleja

Los deportistas profesionales con frecuencia sufren los efectos de estar excesivamente satisfechos con su rendimiento. Los éxitos pasados hacen que se vuelvan cada vez más complacientes y descuidados, y como resultado su equipo experimenta derrotas. Algunos de los roles de un entrenador consisten en mantener a los deportistas *insatisfechos* con sus aportaciones, propiciar en ellos un deseo renovador de ganar y motivarlos para que mejoren todavía más su rendimiento. En este caso, ¡la *insatisfacción* puede llevar a un mejor rendimiento!

Una expresión más precisa de la relación mencionada es que el *alto rendimiento contribuye a la satisfacción alta en el trabajo*.[9] La secuencia, que se muestra en la figura 9-2, es que la mejoría del rendimiento suele producir mayores recompensas económicas, sociales y psicológicas. Si éstas se consideran justas y equitativas, también mejora la satisfacción porque el empleado siente que las recompensas son proporcionales a su rendimiento. Por otra parte, si parecen insuficientes según el nivel de rendimiento, tiende a surgir la insatisfacción. Sea cual fuere el caso, el nivel de satisfacción lleva a un compromiso mayor (o menor), que a su vez tiene efecto en el esfuerzo y, tarde o temprano, de nuevo en el rendimiento. El resultado es un ciclo de **rendimiento-satisfacción-esfuerzo**, que opera de manera continua. Su consecuencia administrativa es que *deben dedicarse esfuerzos para ayudar a que el empleado mejore su rendimiento*, lo cual generará probablemente la satisfacción como producto secundario.

Importancia de las recompensas equitativas

Pero hay una situación distinta si el rendimiento es bajo. Los empleados no tendrán las recompensas que esperaban y, por lo tanto, estarán insatisfechos. En tales circunstan-

FIGURA 9-2

Ciclo rendimiento-satisfacción-esfuerzo

Actitudes de los empleados y sus efectos **Capítulo nueve**

ci— el empleado presentaría uno o más comportamientos negativos, como cambiarse de ——, llegar tarde, robar bienes de la compañía, actuar con violencia o ———nizacional inadecuada. Cada uno de estos produc- ——— la parte inferior de la figura 9-2)

niveles bajos de
na compañía en
los tienen meno-
an en renunciar o
que permanezcan
ra 9-3, los trabaja-
No se sienten reali-
onflictos frecuentes
en su carrera. Como
parte y abandonen la
n en ésta.

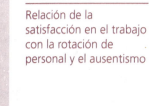

¿Quién tiende a renunciar?

Los estudios de Mobley ——— n voluntaria no suele ser un proceso de decisión sencillo (¿De——— nque ciertos empleados insatisfechos nunca pasan a formar parte de las estadísti——— ón de personal (salvo que lo den a conocer sus patrones), muchos de ellos se enfrascan, en mayor o menor grado, en un proceso consciente que comprende varios pasos. Después de experimentar la insatisfacción en su trabajo durante algún tiempo, el empleado empieza a pensar qué pasaría si renunciase. Ello va seguido de la ponderación de las posibles ventajas y desventajas de renunciar. Si la balanza se inclina hacia una ganancia neta, es probable que tome la decisión de empezar a

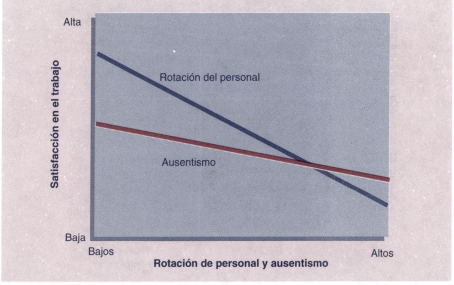

FIGURA 9-3

Relación de la satisfacción en el trabajo con la rotación de personal y el ausentismo

buscar trabajo, y luego la lleva a cabo. En el supuesto de que surjan varias opciones en otros lados, las analiza entre sí y las compara contra su trabajo actual. En algún punto, el empleado debe tomar una decisión (que alguien describió vívidamente con la expresión: "Tengo que decidir si pesco o preparo carnada") en cuanto su intención de quedarse o irse, ello seguido de la acción correspondiente. Para los gerentes, la utilidad de saber que se trata de un proceso de etapas múltiples hace posible que presten atención a indicios que los empleados van dando e intervengan antes de que sea demasiado tarde (en el caso de empleados valiosos, que les gustaría conservar).

La rotación de personal puede tener varias consecuencias negativas, en especial cuando es alta. Suele ser difícil la reposición de los que salen, además de que genera costos altos, directos e indirectos, para la empresa. Quienes permanecen en la compañía pueden estar desmoralizados por la pérdida de compañeros de trabajo valiosos, además de que es posible que se alteren las actividades sociales y de trabajo hasta que se encuentre un reemplazo. Por añadidura, podría dañarse la reputación que la empresa tiene en la comunidad. Sin embargo, son posibles algunos beneficios con la rotación de personal, como mayores oportunidades de promociones internas y la adición de la experiencia de los nuevos empleados contratados. En otras palabras, *la rotación de personal puede tener efectos funcionales.*

En la figura 9-4 se ilustra la relación entre las actitudes de los empleados hacia la compañía y las de ésta hacia los empleados. La rotación deseable se representa con las celdas *b* y *d*, mientras que la indeseable de la celda *c* debe minimizarse. Han de alentarse las situaciones que contribuyen a la celda *a*, en la que se encuentran los empleados valiosos que desean permanecer en la empresa. El mensaje para los gerentes es que vean

FIGURA 9-4

Cuatro productos de las actitudes de los empleados y la empresa

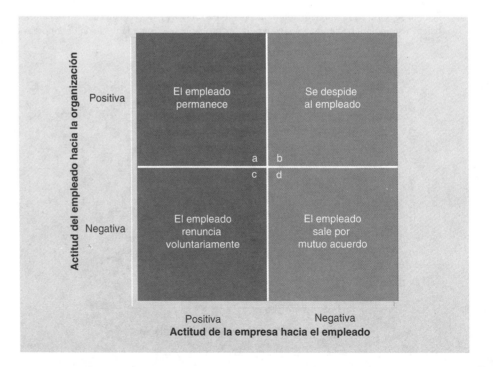

más allá de las tasas de rotación de personal y *examinen la funcionalidad de la salida de cada empleado*. Deben hacerse la pregunta siguiente: "¿Se están quedando *quienes deben quedarse* y se están yendo *quienes deben irse*?" Éste es un tema de análisis crucial cuando se reduce la plantilla laboral. Sin embargo, el mejor enfoque es preventivo, como lo muestra el ejemplo siguiente.

Cierto grado de rotación de personal es funcional

> En un estudio de 43 000 solicitantes de trabajo, se determinó que un sencillo cuestionario previo a la contratación serviría para predecir las probabilidades ulteriores que la persona fuese despedida o renunciara en los 30 días siguientes a su contratación.[11] Los resultados permitieron identificar una "personalidad de rotación", consistente en amargura, cinismo, franqueza excesiva, falta de dedicación, hedonismo y falta de participación y aceptación de los retos. La identificación de estos factores en los solicitantes reduciría potencialmente la rotación no planeada o incontrolada.

Muchas empresas han mejorado recientemente en cuanto a la retención de empleados, ante la competencia intensa por su talento y los costos muy altos de contratación y capacitación de nuevos empleados. Por ejemplo, Valero Energy trata de fomentar un sentido de familia y comunidad en sus empleados; General Electric identifica a sus mejores empleados y luego invierte mucho en su capacitación y en guiarlos, a fin de que inicien una exitosa carrera; Home Depot confiere a sus trabajadores amplia autoridad en la toma de decisiones; Goldman Sachs trata de generar una cultura de exclusividad y buena reputación como líder del mercado, y SAS Institute les brinda la oportunidad de equilibrar las exigencias del trabajo con la vida familiar. Además, una encuesta de Gallup reveló que las compañías con rotación de personal bajas aclaran las expectativas del puesto, proporcionan a los empleados la oportunidad de lograr la excelencia y emplear su talento, les brindan reconocimiento y alabanzas con regularidad, y se cercioran de que cada empleado sienta que alguien se interesa en él como persona.[12]

Ausentismo y llegadas tarde

En la figura 9-3 también se muestra que los empleados con menor satisfacción en el trabajo tienden a faltar más. La relación no siempre está clara, por varias razones. En primer lugar, ciertas ausencias se deben a razones médicas legítimas, de modo que un trabajador satisfecho podría faltar al trabajo por una causa válida. En segundo término, los empleados insatisfechos no siempre planean su ausencia, si bien les resulta más fácil responder a las oportunidades de hacerlo. Estas faltas voluntarias (por actitud) suelen ser más frecuentes en ciertos grupos de empleados y tienden a ocurrir los lunes o viernes. Aunque el ausentismo involuntario (por causas médicas) en ocasiones es predecible, con el caso de una operación, y frecuentemente puede disminuirse mediante la aplicación de exámenes físicos previos a la contratación y verificando el expediente laboral, se necesitan enfoques distintos para prevenir las ausencias debidas a actitudes inadecuadas.

Razones del ausentismo

Algunas compañías depositan todo el tiempo de descanso acumulado del empleado en un banco de ausencias con goce de sueldo (también llamado días libres pagados) que puede utilizar el trabajador. Ello incluye los días de vacaciones, de incapacidad, días feriados y personales, que el trabajador puede usar para lo que le convenga. Ese enfoque hace que el empleado tenga mayor *control* sobre los días en que puede faltar al trabajo y que la organización pueda *predecir* en mayor grado tales ausencias. Otros patrones han tenido éxito en usar incentivos para controlar el ausentismo, como se ilustra el ejemplo siguiente.

Desde el punto de vista estadístico, Drakenfeld Colors Corporation por lo general no tenía problemas de ausentismo (0.89%).[13] De hecho, casi la mitad (44%) de sus 250 empleados no tenía ni un solo día de faltas injustificadas. Sin embargo, unos cuantos empleados faltaban varios días al año y se percibía que se aprovechaban de la compañía y de sus compañeros de trabajo. La empresa atacó el problema ofreciendo pequeños bonos en efectivo a los empleados que no faltaran un solo día cada seis meses, una oportunidad de entrar en el sorteo de un viaje para dos personas con todo pagado a un centro de veraneo para quienes no faltaran, y un procedimiento de disciplina progresiva para quienes abusaban de las políticas contra el ausentismo. ¿Los resultados? El ausentismo se redujo a 0.35%, el número de empleados que abusaban de manera significativa disminuyó en 90% y la proporción de trabajadores sin una sola falta al trabajo se incrementó a 62%. Este caso muestra que el ausentismo puede ser controlado.

Llegadas tarde

Otra forma en que los empleados suelen mostrar su insatisfacción con las condiciones de trabajo es mediante las **llegadas tarde**. Quien llega tarde sí se presenta a trabajar, pero después del tiempo de inicio designado de la jornada laboral. También llamados retardos son un tipo de ausentismo por periodos cortos, que van de unos cuantos minutos hasta varias horas en cada caso, y es otra forma en que los empleados presentan un retraimiento físico de su participación activa en la empresa. Este fenómeno suele impedir que se complete el trabajo a tiempo y altera las relaciones productivas con los compañeros de trabajo. Aunque puede haber razones legítimas para llegar tarde de vez en cuando (como un embotellamiento de tránsito), los retardos frecuentes son síntoma de una actitud negativa que requiere atención gerencial.

Robos

En una ocasión, unos de los autores hizo un recorrido por una planta de producción de pizzas. Casi al final del recorrido, preguntó a la guía cuáles eran los problemas humanos principales en la empresa. Sin dudar, la respuesta fue: "Robos." Se le preguntó: "¿Quiere decir que los empleados roban las pizzas?" La respuesta: "¡Oh, no! No valen mucho. Pero sí se roban cientos de pepperoni cada año." Luego, la guía mostró un carro con los pepperoni. Cada uno medía casi 90 centímetros de largo por 7.5 centímetros de diámetro, con peso de unos 9 kilogramos. La guía añadió: "No sabemos cómo se las ingenian los empleados para sacarlos de la planta; pero suponemos que los roban como una compensación indirecta por los sueldos relativamente bajos que se les pagan [sueldo mínimo] y el trabajo monótono [línea de producción] que realizan." En la figura 9-2, se aprecia que la percepción de inequidad produce insatisfacción, lo cual al parecer originó en este caso que los empleados justificaran robar a la empresa.

Algunos trabajadores roban productos o materiales, como los pepperoni mencionados. Otros utilizan sin autorización servicios de la compañía, por ejemplo, haciendo llamadas de larga distancia en el trabajo (con lo que "roban" el costo de la llamada y su tiempo productivo). Algunos más falsifican cheques o cometen otros tipos de fraude. Todos estos actos constituyen un **robo**, es decir, la sustracción no autorizada de recursos de la compañía.[14] Aunque son muchas las causas de robos por parte de los empleados, en algunos casos se deben a que se sienten explotados, con trabajo excesivo o frustrados por el trato impersonal que reciben de la compañía. En su mente, justifican su comportamiento poco ético como una forma de reestablecer su percepción de la equidad perdida o incluso vengarse por lo que consideran un trato indebido de los supervisores. En contraste con la situación del ausentismo y las llegadas tarde, los controles organizacionales más rígidos o los sistemas de incentivos no siempre solucionan los problemas de robos, ya que se dirigen contra los síntomas, no contra las causas subyacentes, como la insatisfacción grave.

Violencia

Una de las consecuencias más extremas de la insatisfacción de los empleados es la **violencia**, o sea, las diversas formas de agresión verbal o física en el trabajo. Aunque como fuentes de violencia podrían incluirse a los clientes y a personas desconocidas, el efecto es el mismo: millones de trabajadores son ahora víctimas de la violencia en el centro de trabajo cada año, mientras que muchos más viven bajo la amenaza directa o percibida de esa violencia. En Estados Unidos, el costo para las empresas es astronómico, ya que se calcula en unos 36 mil millones de dólares cada año.[15] Resulta irónico que el estrés en el trabajo pueda ser al mismo tiempo causa y efecto de la violencia. Los administradores deben prestar atención creciente a los signos de insatisfacción de los empleados, que pueden convertirse en violencia física o verbal en el trabajo, y emprender las acciones preventivas que sean apropiadas.

Otros efectos

La improductividad, la rotación de personal, el ausentismo, las llegadas tarde, los robos y la violencia son comportamientos negativos, puesto que dañan a la empresa y, en ocasiones, a sus miembros. Sin embargo, muchos empleados tienen actitudes positivas hacia su trabajo y la compañía en la que laboran, lo cual se refleja de maneras evidentes y sutiles. En particular, a veces muestran **comportamientos de ciudadanía organizacional**, los cuales son acciones discrecionales que promueven el éxito de la organización.[16] La ciudadanía organizacional se caracteriza por su espontaneidad, carácter voluntario, efecto constructivo en los resultados, utilidad inesperada para otras personas y naturaleza opcional. A manera de ejemplo, Mary Jo suele tipificarse por su forma inusualmente concienzuda de realizar su trabajo normal, mientras que Willy aplica un alto nivel de innovación y creatividad a un problema difícil. Incluso el ofrecerse como voluntario para tareas adicionales o compartir equipo con otro empleado es una demostración de ciudadanía organizacional. De la misma manera que miles de granos de levadura deshidratada son parte de la masa para el pan, junto con otros ingredientes, miles de pequeños esfuerzos adicionales (ayudar, donar, cooperar) ayudan a que las empresas superen a sus competidores.

Ciudadanía organizacional

Los actos de buena ciudadanía organizacional incluyen la cortesía de ponerse en contacto con los demás antes de emprender acciones, la tolerancia a las pequeñas molestias cotidianas en el trabajo, una actitud concienzuda inusual, comportamientos de ayuda y diversas conductas cívicas, como asistir a juntas incluso con renuencia. Las investigaciones muestran que estos "buenos soldados" realizan tales actos por una de tres razones:

- Su personalidad les predispone a ello.
- Al hacerlo esperan ser objeto de reconocimientos o recompensas especiales.
- Intentan mejorar su imagen tratando de dar una mejor impresión a los demás.[17]

Sin importar cuáles sean los motivos, los comportamientos de ciudadanía organizacional suelen recibir la apreciación por igual de la organización y los compañeros de trabajo.

ESTUDIO DE LA SATISFACCIÓN EN EL TRABAJO

Los gerentes necesitan información acerca de la satisfacción de los empleados en el trabajo para tomar decisiones adecuadas tanto para prevenir como para solucionar problemas de los empleados. En esta sección, se analizan los beneficios que pueden obtener los administradores y las condiciones en las cuales es más probable que tenga éxito un estudio de la satisfacción en el trabajo. Se explican algunos de los métodos de encuesta más comunes y se presentan lineamientos para llevar a cabo las encuestas.

Un método usual es la encuesta de satisfacción en el trabajo, también llamada encuesta de moral, opiniones, actitud o calidad de vida en el trabajo. Una **encuesta de satisfacción en el trabajo** es un procedimiento mediante el cual los empleados expresan sus sentimientos hacia su trabajo y el ambiente laboral. Luego, se combinan y analizan sus respuestas individuales.

Encuestas de satisfacción en el trabajo

Beneficios de los estudios de la satisfacción en el trabajo

Cuando se planean y administran correctamente los estudios de la satisfacción en el trabajo, es usual que generen diversos beneficios de importancia, tanto generales como específicos.

Observación de actitudes   Uno de los beneficios de los estudios de actitudes es que brindan a los administradores indicaciones del nivel general de satisfacción de los empleados en la empresa. Además, las encuestas indican áreas específicas de satisfacción e insatisfacción (como los servicios a empleados) y grupos específicos de empleados (como el departamento de marketing o los empleados que pronto van a jubilarse). En otras palabras, la encuesta indica qué sienten los empleados respecto de su trabajo, en qué sectores de ese trabajo se concentran sus sentimientos, cuáles son los departamentos afectados en particular y quiénes tienen esos sentimientos (supervisores, empleados, especialistas). La encuesta es un instrumento de diagnóstico poderoso para evaluar problemas generales con los empleados.

Beneficios adicionales   Las encuestas también generan muchos otros beneficios. El *flujo de comunicación* mejora en todas las direcciones, conforme el personal planea la encuesta, la aplica y analiza sus resultados. Las encuestas pueden servir como *válvula de seguridad* o de liberación de emociones, para que las personas saquen lo que tienen dentro y luego se sientan mejor. Por añadidura, permiten identificar las *necesidades de capacitación*, ya que los trabajadores pueden indicar lo bien que se sienten cuando el supervisor realiza ciertas partes del trabajo, como la delegación de tareas o impartir instrucciones adecuadas. Asimismo, sirven para que los gerentes *planeen y den seguimiento a nuevos programas* gracias a la retroalimentación anticipada sobre los cambios propuestos y una ulterior encuesta de seguimiento para evaluar la respuesta real. El ejemplo siguiente ilustra los numerosos beneficios de las encuestas de actitud.

> Aaron Goldberg estaba convencido de que sabía cómo podían mejorar los gerentes su manera de trabajar con las personas. Sentía que se necesitaban cambios. Durante más de un año, había esperado la oportunidad apropiada para expresar su punto de vista, pero ésta nunca llegaba. Las ideas seguían acumulándose en su interior y empezaba a sentirse inquieto. Fue entonces cuando la administración emprendió una encuesta de satisfacción en el trabajo, que incluía mucho espacio para comentarios de los empleados. Aaron llenó páginas enteras de comentarios y se sintió mucho mejor, ya que por fin había tenido la oportunidad de expresar sus ideas a los ejecutivos. La empresa ganó, tanto con las ideas útiles como con un empleado más satisfecho.

Condiciones ideales de encuesta

Hay mayores probabilidades de que las encuestas produzcan algunos de los beneficios arriba mencionados cuando se cumplen las condiciones siguientes:

Requisitos ideales

- Los altos ejecutivos apoyan de manera activa la encuesta.
- Los empleados participan plenamente en la planeación de la encuesta.
- Existe un objetivo claro de la encuesta.
- El estudio se planea y administra de manera compatible con las normas de investigación adecuadas.
- Los administradores pueden y quieren emprender acciones de seguimiento.
- Se comunican los resultados y planes de acción a los empleados.

Uso de la información de satisfacción en el trabajo

Antes de emprender encuestas formales de satisfacción en el trabajo, los gerentes podrían considerar otros dos métodos para indagar los sentimientos de los empleados: el contacto cotidiano y los datos existentes. Estos métodos reconocen que las encuestas formales de satisfacción en el trabajo son similares a la auditoría contable anual, en el sentido de que se trata meramente de actividades periódicas, mientras que existe la necesidad cotidiana de observar la satisfacción con el trabajo, de igual modo que la hay de mantener al día las cuentas financieras.

Contacto diario

Los gerentes están al tanto del nivel de satisfacción de los empleados principalmente mediante el contacto y la comunicación cara a cara. Ésta es una forma práctica y oportuna de determinar el nivel de satisfacción en el trabajo, si bien existen otros indicadores de satisfacción ya disponibles en las empresas. Como se muestra en la figura 9-5, los ejemplos comprenden el ausentismo, las quejas y entrevistas a la salida del centro de trabajo. Es usual que esta información se recopile por separado para otros propósitos; pero puede integrarse fácilmente en un informe mensual, que brinde a los gerentes información acerca del nivel general de satisfacción de los trabajadores.

Datos existentes

Algunos de los elementos de la figura 9-5 son indicadores de comportamiento de la satisfacción en el trabajo, como la rotación de personal, el ausentismo y las llegadas

FIGURA 9-5

Ejemplos de información de la satisfacción en el trabajo frecuentemente disponible en las empresas

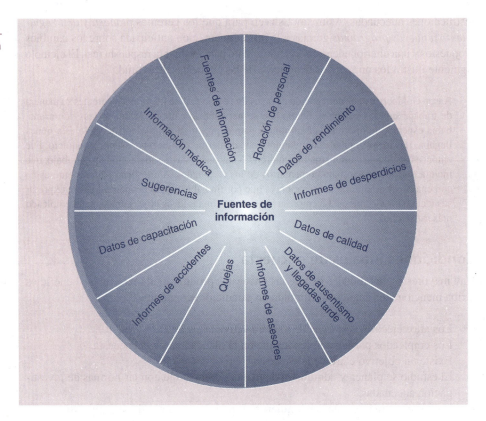

tarde, mientras que otros, como los expedientes médicos y de capacitación, aportan únicamente datos indirectos de que hay problemas. Si se interpretan con cuidado, los datos pueden brindar una imagen clara de la satisfacción de los trabajadores con la empresa. Las ventajas principales de los expedientes de los empleados residen en que en muchos casos ya se cuenta con ellos, suelen contener datos cuantificables y permiten medir adecuadamente las tendencias de un periodo.

DISEÑO Y SEGUIMIENTO DE ENCUESTAS

Pasos del proceso

En la figura 9-6 se muestra un enfoque sistemático de realización de encuestas. Es usual que los gerentes necesiten identificar el propósito de la evaluación de actitudes, obtener el apoyo de los altos ejecutivos y el sindicato, y elaborar el instrumento de medición. Los pasos intermedios comprenden administrar la encuesta, tabular y analizar los resultados. Se debe retroalimentar a los participantes *con la mayor brevedad* acerca de las conclusiones; además, es necesario que los grupos de empleados y gerentes que trabajen conjuntamente, elaboren planes de acción para luego llevarlos a la práctica. Puesto que ya se han propuesto las razones para vigilar las actitudes de los empleados, en esta sección se estudian los tipos de instrumento de encuesta que pueden diseñarse. El apartado concluye con un análisis de factores relacionados con su uso exitoso.

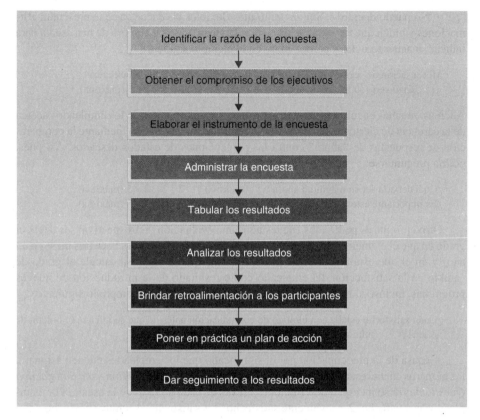

FIGURA 9-6

Pasos principales de un enfoque sistemático para la realización de encuestas

Tipos de preguntas en las encuestas

Los estudios de la satisfacción en el trabajo por lo general recopilan datos mediante encuestas o entrevistas. Sin importar cuál método se use, debe prestarse mucha atención a la forma de redactar las preguntas y el tipo de respuesta permitido. Las **preguntas de respuesta cerrada** permiten elegir entre varias opciones, de modo que los empleados seleccionan y marcan las respuestas que mejor correspondan a sus sentimientos. Las **preguntas de respuesta abierta** presentan una diversidad de temas, si bien permiten que los trabajadores respondan con sus propias palabras. Es habitual que en los formularios de las encuestas se utilicen ambos tipos de preguntas.

Brindar respuestas estructuradas

Preguntas de respuesta cerrada Existen diversos tipos de preguntas de respuesta cerrada, si bien es característico de cada uno de ellos el alto grado de estructura en las categorías de respuestas.[18] Uno muy común, el *Index of Organizational Reactions*, utiliza preguntas de opción múltiple. En éstas, los encuestados leen todas las respuestas posibles a cada pregunta y luego marcan las que más se acercan a sus propios sentimientos. En otras encuestas, se utilizan preguntas del tipo "cierto o falso" o "estoy de acuerdo o no estoy de acuerdo". El *Job Descriptive Index*, también muy común, incluye un conjunto de afirmaciones (por ejemplo: "Mi trabajo es rutinario") y pide al encuestado que indique si el término describe su situación laboral, para lo cual debe marcar "Sí", "No" o

"¿?" ("No puedo decidir"). Son un tanto más flexibles las encuestas que presentan afirmaciones y piden que los empleados respondan marcando un número de una escala para indicar su acuerdo o desacuerdo, como en el ejemplo siguiente.

    Mi sensación de seguridad en el trabajo (marque un número con un círculo):
        ¿Cuál sería su magnitud ahora?   (mínima) 1 2 3 4 5 (máxima)

Además, muchas encuestas intentan averiguar los sentimientos de los empleados acerca de la carencia de cierto elemento (como la seguridad en el trabajo) mediante la comparación de respuestas de "ahora" contra las percepciones de estados deseados. Así pues, podría preguntarse:

    ¿Cuál debería ser su magnitud ahora?   (mínima) 1 2 3 4 5 (máxima)
    ¿Es importante este factor para usted?   (mínima) 1 2 3 4 5 (máxima)

Otro enfoque es pedir a los encuestados una evaluación "retrospectiva", es decir, el grado en que el elemento estuvo presente en el pasado (por ejemplo, hace tres meses o un año) y en el que está actualmente.[19] Ello permite que la empresa calcule el grado de cambio en la satisfacción del empleado como resultado de la introducción de nuevos programas, incluso si no la midió antes del cambio. De ello es ejemplo lo siguiente.

    ¿Cuán satisfecho estaba con el nivel de comunicación antes de que se iniciara el boletín de noticias?   (mínima) 1 2 3 4 5 (máxima)

A causa de la preocupación por el significado que los empleados pueden asignar a los números en una escala de respuestas, en instrumentos como el *Minnesota Satisfaction Questionnaire* se incluyen descripciones breves de cada número de la escala. Por ejemplo, 1 = insatisfecho, 2 = levemente satisfecho, 3 = satisfecho, 4 = muy satisfecho y 5 = sumamente satisfecho. Estas descripciones ayudan a que los empleados elijan la respuesta y los ejecutivos interpreten los datos.

La ventaja principal de las encuestas con preguntas de respuesta cerrada es que son fáciles de administrar y analizar estadísticamente. Gran parte de la tabulación y el análisis puede efectuarse con computadoras, lo cual minimiza el tiempo de mano de obra, costos y errores cuando la encuesta se aplica a muchos empleados.

> El director de aprendizaje de Sears Roebuck informa que identificó vínculos causales entre diversas variables clave.[20] La organización supervisa con regularidad la satisfacción de los empleados; cuando es posible incrementarla cinco unidades en un trimestre, las calificaciones de satisfacción de los clientes aumentan en el trimestre siguiente. Y cuando la satisfacción de los clientes mejora, también lo hacen otros dos indicadores clave: la retención de clientes y la recomendación de las tiendas que los clientes hacen otros compradores. La combinación de los compradores repetitivos y los nuevos compradores se traduce directamente en una mejor situación financiera. Según Sears la satisfacción de los empleados tiene efectos directos en las utilidades.

El principal defecto de las preguntas de respuesta cerrada es que los gerentes o el asesor de encuestas redacta todas las respuestas estructuradas disponibles para los empleados. Pero tal vez ninguna de esas respuestas sea la expresión precisa de los sentimientos verdaderos de los empleados. En otras palabras, este enfoque no les brinda en realidad la oportunidad de expresarse.

Preguntas de respuesta abierta En contraste con las preguntas de respuesta cerrada, las de respuesta abierta buscan que los empleados expresen su respuesta con sus propias palabras. Este enfoque no estructurado permite a los trabajadores ventilar plenamente sus sentimientos, pensamientos e intenciones. Se trata de comentarios más personales, que por lo general generan una mayor impresión en los ejecutivos, en especial si muchos empleados señalan el mismo problema y detallan sus sentimientos con un lenguaje muy expresivo. Por ejemplo, tal vez los administradores no se impresionen mucho al enterarse de que 39 trabajadores piensan que el plan de pago por incapacidad es inadecuado; pero reaccionarían de manera muy distinta ante 39 comentarios similares al siguiente: "¡Nuestro plan de pago por incapacidad da asco! No nos permiten acumular más de dos años los días de incapacidad no usados, de modo que no tengo protección contra enfermedades graves, que me obliguen a ausentarme más de un mes." En tal caso, tal vez se sientan más inclinados a escuchar y responder.

Búsqueda de sentimientos personales

Existen dos tipos de preguntas de respuesta abierta. Las *preguntas dirigidas* enfocan la atención de los empleados en sectores específicos del trabajo. Este enfoque permite el análisis profundo de la satisfacción con un elemento específico del trabajo. Por otra parte, las *preguntas no dirigidas* piden comentarios generales sobre el trabajo. De tal manera, los directivos intentan averiguar acerca de los temas que preocupan y parecen importantes actualmente para los empleados.

Incidentes críticos

Los procedimientos de encuestas de satisfacción en el trabajo son más complejos de lo que parece a primera vista. Da la impresión de que es muy sencillo administrarlas a los empleados, obtener sus respuestas e interpretarlas; pero la experiencia muestra que los errores por descuido en el diseño de las encuestas pueden limitar gravemente su utilidad. La confiabilidad y validez son dos elementos que constituyen la columna vertebral de todo estudio efectivo. La **confiabilidad** es la capacidad del instrumento de encuesta para producir resultados constantes, sin importar quién la administre. Si el instrumento es confiable, es seguro que toda diferencia entre grupos es verdadera, no el producto de cambios en el estado de ánimo de los empleados o de procedimientos administrativos variables.

Confiabilidad

Además de la confiabilidad, los estudios de satisfacción en el trabajo deben tener **validez**, o sea, la capacidad para medir lo que se supone que miden. La diferencia entre confiabilidad y validez sería evidente si se intentara usar una regla que mide yardas en la medición de distancias métricas. En este caso, la regla tiene precisión constante en su uso designado (es confiable); pero resulta inválida, ya que mide las distancias en unidades incorrectas. Es evidente la necesidad de cerciorarse de la confiabilidad y validez de las mediciones de la satisfacción en el trabajo. Dicha tarea es más sencilla con las preguntas de respuesta cerrada y mucho más difícil con la medición cualitativa que brindan las respuestas de pregunta abierta.

Validez

Son muchos los incidentes críticos que surgen en el proceso de elaborar las preguntas y administrar la encuesta.[21] Como se muestra en la figura 9-7, debe prestarse atención especial a la elección de la muestra, el anonimato de los empleados, el uso de normas en la interpretación de los datos, la participación voluntaria de los empleados y otros factores. Las tasas de respuesta pueden mejorarse si se estipula que los cuestionarios se devuelvan en un periodo breve, con el envío de recordatorios periódicos o con el ofreci-

FIGURA 9-7

Algunos aspectos del diseño y la administración de encuestas

- ¿Debe ser voluntaria u obligatoria la participación?
- ¿Deben usarse una muestra o la población completa?
- ¿Deben firmarse las respuestas o han de ser anónimas?
- ¿Deben usarse normas de comparación?
- ¿Deben entregarse los formularios al supervisor o a una empresa de asesoría independiente?
- ¿Deben estar el diseño y la realización de la encuesta en manos de personal de la empresa o de consultores externos?
- ¿Debe especificarse o no una fecha límite para devolución de los cuestionarios?
- ¿Debe emplearse un instrumento estandarizado o se debe crear otro nuevo para esta situación?
- ¿Cómo se retroalimentará a los empleados?

Prejuicio de deseabilidad social

miento de un pequeño incentivo. Es posible controlar la tendencia de los empleados al **prejuicio de deseabilidad social** (por ejemplo, sobreestimar la importancia de los retos en el trabajo porque se piensa que la sociedad los valora). A tal efecto, se pueden obtener normas de referencia de organizaciones comparables y emplearlas en la interpretación de las respuestas.

Uso de la información de las encuestas

Una vez recopilada y tabulada la información de una encuesta de satisfacción en el trabajo, la pregunta importante es: ¿Qué significa esta información en lo referente a la empresa y sus empleados? Mientras que recopilar la información es principalmente una cuestión técnica, el análisis y uso de los datos resultantes precisa un juicio hábil de los administradores, ya que es el importante paso final de una encuesta de satisfacción en el trabajo. Los resultados pueden ser excelentes cuando se emprenden acciones apropiadas.

Los gerentes requieren pruebas

Comunicación de los resultados El primer paso en el uso de la información relativa a la satisfacción en el trabajo es comunicarla a todos los gerentes, de modo que puedan asimilarla y prepararse para aprovecharla. El documento respectivo se llama *informe de encuesta*. Los gerentes son quienes se encargan de aplicar los cambios indicados por los datos y necesitan ver las pruebas para formarse su propio juicio. Las recomendaciones de los especialistas en satisfacción en el trabajo son útiles, si bien la decisión final está en manos de los gerentes.

Los datos de encuestas estimulan la competencia

Datos comparativos En las grandes empresas, *las comparaciones interdepartamentales* son una manera efectiva de alentar a los gerentes para tomar nota de los datos de satisfacción. De igual modo que un equipo de béisbol que ocupa los últimos lugares de la tabla se esfuerza al máximo en ganar para ascender posiciones en la tabla, los gerentes cuyos departamentos no muestran satisfacción en el trabajo se verían estimulados para mejorar las actitudes de los empleados en el intervalo que media hasta la encuesta siguiente. Las comparaciones de este tipo deben manejarse con habilidad, de modo que quienes hayan obtenido peores resultados no se sientan intimidados.

En caso de haber realizado encuestas previas, es posible graficar *las tendencias en el tiempo*. También se pueden realizar comparaciones estadísticas más elaboradas, si los datos parecen promisorios. Por ejemplo, ¿acaso los empleados que consideran a su supervisor como un buen administrador también afirman que sienten orgullo de trabajar en la empresa? En última instancia, todas las preguntas y categorías de la satisfacción en el trabajo pueden compararse entre sí para identificar relaciones significativas.

El interés de los administradores en las estadísticas de satisfacción en el trabajo se incrementa si se les solicita que *predigan las actitudes de sus subordinados* respecto de diversos elementos y luego que comparen sus predicciones con los resultados de las encuestas. En cada caso de predicción errónea, se ven forzados a preguntarse por qué juzgaron incorrectamente la situación. Incluso si su predicción es correcta, todavía estarían alentados a buscar las razones. Considérese el caso de un jefe de departamento, el cual predijo que sus empleados señalarían insatisfacción con el manejo de las quejas. Cuando mencionaron esa insatisfacción, se vio forzado a preguntarse: "Si sabía sobre ello antes de la encuesta, y todo indica que así es, ¿por qué no hice algo al respecto?"

Comentarios de los empleados Cómo se señaló, los comentarios de los empleados resultan de suma utilidad. Esta información con frecuencia genera en los administradores una impresión mayor que las calificaciones, estadísticas y gráficas. Desde la perspectiva de la comunicación, los comentarios llegan a los gerentes porque son más personales.

Algunos comentarios son acerca de problemas menores, pero tal vez molestan a alguien y, por ende, merecen la atención genuina de los administradores. Es un error corregir únicamente los grandes problemas identificados en una encuesta, mientras que se hace caso omiso de muchos problemas menores, pues al sumarse se convierten en grandes problemas.

> En una encuesta del departamento de marketing, los comentarios de varios representantes de ventas indicaron actitudes negativas hacia el papeleo que les solicitaba el departamento de ventas. Aunque el tema parecía de segunda importancia, los directivos diseñaron de nuevo el papeleo, de modo que se redujo en casi 30%. Los resultados fueron más visitas de venta cada semana y 8% más de ventas de unidades con la misma fuerza de ventas. Este cambio ayudó a que los vendedores ganaran más comisiones y la empresa redujera sus costos, de modo que ambas partes se beneficiaron.

Seguimiento del trabajo de comités Una forma de lograr que los gerentes introduzcan cambios en sus departamentos después de una encuesta es formar comités de trabajo (fuerzas de tarea), cuya responsabilidad es revisar los datos de la encuesta y elaborar planes de acciones correctivas.

> En una compañía, el presidente designó a un comité ejecutivo especial para dar seguimiento a una encuesta y los cambios recomendados. Luego, el gerente general formó comités de supervisión en cada departamento, para analizar la forma de aplicar la encuesta a los problemas departamentales. Estos comités trabajaron en soluciones para los problemas de su depar-

Acciones recomendadas de comités

tamento; pero si la acción propuesta afectaba a otros departamentos, tenían que comunicarlos al comité ejecutivo para su aprobación.

El director de recursos humanos encabezaba a cada comité, cuyas juntas por lo general eran mensuales. En cada junta, se analizaba con cierta profundidad una parte de la encuesta. Las reuniones continuaron durante más de un año, lo cual garantizó el seguimiento prolongado de la información obtenida con la encuesta. Este enfoque de largo plazo permite que los ejecutivos sigan pensando en la encuesta y se disponga de tiempo para que asimilen la información.

Es importante el enfoque de largo plazo en el uso de la información relativa a la satisfacción en el trabajo. Muchas organizaciones cometen el error de darle mucha publicidad a una encuesta y mostrar gran interés en ella durante algunas semanas, para después olvidarla hasta que se emprende otra.

Retroalimentación a los empleados Cuando se emprenden acciones correctivas como resultado de una encuesta, los detalles de lo aprendido y lo realizado deben compartirse tan pronto sea posible con los empleados. Sólo de esa manera los participantes sienten que los administradores escuchan y emprenden acciones basadas en sus ideas. Proporcionar retroalimentación también proporciona a los trabajadores la garantía de que realmente interesaban sus ideas, y que todavía interesan. De hecho, darle publicidad entre los gerentes y empleados es indispensable desde el comienzo hasta el fin de un estudio de satisfacción en el trabajo, para explicar qué se pretende lograr con el estudio, comunicar la información obtenida y anunciar las acciones correctivas que se emprenderán. Este tipo de publicidad es la esencia de la retroalimentación efectiva.

Se precisan retroalimentación y acción

Algo es indudable: si se administró una encuesta de satisfacción en el trabajo, *los ejecutivos deben estar preparados para actuar con base en los resultados.* Los empleados sienten que si ellos cooperaron expresando su sentir, los administradores deben tratar de poner en práctica algunas de las mejoras sugeridas o al menos explicar por qué no son factibles los cambios. Una forma segura de cancelar toda expresión futura de lo que piensan los empleados es no actuar con base en las opiniones brindadas. Los gerentes pidieron sus ideas a los empleados, de modo que éstos tienen razones justificadas para creer que se actuará cuando menos en relación con algunas de ellas.

CAMBIO DE LAS ACTITUDES DE LOS EMPLEADOS

Lograr que se produzcan cambios de actitudes en ocasiones es difícil, si bien las posibles ganancias pueden hacer que valga la pena intentarlo. Si los gerentes desean cambiar las actitudes de los empleados en una dirección más favorable, son muchos los enfoques que pueden utilizar, como se muestra en los lineamientos de la figura 9-8.

Existen muchas otras ideas que aportan indicios sobre las actitudes cambiantes. En ocasiones, hay desinformación y resulta útil el simple hecho de aportar nuevos datos (por ejemplo, informar a los empleados inseguros respecto del futuro económico proyectado de la empresa). También puede ser revelador que los compañeros de trabajo compartan sus actitudes; es una táctica que puede generar presión implícita de los colegas. Incluso una sucesión sencilla de juntas abiertas de discusión de grupo sería útil como foro para que los trabajadores ventilen sus emociones y luego se exploren formas

Consejos a futuros administradores

1. Preste atención a las actitudes de los empleados; siempre que sea posible, contrate nuevo personal con afectividad positiva.
2. Recuerde que la satisfacción en el trabajo y la vida tienen efecto de cascada; dedique tiempo a explorar y observar el ambiente extralaboral de sus empleados.
3. Considere su rol como administrador del rendimiento y reconozca cuán intenso es el efecto de la administración de recompensas en las actitudes de los empleados.
4. Piense en las actitudes de los empleados como multidimensionales; al analizarlas, diferencie entre satisfacción, dedicación, compromiso y estado de ánimo en el trabajo.
5. Reconozca que pueden ser necesarios programas y acciones distintos para producir efectos en la rotación de personal, ausentismo, llegadas tarde, los robos y los comportamientos de ciudadanía organizacional.
6. Comprométase con un proceso periódico y sistemático de medición de la satisfacción de los empleados, ello seguido con la mayor brevedad de cambios basados en los resultados.
7. Trate de que los empleados se sientan comprometidos con el propósito, el diseño, la administración y la interpretación de los resultados de encuestas.
8. Reconozca que las actitudes son susceptibles de cambio, incluidas las suyas. Dedique mucho tiempo, esfuerzo y persistencia a lograrlo.

de cambiar una situación. Por último, sería ingenuo suponer que las actitudes sólo influyen en el comportamiento, ya que existe una relación recíproca y *el comportamiento también influye en las actitudes.* Así pues, en ocasiones es aconsejable lograr primero que los empleados cambien su comportamiento y luego dejar que ello vaya seguido del cambio de actitud deseado, como en el caso siguiente.

Las actitudes afectan el comportamiento, y éste, a las actitudes

- Hacer que el sistema de recompensas esté vinculado estrechamente con el rendimiento individual o grupal.
- Establecer objetivos retadores con los empleados, de modo que quienes están motivados para tener logros experimenten la oportunidad de la satisfacción de alcanzarlos.
- Definir claramente las expectativas de roles, de modo que los empleados que tratan de superar la ambigüedad puedan hacerlo.
- Abstenerse de atacar las actitudes de los empleados. Aplique en su lugar las habilidades para escuchar, ya que no estar a la defensiva permite ser más receptivos al cambio.
- Proporcionar retroalimentación frecuente para satisfacer la necesidad de información acerca de los niveles de rendimiento.
- Mostrar una actitud interesada y de consideración por los sentimientos del empleado.
- Brindar oportunidades para que el empleado participe en la toma de decisiones.
- Mostrar aprecio por los esfuerzos y comportamientos de ciudadanía organizacional adecuados.

FIGURA 9-8

Lineamientos para cambiar las actitudes de los empleados

Muchos empleados tenían inicialmente miedo de usar las computadoras personales en el trabajo. Marilyn era una supervisora que al parecer esperaba lograr que se postergara el uso de las computadoras en su oficina hasta que se jubilara. Puesto que todavía faltaban cinco años para su jubilación, su gerente decidió no esperar ni desperdiciar esfuerzos en tratar de cambiar su actitud. Simplemente decidió comprar las computadoras, instalarlas y ofrecer cursos de capacitación para principiantes. En cuestión de semanas, Marilyn era la defensora más entusiasta, en su departamento, del uso de las computadoras. Comentó a un colega: "No sé por qué esperamos tanto para comprarlas. ¡Las necesitábamos desde hace mucho tiempo!"

RESUMEN

Es importante supervisar, entender y manejar las actitudes de los empleados. Surgen como consecuencia de los sentimientos de equidad o inequidad relativos al sistema de recompensas (capítulo 6), así como del trato de los supervisores a los empleados (capítulo 8). A los gerentes les preocupan en particular cuatro tipos de actitudes: satisfacción en el trabajo, dedicación al trabajo, compromiso organizacional y estado de ánimo en el trabajo.

La insatisfacción en el trabajo puede incrementar el ausentismo, la rotación de personal y otros comportamientos indeseables, de modo que las empresas quieren aumentar el grado de satisfacción de sus empleados. En Estados Unidos, la inmensa mayoría de trabajadores afirma que está satisfecha con su trabajo, aunque podría tener insatisfacción con ciertos sectores del trabajo mismo.

La mayor dedicación al trabajo lleva a niveles más altos de productividad en los trabajadores. El rendimiento alto y las recompensas equitativas alientan el alto grado de satisfacción, como parte del ciclo rendimiento-satisfacción-esfuerzo. La mayor satisfacción con el trabajo suele acompañarse de menos rotación de personal y menos ausentismo. Los empleados comprometidos también tienden en mayor grado a adoptar los valores y las creencias de la compañía (su cultura).

Es posible obtener información acerca de las actitudes mediante cuestionarios y entrevistas, así como al examinar los datos existentes de recursos humanos. La información se comunica a los gerentes mediante la retroalimentación de encuestas, en que se usan datos resumidos, comparaciones relevantes y sustentación de las conclusiones con comentarios de los empleados. El seguimiento se realiza mediante comités, para garantizar a los empleados que se emprendan acciones apropiadas luego de la encuesta. En última instancia, la información sobre las actitudes de los empleados es útil sólo si influye en los gerentes de manera tal que mejore su propio comportamiento y los sistemas de recompensas.

Términos y conceptos para revisión

Actitudes
Afectividad negativa
Afectividad positiva
Ausentismo
Ciclo rendimiento-satisfacción-esfuerzo
Comportamientos de ciudadanía organizacional
Compromiso organizacional
Confiabilidad
Dedicación al trabajo
Efecto de cascada
Encuesta de satisfacción en el trabajo
Estado de ánimo en el trabajo
Intenciones de comportamiento

Llegadas tarde
Moral
Preguntas de respuesta abierta
Preguntas de respuesta cerrada
Prejuicio de deseabilidad social
Retraimiento físico
Retraimiento psicológico
Robo
Rotación de personal
Satisfacción en el trabajo
Validez
Violencia

Preguntas para análisis

1. Explique con sus propias palabras por qué piensa que las actitudes de los empleados son importantes. En su opinión, ¿conceden los gerentes actuales importancia excesiva o insuficiente a las actitudes? ¿Por qué?
2. Suponga que una encuesta de 20 empleados en su departamento revela que 90% de ellos están, en lo fundamental, satisfechos con su trabajo. ¿Cuáles son las consecuencias para usted como gerente?
3. "Un empleado contento es un empleado productivo." Analice esta afirmación.
4. Piense en un empleo que haya tenido. Enumere las áreas de su trabajo en que estaba más satisfecho y menos satisfecho. En cada caso, advierta el grado en que los ejecutivos tenían cierto control del elemento en cuestión. ¿Qué podrían haber hecho ellos para mejorar su satisfacción?
5. Suponga que la satisfacción en el trabajo, dedicación al trabajo, compromiso organizacional y estado de ánimo en el trabajo son independientes uno de los otros, es decir, que puede estar presente cualquiera de ellos a falta de los demás. Describa una situación en que un empleado mostraría compromiso sin satisfacción ni dedicación. Señale qué haría con ese trabajador.
6. Prepare un conjunto de preguntas dirigidas y no dirigidas, para luego entrevistar a tres amigos y determinar sus áreas de satisfacción e insatisfacción. Analice los resultados.
7. Seleccione un sector (por ejemplo, instituciones financieras u hospitales) y póngase en contacto con tres organizaciones de esa área para indagar sus tasas de ausentismo y rotación de personal. ¿Qué han hecho para reducirlas?
8. Elabore un breve cuestionario con preguntas objetivas y administre una encuesta a los miembros de un pequeño equipo de trabajo respecto de su satisfacción en el trabajo. Tabule y analice los resultados e incluya una lista de cambios recomendados.
9. Prepare un plan para usar los datos de una encuesta de satisfacción en el trabajo, realizada en una oficina de una compañía aseguradora, con el fin de brindar retroalimentación a gerentes y empleados.
10. Póngase en contacto con un restaurante de comida rápida de su localidad y pida al gerente que calcule la proporción de rotación de personal que puede ser atribuida a que empleados efectivos renuncien por su propia decisión. ¿Qué sugerencias haría para disminuir este problema?

Evalúe sus propias habilidades

¿Son buenas sus habilidades de administración de actitudes?

Lea cuidadosamente las afirmaciones siguientes. Marque con un círculo el número de la escala de respuestas que refleje mejor el grado en que cada afirmación lo describe con exactitud. Sume los puntos totales y prepare un breve plan de acción para su mejoramiento personal. Esté listo para indicar su calificación, con fines de tabulación, ante todo el grupo.

	Descripción satisfactoria									Descripción insatisfactoria
1. Presto atención tanto a las actitudes de los empleados como a su rendimiento.	10	9	8	7	6	5	4	3	2	1
2. Estoy consciente de que mis actitudes pueden reflejarse fácilmente en las de mis empleados.	10	9	8	7	6	5	4	3	2	1
3. Escucho atentamente para diferenciar los componentes de sentimientos, pensamientos e intenciones de comportamiento en las actitudes de mis empleados.	10	9	8	7	6	5	4	3	2	1
4. Reconozco que la satisfacción de los empleados es dinámica y me encargo de observarla y administrarla continuamente.	10	9	8	7	6	5	4	3	2	1
5. Reconozco los altos costos y las altas probabilidades de rotación del personal, por lo que trabajo activamente para mejorar el compromiso y la lealtad de los empleados.	10	9	8	7	6	5	4	3	2	1
6. Podría describir fácilmente a mi jefe el conjunto de relaciones, basado en investigaciones, entre el rendimiento, las recompensas, la satisfacción y los diversos productos de la satisfacción.	10	9	8	7	6	5	4	3	2	1
7. Observo el centro de trabajo en busca de datos de comportamientos de ciudadanía organizacional y brindo reconocimiento apropiado a las personas que lo practican.	10	9	8	7	6	5	4	3	2	1
8. Realizo encuestas periódicas de satisfacción de los empleados y aplico cambios basados en sus resultados.	10	9	8	7	6	5	4	3	2	1

9. Observo con regularidad los indicadores existentes de satisfacción de los empleados y busco explicaciones cuando esos

datos difieren de los resultados
de encuestas.   10   9   8   7   6   5   4   3   2   1
10. Entiendo la necesidad de fiabilidad
y validez de los procesos de
encuestas y emprendo medidas
para garantizar la presencia de
esas dos características.   10   9   8   7   6   5   4   3   2   1

Calificación e interpretación Sume los puntos que obtuvo en las 10 preguntas. Escriba la calificación aquí ____ y señálela cuando se le pida.

- Si obtuvo de 81 a 100 puntos, parece tener una capacidad adecuada para mostrar habilidades de administración de las actitudes de los empleados.
- Si obtuvo de 61 a 80 puntos, revise de cerca los elementos con calificación baja y explore formas de mejorarlos.
- Si obtuvo menos de 60 puntos, debe estar consciente de que sus debilidades en relación con varios elementos podría ser nociva para su éxito futuro como administrador. Le instamos a que relea el capítulo completo y busque más material pertinente en capítulos ulteriores y otras fuentes.

Ahora, identifique las tres calificaciones más bajas y escriba los números de pregunta aquí: ____, ____ y ____. Redacte un párrafo breve en que detalle, para usted mismo, un plan de acción de cómo mejoraría cada una de estas habilidades.

Barry Niland **Incidente**

Barry Niland es el supervisor de un pequeño departamento de ventas. Advirtió que uno de sus representantes de ventas industriales, Henry Hunter, tenía un problema. Entre otros signos, las ventas de dicho representante habían disminuido en los últimos seis meses, mientras que la mayoría de los demás representantes por lo general excedían sus cuotas. Niland trató de mejorar el rendimiento de Hunter recordándole las muchas oportunidades de satisfacción en un puesto de ventas.

Niland explicó sus acciones de la siguiente manera:

Le señalé que a los ojos del cliente él es la compañía. Él tiene la oportunidad de ayudar a su cliente. Él tiene la oportunidad de mostrar su capacidad y conocimientos a muchos tipos de personas. Él tiene la oportunidad de ayudar con sus esfuerzos a muchos tipos de personas. Él tiene la oportunidad de apoyar a las personas que fabrican nuestros productos, brindar satisfacción a nuestros accionistas y controlar sus ingresos mediante su propio know-how. *Él tiene la oportunidad de poner a prueba sus ideas creativas, con retroalimentación inmediata de su valor. Él tiene la oportunidad de responder a condiciones en cambio constante, de modo que no haya aburrimiento en su trabajo. No existe una mejor forma de lograr satisfacción personal que con el trabajo de ventas.*

Preguntas
1. Comente el enfoque del supervisor con su representante de ventas.
2. Proponga enfoques para mejorar, en relación con ese representante de ventas, lo siguiente:

a) Su satisfacción en el trabajo
b) Su rendimiento en el trabajo
c) Su dedicación al trabajo
d) Su compromiso organizacional

Ejercicio de experiencia

Actitudes en el salón de clases

El análisis de las actitudes en este capítulo también puede aplicarse a las aulas universitarias.

1. Cada uno de los estudiantes, de manera individual, debe calificar en una escala de 1 a 10 (1 = bajo, 10 = alto):

    a) Su satisfacción general con el curso
    b) Su sensación de dedicación al proceso educativo
    c) Su compromiso con su escuela

2. El instructor debe predecir las calificaciones promedio de la clase para cada uno de los tres elementos precedentes.
3. Los estudiantes deben compartir las calificaciones del paso 1 y calcular promedios para cada una de ellas.
4. En grupos de cuatro o cinco personas, analicen las razones del nivel de satisfacción, la dedicación y el compromiso globales en la clase. ¿Existe un posible prejuicio de deseabilidad social? Evalúen la exactitud de las predicciones del profesor. Elaboren un plan de acción realista para mejorar el nivel de cada una de las tres dimensiones.
5. Analicen la confiabilidad y validez probables de los datos obtenidos en los pasos 1 y 2. Sugieran formas en que podrían recopilar pruebas de la confiabilidad y validez de los datos.
6. ¿Cuál es el efecto del uso de escalas de respuesta de un solo elemento? Trabajen en grupos pequeños y elaboren al menos tres respuestas para cada una de las tres escalas. Compártanlas con el resto de la clase para ver sus reacciones.

Capítulo 10

Problemas entre las organizaciones e individuos

Las compañías están desarrollando identificaciones con sensores electrónicos, que permitirán a los jefes saber dónde están sus empleados en cualquier momento de la jornada laboral.

—Samuel Greengard[1]

De hecho, la denuncia podría tener consecuencias negativas para los gerentes, sus empresas y, en algunos casos, la sociedad.

—Janet P. Near y Marcia P. Miceli[2]

OBJETIVOS DEL CAPÍTULO

ENTENDER:

- Un modelo de legitimidad de la influencia organizacional
- Cómo se interpretan los derechos a la vida privada
- Bases de la discriminación en el trabajo
- Uso de la disciplina para cambiar comportamientos
- Calidad de la vida en el trabajo
- Pros y contras del enriquecimiento de puestos
- Responsabilidades mutuas de los individuos y las empresas
- Denuncia como comportamiento prosocial

Uno de los casos más infames de conformidad con la autoridad organizacional ocurrió justo horas antes de que el transbordador espacial estadounidense *Challenger* explotara trágicamente en el inicio de su vuelo. Los ingenieros de Morton Thiokol habían avisado a los ejecutivos de la compañía que no recomendaban proceder con el vuelo de la NASA, en virtud del clima frío. Al ser anulada su recomendación, los ingenieros guardaron silencio. El despegue ocurrió conforme a lo programado y toda la tripulación falleció momentos después, en una explosión causada por partes que no estaban diseñadas para funcionar bien a temperaturas bajas. ¿Por qué los ingenieros no hablaron (en público) a tiempo? ¿Por qué otros empleados no "denunciaron" la situación cuando se dieron cuenta de prácticas organizacionales potencialmente dañinas?

La respuesta a ese tipo de preguntas es compleja. Sin duda alguna, es cierto que personas y empresas pueden compartir un grado importante de armonía e intereses mutuos. Los individuos muchas veces usan a las organizaciones como instrumentos para lograr sus objetivos, y a la inversa. Existe una *transacción social mutua*, en que cada parte aporta algo a la otra y se beneficia de ella. Sin embargo, *¿cuál es la naturaleza de los derechos y las responsabilidades de cada parte en relación con la otra*, de modo que desastres como el del *Challenger* no ocurran de nuevo?

Este capítulo es el segundo de una sección que se concentra en los problemas y procesos del comportamiento *micro*organizacional. Mientras que en el capítulo 9 se analizaron los efectos de las actitudes de los empleados en diversas variables dependientes que interesan a las compañías (como el ausentismo y la rotación de personal), en los capítulos 10 y 11 se examinan factores de comportamiento importantes en los niveles individual e interpersonal, que pueden volver más efectivo al sistema. En el presente capítulo se comentan algunas formas en las que las políticas y prácticas organizacionales influyen en las personas, tanto al someterlas a exigencias y restricciones, como al brindarles oportunidades. Se analizan los derechos a la vida privada, las políticas relativas al consumo de drogas, las prácticas discriminatorias y la disciplina. Luego, se presenta el enriquecimiento de puestos como estrategia organizacional importante para mejorar la calidad de la vida en el trabajo. Por último, se estudian algunas responsabilidades que los individuos tienen con la compañía. En el capítulo 11 se examinan la forma en que las personas buscan tener poder sobre otras, interactuar con ellas y resolver conflictos.

ÁREAS DE INFLUENCIA ORGANIZACIONAL LEGÍTIMA

Todas las empresas elaboran ciertas políticas y estipulan requisitos de rendimiento. Si la organización y los individuos definen en forma distinta los límites de la influencia legítima, es probable que surjan conflictos organizacionales. Puede bastar, por ejemplo, que se interfiera con la efectividad. Si los empleados consideran legítimo que los altos ejecutivos controlen las llamadas telefónicas personales realizadas en el centro de trabajo, podría desagradarles la interferencia de los administradores en su libertad al respecto, aunque es improbable que surjan conflictos graves en cuanto a este tema. Sin embargo, en el supuesto de que los empleados crean que esas llamadas forman parte de sus derechos privados, esa cuestión puede volverse un foco de conflicto con los gerentes.

Los acuerdos previenen conflictos

El mismo tipo de razonamiento se aplica a otros asuntos. Siempre que haya consenso entre las partes acerca de la legitimidad de la influencia, cada una debe estar satisfecha con el equilibrio de poder en la relación. Las investigaciones muestran que hay consenso razonable en la población general acerca de las áreas de influencia organizacional legítima sobre los empleados.[3] Estudios acerca de lo que piensan líderes sindicales, gerentes de empresas, oficiales militares, estudiantes universitarios y hombres comparados contra mujeres indican que existe *un consenso importante en todos los grupos.*

Los siguientes son ejemplos de áreas en las que existe aprobación general de la influencia organizacional:

- *Comportamiento en el trabajo.* Incluiría el orden en el área de trabajo personal y el horario de la jornada laboral (legitimidad de influencia alta).
- *Actividades personales fuera del trabajo.* Son ejemplos la religión que se profesa, dónde se tienen cuentas de crédito y el sitio para ir de vacaciones (legitimidad de influencia baja).

Áreas de acuerdo y desacuerdo

Por otra parte, existe cierto desacuerdo entre algunos administradores, principalmente las áreas relacionadas con el comportamiento fuera del centro de trabajo que pudiera afectar la reputación de la empresa, por ejemplo, el grado de participación en diversas actividades comunitarias, el uso personal de productos de la compañía e incluso ciertos hábitos inseguros o el consumo de drogas fuera del trabajo. Es evidente que si se labora en una fábrica de automóviles y se lleva al trabajo un vehículo de un competidor, la empresa se preocuparía acerca de la falta de apoyo hacia los productos de la compañía y el efecto de esas acciones en la imagen de esos productos.

Un modelo de legitimidad de la influencia organizacional

Variables del modelo

En la figura 10-1 se presenta un modelo de **legitimidad de la influencia organizacional**, elaborado como resultado de diversas investigaciones. Las dos variables clave del modelo son el comportamiento dentro o fuera del trabajo y el que se relaciona o no con el trabajo mismo. Como se indica en el modelo, existe consenso acerca de la legitimidad alta cuando el comportamiento ocurre en el trabajo o se relaciona con éste. La legitimidad tiende a ser menos aceptada conforme se vuelve menos clara la relación de los actos con el trabajo. Si el comportamiento ocurre en el trabajo y no se relaciona con éste, como jugar a las cartas durante el descanso, se cuestiona la legitimidad. En general, sólo se apoya la legitimidad en forma moderada, dependiendo de la situación.

> Los ejecutivos podrían aceptar una situación en la que los empleados jugaran a las cartas sin apostar durante el almuerzo en el área de comedor del departamento de manufactura. Por otra parte, supóngase que los jugadores de cartas son cajeros de un banco que juegan al póquer durante el almuerzo, con dinero sobre su escritorio, en áreas públicas del banco. Sin duda alguna, en este caso no sólo los administradores estarían de acuerdo en que la empresa tiene el derecho de prohibir este tipo de conducta, en virtud de sus posibles efectos en los clientes, incluso si los cajeros están jugando fuera de su horario de trabajo.

Comportamiento fuera del trabajo

Es muy limitado el poder de las empresas para regular el comportamiento de los empleados fuera del trabajo. Indudablemente, existen pocas razones para que la compañía se

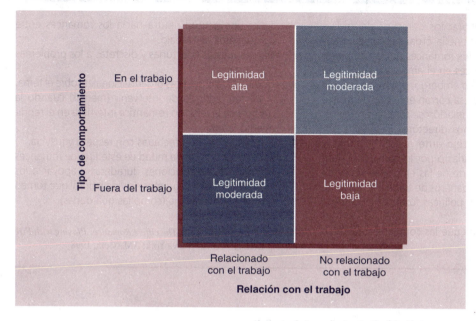

FIGURA 10-1

Modelo de legitimidad de la influencia organizacional en los empleados

entrometa cuando ese comportamiento no guarda relación con el trabajo. Sin embargo, ciertas actividades realizadas fuera de la jornada laboral podrían afectar a la empresa, en cuyo caso surgen dudas acerca de la influencia organizacional. La relación básica es la siguiente: *cuanto más relación tenga el comportamiento con el trabajo cuando no se está trabajando, tanto mayor el apoyo a la influencia organizacional en el empleado.*

Las interpretaciones se dificultan en algunas situaciones limítrofes. Por ejemplo, ¿qué tipos de controles deben aplicarse al comportamiento extralaboral de un empleado que vive en una zona residencial de la compañía, en un área de extracción de petróleo, y debe estar disponible las 24 horas del día? Incluso si el empleado sale del área que es propiedad de la compañía y no está de guardia, distan de ser claros los límites al interés de su patrón. Considérese a un trabajador molesto, que esperó hasta que su supervisor salió de las instalaciones para golpearlo en presencia de otros empleados. En un caso de este tipo, el arbitraje apoyaría invariablemente acciones disciplinarias por parte de la compañía, ya que el comportamiento se relaciona con el trabajo. Al menos en Estados Unidos, la frontera jurisdiccional de las organizaciones es claramente funcional, relacionada con el sistema del trabajo en su totalidad, no con el límite físico de las instalaciones de una empresa.

Ciertos aspectos que podrían entrañar diversos comportamientos relacionados con el trabajo reciben atención considerable en la actualidad. Ello comprende la vigilancia, el consumo de drogas, la evaluación genética en solicitantes de trabajo en cuanto a riesgos de salud, romances con compañeros de oficina (*véase* "Lo que leen los administradores") y evaluaciones de los valores éticos de posibles futuros trabajadores. Existen polémicas respecto de la exactitud de las mediciones usadas, así como acerca de puntos de vista conflictivos en cuanto a la legitimidad de evaluar tales factores. Estos desacuerdos han servido para atender los derechos del empleado a la vida privada, que se analizan a continuación.

Comportamiento relacionado con el trabajo

Lo que leen los administradores

Un problema difícil, equilibrar los derechos del individuo con la tentación que tiene la organización de interferir, ocurre en el área de los romances entre compañeros de trabajo. Esos romances en el ambiente laboral no son un fenómeno nuevo. Sin embargo, predispone a que una de las partes y la empresa corran el riesgo de acusaciones de acoso sexual si la relación se rompe. En consecuencia, más de 75% de los directores generales encuestados frunce el entrecejo ante tales relaciones y se siente inclinado a prohibirlas o por lo menos desalentarlas. Empero, la mayor parte de las empresas sí permiten los romances entre compañeros de trabajo y nueve de cada 10 no han implantado políticas formales para regularlas.

Dennis Powers propone que las compañías apliquen las estrategias siguientes:

1. Tener una actitud neutra hacia los romances entre compañeros de trabajo.
2. Dar respuestas oportunas y discretas a los problemas que surjan.
3. Comunicar las políticas organizacionales sobre el tema, si existen, además de intervenir (mediar) cuando la ruptura de la relación romántica interfiera en el rendimiento laboral.
4. Tratar a las partes afectadas con respeto y justicia.
5. Reconocer que casi la mitad de este tipo de romances se convierte en relaciones duraderas y apoyar a los interesados con programas de vida laboral que tomen en cuenta a la familia (como las guarderías).

Fuente: Dennis M. Powers, *The Office Romance: Playing with Fire without Getting Burned*, Nueva York: AMACom, 1998.

DERECHOS A LA VIDA PRIVADA

Los **derechos a la vida privada** se relacionan principalmente con la intromisión de la empresa en la vida privada de las personas y la difusión no autorizada de información confidencial sobre una persona de modo que le cause sufrimiento o daño emocional. Las actividades de las compañías que podrían relacionarse con los derechos a la vida privada se enumeran en la figura 10-2, además de que algunas se comentan en párrafos siguientes. En la medida en que la empresa se entromete más profundamente en los dominios privados del empleado, crece el potencial de conflictos (*véase* como ejemplo la cita inicial de este capítulo).

Los empleados, clientes y otras personas piensan que sus creencias religiosas, políticas y sociales son personales y nadie debe entrometerse o analizarlas salvo, por ejemplo, si alguien trabaja en una institución religiosa o partido político. La misma opinión se aplica a los actos personales, las conversaciones y determinados sitios, como los sanitarios de una empresa o el hogar. Las excepciones se permiten a regañadientes sólo cuando está demostrada claramente su relación con el trabajo, e incluso en tales casos el patrón debe demostrarla. Por ejemplo, sería apropiado enterarse de que el cajero de un banco está muy endeudado por apuestas en las carreras de caballos o un solicitante de trabajo en una empresa de tarjetas de crédito estuvo preso dos veces por robar y usar tarjetas de crédito.

Factores que definen la intromisión en la vida privada

En una investigación se encuestó a más de 2 000 empleados para determinar si percibían que había intromisión en su vida privada.[4] Cuatro factores llevaron a tal percepción: el uso de información sobre su personalidad (no su rendimiento), revelarla sin su autorización, que hubo consecuencias desfavorables y que la revelación se hizo a un tercero (fuera de la compañía). Está claro que deben minimizarse tales situaciones para evitar reacciones adversas de los empleados.

- Detectores de mentiras
- Pruebas de personalidad
- Grupos de encuentro
- Exámenes médicos
- Tratamiento del alcoholismo
- Vigilancia del estilo de vida del empleado
- Tratamiento del consumo de drogas
- Dispositivos de vigilancia
- Bancos de datos computarizados
- Registros confidenciales
- Pruebas genéticas
- Indagación de relaciones personales

FIGURA 10-2
Actividades de la empresa que podrían afectar los derechos del empleado a la vida privada

Lineamientos de políticas relativas a la vida privada

Debido a la importancia de la vida privada de los empleados, en muchas de las grandes compañías se han creado lineamientos de políticas para protegerla. Esos lineamientos también ayudan a establecer uniformidad en las prácticas y facilitar el manejo de cualquier situación inusual que pudiera surgir. Los siguientes son algunos de esos lineamientos de política sobre la vida privada que se usan en algunas empresas:[5]

- *Pertinencia.* Se debe registrar y conservar sólo la información necesaria y útil.
- *Obsolescencia.* Se debe eliminar periódicamente la información obsoleta.
- *Notificación.* No debe existir un sistema de datos personales desconocido para los empleados.
- *Deber fiduciario.* Quien guarda la información es responsable de su seguridad.
- *Confidencialidad.* La información debe revelarse sólo a quienes tengan necesidad de conocerla, además de que darla a conocer fuera de la empresa normalmente debe ocurrir sólo con autorización del empleado.
- *Proceso adecuado.* El empleado debe contar con la posibilidad de examinar los registros y criticarlos si parecen incorrectos.
- *Protección de la psique.* No debe haber intromisión ni exhibición del yo interno del empleado sin su autorización previa y por razones de peso.

Dispositivos de vigilancia

Proteger la psique del empleado implica que, salvo por razones de peso, no debe existir vigilancia de las áreas para uso privado, como los vestidores, ni vigilancia que sea desconocida para los empleados, como los dispositivos secretos para escuchar. La vigilancia que se informa a los empleados y por razones importantes de trabajo por lo general no se considera una intromisión indebida de su vida privada. Por ejemplo, bancos y tiendas tienen cámaras ocultas, que toman fotografías o película durante los asaltos. Estas fotografías incluyen a los empleados, si bien difícilmente con ello se da una intromisión en su vida privada, siempre que las fotografías o películas se limiten a su propósito original.

Cierta vigilancia es aceptable

Un ejemplo de vigilancia común y corriente es el de una cadena de restaurantes de comida rápida que instaló cámaras de video en varias de sus sucursales. Las cámaras fotografiaban las cajas registradoras siempre que se abrían. Los empleados sabían que se habían instalado para controlar los robos por parte de empleados, si bien funcionaban asimismo en caso de un asalto. Las cámaras cumplieron su función, ya que hubo un aumento inesperado de 10% en los ingresos.

Otras dos formas de **dispositivos de vigilancia** han surgido con los adelantos en la tecnología de las computadoras. Las *identificaciones con sensores electrónicos* son tarjetas de identificación de clip con microcomputadoras, que emiten señales infrarrojas. Cuando los empleados las llevan se vigila su ubicación mediante sensores distribuidos en todo un edificio. Los datos se envían a una computadora, que recopila la información y la distribuye a las personas adecuadas en la compañía. La **vigilancia electrónica** asume muchas formas, como el conteo automático de golpes de tecla de los empleados que capturan datos, la observación por control remoto de las pantallas de los operadores de computadoras, la lectura del correo electrónico de los empleados y los sistemas de grabación de voz para evaluar la efectividad de los corredores de bolsa, agentes viajeros y otros empleados de servicio a clientes.

Navegación por Internet en el trabajo

La disponibilidad de Internet en el trabajo ha llevado al fenómeno llamado *navegación*. Ésta es la actividad que realizan los empleados que emplean una parte de la jornada laboral y las computadoras de su trabajo para navegar por la Web en busca de información de interés personal. Los navegantes suelen usar su terminal para verificar el mercado accionario, obtener datos actualizados de un torneo de golf, colocar un pedido de un nuevo video o leer una versión electrónica del éxito de librería más reciente. Como resultado de este tiempo improductivo, las muchas compañías con frecuencia recurren a la vigilancia electrónica para identificar a quienes más abusan de sus privilegios de uso de Internet.

No obstante lo anterior, la vigilancia organizacional secreta de los empleados puede tener efectos negativos. En un estudio de operadores de teléfonos, se demostró que quienes eran sometidos a vigilancia mencionaron niveles más altos de problemas fisiológicos y emocionales, como dolor de cabeza o espalda, fatiga intensa, malestar en los hombros, dolor de muñecas y ansiedad grave.[6] La clave para que los empleados acepten la vigilancia electrónica reside en notificarles y explicarles, por anticipado, respecto del uso de la información como auxiliar para mejorar su rendimiento y su participación en la conformación de un sistema justo.

Pruebas de honradez

Los robos que cometan los empleados constituyen un problema importante en las compañías estadounidenses. Se calcula que el costo para éstas es mayor de 40 000 000 000 de dólares al año y que tres cuartas partes de los empleados lo realizan por lo menos una vez. Con el uso de métodos de investigación como las confesiones anónimas, 62% de empleados de restaurantes aceptaron que habían robado y 43% de empleados de tiendas de comestibles reconocieron que habían sustraído efectivo o mercancías.[7]

Polígrafo Los científicos han determinado que la conciencia usualmente produce cambios fisiológicos cuando una persona dice una mentira importante. El **polígrafo** (o detector de mentiras) es un instrumento diseñado para registrar esos cambios como prueba de que el sujeto miente y se usa mucho en las empresas como herramienta para probar la honradez de los empleados. Sin embargo, se han promulgado leyes, como la *Employee Polygraph Protection Act*, que aprobó en 1988 el Congreso estadounidense; que prohíben o controlan en gran parte el empleo del polígrafo como herramienta de evaluación previa a la contratación.[8]

Leyes como la mencionada se aprobaron en respuesta a los problemas relacionados con el polígrafo: su validez y su intromisión en la vida privada. La validez del detector de mentiras es cuestionable, de modo que se corre el riesgo de que identifique erróneamente a personas honradas (y no lo haga con las que no lo son). En cuanto al segundo problema, mucha gente cree que implica una intromisión en la vida privada. Sin embargo, la persona examinada tiene el derecho de rechazar la prueba, lo cual ha debilitado hasta cierto punto este argumento. Asimismo, los empleados se han resistido a ser sometidos periódicamente a pruebas para demostrar su honradez, de modo que el uso del polígrafo es ahora ilegal en muchas compañías.

Evaluador del estrés psicológico   Otro tipo de detector de mentiras, el **evaluador del estrés psicológico**, analiza los cambios de la voz para determinar si la persona está mintiendo. No requiere conectar al sujeto con una máquina, de modo que su carácter de intromisión no es tan visible y físico como en el caso del polígrafo. Al igual que con este último, la conciencia del individuo sometido a la prueba aporta indicios, con el estrés en su voz, de que se está diciendo una mentira. Hasta que esta herramienta no esté validada plenamente, es muy arriesgado aplicarla para probar la honradez.

Pruebas de papel y lápiz   Estas **pruebas de honradez**, también llamadas *pruebas de integridad*, tienen como fin que la persona revele información acerca de su honradez previa o futura. Se presentan en dos formas. Las *pruebas abiertas* interrogan sobre actitudes concernientes a los robos (por ejemplo, "¿Es frecuente que los empleados roben en su trabajo?"), mientras que las *pruebas basadas en la personalidad* identifican de manera indirecta a las personas que no son honradas mediante la relación de las calificaciones de elementos selectos de pruebas de personalidad con un criterio de robo. También hay polémica en cuanto a la validez de estas pruebas, además de que los patrones corren el riesgo de una demanda si rechazan a un solicitante únicamente sobre la base de la calificación en las pruebas de integridad. Sin embargo, se ha observado que las calificaciones de una de estas pruebas (la subescala de honradez del Personnel Selection Inventory) predice con exactitud los robos que pueden llegar a cometer y cometen empleados.[9]

Tratamiento al alcoholismo

El alcoholismo constituye un problema médico y laboral, de modo que las empresas tienen que prever políticas y programas responsables para enfrentarlo sin poner en entredicho los derechos a la vida privada. Se calcula que tan sólo en Estados Unidos de 5 a 10% de los empleados sufre alcoholismo, y esto le cuesta a los patrones más de 10 000 000 000 de dólares anuales por ausentismo, trabajo deficiente, baja productividad y costos afines. Las tasas de ausentismo de empleados alcohólicos son del doble al cuádruplo de las correspondientes a otros empleados.

Los alcohólicos trabajan en todo tipo de áreas, ocupaciones y niveles de puestos. En ocasiones, el ambiente laboral contribuiría al alcoholismo en los empleados, si bien los factores causales más importantes son los hábitos y problemas personales de éste. En algunos casos, la persona ya está en camino al alcoholismo antes de su contratación.

Razones para programas en las compañías Sin importar las causas del alcoholismo, es creciente el número de empresas que están considerando la posibilidad de ayudar a los alcohólicos en el control o solución de este problema. Una razón es que ambas partes ya tienen una relación de trabajo, que podría continuar. También lo es que el éxito en el control del problema podría salvar al mismo tiempo a un empleado valioso tanto para la compañía como para la sociedad. Una tercera razón es que el trabajo parece ser el mejor entorno para apoyar la recuperación, ya que ayuda a que el alcohólico conserve su imagen de sí mismo como individuo útil para la sociedad.

¿Cómo deben tratar las compañías a los alcohólicos?

Programas exitosos Los programas organizacionales exitosos tratan el alcoholismo como enfermedad, se enfocan en el comportamiento relacionado con el trabajo que resulta del alcoholismo mismo, y brindan ayuda médica y apoyo psicológico a los alcohólicos. Como se muestra en la figura 10-3, la compañía demuestra al alcohólico que quiere ayudarle y está dispuesta a trabajar en el problema durante un largo periodo. Se proporciona un ambiente seguro; pero siempre está implícito el riesgo de que no se pueda tolerar indefinidamente el comportamiento inducido por las bebidas alcohólicas. Por ejemplo, si el empleado rechaza el tratamiento y persiste su comportamiento inadecuado, la empresa podría tener el despido como única opción. La siguiente es la forma en que una compañía opera este tipo de programas.

> Una supervisora, María Cortés, advierte que un empleado, Bill Revson, llega tarde y se ausenta con frecuencia, su trabajo es deficiente y tiene aspecto de agotamiento, además de otros síntomas afines que indicarían alcoholismo u otro problema médico grave. Comenta el comportamiento de Revson en el trabajo únicamente con él, para brindarle la oportunidad de que se corrija por su propia cuenta. Cuando el problema continúa sin cambio, la supervisora pide al trabajador que se reúna con ella en presencia de un consejero. Cortés muestra a Revson los datos de su comportamiento deficiente en el trabajo y luego sale de la sala, de modo que el empleado y consejero puedan comentar la situación en privado. Si el consejero llega a la conclusión de que existe un problema, recomendaría el tratamiento de Revson. En el supuesto de que éste acepte el tratamiento y tenga éxito, el problema queda resuelto.

Consumo de drogas

El consumo de drogas no alcohólicas, en particular si ocurre en el trabajo, puede causar graves problemas al empleado, el patrón y otros empleados. Entre esas drogas, se incluyen la heroína, la cocaína, el *crack* y la marihuana, además de que puede darse el abuso de estimulantes, barbitúricos y tranquilizantes. En algunas situaciones laborales, como pilotos de aviación, cirujanos, ingenieros ferrocarrileros u operadores de grúas, los efectos directos del consumo de drogas pueden ser desastrosos.

Pruebas del consumo de drogas Las consecuencias del consumo de drogas por los empleados son enormes para los patrones. Los robos de bienes de la compañía cometidos para costear la drogadicción cuestan miles de millones de dólares cada año a las

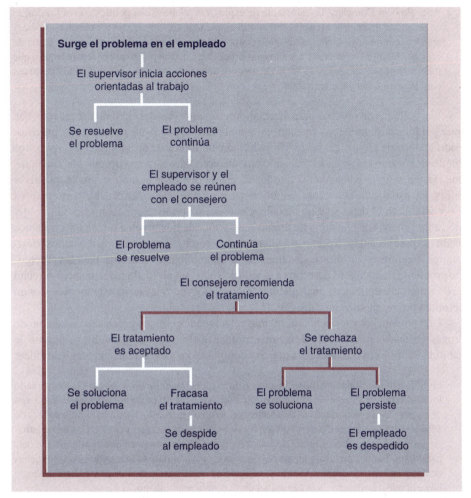

FIGURA 10-3

Programas de tratamiento de empleados que consumen bebidas alcohólicas y otras sustancias

compañías. Las tasas de ausentismo de trabajadores con problemas de drogas son hasta 16 veces mayores que en el resto de los empleados, y las de accidentes, hasta del cuádruplo. Se calcula que los costos adicionales de productividad perdida y gastos médicos llegan a los 70 000 000 000 de dólares anuales, sólo en Estados Unidos. Además, el consumo de drogas tiene un costo trágico para la sociedad.

Con el fin de combatir este problema, en 1988 se promulgó en Estados Unidos la ley *Drug-Free Workplace Act*.[10] Ésta requiere que algunos patrones (los que tienen contratos federales mayores a 25 000 dólares y otros que obtienen apoyo financiero) elaboren políticas en las que se prohíba el consumo de drogas en el trabajo. Se alienta a que otras organizaciones hagan lo mismo. Muchas compañías han adoptado una política de realizar pruebas para detectar drogas en sus empleados. Algunas también las realizan con los solicitantes de empleo. Las pruebas pueden efectuarse en forma periódica, al azar o únicamente cuando existen razones para suponer que un empleado consume drogas.

Atlas Powder Company, un fabricante de explosivos, elaboró una política contra las drogas en su planta de Joplin, Missouri.[11] Sus 425 empleados son sometidos a exámenes médicos anuales, que incluyen, con carácter obligatorio, pruebas para detectar una amplia gama de drogas. Durante los primeros dos años, las pruebas resultaron positivas en siete personas, que fueron suspendidas. Además, 20% de los solicitantes de empleo tuvo resultados positivos para la marihuana y fue rechazado.

Las políticas de pruebas para detectar drogas, como las del ejemplo precedente, son muy polémicas. Una de las razones es que algunas pruebas no son del todo precisas. Podrían dejar de identificar hasta 5% de los consumidores de drogas, mientras que otros empleados serían catalogados incorrectamente como drogadictos porque los alimentos que comen o los medicamentos que les recetó el doctor generan reacciones positivas falsas. Es usual que la evaluación adicional o repetición de las pruebas sustenten su inocencia; pero el daño a su reputación y autoestima podría ya estar hecho. Otra objeción a las pruebas de consumo de drogas es el temor de que revelen otros padecimientos médicos que el empleado preferiría mantener en secreto. Por añadidura, a muchos trabajadores les molesta ser observados mientras proporcionan las muestras para las pruebas. Un problema final con los derechos a la vida privada gira alrededor del supuesto derecho de consumir cualquier sustancia que la persona desee; pero las leyes estadounidenses no permiten poseer ni consumir drogas.

Una posible solución a los problemas relacionados con las pruebas de consumo de drogas serían las **pruebas de deterioro motor**. Suele tratarse de una breve prueba de habilidades motoras que se realiza con una computadora y es similar a un juego de video.

En R. F. White Company la coordinación visuomanual (visión-manos) se evalúa comparando los resultados de pruebas contra una medición basal (inicial) en cada empleado.[12] A lo largo de un año, esta compañía de distribución mayorista de petróleo experimentó reducciones de 67% en las tasas de accidentes, 92% en las de errores e incidentes, y 64% en las de reclamaciones por incapacidad. Además de esos beneficios, la empresa cree que el proceso fue más barato, oportuno y preciso que con las pruebas de consumo de drogas. Además, las pruebas de deterioro motor cambian el enfoque de juicios moralistas acerca de *por qué* el empleado no se puede desempeñar, a la capacidad de su propio rendimiento.

Pruebas genéticas

Las pruebas difieren de la vigilancia

La polémica en torno a los derechos del empleado a la vida privada también ha surgido en el área de las **pruebas genéticas**. Los adelantos en la genética han permitido que los médicos puedan predecir con exactitud si un empleado es genéticamente susceptible a uno o más tipos de enfermedades o sustancias nocivas. Ello constituye una herramienta más agresiva que la **vigilancia genética**, con la cual se identifican sustancias dañinas en los centros de trabajo, se examinan sus efectos en la composición genética de los empleados y se proporcionan las bases para emprender acciones correctivas. Los usos positivos de la información de pruebas genéticas incluirían la transferencia de empleados susceptibles a otras áreas de trabajo, donde no estén expuestos a esas sustancias; advertir respecto de sus efectos nocivos, y emprender medidas de protección contra esos riesgos. El lado negativo de las pruebas genéticas se ve cuando las compañías evalúan a sus empleados actuales o solicitantes de trabajo con base en su predisposición genética y aprovechan esa información para discriminarlos, con el fin de minimizar los costos futu-

> **Prácticas de contratación:**
> **¿Dependen de la ética o de la conveniencia?**
>
> La fuerte economía estadounidense de comienzos del siglo XXI trae consigo una tasa de desempleo baja y una competencia muy intensa por trabajadores hábiles. Como resultado de ello, algunas compañías empiezan a modificar considerablemente sus prácticas de contratación, a fin de atraer a solicitantes. En particular, ciertas empresas han hecho a un lado sus políticas de pruebas de consumo de drogas, mientras que otras ya no indagan acerca de antecedentes de cárcel por delitos menores, siempre que crean que no existe ninguna amenaza a la seguridad personal de su fuerza laboral. Esas compañías consideran oportuno revertir a sus políticas anteriores, ante las dificultades en el mercado de trabajo. ¿Cambiarán de nuevo sus prácticas cuando lo hagan las condiciones económicas?

ros de gastos médicos de la empresa. De igual modo, una intromisión considerable en la vida privada individual y las oportunidades personales ocurre cuando una compañía identifica a los empleados que fuman, son bebedores sociales, comen en exceso o practican actividades recreativas peligrosas y luego intenta modificar su estilo de vida.

Discriminación

Como se menciona en el capítulo 4, las leyes de oportunidades iguales de empleo prohíben la discriminación en el trabajo basada en el grupo étnico, el color de la piel, el país de origen, el sexo, la religión, algún impedimento físico y otros factores. Los problemas clave de las oportunidades iguales de empleo están relacionados con los derechos a la vida privada. El primero sería el acoso sexual en el trabajo, en el que se viola el derecho a un ambiente laboral no ofensivo. El segundo corresponde a un tipo específico de enfermedad que sufren algunos empleados y su derecho a mantener el secreto médico, continuar trabajando y recibir atención médica. Estos dos temas se analizan brevemente a continuación.

Acoso sexual   Existe **acoso sexual** cuando los superiores subordinan las decisiones de contratación o promoción a favores sexuales, o los compañeros de trabajo actúan verbal o físicamente de manera tal que generan un ambiente de trabajo ofensivo (figura 10-4). Aunque el acoso es una acción *percibida* por otros, es real para quien lo sufre. Puesto que se trata de algo definido de manera individual, existe cierto desacuerdo en cuanto a qué es el acoso sexual. En una encuesta, las mujeres generalmente incluyeron en su definición las propuestas indecorosas, el contacto físico no deseado, los comentarios y las bromas de contenido sexual, y los gestos sugerentes. Los cálculos de la magnitud del problema indican que es muy amplio, ya que hasta 40-50% de las mujeres lo ha padecido en alguna forma.[13] El acoso puede ocurrir en cualquier lugar de una compañía, desde las oficinas de ejecutivos hasta las líneas de montaje. Desde el punto de vista humano, es de mal gusto y degradante para la víctima, además de ser discriminatorio según las leyes de oportunidades iguales de empleo y los lineamientos federales y estatales. El acoso sexual es una violación de los derechos de la persona y una ofensa a la dignidad humana.

FIGURA 10-4

Definición del acoso sexual según la Equal Employment Opportunity Commission (EUA)

Fuente: Equal Employment Opportunity Commission's Guidelines on Discriminations Because of Sex, 1604.11 (*Sexual Harassment*), 10 de noviembre de 1980.

> Las propuestas sexuales no bienvenidas, solicitudes de favores sexuales y otras conductas verbales o físicas de naturaleza sexual constituyen acoso sexual cuando:
>
> 1. El sometimiento a tal conducta se indica de manera explícita o implícita como condición para el empleo de la persona.
> 2. El sometimiento a tal conducta o su rechazo por el individuo se usa como base para las decisiones de empleo que afectan a ese individuo.
> 3. Tal conducta tiene el propósito o efecto de interferir de manera no razonable en el rendimiento laboral de la persona o crear un ambiente laboral intimidatorio, hostil u ofensivo.

Prácticas preventivas

Con el fin de proteger a las víctimas potenciales y prevenir el acoso sexual, muchas compañías han elaborado políticas de prevención. También imparten programas de capacitación para educar a los empleados acerca de las leyes pertinentes, las acciones identificadas que podrían constituir acoso sexual, los posibles castigos y los efectos negativos del acoso sexual en las víctimas. A falta de programas preventivos, los patrones pueden ser corresponsables de las acciones de acoso de supervisores y empleados. Cuando ocurre el acoso, la empresa tendría que recontratar a las víctimas despedidas injustamente, además de pagar sueldos caídos, daños y perjuicios, y otras concesiones por el sufrimiento y dolor psicológico. Aunque muchas víctimas del acoso sexual son mujeres, también pueden serlo hombres.

Síndrome de inmunodeficiencia adquirida (sida) El sida es una enfermedad viral del sistema inmunitario con consecuencias mortales. Se contagia mediante ciertos tipos de contacto, es incurable, casi siempre causa la muerte y se disemina rápidamente en algunas áreas del planeta. La preocupación pública generalizada y la falta de conocimientos, aunadas a la situación legal no clara de los empleados con sida, ha generado varios problemas de comportamiento clave, como los siguientes:

Problemas relacionados con el sida en el trabajo

- ¿Puede protegerse el secreto médico de los empleados que padecen sida?
- ¿Qué puede hacerse para ayudar a que los compañeros de trabajo entiendan más el sida y sus efectos en las víctimas? En particular, ¿cómo puede ayudar la empresa a que los empleados acepten tranquilamente a un compañero con sida en el grupo de trabajo?
- ¿En qué modo la presencia de empleados con sida afecta el trabajo de equipo y otros tipos de participación en un grupo?
- ¿Cómo pueden evitar los gerentes que los empleados con sida sean objeto de acoso o aislamiento social mediante la posible pérdida de la comunicación normal con sus compañeros de trabajo?
- ¿Deben efectuarse pruebas a los empleados para detectar la presencia del virus del sida? Si resultan positivos, ¿es necesario transferirlos a otros puestos? (Nótese que la presencia del virus del sida *no* significa que la persona sufra la enfermedad.)

Aunque los problemas que acabamos de mencionar son difíciles, las empresas deben considerarlos y elaborar sus políticas antes de que se dé el primer caso de sida. En particular, deben tener en cuenta que las leyes pertinentes al parecer incluyen a las personas con sida en las definiciones y protecciones de "impedimentos" e "incapacidad". En Estados Unidos, ello abarcaría las leyes *Vocational Rehabilitation Act* (1973) y *American with Disabilities Act* (1990).[14]

DISCIPLINA

El área de la disciplina puede afectar mucho a los individuos que forman parte de una empresa. La **disciplina** es una acción administrativa encaminada a hacer valer los estándares organizacionales; existen dos tipos: preventiva y correctiva.

Dos tipos de disciplina

La **disciplina preventiva** es toda acción que se emprende para alentar en los empleados el acatamiento de estándares y reglas, de modo que no haya infracciones. La prevención es óptima cuando logra que los estándares de la compañía se conozcan y entiendan por anticipado. Sin embargo, el objetivo básico es fomentar la autodisciplina del empleado. De esta manera, el sujeto se disciplina a sí mismo, en vez de que la administración tenga que imponer disciplina. Es más probable que los trabajadores acaten los estándares que ayudan a crear. También apoyan en mayor grado los que se expresan de manera positiva, no negativa, así como los estándares respecto de los cuales se les han indicado las razones de ser, de modo que tengan sentido para ellos.

La **disciplina correctiva** es la acción que sigue a la infracción de una regla y busca desalentar más infracciones, de modo que los actos futuros de la persona se apeguen a los estándares. Es característico que las acciones correctivas sean castigos de algún tipo y se las llama *medidas disciplinarias*. Los ejemplos son las advertencias o las suspensiones con o sin goce de sueldo.

Los objetivos de las medidas disciplinarias son positivos, educativos y correctivos, como sigue:

Objetivos de las medidas disciplinarias

- Reformar al transgresor de la norma.
- Desalentar acciones similares de otras personas.
- Mantener estándares de grupo constantes y efectivos.

Muchas compañías aplican una política de **disciplina progresiva**, lo cual significa que los castigos son cada vez mayores, conforme se repite una infracción. El propósito

FIGURA 10-5

Un sistema de disciplina progresiva

Parte cuatro *Comportamiento individual e interpersonal*

Castigos cada vez más severos

es brindar al empleado la oportunidad de corregirse a sí mismo antes de aplicar castigos más severos. Además, la disciplina progresiva brinda a los gerentes tiempo para orientar al trabajador, de modo que se corrijan las infracciones, como las ausencias no autorizadas. En la figura 10-5, se muestra un sistema arquetípico de disciplina progresiva.

CALIDAD DE LA VIDA EN EL TRABAJO

Programas de calidad de la vida en el trabajo

¿Qué es la **calidad de la vida en el trabajo**? El término se refiere a la naturaleza favorable o desfavorable del ambiente de trabajo en su totalidad para las personas. Los programas de calidad de la vida en el trabajo son otra forma en que las *empresas reconocen su responsabilidad de crear trabajos y condiciones de trabajo excelentes para las personas y para el bienestar económico de la organización.* Los elementos característicos de un programa de calidad de la vida en el trabajo incluyen numerosos conceptos analizados ya en este libro, en relación con el área general del comportamiento organizacional de apoyo, como la comunicación abierta, los sistemas de recompensa equitativos, la preocupación por la seguridad en el empleo y carrera satisfactoria, el interés genuino del supervisor en sus empleados y la participación en la toma de decisiones. Muchos de los primeros esfuerzos al respecto se concentraron en el enriquecimiento del puesto, que es uno de los temas principales de este apartado. Además de mejorar el sistema de trabajo, los programas de calidad de la vida en el trabajo por lo general ponen énfasis en el desarrollo de las habilidades del empleado, la reducción del estrés laboral y el fomento de relaciones industriales más cooperativas.

Un fundamento

La especialización en el trabajo y la simplificación fueron muy comunes a comienzos del siglo XX. Se asignaban trabajos muy específicos a los empleados y se les apoyaba con una jerarquía rígida, en espera de que ello mejorara la eficacia. La idea era reducir costos mediante la contratación de trabajadores no capacitados, a los que se podía entrenar fácilmente para que efectuaran una parte pequeña y repetitiva de cada tarea.

No obstante, surgieron muchas dificultades con ese diseño clásico de los puestos. La división del trabajo era excesiva. Los trabajadores quedaron aislados socialmente de sus compañeros, ya que su puesto excesivamente especializado debilitaba su comunión de intereses en el producto final. Los no capacitados perdían el orgullo por su trabajo y se aburrían. Quedaban insatisfechas las necesidades de orden superior (sociales y de crecimiento). El resultado consistía en tasas altas de rotación de personal y ausentismo, disminución de la calidad y enajenación de los trabajadores. Hubo conflictos cuando éstos buscaron mejorar sus condiciones de trabajo y las empresas no respondieron apropiadamente. La causa verdadera en muchos casos era que el trabajo mismo resultaba insatisfactorio.

Fuerzas de cambio

Un factor que contribuyó al problema fue que los trabajadores estaban cambiando. Mejoraron su nivel de estudios y su situación económica (en parte gracias a la efectividad del diseño clásico de puestos), además de que se volvieron más independientes. Empezaron a satisfacer necesidades de orden superior, es decir, algo más que ganarse el pan de cada día. Ante esta situación, las compañías tuvieron dos razones para rediseñar los puestos y la empresa misma en busca de una mejor calidad de la vida en el trabajo:

- El diseño clásico brindó originalmente atención inadecuada a las necesidades humanas.
- Las necesidades y aspiraciones de los trabajadores mismos estaban cambiando.

Una opción fue rediseñar los puestos para que incluyeran los atributos que deseaban los empleados y rediseñar las empresas para que el ambiente fuera el que pretendían sus miembros. Tal enfoque pareció mejorar la calidad de la vida en el trabajo. Es necesario brindar a los trabajadores algo más que un reto, algo más que una tarea interna, mayores oportunidades para aplicar sus ideas. *La atención a la calidad de la vida en el trabajo genera un ambiente laboral más humanizado.* Se pretende satisfacer las necesidades de orden superior de los trabajadores, así como sus necesidades básicas. Se busca utilizar las habilidades superiores de los trabajadores y brindarles un ambiente que les estimule para mejorarlas. La idea es que los recursos humanos se deben desarrollar, no simplemente usar. Por añadidura, en el trabajo deben evitarse las condiciones excesivamente negativas. Los empleados no han de estar bajo estrés excesivo. No se debe lesionar o degradar su carácter de seres humanos. El trabajo no debe ser amenazante ni muy arriesgado. Por último, debe contribuir a la capacidad de los trabajadores para desempeñarse en otras funciones de la vida, como las de ciudadano, cónyuge y padre, o al menos no limitarlas. En otras palabras, *el trabajo debe contribuir al avance social en general.*

Trabajo humanizado mediante la calidad de la vida en el trabajo

Ampliación del puesto contra enriquecimiento del puesto

El interés moderno en la calidad de la vida en el trabajo se estimuló mediante esfuerzos para cambiar el alcance de los puestos con el fin de motivar a los empleados. El **alcance del puesto** tiene dos dimensiones, anchura y profundidad. La **anchura del puesto** es el número de tareas distintas de las que es responsable directo un individuo. Un puesto puede ir desde angosto (una sola tarea repetitiva) hasta ancho (varias tareas). Los empleados con puestos angostos recibieron en ocasiones una variedad más amplia de tareas, a fin de reducir la monotonía, proceso que se denomina **ampliación del puesto**. A fin de realizar estos deberes adicionales, los empleados dedican menos tiempo a cada uno. Otro enfoque para modificar la anchura del puesto es la llamada **rotación de puestos**, consistente en asignar periódicamente un empleado a un conjunto totalmente distinto de actividades laborales. La rotación de puestos es una manera efectiva de desarrollar habilidades múltiples en los trabajadores, lo cual beneficia a la empresa porque se generan un mayor interés en el trabajo y más opciones de carrera para el empleado.[15]

La ampliación proporciona anchura

El **enriquecimiento del puesto** se basa en un enfoque totalmente distinto, pues agrega motivadores a un puesto para hacerlo más satisfactorio. Lo creó Frederick Herzberg, según sus estudios indicativos de que la manera más efectiva de motivar a los trabajadores era concentrarse en sus necesidades de orden superior. El enriquecimiento de puestos busca añadir **profundidad** a un trabajo, brindando a los trabajadores más control, responsabilidad y discreción sobre la manera de realizar el trabajo. La diferencia entre la ampliación y el enriquecimiento del puesto se ilustra en la figura 10-6. En ella, se observa que el enriquecimiento se centra en la satisfacción de necesidades de orden superior, y la ampliación, en añadir tareas al puesto para lograr una mayor variedad. Incluso es posible mezclar estos dos enfoques, al ampliar el número de tareas y añadir más motivadores, con lo que se tiene un intento doble de mejorar la calidad de la vida en el trabajo.

El enriquecimiento brinda profundidad

FIGURA 10-6

Diferencia entre el enriquecimiento y la ampliación de puestos

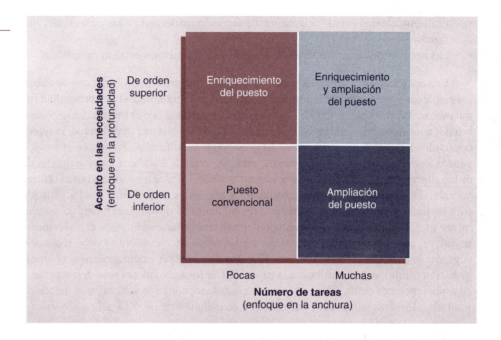

El enriquecimiento de puestos se acompaña de muchos beneficios, como lo indica la figura 10-7. Su resultado general es un enriquecimiento que fomenta el crecimiento y la realización personal. El puesto se construye de manera que se estimule la motivación intrínseca. Al aumentar la motivación, debe mejorar el rendimiento, con lo que se tiene un trabajo más humanizado y productivo. También tienden a disminuir los efectos negativos, como la rotación de personal, el ausentismo, las quejas y el tiempo ocioso. De tal

FIGURA 10-7

Los beneficios del enriquecimiento de puestos ocurren en tres áreas

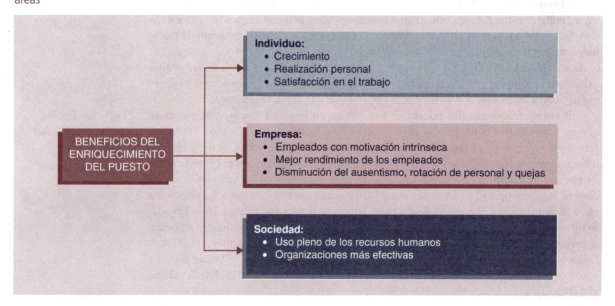

suerte, se benefician el trabajador y la sociedad. El primero logra mejor rendimiento, mayor satisfacción en el trabajo y mayor realización personal, con lo que puede participar más efectivamente en todos sus roles de la vida. La sociedad se beneficia con el funcionamiento más efectivo y el mejor rendimiento de la persona en su trabajo.

Aplicación del enriquecimiento de puestos

De acuerdo con los factores motivacionales de Herzberg, el enriquecimiento de puestos ocurre cuando el trabajo en sí es más retador, se estimulan los logros, existen oportunidades de crecimiento y se brindan responsabilidades, retroalimentación y reconocimiento. Sin embargo, *los empleados son los jueces finales de qué enriquece su trabajo*. Lo único que puede hacer el gerente es recopilar información acerca de los factores que tienden a enriquecer los puestos, probarlos en el sistema de trabajo y determinar si los empleados sienten que ocurrió el enriquecimiento.

Cuando intentan emplear factores motivacionales, los gerentes prestan atención a los factores de mantenimiento. Intentan sostener estos últimos en el mismo nivel o incrementarlos en la medida en que aumentan los factores motivacionales. Si se permite que disminuya el nivel de los factores de mantenimiento durante un programa de enriquecimiento, los trabajadores responden en menor grado a dicho programa, ya que los distrae el carácter inadecuado de los factores de mantenimiento. La necesidad de un enfoque sistémico del enriquecimiento de puestos se satisface con la práctica de las ganancias compartidas (que es tema del capítulo 6).

Las ganancias compartidas satisfacen las necesidades de mantenimiento

Puesto que el enriquecimiento de puestos depende del punto de vista personal de cada empleado, *no todos los empleados optan por puestos enriquecidos, si pueden decidir*. Existe una relación de contingencia en cuanto a necesidades diferentes en el trabajo y algunos preferirían la sencillez y seguridad de trabajos más rutinarios:

> En un caso, el dueño de una fábrica estructuró la producción de dos maneras distintas.[16] Se permitió a los obreros que eligieran entre trabajar en una línea de montaje estándar y una mesa en que cada trabajador ensamblaría por completo el producto. En el comienzo, pocos se inclinaron por los puestos enriquecidos, si bien gradualmente su proporción aumentó hasta casi la mitad. Al parecer, la operación de la línea de montaje rutinaria satisfizo las necesidades de la otra mitad.

Dimensiones centrales: un enfoque de las características del puesto

¿Cómo se pueden enriquecer los puestos? ¿Y de qué manera el enriquecimiento de puestos produce los resultados que se pretenden? J. Richard Hackman y Greg Oldham crearon un enfoque de características para el enriquecimiento de puestos, en que se identifican cinco **dimensiones centrales**: variedad de habilidades, identidad de tareas, importancia de las tareas, autonomía y retroalimentación.[17] En teoría, un puesto debe tener las cinco dimensiones para estar enriquecido plenamente. Si se percibe que falta una de ellas, los trabajadores sufren privación psicológica y disminuye su motivación.

Cinco dimensiones

Las dimensiones centrales afectan el estado psicológico del empleado y tienden a mejorar el rendimiento, la satisfacción y calidad del trabajo, además de disminuir la rotación de personal y el ausentismo. Su efecto en la cantidad de trabajo es menos fiable. Muchos puestos administrativos y de oficina, así como los de los obreros, suelen tener deficiencias en algunas dimensiones centrales. Aunque existen grandes diferencias en la manera de reaccionar de cada empleado a las dimensiones centrales, lo habitual es que sean básicas para su motivación interna. Esas dimensiones y sus efectos se muestran en la figura 10-8 y se analizan brevemente a continuación.

Variedad de habilidades Una dimensión central es la variedad de habilidades que se utilizan en el puesto. La **variedad de habilidades** permite que los empleados realicen operaciones diferentes, que suelen requerir habilidades también distintas. Difiere del ya mencionado elemento de anchura del puesto, pues en un puesto ampliado podrían emplearse las mismas habilidades en tareas o productos diversos. La necesidad de cierta variedad se ilustra con la anécdota siguiente.

> Una turista que viajaba por México se detuvo en un taller de tallado de madera para preguntar el precio de una silla tallada a mano. El artesano respondió: "Serían 50 dólares." La turista dijo que le agradaba la silla y que quería otras tres iguales. Esperando recibir un descuento por volumen, preguntó: "¿Cuánto costarían las cuatro sillas?" El artesano replicó: "Las cuatro sillas le costarían 250 dólares." Sorprendida ante el hecho de que el precio unitario de cada una de las cuatro sillas fuera mayor que el de una sola silla, la turista preguntó por qué. El artesano respondió: "Señorita, es muy aburrido tallar cuatro sillas exactamente iguales".

Los empleados sienten que los trabajos con gran variedad son más retadores debido a la gama de habilidades necesarias. Además, alivian la monotonía que surge con cualquier actividad repetitiva. Si la tarea es física, trabajan diferentes músculos, de modo que no se abusa de un cierto grupo de músculos y se evita el cansancio excesivo al final del día. La variedad también brinda a los empleados una mayor sensación de competencia, ya que pueden desempeñar tipos distintos de trabajo en formas diferentes.

FIGURA 10-8

Efectos de las características del puesto en los resultados del trabajo en tres estados psicológicos

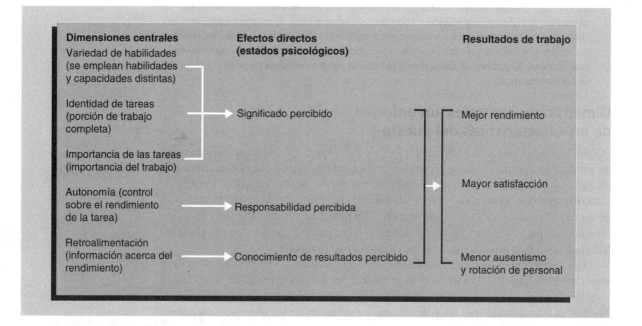

Identidad de tareas   Una segunda dimensión central de los puestos es la **identidad de tareas**, que permite realizar una porción completa de un trabajo específico. En el pasado, los empleados trabajaban en una parte tan pequeña del todo que no podían identificar el producto de su esfuerzo. Les era imposible encontrar un sentido de terminación o de responsabilidad por el producto terminado. Cuando las tareas se amplían a la producción de todo un producto o una parte identificable de éste, se ha establecido la identidad de tareas.

Importancia de las tareas   Una tercera dimensión central es la **importancia de las tareas**, que se refiere a la magnitud del efecto, según lo percibe el trabajador, de su trabajo en otras personas. Este efecto puede influir a otros miembros de la empresa, como en el caso de que el empleado se encargue de un paso clave del proceso de producción, o a personas ajenas a la compañía, de lo cual es ejemplo la participación del trabajador en la producción de un instrumento médico que salva vidas. El punto clave es que los trabajadores deben creer que hacen algo importante para la organización, la sociedad o ambas.

> Incluso el trabajo rutinario de una fábrica puede tener la dimensión de importancia de las tareas. La St. Regis Paper Company recibía quejas de sus clientes acerca de la rotura de las uniones y del fondo en casi 6% de las bolsas para tiendas de comestibles que fabricaba en tres plantas.[18] Los ejecutivos trataron de resolver el problema con la adición de más inspectores y cambios en la producción, sin éxito alguno.
>
> Por último, los administradores decidieron trabajar directamente con los operadores de la máquina que hacía las bolsas para mostrarles la importancia de su trabajo. Uno de los pasos fue circular las cartas de quejas de los clientes, de modo que los operadores vieran la gravedad del problema. También hicieron que la firma de cada operador se imprimiera en el fondo de las bolsas, con la leyenda siguiente: "Otro producto de calidad de St. Regis. Inspeccionado personalmente por [nombre del obrero]."
>
> Los trabajadores respondieron con una disminución del porcentaje de bolsas defectuosas, de 6 a 0.5%. Estaban orgullosos de su trabajo y su importancia directa para los clientes. Los empleados incluso empezaron a llevarse consigo las placas con sus nombres durante los descansos, ya que querían sentirse personalmente responsables de las bolsas que tenían su nombre.

Autonomía   Una cuarta dimensión central es la **autonomía**. Se trata de una característica del puesto que brinda al empleado cierta discrecionalidad y control sobre las decisiones relacionadas con su trabajo y aparentemente es fundamental para generar el sentido de responsabilidad en los trabajadores. Aunque estén dispuestos a trabajar dentro de las limitaciones amplias de la organización, también insisten en cierto grado de libertad. La autonomía se ha vuelto muy importante para muchas personas. La práctica de la administración por objetivos es una forma de lograr mayor autonomía, ya que brinda a los trabajadores más control en el establecimiento de sus propios objetivos y la elaboración de planes para lograrlos.

Prácticas de empowerment

Retroalimentación   Una quinta dimensión clave es la **retroalimentación**, o sea, la información que indica a los empleados lo bueno que es su rendimiento. Puede provenir directamente del trabajo mismo (retroalimentación de tarea) o ser proporcionado de manera verbal por ejecutivos y gerentes. Aunque puede ser negativa o positiva, lo más conveniente es que esté bien equilibrada. Asimismo, ha de proporcionarse con la mayor brevedad y en forma constante, no tardía y esporádicamente. El concepto subyacente a la retroalimentación es sencillo, si bien de gran importancia para los empleados. Puesto que invierten una parte considerable de su vida en el trabajo, desean saber si lo realizan bien. Además, necesitan saberlo con frecuencia, ya que reconocen que el rendimiento es variable y que la única forma de realizar ajustes es saber cuál es su rendimiento actual.

El potencial motivador de los puestos

Evaluación Diagnóstica del Puesto

Un instrumento que sirve para determinar la presencia relativa de las cinco dimensiones centrales en los puestos es la "Evaluación Diagnóstica del Puesto (**Job Diagnostic Survey**)".[19] Antes de iniciar el enriquecimiento de los puestos, la empresa los estudia para evaluar si son elevados en cuanto a variedad de habilidades, identidad de tareas, importancia de éstas, autonomía y retroalimentación. Se crean escalas para cada dimensión y luego se califica cada puesto según el sitio de la escala que le corresponda. Por ejemplo, en una escala de 1 a 10, la variedad podría tener 6 de calificación, y la autonomía, 4. Es necesario que los empleados participen en este proceso de evaluación, ya que su percepción reviste importancia máxima.

Calificación de potencial motivador

Después de recopilar los datos, se calcula un índice global, que mide la **calificación de potencial motivador (CPM)** del puesto. La CPM indica el grado en que se percibe que un trabajo es significativo (M, o sea el promedio de la variedad de habilidades, identidad de tareas e importancia de las tareas), fomenta la responsabilidad (R, o autonomía) y brinda retroalimentación de los resultados (RR, o retroalimentación). La fórmula es:

$$CPM = M \times R \times RR$$

Los puestos enriquecidos para lograr que la CPM sea alta incrementan las probabilidades de que haya gran motivación, siempre que los empleados:

Condiciones para el enriquecimiento del puesto

- Tengan conocimientos y habilidades adecuadas para el puesto.
- Deseen aprender, crecer y desarrollarse.
- Estén satisfechos con su ambiente de trabajo (y no les distraigan factores de higiene negativos).

Muchos intentos de enriquecimiento de puestos se han efectuado en fábricas; pero también suelen intentarse en bancos, compañías aseguradoras y otras organizaciones de servicios.

> Los vendedores en una gran tienda departamental fueron sometidos a un experimento de campo de rediseño de puestos para su enriquecimiento.[20] Después de brindar sus percepciones del puesto actual, medidas contra un conjunto de escalas que producen una calificación de potencial motivador, se implantó un conjunto de cambios en los puestos para incrementar la variedad de habilidades, identidad de tareas, importancia de las tareas, autonomía y retroalimentación obtenida de su trabajo.
>
> Las calificaciones de potencial motivador de los vendedores aumentaron significativamente (de 25.6 a 41.5) después del experimento, lo cual es indicativo de que creían que se había enriquecido su puesto. Se redujeron los comportamientos disfuncionales, como el uso incorrecto del tiempo en que no atendían a clientes y el ausentarse de su área de trabajo, mientras que aumentaron ciertos comportamientos funcionales (ventas y almacenamiento de

productos para venta). También mejoraron diversas mediciones de la satisfacción de los empleados.

Indicios sociales que afectan las percepciones

No todos los intentos de enriquecimiento de puestos han tenido tanto éxito como el experimento descrito líneas arriba. En algunos casos, los empleados no informan de cambios significativos en sus percepciones de las características centrales después del enriquecimiento, pese a los datos objetivos de que el puesto en realidad cambió. Ello ha producido frustración considerable en los especialistas de diseño de puestos y en los gerentes.

Una explicación de la ausencia de los cambios previstos con el enriquecimiento reside en los indicios sociales, que son la información que los trabajadores reciben de su entorno social. Estos indicios pueden provenir de compañeros de trabajo, líderes, otros miembros de la empresa, clientes y familiares. Pueden sustentar o contrarrestar la dirección de las características objetivas de la tarea, como se muestra en la figura 10-9.

La clave para el enriquecimiento de puestos está en la forma en que los empleados toman los indicios sociales provenientes de sus compañeros de trabajo y otras personas para obtener sus propias percepciones de su puesto.[21] Esta actividad, llamada **procesamiento de la información social**, abarca tres elementos. Primero, que los compañeros de trabajo podrían sugerir *cuáles* de las características del puesto realmente les importan. (Como en el caso de un trabajador que afirma: "Aquí, ¡lo único que me interesa es el grado de control que me permiten!") Segundo, en que pueden brindar su modelo personal acerca del *peso* relativo de cada dimensión central. (Por ejemplo, cuando un trabajador dice a otro: "Para mí, la variedad de habilidades y retroalimentación son lo más importante, mientras que los otros tres factores valen poco.") El tercer y último elemento reside en que los compañeros puedan aportar indicios directos o indirectos acerca de su propio *juicio* de las dimensiones centrales. (Como en el caso en que un trabajador co-

Procesamiento de la información social

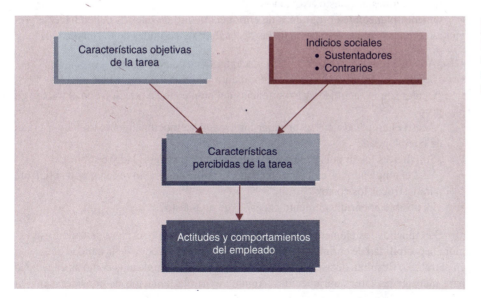

FIGURA 10-9

Indicios sociales que afectan las reacciones de los empleados a las tareas

menta: "Sin importar qué diga el gerente, todavía pienso que mi trabajo no es muy importante."

Un enfoque integrado de diseño de puestos propondría que los gerentes se concentren también en administrar el contexto social de los cambios en los puestos, tanto como el proceso objetivo de enriquecimiento del puesto. Tienen que descubrir qué grupos son fuentes importantes de indicios sociales, tal vez mediante discusiones de grupo para reforzar la tendencia inicial del empleado a evaluar positivamente los cambios en su puesto. Además, pueden crear expectativas (en la mente del empleado y sus compañeros de trabajo) de que los puestos enriquecidos tendrán ciertas dimensiones en mayor grado y, por ende, serán más satisfactorios.

Factores de contingencia que afectan el enriquecimiento de puestos

El enriquecimiento de puestos no se aplica en todo tipo de situaciones. Al parecer, sería más fácil aplicarlo en puestos de niveles altos, en los que es menos probable que estén regidos por procesos técnicos. Si la tecnología es estable y muy automatizada, los costos del enriquecimiento de puestos serían excesivos en relación con los beneficios. Algunos trabajadores no querrían mayor responsabilidad, mientras que otros no se adaptarían a la interacción de grupo que a veces se requiere.

El enriquecimiento de puestos también puede alterar las relaciones de sueldos. En particular, los empleados esperarían más que la satisfacción intrínseca de los deberes y responsabilidades adicionales que tienen que asumir. Existen muchos costos y limitaciones, además del sueldo, de los cuales se resumen algunos en la figura 10-10. El equipo y el espacio de piso tendrían que rediseñarse, con más espacio y herramientas para que los equipos trabajen independientemente. Podría ser necesario aumentar las existencias, serían mayores los costos de capacitación y la rotación de personal se incrementaría al principio. Los sindicatos suelen resistirse a los intentos de enriquecimiento si se alteran las clasificaciones de puestos existentes.

Quienes planean los programas de enriquecimiento de puestos deben hacerse preguntas como las siguientes acerca de las necesidades y actitudes de los empleados:

Preguntas clave

- ¿Acaso el empleado puede tolerar y aceptar la responsabilidad?
- ¿Son fuertes las necesidades de crecimiento y logros del empleado?
- ¿Cuáles son las actitudes y experiencias del empleado en relación con el trabajo en grupo?
- ¿Acaso el empleado puede manejar intelectual y emocionalmente un mayor grado de complejidad?
- ¿Son fuertes los impulsos del empleado en cuanto a seguridad y estabilidad?
- ¿Verá el empleado los cambios en el puesto como significativos en grado suficiente para justificar los costos?
- ¿Es posible el enriquecimiento excesivo de un puesto?

Son muchos los elementos de contingencia que deben considerarse cuando se explora la posibilidad de enriquecimiento de puestos como enfoque de la calidad de la vida en el trabajo. Resultan decisivas tanto las actitudes de los empleados como su capacidad para manejar las tareas enriquecidas. Aunque existe la tentación de considerar que el

FIGURA 10-10

Algunas limitaciones del enriquecimiento de puestos y programas de calidad de la vida en el trabajo

- Algunos trabajadores no querrían puestos enriquecidos, si:
  — No toleran la responsabilidad incrementada
  — Les desagradan los deberes más complejos
  — Se sienten a disgusto con el trabajo de grupo
  — No les agrada aprender algo nuevo
  — Prefieren la seguridad y estabilidad
  — Se sienten a gusto con la autoridad de los supervisores
  — Sus habilidades no son adaptables
  — Prefieren renunciar a su trabajo

- El equipo costoso podría no ser adaptable.

- El programa podría desequilibrar al sistema de producción.

- Disminuirían las funciones de los supervisores y otros empleados.

- Los puestos enriquecidos podrían aumentar la insatisfacción con los ingresos.

- Los costos aumentarían:
  — Costos iniciales (por ejemplo, de capacitación)
  — Costos a largo plazo (como los de equipo adicional)

- El sindicato podría oponerse a ciertos programas de enriquecimiento del puesto.

enriquecimiento de puestos es bueno, sería más compatible con los valores humanos reconocer y respetar las diferencias individuales entre los trabajadores.

RESPONSABILIDADES DEL INDIVIDUO CON LA EMPRESA

Un análisis de los individuos en las organizaciones estaría incompleto si abarcara únicamente las imposiciones que la compañía hace al individuo y las obligaciones que le asigna. Las relaciones de trabajo se dan en una calle de doble sentido. Es indudable que *las empresas tienen responsabilidades con el individuo*; pero también —y nuevamente en forma incuestionable— *el individuo tiene responsabilidades con la empresa*. El trabajo es una transacción mutua: cada empleado realiza ciertas inversiones en la compañía y espera recompensas adecuadas a cambio; la empresa también invierte en el individuo y espera que su inversión sea rentable.

Una relación es rentable para ambas partes cuando los beneficios (resultados) son mayores que los costos (aportaciones), ambos medidos en un sistema de valores total. En la situación de trabajo usual, ambas partes se benefician, al igual que lo hacen habitualmente en las relaciones sociales. Ello se debe a que la transacción social entre ellos produce nuevos valores, que exceden la inversión realizada por cada parte.

La relación de rentabilidad se deteriora cuando alguna de las partes deja de actuar con responsabilidad en lo concerniente a las necesidades de la otra. Los empleados pueden actuar de manera irresponsable, al igual que la empresa. En caso de hacerlo, deben esperar que la compañía responda con el uso de controles estrictos para tratar de mantener un sistema operativo exitoso.

El robo como ejemplo

Considérese el tema de los robos cometidos por empleados, mencionado en relación con el polígrafo. No se tomen en cuenta por el momento los puntos de vista legales y éticos-morales sobre el tema. Desde la perspectiva exclusiva del sistema organizacional, dicho fenómeno interfiere en las operaciones de trabajo pues altera los programas y presupuestos, obliga a colocar pedidos adicionales, fuerza la imposición de mayores controles; en suma, reduce la fiabilidad y productividad del sistema organizacional, pues disminuyen los resultados para el individuo y la empresa. En esta situación, la compañía debe actuar con el fin de proteger a otros empleados y protegerse a sí misma.

Son muchas las formas, más allá de actuar productiva y creativamente, en las que los empleados pueden mostrar su responsabilidad contraída con la empresa. Ello comprende la ciudadanía organizacional y la denuncia.

Ciudadanía organizacional

La aplicación de la idea del intercambio social hace evidente que se espera de los empleados que vayan más allá de las descripciones de puestos y sean buenos **ciudadanos organizacionales**. En el nivel individual, esta relación recíproca es similar con el comportamiento que se espera de la empresa en la sociedad de la que es parte. Como se menciona en el capítulo 9, los empleados que se comportan como ciudadanos organizacionales emprenden actos sociales positivos para ayudar a otros, por ejemplo, ofrecen sus servicios voluntarios en proyectos especiales, comparten su tiempo y sus recursos, y cooperan proactivamente con otros miembros. También se espera que usen a fondo su talento y energía para ayudar a que la compañía logre sus objetivos de eficacia y efectividad.

Denuncia del comportamiento poco ético

No obstante los mejores códigos de ética y las voces que hablan en favor de ella, todavía ocurre el comportamiento organizacional poco ético. Ser un buen ciudadano organizacional no incluye ser un conformista ciego, es decir, apoyar actividades ilegales de la empresa, ceder ante las presiones de la propia organización (como en el ejemplo del *Challenger*) o participar en cualquier otra actividad que viole gravemente las normas sociales. Por ejemplo, cuando los ejecutivos hacen caso omiso de la oposición interna a los actos indebidos o no revelan información acerca de productos defectuosos, el empleado puede elegir entre una amplia gama de opciones (figura 10-11).[22] Varias de estas respuestas son una forma de **denuncia**, que consiste en revelar la supuesta conducta indebida a fuentes internas o externas.

¿Quiénes tienen probabilidades de ser delatores?

Algunos empleados tienen mayores probabilidades que otros de ser delatores en una empresa.[23] Son los trabajadores que poseen pruebas contundentes de haber observado actos indebidos, creen que se trata de un problema grave y sienten que les afecta directamente. En general, estas personas con conciencia tienden a ser profesionales que trabajan en la compañía desde tiempo atrás, personas reconocidas previamente como emplea-

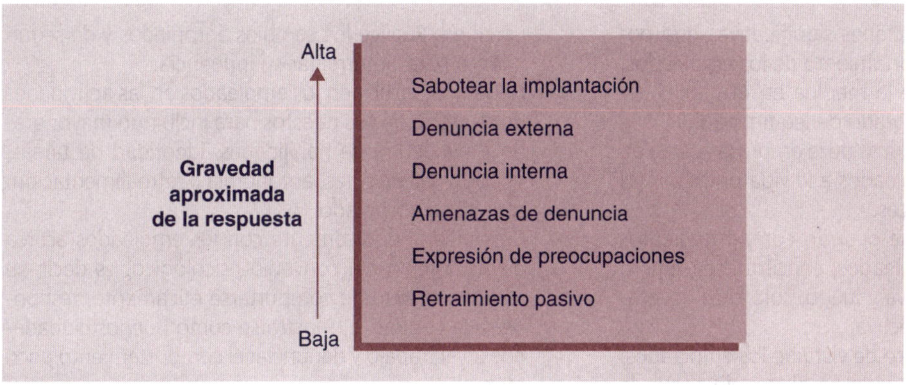

FIGURA 10-11
Respuestas alternas de los empleados a actos indebidos

Gravedad aproximada de la respuesta (Alta → Baja):
- Sabotear la implantación
- Denuncia externa
- Denuncia interna
- Amenazas de denuncia
- Expresión de preocupaciones
- Retraimiento pasivo

dos de alto rendimiento y quienes trabajan en lugares donde otros perciben que hay respuesta a las quejas. Sus motivos pueden ser muy diversos. Algunos empleados denuncian porque sienten la obligación de proteger al público, mientras que otros lo hacen en venganza por el trato que han recibido de la empresa.

Un empleado de un contratista militar ocupó las primeras planas cuando denunció a su patrón.[24] Christopher Urda afirmó que la organización para la cual trabajaba había facturado sistemáticamente sumas excesivas al Pentágono en relación con sus contratos. Un juez federal multó al contratista con más de 55 000 000 de dólares y otorgó a Urda 7 500 000 dólares de conformidad con las cláusulas de la *False Claims Act* (Ley de Falsa Afirmación), de 1986.

Al hacer pública la información, quienes denuncian esperan ejercer presión sobre la compañía para que se corrija el problema de que se trate. Aunque el sistema jurídico generalmente les brinda protección, algunos empleados han sufrido venganzas de sus patrones, como acoso, transferencia o **despido**. La necesidad de denuncia puede disminuirse creando diversas formas en las que los empleados puedan expresar sus preocupaciones dentro de la organización, y estimulando dicho comportamiento. Entre los métodos ya mencionados para este propósito se incluyen los sistemas de sugerencias, las encuestas de retroalimentación y las juntas de empleados y gerentes.

Confianza mutua

Cuando ocurre la acusación, usualmente significa que se ha deteriorado o incluso ha desaparecido la confianza mutua previa. La **confianza mutua** es la fe conjunta en las responsabilidades y acciones de las partes de una relación; cuando la hay, cada parte tiene una expectativa muy positiva de que la otra parte hará lo correcto. El desarrollo de la confianza mutua se construye a largo plazo con la comprensión mutua, la formación de vínculos emocionales y la demostración de conductas dignas de confianza. Sin embargo, puede desaparecer en un instante con las palabras o acciones inapropiadas de una u otra partes. Por añadidura, la pérdida de la confianza rompe el convenio psicológico (capítulo 4). Cuando los presidentes de compañías pierden la confianza de sus empleados en ellos, se precisan esfuerzos concertados y prolongados para restaurarla y ganarla de nuevo. Los líderes corporativos y todos los gerentes tienen un rol muy visible de

Consejos a futuros administradores

1. Antes de emprender acciones significativas que podrían influir en el comportamiento de los empleados, sopese cuidadosamente la medida en que tales acciones tendrían un alto grado de legitimidad.
2. Familiarícese con las políticas de la empresa acerca de los derechos de los empleados a la vida privada y las razones de dichas políticas.
3. Cuando es probable que ocurran comportamientos inaceptables de los empleados, concéntrese primero en la disciplina preventiva y luego, sólo si es necesario, en la disciplina correctiva.
4. Evalúe, mediante el punto de vista de los empleados, el nivel de calidad de la vida en el trabajo según la perciben. Realice los cambios apropiados y dé seguimiento para determinar su influencia.
5. Haga que participen los empleados en las actividades de rediseño de sus puestos para incluir un mayor grado de variedad de habilidades, identidad de tareas, importancia de éstas, autonomía o retroalimentación, según sea apropiado.
6. Converse periódicamente con los empleados acerca de su porción del convenio psicológico, es decir, su responsabilidad de comportarse éticamente, responder a la confianza, mostrarse como buenos ciudadanos en el trabajo y denunciar el comportamiento poco ético.

conformar una cultura organizacional fuerte, en que se aclaren los valores y las expectativas de la organización. Cuando se hace esto, es probable que el nivel de confianza sea alto.

RESUMEN

Algunas áreas de conflictos potenciales entre individuos y organizaciones son la legitimidad de la influencia organizacional, los derechos a la vida privada y la disciplina. Una preocupación importante es garantizar que la empresa guíe las actividades y decisiones del empleado, sin que ejerza control indebido en detrimento de él. A fin de proteger tanto a la compañía como al trabajador, es usual que aquéllas elaboren políticas que sirven de guía para las decisiones acerca de los programas de respeto a la vida privada, de tratamiento y control del alcoholismo y consumo de drogas, pruebas genéticas, acoso sexual y otras actividades. A fin de lograr sus objetivos, los administradores aplican medidas disciplinarias preventivas y correctivas para garantizar el comportamiento apropiado.

Una obligación social que muchas empresas han contraído es mejorar la calidad de vida en el trabajo de sus empleados. Este concepto se refiere al carácter favorable o desfavorable del ambiente laboral para las personas. En ningún momento se trata de una tarea sencilla o definitiva, ya que la calidad de la vida en el trabajo existe en las percepciones de los empleados y cambia constantemente.

Los puestos varían en su anchura y profundidad. El enriquecimiento de puestos es la aplicación de esfuerzos para humanizarlos con la adición de más motivadores. Las dimensiones centrales de los puestos que les brindan mayor enriquecimiento son la variedad de habilidades, identidad de tareas, importancia de las tareas, autonomía y retroalimentación. No obstante el carácter muy deseable del enriquecimiento de puestos como objetivo, los empleados deben percibir y valorar sus indicios, si se pretende que tengan efecto considerable.

La transacción social del trabajo es como una calle de doble sentido, con responsabilidades mutuas para el individuo y la empresa. El empleado debe ser un buen ciudadano organizacional, ejercer el liderazgo ético o recurrir a la denuncia cuando sea necesario. Los beneficios son para el individuo, la compañía y la sociedad cuando se cumple este intercambio social y es evidente la confianza mutua.

Términos y conceptos para revisión

Acoso sexual
Alcance del puesto
Ampliación del puesto
Anchura del puesto
Autonomía
Calidad de la vida en el trabajo
Calificación del potencial motivador
Ciudadanos organizacionales
Confianza mutua
Denuncia
Derechos a la vida privada
Despido
Dimensiones centrales
Disciplina
Disciplina correctiva
Disciplina preventiva
Disciplina progresiva
Dispositivos de vigilancia
Enriquecimiento del puesto
Evaluación Diagnóstica del Puesto
Evaluador del estrés psicológico
Identidad de tareas
Importancia de las tareas
Legitimidad de la influencia organizacional
Polígrafo
Procesamiento de la información social
Profundidad del puesto
Pruebas de honradez
Pruebas de impedimentos
Pruebas genéticas
Retroalimentación
Rotación de puestos
Síndrome de inmunodeficiencia adquirida (sida)
Variedad de habilidades
Vigilancia electrónica
Vigilancia genética

Preguntas para análisis

1. Explique el modelo básico de legitimidad de la influencia organizacional. ¿Le parece que es un modelo razonable y con el cual podría trabajar? Proporcione ejemplos personales para cada una de las cuatro celdas.
2. Piense en un trabajo que haya desempeñado o desempeñe. ¿Acaso sintió que su patrón violaba en alguna forma sus derechos a la vida privada? Explique su respuesta. ¿Tenía su patrón alguna política explícita o implícita en cuanto a los derechos a la vida privada?
3. Suponga que se entrevistará para un puesto de cajero en un banco y antes escuchó que una de las formas de pruebas de honradez analizadas en el capítulo se usaría para explorar su historial personal y las probabilidades de que sea honrado. Describa qué sentiría respecto de cada tipo de prueba y por qué.
4. Fórmense pequeños grupos y luego cada uno visite una compañía para comentar sus programas de tratamiento del alcoholismo y consumo de drogas. ¿En qué otros comportamientos relacionados con la salud muestra interés la compañía? Enumeren los aspectos sobresalientes del programa ante toda la clase y expresen su evaluación de su probable efectividad.
5. Suponga que uno de sus trabajadores recibió hace poco resultados positivos de la prueba para el virus que causa el sida. Aunque todavía tiene capacidad plena para realizar sus deberes en el trabajo, otro empleado se ha acercado a usted y le expresó su objeción a trabajar muy cerca de ese empleado. ¿Cómo le respondería?
6. Formen grupos de análisis de cuatro o cinco personas y elaboren una lista de los seis elementos principales de calidad de la vida en el trabajo que le interesarían a cada

grupo en el trabajo. Luego, presenten su informe de grupo, junto con las razones correspondientes, al resto de la clase. Por último, analicen las similitudes y diferencias entre las respuestas de los grupos.

7. Piense en su trabajo actual o uno anterior. Analice sus características favorables y desfavorables de calidad de la vida en el trabajo.
8. Analicen en clase la afirmación siguiente: "La anchura del puesto es más importante que su profundidad para motivar a los empleados."
9. Piense en su trabajo actual o uno previo. ¿Hubo formas en que no actuó de manera responsable hacia la organización o se aprovechó indebidamente de ella? Explique su respuesta.
10. Considere su propio rol como posible denunciante. ¿En qué circunstancias criticaría públicamente a su patrón o a un compañero de trabajo?

Evalúe sus propias habilidades

¿Son buenas sus habilidades de influencia organizacional?

Lea cuidadosamente las afirmaciones siguientes. Marque con un círculo el número de la escala de respuestas que refleje mejor el grado en que cada afirmación lo describe con exactitud. Sume los puntos totales y prepare un breve plan de acción para su mejoramiento personal. Esté listo para indicar su calificación con fines de tabulación ante todo el grupo.

	Descripción satisfactoria								Descripción insatisfactoria
1. Discrimino cuidadosamente entre las actividades de los empleados que ocurren dentro y fuera del trabajo.	10	9	8	7	6	5	4	3	2 1
2. Tengo cuidado de respetar los derechos a la vida privada de los empleados cuando se habla sobre temas como creencias religiosas, políticas y sociales.	10	9	8	7	6	5	4	3	2 1
3. Vigilo cuidadosamente el uso que hacen los empleados de las computadoras, para tener la certeza de que no abusen del privilegio de contar con esos equipos.	10	9	8	7	6	5	4	3	2 1
4. Observo signos de consumo de bebidas alcohólicas u otras sustancias en los empleados.	10	9	8	7	6	5	4	3	2 1
5. Emprendo acciones inmediatas y positivas para que los empleados no practiquen el acoso sexual.	10	9	8	7	6	5	4	3	2 1
6. La mayor parte de mis medidas disciplinarias se dedica a la prevención de problemas, no a su tratamiento correctivo.	10	9	8	7	6	5	4	3	2 1

7. Acepto con entusiasmo mi rol de crear un ambiente de calidad de la vida en el trabajo que sea excelente para los empleados y la empresa. 10 9 8 7 6 5 4 3 2 1
8. Estoy plenamente consciente de cuáles son los empleados que valorarían los puestos enriquecidos y cuáles no. 10 9 8 7 6 5 4 3 2 1
9. Tengo ideas claras de cómo podría aumentar los niveles de las cinco dimensiones centrales en los puestos de mis empleados. 10 9 8 7 6 5 4 3 2 1
10. Dedico tiempo a resaltar ante mis empleados sus obligaciones hacia la empresa (para equilibrar las responsabilidades que ésta tiene hacia ellos). 10 9 8 7 6 5 4 3 2 1

Calificación e interpretación   Sume los puntos que obtuvo en las 10 preguntas. Escriba la calificación aquí ____ y señálela cuando se le pida.

- Si obtuvo de 81 a 100 puntos, parece tener una capacidad adecuada para mostrar habilidades apropiadas de influencia organizacional.
- Si obtuvo de 61 a 80 puntos, revise los elementos con calificación baja y explore formas de mejorarlos.
- Si obtuvo menos de 60 puntos, debe estar consciente de que sus debilidades en relación con varios elementos podría ser nociva para su éxito futuro como líder. Le instamos a que relea el capítulo completo y busque otro material pertinente en capítulos ulteriores y otras fuentes.

Ahora, identifique las tres calificaciones más bajas y escriba los números de pregunta aquí: ____, ____ y ____. Redacte un párrafo breve en que detalle, para usted mismo, un plan de acción de cómo mejoraría cada una de estas habilidades.

Dos empleados de contabilidad

Incidente

Rosemary Janis y Mary López eran las únicas dos empleadas que manejaban los pagos de clientes en la oficina de la Atlantic Plumbing Supply Company. Reportaban al propietario del negocio. Janis tenía 18 meses de antigüedad en el puesto, y López, 14 meses. Ambas habían estudiado en la universidad local, tenían casi 23 años de edad y eran solteras.

Manipulando las cuentas de una manera tan ingeniosa que normalmente no se detectaría, Janis robaba de los pagos en cuenta conforme se recibían. En el tercer mes después de su contratación, López se enteró de ello y decidió no informar al dueño, en la consideración de que el comportamiento personal de su compañera no era asunto de su incumbencia. López no se benefició con los robos y las dos empleadas ni siquiera eran amigas. Sus obligaciones les permitían trabajar más bien con independencia una de otra, ya que cada una manejaba una parte distinta de las cuentas.

Cuando el propietario se dio cuenta de los robos de Janis gracias a la instalación de cámaras de vigilancia ocultas, el desfalco llegaba a los 5 700 dólares. Durante la investigación, el propietario se dio cuenta de que López sabía del problema desde meses atrás, puesto que era evidente que no podía haber ocurrido durante un periodo prolongado sin el conocimiento de ella. En el momento de su contratación, el propietario les dijo a ambas que manejarían dinero y que se requería una honradez estricta.

Preguntas

1. ¿Cuáles cuestiones surgen con estos acontecimientos? Analice el tema.
2. ¿Cuáles acciones disciplinarias preventivas o correctivas aconsejaría en relación con cada una de las mujeres y por qué?
3. ¿Es un problema la falta de denuncia por parte de López?

Ejercicio de experiencia

El estudiante enriquecido

1. Considere su "trabajo" académico como estudiante. Califíquelo en relación con cada una de las cinco dimensiones centrales, según la magnitud que esté presente de cada una (1 = baja, 10 = alta). Calcule una calificación de potencial motivador para usted con la fórmula de la CPM mencionada en el texto. ¿Qué le dice esta información?

Dimensión del puesto	Su calificación	Promedio del grupo
Variedad de habilidades	_____	_____
Identidad de tareas	_____	_____
Importancia de las tareas	_____	_____
Autonomía	_____	_____
Retroalimentación	_____	_____
CPM	_____	_____

2. Después de formar grupos de cuatro a seis personas, compartan sus calificaciones y calculen una calificación grupal promedio de cada dimensión. Luego, determinen la CPM del grupo con la fórmula incluida en el texto. ¿Qué les dicen estas calificaciones?
3. Analicen cinco pasos importantes que los administradores y profesores de la universidad podrían dar para enriquecer su "puesto estudiantil" si contasen con los datos generados en este ejercicio.

Capítulo 11

Comportamiento interpersonal

Cuanto más entiendan [los empleados] el estilo administrativo de sus superiores, tanto mejor serán su interacción con ellos y la realización del trabajo.

—**Jennifer Laabs**[1]

Todos los malos jefes caen en tres categorías: jefes sin cerebro, jefes sin valentía y jefes sin corazón.

—**Len Schlesinger**[2]

OBJETIVOS DEL CAPÍTULO
ENTENDER:

- La naturaleza y los tipos de conflictos
- Las consecuencias de los conflictos y las estrategias de resolución
- Los diferentes tipos de personalidades
- El comportamiento asertivo
- Las orientaciones interpersonales y el reconocimiento
- Los tipos de poder
- Las políticas e influencia organizacionales

Joyce y Joan estaban enfrascadas en una discusión tal que se habrían distanciado si hubieran permitido que avanzara. Joyce comentó: "Pienso que nuestra mejor opción para sobrevivir es crecer y la mejor forma de lograrlo es adquirir a nuestros dos competidores más cercanos." Joan respondió: "Tu enfoque podría llevarnos a la bancarrota; nos ahogaríamos en un mar de pagos de deudas."

Joyce comentó, con un dejo de sarcasmo: "¿Entonces qué propones *tú* que hagamos?"

Joan replicó: "Sugiero que nos enfoquemos en fortalecer nuestra posición de mercado actual. Debemos gastar más en desarrollo de nuevos productos, comercializar agresivamente nuestra línea de productos existente y recortar el personal en 6%."

Antes de que el debate continuara, ambas partes acordaron examinar el tema de manera objetiva y no permitir que las emociones se intensificaran. Decidieron enfocarse en solucionar juntas el problema, con compresión y respeto hacia el punto de vista de la otra parte. Al hacerlo, evitaron los errores destructivos de los conflictos usuales.

Por definición, las organizaciones requieren que las personas trabajen juntas y se comuniquen, frecuentemente en pares, como en la interacción de Joyce con Joan. En teoría, estas relaciones interpersonales deben ser productivas, cooperativas y satisfactorias. En la realidad, a menudo los gerentes se topan con que no es así.

Casi todas las relaciones de trabajo producen cierto grado de conflicto con el paso del tiempo. Que los conflictos sean constructivos o destructivos depende de las actitudes y habilidades de sus participantes, así como de las presiones del tiempo y la falta de recursos. En este capítulo, se analizan algunas formas de tratar los conflictos y se examinan sus posibles resultados. También se sugiere que los empleados necesitan desarrollar habilidades de asertividad para que sus colegas los escuchen y respeten. Se brindan lineamientos para entenderse a uno mismo y entender a los demás, así como para comunicarse mejor.

El comportamiento interpersonal en organizaciones complejas produce inevitablemente diferencias de poder. Se analizan cinco fuentes de poder como base para juzgar cuáles son las más constructivas. El capítulo concluye con un análisis de las políticas organizacionales, es decir, las diversas estrategias para lograr mayor influencia interpersonal tanto en decisiones como en personas.

CONFLICTOS EN LAS ORGANIZACIONES

Naturaleza de los conflictos

Los **conflictos** son toda situación en que dos o más partes sienten que sostienen posiciones opuestas. El conflicto es un proceso interpersonal que surge de desacuerdos en cuanto a los objetivos que deben alcanzarse o los métodos para lograrlos. En la discusión mencionada, Joyce y Joan difieren en cuanto al objetivo y la forma de alcanzarlo. Por consiguiente, sería incluso más difícil resolver el conflicto, si bien deben encontrar la forma de hacerlo.

¿Qué es un conflicto?

Además de los conflictos relativos a objetivos o métodos, surgen otros por la interdependencia de tareas, la ambigüedad de roles, las políticas, los reglamentos, las diferencias de personalidad, la comunicación inefectiva, la competencia por recursos escasos y las diferencias subyacentes en las actitudes, creencias y experiencias. En empresas de todo el mundo, el conflicto entre intereses distintos es inevitable y, a veces, muy grande. En una encuesta, se informó que los gerentes dedican aproximadamente 20% de su tiempo en solucionar conflictos.[3] Pueden ser participantes directos en ellos o mediadores que intentan resolver dificultades entre dos o más de sus empleados. Sea cual fuere el caso, reviste importancia conocer y comprender los conflictos y los métodos para solucionarlos.

Diversas investigaciones han indicado en repetidas ocasiones la constancia en la importante función que el comportamiento interpersonal tiene en el éxito o fracaso de los gerentes.[4] Una de las razones principales de tal fracaso en relación con ejecutivos previamente exitosos es la insensibilidad hacia otras personas. Algunas gerentes, alabadas como personas excepcionalmente inteligentes y con un expediente de excelencia, fracasaron luego por su incapacidad para adaptarse a un jefe. Y un retrato hablado de los gerentes europeos fracasados indica que fueron insensibles, manipuladores, abusivos, degradantes, excesivamente críticos e incapaces de formar relaciones de confianza. En tales condiciones, surgen inevitablemente los conflictos con colegas y otros empleados.

Niveles de conflictos

Los conflictos pueden darse en el interior mismo de un empleado, entre individuos o grupos, o entre empresas que compiten. En el capítulo 4 se examinó el conflicto de roles (expectativas de roles distintas) y la ambigüedad de roles (falta de claridad respecto de la forma de actuar).

Conflicto intrapersonal   Aunque muchos conflictos de roles ocurren cuando el supervisor o colega de un empleado envía señales de expectativas contradictorias, es posible que surja el conflicto de roles intrapersonal, desde el interior del individuo, como resultado de los roles competitivos que se asumen. Por ejemplo, Sabrina podría verse a sí misma como gerente de un equipo responsable de proteger y ampliar sus recursos y como miembro del grupo de ejecutivos encargado de la tarea de reducir los costos de operación.

Conflicto interpersonal   Los conflictos interpersonales son un problema grave para muchas personas, ya que afectan profundamente sus emociones. Los individuos tienen la necesidad de proteger su autoestima y la imagen de sí mismos contra el daño que les causan otras personas. Cuando se ve amenazado el concepto de sí mismo, ocurre una alteración grave y se deterioran las relaciones. En ocasiones, el temperamento de dos personas es incompatible y ocurre el choque de sus personalidades. En otras, los conflictos son el resultado de la falta de comunicación o de diferencias de percepción.

Un empleado de oficina se alteró por un conflicto con un compañero de trabajo de otro departamento. Al primero de ellos le parecía que no había forma de solucionar el problema. Sin embargo, cuando un consejero explicó los diferentes roles organizacionales de los dos empleados desde el punto de vista de la empresa como un todo, cambiaron las percepciones del primero de los empleados y se desvaneció el conflicto.

Conflicto intergrupal También causan problemas los conflictos intergrupales, por ejemplo, entre dos departamentos. En una mayor escala, estos problemas se parecen a las guerras entre bandas juveniles. Cada grupo intenta socavar la posición del otro, adquirir poder y mejorar su imagen. Los conflictos surgen de causas como puntos de vista distintos, lealtad al grupo y competencia por recursos. Los recursos son limitados en toda empresa —y cada vez lo son más, en la medida en que las compañías tratan de ser competitivas—. Muchos grupos sienten que necesitan más de lo que obtienen, de modo que las semillas del conflicto intergrupal existen doquiera que haya recursos limitados. A manera de ejemplo, el departamento de producción podría querer maquinaria nueva y más eficaz, al mismo tiempo que el de ventas desea ampliar su fuerza de ventas; pero sólo se tienen recursos suficientes para satisfacer las necesidades de uno de esos grupos.

Se mencionó que *algunos conflictos pueden ser constructivos* y sin duda es tal el caso en el nivel intergrupal. En éste, el conflicto puede ser indicio de la necesidad de resolver un problema fundamental entre dos departamentos, en vez de permitir que se agrande. A menos de que se ventilen los problemas, es imposible entenderlos o explorarlos plenamente. Una vez que aparece el conflicto intergrupal, crea una fuerza motivadora que alienta en los dos grupos la resolución del conflicto, de modo que la relación pase a un equilibrio renovado. Visto de esta manera, el conflicto intergrupal en ocasiones se *agranda*, es decir, se estimula de manera intencional en las empresas por sus efectos constructivos. En otras circunstancias, podría ser aconsejable *reducirlo*, es decir, minimizarlo por sus consecuencias potencialmente destructivas. El reto para los gerentes es *mantener el conflicto en un nivel moderado* (en el que es más probable que estimule el pensamiento creativo sin interferir en el rendimiento). El conflicto no debe volverse tan intenso que sus participantes lo oculten o lo agranden hasta niveles destructivos.

Fuentes de conflictos

Los conflictos interpersonales surgen de diversas fuentes (figura 11-1):

- *Cambios organizacionales.* Las personas sostienen puntos de vista diferentes en cuanto a la dirección que debe seguirse, las rutas que han de tomarse y su éxito probable, los recursos que se utilizarán y los probables resultados. Los cambios organizacionales serán omnipresentes con el ritmo creciente de las modificaciones tecnológicas, políticas y sociales, así como la tendencia del mercado hacia la economía globalizada.
- *Conjuntos de valores distintos.* Las personas también poseen creencias y sistemas de valores distintos. Su filosofía suele divergir o sus valores éticos las llevan en direcciones igualmente distintas. Las disputas consecuentes pueden ser difíciles de resolver, ya que son menos objetivas que los desacuerdos respecto de productos alternos, niveles de inventario o campañas promocionales.
- *Amenazas al estatus.* En el capítulo 4 se plantea que el estatus o nivel social de la persona en un grupo es muy importante para muchas de ellas. Cuando está en riesgo el estatus personal, la actitud de guardar las apariencias puede ser una fuerza impulsora poderosa, conforme la persona intenta mantener su imagen. Es posible que surjan

Es importante guardar las apariencias

FIGURA 11-1

Un modelo del proceso de resolución de conflictos

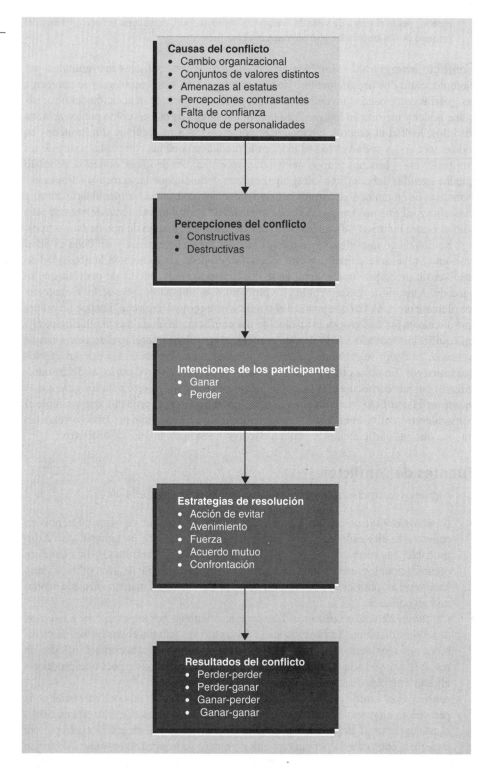

conflictos entre el individuo que está a la defensiva y quien haya generado una amenaza a su estatus.
- *Percepciones contrastantes.* Los seres humanos perciben la realidad de manera distinta, como resultado de sus experiencias y expectativas. Puesto que sus percepciones son muy reales para ellos y sienten que deben ser igualmente evidentes para los demás, en ocasiones no advierten que otras personas podrían tener percepciones distintas de un mismo objeto o acontecimiento. Surgirán conflictos, a menos que los empleados aprendan a ver la realidad como la ven los demás y los ayuden a hacer lo mismo.
- *Falta de confianza.* Toda relación continua requiere cierto grado de **confianza**, es decir, la posibilidad de depender de las acciones y palabras entre dos personas. La confianza abre fronteras, brinda oportunidades para actuar y enriquece todo el tejido social de una empresa. Se requiere tiempo para construirla, si bien puede destruirse en un instante. Cuando una persona tiene una razón percibida o real para no confiar en la otra, existe el potencial de conflictos.
- *Choque de personalidades.* En el capítulo 1 se señaló que el concepto de las diferencias individuales es fundamental en el comportamiento organizacional. No todo mundo piensa, siente, se ve o actúa de igual manera. Algunas personas simplemente caen mal a otras, y no siempre es posible explicar por qué. Aunque las diferencias de personalidad pueden generar conflictos, también son un recurso importante para solucionar los problemas de manera creativa. Los empleados necesitan aceptar, respetar y aprender a usar estas diferencias cuando las haya.

Diferencias de personalidad   Henri es diferente de María y Mateo lo es de Adán. Incluso los gemelos idénticos, pese a todas sus similitudes, difieren entre ellos. Una tarea de los administradores es identificar las diferencias clave de personalidad, ser sensibles a sus efectos y adaptarse a ellas. Si tienen éxito en esa tarea, es factible prevenir algunos conflictos o por lo menos atenuarlos.

¿Cómo difieren las personalidades? Aunque se han identificado muchos rasgos, parecen agruparse en torno a cinco factores principales: simpatía, conciencia, apertura a las experiencias, estabilidad emocional y extroversión (los extremos en uno y otro polos se muestran en la figura 11-2).[5] Los empleados con conciencia tienen tasas de ausentismo más bajas, muestran cuidado en relación con la calidad de su trabajo, establecen objetivos de rendimiento retadores para sí mismos y muestran con más frecuencia comportamientos de ciudadanía organizacional. Las personas emocionalmente estables parecen manejar el estrés mejor que otras. Los empleados muy abiertos a las experiencias son menos resistentes a los cambios organizacionales rápidos. Los sujetos extrovertidos son sociables y suelen interactuar bien con los clientes. Las personas agradables tienden a ser pacientes, cooperativas y empáticas. Varios de los rasgos (por ejemplo, estabilidad emocional, simpatía y conciencia) implican menores probabilidades de conflictos interpersonales, ya que se trata de individuos más corteses, autodisciplinados y sensibles a los sentimientos y posturas de otros.

Una prueba de personalidad muy común en muchas empresas es el Myers-Briggs Type Indicator (MBTI).[6] Se basa en el trabajo del psiquiatra Carl Jung y diferencia a las personas en 16 categorías principales, con base en sus preferencias por el *pensamiento* (uso de la lógica racional) contra los *sentimientos* (consideración de los efectos en otros individuos), *juicios*

Dieciséis tipos diferentes

FIGURA 11-2

Cinco rasgos de personalidad importantes

Un extremo	Rasgo	El otro extremo
Preocupado, sensible, simpático	Simpatía	No cooperativo e irritable
Fiable, autodisciplinado	Conciencia	Desorganizado y descuidado
Curioso, flexible, receptivo	Abierto a nuevas experiencias	Cerrado, fijo y resistente
Tranquilo, relajado, a gusto	Estabilidad emocional	Ansioso, tenso e indeciso
Asertivo, sociable, parlanchín	Extroversión	Silencioso, reservado y cauteloso

(solución rápida de problemas ordenados) contra *percepciones* (preferencia por la espontaneidad), *extroversión* (asertividad confiada) contra *introversión* (preferencia por trabajar solo) y *sensaciones* (organización de los detalles en forma estructurada) contra *intuición* (basarse en pruebas subjetivas y corazonadas). El MBTI ha resultado de mucha utilidad para ayudar a que los empleados estén más conscientes de su propia idiosincrasia, al mismo tiempo que se les sensibiliza a las características singulares de sus compañeros de trabajo. Ninguno de los tipos es necesariamente mejor que los demás ni más exitoso en el mundo de los negocios.

Efectos del conflicto

Es frecuente que los participantes en el conflicto lo vean como destructivo, si bien ése es un punto de vista muy limitado. De hecho, si se evitaran todos los conflictos entre compañeros de trabajo, se verían privados de información útil acerca de las preferencias y puntos de vista de los demás. *No todos los conflictos son malos*; en vez de ello, pueden originar resultados productivos o improductivos. De tal suerte, un punto de vista más positivo es ver los conflictos como algo casi inevitable y buscar las formas de que produzcan resultados constructivos.

Ventajas

Uno de los beneficios que generan los conflictos es que las personas se ven estimuladas para buscar enfoques mejorados, que lleven a resultados más satisfactorios. Absorben energía de ellos para ser más creativas y experimentar con nuevas ideas. Otra de sus ventajas es que problemas hasta entonces ocultos salen a la superficie, donde es posible confrontarlos y resolverlos. De igual modo que la fermentación es necesaria para la producción de los buenos vinos, cierta cantidad de fermento puede generar una comprensión más profunda entre los participantes de un conflicto. Y una vez resuelto, los individuos estarían más comprometidos con el resultado, gracias a su participación en la solución.

Desventajas

También existen posibles desventajas, en particular si el conflicto dura mucho tiempo, se vuelve muy intenso o se permite que se centre en cuestiones personales. En el nivel interpersonal, es posible el deterioro de la cooperación y el trabajo de equipo. También podría crecer la desconfianza entre personas que deben coordinar sus esfuerzos. En el nivel personal, ciertos individuos se sentirían derrotados, se dañaría la imagen de sí mismos y aumentaría el estrés personal (capítulo 15) en otros. De manera predecible, disminuiría el grado de motivación en algunos empleados. Por todo lo anterior, es importante que los gerentes tengan conciencia del potencial de conflictos interpersonales e intergrupales, prevengan sus probables resultados y apliquen las estrategias apropiadas de resolución de conflictos.

Un modelo de conflicto

Los conflictos surgen de muchas fuentes y lo hacen en muchas direcciones. También varían en la rapidez con que aparecen y el grado en que son predecibles. En ocasiones, arden durante largo tiempo, como las brasas calientes, y luego surgen bruscamente como las llamas al abanicar el carbón ardiente. En otras, parecen explotar sin advertencia, como la erupción repentina de un volcán. Y de igual modo que las llamas pueden calentarnos cuando es necesario o quemarnos con su calor, los conflictos pueden ser constructivos o destructivos. Así pues, los administradores deben saber cuándo estimular los conflictos y cuándo resolverlos.

Una parte de la respuesta a esa última disyuntiva se muestra en la figura 11-1, relativa al proceso de resolución de conflictos. Las diversas fuentes antes mencionadas producen conflictos constructivos o destructivos. Si el conflicto será dañino, es necesario que los gerentes apliquen una estrategia de resolución de conflictos para prevenirlo, minimizarlo o erradicarlo. Luego, han de evaluarse los resultados del conflicto (ganar o perder) desde la perspectiva de sus participantes.

Resultados de los conflictos Los conflictos pueden dar lugar a cuatro resultados distintos, según el enfoque que asuman sus participantes. Esos resultados se ilustran en la figura 11-3. El primer cuadrante, llamado "perder-perder", corresponde con una situación en que el conflicto se deteriora hasta el punto de que sus participantes quedan peor de como estaban. Un ejemplo extremo es el caso del ejecutivo que despide a la única persona que conoce la fórmula secreta del producto más exitoso de una empresa. El segundo cuadrante, "perder-ganar", es una situación en que una persona (el sujeto A) es derrotada, mientras que la otra (sujeto B) sale victoriosa. En el tercer cuadrante ("ganar-perder") se invierte la situación, de modo que B pierde ante A. El cuarto cuadrante es el **resultado de ganar-ganar del conflicto**, en el cual ambas partes perciben que obtuvieron una posición mejor de la existente antes de iniciarse el conflicto. Este resultado es el preferido y se debe intentar alcanzarlo en las relaciones que continuarán, como las que existen con proveedores, clientes y empleados. Aunque sería un ideal poco realista en algunas situaciones, se trata de una perspectiva fundamental del comportamiento organizacional, hacia la cual deben dirigirse todos los participantes.

Cuatro resultados

Intenciones de los participantes Los resultados de los conflictos son producto de las *intenciones* y *estrategias* de los participantes. Por ejemplo, Jason podría buscar en verdad un resultado de perder-ganar en un conflicto con Becky, por los beneficios que percibe al perder en relación con un tema específico. Tal vez tema las consecuencias de la retribución de muchas victorias iniciales sobre Becky o intente perder con la esperanza de que ella le muestre reciprocidad en ocasiones futuras. En el otro extremo, Marcia podría esperar un resultado de ganar-perder en su conflicto con Jessica. Este efecto in-

Las intenciones afectan las estrategias

Parte cuatro *Comportamiento individual e interpersonal*

FIGURA 11-3

Cuatro posibles resultados de conflictos y cuatro posibles intenciones de los participantes

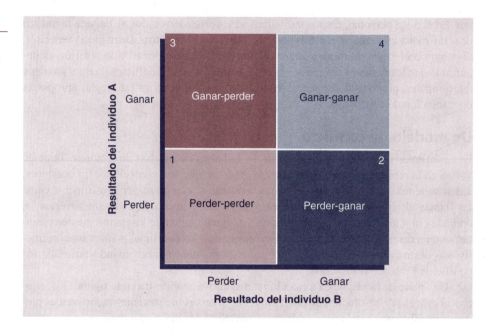

tencionado frecuentemente resulta de un punto de vista de suma cero, en que Marcia piensa que puede tener éxito sólo a costa de Jessica.

Estrategias de resolución Las intenciones ayudan a que los participantes elijan sus estrategias. Una vez seleccionadas, tienen efecto considerable en los resultados a que se llegue (ganar o perder *en la realidad*). Las estrategias más sencillas se centran en los enfoques contrastantes de cooperación o competencia; pero una tipología muy común hace pensar que existen al menos cuatro estrategias claramente distintas (y una combinada, llamada acuerdo mutuo). Cada una de ellas corresponde a grados distintos de preocupación por el resultado propio y el de otra persona, además de que cada una tiene un resultado predecible:[7]

Cinco estrategias

- *Acción de evitar.* Retraimiento físico o mental en relación con el conflicto. Este enfoque, que refleja poco interés en los resultados en ambas partes, por lo general produce una situación de perder-perder.
- *Avenimiento.* Es la adaptación a los intereses de la otra parte. Este enfoque concede mayor énfasis al interés por los demás, por lo general en detrimento de la propia persona, lo que genera una situación de perder-ganar.
- *Fuerza.* Es el uso de prácticas de poder para lograr la victoria. Se trata de una estrategia que se basa en la agresividad y el dominio para lograr los objetivos personales a expensas de los intereses de la otra parte. El resultado probable es una situación de ganar-perder.
- *Acuerdo mutuo.* Es la búsqueda de un punto medio o el estar dispuesto a ceder algo a cambio de ganar algo más. Es una estrategia que refleja un grado moderado de preocupación por uno mismo y los demás, sin un resultado probable específico.

> ### Diversidad de preferencias
>
> ¿Existe un solo enfoque de resolución de conflictos que todas las partes tienden a usar? ¿O podrían identificarse preferencias y hábitos distintivos en los diferentes grupos e incluso entre culturas diversas? Aunque los datos de las investigaciones no son concluyentes, sí hacen pensar que existen diferencias:
>
> - Los hombres tienden a usar el enfoque de fuerza como estilo dominante, mientras que las mujeres lo emplean menos y con frecuencia se basan en otras tácticas.
> - Los administradores de diversos niveles tienden a usar el enfoque de fuerza, al tiempo que sus empleados prefieren la acción de evitar, el avenimiento o el acuerdo mutuo.
> - Los gerentes estadounidenses tienden a ser competitivos, mientras que los gerentes japoneses prefieren un enfoque cooperativo.
>
> También se han identificado tendencias significativas. Cada parte de un conflicto tiende a imitar el estilo de la otra (por ejemplo, la fuerza induce fuerza, el avenimiento causa avenimiento). Además, las personas tienden a seleccionar estilos de resolución distintos para problemas diferentes (por ejemplo, la confrontación se usa frecuentemente en las evaluaciones del rendimiento, mientras que el acuerdo mutuo es más probable en temas relacionados con hábitos y gestos personales). De nuevo, es evidente que diversos factores de contingencia (lo que incluye características de diversidad de grupos, como el sexo) afectan la selección de una estrategia del comportamiento.
>
> **Fuentes:** James A. Wall Jr. y Ronda Roberts Callister, "Conflict and Its Management", *Journal of Management*, vol. 21, núm. 3, 1995, pp. 515-558; Richard Hodgetts y Fred Luthans, *International Management*, 3a. ed., Nueva York, McGraw-Hill, 1997.

- *Confrontación.* Consiste en enfrentar directamente el conflicto y superarlo mediante una resolución que satisfaga a ambas partes. También llamada *solución de problemas* o *integración*, es una táctica que busca lograr el máximo de logros de los objetivos de ambas partes, lo que origina un resultado de ganar-ganar.

Cualquiera de las estrategias sería efectiva para el propósito intencionado de ganar o perder. Sin embargo, la no acción y el avenimiento son útiles básicamente para *manejar* el proceso del conflicto. Ello significa que de alguna manera estos enfoques controlan el grado del conflicto y reducen sus efectos dañinos mientras exista, si bien persiste la fuente del conflicto. Lo mismo es válido cuando dos partes modifican sus posturas para llegar a una solución. La idea del acuerdo mutuo es atrayente si el objetivo consiste en librarse del conflicto con costo mínimo; pero es frecuente que limiten la creatividad. El uso del enfoque de fuerza permitiría lograr un objetivo a corto plazo, si bien es frecuente que dañe irreparablemente la relación entre las dos partes.

Sólo una estrategia de **confrontación** puede verse en realidad como un enfoque de resolución, ya que con este método se hace frente a las diferencias básicas y, en última instancia, se las elimina mediante una resolución creativa de problemas. El enfoque de

FIGURA 11-4

Lineamientos de resolución de conflictos mediante la confontación

1. Acordar un objetivo común: *resolver el problema.*
2. Comprometerse con posiciones flexibles, no fijas.
3. Aclarar las fortalezas y debilidades de las posiciones de ambas partes.
4. Reconocer la posible necesidad de guardar las apariencias de la otra persona y usted mismo.
5. Ser franco; no ocultar información clave.
6. No discutir ni usar las respuestas del tipo "Sí; pero…"; mantener bajo control sus emociones.
7. Tratar de entender el punto de vista, las necesidades y el objetivo final de la otra persona.
8. Hacer preguntas para obtener la información necesaria; sondear en busca de significados profundos y apoyo.
9. Cerciorarse de que ambas partes tengan un claro interés en que el resultado sea de éxito.
10. Dar crédito sustantivo a la otra parte cuando se resuelva el conflicto.

confrontación (*véase* un conjunto de lineamientos operativos en la figura 11-4) tiene muchos beneficios respecto del comportamiento. Es más probable que ambas partes vean el conflicto reciente como productivo, ya que las dos obtienen beneficios. También es importante su percepción de que el proceso fue de apoyo mutuo, en que la solución de problemas y la colaboración ayudaron a integrar las posiciones de las partes. En consecuencia, los participantes sienten que el enfoque de confrontación es más satisfactorio, ya que conservan su respeto de sí mismos y obtienen el respeto de la otra parte. Muchos grupos de empleados-administradores se han formado con el objetivo de encontrar nuevas formas de confrontación constructiva para lograr relaciones de ganar-ganar.

Se ha aplicado una amplia variedad de otras herramientas e ideas para resolver los conflictos. En ocasiones, la simple aplicación de reglas o políticas pertinentes puede resolver una disputa. En otras, las partes pueden ser separadas mediante la reasignación de espacios de trabajo, la exclusión de una de ellas de un comité o la colocación de trabajadores en turnos distintos. Otra opción es incluir a un tercero en la interacción —asesor, mediador o una persona neutral— que pueda hacer a un lado cuestiones personales y facilite los acuerdos. Un enfoque constructivo es retar a ambas partes para que trabajen juntas hacia un objetivo unificador, como mayores ingresos o satisfacción de los clientes.

Tácticas de negociación   Se han dedicado muchas investigaciones a la pregunta siguiente: ¿Qué tipos de comportamientos ayudan a resolver conflictos con un resultado de ganar-ganar? Una y otra vez se proponen algunos aspectos básicos: elegir un sitio neutral, hacer los arreglos para que las partes se sientan de manera cómoda (de preferencia sentadas frente a una pantalla de proyección con una superficie de escritura), no permitir la presencia de observadores (y con ello, de manera implícita, presionar a los negociadores) y establecer fechas límites para forzar la resolución. Se aconseja que los negociadores establezcan objetivos mínimos y óptimos para cada parte por separado y por anticipado, para que se enfrasquen en un proceso completo de recopilación de datos, escuchen atentamente lo que dice la otra parte y su forma de decirlo, se concentren en ideas y no en personalidades, y busquen áreas en las que puedan lograr concesiones respecto a temas importantes, al mismo tiempo que ceden con otras áreas de menor interés. Si se utilizan correctamente, estas tácticas deben ayudar a que se produzca un resultado favorable para ambas partes, se elimine la causa subyacente del conflicto y se logre la solución con una inversión mínima de tiempo y energía.[8]

COMPORTAMIENTO ASERTIVO

Confrontar los conflictos es difícil para algunas personas. Cuando enfrentan la necesidad de negociar con otros, algunos gerentes se sienten inferiores, carecen de las habilidades necesarias o temen al poder de la otra persona. En tales circunstancias, es probable que supriman sus sentimientos (lo cual es parte de la estrategia de la no acción) o que exploten sin querer. Ninguna de las dos respuestas es verdaderamente productiva.

Una opción constructiva es practicar el comportamiento asertivo. La **asertividad** es el proceso de expresar sentimientos, pedir cambios legítimos, y brindar y recibir retroalimentación sincera. Una persona asertiva no tiene miedo de pedir a otra que cambie un comportamiento ofensivo ni se siente a disgusto rechazando solicitudes irracionales de otra. La capacitación para la asertividad incluye enseñar a las personas el desarrollo de formas efectivas de enfrentar diversas situaciones que producen ansiedad.

Asertividad

Las personas asertivas son directas, sinceras y expresivas. Sienten confianza en sí mismas, obtienen respeto para ellas y hacen sentir valiosos a otros. En contraste, las personas agresivas humillan a los demás, mientras que los individuos no asertivos generan compasión o burla. Ambas opciones respecto de la asertividad suelen ser menos eficaces para lograr un objetivo deseado.

Ser asertivo en una situación comprende cinco etapas, como se muestra en la figura 11-5. Al enfrentar una situación intolerable, las personas asertivas la describen objetivamente, expresan sus reacciones emocionales y sentimientos, y muestran empatía con la posición del otro. Luego, ofrecen opciones para solucionar el problema e indican las consecuencias (positivas o negativas) que seguirían. No todas las etapas son necesarias en todas las situaciones. Por lo menos, es importante describir la situación presente y hacer recomendaciones de cambio. Los demás pasos se aplican según la importancia del problema y la relación entre los afectados.

Etapas de la asertividad

> Carla, supervisora en una pequeña oficina, tenía un problema. Su secretaria, Maureen, se había vuelto cada vez más descuidada en su hora de llegada por la mañana. Además de que casi nunca llegaba antes de las 8:00 a.m., sus retrasos variaban desde unos cuantos minutos hasta casi media hora. Aunque Carla se mostraba renuente a enfrentarla, sabía que debía hacerlo o el resto del personal estaría a disgusto.
>
> Carla pidió a Maureen que fuera a su privado poco después de que la segunda de ellas llegó a la mañana siguiente y aprovechó su capacitación de asertividad. Empezó por decirle: "Has estado llegando tarde casi todos los días durante las últimas dos semanas. Esto es inaceptable en una oficina que se enorgullece de que el servicio a clientes comienza a las 8:00 a.m. Reconozco que podría haber razones legítimas de un retardo de vez en cuando; pero necesito que en lo futuro llegues a tiempo la mayor parte de los días. Si no lo haces, incluiré una carta en tu expediente personal y también consideraré tu comportamiento en la evaluación de rendimiento semestral. ¿Estás dispuesta a cambiar?"

FIGURA 11-5

Etapas del comportamiento asertivo

Etapa	Ejemplo
1. Describir el comportamiento.	"Cuando hace(s) esto…"
2. Expresar su sentir.	"Siento…"
3. Mostrar empatía.	"Entiendo por qué usted (tú)…"
4. Brindar opciones de solución del problema.	"Quisiera que considere(s) cambiar, ya sea a…"
5. Indicar las consecuencias.	"Si no lo hace(s), tendré que…"

Por lo general, el comportamiento asertivo es más efectivo cuando integra diversos componentes verbales y no verbales. En muchas culturas, el contacto visual es una forma de expresar sinceridad y confianza en sí mismo, además de que el tronco erguido y la postura corporal dirigida hacia el interlocutor aumentarían la fuerza del mensaje. Pueden acompañarse de gestos apropiados, las expresiones faciales congruentes y un tono y volumen de voz fuertes a la vez que modulados. Quizá lo más importante sea la expresión espontánea y fuerte de una reacción sincera, como al decir: "Antonio, ¡me molesta mucho que todas las veces entregas tu informe un día después de la fecha convenida!"

Orientaciones interpersonales

Cada persona tiende a mostrar una de cuatro **orientaciones interpersonales**, es decir, formas de relacionarse con los demás.[9] Ello tiende a persistir durante toda la vida, a menos que ocurran experiencias importantes que lo cambien. Aunque una orientación predomina en las relaciones que establece una persona, puede mostrar otras de vez en cuando, en circunstancias específicas. En otras palabras, aunque predomine una orientación, no es la única.

Verse a uno mismo y ver a los demás

Las orientaciones interpersonales derivan de la combinación de dos puntos de vista, como se muestra en la figura 11-6. En primer término, ¿cómo se ve la persona a sí misma? En segundo lugar, ¿cómo ve a los demás en general? La combinación de una respuesta positiva (bien) o una negativa (mal) a cada pregunta origina cuatro posibles orientaciones interpersonales:

- Estoy mal-Estás bien.
- Estoy mal-Estás mal.
- Estoy bien-Estás mal.
- Estoy bien-Estás bien.

La perspectiva deseable y la que tiene mayores probabilidades de interacciones saludables es "Estoy bien-Estás bien". Indica la aceptación sana de uno mismo y el respeto a los demás. Lo más probable es que genere comunicaciones constructivas, conflictos productivos y confrontaciones mutuamente satisfactorias. Las otras tres orientaciones

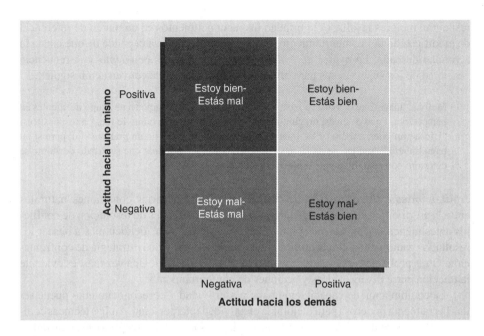

FIGURA 11-6

Cuatro orientaciones interpersonales

son psicológicamente menos maduras y menos efectivas. El punto importante es que, sin importar la orientación interpersonal actual, es posible aprender la perspectiva "Estoy bien-Estás bien." En ella reside la esperanza que tiene la sociedad de que mejoren las relaciones interpersonales.

Reconocimiento

Las personas buscan el reconocimiento en sus interacciones. El **reconocimiento** se define como todo acto de aceptación de los demás. Se aplica a todos los tipos, trátese de reconocimiento físico, verbal o por contacto no verbal. En muchos trabajos, el principal método de reconocimiento es el verbal, por ejemplo: "Pedro, tuviste ventas excelentes el mes pasado." Los ejemplos de reconocimiento físico abarcarían una palmada en la espalda o un firme apretón de manos.

Los reconocimientos pueden ser positivos, negativos o mixtos. Los **reconocimientos positivos** generan un sentimiento favorable al recibirlos y contribuyen a que su receptor tenga la perspectiva de estar bien. Los **reconocimientos negativos** dañan física o emocionalmente y hacen que la persona sienta que está menos bien. Un ejemplo de **reconocimiento mixto** es el comentario de un supervisor: "Óscar, éste es un buen diseño publicitario, considerando la poca experiencia que tienes en este campo."

Tipos de reconocimientos

También existen diferencias entre los reconocimientos condicionales e incondicionales. Los **reconocimientos condicionales** se ofrecen a los empleados si su rendimiento es adecuado o evitan problemas. Un gerente de ventas podría prometer a un empleado: "Te daré un aumento si vendes tres pólizas más." Los **reconocimientos incondicionales** son los que no guardan ninguna relación con el comportamiento. Aunque hacen que la persona se sienta bien (por ejemplo, "Eres un buen empleado"), generan confusión en los trabajadores porque no indican cómo obtener más reconocimientos. Los superviso-

Reconocimientos condicionales e incondicionales

res logran mejores resultados si brindan los reconocimientos en un marco de referencia de modificación del comportamiento, en el que la recompensa depende de que exista la actividad deseada. La *avidez de los empleados por el reconocimiento* y la renuencia ocasional de los supervisores para brindarlo se muestran en la conversación siguiente.

> Melissa, una agente de bolsa, acababa de terminar una presentación a un grupo de clientes en perspectiva. Poco después, preguntó emocionada a su gerente cómo le fue. La respuesta es: "Hiciste un buen trabajo [y los ojos de Melissa se iluminan], no un gran trabajo, pero sí un buen trabajo." Aunque no muestre su desaliento, es fácil adivinar que su estado de ánimo se deterioró considerablemente tras ese comentario.

Aplicaciones a la resolución de conflictos Existen varias conexiones naturales entre la asertividad, la orientación interpersonal y los enfoques de resolución de conflictos antes mencionados. Las personas "Estoy bien-Estás bien" tienden más a buscar los resultados ganar-ganar, con la aplicación de la asertividad y una estrategia de confrontación. Otras probables relaciones se muestran en la figura 11-7. Una vez más, es evidente la relación entre diversas ideas y acciones de comportamiento.

La combinación de capacitación para la asertividad y el reconocimiento puede ser una herramienta poderosa para mejorar la efectividad interpersonal. Ambas técnicas comparten el objetivo de ayudar a que los empleados se sientan bien respecto de sí mismos y los demás. El resultado es que mejoran la comunicación y la cooperación interpersonal. Aunque pueden practicarlas los individuos, se trata de herramientas con efectividad máxima cuando se usan de manera generalizada en toda una organización y reciben el apoyo de los altos ejecutivos.[10] En forma conjunta, son un cimiento importante para los retos más complejos que enfrentan las personas al trabajar en grupos pequeños y comités.

PODER Y POLÍTICA

Todos los líderes tratan con el poder y la política. El **poder** es la capacidad para influir en otras personas y acontecimientos. Es la especialidad del líder, la forma en que éste influye en otros. Difiere hasta cierto punto de la autoridad, ya que ésta la delegan los altos ejecutivos. Por otra parte, el poder lo obtienen los líderes con base en su personalidad, las actividades y situaciones en las que operan.

FIGURA 11-7

Probables relaciones de las orientaciones interpersonales con las estrategias de resolución de conflictos y el comportamiento

Orientación interpersonal	Estrategias de resolución de conflictos	Comportamiento probable
Estoy mal-Estás mal	Acción de evitar	No asertivo
Estoy mal-Estás bien	Avenimiento	No asertivo
Estoy bien-Estás mal	Fuerza	Agresivo
Estoy bien-Estás bien	Confrontación	Asertivo

Tipos de poder

El poder se desarrolla de maneras diversas. Son cinco las **bases del poder**, cada uno con su propia fuente.[11]

Cinco fuentes de poder

Poder personal   También llamado poder de referencia, carismático o de la personalidad, proviene de cada líder en lo individual. Es la capacidad del líder para tener seguidores como resultado de la fuerza de su personalidad. El líder posee magnetismo personal, un aire de confianza, una creencia muy firme en objetivos que atraen seguidores y los mantienen a su lado. Las personas lo siguen porque quieren hacerlo; sus emociones les dicen que lo hagan. El líder siente las necesidades de las personas y les promete satisfacerlas. Entre los ejemplos históricos ampliamente conocidos se incluyen Juana de Arco en Francia, Mahatma Gandhi en India, Winston Churchill en Inglaterra, y John F. Kennedy y Martin Luther King en Estados Unidos.

Poder legítimo   También conocido como poder del puesto o poder oficial, proviene de las autoridades superiores. Surge de la cultura de la sociedad, mediante la cual las autoridades superiores establecidas delegan legítimamente el poder en otros. Confiere a los líderes del poder de controlar recursos y el de recompensar y castigar a otros. Las personas aceptan este poder porque piensan que es aconsejable y necesario para mantener el orden y desalentar la anarquía en la sociedad. Existe presión social de los compañeros y amigos para aceptarlo y luego esperar que los demás lo acepten.

Poder del experto   Denominado también autoridad de los conocimientos, proviene del aprendizaje especializado. Es el poder que surge de los conocimientos e información que tiene una persona acerca de una situación compleja. Depende de los estudios, la capacitación y experiencia, de modo que es un tipo importante de poder en nuestra moderna sociedad tecnológica. Por ejemplo, si su cónyuge tiene un ataque de asma en la sala de urgencias de un hospital, lo más probable es que pida a un médico que le brinde atención, no a una persona que se encarga de transportar las sábanas limpias. La razón es que espera que el médico sea un experto capaz en dicha situación.

Poder de las recompensas   El **poder de las recompensas** es la capacidad para controlar y administrar elementos que son valorados por otra persona. Surge de la capacidad del individuo para otorgar aumentos de sueldo, recomendar para promociones o transferencias, e incluso hacer asignaciones de trabajos favorables. Muchas recompensas están bajo control de los gerentes, sin que ello se limite a elementos materiales. El poder de las recompensas también puede derivarse de la capacidad para brindar reconocimiento organizacional, incluir a un empleado en un grupo social o simplemente brindarle retroalimentación positiva por un trabajo bien hecho. El poder de las recompensas es la base de los programas de modificación del comportamiento, que se analizaron en el capítulo 5.

Poder coercitivo   Es la capacidad para castigar a otros o al menos crear la amenaza percibida de que así se hará. Los gerentes con poder coercitivo pueden poner en riesgo la seguridad de un empleado en su puesto, realizar cambios punitivos en el horario de trabajo de alguien o, en caso extremo, emplear la fuerza física. El poder coercitivo emplea el miedo como motivador, lo cual puede constituir una fuerza poderosa en la inducción de acciones a corto plazo. Sin embargo, es probable que su efecto global sea negativo en el receptor.

Efecto de las bases del poder

Aunque los cinco tipos de poder se derivan de fuentes distintas, en la práctica están interrelacionados. El poder de las recompensas, el coercitivo y el legítimo provienen en lo fundamental del puesto que se ocupa en una organización. El poder del experto y el personal residen en el interior de la persona. Cuando se priva a un supervisor incluso de una sola base del poder, los empleados suelen percibir que disminuyen también las otras. El uso de una base del poder debe encajar en el contexto organizacional para que resulte efectivo.

También es necesario que los gerentes se preocupen por los efectos de las diversas bases del poder en la motivación de los empleados. Éstos pueden responder en una de tres formas, como se muestra en la figura 11-8. Es factible que se *resistan* a las iniciativas del líder, en particular si echa mano del poder coercitivo de manera constante, sin causa aparente o con arrogancia.[12] También es posible que *accedan* a los deseos del líder cumpliendo con las expectativas mínimas, sin brindar un esfuerzo adicional. El poder legítimo tal vez genere tal comportamiento, al igual que el poder de las recompensas, a menos que las recompensas sean sustantivas y se relacionen directamente con las necesidades de los empleados. El resultado más aconsejable del poder es el *compromiso*, es decir, la liberación entusiasta de energía y talento para satisfacer las peticiones del líder. El poder de referencia y el poder del experto tienen mayores probabilidades de generar compromiso; pero también pueden hacerlo adecuadamente, en algunas circunstancias, el poder legítimo y el poder de recompensas.

Política organizacional

La clave está en el interés personal

Mientras que las cinco bases del poder se adquieren y aplican para lograr los objetivos formales de la empresa, muchos gerentes y empleados recurren a otro conjunto de comportamientos (complementario) para lograr sus objetivos personales en el trabajo. El término **política organizacional** se refiere a comportamientos intencionados que tienen como fin mejorar o proteger la influencia y los intereses de una persona.[13] Si se usa de manera profesional, permite lograr una promoción bien ganada, convencer a los altos ejecutivos acerca de las ventajas de una propuesta que ampliará las responsabilidades y los recursos de quien la propone, y obtener mayor visibilidad personal. Sin embargo, otros trabajadores optarían por evitar la política a toda costa o aprovecharla en su propio beneficio, en forma manipuladora y engañosa. El riesgo es que los empleados no escrupulosos que participan en la política organizacional pongan sus intereses personales por

FIGURA 11-8

Posibles respuestas al uso del poder

encima de los intereses de su patrón, en sus intentos por obtener poder político para conseguir beneficios a corto o largo plazos.[14]

Una encuesta realizada a más de 400 gerentes aportó datos acerca de su punto de vista sobre la política organizacional.[15] En su mayoría, los gerentes estuvieron de acuerdo en que:

- La política es común en muchas empresas.
- Los gerentes deben ser políticos hábiles para tener éxito.
- La política se vuelve más importante en niveles superiores.
- La política puede obstaculizar la eficacia organizacional.

Influencia y poder político

En la actualidad, los gerentes y todos los demás empleados de las compañías deben aprender a generar resultados, lograr cooperación y conseguir que se alcancen los objetivos sin basarse en las formas tradicionales de poder. Por difícil que ello parezca, es posible que los gerentes partan de la premisa de que todas las personas están motivadas principalmente por sus propios intereses. Sabiendo esto, es posible influir en los demás realizando intercambios que entrañen beneficios mutuos, para lograr su cooperación. He aquí los siete pasos que una persona debe seguir para aumentar su influencia:

1. Tratar a la otra persona como un posible aliado.
2. Especificar sus objetivos.
3. Indagar las necesidades, los intereses y los objetivos del otro sujeto.
4. Elaborar una lista de sus propios recursos, para identificar algo de valor que pueda ofrecer.
5. Evaluar su relación actual con la otra persona.
6. Decidir qué pedirá y qué ofrecerá.
7. Realizar un intercambio que se acompañe de una ganancia para ambas partes.[16]

También existen muchas tácticas que los líderes pueden usar para obtener poder político. En la figura 11-9 se presentan varios ejemplos, y en el recuadro "Lo que leen los administradores", un conjunto detallado de lineamientos. (*Formar redes* —el desarrollo y mantenimiento del contacto entre un grupo de personas con intereses compartidos— es otra fuente de influencia, que se analizó el capítulo 3.) Dos de las tácticas más comunes son los intercambios sociales y las alianzas de diversos tipos. Un *intercambio social* implica: "Si hace algo por mí, yo haré algo por usted." Se basa en la poderosa **norma de reciprocidad** social, en virtud de la cual dos personas que tienen una relación continua sienten la obligación de pagar "deudas" sociales que contraen entre ellas. Cuando esos intercambios tienen éxito, ambas partes obtienen algo que desean. Los intercambios continuos durante un periodo dado por lo general llevan a una *alianza*, en la que dos o más personas se unen a más largo plazo en un grupo de poder para obtener los beneficios que desean.

Norma de reciprocidad

Otro camino habitual para lograr poder político es *identificarse con una autoridad superior* o una figura poderosa de la compañía. Luego, como dice el adagio, "el que anda entre la miel, algo se le pega". Es frecuente que tal identificación brinde privilegios especiales y en muchos casos genera el reconocimiento como representante o vocero de la figura de poder. Otras personas comparten sus problemas con ella, con la esperanza de

FIGURA 11-9
Ejemplos de tácticas usadas para obtener poder político

Táctica usada	Ejemplo
Intercambio social	En un trueque, el jefe de ingenieros ayuda a que el gerente de planta obtenga la aprobación de una nueva máquina si le apoya en un proyecto de ingeniería.
Alianzas	El gerente de sistemas de información y el vicepresidente financiero trabajan juntos en una propuesta para un nuevo sistema de cómputo.
Identificación con autoridades superiores	El asistente personal de la presidenta de la compañía toma decisiones de importancia menor por su cuenta.
Control de información	El gerente de investigación y desarrollo controla la información de nuevos productos que necesita el gerente de marketing.
Servicios selectivos	El gerente de compras brinda selectivamente servicio más rápido a sus socios comerciales más cooperativos.
Símbolos de poder y estatus	El nuevo contralor hace que se duplique el tamaño de su privado, lo decora lujosamente y contrata a una asistente personal.
Juegos de poder	El gerente A se pone de acuerdo con el vicepresidente para que se le transfiera una parte del departamento del gerente B.
Redes	El joven gerente A se inscribe en un club deportivo.

que ello les brinde acceso a la figura poderosa. Un ejemplo de identificación es el asistente personal del presidente de una compañía, que lo representa en muchos contactos con otros miembros de la organización.

En una compañía, Howard Janus, asistente personal de su presidente, llegó a ser muy aceptado como representante del máximo ejecutivo en toda la compañía. Daba instrucciones a otros altos ejecutivos en nombre del presidente y ellos las aceptaban como órdenes. También representaba al presidente en asignaciones especiales. Controlaba el acceso a su superior y, en

Lo que leen los administradores

Los autores Bolman y Deal inician su libro con la premisa de que *algunas* personas de *algunas* organizaciones sufren una "aflicción moderna debilitante": la carencia de indicios en su trabajo. Las características de esas empresas incluyen su tamaño inmenso, ambiente de trabajo interno caótico e impredecible, empleados sin poder, políticas disfuncionales, tradiciones misteriosas, esfuerzos de cambio fracasados, frustración y cinismo generalizados, y confusión general. A fin de combatir la realidad de que las organizaciones son de naturaleza política, ofrecen varios lineamientos:

- Identificar a los actores políticos clave y evaluar su influencia al respecto.
- Idear formas para obtener aliados tratando de que las personas neutrales se inclinen a su favor.
- Hacer una lista de sus activos de poder personal, del puesto y de recursos.
- Tener claro qué quiere en realidad; conformarse con lo que es probable que obtenga.
- Hacerse amigo de sus oponentes.
- Inventar opciones de ganar-ganar, que produzcan ventajas mutuas.

Los autores predicen que los gerentes pueden adquirir reputación de ser negociadores razonables y creíbles como efecto de combinar un alto nivel de compromiso organizacional y un grado igualmente alto de astucia política, gracias a tácticas como las mencionadas.

Fuente: Lee G. Bolman y Terrence E. Deal, *Escape from Cluelessness: A Guide for the Organizationally Challenged*, Nueva York, AMACOM, 2000.

---

parte, el flujo de información hacia el presidente y desde éste. Manejaba de manera efectiva el poder y poco a poco alcanzó gran influencia en la compañía. Cuando el presidente se jubiló, el asistente se convirtió en un alto ejecutivo y fue aceptado por sus colegas.

Otra forma muy común de adquirir poder político es *brindar servicios de manera selectiva* a los seguidores. Por ejemplo, un gerente de compras proporciona servicios más rápidos y hace flexibles hasta cierto punto las reglas para ayudar a amigos que lo apoyan en su función de compras. Una táctica más es *adquirir símbolos de poder y estatus*, indicativos de que se es importante en una empresa, si bien esta táctica puede tener efectos contraproducentes si el poder que se tiene no es equiparable a esos símbolos.

Ciertos ejecutivos se inclinan por una táctica más agresiva, de aplicar los juegos de poder para *obtener poder de otros*. Se trata de un enfoque arriesgado, ya que ellos también pueden responderle de maneras que debiliten el poder de quien recurre a dichas tácticas.

Una táctica también común para aumentar el poder es *unirse a grupos de intereses* que tienen un objetivo común, o formarlos. Estas redes operan con base en amistades y contactos personales, y tal vez aporten un sitio de reunión de personas influyentes. Un joven ejecutivo que se inscriba en la cámara de comercio local o en un club deportivo está abriendo la puerta a nuevos contactos que podrían serle de utilidad.

Como se ilustra en el ejemplo siguiente, el poder y la política son parte fundamental del éxito del líder en una organización.

Los ejecutivos de una oficina estatal consideraban si transferirían cierta actividad de un departamento a otro. Finalmente, el director general decidió celebrar una reunión con todos los altos ejecutivos para decidir cuál departamento tendría la actividad en cuestión. Antes de la junta, la jefa del departamento que quería obtener dicha actividad preparó un informe detallado y convincente, que sustentaba plenamente la transferencia de la actividad a su departamento. Entretanto, la jefa del departamento que perdería la actividad referida visitó a todos

Consejos a futuros administradores

1. Intente ver los conflictos interpersonales como oportunidades de aprendizaje, crecimiento y exploración.
2. Busque las causas subyacentes de los conflictos, a fin de predecirlos y entenderlos.
3. Esté atento a indicios relacionados con los diferentes rasgos de personalidad de los individuos; evite juzgarlos mientras aplica los modelos ante los que reaccionan mejor.
4. Intente ver, en los posibles conflictos, oportunidades de ganar-ganar para ambas partes, y convertirlos en ello.
5. Mejore sus habilidades para ser una persona de confrontación constructiva; sea sincero, muestre orientación a problemas, cuestione y sea flexible.
6. Aprenda a expresar sus sentimientos y posturas de manera asertiva, sincera y expresiva, de modo que también se satisfagan sus propias necesidades.
7. Acepte las enormes necesidades de reconocimiento que tienen muchos empleados y encuentre oportunidades legítimas para satisfacerlas.
8. Evalúe la naturaleza y fuerza de sus fuentes de influencia y poder; aprenda a aprovecharlas para aumentar sus probabilidades de éxito en la política organizacional.
9. Después de desarrollar y demostrar sus habilidades técnicas, enfrásquese en la administración de impresiones para perfeccionar su imagen ante los ojos de los demás.

los miembros del comité, para mejorar sus relaciones con ellos, negociar y sustentar la perspectiva de su departamento.

Cuando el comité se reunió dos semanas después, la mayoría de sus miembros ya había decidido en favor de la directiva que había empleado el enfoque político. Se hizo caso omiso de la lógica convincente del informe escrito y el comité votó porque se mantuviera la actividad en su departamento actual. Las habilidades políticas ganaron la disputa.

Los ejecutivos pronto se dan cuenta de que el poder político proviene del apoyo de individuos clave o del grupo que los rodea. Se obtiene de la capacidad del líder para trabajar con personas y sistemas sociales con el fin de obtener su alianza y apoyo. El esfuerzo para lograr y aplicar el poder personal para satisfacer intereses individuales requiere estar atento a las necesidades de los demás para guardar las apariencias, practicar el tira y afloja, mejorar las relaciones, llegar a arreglos ingeniosos y emprender muchas otras actividades.

Autovigilancia alta y baja

Las investigaciones hacen suponer que algunas personas son más efectivas que otras en el empleo de la política organizacional.[17] En particular, los individuos con *autovigilancia alta* tienen mayor facilidad para regularse a sí mismos y adaptarse a los indicios situacionales e interpersonales. Son más sensibles a los cambios en las expectativas de roles, les preocupa la impresión que causan en otras personas y responden a las señales que reciben. Al satisfacer las expectativas de los demás, logran tareas y se les ve como líderes potenciales. Las personas con *autovigilancia baja* están más aisladas de los indicios sociales, se comportan según sus propios deseos y muestran menos interés en generar una impresión positiva en los demás. Tal actitud tiene efectos negativos en su relación con otros y disminuye sus probabilidades de promociones.

Muchos empleados tienen interés vital en el éxito de su propia carrera, de modo que las compañías modernas son tierra fértil para que florezca la política. Según observadores, los líderes por lo demás capaces que carezcan de autovigilancia y de habilidades políticas básicas tendrán dificultades para alcanzar puestos altos en las empresas modernas. Lo que necesitan (en el supuesto de que tengan rendimiento alto) es cierto énfasis en la **administración de impresiones**, es decir, en la capacidad para proteger su imagen de sí mismos y simultánea e intencionadamente afectar la evaluación que otros hacen de ellos. Entre las estrategias de administración de impresiones, se cuenta enviar indicios no verbales positivos (por ejemplo, sonrisas o contacto visual), halagar y hacer favores a otras personas.[18] Está claro que los líderes requieren una amplia gama de habilidades interpersonales para su éxito personal y para allanar el camino al rendimiento de sus empleados.

RESUMEN

Los conflictos interpersonales e intergrupales surgen frecuentemente cuando hay falta de acuerdo acerca de los objetivos o los métodos para lograrlos. Estos conflictos pueden ser constructivos o destructivos para quienes participan en ellos. Existen varios métodos para la solución de conflictos (la acción de evitar, el avenimiento, la fuerza, el acuerdo mutuo y la confrontación), los cuales varían en su efectividad potencial. Un aspecto clave gira alrededor de los resultados que se pretenden para uno mismo y los demás: ¿Quiere la persona ganar o perder? ¿Qué desea para la otra parte? Por lo general, el enfoque de confrontación tiene ventajas significativas.

El comportamiento asertivo es una respuesta útil en muchas situaciones cuando se ha hecho caso omiso de las necesidades legítimas de la persona. En las relaciones sociales se busca reconocimiento, ya que contribuye a satisfacer la necesidad correspondiente y refuerza la orientación interpersonal del tipo "Estoy bien-Estás bien".

El poder es necesario para que funcionen las organizaciones. Sus cinco bases son los poderes personal, legítimo, del experto, de recompensas y coercitivo. Cada una tiene efecto diferente en los empleados, el cual va desde la resistencia hasta el compromiso, pasando por la actitud de acceder. La política organizacional es el uso de diversos comportamientos que intensifican o protegen la influencia que ejerce un individuo y sus intereses personales. En líneas generales, los comportamientos políticos son comunes en las empresas, necesarios para el éxito y cada vez más importantes a medida que se asciende en la jerarquía.

Términos y conceptos para revisión

Administración de impresiones
Asertividad
Bases del poder
Confianza
Conflictos
Confrontación
Norma de reciprocidad
Orientación interpersonal
Poder
Poder coercitivo
Poder de recompensas
Poder del experto
Poder legítimo
Poder personal
Política organizacional
Reconocimiento
Reconocimiento condicional
Reconocimiento mixto
Reconocimiento negativo
Reconocimiento no condicional
Reconocimiento positivo
Resultado ganar-ganar de conflictos

Preguntas para análisis

1. Analice la relación entre las teorías X e Y, estrategias de resolución de conflictos y orientaciones interpersonales.
2. Forme pareja con otro estudiante y analice el concepto de la confianza como fundamento de las relaciones humanas productivas. Elabore varias estrategias para aumentar la confianza mutua.
3. ¿Es usted asertivo (califíquese en la escala 1 = bajo a 10 = alto)? ¿Debería ser más o menos asertivo? ¿En cuáles condiciones?
4. "Está decidido: Todos los empleados deben recibir capacitación para volverse más asertivos." Prepárese para presentar los pros y contras de la afirmación precedente en un debate de clase.
5. Identifique cuál orientación interpersonal (combinaciones de estar bien y estar mal respecto de usted y otros) le corresponde mejor. Elabore un plan de acción para cambiar o mantener su orientación interpersonal, de conformidad con sus deseos.
6. Muchas personas no reciben con regularidad tantos reconocimientos como piensan que merecen. ¿Por qué se sienten así? ¿Qué podrían hacer sus superiores al respecto? ¿Qué podrían hacer ellas mismas?
7. Piense en una organización con la que esté familiarizado. ¿Qué tipos de poder se usan en ella? ¿Cómo reaccionan las personas a ellos? ¿Qué cambios recomendaría?
8. Analice y explique la idea de una norma de reciprocidad como base para influir en otros. Explique cómo ha visto que se usa en las relaciones interpersonales. ¿De qué manera podría utilizarla en el futuro?
9. Analice la definición de política organizacional. ¿Puede estar una empresa totalmente libre del comportamiento político? ¿Cómo sería en tal caso? ¿Cómo podría usted hacer que ello ocurriera?
10. Piense en el concepto de la administración de impresiones. ¿De qué manera la usan efectivamente los estudiantes en el aula? ¿Qué estrategias adicionales podrían adoptar?

Evalúe sus propias habilidades

¿Es bueno para mostrar habilidades interpersonales adecuadas?

Lea cuidadosamente las afirmaciones siguientes. Marque con un círculo el número de la escala de respuestas que refleje mejor el grado en que cada afirmación le describe con exactitud cuando ha intentado trabajar constructivamente con otra persona. Sume los puntos totales y prepare un breve plan de acción para su mejoramiento personal. Esté listo para indicar su calificación con fines de tabulación ante todo el grupo.

	Descripción satisfactoria									Descripción insatisfactoria
1. Reconozco las fuentes múltiples de conflictos y busco la causa probable antes de seguir adelante.	10	9	8	7	6	5	4	3	2	1
2. Tengo cuidado de no atacar la autoestima de otra persona ni permitir que la mía resulte amenazada por lo que dicen los demás.	10	9	8	7	6	5	4	3	2	1

3. Sé cuándo intensificar un conflicto y cuándo tiene sentido minimizarlo. 10 9 8 7 6 5 4 3 2 1
4. Reconozco las fortalezas y debilidades de cada uno de mis cinco factores de personalidad principales. 10 9 8 7 6 5 4 3 2 1
5. Intento activamente evaluar el resultado intencionado de los conflictos que otros parecen proyectar; cuando es necesario, convierto el objetivo al tipo ganar-ganar. 10 9 8 7 6 5 4 3 2 1
6. Actúo con flexibilidad para cambiar mi comportamiento entre las cinco principales estrategias de resolución de conflictos, si bien en general prefiero la de confrontación. 10 9 8 7 6 5 4 3 2 1
7. Sé qué se requiere para ser asertivo y me siento a gusto de expresarme en esa forma. 10 9 8 7 6 5 4 3 2 1
8. Intento proyectar la orientación "Estoy bien-Estás bien" a quienes me rodean y creo tener éxito al respecto. 10 9 8 7 6 5 4 3 2 1
9. Evalúo con regularidad mis bases de poder e intento desarrollarlas más. 10 9 8 7 6 5 4 3 2 1
10. Reconozco el carácter real de la política organizacional y uso conscientemente la norma de reciprocidad para facilitar el logro de mis objetivos. 10 9 8 7 6 5 4 3 2 1

Calificación e interpretación   Sume la puntuación total de las 10 preguntas. Anótela aquí ____ y esté preparado para indicarla cuando se le pida.

- Si obtuvo de 81 a 100 puntos, parece tener capacidad para mostrar habilidades interpersonales adecuadas.
- Si obtuvo de 61 a 80 puntos, analice de cerca los elementos con calificación baja y explore formas de mejorarlos.
- Si obtuvo menos de 60 puntos, debe estar consciente de que sus debilidades en relación con varios elementos podría ser nociva para su éxito futuro como motivador. Le instamos a que relea el capítulo completo y busque otro material pertinente en capítulos ulteriores y otras fuentes.

Ahora, identifique las tres calificaciones más bajas y escriba los números de pregunta aquí: ____, ____ y ____. Redacte un párrafo breve en que detalle, para usted mismo, un plan de acción de cómo mejoraría cada una de estas habilidades.

Incidente

El pasajero enojado

Margie James era supervisora de una aerolínea, en el turno nocturno. Su oficina estaba inmediatamente detrás del mostrador y de vez en cuando la llamaban para atender a pasajeros con problemas inusuales, que no podían resolver los empleados. Una noche, hacia las 23:00 horas, se le pidió que atendiera a un pasajero enojado, el cual se acercó a ella con el comentario: "Sus incompetentes empleados perdieron de nuevo mi equipaje y su !X?#*!! asistente de equipaje no me ayuda para nada. Quiero un buen servicio. ¿Acaso todo mundo es incompetente aquí? Tengo en esa maleta un importante discurso que debo dar a las 9:00 de la mañana, y si no me la entrega, le aseguro que demandaré a la aerolínea."

Pregunta
¿Cómo debe responder la señorita James al pasajero? ¿Acaso le serviría el reconocimiento? ¿Le sería útil la capacitación de asertividad?

Ejercicio de experiencia

Evaluación de estrategias políticas

Trabajando de manera individual, califique las estrategias políticas (de influencia) que aparecen a continuación según su disposición a usarlas (1 = máxima, 8 = mínima) para lograr sus intereses personales en el trabajo. Al terminar, formen grupos de unas cinco personas y realicen una evaluación de grupo (consenso) de la proporción de administradores (0-100%) que usaría cada estrategia. Luego, examinen la clave y discutan las diferencias que existan.

Calificación personal		Evaluación grupal del uso por administradores
____	A. Alabar a personas influyentes para hacerlas sentir bien	____
____	B. Obtener apoyo con anticipación para una decisión que se tomará	____
____	C. Acusar a otros como causantes de los problemas (buscar chivos expiatorios)	____
____	D. Crear deudas sociales haciendo favores a otras personas	____
____	E. Vestirse para satisfacer las normas organizacionales de vestimenta de personas exitosas	____
____	F. Crear una red de apoyo de personas influyentes	____

_____ G. Retener o tergiversar información que muestre
desfavorablemente su rendimiento _____

_____ H. Formar coaliciones con individuos poderosos que
puedan ayudarle más adelante _____

Clave: A = 25%, B = 37%, C = 54%, D = 13%, E = 53%, F = 24%, G = 54%, H = 25%.*

* Datos de frecuencia tomados de Robert W. Allen, Dan L. Madison, Lyman W. Porter, Patricia A. Renwick y Bronston T. Mayes, "Organizational Politics: Tactics and Characteristics of Its Actors", *California Management Review*, otoño de 1979, pp. 77-83.

Parte cinco

Comportamiento grupal

Capítulo 12

Grupos informales y formales

Las juntas son la parte más universal —y el desprecio por ellas también es universal— de los negocios.

–Eric Matson[1]

Cuantas más personas haya en una junta, tanto menos es lo que se logra en ella. Aunque ésta no sea una regla fundamental de los negocios, está cerca de serlo.

–Bob Filipczak[2]

OBJETIVOS DEL CAPÍTULO

ENTENDER:

- La dinámica de grupos
- La naturaleza y los efectos de los grupos informales
- Los líderes informales
- Las diferencias entre los roles de liderazgo de tareas y el liderazgo social
- Las técnicas de lluvia de ideas, nominales, Delphi y dialéctica
- Las debilidades de las juntas de grupo

Cuando Bill Smith egresó de la escuela de ingeniería y se integró al laboratorio de una gran compañía manufacturera, se le asignó la tarea de supervisar a cuatro técnicos de laboratorio que evaluaban muestras de producción. En ciertos aspectos, sí los supervisó. En otros, el grupo mismo se lo impedía, lo cual resultaba muy frustrante para Bill. Pronto se dio cuenta que cada uno de los técnicos protegía a los demás, de modo que era difícil atribuir responsabilidades por los descuidos en el trabajo. Al parecer, el grupo frenaba su trabajo de manera que cada día se realizara el mismo número de pruebas, sin importar que hubiera la necesidad de acelerar el proceso. Aunque Bill era el supervisor designado, observó que en muchas ocasiones sus técnicos planteaban los problemas a otros técnicos con más antigüedad, en la sección que estaba al otro lado del pasillo, en vez de acercarse a él.

Bill también observó que tres de los técnicos frecuentemente almorzaban juntos en la cafetería, mientras que el cuarto solía hacerlo con otro grupo de amigos en un laboratorio adyacente. Bill acostumbraba almorzar con otros supervisores de laboratorio y durante el almuerzo se enteraba de mucho de lo que ocurría en la compañía. Pronto se dio cuenta de que estas situaciones eran signos de una organización informal y que tendría que trabajar con ella al mismo tiempo que con la organización formal.

DINÁMICA DE GRUPO

En este capítulo y el siguiente, la atención cambia de las relaciones interpersonales a las actividades de grupo. Los grupos pequeños han funcionado desde los tiempos de las primeras familias humanas. En años recientes, los investigadores han estudiado científicamente los procesos que llevan a la evolución y el funcionamiento de los grupos pequeños. Algunas de las preguntas que se han planteado son las siguientes: ¿qué es una organización informal y cómo funciona? ¿Cuál es el rol del líder en un grupo pequeño? ¿Acaso dicho rol varía con los diferentes objetivos? ¿Qué enfoques estructurados son más útiles para lograr los objetivos de un grupo? ¿En qué otras formas y en cuáles condiciones las decisiones de grupo son mejores o peores que las individuales? Empiezan a surgir respuestas a estas preguntas, lo cual genera información acerca de la dinámica del comportamiento en grupos pequeños que es de utilidad para supervisores, como en el caso de Bill Smith.

El proceso social por el que las personas interactúan cara a cara en grupos pequeños es la **dinámica de grupo (grupal)**. El término "dinámica" proviene del griego y significa "fuerza", de modo que la dinámica de grupo es el estudio de las fuerzas que operan en un grupo. Dos de los hitos históricos importantes para la comprensión de los grupos pequeños son las investigaciones de Elton Mayo y colaboradores en las décadas de 1920 y 1930, y los experimentos que en el segundo de esos decenios realizó Kurt Lewin, fundador del movimiento de dinámica de grupo. Mayo demostró que los trabajadores tienden a establecer grupos informales, los cuales afectan la satisfacción en el trabajo y la efectividad. Lewin, por su parte, comprobó que los diferentes tipos de liderazgo producen respuestas distintas de los grupos.

Los grupos tienen propiedades propias y difieren de las correspondientes a los individuos que los conforman. Ello es similar a la situación física de la molécula de sal

¿Qué es la dinámica de grupo?

(cloruro de sodio), la cual posee propiedades distintas a las de los elementos sodio y cloro, que la componen al formar un "grupo". Las propiedades especiales de los grupos se ilustran con una lección sencilla de matemáticas. Supóngase que se afirma que "uno más uno es igual a tres". En el mundo de las matemáticas, ello sería un error lógico y más bien elemental. Sin embargo, en el mundo de la dinámica de grupo es del todo racional afirmar que "uno más uno es igual a tres". En un grupo, no puede hablarse de que se trata sólo de dos personas, ya que no podría considerarse a esas dos personas sin incluir su relación, y esa relación es el tercer elemento de la ecuación.

Tipos de grupos

Formal e informal

Son muchas las formas de clasificar a los grupos. Existe una diferencia clave entre los **grupos formales**, que establecen las organizaciones y que poseen una identidad pública y un objetivo por alcanzar, y los **grupos informales**, que surgen con base en intereses comunes, proximidad y amistad. En este capítulo, se analizan estos dos tipos.

Temporal y permanente

Otra distinción fundamental se realiza entre dos tipos de grupos formales. Algunos tienen una vida relativamente breve, es decir, se generan para una tarea de corto plazo y luego desaparecen. Un ejemplo de un grupo temporal sería un comité o grupo de trabajo. Se denomina habitualmente *junta* al acontecimiento en que los miembros del grupo analizan ideas o solucionan problemas. El otro tipo de grupo formal es un grupo de trabajo más natural y duradero. Se forma cuando las personas realizan tareas juntas como parte de su trabajo mismo y se llama *equipo*. Debido a la enorme importancia de los equipos en las empresas actuales, se estudian por separado en el capítulo 13.

Bajo la capa de relaciones formales de cada compañía, existe un sistema más complejo de relaciones sociales, consistente en muchos grupos pequeños e informales. Aunque son muchas sus variantes, se los denomina conjuntamente organización informal. Estos grupos informales ejercen influencia poderosa en la productividad y satisfacción en el trabajo, como descubrió el supervisor en el ejemplo de inicio del capítulo. A continuación, se analiza el panorama de las organizaciones informales en el trabajo.

NATURALEZA DE LAS ORGANIZACIONES INFORMALES

Comparación entre las organizaciones formales e informales

Definición de organización informal

El interés por las organizaciones informales es el resultado de los estudios que se llevaron a cabo en Western Electric durante la década de 1930, en los cuales se llegó a la conclusión de que son parte importante de la situación laboral en su totalidad. En esas investigaciones, se demostró que una **organización informal** es una red de relaciones sociales y personales no establecida ni requerida por la organización formal, sino que surge espontáneamente entre las personas. El énfasis en la organización informal corresponde a las personas y sus relaciones, mientras que la formal lo es en los puestos en términos de autoridad y responsabilidad. Por lo tanto, el poder informal reside en la *persona*, mientras que la autoridad formal asigna el poder a un *puesto* y el individuo lo ostenta sólo mientras ocupe ese puesto. *El poder informal es personal*, mientras que la autoridad formal es institucional. Estas diferencias se resumen en la figura 12-1.

Poder informal

Base de comparación	Organización informal	Organización formal
Naturaleza general	No oficial	Oficial
Conceptos principales	Poder y política	Autoridad y responsabilidad
Enfoque primordial	Persona	Puesto
Fuente de poder del líder	Lo otorga el grupo	Lo delegan los gerentes
Lineamientos de comportamiento	Normas	Reglas
Fuentes de control	Sanciones	Recompensas y castigos

FIGURA 12-1

Diferencias entre las organizaciones informales y formales

El poder en una organización informal lo confieren los miembros del grupo, en lugar de que lo deleguen los gerentes, de modo que no se apega a la cadena de mando oficial. Es más probable que provenga de colegas, no de superiores en la jerarquía formal, y suele atravesar los límites organizacionales hacia otros departamentos o áreas. Suele ser más inestable que la autoridad formal, puesto que depende de los sentimientos de las personas. En virtud de su carácter subjetivo, los gerentes no pueden controlar a la organización informal como podrían hacerlo con la formal.

Es habitual que los gerentes tengan algún tipo de poder informal (personal) además de su poder formal (el del puesto); pero no suelen tener más poder informal que otros miembros del grupo. Ello significa que *un gerente o ejecutivo y el líder informal usualmente son dos personas distintas en los grupos de trabajo.*

Como resultado de las diferencias entre las fuentes formal e informal de poder, las organizaciones formales pueden crecer hasta alcanzar un tamaño enorme, mientras que las informales (por lo menos, las entretejidas estrechamente) tienden a continuar siendo pequeñas y a mantenerse dentro de los límites de las relaciones personales. El resultado de ello es que una organización grande incluye cientos de organizaciones informales que operan en ella. Como consecuencia de su tamaño naturalmente pequeño y su inestabilidad, las organizaciones informales no son sustitutas adecuadas de los agregados formales grandes de personas y recursos necesarios en las instituciones modernas. En vez de ello, las organizaciones informales complementan a las formales.

¿Cómo surge la organización informal?

La estructura de una organización es algo que sus administradores diseñan para que sea compatible con su ambiente, tecnología y estrategia. Esta estructura, con sus normas, procedimientos y descripciones de puestos, crea un conjunto de prescripciones que deben seguir los empleados. Se espera que los individuos y grupos se comporten de cierta manera. Si realizan las tareas según están prescritas, la organización es eficaz. Sin embargo, ese ideal suele no ser tan real como querrían los administradores, por diversas razones.

La organización informal surge dentro de la estructura formal de manera tan predecible como el florecimiento de las plantas en primavera. El resultado de esta combinación difiere de lo que habrían esperado los administradores, al menos en tres for-

Efectos de la organización informal

mas.³ En primer lugar, *los empleados actúan de manera distinta* a la requerida. Es factible que trabajen con rapidez mayor o menor que la predicha, o que modifiquen poco a poco un procedimiento de trabajo con base en su experiencia y perspicacia. En segundo término, *los empleados frecuentemente interactúan con personas diferentes* o con frecuencia distintas de lo que requiere su trabajo. Por ejemplo, Georgia decide pedirle consejo a Melissa, no a Todd, mientras que Candy tal vez dedique más tiempo a ayudar a José que a Steve. En tercer lugar, *los empleados podrían adoptar un conjunto de actitudes, creencias y sentimientos* que no son los que espera la organización de ellos. En vez de ser leales, dedicados y entusiastas en su trabajo, algunos podrían estar desilusionados, y otros, francamente enajenados. La lección para los administradores es evidentemente dolorosa: deben estar atentos a las actividades informales, las interacciones y los sentimientos de los empleados, además de prestar atención a lo prescrito. La combinación de comportamientos requeridos y emergentes a veces dificulta predecir los niveles de rendimiento y satisfacción de los trabajadores, como se muestra en la figura 12-2.

Estatus de miembro y líderes informales

Existían diferencias considerables, si bien hasta cierto punto características, entre los miembros del departamento de marketing de una compañía. Sus edades variaban de 30 a 72 años; su antigüedad en la organización, de contratación reciente a 39 años, y el miembro mejor pagado ganaba 80% más que el de menor ingreso. Algunos habían crecido en la localidad, mientras que otros tuvieron que atravesar todo el país para ocupar el puesto. Además, su privado difería en muchos aspectos, como el tamaño, disponibilidad de luz natural y cercanía del ruido.

Los miembros de grupos como el recién descrito poseen características identificables, que los distinguen entre sí y originan diferencias de estatus. Como se aprecia en el ejemplo, difieren en edad, antigüedad, ingresos, lugar de nacimiento y naturaleza de su sitio de trabajo. También son identificables otros factores, como la competencia (capacidad) técnica, libertad para moverse en el área de trabajo y personalidad. Cada uno de esos elementos proporciona estatus a su poseedor, en especial con base en lo que valoran los miembros del grupo. Las causas del estatus informal son prácticamente infinitas.

El empleado con mayor estatus en una organización informal suele convertirse en su **líder informal**. Dicha persona emerge del grupo y con frecuencia adquiere un poder

FIGURA 12-2
Organizaciones formales e informales y sus efectos

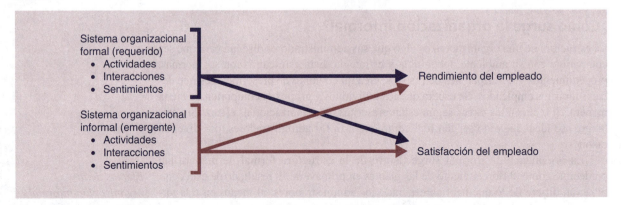

informal considerable. Los líderes informales suelen ayudar a la socialización de los nuevos miembros en la organización, además de que el grupo puede requerirlos para que lleven a cabo las tareas más complejas. Por ejemplo, un joven neurocirujano relataba cómo el socio más experimentado del grupo llegaba al quirófano durante operaciones delicadas, para ayudar en la extirpación de un tumor cerebral, y luego salía en silencio del quirófano cuando ya no se necesitaba su ayuda.

El líder informal desempeña varios roles útiles en una unidad de trabajo. A manera de ejemplo, se espera que modele y explique las **normas** (estándares informales de comportamiento) clave del grupo informal a los nuevos miembros. Y si alguien no se apega a las normas del grupo, el líder informal probablemente tenga un rol predominante en aplicar **sanciones** —diversas formas y grados de castigos— para inducir el comportamiento deseado en el futuro. Además, el líder informal suele mostrar diversos comportamientos que ayudan a conformar y sostener el nivel de cohesión del grupo informal. Así pues, el líder podría asumir la responsabilidad de reconocer los logros diarios de los miembros, organizar reuniones sociales después de la jornada laboral o iniciar en nivel moderado bromas y tomadas de pelo entre los empleados.

Roles clave de los líderes informales

A cambio de sus servicios, los líderes informales por lo general disfrutan de ciertas recompensas y privilegios. Quizá sus compañeros de trabajo les permitan ser los primeros en elegir las fechas de sus vacaciones o se les evite una tarea de limpieza difícil. Una recompensa predecible es la alta estima que los miembros tienen por el líder, lo cual reviste significación suficiente para equilibrar las responsabilidades que esa persona se echa a los hombros.

Los grupos informales se sobreponen de manera tal que una persona puede ser miembro de varios grupos, en virtud de lo cual no existiría un solo líder, sino varios de importancia distinta. El grupo podría buscar a un empleado en cuestiones relativas a sueldos y a otro para fines recreativos. De tal manera, varias personas del departamento podrían ser líderes informales de algún tipo. Es factible que exista una persona con experiencia, a quien se busca como experto en problemas del trabajo; otra que sabe escuchar y se ve como consejera, y un comunicador, del cual se depende para informar sobre problemas clave a los ejecutivos.

Líderes informales múltiples

Identificación de los líderes informales y otorgamiento de recompensas En ocasiones, dista de estar claro quién es el líder informal del grupo, al menos para los observadores externos o para los gerentes. Sin embargo, es frecuente que los líderes informales tengan comportamientos distintivos, los cuales permiten su identificación. Por ejemplo, Ellen podría servir como representante no oficial ante los gerentes cuando los trabajadores tienen una duda o queja. También es posible que los administradores adviertan que otros empleados se reúnen alrededor de la estación de trabajo de Willie para compartir historias siempre que hay una pausa para café. Sarah tal vez capacite voluntariamente a los nuevos empleados si se le pide su ayuda técnica. Estos ejemplos indican que actuar como vocero, ser el centro de la atención social o brindar conocimientos y orientación son indicios útiles del liderazgo informal.

¿Por qué algunos empleados, como los mencionados, están dispuestos a ser líderes informales? En el caso de algunos trabajadores, el liderazgo informal es una forma de enriquecimiento del puesto, que les proporcionan mayor variedad en su jornada laboral y una sensación de mayor importancia. En el de otros, les ayuda a satisfacer sus necesidades sociales, gracias al incremento considerable de sus contactos interpersonales durante el día. Muchos encontrarían en ello una fuente de reconocimiento para sus necesidades de autoestima, es decir, una forma de que se valoren sus habilidades y experiencia al mismo tiempo que evitan las responsabilidades de la supervisión formal. Al considerar estas recompensas de los líderes informales, los gerentes entenderían mejor el comportamiento de algunos individuos.

Un líder principal

Aunque varias personas en el grupo pueden ser líderes informales de diversos tipos, suele haber un líder principal, que posee mayor influencia que los demás. Todo ejecutivo debe identificar al líder informal clave en cualquier grupo y aprender a trabajar con él para estimular comportamientos que faciliten, no que obstaculicen, los objetivos de la organización. Cuando un líder informal trabaja contra la organización, su influencia generalizada puede socavar la motivación y la satisfacción en el trabajo.

Algunas advertencias Las organizaciones informales son una fuente deseable de posibles líderes formales, si bien debe recordarse que los líderes informales no siempre son los mejores líderes (ejecutivos) formales. La historia está llena de ejemplos de líderes informales exitosos que se convirtieron en jefes arrogantes una vez que se les confirió autoridad formal. Ciertos líderes informales fracasan como líderes formales porque tienen miedo a la responsabilidad oficial, algo que no poseían como líderes informales. Es frecuente que critiquen a los administradores por carecer de iniciativa o no atreverse a ser diferentes; pero cuando asumen un puesto administrativo, se vuelven incluso más conservadores, por temor a cometer errores. Otros líderes informales fracasarían porque su área de autoridad gerencial oficial es más amplia y compleja que el área diminuta en que tenían poder informal. Que Joe sea líder en las actividades sociales de un departamento no significa que tendrá éxito como jefe de ese departamento.

La difícil transición del liderazgo informal al formal podría explicarse en parte con los resultados de una investigación acerca de líderes emergentes en grupos pequeños.[4] El investigador usó las calificaciones que los propios miembros se asignaron en cuanto al grado en que se orientaban a objetivos e impartían instrucciones, las resumían y parecían estar seguros después de su primera tarea, lo cual hizo posible que predijera a ocho de nueve líderes emergentes. Sin embargo, también descubrió que los líderes informales recibían calificaciones altas por "pendencieros", no así por "sensatos". Al parecer, los candidatos para el liderazgo informal requieren muchas de las habilidades que poseen los líderes formales, si bien otras de sus características podrían obstaculizar luego su efectividad como líderes formales.

Beneficios derivados de las organizaciones informales

Aunque las organizaciones informales pueden causar problemas, también traen diversos beneficios para patrones y empleados, como se muestra en la figura 12-3. Lo más importante es que *se mezclan con los sistemas formales* en la conformación de un sistema completo efectivo. Los planes y las políticas formales no permiten resolver todos los problemas de una situación dinámica, ya que están preestablecidos y son parcialmente inflexibles. Algunas necesidades se satisfacen mejor con las relaciones informales, que pueden ser flexibles y espontáneas.

Mejora el sistema en su totalidad

Se aligera la carga de trabajo de los ejecutivos

Otro beneficio de la organización informal es *aligerar la carga de trabajo de los administradores*. Cuando los ejecutivos saben que la organización informal trabaja con

Beneficios	Problemas
• Hace más efectivo al sistema total	• Desarrolla rumores indeseables
• Aligera la carga de trabajo de los ejecutivos	• Alienta actitudes negativas
• Ayuda a que se realice el trabajo	• Fomenta la resistencia al cambio
• Tiende a fomentar la cooperación	• Permite el surgimiento de conflictos interpersonales e intergrupales
• Llena huecos en las capacidades de los gerentes	• Hay rechazo y acoso a ciertos empleados
• Brinda satisfacción y estabilidad a los grupos de trabajo	• Debilita la motivación y satisfacción
• Mejora la comunicación	• Opera fuera del control de los administradores
• Constituye una válvula de seguridad para las emociones de los empleados	• Apoya el conformismo
• Alienta a los gerentes para que planeen y actúen con mayor cuidado	• Incrementa los conflictos de roles
• Contribuye a lograr mayor cohesión	

FIGURA 12-3

Beneficios y problemas potenciales de la organización informal

ellos, sienten menos necesidad de supervisar a los trabajadores para cerciorarse de que todo está en orden. Se sienten estimulados a delegar y descentralizar responsabilidades, porque tienen la confianza de que los empleados cooperarán. El apoyo de un grupo informal a un administrador genera mayor productividad y cooperación, es decir, ayuda a que se realice el trabajo.

La organización informal también cumple la función de *llenar los huecos que haya en las capacidades del administrador.* Si éste no es bueno en la planeación, un empleado podría ayudarle informalmente con esa tarea. De tal manera, se logra la planeación no obstante la debilidad del gerente.

Un beneficio significativo de las organizaciones informales es que *confieren satisfacción y estabilidad a los grupos de trabajo.* Es el medio por el cual los trabajadores satisfacen sus necesidades de pertenencia y seguridad, de modo que aumenta su satisfacción general y disminuye la rotación de personal.

Satisfacción del grupo de trabajo

En una oficina con muchos empleados, Rose McVail podría sentirse como un número más en la nómina; pero su grupo informal le brinda relaciones personales y estatus. Con los miembros del grupo, ella es alguien, pese a que en la estructura formal es simplemente uno de miles de empleados. Aunque tal vez no le entusiasma supervisar diariamente 750 cuentas, su grupo informal confiere cierto significado a su jornada laboral. Cuando piensa en reunirse con sus amigos, compartir intereses con ellos y comer en su compañía, la jornada adquiere una nueva dimensión que facilita cualquier rutina difícil o tediosa de su trabajo. Por supuesto, lo opuesto también es posible: puede ser que el grupo no la acepte, lo cual haría que su trabajo fuera todavía más desagradable y la impulsaría a pedir una transferencia, caer en el ausentismo o renunciar.

Un beneficio adicional es que la organización informal puede ser un *canal útil de comunicación entre los empleados*. Constituye el medio por el que las personas se mantienen en contacto, aprenden más acerca de su trabajo y entienden qué ocurre en su entorno.

Otro beneficio, que frecuentemente se pasa por alto, es que la organización informal constituye una *válvula de seguridad para dar salida a las frustraciones de los empleados* y otros problemas emocionales. Los trabajadores podrían liberarse de sus presiones emocionales si los comentan con alguien que muestra una actitud abierta y amistosa, lo cual es posible con los miembros del grupo informal correspondiente.

Una válvula de seguridad para las emociones

Considérese el caso de Max Schultz, quien estaba muy frustrado con su supervisora, Frieda Schneider. Su molestia era tan intensa que quería decirle lo que pensaba de ella, con palabras no muy agradables; pero ello habría dado lugar a medidas disciplinarias. Una opción era almorzar con un amigo íntimo y comentarle detalladamente lo que sentía. Después de ventilar sus sentimientos, regresó al trabajo e interactuó con la supervisora de manera más relajada y aceptable.

Otro beneficio de las organizaciones informales, y que se reconoce pocas veces, reside en que su presencia anima a que los administradores la *planeen y actúen con más cuidado* que en ausencia de ella. Los ejecutivos que entienden el poder de las organizaciones informales saben que constituyen un freno a su uso ilimitado de la autoridad. Ellos introducen cambios en sus grupos sólo después de planearlos ciudadosamente, sabedores de que los grupos informales pueden obstaculizar incluso un proyecto valioso. Quieren que esos proyectos tengan éxito, ya que de lo contrario deberán responder ante instancias de autoridad formal más altas.

Cohesión

Los beneficios de las organizaciones informales son más probables si el grupo tiene cohesión, y sus miembros, una actitud favorable hacia la organización formal.[5] El grado de **cohesión** está indicado por la fuerza con la que los empleados se mantienen unidos, se apoyan mutuamente y desean continuar siendo miembros del grupo. *En grupos cohesivos, la productividad de sus miembros es más bien uniforme, y la rotación de personal, baja.* Empero, que la productividad sea alta o baja se relaciona directamente con las actitudes internas del grupo hacia el trabajo. Si su actitud hacia la organización formal es favorable, el rendimiento será alto, y si es negativa, tenderá a disminuir.

Problemas relacionados con las organizaciones informales

Muchos beneficios de los sistemas informales se pueden revertir para mostrar problemas potenciales. En otras palabras, las organizaciones informales pueden tanto facilitar como obstaculizar simultáneamente una actividad. Por ejemplo, mientras una parte de la organización difunde información útil, otra podría diseminar un rumor malicioso. Además, el sistema informal puede cambiar su estado de ánimo en direcciones positiva o negativa. Así pues, un grupo de trabajo podría aceptar a nuevos empleados, darles la bienvenida y ayudar a su crecimiento, con lo que facilitaría en ellos sentirse a gusto y lograr rendimiento adecuado. En contraste, el mismo grupo podría enfrentar, acosar y rechazar a otros trabajadores, causando así su insatisfacción y aun su renuncia.⁶ Los efectos positivos y negativos coexisten en muchos sistemas informales.

Un problema importante de las organizaciones informales es su resistencia al cambio. Existe la tendencia a que los grupos sobreprotejan su estilo de vida y se opongan, como una roca, al cambio. *Se piensa que lo que ha sido bueno será bueno en el futuro.* Por ejemplo, si el puesto A siempre ha tenido más estatus que el puesto B, deberá continuar teniendo más estatus e ingresos, aunque hayan cambiado las condiciones y el puesto A se haya vuelto menos difícil. Si restringir la producción era necesario en el pasado con administraciones autocráticas, el grupo podría pensar que es necesario ahora, pese a que los actuales gerentes sean participativos. Las organizaciones informales no se rigen por un documento colgado de un muro, sino por sus convencionalismos, costumbres y cultura.

Resistencia al cambio

Un problema afín sería que la organización informal se convierta en causa significativa de conformismo en los empleados. El lado informal de las organizaciones está tan integrado en la vida cotidiana de los trabajadores que difícilmente se dan cuenta de su existencia, por lo que no suelen tener conciencia de la enorme presión que ejerce para hacer que se conformen con su modo de vida. Cuanto más cercanos estén a la organización informal, tanto mayor es esa influencia.

Conformismo

El conformismo se alienta mediante **normas**, las cuales son requisitos de los grupos informales en cuanto al comportamiento de sus miembros.⁷ Estas normas pueden ser fuertes o débiles (depende de la importancia del comportamiento para el grupo) y positivas o negativas (según su efecto en la organización informal). Los grupos esperan de manera rígida que sus miembros acaten las normas fuertes, mientras que podrían aceptar o rechazar las débiles. En investigaciones, se ha demostrado que los grupos tienen normas concernientes a sus responsabilidades de ejecución de tareas y de relaciones interpersonales en el trabajo.⁸ Además, generan normas relativas a los superiores, subordinados y colegas.

Normas

El grupo cuyas normas acepta una persona es su **grupo de referencia**. Los empleados pueden tener varios grupos de este tipo, como un gerente de ingeniería que se identifica con su profesión y sus normas, así como con uno o más grupos de ejecutivos. El grupo de referencia suele utilizar recompensas y castigos (sanciones) como persuasión para que los miembros muestren conformismo con sus normas. La combinación de normas informales y las sanciones correspondientes guía de manera constante la opinión y aplica poder para reducir todo comportamiento que se desvíe de las normas del grupo. Los inconformes suelen ser objeto de presión y acoso hasta que se rinden o se van.

Trato a los inconformes

> Entre los ejemplos de acoso, están la interferencia en el trabajo (por ejemplo, ocultar las herramientas de la persona acosada), ridiculización, interferencia fuera del centro de trabajo (como al sacar el aire de los neumáticos del automóvil) y el ostracismo. En el Reino Unido, se dice que la persona aislada *is sent to Coventry* [en español, se dice que "se le hace el vacío" a esa persona].⁹ En tales casos, el grupo se niega a cruzar palabra con dicho sujeto por días o incluso semanas, además de que los miembros del grupo ni siquiera utilizan toda máquina o herramienta que haya usado el disidente. Las acciones de este tipo pueden llevar a que ese individuo renuncie a su trabajo.

Otro problema que puede surgir es el conflicto de roles (*véase* su análisis previo en el capítulo 4). Es factible que los trabajadores quieran cumplir con los requisitos del

Conflicto de roles

grupo y del patrón; pero con frecuencia puede haber conflicto entre unos y otros. Lo que es bueno para los empleados no siempre lo es para la organización. Aunque las pausas para café son aconsejables, si el empleado dedica 15 minutos más de lo debido a socializar por la mañana o la tarde disminuiría la productividad, lo cual redunda en perjuicio de la compañía y los consumidores. Gran parte de este conflicto de roles puede evitarse cultivando cuidadosamente los intereses mutuos con los grupos informales. Cuanto mayor sea el grado de integración de los intereses de los grupos formales e informales, tanto más productividad y satisfacción pueden esperarse. No obstante, siempre existen diferencias entre las organizaciones formales e informales, y es un área en la que no hay armonía completa.

Una dificultad importante con toda organización informal es que no está sujeta al control directo de los administradores. Ese tipo de organización tiene como autoridad el sistema social, no a los directivos. Lo único que pueden hacer estos últimos es influir en ella hasta donde les sea posible.

Conflictos personales y grupales

En las organizaciones informales, también surgen conflictos interpersonales e intergrupales que pueden resultar dañinos para ellas. Cuando los empleados dedican más sus pensamientos y energía a enfrentarse, es probable que disminuyan sus aportaciones al patrón. Los conflictos y los intereses personales pueden volverse tan intensos en las organizaciones informales que llegan a reducir la motivación y satisfacción. El resultado es menos productividad, nociva tanto para el patrón como para los empleados. En tal situación, nadie gana.

Observación de las organizaciones informales

Una forma de mejorar la comprensión que se tiene de los sistemas informales es tener una imagen visual de ellos. Ello es posible con diagramas llamados **organigramas de redes** u *organigramas informales*.[10] Es usual que se enfoquen en los *sentimientos expresados* (atracción, rechazo o indiferencia) entre los individuos o en los *comportamientos mostrados* por ellos. La identificación de los sentimientos en un grupo puede ser útil para determinar quién confía en quién o elegir a la persona adecuada para negociar un arreglo satisfactorio de un tema delicado. La identificación de comportamientos es posible mediante la observación directa de las interacciones, recopilación de datos sobre las formas de comunicación o preguntas directas a las personas afectadas (por ejemplo, "¿A quién pide con mayor frecuencia consejo?"). Los organigramas informales, como el sencillo que se muestra en la figura 12-4, pueden revelar quiénes son las personas centrales ("estrellas", como Tania o Jackie) y las aisladas (Carolina), que tienden a sentirse olvidadas, o las diferencias considerables entre lo que piensan que ocurre quienes están fuera del grupo y lo que realmente tiene lugar.

Cómo influir en las organizaciones informales

Los administradores no establecen organizaciones informales ni pueden erradicarlas. Tampoco convendría que lo hicieran. Sin embargo, pueden aprender a vivir con ellas e influir en algo. Entre los lineamientos de acción para los gerentes, se incluyen los siguientes:

Lineamientos de acción

1. Aceptar y entender a las organizaciones informales.
2. Identificar los diversos niveles de actitudes y comportamientos en ellas.

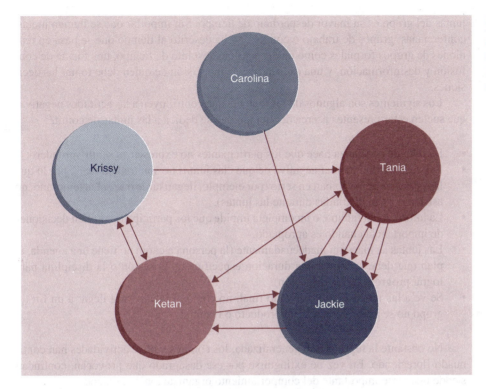

FIGURA 12-4

Ejemplo de organigrama de red de las interacciones de tareas en el trabajo

3. Considerar los posibles efectos que cualquier tipo de acción de su parte puede tener en los sistemas informales.
4. Integrar, en la medida posible, los intereses de los grupos informales con los de la organización formal.
5. Evitar que las actividades formales obstaculicen innecesariamente a las organizaciones informales.

La combinación más aconsejable de organizaciones formal e informal parece ser el predominio del sistema formal para conservar la unidad en torno a los objetivos, junto con un sistema informal bien desarrollado para mantener la cohesión de grupo y el trabajo de equipo. En otras palabras, es necesario que la organización informal tenga fuerza suficiente para que sea sustentadora, sin llegar a imponerse.

Combinaciones de organizaciones formales e informales

GRUPOS FORMALES

"¡Oh, no! No otra junta de comité", se quejó la ejecutiva al observar su agenda del día. "Apenas es miércoles por la mañana, y ya he participado en cinco juntas esta semana. ¿Cuándo voy a hacer mi trabajo?"

El último comentario de la ejecutiva refleja el sentir de muchos administradores acerca de las juntas. Una encuesta mostró que los gerentes sienten que el tiempo dedicado a las juntas del grupo es su mayor desperdicio de tiempo. Sin importar que se llamen juntas, conferencias, grupos de trabajo o comités, se ha descrito al tiempo que se pasa en reuniones de grupos formales como un desperdicio absoluto de tiempo, una fuente de confusión y desinformación, y una excusa para la indecisión de quien debe tomar las decisiones.

Los siguientes son algunos de los factores que contribuyen a las actitudes negativas que suelen estar presentes acerca del tiempo que se dedica a las juntas de comité:

- La falta de confianza hace que los participantes no expresen su sentir verdadero.
- Existe la actitud mental negativa de que "las juntas no son trabajo real", por lo que las personas no las toman en serio (por ejemplo, llegan tarde o se salen temprano, no asisten o están distraídas durante las juntas).
- La información faltante o incompleta impide que los participantes tomen decisiones de importancia cuando es apropiado.
- Las juntas se manejan inadecuadamente (la persona a cargo no tiene una agenda, el plan que debe seguirse, una duración específica de la sesión o la disciplina para lograr progresos en la discusión).
- Se ve a las juntas como resultado final, no como el medio para llegar a un fin (el grupo no se enfoca en crear un producto o resultado).

No obstante la reprobación generalizada, los comités y otras actividades han continuado floreciendo. En vez de extinguirse por ese desagrado que provocan, continúan siendo una parte importante del comportamiento organizacional cotidiano.

Aunque las juntas son necesarias, sí generan mayor complejidad y mayores probabilidades de que surjan dificultades si se usan incorrectamente. Algunos comités no las utilizan para alcanzar decisiones, sino para evitarlas; no para obtener información de los empleados, sino para convencerles de una conclusión a la que se llegó previamente, y no para desarrollar a los subordinados, sino para ocultar la incompetencia. En ocasiones, los aspectos emocionales opacan los hechos concernientes a la decisión que debe tomarse y las relaciones interpersonales sensibles que emergen requieren comprensión y manejo delicado.

Comités

Los grupos formales se crean para muchos fines. Es factible que se pida a los miembros del grupo que generen ideas, tomen decisiones, debatan asuntos, negocien recursos, proporcionen informes de avance o se les brinde retroalimentación constructiva.[11] Un **comité** es un tipo específico de junta de grupo, en el que los miembros considerados como grupo han recibido la autoridad para manejar el problema de que se trate. La autoridad del grupo suele expresarse con un voto por cada miembro. Ello significa que si un supervisor y un trabajador fungen como miembros del mismo comité, sus roles en él suelen ser idénticos. De hecho, el trabajador podría tener incluso mayor influencia en las decisiones de comité, como resultado de las diferencias en cuanto a especialización, intereses o experiencia. Los comités tienden a originar problemas humanos especiales, ya que las personas no pueden realizar los ajustes necesarios respecto de sus roles y relaciones de trabajo normales.

Factores sistémicos que deben considerarse

Una forma útil de abordar el manejo de los comités es aplicar la idea de sistemas que se analizó en el capítulo 1. Como se muestra en la figura 12-5, para que un comité sea efectivo se requiere la consideración cuidadosa de sus insumos (tamaño, composición y agenda), el proceso de grupo (roles de liderazgo y estructuras de grupo alternas) y resultados (calidad de la decisión y apoyo del grupo a ella). Estos factores se analizan a continuación, ello seguido de una revisión de los problemas y cuestiones principales que son inherentes a los grupos de solución de problemas.

Tamaño   El tamaño de un grupo tiende a afectar su manera de funcionar. Si el número de miembros es mayor de siete, la comunicación tiende a estar centrada en unos cuantos miembros, mientras que los demás sienten que no se les da la oportunidad adecuada para comunicarse directamente con los demás. En caso de que sea necesario un comité grande para representar todos los puntos de vista pertinentes, se requieren tiempo y esfuerzo especiales y adicionales para lograr la buena comunicación. Por lo general, sería preferible que el grupo esté formado por cinco personas. En ocasiones, existen dificultades para que funcionen grupos más pequeños porque surgen conflictos de poder.

Composición   Los líderes de comités, grupos de solución de problemas y grupos de trabajo frecuentemente tienen la oportunidad de elegir a sus miembros. Al hacerlo, deben considerar diversos factores, como el objetivo del comité, el grado de interés de los miembros y el tiempo de que disponen, y los antecedentes de relaciones de trabajo entre los posibles miembros.

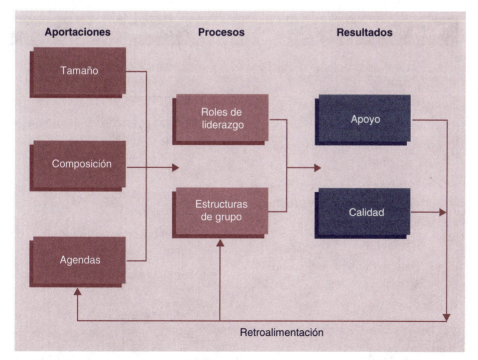

FIGURA 12-5

Vista sistémica de los comités efectivos

Parte cinco *Comportamiento grupal*

En un estudio, se analizaron las características personales que se buscan en los individuos designados para siete tipos de comités.[12] Por lo general, los administradores de alto nivel prefirieron a las personas con mucho interés en el resultado y que contaban con el respeto de sus colegas. Varió mucho la preferencia por individuos conocedores, cooperativos y que apoyaban a la posición oficial o se oponían a ella, según el tipo de comité creado.

Agendas superficial y oculta

Agendas Las juntas funcionan simultáneamente en dos niveles distintos. Uno es el de la tarea oficial del grupo, lo que se conoce como **agenda superficial**.[13] El otro corresponde a los motivos y las emociones particulares de los miembros, que llevan consigo pese a mantenerlos ocultos y se conocen como la **agenda oculta** de la junta. Es frecuente que cuando un grupo llega a una crisis en la agenda superficial, la situación se complique con la aparición de las agendas ocultas. A la inversa, en ocasiones un grupo parece no lograr avances y de repente todo se soluciona. En tal caso, podría haber ocurrido que finalmente se resolvió una agenda oculta, incluso si los miembros no se dieron cuenta de que trabajaban en ella, lo que facilitó la solución de la agenda superficial. Un ejemplo sería el de un especialista en personal que busca una forma de cobrarse cuentas con un supervisor y está ciego a todo lo demás hasta que se resuelve de manera satisfactoria la agenda oculta.

Roles de tareas

Roles de liderazgo Los grupos tienden a requerir no uno, sino dos tipos de roles de liderazgo, el **líder de tareas** y el **líder social**.[14] En la figura 12-6 se ilustra la naturaleza de cada uno. El trabajo del líder de tareas en una junta es ayudar a que el grupo logre sus objetivos y no los pierda de vista. La idea es proporcionar la estructura necesaria para que se exprese el problema, se presenten y busquen hechos pertinentes, se resuman periódicamente los avances y se busque consenso.

FIGURA 12-6

Roles de liderazgo de tareas y sociales

Roles de tareas	Roles sociales
• Definir un problema u objetivo para el grupo.	• Apoyar las contribuciones de otros y alentarlos mediante reconocimientos.
• Solicitar hechos, ideas u opiniones a los participantes.	• Percibir el estado de ánimo del grupo y ayudar a que sus miembros tengan conciencia de él.
• Aportar hechos, ideas u opiniones.	
• Aclarar situaciones confusas, dar ejemplos o brindar estructuras.	• Reducir la tensión y conciliar desacuerdos.
• Resumir el análisis o las discusiones.	• Modificar la posición propia y admitir los errores.
• Determinar si se llegó o no a un arreglo.	• Facilitar la participación de todos los integrantes.
	• Evaluar la efectividad del grupo.

Grupos informales y formales **Capítulo doce**

En ocasiones, surgen dificultades porque el líder de tareas puede alterar a las personas y lesionar a la unidad del grupo. La función del líder social es restaurar y mantener las relaciones de grupo mediante el reconocimiento de contribuciones, la conciliación de desacuerdos y desempeño de una función de apoyo que ayude al desarrollo del grupo. Una tarea especialmente difícil es mezclar las ideas de un miembro divergente con los pensamientos de los demás participantes. Aunque una sola persona puede llenar las funciones de tarea y social, es frecuente que se trate de dos. En este último caso, es importante que el líder de tareas reconozca al líder social y trate de formar una coalición con él, a fin de que colaboren para mejorar la efectividad del grupo.

Roles sociales

Un ejemplo de actividad de grupo moderada en una junta de comité se ilustra en la figura 12-7. En este comité, todos los miembros se comunican con el líder, excepto Fleming. Siete de los 10 miembros lo hacen con otros integrantes, si bien tienden a hablar sólo con los que están cerca de ellos, tal vez a causa del gran tamaño del comité y su distribución física. Johnson,

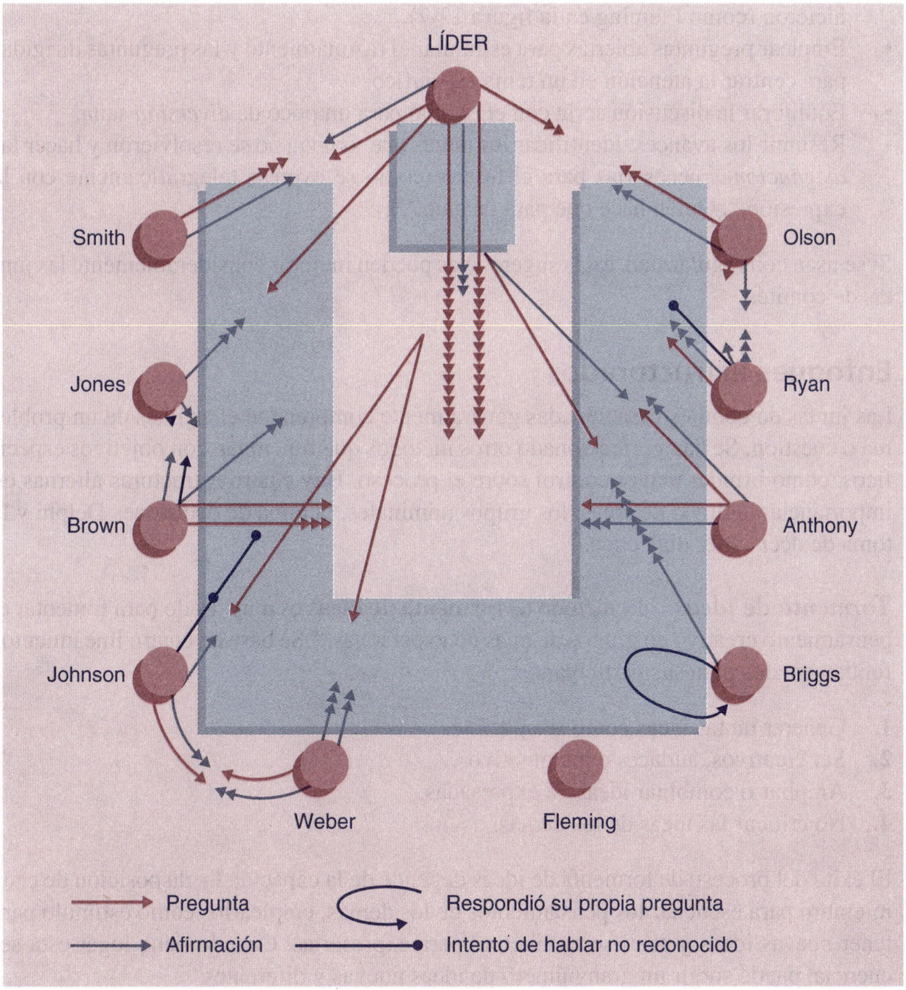

FIGURA 12-7

Diagrama de participación en una junta
Fuente: Conference Leadership, U.S. Department of the Air Force, n.d., pp. 9-11.

Smith y Fleming son los que menos participan, mientras que todos los demás lo hacen muy activamente. El diagrama muestra con claridad que el medio principal que usó el líder para generar la discusión fue hacer preguntas.

Además de basarse en los roles de tareas y social, las juntas efectivas también se facilitan con la aplicación de diversas prácticas de sentido común.[15] Entre ellas, se incluyen:

- Considerar cuidadosamente *quién* debe estar presente y en cuáles fases de la junta, y quién *no* necesita estar en ella.
- Elegir un *sitio* adecuado para la junta (apropiado para tamaño del grupo, cómodo y sin distracciones).
- Aprovechar la *tecnología* (por ejemplo, computadoras conectadas con impresoras y monitores grandes) como auxiliar para capturar ideas, pedir aportaciones anónimas, organizarlas y ampliarlas, registrar comentarios perspicaces y críticas, y crear y editar documentos antes de que los participantes dejen la junta.
- Brindar *reconocimiento* apropiado a quienes participaron y excluir a quienes no lo hicieron (como Fleming en la figura 12-7).
- Emplear preguntas abiertas para estimular el razonamiento y las preguntas dirigidas para centrar la atención en un tema específico.
- Equilibrar la discusión seria con el tiempo para un poco de *diversión* sana.
- Resumir los avances, identificar los temas que todavía no se resolvieron y hacer las *asignaciones* necesarias para el futuro (como se expresa telegráficamente con la expresión "¿Quién hace qué para cuándo?").

Si se usan con regularidad, estas sugerencias pueden mejorar considerablemente las juntas de comités.

Enfoques estructurados

Las juntas de comités mencionadas generalmente comprenden el análisis de un problema o cuestión. Se han perfeccionado otros métodos que funcionan con objetivos específicos, como brindar mayor control sobre el proceso. Hay cuatro estructuras alternas de importancia: la lluvia de ideas, los grupos nominales, la toma de decisiones Delphi y la toma de decisiones dialéctica.

Tormenta de ideas   El método de **tormenta de ideas** es muy usado para fomentar el pensamiento creativo en grupos de unas ocho personas.[16] Se basa en cuatro lineamientos fundamentales para sus participantes:

1. Generar tantas ideas como sea posible.
2. Ser creativos, audaces e imaginativos.
3. Ampliar o combinar ideas ya expresadas.
4. No criticar las ideas de los demás.

El éxito del proceso de tormenta de ideas depende de la capacidad y disposición de cada miembro para escuchar los pensamientos de los demás, emplearlos como estímulo para tener nuevas ideas y sentirse en libertad para expresarlas. Cuando tiene lugar esta secuencia, puede surgir un gran número de ideas nuevas y diferentes.

Bachman Consulting es una compañía que propone modificar el proceso básico de tormenta de ideas para que sea todavía más exitoso.[17] Su proceso de cinco pasos estructura el flujo para lograr que cada conjunto de ideas aporte valor al paso siguiente. En el primer paso se mira hacia atrás para identificar las causas del problema que se pretende resolver. En el segundo, se describen los criterios que deben satisfacer las soluciones. El tercero consiste en buscar todas las posibles fuentes de modelos de soluciones. En el cuarto, se pide a los participantes que relacionen los modelos y recursos con el objetivo inicial, para ver cómo podrían ser de utilidad. Por último, en el quinto paso se identifican las soluciones y se comunican a las partes interesadas de la empresa que podrían beneficiarse del producto de la tormenta de ideas de cinco pasos.

Son los dos principios fundamentales que subyacen en la tormenta de ideas. Uno de ellos es el **juicio diferido**, conforme al cual se alienta la expresión de todas las ideas —aun las inusuales e imprácticas— sin críticas ni evaluación. Un miembro del grupo registra las ideas conforme se plantean; posteriormente se evaluará su utilidad. El propósito del juicio diferido es separar la creación de ideas de la censura. Este principio fomenta en las personas el planteamiento de ideas atrevidas y únicas sin preocuparse acerca de qué opinen los demás. El segundo principio es que la *cantidad lleva a la calidad*. Conforme surgen más ideas, tarde o temprano emergen las de mayor calidad. Cuando se acatan estos principios, es habitual que la tormenta de ideas produzca más ideas que el enfoque convencional de combinar el pensamiento con los juicios. Las sesiones de tormenta de ideas duran de 10 minutos a una hora y requieren muy poca preparación.

Principios subyacentes

La tormenta de ideas tiene muchas ventajas sobre otros métodos. En sus sesiones, los miembros del grupo se muestran entusiastas, la participación es mayor que la normal y el grupo mantiene una clara orientación a la tarea de que se trate. Las ideas se amplían y los participantes suelen sentir que el producto final es una solución de equipo. Las mayores dificultades residen en el temor de algunos a que su pensamiento creativo no sea valorado, que pensar con independencia de la crítica ulterior no contribuye a la cohesión del grupo y el hecho real de que sólo es posible hablar por turnos (para registrar claramente sus ideas).

Pros y contras

El matrimonio de la tecnología de las computadoras con los programas de *groupware* ha permitido el desarrollo de una versión modificada de este método, la llamada **tormenta de ideas electrónica**. En ésta, los miembros del grupo se sientan ante terminales de computadora personal —a veces en sitios muy lejanos— y reciben una pregunta, un problema o una solicitud para establecer prioridades. En respuesta, escriben sus ideas conforme surgen. En cuanto se reciben sus aportaciones múltiples, aparece en su pantalla el conjunto de ideas del grupo, disponible para su respuesta, edición o incluso juicio o votación. Las investigaciones muestran que este proceso permite mayor cantidad de ideas (en virtud de la generación y el registro simultáneo de las ideas de los participantes) que con el proceso de tormenta de ideas tradicional.[18] Además, los miembros sienten tener mayores oportunidades de participación y mayor flexibilidad, puesto que es innecesario que se "junten" al mismo tiempo.

Técnica de grupo nominal Un **grupo nominal** sólo existe de nombre, ya que sus miembros tienen interacción mínima antes de producir una decisión. Los siguientes son los pasos que suelen dar los grupos nominales:

Trabajo independiente; combinación de ideas

1. Se reúne a los participantes y se les plantea un problema.
2. Desarrollan soluciones independientes, en muchos casos escribiéndolas en tarjetas.
3. Comparten sus ideas en un formato estructurado (por ejemplo, un proceso que garantice a cada participante la oportunidad de presentar sus ideas).
4. Se dedica un breve lapso al planteamiento de preguntas, pero sólo para aclaraciones.
5. Cada uno de los miembros del grupo indica sus preferencias en cuanto a las mejores opciones, mediante voto secreto.
6. Se anuncia la decisión del grupo.

Entre las ventajas de la técnica del grupo nominal se incluyen la oportunidad de igual participación de todos, que ninguno de ellos domina la discusión y el control estricto del tiempo asignado al proceso. Sus desventajas comprenden que los miembros del grupo se frustran con la rigidez del procedimiento, no se tiene sensación de cohesión y no se cuenta con la oportunidad de beneficiarse del fecundo cruce de ideas.

En una investigación se exploró la calidad de las soluciones que se brindaron respecto de un problema de estrategia de marketing en un procedimiento de grupo nominal.[19] Las ideas generadas en las diversas etapas del proceso se calificaron con base en su calidad y creatividad. Aunque las de mayor calidad (con carácter práctico, penetración e influencia de largo plazo) generalmente aparecieron al comienzo de la discusión del grupo nominal, las más creativas (que también tenían calidad moderada) se generaron ya más avanzada la sesión. Se brindaron dos posibles explicaciones para estos fenómenos. El proceso podría presionar a los participantes para que contribuyeran, si creen que los demás aportan sugerencias. Por otra parte, los miembros del grupo estarían alentados a asumir mayores riesgos para compartir ideas no convencionales si ven que el proceso estructurado protege a los demás participantes.

Preguntar a los expertos

Toma de decisiones Delphi En los **grupos de decisión Delphi**, se elige a un grupo de personas adecuadas para tratar un problema. La elección de los participantes se basa en que sean expertos o tengan información pertinente para compartir y el tiempo para hacerlo. Se distribuyen de manera secuencial varios cuestionarios; los participantes no necesitan estar cara a cara. Las respuestas generalmente se dan por escrito. Puede pedirse a los miembros del panel que identifiquen problemas futuros, proyecten tendencias del mercado o predigan una situación (por ejemplo, las ventas de la compañía en 10 años). También pueden compartir la explicación de sus conclusiones. Se recopilan las respuestas de todos, se resumen y se retroalimenta a los miembros del grupo para su revisión. Luego, se pide a los participantes que tomen otra decisión, basada en la nueva información. El proceso podría repetirse varias veces hasta que converjan satisfactoriamente las respuestas, momento en que se prepara un informe final.[20]

El éxito del proceso de decisión Delphi se basa en la disponibilidad de tiempo adecuado, la experiencia de los participantes, y su capacidad de comunicación y motivación para sumergirse en la tarea. Entre las ventajas principales de este proceso, se encuentran:

Ventajas de los grupos Delphi

- Eliminación de los problemas interpersonales de los participantes.
- Uso eficiente del tiempo de expertos.
- Disponibilidad de tiempo adecuado para reflexión y análisis por parte de los participantes.

Lo que leen los administradores

Lograr innovación o creatividad en los grupos no es necesariamente un objetivo misterioso o inalcanzable. Por el contrario, los autores de *When Sparks Fly* afirman que es posible manejar la creatividad, pero que funciona mejor si el grupo se compone de una gama de opiniones diversa, de modo que aparezca la "abrasión creativa". Por añadidura, la creatividad requiere ambiente de apoyo, infraestructura apropiada que la sustente y recursos que la alienten.

Los autores instan a que los administradores utilicen los cinco pasos básicos siguientes:

1. *Preparación.* Creación de una base de conocimientos que pueda aprovecharse para la búsqueda de nuevas ideas.
2. *Oportunidad de innovación.* Presentar la necesidad de que se generen nuevas ideas.
3. *Divergencia.* Generar una amplia gama de nuevas ideas.
4. *Incubación.* Disponer el tiempo para que los miembros ponderen y analicen las opciones.
5. *Convergencia.* Ayudar a que el grupo elija la o las mejores opciones.

Fuente: Dorothy Leonard y Walter Swap, *When Sparks Fly: Igniting Creativity in Groups*, Boston, Harvard Business School Press, 1999.

- Diversidad y cantidad de ideas generadas.
- Exactitud de las previsiones y pronósticos elaborados.

Al igual que con la tormenta de ideas electrónica, la disponibilidad creciente de computadoras y transmisión electrónica de datos influyó también en el proceso Delphi, pues permite abreviar considerablemente el proceso interactivo de recopilar información y retroalimentar datos al grupo. Esta utilización de los adelantos tecnológicos ha servido para superar una limitación previa de este tipo de proceso.

Método de decisión dialéctica   Algunos grupos de toma de decisiones cara a cara eligen con demasiada rapidez una opción, al tiempo que hacen caso omiso de otras. Su evaluación incompleta de opciones reflejaría el desagrado de los participantes por las juntas o su falta de disposición para ponerse de pie y enfrentar temas difíciles. El **método de decisión dialéctica**, cuyos orígenes se remontan a Platón y Aristóteles, es una forma de superar estos problemas.[21] Los pasos de este método se ilustran en la figura 12-8.

El proceso dialéctico se inicia con una definición clara del problema que se pretende resolver. Luego, se generan dos o más propuestas competitivas. Sigue un paso clave, en el que los participantes *identifican los supuestos explícitos o implícitos* subyacentes en cada propuesta. Luego, el grupo se divide en subgrupos, cada uno de los cuales defiende una propuesta, examina y argumenta las ventajas relativas de la suya. Luego, el grupo toma una decisión con base en las presentaciones competitivas. Esta decisión puede significar adoptar una de las opciones, llegar a un arreglo que incluya varias ideas o generar una propuesta nueva.

Entre las ventajas del método de decisión dialéctica, se incluyen la mejor comprensión, por parte de los participantes, de las propuestas, las premisas subyacentes, y sus pros y contras. Además, es probable que los miembros del grupo sientan mayor confianza en la decisión que tomen. Sus desventajas comprenden la propensión a llegar a un término medio para no tomar partido y la tendencia a prestar atención a quienes se expresaron mejor, no en cuál sería la mejor decisión. No obstante, parece promisorio el uso del método dialéctico en grupos de toma de decisiones.

FIGURA 12-8

Pasos para la toma de decisiones dialéctica

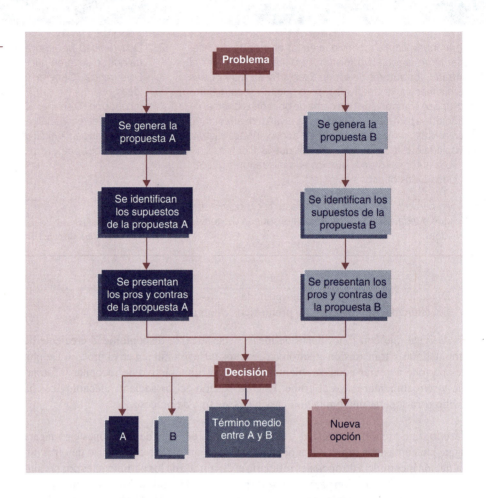

Resultados potenciales de los procesos de grupo formales

Aceptación

Apoyo a las decisiones Es probable que el producto secundario más importante de las juntas cara a cara es que *los participantes de una decisión se sienten más motivados para aceptarla y ponerla en práctica.* En muchos casos, este resultado es más que un producto secundario: es el propósito principal de la junta. Es indudable que las juntas son una de las mejores formas de comprometer a las personas para que emprendan ciertas acciones. Un individuo que ayuda a tomar una decisión está más interesado en lograr que funcione. Por añadidura, si varios miembros del grupo participan en ejecutar la decisión, el análisis del grupo ayuda a entender la función que desempeña cada uno de sus integrantes, de modo que puedan coordinarse los esfuerzos.

Las decisiones de grupo también tienen más peso para quienes no participaron en él. Es más probable que los colegas, subordinados e incluso superiores *acepten* las decisiones grupales. Sienten que las decisiones de este tipo están más libres de prejuicios individuales, ya que se basan en una combinación de muchos puntos de vista. Se siente, pues, que la presión social combinada de todo el grupo está detrás de la decisión.

Calidad de las decisiones   Además de apoyar las decisiones, es frecuente que los grupos sean efectivos como herramientas de solución de problemas. En comparación con el individuo, suelen tener más información disponible, experiencias diversas que pueden aprovecharse y la capacidad de examinar sugerencias y rechazar las incorrectas. En consecuencia, los grupos con frecuencia pueden generar más y mejores soluciones para ciertos problemas, en comparación con los individuos.

Mejora la solución de problemas

Desarrollo individual   Cuando trabajan en grupos de toma de decisiones, algunos individuos tienden a ser naturalmente más pasivos que otros y podrían guardarse sus ideas. Sin embargo, el grupo obtiene beneficios máximos cuando existe participación generalizada y uniforme de todos sus miembros. Además, la participación aumenta las probabilidades de que cada individuo desarrolle nuevas habilidades de interacción, que podría utilizar más adelante en otros grupos. Así pues, ¿cómo ocurre la participación individual satisfactoria? Además de indicaciones específicas ("¿Qué opinas, Cristina?"). Y aliento de otros miembros del grupo y del líder ("Excelente idea, Mario"), una explicación reside en la **facilitación social**. Ésta es por el hecho de que los miembros del grupo frecuentemente se esfuerzan más en contribuir a una tarea por el simple hecho de que están con otras personas. *La presencia de otros estimula la mejoría de su rendimiento.*

Al parecer, existen tres razones del efecto de facilitación social. En primer lugar, estar con otras personas aumenta el nivel de vigilia y conciencia de la persona, con lo que estimula su actividad cognoscitiva. Ello hace que piense más cuidadosamente en su conducta relacionada con el rendimiento. En segundo término, la presencia de otros hace que ciertas personas se muestren aprehensivas respecto de la posibilidad de que las evalúen formal o informalmente, por lo que elevan su nivel de rendimiento para causar una buena impresión. En tercer lugar, esa misma presencia de otras personas aumentaría la conciencia del sujeto acerca de la discrepancia entre su yo real y el ideal, con lo que le estimula para disminuirla.

La participación incrementada también sería producto de la presión grupal implícita para rendir o una respuesta natural cuando se observa que otros lo hacen. La facilitación social guarda relación estrecha con la idea del *modelado de roles*, en que un miembro de un grupo ve y escucha que otros tienen rendimiento adecuado y quiere reproducir ese comportamiento, por las recompensas sociales que emanan de él.

Consenso, un aspecto clave en los grupos de toma de decisiones

¿Es necesario el acuerdo unánime o **consenso** como requisito para que las decisiones grupales sean efectivas? A falta de decisiones unánimes, cabría esperar que los miembros del grupo estén dispuestos a poner en práctica incluso decisiones que no apoyaron. La división de votos también puede originar desacuerdos que vayan más allá de la junta. Por otra parte, el *requisito* o incluso la expectativa implícita de unanimidad tiene sus desventajas. Podría convertirse en el objetivo final y suprimir la oposición o que algunas personas digan al grupo que están de acuerdo cuando en realidad no lo estén. Por otra parte, es frustrante para la mayoría de los participantes tener que discutir un tema durante mucho tiempo después de haber tomado una decisión, simplemente porque esperan convencer a unos cuantos disidentes sinceros. Esta situación es una pérdida de tiempo

¿Es necesario el consenso?

e incomoda a los disidentes. Además, puede demorar innecesariamente proyectos valiosos.

A menos que la decisión tenga importancia personal máxima para el disidente, el acuerdo de la mayoría de los miembros debe ser suficiente para actuar. Aunque es necesario escuchar y respetar a una minoría aislada, lo mismo es válido respecto de la mayoría. Las empresas deben llevar a cabo su trabajo, en vez de atascarse en debates interminables para tratar de lograr acuerdos unánimes. Por consiguiente, muchos patrones no esperan ni requieren unanimidad en las decisiones de comités. En la práctica, es frecuente que el consenso signifique que el grupo se enfrasca en compartir ampliamente sus ideas, lo cual produce un *nivel compartido de entendimiento*. Desde la perspectiva del comportamiento, la clave es que todos los participantes sientan que tienen la oportunidad real de expresar su punto de vista y ser escuchados.[22] En dicho momento, muchas personas razonables apoyarían la decisión que se tome, no obstante sus reservas.

Entre las ideas específicas para facilitar el consenso, se incluyen las siguientes:

1. Realizar un sondeo informal de opinión para ver las posiciones de los miembros del grupo.
2. Proponer un voto de una mayoría específica (por ejemplo, requerir 90% de los votos para aprobar algo).
3. Pedir a los participantes que retiren propuestas polémicas, se guarden sus preocupaciones o se hagan a un lado para permitir que el grupo proceda sin ellas.
4. Crear un subgrupo y brindarle *empowerment* para que tome la decisión.
5. Agrupar las preocupaciones en grupos principales para identificar tipos de problemas.
6. Acelerar el cierre de la discusión mediante el uso de una ronda de exposiciones (en que cada participante dispone de tiempo limitado para hablar) o "fishbowl" (en que representantes de las posiciones principales hablan por sus representados en relación con el tema).[23]

Debilidades de los comités

En 1927, un distinguido ejecutivo descansaba en su casa una noche mientras su esposa leía la narración en el periódico del histórico vuelo de Lindbergh, de Nueva York a París. La señora comentó: "¡No es maravilloso! Y lo hizo solo." La respuesta clásica de su esposo, después de un día difícil en la oficina, fue: "Bueno, ¡habría sido incluso más maravilloso si lo hubiera hecho con un comité!"

Los comités tienen debilidades al igual que fortalezas, por lo que algunas personas han adquirido la costumbre de decir: "Tú ve a la junta y yo atenderé el negocio", lo cual significa que las juntas son trabajo improductivo y alguien tiene que continuar con el trabajo real. Aunque *ciertas* juntas son improductivas, un solo caso no se aplica a la generalidad. Las juntas son parte fundamental y productiva de las empresas. Una parte del problema es que se espera demasiado de ellas y se las critica si no cumplen con las expectativas. Sin embargo, no se llega a ningún lado criticando una cancha de tenis porque es inadecuada para jugar fútbol.

Las juntas conducidas de manera adecuada pueden contribuir al progreso organizacional mediante la participación, la integración de intereses, la toma de decisiones mejorada, el compromiso y la motivación de los miembros del grupo para llevar a cabo ciertas acciones, el fomento del pensamiento creativo, la ampliación de perspectivas y el cambio de actitudes. Por consiguiente, la decisión fundamental que deben tomar los grupos no es la relativa a su existencia, sino *cómo sacar provecho máximo de ellos*. A fin de utilizarlos, es necesario conocer sus debilidades, que pueden clasificarse en cinco categorías principales: lentitud y alto costo, pensamiento de grupo, polarización, escalada de compromiso y responsabilidad dividida.

Lentitud y alto costo   Como señaló un administrador: "¡Los comités generan minutas y desperdician horas!"* Las juntas en ocasiones son una forma lenta y costosa de lograr que se realicen las tareas. A veces, la demora es aconsejable. Se cuenta con más tiempo para pensar, revisar objetivamente una idea y sugerir opciones. Sin embargo, cuando es necesaria una acción rápida y decidida, el enfoque individual resulta más efectivo. Por ejemplo, un ejecutivo no convocaría a una junta de comité para responder a la solicitud urgente de ayuda de un cliente.

> Algunas empresas han emprendido acciones directas para lograr que los comités se muevan rápidamente y terminen a tiempo. Entre los ejemplos de técnicas exitosas, se incluyen las juntas "de pie" (en las que se retiran todas las sillas de la sala de juntas); requerir que todos los presentadores y participantes se apeguen a un horario rígido (por ejemplo, 12 minutos para una propuesta estratégica importante, lo que incluye responder a críticas clave) y proporcionar una gráfica visible que muestre la acumulación del costo de la junta (calculado como sigue: minutos transcurridos × sueldo promedio de los participantes × número de presentes). Estos enfoques muestran que es *posible* controlar el costo de las juntas.

Pensamiento de grupo   Una de las críticas más convincentes en relación con las juntas es que con frecuencia generan tanto conformismo como compromiso. Esta tendencia de los grupos estrechamente vinculados a la alineación del pensamiento individual con el de grupo se llama **pensamiento de grupo**, o efecto de nivelación.[24] Ocurre cuando un grupo valora tanto la solidaridad que no evalúa de manera crítica sus decisiones y supuestos. Se ejercen presiones sobre los individuos para que se adapten a los deseos de los demás. Es probable que se acepte la idea de los miembros dominantes —los que tienen autoridad, hablan con confianza o expresan mejor sus argumentos— sin importar que tengan o no valor. Esta tendencia debilita el producto del grupo.

El pensamiento de grupo puede detectarse observando algunos de sus síntomas clásicos, como los siguientes:

- La autocensura de pensamientos críticos.
- La racionalización de que lo que se haga es aceptable para otros.
- La ilusión de invulnerabilidad.
- El uso de "guardias mentales" autodesignados.
- La ilusión de unanimidad en el grupo, sin verificar su existencia.
- Estereotipar a quienes son ajenos al grupo.

---

* N. del T. El gerente en cuestión hace un juego de palabras intraducible con los significados *minutas* y *minutos* del término inglés *minutes*.

> ### La necesidad de diversidad en los grupos
>
> La necesidad de diversidad no es más evidente en ningún sitio que en la composición de los grupos de toma de decisiones y fuerzas de trabajo. Los *antecedentes* de los miembros (como su edad, el sexo y grupo étnico) están adquiriendo importancia vital, de modo que las decisiones respecto de productos y servicios reflejen las necesidades del mercado. Además, la capacidad de sus integrantes para pensar de manera distinta y compartir estados de ánimo alternos puede ser primordial para la prevención de enfermedades mortales, como el pensamiento de grupo. Por consiguiente, los ejecutivos inteligentes contratan de manera consciente a individuos que han demostrado previamente la capacidad de analizar los problemas desde diversos ángulos. En el corto plazo, este enfoque puede generar conflictos, tensión e incluso caos; pero en el largo plazo, la creación y aprovechamiento de la diversidad es un acercamiento saludable y constructivo en la toma de decisiones grupales.

- La ilusión de moralidad.
- La presión sobre los disidentes para que cedan y se adapten al grupo.

El pensamiento de grupo probablemente está presente cuando un grupo actúa como si estuviera por encima de la ley y no pudiera cometer errores, además de suponer que tiene apoyo total para sus acciones. Las consecuencias del pensamiento de grupo incluyen el deterioro del juicio grupal, no realizar pruebas de realidad y menor calidad en la toma de sus decisiones.

Un método efectivo para reducir o prevenir el pensamiento de grupo es designar a un **abogado del diablo** en cada junta. Se espera que esa persona cuestione las ideas de los demás, sondee en busca de hechos sustentadores y ponga en tela de juicio su lógica. Los abogados del diablo son guardianes del pensamiento claro y moral, además de que pueden ayudar inconmensurablemente al grupo mediante su flujo de críticas constructivas. Otros métodos que usan las organizaciones para prevenir el pensamiento de grupo incluyen la rotación de nuevos miembros del grupo, invitar a personas ajenas al grupo y anunciar una demora temporal antes de tomar una decisión definitiva, lo cual brinda a los participantes una última oportunidad para identificar y expresar sus reservas.

Polarización En contraste con el pensamiento de grupo, un comportamiento alterno que aparece en ocasiones es la **polarización** del grupo. En ésta, el individuo llega al grupo con una franca predisposición, negativa o positiva, respecto del tema en cuestión. En la medida en que se exploran las ideas y se pone en tela de juicio su lógica, algunos participantes se ponen a la defensiva. Sus actitudes se vuelven rígidas e incluso más extremas si se las confronta con agresividad. Aunque las actitudes de los miembros del grupo pueden polarizarse en una u otra direcciones (arriesgada o conservadora), las investigaciones hacen pensar que *ciertos grupos tienden más a una* **polarización arriesgada** *de su pensamiento.* Esta tendencia significa que como grupo están más dispuestos a asumir riesgos con los recursos organizacionales en mayor grado que si actuaran individualmente. Aunque las decisiones arriesgadas pueden llevar a grandes resultados, también tienen el potencial de consecuencias más desastrosas, como se ilustra en el ejemplo siguiente.

Imagine a un grupo de gerentes que está a punto de tomar la decisión de ampliar la capacidad de planta instalada, no obstante el alto costo de capital, la competencia intensa y el mercado incierto. Dos miembros, que tenían una posición moderada en favor de la expansión antes de la junta, se sorprenden al escuchar que otro argumenta vehemente la decisión. Un ejecutivo más comenta con indiferencia: "Dentro de cinco años, los accionistas no recordarán quién tomó la decisión, incluso si fue incorrecta." Un quinto administrador no desea que se le considere un obstáculo al progreso y une fuerzas con los demás, de modo que la decisión se vuelve unánime.

El ejemplo precedente ilustra cuán rápidamente puede ocurrir la polarización arriesgada. Incluso si solamente uno de los cinco miembros realmente creía que la decisión es correcta, los demás permiten que los convenza de ello, por diversas razones. En ocasiones, los participantes que tienen mucha confianza en sí mismos se expresan de manera tan convincente que el resto acepta sus argumentos sin mucho debate. Otros miembros del grupo sienten que, puesto que no tienen responsabilidad individual de la decisión, pueden darse el lujo de asumir mayores riesgos. El grupo debe estar atento contra este tipo de errores.

Compromiso acrecentado   Una idea relacionada estrechamente con el problema de pensamiento de grupo es la que los miembros del grupo suelen perseverar en defender cierta opción no obstante la existencia de pruebas razonables de que llevará al fracaso. De hecho, incluso podrían asignar recursos adicionales al proyecto, con lo que se produce el **compromiso acrecentado** pese a los indicios claros de que fracasará. Abundan los ejemplos de fabricantes de automóviles que continúan produciendo ciertos tipos de vehículos no obstante la clara tendencia de los consumidores a no adquirirlos, de compañías farmacéuticas que invierten millones de dólares en el desarrollo de medicamentos con pocas probabilidades de recibir aprobación gubernamental y de comunidades que invierten mucho dinero en atracciones turísticas pese a los datos convincentes de que no podrán recuperar la inversión.

Existen muchas razones para que quienes toman las decisiones emprendan el compromiso acrecentado. En ocasiones, son víctimas inconscientes de la percepción selectiva, de tal suerte que se da un prejuicio en cuanto a la elección de los datos que usan para sustentar sus argumentos. El motivo de competencia también puede afectar sus decisiones, ya que el deseo de proteger su autoestima les impide admitir el fracaso hasta que son abrumadoras las pruebas de que existe. Haber argumentado en favor de una opción en público también vuelve más difícil mostrar flexibilidad y cambiar la posición personal (por temor a no guardar las apariencias). En muchas culturas, existe una admiración intensa por los líderes que asumen riesgos y persisten en presencia de la adversidad. Todas estas fuerzas hacen pensar que los miembros de grupos deben estar especialmente atentos al fenómeno del compromiso acrecentado en sí mismos y otros, además de estar dispuestos a admitir y aceptar sus errores.

Responsabilidad dividida   En la bibliografía administrativa, siempre se ha reconocido que la responsabilidad dividida es un problema para la toma de decisiones grupales. Suele afirmarse que las acciones que son responsabilidad de varios no son responsabilidad de nadie. Las decisiones grupales sin duda alguna diluyen y minimizan la responsa-

Consejos a futuros administradores

1. Genere y distribuya anticipadamente la agenda y los materiales de apoyo para una junta. Aclare el objetivo (resultado que se pretende lograr) a todos los participantes.
2. Estructure apropiadamente el grupo, de conformidad con criterios de tamaño y representación; permita la entrada y salida de personas según se requiera durante la junta.
3. Aliente la expresión y consideración de los puntos de vista de las minorías; busque los supuestos subyacentes y hágalos explícitos.
4. Separe la etapa de generación de ideas de una junta de la etapa de su evaluación; controle el tiempo dedicado a los accesorios, conversaciones tangenciales y otros temas.
5. Ponga a prueba cuidadosamente el grado de apoyo para una decisión tentativa que esté a punto de tomarse.
6. Termine la junta con un comentario positivo acerca de su éxito, reconozca a quienes contribuyeron y asigne responsabilidades de seguimiento específicas.
7. Logre la participación del grupo en la evaluación de su propio éxito durante la junta (qué se hizo bien y en cuáles áreas necesita mejorar su proceso); utilice las sugerencias para mejorar la próxima junta que conduzca.

bilidad. Además, brindan al individuo la oportunidad de eludirla con justificaciones como: "¿Por qué debe preocuparme este problema? Yo no apoyé la decisión en la junta."

Superación de las debilidades Muchas desventajas de las juntas de grupo pueden superarse fácilmente. El análisis precedente indica que debe seleccionarse la estructura de grupo adecuada, que el tamaño de grupo es un factor importante y que son varios los roles de liderazgo que tienen lugar. En el recuadro "Consejos a futuros administradores" se presenta un conjunto de lineamientos adicionales para lograr la eficacia de las juntas de grupo.

Direcciones emergentes

Existen tres aspectos que parecen muy promisorios para ampliar los conocimientos acerca de los grupos en las organizaciones. Uno es el surgimiento de una amplia gama de *técnicas alternas de estructuración de grupos*, que ocurren en parte por el énfasis de los programas de control de la calidad total en el trabajo de grupos.[25] Algunos métodos tratan de estimular el pensamiento creativo, mientras que otros neutralizan las diferencias de estatus, controlan el tiempo de discusión o varían el grado de anonimato de los miembros. Entre los materiales auxiliares, se incluyen notas de papel, tarjetas de índice codificadas por color o rotafolios.

Variaciones en el uso de técnicas de grupos

Modelos de contingencia

Un segundo aspecto es el desarrollo preliminar de *modelos de contingencia*. Están surgiendo diversos modelos cuyo diseño pretende ayudar a que los administradores sepan cuándo emprender diferentes acciones. Algunos de estos enfoques prescriben el grado de libertad que debe permitirse al grupo en la toma de decisiones. En otros, se evalúan algunos de los resultados aconsejables ya mencionados (como la aceptación y calidad) y se aplica ese análisis para decidir si son más apropiados los procesos de grupo nominal, de Delphi o de grupo. Cuando se perfeccionen, estos modelos ayudarán a que los gerentes elijan el método más efectivo en cada situación.

Sistemas de apoyo

Otro adelanto promisorio es el **sistema de apoyo a las decisiones grupales**.[26] En éste, se emplean computadoras, modelos de decisión y adelantos tecnológicos para eliminar las barreras de comunicación, estructurar el proceso de decisión y, en general, dirigir la discusión de grupo. Un ejemplo es el salón de juntas electrónico, en que se muestran instantáneamente las ideas de los participantes en una gran pantalla, se solicita en forma computarizada el voto y se muestran los resultados de la misma manera, y se transfieren mensajes electrónicos a los miembros del grupo. Las posibles ganancias en la calidad de las decisiones son considerables gracias a la integración de las tecnologías de las comunicaciones. Lo que todavía se desconoce son sus efectos en la satisfacción de los miembros del grupo, su sensación de participación o el equilibrio entre los roles de tareas y sociales. No obstante, los sistemas de apoyo a las decisiones grupales parecen un adelanto interesante y muy promisorio para el futuro.

RESUMEN

La dinámica de grupo es el proceso por el cual las personas interactúan cara a cara en grupos pequeños. Éstos pueden ser informales o formales; estos últimos, además, se subdividen en temporales y permanentes.

El complejo sistema de relaciones sociales en una organización está construido por muchos grupos informales pequeños. Éstos, que surgen naturalmente con la interacción de las personas, reciben la denominación colectiva de organización informal. Son importantes las ventajas de las organizaciones informales; pero también son posible fuente de problemas que los ejecutivos no pueden dejar de tomar en cuenta. Estas organizaciones se caracterizan por un sistema de estatus que produce líderes informales. Las normas de los grupos informales influyen poderosamente en el comportamiento de sus miembros.

Los grupos formales, que establecen las organizaciones formales, abarcan comités, grupos de trabajo y otros grupos de toma de decisiones. Las juntas de grupos formales son muy comunes como actividad de grupo y pueden generar decisiones de calidad, que reciben el apoyo de sus participantes.

Hay cuatro enfoques estructurados para la solución grupal de problemas: la tormenta de ideas, los grupos nominales, la técnica Delphi y las decisiones dialécticas. Las debilidades de los grupos se clasifican en cinco categorías: lentitud y alto costo, pensamiento de grupo, polarización, compromiso acrecentado y responsabilidad dividida. Están ocurriendo adelantos promisorios en las áreas de técnicas alternas de estructuración de grupos, modelos de contingencia y sistemas de apoyo a las decisiones grupales.

Términos y conceptos para revisión

Abogado del diablo
Agenda superficial
Agendas ocultas
Cohesión
Comité
Compromiso acrecentado
Consenso
Dinámica de grupo
Facilitación social
Grupo de referencia
Grupo nominal
Grupos de decisión Delphi
Grupos formales
Grupos informales
Juicio postergado
Líder de tareas
Líder informal
Líder social
Método de decisión dialéctica
Normas
Organigramas de redes
Organización informal

Pensamiento de grupo
Polarización
Polarización arriesgada
Sanciones

Sistema de apoyo a decisiones grupales
Tormenta de ideas
Tormenta de ideas electrónica

Preguntas para análisis

1. Piense en un trabajo de tiempo completo o medio tiempo que tenga o haya tenido. Identifique la organización informal que está (estaba) afectando su trabajo o grupo de trabajo, y sus efectos. Analice la forma en que los líderes informales probablemente ascienden (ascendían) a su posición y su manera de operar.
2. ¿Ha estado alguna vez en una situación en la que las normas del grupo informal hicieron que entrara en conflicto con los estándares de la organización formal? Analice el tema.
3. Analice algunos beneficios y problemas que las organizaciones informales suelen entrañar para un grupo de trabajo y un patrón.
4. Piense en un grupo de trabajo pequeño al que haya pertenecido recientemente. Evalúe su grado de cohesión. ¿Qué factores contribuyeron a su cohesión o la obstaculizaron?
5. De nuevo en relación con ese grupo pequeño, explique las maneras en que diferían en la práctica las acciones, las interacciones y los sentimientos de los participantes respecto de lo que supuestamente debía ser cuando se formó el grupo.
6. Identifique cinco medidas específicas que tomará para crear un comité efectivo la próxima vez que sea líder o miembro de un comité.
7. Divida una hoja de papel en cinco columnas. En la primera, con el encabezado "Fortalezas", enumere todas las ventajas que podrían tener todas las estructuras de grupo (por ejemplo, generan muchas soluciones). Escriba los cuatro tipos de enfoques estructurados como encabezados de las columnas restantes. Indique, con una marca de verificación en la o las columnas apropiadas, cuáles enfoques tendrían las fortalezas que enumeró. (Note que, en lo fundamental, está preparando su propio modelo de contingencia.)
8. ¿Qué significa el consenso para usted, con base en su experiencia? ¿Ha cambiado ese significado con la lectura de este capítulo? En su opinión, ¿qué interpretaciones tiene este término para otras personas?
9. En el capítulo se mencionan cinco debilidades principales de los grupos de toma de decisiones. Prepare una argumentación que describa algunos de los beneficios del uso de grupos.
10. Un gerente se quejó recientemente diciendo: "Las juntas ya no son tan divertidas desde que empezamos a usar los enfoques estructurados para la solución grupal de problemas." Explique el porqué de ese comentario. Además de "divertidas", ¿qué criterios debe usar el gerente para juzgar el éxito grupal?

Evalúe sus propias habilidades

¿Es bueno para mostrar habilidades de liderazgo grupal adecuadas?

Lea cuidadosamente las afirmaciones siguientes. Marque con un círculo el número de la escala de respuestas que refleje mejor el grado en que cada afirmación lo describe con exactitud cuando ha intentado trabajar constructivamente con alguien más. Sume los puntos totales y prepare un breve plan de acción para su mejoramiento personal. Esté listo para indicar su calificación con fines de tabulación ante todo el grupo.

	Descripción satisfactoria									Descripción insatisfactoria
1. Estoy plenamente consciente de la existencia de la organización informal.	10	9	8	7	6	5	4	3	2	1
2. Busco activamente identificar y buscar apoyo en los líderes informales para facilitar el logro de mis objetivos.	10	9	8	7	6	5	4	3	2	1
3. Puedo enumerar fácilmente media decena de beneficios y problemas relacionados con las organizaciones informales.	10	9	8	7	6	5	4	3	2	1
4. Me he apoyado en los organigramas de redes como diagramas de organizaciones informales reales.	10	9	8	7	6	5	4	3	2	1
5. Entiendo por qué muchas personas tienen actitudes negativas hacia las juntas de comités.	10	9	8	7	6	5	4	3	2	1
6. Me siento a gusto en el desempeño de roles de liderazgo de tareas y sociales en grupos.	10	9	8	7	6	5	4	3	2	1
7. Vigilo cuidadosamente las interacciones en juntas de comités y emprendo acciones para fomentar el equilibrio.	10	9	8	7	6	5	4	3	2	1
8. He aplicado con éxito uno de los enfoques estructurados de la toma de decisiones en grupo.	10	9	8	7	6	5	4	3	2	1
9. Tengo una idea clara de lo que significa "consenso" y la comunico en cada junta de grupo en que participo.	10	9	8	7	6	5	4	3	2	1
10. Me siento a gusto desempeñando el rol de abogado del diablo en una junta de grupo.	10	9	8	7	6	5	4	3	2	1

Calificación e interpretación   Sume la puntuación total de las 10 preguntas. Anótela aquí _____ y esté preparado para indicarla cuando se le pida.

- Si obtuvo de 81 a 100 puntos, parece tener capacidad para mostrar habilidades de liderazgo de grupo adecuadas.

- Si obtuvo de 61 a 80 puntos, revise de cerca los elementos con calificación baja y explore formas de mejorarlos.
- Si obtuvo menos de 60 puntos, debe estar consciente de que sus debilidades en relación con varios elementos podría ser nociva para su éxito futuro como motivador. Le instamos a que relea el capítulo completo y busque otro material pertinente en capítulos ulteriores y otras fuentes.

Ahora, identifique las tres calificaciones más bajas y escriba los números de pregunta aquí: _____, _____ y _____. Redacte un párrafo breve en que detalle, para usted mismo, un plan de acción de cómo mejoraría cada una de estas habilidades.

Incidente

Excelsior Department Store

La tienda Excelsior Department Store tenía un departamento grande, con seis empleados de ventas. Muchos de ellos eran leales y comprometidos con la compañía que habían trabajado en la tienda departamental durante más de 10 años. Formaban un grupo social estrechamente entretejido.

La tienda se embarcó en un programa de expansión que requirió la contratación de cuatro nuevos empleados para el departamento en un lapso de seis meses. Los recién llegados pronto se dieron cuenta de que los empleados con mayor antigüedad elegían la hora más favorable para las pausas de café, de modo que dejaban los periodos desfavorables para los recién llegados. Además, recibían prioridad en la atención del cajero, también de gran antigüedad, el cual hacía que los recién llegados esperaran en fila hasta que registraba las ventas de los de mayor antigüedad. Varios clientes se quejaron ante los gerentes de la tienda por esa práctica.

Además de lo anterior, los empleados de mayor antigüedad frecuentemente indicaban a los recién llegados que acomodaran las mercancías en el área de almacén y limpiaran los exhibidores en el piso de ventas, si bien esas tareas eran responsabilidad por igual de todos. El resultado consistía en que los de mayor antigüedad tenían más tiempo para lograr ventas, en comparación con los recién llegados. Puesto que se pagaban comisiones sobre las ventas, los nuevos empleados se quejaron ante el gerente del departamento respecto de esa práctica.

Preguntas

1. ¿Qué participación tiene la organización informal en este caso? Analice la situación.
2. ¿Qué haría acerca de cada una de esas prácticas como gerente del departamento? Explique su respuesta.

Ejercicio de experiencia

Elección de su líder

1. Divídase la clase en grupos de cinco a siete personas. Durante los primeros 10 minutos, los miembros de cada grupo deben presentarse ante los demás, no sólo mencionando su nombre, sino también otra información significativa (como sus logros principales y aspiraciones futuras).
2. A continuación, cada miembro de los grupos debe tomar una hoja y escribir el nombre de quien considera que sería el mejor líder del pequeño grupo. Luego, debe llevarse a cabo una tormenta de ideas colectiva, y registrarse en una hoja de papel

todos los factores que influyeron en la elección del líder. (Por ejemplo, ¿qué características revistieron importancia para ellos?) Deben entregarse esas hojas a una persona, que tabulará los votos. El nuevo líder debe facilitar una discusión de las características que fueron importantes para elegirlo. Debe pedirse a los grupos que analicen brevemente la validez de su proceso de elección.

3. Entonces, los grupos deben reflexionar sobre la experiencia de análisis. Han de identificar quiénes son los líderes de tareas y social, cuáles fueron las agendas ocultas y quiénes tuvieron los roles más asertivos. ¿Cómo modificarían su comportamiento si se repitiera el ejercicio?

Capítulo 13

Equipos y construcción de equipos

El trabajo de equipo puede ser una gran forma en que las organizaciones logren productividad, operen con un nuevo diseño, aumenten su flexibilidad, reduzcan el desperdicio, y mejoren la calidad y la satisfacción de los clientes.
—Thomas R. Keen y Cherie N. Keen[1]

Al igual que muchas modas administrativas a lo largo de las décadas, los equipos no han estado exentos de entusiasmo excesivo y manejo inadecuado.
—David X. Swenson[2]

OBJETIVOS DEL CAPÍTULO

ENTENDER:

- El contexto organizacional de los equipos
- La naturaleza de los equipos
- El ciclo de vida de un equipo
- El trabajo de equipo y las características de los equipos maduros
- La asesoría de procesos y habilidades de construcción de equipos
- Equipos autoadministrados

● Las organizaciones son estrategias de gran magnitud creadas para lograr orden en el caos cuando las personas trabajan juntas. Constituyen la columna vertebral que ayuda a crear relaciones predecibles entre las personas, tecnología, trabajos y recursos. Siempre que los individuos se unen en un esfuerzo común, será mediante las organizaciones como se lograrán resultados productivos.

La necesidad de organizaciones —y los estragos de la desorganización— se ilustran al desorganizar una oración breve: "niorgagransultcioretalaslozanesdos". Expresada de esa manera, no tiene sentido. La forma siguiente está un tanto reorganizada: "lasorganizacioneslogranresultados". De este modo, es entendible, si bien con dificultades. El simple hecho de cambiar la primera letra a mayúscula, "L" y añadir tres espacios, da lugar a: "Las organizaciones logran resultados." Sí, organizar a las personas y los objetos es fundamental para el trabajo coordinado.

En este capítulo, se presentan los elementos clave de los diseños clásico y emergente de las empresas en lo relativo al comportamiento organizacional. En particular, se muestra por qué muchas compañías han puesto diferente énfasis en los equipos para superar problemas antiguos, lograr satisfacción de las necesidades de los empleados y liberar el potencial de rendimiento en los grupos. Se destaca la necesidad del desarrollo cuidadoso de los equipos y se explora una estructura singular: los equipos autoadministrados.

CONTEXTO ORGANIZACIONAL DE LOS EQUIPOS

Conceptos clásicos

La teoría de diseño de organizaciones clásica es el proceso de partir de la cantidad total de trabajo y distribuirla en divisiones, departamentos, grupos de trabajo, puestos y asignación de responsabilidades a las personas. La eficacia e integración de esfuerzos se logra mediante la **división del trabajo**, es decir, la creación de niveles de autoridad y unidades funcionales y la **delegación**, o sea, la asignación de deberes, autoridad y responsabilidad a las personas. El resultado es una jerarquía operativa, que se muestra visualmente en un organigrama. Por ejemplo, en la figura 13-1 se ilustra una organización sencilla, que consiste en cuatro niveles de autoridad con nueve unidades operativas en el nivel inferior.

> Cada organización se estructura y usa la delegación de maneras hasta cierto punto distintas;[3] es decir, algunos ejecutivos delegan funciones con más frecuencia que otros. Un estudio que se realizó entre los ajustadores de reclamaciones y sus supervisores en una compañía aseguradora reveló que varios factores aparentemente contribuyen a un mayor grado de delegación. Entre ellos, se incluyeron las percepciones que el supervisor tenía de los subordinados como capaces y dignos de confianza, así como la carga de trabajo considerable del supervisor. La delegación de autoridad también más probable cuando los supervisores piensan que sus empleados tienen la información de los antecedentes necesaria para tomar una decisión adecuada y cuando el resultado de la decisión del empleado entrañaría apenas un riesgo mínimo para la empresa.

El diseño clásico de organizaciones tiene sus fortalezas y debilidades. Por ejemplo, la estructura organizacional puede apoyar a las personas o suprimirlas. La estructura

FIGURA 13-1

Concepto de vínculos de Likert

Fuente: Adaptado de *New Patterns of Management*, de Rensis Likert, p. 13. Copyright © 1961, McGraw-Hill Book Company.

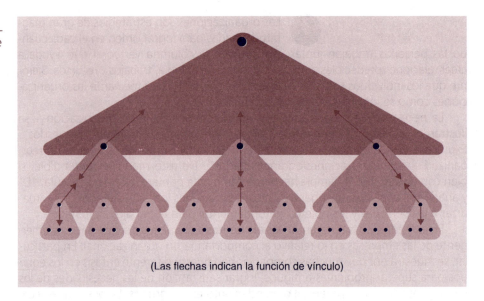

(Las flechas indican la función de vínculo)

clásica proporciona mucho apoyo a tareas, como asistencia especializada, recursos apropiados para efectuar el trabajo, seguridad y condiciones de trabajo razonablemente fiables. Por otra parte, aunque la estructura clásica tiene esa fortaleza en el apoyo a tareas, *es débil en el apoyo psicológico*. Lo que se necesita es un sistema organizacional que brinde por igual el apoyo de tareas y psicológico.

Los administradores como vínculos

Cuando la división de trabajo y la delegación se llevan a cabo correctamente, el resultado es una red intrínseca de relaciones, la cual vincula a las personas en una organización que funciona sin problemas. Cada nivel tiene equipos funcionales relacionados con los niveles superior e inferior inmediatos. Esto es lo que se conoce como concepto de vinculación, que se muestra en la figura 13-1. Cada ejecutivo sirve como **vínculo**, que conecta a su grupo con el resto de la empresa. Si todos los vínculos son efectivos, la compañía puede funcionar como un todo integrado. Por otro lado, si existe debilidad en alguna parte de la cadena de vínculos, la organización tiende a ser menos efectiva.

Los gerentes son vínculos entre grupos

Los administradores que se consideran como vínculos que unen a *toda* la organización —y brindan servicios a ella— funcionan mejor. Puede ser difícil tener una perspectiva de toda una empresa, en especial cuando ellos son responsables de los resultados de *su propia* unidad y se les recompensa con base en su rendimiento. No obstante, si los empleados entienden el rol del gerente como vínculo con toda la compañía, pueden relacionarse más satisfactoriamente con su equipo y organización como un todo, además de ser más efectivos.

Disminución del uso de la estructura

Nuevos puntos de vista han reducido el uso de la estructura y la autoridad en las empresas modernas. En muchos casos, ha disminuido el número de niveles jerárquicos por la reducción de la plantilla laboral y la eliminación de ciertos puestos administrativos de nivel intermedio. En otras, se ha intentado quitar las barreras rígidas entre las unidades funcionales (conocidas como "silos") al enfocarse en creación de organizaciones "sin fronteras", es decir, sin barreras internas artificiales. El enfoque moderno es ser más flexible con los sistemas organizacionales, modificándolos rápidamente según las necesidades del entorno. Una razón para ello es la existencia de valores sociales cambiantes; pero también es evidente que las relaciones horizontales entre las cadenas de mando son más importantes para la efectividad de lo que se pensaba en el pasado. La influencia de los supervisores en sus colegas, personas de servicio, proveedores, clientes y otras cadenas de mando se está volviendo más significativa. El ritmo y la complejidad del trabajo actual han hecho más necesarias la comunicación horizontal y las estructuras flexibles.

Diseño organizacional contingente

Como se analiza en el párrafo anterior, *la tendencia es hacia un diseño organizacional más contingente*, en el cual se reconoce la necesidad de procesos y estructuras organizacionales diferentes para lograr efectividad en situaciones diversas. Algunas de las fuerzas principales que afectan la elección de la estructura son la estrategia de la empresa, su tecnología, su tamaño e incluso las preferencias de sus altos ejecutivos. También difieren los entornos, de modo que un diseño organizacional apropiado en un ambiente sería inapropiado en otro. Puesto que el entorno cambia con el paso del tiempo, a veces con rapidez, *existe la necesidad especial de que los diseños organizacionales sean flexibles*, de modo que puedan modificarse para su adaptación más satisfactoria al entorno cambiante.

El punto de vista contingente requiere un cambio fundamental de filosofía respecto del punto de vista tradicional, de que existen formas preferibles de organización que pueden permanecer relativamente fijas con el paso del tiempo. En el apartado siguiente, se resaltan estas diferencias contrastando dos modelos organizacionales extremos y cómo aprovecharían a los equipos. Luego, se analiza un enfoque flexible de organización que crea una multitud de equipos de proyecto temporales, la estructura matricial.

Formas mecanicista y orgánica   Algunas de las primeras investigaciones sobre el diseño contingente fueron las de Tom Burns y George Staker, en el Reino Unido.[4] Distinguieron entre organizaciones mecanicistas y orgánicas. Las **organizaciones mecanicistas** encajan en el esquema jerárquico tradicional. Las personas se especializan en múltiples actividades dirigidas por una o más capas de supervisores. Cada nivel inmediato superior tiene más poder e influencia, hasta llegar al nivel máximo, donde está la dirección central. El trabajo se programa cuidadosamente, las tareas están claras, los roles se definen de manera estricta y gran parte de la comunicación formal fluye por las líneas jerárquicas. La estructura funciona como una máquina bien diseñada e incluye muchas de las características de una burocracia.

Características de organizaciones mecanicistas

Las **organizaciones orgánicas** son más flexibles y abiertas. Las tareas y los roles están definidos con menor rigidez, lo que permite que las personas se ajusten a los requerimientos situacionales. La comunicación es multidireccional; consiste más en información, consejos y solución conjunta de problemas que en instrucciones y decisiones impuestas. La autoridad e influencia fluyen directamente de la persona que tiene la capacidad para manejar el problema de que se trate. La toma de decisiones está más descentralizada y se comparte en diversos niveles y funciones. La organización también está más abierta a su entorno.

Características de organizaciones orgánicas

Burns y Stalker mostraron que las formas mecanicistas son más efectivas que las orgánicas en situaciones específicas. Si las tareas son estables y están bien definidas, de modo que varíen muy poco mes tras mes y año tras año, la forma mecanicista tiende a ser superior. Cuando los cambios de tecnología, mercado y otras partes del entorno son mínimos, la estructura mecanicista también parece ser más efectiva. Por añadidura, las actitudes de los trabajadores son un factor contingente. Si prefieren tareas más rutinarias y desempeñarse bajo la dirección de otros, una forma mecanicista se ajusta mejor a sus necesidades. En caso de que se sientan amenazados por la ambigüedad e inseguridad, el enfoque mecanicista es mejor.

Las formas orgánicas son más efectivas en otras situaciones, que tenderían a ser las prototípicas del siglo XXI. Funcionan mejor si el ambiente es dinámico y requiere cambios frecuentes en la organización. También operan mejor cuando las tareas no están definidas en grado suficiente para que se vuelvan rutinarias. Si los empleados buscan autonomía, apertura, variedad, cambio y oportunidades de intentar nuevos enfoques, una forma orgánica es mejor. En caso contrario, todavía sería preferible una estructura mecanicista. *Se tiende más a la formación de equipos en las formas orgánicas de organización*, ya que brindan la flexibilidad que requieren las empresas modernas.

Un enfoque de contingencia puede aplicarse en una compañía, con el resultado de que los diversos departamentos se organizarían de manera distinta para satisfacer sus necesidades especiales. El departamento de investigación tendría una estructura orgánica, mientras que el de producción podría requerir una estructura mecanicista.

Organización matricial

La **organización matricial** es un adelanto para satisfacer las necesidades organizacionales cambiantes. Se trata de una sobreposición de un tipo de organización sobre otro, de modo que existen dos cadenas de mando que dirigen a los empleados. Se utiliza en especial en proyectos grandes y especializados, que requieren temporalmente la colaboración de mucho personal técnico con diferentes habilidades en equipos de proyecto. Un ejemplo sencillo de organización matricial serían las campañas anuales de solicitud de contribuciones para obras de beneficencia. Aunque podrían manejarse mediante la jerarquía tradicional, es frecuente que se asignen a una jerarquía transitoria de empleados que dedican parte de su jornada a la tarea, llevan a cabo la asignación hasta terminarla y luego el equipo se desintegra.

El efecto de la estructura matricial consiste en separar algunas actividades de la organización en proyectos que luego compiten por la asignación de personal y otros recursos. La jerarquía tradicional es el origen del grupo de trabajo normal del empleado; pero se establecen temporalmente grupos de proyecto, que pueden durar hasta varios años, como en el desarrollo del avión Boeing 777. Los empleados son asignados al proyecto durante la vida de éste o mientras se necesitan sus conocimientos especializados. Cuando se completa una asignación, el empleado regresa a su tarea permanente en su departamento de origen o se le asigna a otros proyectos. De hecho, alguien puede estar asignado parcialmente a dos o más proyectos simultáneos.

En la figura 13-2 se muestran las relaciones de empleados en el Project Roger, un proyecto de una compañía de productos electrónicos. Se ilustra la forma en que varían las categorías, las relaciones entre iguales y relaciones de supervisor-subordinado entre la estructura organizacional permanente y la matricial. En cuanto a las categorías, el trabajo habitual de Diego lo ubica en el cuarto nivel de la estructura permanente, si bien desempeña una función clave de segundo nivel en la estructura matricial. En lo concerniente a las relaciones entre iguales, Georgia y Hart trabajan en departamentos distintos de la organización permanente, mientras que lo hacen juntos en la matricial. Por último, en lo que respecta a las relaciones supervisor-subordinado, Georgia trabaja para Anne en la estructura normal, mientras que en la matricial lo hace para Carl, quien es su colega en la estructura normal.

Barb, Carl, Diego, Evan, Frank e Izzy forman un *equipo de proyecto* primario en el sistema matricial. Además, Carl recibe la ayuda de Georgia y Hart, mientras que Jan y Kerry reportan temporal y directamente ante Diego. En esencia, la estructura matricial es la sobreposición simultánea de una o más estructuras (equipos) de proyecto temporales en la organización permanente.

Gerente de proyecto   En las organizaciones matriciales se designa a un gerente de proyecto (como Diego) para dirigir todo el trabajo encaminado a la terminación de un proyecto importante, como el desarrollo de un nuevo sistema de cómputo. En particular, dicho gerente necesita tener capacidad de adaptación a roles, para interactuar con personas dentro y fuera de la estructura. Los gerentes de proyecto ocupan **roles limítrofes**, que requieren la habilidad para interactuar con diversos grupos a fin de lograr el éxito del proyecto. Mantienen abiertos y activos los canales de comunicación compartiendo la información de manera constante con otras unidades dentro y fuera de la organización. Cada grupo posee lenguaje, valores y estilos de relaciones que le son propios, de modo que los gerentes de proyecto deben ser sensibles y flexibles para que se satisfagan las necesidades que el proyecto tiene de otros grupos. Puesto que es frecuente que su autoridad sea relativamente débil, su misión se logra mejor mediante la comunicación, la negociación, el desarrollo de asignaciones retadoras y el fortalecimiento del trabajo de equipo.

Roles limítrofes

Efectos de la organización matricial   La organización matricial constituye un cambio trascendente respecto de estructuras organizacionales sencillas y su efecto puede variar desde muy positivo hasta muy negativo. Cuando se implantan por primera vez, pueden generar confusión en sus miembros ya que precisan que las personas desempeñen roles múltiples y la ambigüedad consiguiente las frustra. También puede haber inseguridad en cuanto a qué ocurrirá con ellas cuando se termine el proyecto y se desintegre el equipo. Podría disminuir la autoridad del gerente funcional (de línea) que "pierde" temporalmente una parte de su personal, al mismo tiempo que aumentan sus problemas de mantenimiento de la coordinación y control. Por añadidura, puede surgir la enfermedad llamada "proyectitis", en que el compromiso con el equipo de proyecto es tan fuerte que aparecen competencia y rivalidades insanas. Algunos problemas de la forma matricial son apreciables en el ejemplo siguiente.

> La división de ingeniería de una empresa fabricante de aviones estaba organizada funcionalmente, con grupos separados de diseño, elaboración de prototipos y pruebas.[5] Se hizo una reorganización que generó una estructura matricial, con gerentes de proyecto responsables de integrar el trabajo de cada uno de los proyectos de desarrollo en proceso. Se administraron mediciones de actitudes y comportamientos en diversos momentos y se las comparó contra las de un grupo testigo (de control) de empleados en otras instalaciones.

FIGURA 13-2

Comparación de la estructura matricial con la asignación organizacional permanente de empleados en el Project Roger

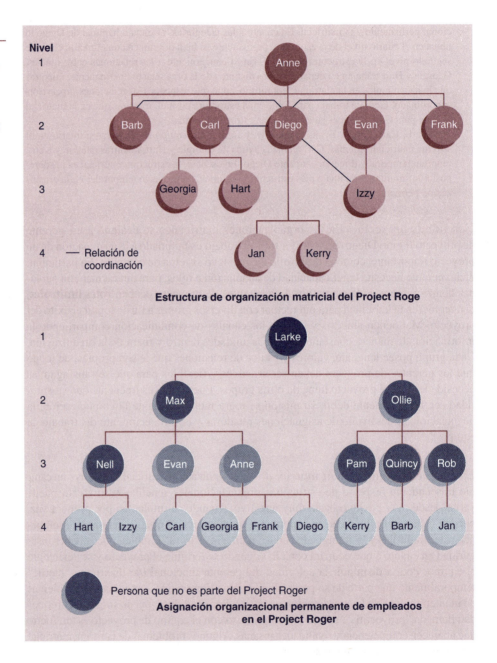

Los efectos más importantes ocurrieron en el grupo de elaboración de prototipos, en el cual fueron máximas la reubicación física y la reestructuración del grupo de trabajo. Aunque se incrementó el volumen de la comunicación, disminuyó su calidad. También aumentó la ambigüedad de roles y se redujeron la coordinación y la satisfacción en el trabajo. Lo sorprendente es que los empleados no señalaron niveles significativos de conflictos de roles.

No obstante su complejidad, se emplea la organización matricial por diversas razones. Se enfoca en un solo proyecto, lo cual permite mejorar la planeación y el control para cumplir con presupuestos y fechas límite. De manera particular en proyectos repetitivos, los miembros adquieren experiencia valiosa y se fomenta una fuerte identidad de equipo. La estructura es más abierta y flexible (orgánica) que en una jerarquía convencional, por lo que puede manejar mejor los cambios que ocurren en proyectos complejos. La distribución de la autoridad y el estatus también concuerda más con las normas democráticas de los empleados técnicos. Por ejemplo, se concede mayor énfasis a la autoridad de los conocimientos que puede aportar un especialista al proyecto y menor énfasis al nivel en la jerarquía permanente. La organización matricial mejoraría la motivación, ya que las personas se concentran mucho más en completar el proyecto que en una organización tradicional. Además, mejora la comunicación porque se facilita el contacto directo y se reducen las inhibiciones que se generan con la jerarquía formal.

Factores de contingencia Aunque hay limitaciones para aplicar la organización matricial, cuando se lleva a cabo es psicológicamente más avanzada que la jerarquía de trabajo convencional. Su empleo depende de factores como los siguientes:

- La existencia de proyectos especiales, en especial los de gran envergadura.
- La necesidad de habilidades ocupacionales diversas, en particular las de alto nivel.
- Las condiciones de cambio durante el proyecto.
- Las condiciones complejas de coordinación, solución de problemas y programación.
- La necesidad alta de la autoridad de los conocimientos y los expertos, en contraste con la autoridad funcional existente.
- La capacidad de los empleados para entender el trabajo de equipo y trabajar en ellos.

Equipos transfuncionales Cuando se aplica el proceso de organización matricial en gran escala y éste cruza las fronteras organizacionales internas, genera **equipos transfuncionales**, que reclutan miembros en dos o más áreas de especialización, y frecuentemente, en varias. Su naturaleza misma hace que posean un alto nivel de diversidad, por lo menos en cuanto a antecedentes profesionales y especialización laboral. Aunque los grupos transfuncionales a veces se construyen rápidamente, existen problemas especiales para que se conviertan en equipos verdaderos. Por lo tanto, el resto de este capítulo se dedica a analizar información clave acerca de la formación, construcción y operación de equipos.

TRABAJO DE EQUIPO

Los empleados como individuos realizan tareas operativas; pero en su inmensa mayoría trabajan normalmente en grupos pequeños, donde sus esfuerzos deben encajar como las piezas de un rompecabezas. Siempre que su trabajo es interdependiente, actúan como un equipo de tareas y buscan construir un estado cooperativo al que se llama trabajo de equipo. Un **equipo de tareas** es un grupo cooperativo pequeño que tiene contacto habitual y que realiza acciones coordinadas. La frecuencia de la interacción de sus integrantes y su existencia continua hace que un equipo de tareas difiera claramente de los gru-

Contribuyentes al trabajo de equipo

pos de toma de decisiones a corto plazo (comités) o de los equipos de proyecto en estructuras matriciales.

Existe **trabajo de equipo** cuando los miembros de un equipo de tarea conocen sus objetivos, contribuyen responsable y entusiastamente a su tarea, y se brindan apoyo mutuo. Son por lo menos cuatro los ingredientes que contribuyen al desarrollo del trabajo de equipo: ambiente sustentador, habilidades adecuadas para los requisitos de roles, objetivos de orden superior y recompensas de equipo. Los equipos de reciente formación habitualmente pasan por una sucesión de etapas de desarrollo, que se describen en el apartado siguiente.

Ciclo de vida de un equipo

Cuando cierto número de individuos empieza a trabajar en tareas interdependientes, es frecuente que pasen por varias etapas conforme aprenden a trabajar juntos como equipo (figura 13-3).[6] Estas **etapas del desarrollo de equipos** no siguen un orden rígido, sino que constituyen un modelo amplio que se puede observar y predecir en muchos contextos mientras dure el equipo. Estas etapas son el resultado de diversas preguntas y problemas que enfrenta de manera también predecible el equipo, como las que se muestran en la figura 13-3. Además, los miembros del equipo necesitan saber qué reglas seguir y cuáles deben ser las aportaciones de cada persona. Las etapas habituales en la evolución de un equipo pueden describirse como sigue:

- *Formación.* Los participantes comparten información personal, empiezan a conocerse y aceptarse, y dirigen su atención a las tareas del grupo. Prevalece un ambiente de cortesía y las interacciones suelen ser cautelosas.
- *Confrontación:* Los participantes compiten por estatus, buscan posiciones de control relativo y discuten acerca de la dirección apropiada del grupo. Las presiones externas interfieren en el grupo y las tensiones entre sus miembros aumentan conforme muestran comportamiento asertivo.
- *Normalización.* El grupo empieza a actuar como tal de manera cooperativa y se establece un equilibrio tentativo entre las fuerzas que compiten en él. Surgen normas de grupo, que sirven de guía al comportamiento individual, y es cada vez más evidente la actitud de cooperación.
- *Rendimiento.* El grupo madura y aprende a manejar retos complejos. Se desempeñan e intercambian con fluidez y en la medida necesaria los roles funcionales, además de que se logran eficazmente las tareas.
- *Despedida.* Incluso los grupos, comités y equipos de proyecto más exitosos se desintegran tarde o temprano. Esta etapa de despedida requiere disolver las relaciones sociales intensas y regresar a las asignaciones de trabajo permanentes. Esta etapa es cada vez más frecuente con el advenimiento de organizaciones flexibles, que se caracterizan por grupos temporales.

Informar a los equipos acerca de estas etapas probables puede ser útil para sus integrantes y líderes. Si todos los participantes los conocen, entenderán mejor lo que ocurre y trabajarán para resolver los problemas que surjan. Por supuesto, cada grupo es diferente, de modo que no todos experimentan con claridad todas las etapas de ese ciclo de vida. Algunos se atascan temporalmente en una cierta etapa, mientras que otros regresan de

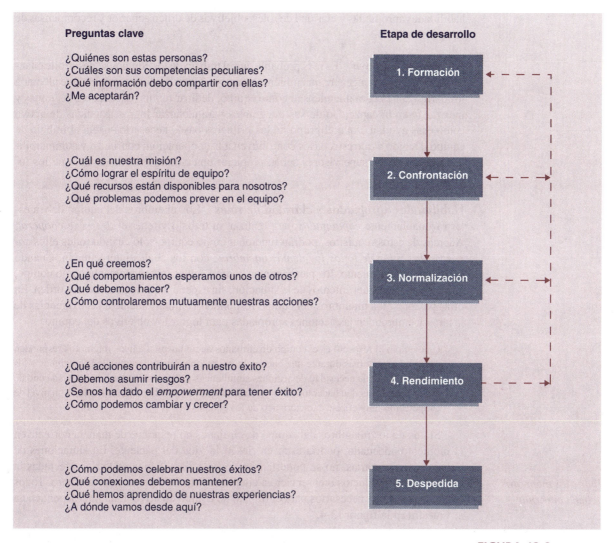

FIGURA 13-3

Ciclo de vida de un equipo, con preguntas y tareas que enfrenta en cada etapa

vez en cuando a una etapa anterior (*véase* las flechas de guiones en la figura 13-3). A fin de acelerar su propio desarrollo, sería útil que los miembros del equipo sepan cuáles elementos ayudan a crear equipos exitosos.

Ingredientes de los equipos efectivos

Se han realizado muchas investigaciones para tratar de aislar los factores que contribuyen más al éxito de los equipos. Entre los elementos que por lo general se identifican, están su conformación cuidadosa, que se comparta información, que haya direcciones claras y objetivos mensurables de responsabilidad, recursos suficientes, integración y coordinación, flexibilidad e innovación, y que se estimule la avidez por aprender.[7] A continuación, el análisis se centra en cuatro factores principales: un ambiente de apoyo, habilidades apropiadas y claridad de roles, objetivos de orden superior y recompensas de equipo.

Ambiente de apoyo Es más probable que el trabajo de los equipos se desarrolle cuando la administración genere un ambiente de apoyo. Crear dicho entorno incluye alentar a los participantes para que piensen como equipo, dedicar tiempo adecuado a las juntas y mostrar fe en la capacidad de sus integrantes para alcanzar logros. Medidas de apoyo como ésas ayudan a que el grupo dé los primeros pasos necesarios hacia el trabajo de equipo. Debido a que esos pasos contribuyen a la cooperación, confianza y compatibilidad ulteriores, los supervisores deben propiciar una cultura organizacional que los fomenten.

Habilidades apropiadas y claridad de roles Los miembros del equipo deben estar razonablemente *capacitados* para realizar su trabajo y tener el *deseo de cooperar*. Además de estos requisitos, podrán funcionar como equipo sólo cuando todos ellos *conozcan los roles de todos los demás miembros*, con los cuales interactuarán. Cuando existe tal entendimiento, los participantes podrán actuar inmediatamente como equipo, con base en los requerimientos de la situación, sin esperar a que alguien dé una orden. En otras palabras, los miembros del equipo responden voluntariamente a las exigencias de la tarea y emprenden las acciones apropiadas para lograr los objetivos del equipo.

> Un ejemplo al respecto es el equipo de cirujanos de un hospital, cuyos miembros responden por igual a una crisis durante una operación. Su reconocimiento mutuo de la emergencia los alerta acerca de la necesidad de acciones simultáneas y respuestas coordinadas. Cada uno de ellos sabe qué pueden hacer los otros y confía en que lo harán bien. El resultado es un nivel de cooperación muy eficaz, característico de los equipos.

Todos los miembros deben contribuir

Si uno de los miembros del equipo de cirujanos no responde de manera correcta en el momento adecuado, podría estar en riesgo la vida del paciente. En situaciones de trabajo más ordinarias, no se pondrían en riesgo vidas, si bien se verían afectadas la calidad de los productos o el servicio a clientes por la falla de un solo miembro. Todos los integrantes son necesarios para el trabajo de equipo efectivo. Esta interdependencia se muestra en la figura 13-4.

Objetivos de orden superior Una responsabilidad importante de los directivos es tratar de mantener a los miembros del equipo orientados hacia su tarea global. Por desgracia, en ocasiones las políticas de la organización, sus requisitos de registro y los sistemas de recompensas fragmentan los esfuerzos individuales y desalientan el trabajo de equipo. Un supervisor de distrito de una compañía petrolera hace el relato siguiente de los efectos que los informes de ventas inferiores a la cuota tienen en los representantes de ventas.

> Al igual que en muchas empresas, cada mes se espera que alcancemos nuestra cuota de ventas. Se espera que los representantes de ventas alcancen la cuota en su territorio de la misma manera que se espera que el Distrito Oriental alcance la suya. En el pasado, muchas veces este distrito no pudo llegar a su cuota en relación con ciertos productos, por ejemplo, aceite para motor. Es una práctica conocida de algunos representantes de ventas postergar una entrega en su territorio hasta el mes siguiente si ya alcanzaron su cuota.

FIGURA 13-4
El trabajo de equipo depende del rendimiento de cada miembro

> **¿Qué sx nxcxsita para xl trabajo dx xquipo?**
>
> Mi supxrvisor mx dijo qux xl trabajo dx xquipo dxpxndx dxl rxndimixnto dx cada una dx las pxrsonas qux lo conforman. Hicx caso omiso dx xsa idxa hasta qux mi supxrvisor mx mostró cómo sx comporta xl txclado dx mi computadora cuando una sola txcla funciona mal. Aunqux todas las dxmás txclas funcionxn bixn, xsa txcla anula la xfxctividad dx todo xl txclado. Ahora sx qux, aunqux sxa sólo una pxrsona, soy nxcxsario si sx prxtxndx qux xl xquipo funcionx como dxbx hacxrlo un xquipo xxitoso.

La atención de los representantes de venta se centra en su propia cuota, no en la distrital. Cada representante de ventas que no alcance su cuota de un producto en determinado mes debe presentar un informe en el que explique las razones de tal situación. Un representante que realiza una gran venta (de varios cientos de litros de aceite para motor) a un cliente, sabe que ese mismo cliente podría no comprarle aceite durante uno o dos meses, lo cual haría que el representante no alcance su cuota en esos periodos y tenga que presentar un informe al respecto.

El supervisor que se menciona en el ejemplo podría considerar la creación de un **objetivo de orden superior**, o sea, uno que permita integrar los esfuerzos de dos o más personas. Este tipo de objetivos puede lograrse sólo si todos los participantes cumplen con su parte. Se trata de objetivos que sirven para enfocar la atención, unir esfuerzos y estimular equipos más cohesivos. Por ejemplo, en una junta de un hospital, el líder diría: "Estamos aquí para ayudar a nuestro paciente. ¿Podemos considerar el problema de hoy bajo esa luz?" Una vez reconocido el objetivo de orden superior, se resuelven varios conflictos internos de menor importancia.

Recompensas de equipo   Otro elemento que puede estimular el trabajo de equipo es la existencia de recompensas de equipo. Éstas pueden ser económicas o simples reconocimientos. Las recompensas tienen mayor poder si los miembros del equipo las *valoran*, las perciben como *alcanzables* y las reciben de manera *dependiente del rendimiento del grupo*. Además, las organizaciones necesitan lograr un equilibrio preciso entre alentar y recompensar la iniciativa y crecimiento del individuo, por un lado, y estimular su contribución plena al éxito del equipo, por el otro.[8] Entre las recompensas de equipo innovadoras (no económicas) por el comportamiento responsable, se incluirían la autoridad para elegir nuevos miembros del grupo, elaborar recomendaciones concernientes a un nuevo supervisor o proponer medidas disciplinarias para los participantes.

Problemas potenciales en los equipos

Es un placer observar a equipos efectivos en acción. Sus integrantes están comprometidos con el éxito de la compañía; tienen valores comunes acerca de la calidad de los productos, la seguridad y la satisfacción de los clientes, y comparten la responsabilidad de completar a tiempo un proyecto.

Composición cambiante   Además de ser complejo y dinámico, el trabajo de equipo es sensible a todos los aspectos del entorno organizacional. Al igual que el majestuoso

Lo que leen los administradores

La tecnología de la información ha tenido efectos poderosos en el comportamiento individual en las empresas y sus efectos son igualmente intensos en las redes sociales del nivel de equipos. La tecnología ha permitido el surgimiento de **equipos virtuales**, los cuales celebran juntas sin que sus miembros tengan que estar en un mismo sitio. A fin de superar los problemas inherentes a la coordinación en los equipos virtuales, Leigh Thompson propone aplicar una o más medidas que sustituyen a la interacción cotidiana cara a cara. Entre ellas, se incluyen:

- Un breve encuentro inicial, cara a cara, para humanizar la relación entre los miembros del equipo, basado en la práctica de contactos sociales superficiales.
- Proyectos temporales en las instalaciones, en los que participen los miembros del equipo virtual.
- Videoconferencias de un día para que se conozcan los participantes, adquieran confianza y establezcan su relación inicial.
- Oportunidades de que los empleados aislados realicen visitas para tener contacto con los miembros del equipo (también se recomiendan a quienes trabajan en casa, para superar la sensación de soledad).

Los equipos virtuales, que en otros tiempos se consideraban poco realistas, son cada vez más comunes tanto en forma temporal como permanente, en la medida en que las empresas tienen cada vez más sitios de trabajo globales.

Fuente: Leigh Thompson, *Making the Team: A Guide for Managers*, Saddle River, NJ, Prentice Hall, 2000.

---

roble, el trabajo de equipo crece lentamente, si bien en ocasiones se deteriora con rapidez, al igual que el mismo roble cuando cae al suelo del bosque. Por ejemplo, los cambios y transferencias de personal excesivos interfieren en las relaciones del grupo e impiden el crecimiento del trabajo de equipo.

> Una compañía internacional construyó una nueva planta en una comunidad de casi 500 000 habitantes, donde ya tenía en operación tres fábricas dedicadas a tareas afines. El personal de la nueva planta se conformó principalmente con empleados nuevos y en un breve lapso se desarrollaron un excelente trabajo de equipo y una muy buena productividad.
>
> Unos tres años después, hubo una reducción de personal que afectó a las cuatro plantas. Debido a que se llevó a cabo considerando la antigüedad del personal en las cuatro fábricas y los trabajadores de la nueva tenían menos antigüedad, empleados provenientes de las otras tres plantas ocuparon el lugar de los despedidos en la nueva. En consecuencia, muchos equipos de esta última recibieron de tres a cinco transferencias de las plantas restantes (entre 25 y 50% del equipo). Aunque se trataba de personal experimentado y con buenos antecedentes, se alteró y deterioró rápidamente el trabajo de equipo. Se triplicaron las visitas a la enfermería para recibir primeros auxilios, aumentó levemente el índice de accidentes y disminuyó de 30 a 50% la producción. Casi un año de esfuerzos y tensión emocional fueron necesarios para que la fábrica se pusiera nuevamente en pie. (Habría que preguntarse si los administradores consideraron estos costos potenciales al decidir los despidos.)

Es poco frecuente que la composición de los equipos permanezca constante desde el principio hasta el fin de su ciclo de vida. Tal vez transfieran a algunos de sus miembros a proyectos prioritarios, tal vez otros sufran una crisis personal y se ausenten por razones médicas, o tal vez se sientan atraídos por mejores condiciones de trabajo y recompensas en otra empresa. Además, ciertos equipos —por ejemplo en los deportes universitarios— experimentan automáticamente cambios de composición conforme sus jugadores se vuelven profesionales o encuentran otras prioridades en su vida. Por consiguiente, *muchos equipos deben aprender a manejar su rotación de personal interna.*

¿Cómo lograr ese objetivo? La primera clave es prever y aceptar que ocurrirá esa rotación y asumir esa probabilidad. La segunda reside en preparar desde el principio un plan para administrar la rotación dentro del equipo. ¿Con cuánta anticipación se espera recibir un aviso? ¿Qué pasos deben darse para obtener la autorización que permita buscar nuevos miembros? ¿Cómo se conseguirán los nuevos miembros? El tercer paso, y posiblemente el más decisivo, es pensar en una forma de integrar óptimamente a los nuevos miembros. ¿Cómo hacerles sentir que son bienvenidos? ¿Qué materiales y capacitación deben recibir?[9] ¿Cuánto tiempo transcurrirá para que "agarren el paso"? ¿Cómo ayudarles a ver el panorama general y la forma en que encaja cada miembro en el equipo? ¿Cómo exponerles los valores, las normas y los objetivos del equipo? En esencia, un equipo altamente funcional (que funciona en la cuarta etapa de la figura 13-3) necesita reconocer en cada nuevo miembro una oportunidad para su mejoramiento (en vez de una amenaza a su cohesión) y regresar por lo menos brevemente a etapas previas del proceso de desarrollo del equipo.

Holgazanería social   También existen otros problemas potenciales. La ausencia de las líneas de autoridad clásicas puede dificultar que ciertos empleados se administren de manera responsable. La participación amplia en la toma de decisiones consume mucho tiempo. La experimentación con las actividades de equipo puede originar acusaciones de parcialidad de otros empleados. Además, la combinación de los esfuerzos individuales podría no mejorar el rendimiento global. Por ejemplo, cuando los empleados piensan que sus contribuciones al grupo no son mensurables, pueden disminuir su producción y caer en la **holgazanería social**. Entre las causas de ésta, se incluyen la percepción de una división del trabajo injusta, la creencia de que los compañeros de trabajo son haraganes o la sensación de poder ocultarse en la multitud y, por consiguiente, no ser señalados como culpables. En la holgazanería social también puede surgir cuando un miembro piensa que los demás planean minimizar su esfuerzo y, de tal suerte, sería ingenuo de su parte no hacer lo mismo —el llamado **efecto del ingenuo**—.[10]

Holgazanería social

Puesto que un equipo mal administrado puede ser el origen de numerosos problemas, es necesario que los gerentes efectivos apliquen un marco de contingencia para determinar si aplican el enfoque de equipo o no. Es aconsejable analizar la naturaleza de la tarea, las capacidades y deseos de los participantes, y las limitaciones de tiempo y costos. Muchos administradores se han topado con que la administración de equipos implica un conjunto totalmente nuevo de retos, después de años de la supervisión individual. (*Véase* un ejemplo en el recuadro "Lo que leen los administradores".)

CONSTRUCCIÓN DE EQUIPOS

Los miembros de los equipos deben trabajar juntos para ser efectivos, de igual modo que se necesita la cooperación de todos los equipos que conforman a la organización. Los administradores de alto nivel deben integrar a estos grupos en un solo grupo colaborador. A tal efecto, es frecuente que los ejecutivos se basen mucho en la construcción de equipos, tanto en el caso de equipos pequeños como en el de grupos grandes.[11] La **construcción de equipos** alienta en sus miembros el análisis de cómo trabajan juntos, la identificación de sus debilidades y el desarrollo de formas de cooperación más efectivas. El objetivo es lograr que el equipo sea más efectivo. Los equipos de alto rendimiento logran sus tareas, aprenden a resolver problemas y disfrutan de relaciones interpersonales satisfactorias.[12]

Indicios de su necesidad

No todos los equipos necesitan recurrir a la construcción del equipo y ni siquiera un equipo inadecuado debe dedicarle atención constante. Sin embargo, muchos se beneficiarían si examinan al menos ocasionalmente su forma de operar. Por fortuna, pueden detectarse varios indicios, que señalan cuándo resulta más apropiado brindar atención al proceso de construcción de equipos. Entre esas señales, se encuentran las siguientes:

- Conflictos interpersonales entre sus integrantes o entre el equipo y su líder.
- Bajo grado de moral o cohesión del equipo.
- Confusión o desacuerdo acerca de roles en el equipo.
- Llegada de muchos miembros nuevos.
- Desacuerdo acerca de los propósitos y las tareas del equipo.
- Ambiente negativo en el equipo, que se ve en las críticas y discusiones.
- Estancamiento en el equipo, porque hay participantes que se resisten a los cambios y a las nuevas ideas.

En situaciones como las descritas, es probable que la construcción de equipo sea necesaria y tenga efecto positivo en el funcionamiento del equipo.

Proceso de construcción

Los equipos trabajan en tareas y procesos

El proceso de construcción de equipos corresponde al modelo que se ilustra en la figura 13-5. Se utiliza un proceso muy participativo, en que los participantes aportan datos y luego los usan para realizar un autoexamen. Es frecuente que un facilitador sea útil para el diagnóstico y la confrontación de un problema. Los datos se recopilan entre los miembros del grupo y luego se retroalimentan al equipo para su análisis. Mientras el grupo trabaja en elaborar planes de acción (su *tarea* de solución de problemas por el momento), también se estimula a cada integrante para que dirija igual atención al *proceso* de interacción en el grupo. Gracias a la supervisión, el análisis y ajuste de sus propias acciones, el grupo aprende a evaluar y mejorar su efectividad. El resultado de este proceso continuo puede ser un equipo de alto rendimiento, con niveles igualmente altos de moral y cooperación.

Problemas específicos de la construcción de equipos

La construcción de equipos por lo general se concentra en uno o más de los tipos de problemas específicos que se identifican en la primera etapa del proceso de desarrollo que se ilustra en la figura 13-5. Si los miembros del equipo parecen no estar conscientes del propósito del equipo o tienen desacuerdos al respecto, lo más conveniente sería tratar de aclarar los objetivos y prioridades del grupo. Cuando el equipo tiene confusión acerca de cómo *encaja* en el sistema de la organización la atención podría centrarse en la naturaleza de la cultura organizacional, las instalaciones del centro de trabajo, la estrategia o el sistema de recompensas. Si la confusión se da en las *relaciones de trabajo* entre las personas y las tareas, podría ser necesario definir las funciones de los puestos, revisar

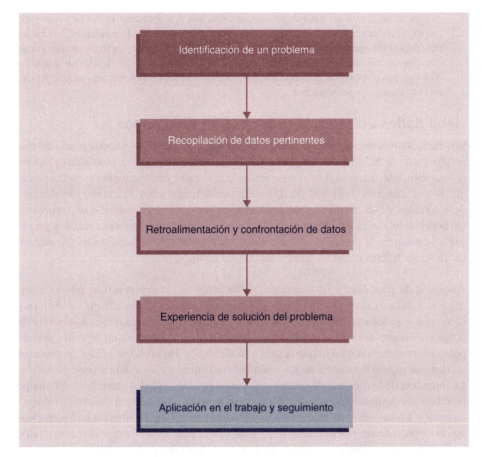

FIGURA 13-5
Etapas características de la construcción de equipos

las relaciones de autoridad y aclarar los modelos de flujo de trabajo. Cuando los *conflictos interpersonales* parecen predominar en el centro del trabajo, podrían explorarse los temas de respeto y confianza, revisar las habilidades para escuchar o introducir diversos modelos de estilos interpersonales. De hecho, el mejor enfoque de construcción de equipos es el que se basa en los datos identificados durante la segunda etapa y se ajusta al equipo y el problema de equipo específicos. El ejemplo siguiente muestra un enfoque de construcción de equipo que fuerza en los miembros de un equipo a confrontar el tema de la confianza.[13]

Una forma única de construcción de equipos consiste en una de diversas variantes de "experiencias al aire libre".[14] En estos cursos, los administradores participan en aventuras de una semana, por ejemplo, ascensos a montañas, recorridos en balsa o kayak por rápidos, o carreras de obstáculos. El desafío físico de sobrevivir es considerable y muchos participantes piensan que la experiencia los prepara para la supervivencia psicológica en el mundo corporativo.

En algunos programas, los participantes cruzan sobre aguas rápidas en cables, ascienden muros de poco más de cuatro metros de altura, duermen en angostas salientes y cruzan sobre serpentarios imaginarios sobre bloques angostos. Se alientan la creatividad y asunción de

Construcción de equipos al aire libre

riesgos, al igual que las habilidades de comunicación. La confianza es fundamental y los grupos reconocen la importancia de las habilidades para la solución de problemas. Los miembros del equipo aprenden a equilibrar sus fortalezas y debilidades, y es frecuente que surjan vínculos emocionales entre los participantes. Diversas empresas, desde algunas pequeñas (Fel-Pro, Inc.) hasta otras grandes (Martin Marietta y Xerox) han practicado estas experiencias con resultados satisfactorios.

Habilidades útiles en la construcción de equipos

Los facilitadores que ayudan al desarrollo de equipos efectivos necesitan aplicar una amplia gama de habilidades, incluidas las de asesoría (diagnóstico, convenios y diseño del cambio), interpersonales (construcción de la confianza, entrenamiento e interlocución, que se analizaron en el capítulo 3), de investigación (planeación, ejecución y evaluación de resultados de un estudio) y de presentación (oratoria y preparación de informes). Otras dos habilidades estrechamente relacionadas destacan como fundamentales para el éxito: la asesoría de procesos y la retroalimentación. Se trata de habilidades que necesitan tanto los líderes como los integrantes de los equipos.

Asesoría de procesos   En contraste con los roles de los expertos (que poseen información técnica de muy alto nivel) y de quienes solucionan problemas (que los definen y luego plantean soluciones), la construcción de equipos requiere otro rol, el de asesor de procesos. La **asesoría de procesos** es un conjunto de habilidades que permiten que las personas se concentren en lo que ocurre a su alrededor. De hecho, el asesor de procesos sostiene un espejo figurado ante los miembros del equipo y les ayuda a verse en acción. La intención de la asesoría de procesos es clara: ayudar a que los miembros del equipo perciban sus comportamientos actuales, los entiendan y reaccionen constructivamente ante ellos. Los asesores de procesos o **facilitadores** de equipos estimulan en los empleados el examen de sus roles pretendidos y reales en el equipo, las formas en que el equipo mismo analiza y soluciona problemas, el uso y abuso del poder y la autoridad, y los modelos de comunicación implícitos y explícitos.

Los asesores de procesos observan, cuestionan y confrontan

Los asesores de procesos dan auxilio aprovechando varios comportamientos clave de facilitación (figura 13-6).[15] Observan las juntas de equipos, de las que registran los modelos de conversación y los comportamientos no verbales. Hacen preguntas de sondeo diseñadas para ayudar a que los integrantes del equipo identifiquen problemas. Se resisten a "hacer suyos" los problemas del equipo, liberar a los participantes de problemas o brindar consejos de expertos. En caso necesario, *confrontan* a los individuos pidiéndoles que examinen su comportamiento y sus consecuencias o que exploren nuevas opciones. En todo momento, el asesor de procesos intenta *ayudar a que otras personas aprendan a ayudarse a sí mismas*. Dicho de otra manera, el objetivo es lograr independencia de los miembros del equipo, de modo que puedan pensar y actuar por sí solos más efectivamente.

Meg, una exitosa gerente y líder de equipo, fue invitada a asistir a una junta de comité de una organización de servicios comunitarios de la cual era parte. Escuchó atentamente durante la primera media hora y, con frecuencia se mordía la lengua para recordarse que no debía enfrascarse en discutir el tema ante el grupo. Pronto, la conversación derivó a varios temas no relacionados. Sara volteó a ver a Meg y le preguntó: "¿Debemos concentrarnos más en el tema principal?" Sin responder sí o no, Meg usó la pregunta de Sara como una oportunidad

Comportamientos de facilitación	Efectos buscados en los miembros del equipo
• Alentar la comunicación abierta • Observar las juntas del equipo • Sondeo y cuestionamiento • Confrontación de los individuos • Estimulación de la solución de problemas • Atención a indicios no verbales • Fomento del aprendizaje	• Examinar los roles pretendidos contra los reales • Identificar problemas • Analizar las consecuencias del comportamiento • Reaccionar constructivamente ante los comportamientos actuales • Explorar nuevas opciones • Pensar y actuar independientemente

FIGURA 13-6

Los asesores de procesos aplican comportamientos de facilitación para ayudar a que los equipos funcionen mejor

para resaltar la sensibilidad de un miembro del grupo hacia un aspecto del proceso. De tal manera, espera alentar que Sara y otros estén más atentos a los procesos del grupo en el futuro. Meg fungió en ese momento como asesor de procesos.

Retroalimentación   Los miembros de los equipos necesitan retroalimentación para contar con datos útiles en qué basar sus decisiones. La retroalimentación estimula en ellos el entendimiento de cómo los ven los demás integrantes del equipo y para iniciar medidas autocorrectivas. El siguiente es un ejemplo de ejercicio de retroalimentación en un programa de construcción de equipos.

Se separa a los participantes en dos grupos que corresponden a igual número de puntos de vista distintos existentes en el equipo. Se pide a ambos grupos que respondan a las preguntas siguientes:

- ¿Qué características describen óptimamente nuestro grupo?
- ¿Qué características describen óptimamente al otro grupo?
- ¿Cómo nos describe el otro grupo?

Después de que los grupos preparan sus respuestas, las presentan al grupo contrario. Brindan retroalimentación concreta acerca de las impresiones que cada grupo tiene del otro y es frecuente que se pongan al descubierto malentendidos de importancia. En esta presentación, no se permiten discusiones. Se aceptan las preguntas sólo para *aclarar* lo que dice el otro grupo.

Una vez más, se separa a los grupos para que analicen otras dos preguntas:

- ¿Cómo surgieron estos malentendidos?
- ¿Qué podemos hacer para corregirlos?

Con esta nueva retroalimentación, los grupos se reúnen a fin de desarrollar planes específicos de acción para solucionar sus malentendidos. En cada caso, la retroalimentación acerca de sí mismos es la base para sus actividades siguientes.

Cualquier equipo puede usar la asesoría de procesos y la retroalimentación para su autodesarrollo. La necesidad de mejoramiento continuo es la base de los programas de control de la calidad total, mientras que el enfoque en los equipos es un elemento estructural fundamental en muchas organizaciones para su funcionamiento en el siglo XXI.

Características de los equipos maduros

Los equipos han alcanzado la cuarta etapa del modelo de desarrollo de equipos (figura 13-3) cuando logran habitualmente e incluso superan sus objetivos. ¿Es realista esperar esto? Sí. Muchos equipos se han vuelto muy efectivos, si bien esto pocas veces ocurre de la noche a la mañana. Hasta el *Dream Team* estadounidense de basquetbol tiene que esforzarse un poco cada cuatro años para que los miembros del equipo aprendan sus roles, se ayuden mutuamente y se adapten al nuevo entrenador y a nuevas reglas.

¿Qué distingue a los equipos exitosos? Habitualmente poseen varias características que las organizaciones valoran. Los miembros están orgullosos de sus logros y de la contribución de sus colegas; no les molesta hacer preguntas cuando no entienden algo; nadie predomina en el equipo y nadie es un invitado de piedra, alguien que no contribuye; los miembros saben cómo criticarse de manera constructiva y aceptar la retroalimentación de los demás; existe un ambiente de respeto y confianza; el grupo no se siente amenazado por la inestabilidad o el cambio; el ambiente es bastante informal y no hay tensión, y los miembros se estimulan y ayudan mutuamente. En palabras de un miembro de un equipo: "Es una alegría observarlos y ser parte de ellos." Por supuesto, ante todo el equipo logra constantemente sus objetivos y se fija estándares cada vez más altos.

Territorios individuales frente a espacios de equipo

El uso de equipos en el trabajo aumentó con ritmo sorprendente durante la última década. Por consiguiente, un interesante problema que surgió en el diseño de oficinas fue el uso del espacio físico para los empleados. De manera específica, los administradores tenían que decidir si proporcionaba cubículos de trabajo cerrados para cada empleado o creaban un área de trabajo más abierta, con divisiones de menor altura, si acaso, entre los espacios de trabajo individuales. Un problema básico era que algunos empleados deseaban privacía y espacio personal. Muchos trabajadores sienten la necesidad de establecer

Necesidades territoriales

su propio **territorio de empleado**, un espacio que pueden llamar suyo, donde controlan lo que ocurre. Los cubículos les brindan la oportunidad de tener su propio territorio, diseñar y modificar su distribución, e incluso decorarlo a su entera satisfacción.

En forma alterna, una organización basada en equipos podría optar por un diseño que facilite la interacción y el intercambio de ideas entre empleados que se dedican a tareas relacionadas y una sensación más intensa de identidad de equipo. Algunas compañías han logrado este objetivo con la creación de oficinas diseñadas como centros de actividades, lo cual incluye áreas privadas y áreas de interacción de grupo. Ello ha resultado particularmente efectivo para brindar a los trabajadores una forma de escapar de su computadora durante breves periodos. Otras empresas han creado **barrios de oficinas**,

Barrios de oficinas

que son centros de oficinas relacionadas que alientan la formación de grupos sociales.

Disyuntivas éticas en los equipos

Es frecuente que los miembros de equipos hagan frente a disyuntivas de varios tipos, problemas para los cuales no es evidente una solución fácil. ¿Qué haría *usted* en cada una de las situaciones siguientes?

- *Evaluaciones de miembros del equipo.* ¿Diría a un compañero de equipo qué le molesta, arriesgándose a ofenderle, o se guardaría sus sentimientos y permitiría que el equipo resulte afectado?
- *Ayuda de otros miembros.* Varios compañeros de equipo se detienen a preguntarle si necesita ayuda. Aunque no la necesite, ¿sentirán que no se comporta como jugador de equipo si continúa rechazando sus ofrecimientos?
- *Elección de nuevos miembros.* Sus compañeros de equipo quieren contratar nuevos miembros que sean similares a ellos. Aunque sea algo tentador, por razones de compatibilidad, ¿cómo lograr mayor diversidad en el equipo?
- *Perfeccionamiento del equipo.* Se dedican tiempo y esfuerzos considerables a convertirse en el equipo ideal. Sin embargo, empieza a preguntarse si el equipo está dejando de prestar atención a los clientes como resultado de su enfoque predominante en el proceso.
- *Recompensas de equipo.* El equipo recibe recompensas basadas en el logro de sus objetivos del rendimiento. Sin embargo, empieza a preguntarse si tales recompensas impiden que el equipo vea el panorama completo de la compañía.

Esa distribución se basa en la idea de que la proximidad o cercanía genera mayores oportunidades de interacción. Los grupos sociales formados contribuyen significativamente a satisfacer las necesidades de pertenencia de los empleados.

Equipos autoadministrados

Una de las herramientas de *empowerment* mencionadas en el capítulo 8, los **equipos autoadministrados**, también se conoce con el nombre de *equipos independientes* o *equipos autodirigidos*. Se trata de grupos de trabajo naturales a los que se brinda autonomía considerable y de los cuales se pide a cambio que controlen su propio comportamiento y produzcan resultados significativos. La *combinación de* empowerment *y capacitación* para planear, dirigir, supervisar y controlar sus propias actividades los distingue de los demás equipos. Tienen un amplio grado de autonomía y libertad, además de la capacidad para actuar como si se tratara de gerentes.

¿Qué es un equipo autoadministrado? Es habitual que sus miembros aprendan una amplia gama de habilidades pertinentes, práctica llamada **habilidades múltiples**. Por consiguiente, sus integrantes poseen la flexibilidad suficiente para pasar de un área a otra y de una tarea a otra, dependiendo de dónde los necesiten más. Toman decisiones conjuntas acerca de programas de trabajo, necesidades de recursos y asignaciones de tareas. Dedican tiempo considerable a las juntas de equipo, ya que asumen progresivamente muchas tareas que antes eran gerenciales. Los equipos autoadministrados suelen comenzar asumiendo responsabilidades de asuntos sencillos, como los problemas de limpieza y la capacitación de seguridad. Más adelante, empiezan a administrar su propio ausentismo, establecen sus programas de tiempo extra y vacaciones, eligen y evalúan a los miembros del equipo, capacitan a los compañeros de trabajo y tienen contacto directo con clientes importantes.[16] En la medida en que adquieren experiencia adicional, estos equipos pueden ir incluso más allá de los temas operativos y mejorar la declaración de misión, elaborar un nuevo sistema de compensaciones económicas o hacer aportaciones a los planes de crecimiento de la compañía. El siguiente es un ejemplo de los equipos autoadministrados en funcionamiento:

> Se estudió a 20 compañías que permitían a los equipos de trabajo contratar, orientar y capacitar a los nuevos empleados.[17] Las empresas señalaron que estaban satisfechas con la calidad de los empleados contratados, mientras que los riesgos de problemas legales o simplemente de decisiones inadecuadas se minimizaron con la capacitación cuidadosa en el empleo de criterios basados en el trabajo. El costo creciente de tener conjuntos múltiples de equipos de contratación se compensó con la baja rotación de los trabajadores contratados. Las empresas encuestadas valoraron especialmente la aceptación cálida de los nuevos miembros por parte del equipo, lo cual ocurrió como resultado del compromiso del equipo mismo de ayudar a que el nuevo colega tuviera éxito (lo cual probaba que la decisión de contratación que había tomado el equipo era la adecuada).

Las organizaciones que usan equipos autoadministrados señalan varias ventajas:

- Mayor flexibilidad del personal.
- Operaciones más eficaces gracias a la reducción del número de clasificaciones de puestos.
- Menores tasas de ausentismo y rotación de personal.
- Niveles más altos de compromiso organizacional y satisfacción en el trabajo.

En contraste, son desventajas de este enfoque las siguientes:

- El prolongado tiempo para ponerlo en práctica (que frecuentemente abarca varios años).
- La alta inversión en capacitación.
- Ineficacias en la fase inicial por la rotación de puestos.
- Incapacidad de algunos empleados para adaptarse a una estructura de equipo.

Los equipos autoadministrados son un ejemplo poderoso de la aplicación de los conocimientos del comportamiento organizacional al trabajo de equipo y los métodos participativos exitosos. Como resultado de ello, es probable que su aplicación aumente, por varias razones. Como práctica formal, es improbable que pierdan el apoyo organizacional; es frecuente que incluyan la participación directa de toda la fuerza laboral; en muchos casos ejercen autoridad considerable, y se trata de estructuras continuas, no dedicadas a un solo proyecto. Sin embargo, las compañías han observado que pueden requerirse varios años para que los equipos logren su potencial máximo. Los valores culturales que ponen énfasis en el individualismo pueden obstaculizarlos; las clasificaciones de puestos rígidas y protegidas por contratos colectivos también pueden ser impedimentos, y los gerentes suelen sentirse amenazados por la pérdida de control y de seguridad personal en su trabajo. En la figura 13-7 se muestra el claro contraste entre los roles de supervisión tradicionales y los que se precisan en una estructura de equipos autoadministrados.[18]

Consejos a futuros administradores

1. Evalúe si su empresa tiene más características de organización mecanicista u orgánica. Luego, determine los factores que las determinan: inercia o evaluación racional del ambiente competitivo de la empresa.
2. Decídase a volverse suficientemente flexible para sentirse a gusto trabajando en una organización matricial, en la cual podría ser necesario que reporte ante varios gerentes de proyecto.
3. Conviértase en un observador y analista astuto de equipos y trate de evaluar si están en las etapas 1, 2, 3 o 4 del ciclo de vida de los equipos (figura 13-3).
4. Esté atento a los signos de que el equipo en el cual actúa como miembro o líder está sucumbiendo a algunos de los errores clásicos. Emprenda acciones positivas para superarlos antes de que se amplifiquen.
5. Lea, estudie, observe a los demás y desarrolle sus propias habilidades, de modo que pueda volverse efectivo en la construcción de equipos, asesoría de procesos y aporte de retroalimentación.
6. Prepárese para la posibilidad de que se le pida crear un equipo autoadministrado a partir de otro convencional, con los cambios de roles que ello implicaría para usted.

Estructura tradicional	Estructura de equipo autoadministrado
Figura de autoridad	Entrenador y consejero
Experto	Paladín y animador
Maestro	Quien asigna recursos
Quien soluciona problemas	Administrador de enlaces y límites
Coordinador	Facilitador

FIGURA 13-7

Comparación de los roles de supervisión

RESUMEN

Las estructuras de la organización clásicas no se basaban mucho en los equipos, no obstante la división del trabajo en unidades funcionales y niveles múltiples. Los gerentes desempeñaron roles clave como vínculos entre esas unidades. En años recientes, muchas empresas se dieron cuenta de que su estructura necesitaba existir en una relación de contingencia con su ambiente. Por lo general, las organizaciones mecanicistas son más apropiadas en el caso de ambientes estables, y las orgánicas, en ambientes dinámicos. Tanto la forma orgánica como la estructura matricial son útiles para adaptarse a entornos inestables, en especial cuando se realizan tareas técnicas de gran magnitud. Es habitual que se formen equipos de proyecto, los cuales brindan una relación social a los trabajadores y un dispositivo valioso para combinar el talento de diversos empleados.

Los equipos son grupos cooperativos que se mantienen en contacto habitual y emprenden acciones coordinadas. Se esfuerzan por lograr un alto grado de trabajo de equipo, el cual se facilita con un ambiente de apoyo, habilidades apropiadas, objetivos de orden superior y recompensas de equipo. Los equipos recién formados pasan por una sucesión de etapas de desarrollo. La construcción de equipos es un proceso importante y continuo, que puede facilitarse con la atención de la administración a la asesoría de procesos (facilitación) y las habilidades de retroalimentación.

Los equipos autoadministrados son grupos con *empowerment* y la capacitación, los recursos y la autoridad para asumir responsabilidades de muchas funciones gerenciales. Representan una forma creativa de aprovechar formalmente el poder de los equipos como ayuda para lograr los objetivos de la organización. Los empleados también ganan gracias a una mayor autonomía y desarrollo de habilidades.

Términos y conceptos para revisión

Asesoría de procesos
Barrios de oficinas
Construcción de equipos
Delegación
División del trabajo
Efecto del ingenuo
Equipo de tarea
Equipos autoadministrados
Equipos transfuncionales
Equipos virtuales
Etapas del desarrollo de equipos

Facilitadores
Habilidades múltiples
Holgazanería social
Objetivo de orden superior
Organización matricial
Organización mecanicista
Organización orgánica
Roles limítrofes
Territorio de empleados
Trabajo de equipos
Vínculos

Preguntas para análisis

1. Analice la forma en que el concepto de vínculo puede ser un modo de construir un equipo unificado en toda una organización.
2. Analice las diferencias entre las organizaciones mecanicistas y orgánicas. ¿Cuál es el probable rol de los equipos en cada tipo de organización?
3. Explique cómo funcionan las organizaciones matriciales. ¿Cuáles son sus fortalezas y debilidades? ¿En qué situaciones será más conveniente aplicarlas?
4. Explique la relación entre las organizaciones matriciales y el uso de equipos transfuncionales.
5. Compare los grupos temporales y comités (que se analizaron en el capítulo 12) con los equipos. ¿Cuáles son sus similitudes y diferencias?
6. Analice las etapas habituales en el ciclo de vida de un equipo. Piense en alguna ocasión en que fue miembro de un equipo de trabajo. ¿Tuvieron lugar todas esas etapas? ¿Ocurrieron en un orden distinto? ¿Apareció algunas de ellas varias veces? Explique su respuesta.
7. Suponga que está a cargo de un grupo de estudiantes en su clase. Delinee los pasos de acción clave que daría para lograr que el grupo se convierta en un equipo verdadero.
8. Piense en una ocasión en que observó o manifestó usted mismo la holgazanería social. ¿Qué contribuyó a ella? ¿Cómo se podría haber prevenido o minimizado?
9. Piense en los equipos autoadministrados. ¿Le gustaría trabajar en ellos? ¿Por qué sí o no?
10. En el capítulo se afirma: "…pueden requerirse varios años para que los equipos (autoadministrados) logren su potencial máximo". ¿Por qué podría ocurrir ello? ¿Cómo podría abreviarse el proceso?

> **Evalúe sus propias habilidades**

¿Es bueno para demostrar las habilidades de administración de equipos?

Lea cuidadosamente las afirmaciones siguientes. Marque con un círculo el número de la escala de respuestas que refleje mejor el grado en que cada afirmación lo describe con exactitud cuando ha intentado ser participante o líder de un equipo. Sume los puntos totales y prepare un breve plan de acción para su mejoramiento personal. Esté listo para indicar su calificación con fines de tabulación ante todo el grupo.

	Descripción satisfactoria									Descripción insatisfactoria
1. Conozco las diferencias clave entre un grupo y un equipo de tarea.	10	9	8	7	6	5	4	3	2	1
2. Puedo identificar la etapa de desarrollo de un equipo evaluando las preguntas que responden actualmente sus miembros.	10	9	8	7	6	5	4	3	2	1
3. Podría explicar a un equipo los ingredientes clave que lo harán exitoso.	10	9	8	7	6	5	4	3	2	1
4. Podría ayudar efectivamente a que mi equipo integre un nuevo miembro a sus operaciones.	10	9	8	7	6	5	4	3	2	1
5. Conozco los síntomas principales de los equipos inefectivos.	10	9	8	7	6	5	4	3	2	1
6. Podría elegir el enfoque apropiado de construcción de equipos, según los problemas subyacentes en el equipo.	10	9	8	7	6	5	4	3	2	1
7. Puedo aplicar sin problemas muchas de las habilidades necesarias en la asesoría de procesos.	10	9	8	7	6	5	4	3	2	1
8. Podría enumerar sin problemas media docena de características de equipos maduros exitosos.	10	9	8	7	6	5	4	3	2	1
9. Podría explicar los pros y contras de los diferentes usos del espacio físico para los miembros de equipos.	10	9	8	7	6	5	4	3	2	1
10. Puedo pasar de los roles tradicionales de supervisor a los que se requieren en equipos autoadministrados.	10	9	8	7	6	5	4	3	2	1

Calificación e interpretación Sume la puntuación total de las 10 preguntas. Anótela aquí _____ y esté preparado para indicarla cuando se le pida.

- Si obtuvo de 81 a 100 puntos, parece tener capacidad para mostrar habilidades adecuadas para la administración de equipos.
- Si obtuvo de 61 a 80 puntos, revise de cerca los elementos con calificación baja y explore formas de mejorarlos.
- Si obtuvo menos de 60 puntos, debe estar consciente de qué debilidades, en relación con varios elementos, podrían ser nocivas para su éxito futuro como líder de equipo. Le instamos a que relea el capítulo completo y busque otro material pertinente en capítulos ulteriores y otras fuentes.

Ahora, identifique las tres calificaciones más bajas y escriba los números de pregunta aquí: ____, ____ y ____. Redacte un párrafo breve en que detalle, para usted mismo, un plan de acción de cómo mejoraría cada una de estas habilidades.

Incidente

Conflicto en la división

La división de ingeniería de una compañía está formada por cuatro departamentos, cuyos supervisores reportan ante el gerente general de la división. Los cuatro departamentos varían en tamaño desde dos empleados en el más pequeño (ingeniería industrial) hasta 14 en el más grande (ingeniería de ventas). Los otros dos departamentos (ingeniería de diseño e ingeniería de procesos) tienen ocho empleados cada uno.

Es frecuente que surja rivalidad interdepartamental considerable en lo concerniente a la asignación de recursos. El problema se complica por el favoritismo que el gerente supuestamente muestra hacia las unidades de ingeniería industrial y de diseño, así como su costumbre de tomar decisiones por mayoría (de sus cuatro supervisores y él) en las juntas. Esta práctica, según los supervisores de los departamentos de ingeniería de procesos e ingeniería de ventas, con frecuencia hace que los líderes de los otros dos departamentos formen una coalición con el gerente general para tomar una decisión, pese a que sólo representan a 10 de los 32 empleados. En respuesta, los supervisores de ingeniería industrial e ingeniería de diseño acusan a los supervisores de los otros dos departamentos de construcción de imperios, juegos de poder y un punto de vista estrecho de la misión de la división.

Pregunta
Es amigo del gerente general de división y se le llamó de otra división para que ayude a resolver el problema. Defina el enfoque que en su opinión debe tomar el gerente general de división.

Ejercicio de experiencia

Disposición favorable hacia los equipos autoadministrados

Suponga que usted es el nuevo propietario de un restaurante de comida rápida que tiene 75 empleados en dos turnos. Muchos de ellos son relativamente jóvenes e inexpertos, si bien con disposición favorable hacia el aprendizaje. Está intentando decidir el grado en que los hará participar en diversas decisiones, además de sus asignaciones de puesto específicas. Indique en la lista siguiente, con una marca de verificación en la columna 1, los roles y las responsabilidades en los que se siente inclinado a permitirles que asuman el control. Luego, analice el tema con otros tres o cuatro estudiantes. Combinen sus puntos de vista e indiquen su respuesta de grupo en la columna 2. Por último, analicen el patrón de elementos seleccionados y determinen los fundamentos aparentes que empleó el grupo en sus decisiones.

	Columna 1 (individual)	Columna 2 (grupal)
1. Capacitación de nuevos compañeros de trabajo	_____	_____
2. Colocación de pedidos de insumos	_____	_____
3. Conducción de juntas de seguridad	_____	_____
4. Aplicación de medidas disciplinarias a empleados que llegan tarde	_____	_____
5. Ejecución de reparaciones menores de equipos	_____	_____
6. Elección de nuevos compañeros de trabajo	_____	_____
7. Registro de horas trabajadas	_____	_____
8. Asignación de tareas	_____	_____
9. Conducción de juntas de solución de problemas	_____	_____
10. Despido de trabajadores improductivos	_____	_____

Construcción de equipos

Ejercicio de experiencia

Divídase la clase en grupos de unas cinco personas. Luego de unos cuantos minutos para cada una de las tareas siguientes, lleguen a una respuesta colectiva y estén preparados para compartirla con la clase.

1. Elegir el *nombre* de su equipo.
2. Elegir la *porra* de su equipo.
3. Elegir el *lema* de su equipo.
4. Elegir el *color* (o colores) de su equipo.
5. Identificar tres características que cada miembro *tiene en común* con los demás.
6. Identificar una *fortaleza* clave que cada miembro aporta al equipo.
7. En trabajo de equipo y sin ningún auxiliar, respondan a las preguntas siguientes:

    a) ¿Cuántos centímetros miden de longitud los billetes de 100 pesos?
    b) ¿En qué temperatura es igual el número de grados Fahrenheit y Celsius?
    c) ¿Quién es el presidente de la Suprema Corte de Justicia de su país?
    d) ¿Cuál es la letra con la que comienzan más palabras en los diccionarios?
    e) ¿Cuántos ex presidentes de su país están todavía vivos y quiénes son?

Compartan sus respuestas a las siete preguntas con la clase y luego analicen cómo estos ejercicios más bien simples les ayudaron a sentirse como un equipo que funcionaba. ¿Qué más podrían hacer para continuar su desarrollo como equipo?

Parte seis

Cambios y sus efectos

Capítulo 14

Administración del cambio

Las personas competentes se resisten al cambio. ¿Por qué? Porque el cambio entraña el riesgo de que se vuelvan menos competentes. Y a las personas competentes les gusta ser competentes.
—**Seth Godin**[1]

En el camino hacia el futuro, existen conductores, pasajeros y víctimas mortales de accidentes de tránsito.
—**Thomas S. Bateman y J. Michael Crant**[2]

OBJETIVOS DEL CAPÍTULO

ENTENDER:

- La naturaleza del cambio
- Los costos y beneficios del cambio
- La resistencia al cambio
- Los marcos de referencia básicos para interpretar el cambio
- La función del liderazgo transformacional en el cambio
- Las prácticas para construir apoyo para el cambio
- El significado y las características del desarrollo organizacional
- Los beneficios y las limitaciones del desarrollo organizacional

Un leñador del norte de Minnesota se quejaba: "La vida era sencilla. Mi padre cortaba los árboles, los llevaba al aserradero y le pagaban. La demanda de madera era estable, los árboles eran abundantes y su equipo de leñador consistía en una sierra, un hacha y un camión. La vida era buena en esos tiempos."

"¿Y qué es diferente ahora?", se preguntó al leñador.

Su respuesta fue: "Todo. Las herramientas de leñador cuestan actualmente miles de dólares. Necesito permisos gubernamentales para todo lo que hago. Los grupos ambientalistas protestan contra la tala de árboles. La demanda fluctúa mucho. Y la competencia intensa hace que sea muy duro ganarme cada dólar. No estoy seguro de que pueda mantenerme a flote."

El leñador de Minnesota experimenta directamente tres hechos de la vida relativos a los cambios: su omnipresencia, su constancia y su ritmo creciente. Son algo que rodea a las personas, en las estaciones del año, su ambiente social y sus procesos biológicos mismos. A partir de los cambios significativos que ocurren con el nacimiento, las personas aprenden a enfrentar los cambios adaptándose. La primera respiración de un bebé depende de su capacidad de adaptarse al cambio de un ambiente a otro muy distinto. Durante el resto de su vida, cada hora del día brinda nuevas experiencias y retos a las personas.

Las empresas también se topan con una amplia diversidad de cambios significativos. Algunas enfrentan reglamentos más estrictos, y otras, desregulación; las hay que se desintegran, mientras que otras se consolidan; algunas se topan con que su mercado disminuye, al tiempo que otras se ven sumergidas en un mercado global. Muchas compañías han pasado por fusiones o adquisiciones hostiles, al tiempo que otras han puesto en práctica devastadores programas de reducción de personal, que producen efectos psicológicos y económicos dolorosos en sus empleados. A fin de sobrevivir, muchas empresas no tienen que decidir *si cambian o no*, sino *cuándo* y *cómo* hacerlo para que el cambio sea lo más exitoso posible.

Los seres humanos sin duda alguna están familiarizados con los cambios y por lo general demuestran ser muy adaptables a ellos. Así pues, ¿por qué es frecuente que se resistan a los cambios en el ambiente laboral? Esta pregunta ha preocupado a los administradores desde comienzos de la Revolución Industrial. La respuesta a esta pregunta se ha vuelto incluso más importante ahora, con el ritmo más acelerado de cambios que precisa la era electrónica, de conversión a una economía de servicios, y con el crecimiento de la competencia global. Aunque los gerentes emplean argumentos lógicos y habilidades de persuasión para apoyar los cambios, muchas veces se dan cuenta de que sus empleados no están convencidos de que sea necesario. En este capítulo, se examinan la naturaleza de los cambios, las causas de la resistencia a ellos y la forma de implantarlos con mayor éxito, incluido el desarrollo organizacional.

CAMBIOS EN EL TRABAJO

Naturaleza de los cambios

Un **cambio** es toda modificación que ocurre en el ambiente de trabajo y afecta la manera en que deben actuar los empleados. Los cambios pueden ser no planeados, drásticos o graduales, positivos o negativos, fuertes o débiles, lentos o rápidos y estimulados interna o externamente.[3] Sin importar su fuente, naturaleza, origen, ritmo o intensidad, los cambios pueden tener efectos profundos en quienes los sufren.

Los efectos de los cambios pueden ilustrarse comparando una organización con un globo lleno de aire. Cuando se presiona un punto del globo (que corresponde a la organización) con un dedo (que, en este caso, representa un cambio de origen externo), el contorno del globo cambia de manera visible (se hunde) en el punto de contacto. Así, una presión evidente, que representa al cambio, ha producido una modificación apreciable en el punto de contacto. Sin embargo, lo que no es tan apreciable es que todo el globo (el resto de la organización) también ha resultado afectado y se modifica levemente. Además, ha aumentado la tensión contra la superficie interna del globo (se espera que no lo suficiente para que se rompa). Como muestra este ejemplo, una generalización adecuada es que *toda la organización tiende a verse afectada por el cambio en cualquier parte de ella.*

Los efectos son generalizados

Las moléculas de aire en el globo serían los empleados de una compañía. Es evidente que las moléculas que están en el área de presión deben realizar ajustes considerables. Aunque el cambio no tuvo contacto directo con los trabajadores (moléculas), los afecta indirectamente. Incluso si nadie es despedido (es decir, ninguna molécula sale del globo), los trabajadores son desplazados y deben ajustarse a su nueva posición en el globo. Este ejemplo muestra una generalización más: *el cambio es tanto un problema humano como técnico.*

Problema humano y técnico

La analogía con el globo puede llevarse más allá. La presión repetida en un cierto punto debilitaría el globo hasta llegar a romperlo. Lo mismo ocurre en las empresas. El cambio puede generar presiones y conflictos que tarde o temprano causen la rotura en alguna parte de la organización. Un ejemplo sería un empleado que empiece a sentirse insatisfecho y renuncie.

Debe aceptarse que la analogía precedente es más bien burda. Una institución que contrata empleados no es un globo; una persona no es una molécula y tampoco es tan libre y flexible como ellas. Lo que se ha ejemplificado es lo que se conoce como equilibrio molecular. Las organizaciones también tienen propensión a lograr el *equilibrio* en su estructura social, es decir, un estado de balance relativo entre fuerzas opuestas. Este equilibrio se logra cuando las personas forman un conjunto relativamente estable de relaciones con su ambiente. Aprenden a tratarse entre sí, a realizar su trabajo y a saber qué deben esperar que ocurra a continuación. El equilibrio existe y los empleados están adaptados. Cuando llegan los cambios, se requieren nuevos ajustes conforme la compañía busca un renovado equilibrio. Cuando los trabajadores no pueden realizar los ajustes necesarios, la empresa entra en un estado de desequilibrio.

Éste constituye una disyuntiva para los gerentes. Por una parte, su rol es *implantar* cambios organizacionales continuos para lograr un mejor ajuste entre la compañía y su entorno. En este caso, deben ser **proactivos**, es decir, anticiparse a los acontecimientos, iniciar cambios y controlar el destino de la organización. Por otra parte, también es función de los gerentes *restaurar y mantener el equilibrio grupal* y el ajuste individual, que se alteran con el cambio, es decir, ser más **reactivos**: reaccionando ante los acontecimientos, adaptándose al cambio y atemperando las consecuencias de éste.

Roles proactivo y reactivo

Por fortuna, muchos de los cambios organizacionales que ocurren cotidianamente son hasta cierto punto menores. Suelen afectar sólo a unas cuantas personas y tienden a ser de naturaleza incremental y bastante predecibles. Por ejemplo, en la medida en que los nuevos procedimientos evolucionan o se agregan nuevos integrantes a un grupo de trabajo, los empleados ya existentes por lo general no necesitan cambiar todas las dimensiones de su trabajo ni adquirir comportamientos del todo nuevos. En tales situaciones, suelen alcanzar rápidamente un nuevo equilibrio.

No obstante lo anterior, diversas fuerzas pueden originar cambios mucho mayores, que alcancen al centro mismo de una organización. Muchas de esas fuerzas se han vuelto cada vez más comunes, gracias a que se aceleran los cambios económicos, de competencia y de ritmo de los adelantos tecnológicos. Entre los ejemplos, se cuentan las adquisiciones hostiles de compañías, las compras apalancadas y la reestructuración organizacional subsiguiente, la reingeniería, los actos de terrorismo y desastres naturales, como los derrames de petróleo o las fugas de gas. Las crisis de esos tipos, sin importar que sean positivas o negativas, exigen que los gerentes ayuden a los empleados a superar el choque emocional resultante y logren el renovado equilibrio organizacional.

Respuestas al cambio

Los cambios en el trabajo se complican todavía más por el hecho de que no producen ajustes directos, a diferencia de los que ocurren con las moléculas de aire en el globo. En vez de ello, *operan por medio de las actitudes de cada empleado*, con lo que se genera una respuesta que depende de los sentimientos que se tengan respecto del cambio. Esta relación se ilustra con un conjunto de experimentos clásicos, los estudios de Hawthorne, que efectuaron F. J. Roethlisberger y colaboradores. Por ejemplo, se mejoró con regularidad la iluminación de un lugar, aplicando una teoría simplista de que a mejor iluminación, mayor productividad. Como cabría esperar, sí aumentó la productividad. Luego, se redujo la iluminación para ejemplificar el efecto opuesto, de menor productividad. Sin embargo, la productividad aumentó todavía más. Se redujo en forma adicional la iluminación. La productividad volvió a incrementarse. Por último, la iluminación se disminuyó hasta 0.06 pies-candelas, que equivalen aproximadamente a la luz de la Luna. Según Roethlisberger: "No fue hasta llegar a este punto que hubo disminución apreciable de la productividad."[4]

Experimentos que relacionan la iluminación con la productividad

Efectos de las actitudes individuales en la respuesta al cambio Es evidente que mejorar la iluminación no fue la causa en sí de la mayor productividad. No hubo relación directa entre el cambio y la respuesta. Alguna variable que intervino, más adelante diagnosticada como la actitud de los empleados, alteró la respuesta esperada. Tiempo después, Roethlisberger explicó el nuevo comportamiento de la manera siguiente: cada cambio lo interpretan los individuos según sus actitudes. *El sentir de las personas acerca del cambio es el factor que determina su respuesta a él*. Esos sentimientos no son resultado del azar, sino de causas. Una de éstas es el *historial*, o sea, los procesos biológicos, los antecedentes (por ejemplo, familia, trabajo y estudios) y las experiencias sociales extralaborales del individuo (figura 14-1). Todo esto lo llevan consigo al sitio de trabajo. Una segunda causa es el *ambiente laboral* mismo. Ello refleja el hecho de que los trabajadores son miembros de un grupo y de que sus códigos, hábitos y normas influyen en sus actitudes.

Los sentimientos no son una cuestión lógica. No se trata de que sean lógicos ni ilógicos, sino simplemente están fuera de la lógica. Son *no lógicos*. Los sentimientos y la

Los sentimientos son no lógicos

Parte seis *Cambios y sus efectos*

> ### Efectos de la diversidad de la fuerza laboral en el cambio
>
> En Estados Unidos, la fuerza laboral es cada vez más diversa (en lo referente al sexo y grupo étnico) en este inicio del siglo XXI. Son crecientes y mayores que nunca las proporciones de mujeres, afroestadounidenses, hispanos y personas de ascendencia asiática que ocupan puestos laborales. Además, el nivel de estudios característico de los trabajadores en dicho país se ha incrementado poco a poco. ¿Qué predicciones podría elaborar acerca del efecto de estos cambios en las *probabilidades* de cambio de los patrones, la *capacidad* de cambio de los patrones mismos y la *receptividad* al cambio en los trabajadores?

lógica pertenecen a dos categorías distintas, de igual modo que las pulgadas y los centímetros. Por ello, *la lógica en sí es un medio inefectivo para tratar de modificar los sentimientos*, ya que no llega directamente a ellos. Los sentimientos no se refutan con la lógica en mucho mayor grado que las dimensiones de este libro, medidas en pulgadas o centímetros, se refutan con su peso en libras o kilogramos.

El efecto Hawthorne   Una causa de sentimientos favorables en los grupos que estudió Roehtlisberger fue el interés que mostraron los investigadores en los problemas de los empleados. Tiempo después, se llamó **efecto Hawthorne** a este fenómeno, en honor de la fábrica donde tuvieron lugar las investigaciones. Significa que la mera observación de un grupo —o, dicho más precisamente, la *percepción* de ser observado y la *interpretación* que se dé a su significado— tienden a generar cambios en el grupo. *Cuando las personas son observadas o piensan que alguien se preocupa por ellas, actúan de manera diferente*. Es usual que estos cambios no sean intencionados ni reconocidos. Aunque contaminan el diseño de las investigaciones, normalmente es imposible prevenirlos.

La observación afecta el comportamiento

Respuesta grupal a los cambios   Las personas interpretan los cambios de manera individual y tienen su propia respuesta probable a ellos. Sin embargo, es frecuente que muestren su vinculación con el grupo acompañando a los demás integrantes en algún tipo de respuesta uniforme al cambio, como la que se indica en la parte de respuesta real de la figura 14-1. Esa uniformidad hace posibles ciertas acciones ilógicas, como el hecho de abandonar el trabajo cuando es evidente que pocos empleados en realidad quieren abandonarlo. Ciertos empleados descontentos aprovechan el abandono de trabajo como una oportunidad para mostrar su insatisfacción y confirmar su afiliación al grupo uniéndose en su acción social. En lo fundamental, el grupo responde así: "Estamos juntos en esta situación. Todo lo que ocurra nos afecta a todos." John Donne, poeta inglés del siglo XVII, expresó maravillosamente la filosofía de esta relación, como sigue:

> *Ningún hombre es una* Isla, *aislado en su ser;*
> *todo hombre es una parte del* Continente,
> *de la gran masa de tierra; si un* Terrón *es arrastrado*
> *por el Mar, Europa sería lo de menos, como si*

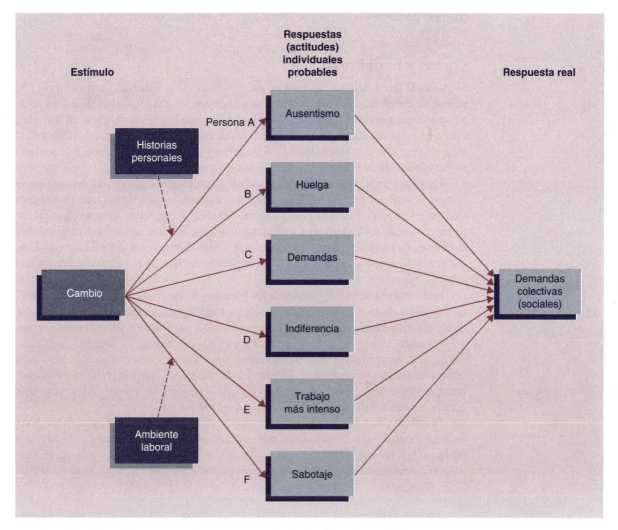

FIGURA 14-1

Respuesta social unificada al cambio

fuera un Promontorio, *como si se tratara de la Granja de vuestros amigos o la* vuestra; *la muerte de todo hombre me disminuye, porque soy parte de la* Humanidad:
Y por eso nunca mandes a alguien a preguntar por quién doblan las campanas; Doblan por ti.[5]

Homeostasis   A fin de mantener el equilibrio, es frecuente que los grupos se inclinen a mostrar una **regresión**, es decir, una vuelta al modo de vida percibido como óptimo, siempre que ocurre un cambio. Por lo tanto, cada presión genera una contrapresión en el interior del grupo. El resultado neto es un mecanismo de autocorrección mediante el cual se restaura el equilibrio de energía siempre que tienen lugar cambios. Esta característica de autocorrección de las organizaciones se llama **homeostasis** y es una forma en que las personas actúan para establecer un equilibrio dinámico de realización plena y protegerse contra la perturbación de ese equilibrio. Desean mantener su sensación de competencia previa.

Costos y beneficios

Es probable que todos los cambios tengan sus costos. Por ejemplo, un nuevo procedimiento de trabajo requeriría la inconveniencia de aprender nuevas habilidades. Es posible que altere temporalmente el trabajo y ello reduzca la satisfacción con él. También estaría el costo del nuevo equipo o de la reubicación del viejo. Esos costos no son simplemente económicos, sino también psicológicos y sociales. Por lo general, es necesario pagarlos para obtener beneficios de los cambios propuestos.

En virtud de los costos relacionados con el cambio, las propuestas de cambio no siempre son deseables. Requieren un análisis minucioso para determinar su utilidad. Cada cambio precisa un análisis de costos-beneficios detallado. A menos que pueda demostrarse que los beneficios son mayores que los costos, no existe razón alguna para el cambio. Es ilógico resaltar los beneficios al mismo tiempo que se hace caso omiso de los costos. El objetivo organizacional siempre debe ser que *los beneficios sean mayores que los costos.*

En la determinación de los beneficios y costos, deben considerarse todos sus tipos.[6] Es inútil examinar sólo los beneficios y costos económicos, ya que incluso en presencia de beneficios económicos netos los costos sociales o psicológicos tal vez resulten excesivos. Aunque no es muy práctico reducir los costos psicológicos y sociales a números, deben incluirse en el proceso de toma de decisiones. Por ejemplo, casi todos los cambios se acompañan de una pérdida psicológica por la presión que ejercen en las personas que intentan adaptarse a ellos. Los costos psicológicos también se llaman **costos psíquicos** porque afectan al yo interno del individuo, o sea, su psique.

Costos psíquicos

El conocimiento de las diferencias individuales ayuda a predecir que *las personas reaccionan al cambio de maneras distintas y que varían mucho de una a otra.* Algunas sólo perciben los beneficios para ellas, y otras, sólo los costos. Algunas más parecerían adoptar inicialmente el cambio, para después permitir que poco a poco emerjan sus sentimientos reales.

> Algunos investigadores que han observado las reacciones comunes a los esfuerzos de cambios tradicionales afirman que se aplica la regla 20-50-30.[7] Según esta distribución de las respuestas, casi 20% de los individuos afectados por un cambio son muy receptivos a él y lo apoyarán abiertamente; otro 50% se muestra más bien neutral al cambio y podría ser de mente abierta y receptivo, y el 30% restante tiene una actitud de cerrazón mental, se resiste al cambio y lo más probable es que intente sabotearlo. El reto para los gerentes en los procesos de cambio es transformar ese 80% (el de posición neutra o de resistencia) en partidarios del cambio, para que éste tenga éxito.

En algunos casos, los costos psíquicos del cambio pueden ser tan grandes que afectan la salud psicológica e incluso la salud física de los empleados. El nivel de tolerancia al cambio en un grupo de trabajadores puede variar desde relativamente alto en una persona a relativamente bajo en otra. Siempre que se excede ese umbral, surge la respuesta al estrés, que puede minar la salud. En ocasiones, existe una sucesión constante de cambios durante un periodo, con efectos acumulativos que al final terminan sobrecargando el organismo de la persona. En otras, un solo cambio importante es de tal magnitud que rebasa la capacidad del individuo para afrontar la situación. Entre los ejemplos, están mudarse a otra ciudad, lo que se acompaña de la necesidad de vivienda, escuela para los hijos, búsqueda de trabajo para el cónyuge y pérdida de amistades, o una promoción acompañada de nuevos roles, estatus, grupo de trabajo y presiones laborales. Los efectos del cambio en las formas de estrés laboral son tema de análisis detallado en el capítulo 15.

El carácter real del cambio es tal que con frecuencia no genera beneficios al 100% para todas las partes afectadas. En vez de ello, existe un conjunto de costos y beneficios separados, que deben considerarse de manera individual. Los modelos de apoyo, colegiado y sistémico del comportamiento organizacional implican que los ejecutivos deben considerar cada cambio de importancia, tratar de ayudar a que todos los empleados lo entiendan y buscar que cada persona obtenga una ganancia neta de él. Sin embargo, ni siquiera los mejores esfuerzos de los gerentes logran que siempre se dé la bienvenida al cambio. En el apartado siguiente, se exploran la naturaleza y los efectos de la resistencia al cambio.

RESISTENCIA AL CAMBIO

La **resistencia al cambio** se conforma de todos los comportamientos de los empleados encaminados a desacreditar, postergar o impedir la implantación de cambios en el trabajo. Ellos se resisten a los cambios porque ponen en riesgo sus necesidades de seguridad, interacción social, estatus, competencia o autoestima.

Por qué ocurre la resistencia

Naturaleza y efectos

La amenaza percibida en un cambio puede ser real o imaginaria, intencionada o no, directa o indirecta, y de gran magnitud o de poca monta. Sin importar la naturaleza del cambio, algunos empleados intentan protegerse contra sus efectos. Las acciones de estas personas pueden abarcar desde quejas, dar largas al asunto y mostrar resistencia pasiva hasta ausentismo, sabotaje y desaceleración del trabajo.

Todos los tipos de empleados tienden a presentar resistencia al cambio por los costos psicológicos que lo acompañan. Se resisten a él tanto administradores como trabajadores. Esa resistencia puede ser igual de terca en un obrero y en un empleado de oficina, ya que no respeta el tipo de puesto.

Aunque mucha gente tienda a resistirse al cambio, esa propensión se compensa con su deseo de nuevas experiencias y de las recompensas que acompañen al cambio. Sin duda alguna, no todos los cambios generan resistencia y algunos empleados los buscan activamente. Otros cambios son insignificantes y la resistencia, si acaso la hay, es tan débil que resulta inapreciable. Una lección para los ejecutivos es que un cambio tiene probabilidades de ser un éxito o convertirse en un problema, *según la habilidad con que se maneje para minimizar la resistencia.*

La inseguridad y el cambio son condiciones que muestran cómo puede surgir un **efecto de reacción en cadena** en el comportamiento organizacional. Dicho efecto es una situación en que un cambio o cualquier otro factor que afecte directamente a unas cuantas personas puede originar una reacción directa o indirecta en muchas más, incluso cientos o miles, a causa del interés mutuo que todas tienen en el asunto. Ello es muy

Efecto de reacción en cadena

similar a las colisiones múltiples por alcance en una autopista con neblina, en que cada coalición va seguida de otra.

En una compañía, un subgerente general de ventas recibió una promoción al puesto de subgerente general administrativo. La promoción de este empleado llevó a una sucesión de acontecimientos en cascada, en la que se promovió a otros 10 empleados de niveles inferiores. Los movimientos subsiguientes afectaron a numerosas divisiones, territorios de ventas y oficinas. Este ejemplo ilustra la gran influencia de un solo cambio de importancia y los efectos de reacción en cadena de un solo acontecimiento causal.

Razones para la resistencia

La resistencia se deriva de la naturaleza del cambio, el método usado y las percepciones de inequidad

Los empleados suelen resistirse al cambio por tres razones. En primer término, podrían no sentirse a gusto con la *naturaleza del cambio mismo*. Es posible que ataque su sistema de creencias morales, piensen que la decisión es técnicamente incorrecta o sólo se muestren renuentes a intercambiar la comodidad de la certidumbre y lo familiar por la incertidumbre. También podrían resistirse al cambio por su temor a lo desconocido, la amenaza percibida a su seguridad en el trabajo o la ausencia de que haya un problema que lo justifique. Una segunda causa de la resistencia deriva del *método* con que se implanta el cambio.[8] Es factible que los individuos resientan la falta de información suficiente o rechacen un enfoque insensible y autoritario, que los excluyó del proceso de cambio. El método de implantación de los cambios también puede generar problemas en relación con su carácter oportuno. Una tercera causa de resistencia es la inequidad que experimentan las personas cuando perciben que ellas son objeto de cambios mientras que *alguien más obtiene los beneficios* de esos cambios. Su resistencia será incluso más intensa si coexisten las tres razones: les desagrada la naturaleza del cambio, ocurre lo mismo con el método usado y no advierten ganancias personales en el cambio mismo.

De la resistencia a la aceptación

Elizabeth Kübler-Ross analiza, en su libro *Death and Dying*, las reacciones de individuos a los que se informó que padecían una enfermedad incurable (mortal) y morirían. Llegó a la conclusión de que las personas pasan habitualmente por una sucesión de cinco etapas: negación, ira, depresión, búsqueda de opciones y, finalmente, aceptación del pronóstico. Muchos ejecutivos también piensan que los empleados pasan por una experiencia comparable, si bien en menor escala, cuando enfrentan el cambio organizacional; primero luchan contra él, luego explotan en ira y mantienen una resistencia rígida, después expresan su tristeza y se retraen, a continuación empiezan a explorar y reconocer el posible valor del cambio, y por último lo adoptan como un nuevo modo de vida.

Tipos de resistencia

Existen tres tipos de resistencia al cambio, que se muestra en la figura 14-2. En combinación, producen la actitud global de cada empleado hacia determinado cambio. Los tres tipos pueden expresarse con tres usos diferentes de la palabra de origen griego "lógica".

Resistencia racional

Resistencia lógica Se trata de estar en desacuerdo con los hechos, el razonamiento, la lógica y la ciencia. La resistencia lógica surge del tiempo y esfuerzo necesarios para ajustarse al cambio, lo que incluye nuevas tareas en el trabajo que deben aprenderse. Éstos son los costos verdaderos que deben pagar los empleados. Aunque un cambio

FIGURA 14-2
Tipos de resistencia al cambio en los empleados

Objeciones lógicas, racionales
- Tiempo necesario para adaptarse
- Esfuerzo adicional de nuevo aprendizaje
- Posibilidad de condiciones menos favorables, como la reducción de habilidades
- Costos económicos del cambio
- Factibilidad técnica cuestionada del cambio

Actitudes psicológicas, emocionales
- Temor a lo desconocido
- Baja tolerancia al cambio
- Rechazo al administrador u otro agente del cambio
- Falta de confianza en los demás
- Necesidad de seguridad, deseo de mantener el *statu quo*

Factores sociológicos, intereses de grupo
- Coaliciones políticas
- Valores de grupo contrapuestos
- Mentalidad provinciana y cerrada
- Intereses creados
- Deseo de conservar amistades existentes

puede ser favorable para ellos en el largo plazo, primero deben pagar esos costos en el corto plazo.

Resistencia psicológica Es habitual que se base en emociones, sentimientos y actitudes. La resistencia psicológica es internamente lógica desde la perspectiva de las actitudes y los sentimientos de los empleados hacia el cambio. Es posible que teman lo desconocido, desconfíen del liderazgo de los ejecutivos o sientan que están en riesgo su seguridad y autoestima. Aunque los gerentes opinen que no hay justificación para esos sentimientos, existen en los empleados y los administradores **deben** hacerles frente.

Resistencia emocional

Resistencia sociológica La resistencia sociológica también es lógica, si se considera que resulta de algo que pone en tela de juicio los intereses, las normas y los valores de grupo. Los valores sociales son fuerzas poderosas en el ambiente, por lo que deben tomarse en cuenta con cuidado. Hay coaliciones políticas, valores sindicales e incluso valores comunitarios distintos. En el nivel de grupos pequeños, existen las amistades en el trabajo y las relaciones de estatus, que podrían alterarse con los cambios. Los empleados se harían preguntas como las siguientes: "¿Es el cambio compatible con los valores

Resistencia social

del grupo?", "¿Se mantiene el trabajo de equipo con este cambio?" y puesto que los trabajadores tienen estos tipos de preguntas en la mente, los gerentes deben tratar que esos aspectos sean tan favorables como resulte posible, si pretenden enfrentarse con éxito a la resistencia sociológica.

Consecuencias de la resistencia   Es evidente que los tres tipos de resistencia deben preverse y tratar efectivamente para que los empleados acepten el cambio de manera cooperativa. Si los administradores trabajan sólo en la dimensión técnica o lógica del cambio, habrán fallado en sus responsabilidades humanas. Es evidente que las resistencias psicológica y sociológica distan de ser ilógicas o irracionales, pues se consideran lógicas desde la perspectiva de conjuntos de valores distintos. Reconocer el efecto de los factores psicológicos y sociales es de importancia fundamental para el éxito del cambio propuesto.

En una situación operativa característica no se puede obtener apoyo completo para todos los cambios que se realicen. Ha de esperarse que ocurran el apoyo moderado, un apoyo débil e incluso la oposición. Las personas son distintas y no brindan apoyo idéntico a cada cambio. Lo que los administradores buscan es un ambiente en el que los empleados confíen en los ejecutivos, generen un sentimiento positivo hacia gran parte de los cambios y se sientan suficientemente seguros para tolerar otros cambios. Si los gerentes no pueden obtener el apoyo necesario, tal vez deban recurrir a su autoridad. Sin embargo, deben reconocer que el uso de esta última sólo puede ser moderado. Si se abusa de ella, tarde o temprano pierde su valor.

Posibles beneficios de la resistencia

No *toda* la resistencia es mala. Puede aportar ciertos beneficios. La resistencia alentaría que los ejecutivos reexaminen sus propuestas de cambio, para cerciorarse de que son apropiadas. De esta manera, los empleados fungen como parte de un sistema de controles y equilibrios que garantizan la planeación e implantación apropiadas de cambios por parte de los gerentes. Si la resistencia razonable de los trabajadores hace que los administradores evalúen con más cuidado sus cambios propuestos, los empleados habrán desalentado las decisiones administrativas descuidadas.

La resistencia también ayuda a identificar áreas de problemas específicas en los cambios que probablemente generarían dificultades, de modo que los gerentes puedan emprender acciones correctivas antes de que surjan dificultades graves. Al mismo tiempo, se verían estimulados a realizar un mejor trabajo de comunicación del cambio, enfoque que en el largo plazo debe llevar a su mejor aceptación. Por añadidura, la resistencia brinda información a los directivos acerca de la intensidad de las emociones de los empleados relativas al asunto en cuestión, permite la liberación emocional de los sentimientos reprimidos de los trabajadores y alentaría en ellos a pensar y hablar más acerca del cambio, de suerte que mejore su comprensión de él.

IMPLANTACIÓN EXITOSA DEL CAMBIO

Algunos cambios nacen en el interior de las organizaciones, mientras que muchos provienen del entorno. Los gobiernos aprueban leyes y las empresas deben acatarlas. Surgen nuevos adelantos tecnológicos y los productos tienen que incluir esos cambios. Los competidores introducen nuevos servicios y la compañía debe responder. Además, existen presiones de clientes, sindicatos, comunidades y otras personas o entidades que inician cambios. Aunque un ambiente estable significa menos cambio, *los ambientes dinámicos son ahora la norma* y requieren más cambios. En ocasiones, pueden causar dificultades a los empleados, como en el incidente que sigue.

> Mary Manusco trabajaba en una oficina de uno de los muchos edificios de un complejo corporativo disperso en un área de poco más de 16 hectáreas. Regresaba animosa a su trabajo después de 15 días de vacaciones y se dio cuenta de que había desaparecido toda la oficina con 50 empleados, de modo que sólo quedaban cubículos vacíos. Se sorprendió y se asombró; se sintió excluida y también preocupada momentáneamente por su seguridad en el trabajo.
>
> Luego, se enteró de que habían sido necesarios algunos cambios rápidos en el edificio en el que ella trabajaba, a fin de prepararlo para nuevas actividades. En su ausencia, sus compañeros tuvieron que ser cambiados repentinamente a otro edificio. No obstante, la forma en que se manejó este cambio hizo que planteara preguntas legítimas. Preguntó: "¿Por qué no se me informó? Sabían dónde estaba, de modo que podrían haberme hablado por teléfono. Al menos me podrían haber escrito, para que a mi regreso a casa tuviera una carta con la información. ¿Por qué no me llamó alguno de mis amigos la noche anterior a casa o por qué mi supervisor no trató de ponerse en contacto conmigo? *¿Acaso le importa a alguien?* ¿Es ésta la forma en que se manejarán cambios futuros?"

Liderazgo transformacional y cambio

Los administradores tienen un rol clave en el inicio e implantación exitosa en los cambios, como se ilustra en la falta de contacto con Mary Manusco del ejemplo anterior. Los ejecutivos a veces pasan por alto tanto detalles sencillos como importantes, y tampoco desarrollan una estrategia maestra para los cambios planeados. Un plan global debe incluir aspectos del comportamiento, como las dificultades de los empleados para dejar atrás los métodos antiguos; la incertidumbre que es inherente a los cambios, que causa temor en los trabajadores, y la necesidad general de crear una organización que dé la *bienvenida* a los cambios.

Los **líderes transformacionales** desempeñan un papel decisivo en este proceso.[9] Son quienes inician cambios estratégicos audaces para posicionar a la empresa en el futuro. Articulan una visión y la promueven con energía. Ayudan a que los empleados se eleven por encima del enfoque estrecho y limitado de su trabajo o departamento para que logren ver el panorama más amplio. Los líderes transformacionales estimulan a los empleados para actuar y modelan de manera carismática los comportamientos deseados. Intentan crear individuos y organizaciones que aprendan y estén mejor preparados para los retos desconocidos del futuro. Estos elementos importantes del liderazgo transformacional —crear una visión, mostrar carisma y estimular el aprendizaje— se analizan a continuación. Luego, se presenta un modelo de tres etapas del proceso de cambio.

Se necesitan organizaciones que aprendan

Creación de la visión   Los líderes transformacionales crean y comunican una visión de la organización. Una **visión** es una imagen o idea de largo plazo cristalizada y que debe lograrse (convendría que relea el modelo de sistema de comportamiento organizacional en el capítulo 2).[10] Es habitual que logre que las personas se esfuercen más allá de sus capacidades y pensamiento actuales, además de emocionarlas hasta alcanzar nuevos niveles de compromiso y entusiasmo. Una visión también integraría las creencias y los valores compartidos, que sirven como base para cambiar la cultura de una empresa.

El valor, y la complejidad, de inculcar una visión se ilustra con la experiencia de un nuevo rector de una universidad. Lo eligieron para encabezar la institución cuando el grupo de entrevistadores quedó impresionado con su plan maestro para convertir a la institución, de una mediocre en otra enfocada en la excelencia. Sin embargo, el nuevo rector supuso incorrectamente que la reacción positiva a su visión general se traduciría de manera automática en la aceptación de sus propuestas específicas. Fue entonces que se topó con la oposición de los legisladores universitarios, directores de escuelas, profesores y estudiantes. Pronto se dio cuenta que tener una visión impresionante era apenas el primer paso del proceso de liderazgo transformacional.

Comunicación carismática   Incluso si los empleados se convencen intelectualmente de que la visión es deseable, los líderes todavía tienen dos tareas ante sí: persuadirlos de que la visión es de carácter urgente y motivarlos para que la logren. El **carisma** es una característica del liderazgo que puede ser útil para lograr que los empleados actúen sin dilatación y de manera sostenida. Los líderes carismáticos son personas dinámicas que asumen riesgos y muestran la profundidad de sus experiencias y la confianza en sí mismos bien merecida, expresan sus expectativas de alto rendimiento y emplean símbolos y lenguaje inspirador para que los demás los sigan.[11] También pueden ser mentores cálidos, que tratan de manera individualizada a cada empleado y lo guían para que emprenda las acciones necesarias. En respuesta, los trabajadores respetan a los líderes carismáticos y confían en ellos en la medida en que implantan los cambios, además de que tienden a comprometerse emocionalmente en mayor grado con la visión de estos líderes. Por añadidura, los líderes carismáticos tienen que reconocer la "vulnerabilidad emocional" que experimentan los empleados durante los cambios y disipar sus temores mientras estimulan el uso de su energía para poner en práctica el cambio.

Estimulación del aprendizaje   Los líderes transformacionales reconocen que el legado que dejan tras ellos no es simplemente el cambio mismo, sino una empresa que *continuará* cambiando. Su tarea fundamental es fomentar la capacidad de las personas para aprender de la experiencia del cambio. Este proceso se denomina **aprendizaje de doble ciclo**, nombre que se deriva del hecho de que la forma de manejar un cambio no sólo debe reflejar la información con que se cuenta actualmente (el primer ciclo), sino también preparar a los participantes para manejar cambios futuros incluso con mayor efectividad (el segundo ciclo).[12] Quienes aplican el aprendizaje de doble ciclo adquieren la capacidad para prever problemas, impedir que surjan muchas situaciones y, en particular, poner en tela de juicio sus propios supuestos y paradigmas limitantes. Este proceso contrasta con el **aprendizaje de ciclo sencillo**, en el cual los empleados se limitan a resolver los problemas actuales y se adaptan de manera ciega a los cambios que les son impuestos. El proceso de doble ciclo no sólo aumenta el éxito del cambio actual, sino también las probabilidades de que los trabajadores estén más dispuestos para el cambio que se implante en término siguiente o, lo que es mejor, que lo emprendan ellos mismos.

Johnsonville Foods, empresa productora de embutidos ubicada en Sheboygan, Wisconsin, ha hecho lo necesario para convertirse en una organización de aprendizaje de doble ciclo.[13] Un

Los practicantes del aprendizaje de doble ciclo ponen en tela de juicio su propio pensamiento

joven supervisor de esa empresa (a quien se llamará "Mac"), era técnico y entrenador brillante. Cuando los empleados le planteaban un problema, les decía exactamente qué debían hacer y ellos corregían la situación. Mac se sentía a gusto con dicho rol; era *necesario*. Este proceso de un solo ciclo podría haber continuado siempre, pero Mac se cansó de que lo despertaran miembros de las cuadrillas del tercer turno a media noche. De tal suerte, en la siguiente ocasión que lo despertaron, les hizo algunas preguntas clave acerca del problema y les estimuló para que buscaran una solución. No sólo apoyó su respuesta, sino que sugirió que tenían la capacidad para resolver problemas similares sin su ayuda. Como consecuencia de ello, los miembros de todas las cuadrillas de Mac se convirtieron en individuos y equipos que resolvían problemas. Se volvieron personas que practicaban el aprendizaje de doble ciclo.

Tres etapas del cambio

La conciencia del comportamiento en la administración del cambio se facilita si lo consideramos como un proceso de tres etapas:[14]

- Descongelamiento
- Cambio propiamente dicho
- Recongelamiento

El término **descongelamiento** significa que deben hacerse a un lado las ideas y prácticas antiguas para aprender otras nuevas. Es frecuente que este paso de deshacerse de lo antiguo sea tan difícil como aprender lo nuevo. Es fácil pasarlo por alto concentrando la atención en el cambio propuesto; pero no deshacerse de las ideas antiguas con frecuencia origina resistencia al cambio. De igual modo que un granjero debe limpiar sus tierras antes de plantar nuevas semillas, un administrador debe ayudar a que sus empleados liberen su mente de los antiguos roles y propósitos. Sólo entonces podrán abrazar nuevas ideas.

El **cambio propiamente dicho** es el paso en que se aprenden las nuevas ideas y prácticas. Comprende ayudar a que los trabajadores piensen, razonen y se desempeñen conforme a los nuevos conceptos. Puede ser una etapa de confusión, desorientación, sobrecarga y desesperación. Por fortuna, es usual que también se acompañe de esperanza, descubrimiento e interés.

El **recongelamiento** significa que lo aprendido se integre a la práctica cotidiana. Además de su aceptación intelectual, las nuevas prácticas deben adoptarse emocionalmente, para pasar a formar parte del comportamiento habitual del empleado. El simple hecho de conocer un nuevo procedimiento no basta para garantizar su uso. En palabras de un granjero, dichas a un agente de fomento agrícola que le planteó sugerencias para mejorar sus cosechas: "No estoy cosechando ni siquiera la mitad de lo que obtenía con los métodos que ya conocía." Así pues, la práctica exitosa en el trabajo debe ser el objetivo final del paso de recongelamiento.

> Un ejemplo extremo del proceso de cambio de tres etapas proviene de programas de rehabilitación de víctimas de apoplejía que sufren parálisis de un lado de su cuerpo. Estas personas tienden, por ejemplo, a utilizar el brazo de su "lado bueno" para alimentarse, lo cual inhibe su recuperación plena. Los terapeutas han observado que es muy benéfico fijar ese brazo al cuerpo y alentar en el paciente el uso del brazo del lado debilitado de 8 a 10 horas diarias. Con ese método, se ha informado de casos increíbles de recuperación. Este proceso ilustra un método físico de descongelamiento (eliminación forzada de la práctica antigua); práctica

cotidiana con el brazo débil como cambio introducido, y recuperación impresionante del paciente, que le sirve como recompensa y recongela el nuevo comportamiento. De igual modo, los gerentes deben encontrar formas de descongelar los viejos hábitos de los empleados, por ejemplo, impidiéndoles físicamente que utilicen el equipo o software antiguos, antes de dirigir su atención a la aceptación de los nuevos métodos.

Manipulación de fuerzas

El psicólogo social Kurt Lewin, quien identificó las tres etapas del cambio, también planteó que toda organización (en tanto sistema social) es un equilibrio dinámico de fuerzas que apoyan u obstaculizan cualquier práctica existente, con un **equilibrio** resultante, como se muestra en la figura 14-3.

En la operación de una fábrica existen presiones en favor y en contra de aumentar la producción. Es característico que los administradores quieran aumentarla. Los ingenieros industriales realizan estudios para mejorarla. Los supervisores presionan para que se incremente. Algunos obreros sienten que ya trabajan bastante. Pedirles mayor esfuerzo causaría sentimientos de inequidad y no quieren estar sometidos a esfuerzo y tensión adicionales. Tampoco querrían sentirse más cansados cuando lleguen a casa. Disfrutan de sus pausas de descanso. El resultado es que actúan como fuerza restrictiva y que el nivel de producción actual tiende a continuar hasta que se implante algún tipo de cambio.

El cambio se introduce en un grupo con diversos métodos, entre ellos los siguientes:[15]

Fuerzas sustentadoras y restrictivas

- Adición de nuevas fuerzas propulsoras.
- Eliminación de las fuerzas restrictivas.
- Aumento en la intensidad de una fuerza propulsora.
- Disminución en la intensidad de una fuerza restrictiva.
- Conversión de una fuerza restrictiva en propulsora.

FIGURA 14-3

Modelo del estado de equilibrio y proceso de cambio

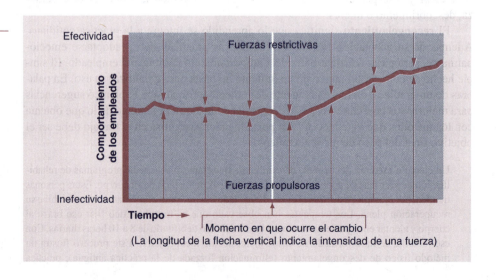

Hay que aplicar por lo menos uno de esos enfoques para cambiar el equilibrio, pero el éxito es más probable cuando se adoptan dos o más de los métodos. La idea es ayudar a que se acepte el cambio y se lo integre en las nuevas prácticas. Por ejemplo, responsabilizar a los trabajadores por la calidad de los productos que generan se ha utilizado como fuerza propulsora para lograr trabajo de mayor calidad. Otra fuerza propulsora consiste en implantar programas que fomenten el orgullo de los empleados por su trabajo. En la dirección contraria, pueden disminuirse las fuerzas restrictivas que operan contra la calidad si se mejora el mantenimiento de la maquinaria, de modo que pueda trabajarse mejor con ella.

Construcción del apoyo al cambio

Si suponemos que los ejecutivos están siguiendo el modelo de proceso de cambio que se ilustra en la figura 14-3, es necesario construir las fuerzas de apoyo antes, durante y después del cambio. A continuación, se describe una amplia variedad de actividades positivas para lograr apoyo. Otras, como la manipulación y coerción, generalmente provocan en los empleados antagonismo y sabotaje del éxito a largo plazo del programa de cambio.

Uso de la fuerza del grupo   Un cambio efectivo se concentra no sólo en los individuos, sino también en el grupo. Éste es un instrumento para ejercer, sobre sus miembros, una mayor presión encaminada al cambio. El comportamiento se enraiza firmemente en los grupos a los cuales pertenece el individuo, por lo que todo cambio en ellos lo alienta en el comportamiento individual. La idea es ayudar a que el grupo se una a los administradores en el fomento del cambio deseado.

El poder de un grupo para estimular el cambio en sus integrantes depende en parte de la fuerza de su vínculo con el grupo. Cuanto más atractivo resulte el grupo para cada miembro, tanto mayor la influencia que puede tener en él. La influencia aumenta todavía más si quienes poseen un estatus alto en el grupo apoyan el cambio.

El cambio no debe alterar el sistema social del grupo más de lo necesario. Todo cambio que constituya una amenaza para el grupo tiende a toparse con resistencia.

Aporte de una justificación del cambio   El liderazgo capaz refuerza un ambiente de apoyo psicológico al cambio. Un líder efectivo presenta el cambio con base en los requisitos impersonales de la situación, no a título personal. En general, es mejor aportar razones objetivas (relacionadas con el rendimiento) para el cambio. Si son convincentes y sustantivas, deben proporcionarse. En caso contrario, tal vez sea necesario abandonar el cambio que se pretenda realizar. Las solicitudes ordinarias de cambio también deben concordar con los objetivos y la visión de la organización. Sólo un líder personal fuerte puede utilizar razones personales para el cambio sin provocar resistencia.

Es más probable que el cambio tenga éxito si los líderes que lo implantan tienen expectativas de éxito altas. En otras palabras, las *expectativas de cambio* de los administradores y empleados son tan importantes como la tecnología del cambio. Este concepto se planteó ya en la figura 14-1, donde se muestra la importancia de las actitudes hacia el cambio. Crear expectativas positivas hacia el cambio es una demostración de la profecía de autocumplimiento poderosa (presentada en el capítulo 5), que se ilustra en el ejemplo siguiente.

Las expectativas son importantes

Un fabricante de telas para ropa tenía cuatro plantas casi idénticas. Cuando se implantó un programa de enriquecimiento y rotación de puestos, los gerentes de dos de las fábricas recibieron información en la que se predecía que el programa aumentaría la productividad. En las otras dos, se les dijo a los gerentes que el programa mejoraría las relaciones con los empleados, no así la productividad.

Durante los 12 meses siguientes, la productividad aumentó significativamente en las dos primeras, donde los administradores lo esperaban. En las otras dos, donde no era esperado su incremento, no ocurrió. El resultado muestra que las expectativas altas de los líderes fueron el factor clave para lograr que el cambio tuviera éxito.[16]

Las expectativas en sí no tienen poder suficiente para inducir o desalentar cambios significativos. Así pues, ¿cómo funciona realmente el proceso? Las expectativas tienden a traducirse en comportamientos específicos de los gerentes, que aumentan o disminuyen las probabilidades de éxito del cambio. *Al creer que el cambio funcionará, los gerentes actúan de manera tal que logran se cumpla esa creencia* (por ejemplo, proporcionando más recursos o reforzando los nuevos comportamientos de los trabajadores). Esta creencia se transmite a los empleados, que se convencen de las probabilidades de éxito y cambian en concordancia su comportamiento. El proceso crea un sistema integrado de expectativas de éxito y los comportamientos apropiados que llevan a él.

Participación   Una manera fundamental de lograr apoyo para el cambio es mediante la participación, que se analizó en el capítulo 8. Sirve para alentar en los empleados el intercambio de ideas, la comunicación, el planteamiento de sugerencias y el interés en el cambio. La participación estimula el compromiso, no el simple acatamiento del cambio. El compromiso lleva implícita la motivación para apoyar el cambio y trabajar con el fin de lograr que el cambio sea efectivo.

Como se muestra en la figura 14-4, por lo general es cierto que *en la medida en que aumenta la participación, tiende a disminuir la resistencia al cambio*. La resistencia decae porque los empleados tienen menos razones para ella. Puesto que se consideran sus necesidades, sienten seguridad en una situación cambiante.

Es necesario que los trabajadores participen en el cambio *antes* de que ocurra éste, no después de que tiene lugar. Cuando lo hacen desde el principio, se sienten protegidos

FIGURA 14-4

Modelo de participación y resistencia al cambio

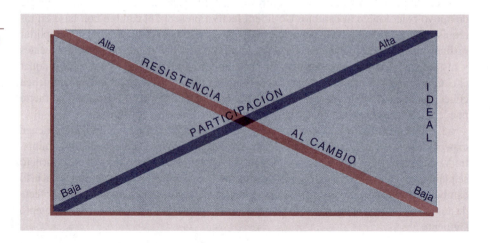

contra las sorpresas y sienten que sus ideas son bienvenidas. Por otra parte, es probable que sientan que su participación después de ocurrido el cambio no es más que una técnica de "convencimiento" y manipulación por parte de los directivos.

Recompensas compartidas   Otra forma de lograr el apoyo de los empleados para el cambio es cerciorarse de que en la situación de cambio misma haya recompensas suficientes para ellos. Es natural que se pregunten: "¿Y yo que gano?" Si advierten que el cambio sólo se acompaña de pérdidas para ellos, sin ganancia alguna, difícilmente pondrán entusiasmo al respecto.

Otorgar recompensas es una forma de decirles a los trabajadores: "Nos preocupamos por ustedes. Queremos que ustedes también se beneficien de este cambio." Además, les brindan una sensación de que el progreso acompaña al cambio. Tanto las recompensas económicas como las psicológicas son útiles. Los trabajadores aprecian un aumento de sueldo o promoción; pero también valoran el apoyo emocional, la capacitación en nuevos conocimientos y el reconocimiento de los administradores.

Recompensas económicas y psíquicas

Es aconsejable que un cambio genere beneficios tan directa y prontamente como sea posible. Desde el punto de vista del empleado, lo que es bueno en general no lo es necesariamente para él, y lo que es bueno en el largo plazo podría no serlo en el corto.

> Un ejemplo de cambio exitoso mediante la participación de los empleados y las recompensas compartidas ocurrió en la planta Oak Creek de Delphi Corporation, en Wisconsin.[17] Gracias a un rediseño significativo de las operaciones de ensamble de convertidores catalíticos en un sistema modular, los empleados encontraron formas de desocupar más de 46 000 m^2 de espacio de piso, simplificar procesos, mejorar la adaptabilidad y aumentar la productividad en 25%, así como la participación en el sistema de sugerencias a 99%. Muchos también aprovecharon el programa de compra de acciones por parte de los empleados y, de tal suerte, sienten y se comportan como propietarios de la compañía.

Seguridad de los empleados   Además de las recompensas compartidas, deben protegerse las prestaciones existentes de los empleados. La seguridad durante los cambios es fundamental. Muchos patrones garantizan a los trabajadores protección si disminuyen las ganancias cuando se implantan nuevos métodos o nueva tecnología. Otros les brindan reentrenamiento y demoran la instalación de equipo que ahorra mano de obra hasta que la rotación de personal normal pueda absorber a los trabajadores desplazados. Los derechos de antigüedad, oportunidades de promoción y otras prestaciones se salvaguardan al realizar cambios. Los sistemas de quejas brindan al empleado una sensación de seguridad, de que se protegerán sus prestaciones y se resolverán de manera justa las diferencias al respecto. Todas estas prácticas ayudan a que los trabajadores sientan seguridad en presencia del cambio.

Comunicación y educación   La comunicación es indispensable si se pretende lograr apoyo para el cambio. Aunque éste afecte sólo a una o dos personas en un grupo de trabajo de 10, debe informarse a todas acerca del cambio para que se sientan seguras y se mantenga la cooperación del grupo. Es frecuente que los administradores no adviertan que las actividades útiles para la aceptación del cambio, como la comunicación y educación, usualmente se alteran con el cambio mismo. En otras palabras, el flujo de información podría ser mínimo cuando más se necesita, de modo que se requieren esfuerzos especiales para mantenerlo en épocas de cambio.

La insatisfacción estimula el cambio

Estimulación de la preparación de los empleados para el cambio   La idea de ayudar a que los empleados estén conscientes de la necesidad del cambio guarda relación estrecha con la comunicación. Se basa en la premisa de que *es más probable que se acepte el cambio si las personas afectadas reconocen la necesidad del cambio antes de que ocurra*. Dicha conciencia podría ser natural, como en el caso de una crisis, o inducida por los administradores mediante la práctica de compartir la información operativa con los empleados, como en los programas de administración de libros abiertos. Sin embargo, una de las formas más poderosas es que los trabajadores descubran por sí solos una situación que requiere mejoras. Entonces, realmente están listos para el cambio, como en el incidente que sigue.

> El director de recursos humanos de un gran banco ayudó al proceso de autodescubrimiento mediante la contratación de un consultor para que evaluara el grado de innovación en el departamento. Sus interesantes conclusiones sacudieron al personal y lo hicieron consciente de la necesidad de cambios. Según el director, los resultados del informe "parecían cristalizar nuevas perspectivas acerca del potencial del departamento". Se crearon grupos de trabajo y se pusieron en práctica sus recomendaciones. Surgieron nuevos comportamientos que eran deseables: toma de riesgos, independencia y toma de decisiones descentralizada. Toda esta actividad ocurrió porque los empleados repentinamente adquirieron conciencia de que existía un problema y experimentaron de manera personal la necesidad de ciertos cambios.

Trabajo con el sistema en su totalidad   La resistencia al cambio puede disminuirse si se comprenden mejor las actitudes de los empleados y las reacciones naturales a los cambios. El rol de los administradores es ayudar a que los trabajadores reconozcan la necesidad de cada cambio e invitarlos a participar en él y obtener ganancias de él.[18] También es fundamental que los administradores tengan una perspectiva más amplia del cambio, orientada a sistemas, para identificar las relaciones complejas que existan. El desarrollo organizacional puede ser un método útil para lograr este objetivo.

COMPRENSIÓN DEL DESARROLLO ORGANIZACIONAL (DO)

El **desarrollo organizacional (DO)** es la aplicación sistemática de los conocimientos de las ciencias del comportamiento en diversos niveles (grupal, intergrupal y en toda la organización) para lograr los cambios planeados.[19] Sus objetivos abarcan una mejor calidad de la vida laboral, productividad, adaptabilidad y efectividad. Se pretende aplicar los conocimientos del comportamiento para cambiar creencias, actitudes, valores, estrategias, estructuras y prácticas, de modo que la organización pueda adaptarse mejor a las acciones competitivas, los adelantos tecnológicos y el ritmo acelerado de otros cambios del entorno.

El DO ayuda a que los administradores reconozcan que las empresas son sistemas con relaciones interpersonales dinámicas que las mantienen unidas. El siguiente paso razonable es cambiar a los grupos, unidades y organizaciones enteras de suerte que apoyen los esfuerzos de cambio, no que los reemplacen. En pocas palabras, el objetivo general del DO es modificar todas las partes de la organización para que respondan más humanamente, sean más efectivas y tengan mayor capacidad de aprendizaje organizacional y autorrenovación. El DO se basa en una orientación sistémica, modelos causales y un conjunto de supuestos clave que le sirven de guía.

Fundamentos del desarrollo organizacional

Orientación sistémica   Los cambios son tan abundantes en la sociedad moderna que las empresas necesitan que todas sus partes funcionen juntas para resolver los problemas —y aprovechar las oportunidades— que se originan con los cambios.[20] Algunas compañías han crecido tanto que es difícil mantener los esfuerzos coordinados entre sus partes. El DO es un programa completo que se relaciona con la interacción de las diversas partes de la organización en cuanto a los efectos que unas producen en las otras, es decir, la interacción de la estructura, la tecnología y las personas. Concierne al comportamiento de los empleados en los diversos grupos, departamentos y ubicaciones. Se concentra en responder a la pregunta: ¿Son efectivas todas estas partes al combinarse para trabajar juntas? El énfasis se hace en la manera de relacionarse de esas partes, no simplemente en las partes mismas.

Comprensión de la causalidad   Una contribución de la orientación sistémica es ayudar a que los gerentes vean los procesos organizacionales con base en un modelo que incluye tres tipos de variables:[21] causales, afectadas y de resultados finales, que se ilustran en la figura 14-5. Las *variables causales* son las más significativas, puesto que influyen en las variables afectadas y en los resultados finales. Se trata de las variables que los ejecutivos pueden cambiar de manera más directa e incluyen la estructura organizacional, los controles, las políticas, la capacitación, una amplia gama de comportamientos de liderazgo y los esfuerzos mismos de DO. Las *variables afectadas*, que reciben efectos inmediatos de las variables causales, abarcan las actitudes, las percepciones, la motivación y los comportamientos de habilidades en los empleados, así como el trabajo de equipo e incluso las relaciones intergrupales. Por último, las *variables de resultados finales* son los objetivos que buscan los administradores. Es usual que comprendan mejoras a la productividad, aumento de las ventas, reducción de costos, mayor lealtad de los clientes y aumento de las ganancias. Son las razones mismas de que se haya iniciado el programa de desarrollo organizacional.

Variables causales, afectadas y de resultados finales

FIGURA 14-5

Variables en el enfoque de desarrollo organizacional

Individuo
Grupo
Organización

Premisas del desarrollo organizacional Quienes practican el desarrollo organizacional parten de un conjunto de supuestos que sirven de guía a sus acciones. En ocasiones, éstos están implícitos y es necesario examinarlos para habilitar el aprendizaje de doble ciclo. Es importante que los ejecutivos identifiquen tales premisas, de modo que tengan conciencia de su efecto (de igual modo que se afirma en el capítulo 2 que los administradores deben tener conciencia de sus paradigmas y actualizarlos). Los supuestos del DO deben compartirse entre gerentes y empleados, de modo que ambos grupos entiendan claramente las bases del programa de desarrollo organizacional.

Aunque es posible una amplia gama de premisas, algunas son relativamente comunes en los niveles individual, grupal y organizacional. Algunos ejemplos de ellas se describen en el texto siguiente y se resumen en la figura 14-6. Quienes propugnan por el desarrollo organizacional generalmente tienen un punto de vista muy positivo de las capacidades, potencial e intereses de todos los individuos. Ello se deriva de valores humanistas implícitos en la teoría del desarrollo organizacional. Se conceptúa a los grupos y equipos como componentes básicos de la empresa; pero, puesto que son poderosos y complejos, en ocasiones es difícil cambiarlos. Las compañías tradicionales se ven como burocracias rígidas que en ocasiones impiden el desarrollo y crecimiento de sus empleados, si bien existe la posibilidad de conflictos positivos y compatibilidad de objetivos.

Características del desarrollo organizacional

Diversas características, como la orientación sistémica, están implícitos en la definición del DO. Muchas de ellas son compatibles con los temas predominantes del comporta-

FIGURA 14-6

Premisas comunes del desarrollo organizacional

Individuos

- Las personas quieren crecer y madurar.
- Los empleados tienen mucho que ofrecer (como su energía y creatividad), que actualmente no se utiliza en el trabajo.
- Muchos empleados desean la oportunidad de hacer aportaciones (desean, buscan y aprecian el *empowerment*).

Grupos

- Los grupos y equipos son fundamentales para el éxito organizacional.
- Los grupos ejercen influencia poderosa en el comportamiento individual.
- Los roles complejos que se desempeñan en los grupos requieren el desarrollo de habilidades.

Organización

- Los controles, las políticas y las reglas excesivos son nocivos.
- Los conflictos pueden ser funcionales si se canalizan apropiadamente.
- Los objetivos individuales y organizacionales pueden ser compatibles.

miento organizacional analizados hasta este momento en la obra, y se estudiarán en los párrafos siguientes. Pese a que algunas difieren considerablemente de los esfuerzos de cambio convencionales, el DO han empezado a tener efecto en la forma de diseñar y presentar los programas de cambio organizacional.

Valores humanistas   Los programas de DO suelen basarse en **valores humanistas**, los cuales son creencias positivas acerca del potencial y deseo de crecimiento en los empleados. Si pretende ser efectiva y renovarse a sí misma, una empresa necesita empleados que deseen ampliar sus habilidades y aumentar sus aportaciones. El mejor ambiente para tal crecimiento resalta la colaboración, la comunicación abierta, la confianza interpersonal, el poder compartido y la confrontación constructiva. Todos estos factores constituyen una base valiosa para los esfuerzos de DO y ayudan a garantizar que la nueva organización responda a las necesidades humanas.

¿Qué se valora en el desarrollo organizacional?

Uso de un agente de cambio   Los programas de DO por lo general incluyen el uso de uno o más **agentes de cambio**, que se encargan de estimular, facilitar y coordinarlo. Es usual que ese agente funja como catalizador, que desencadena el cambio en toda la organización al mismo tiempo que permanece un tanto independiente de él. Aunque los agentes de cambio pueden ser externos o internos, suelen ser asesores ajenos a la compañía. Las ventajas de recurrir a estos agentes de cambio externos es que son más objetivos y poseen experiencia diversa. Además, pueden operar con independencia de todo vínculo con la estructura jerárquica y la política de la empresa.

Los agentes de cambio externos forman pareja con un coordinador interno del departamento de recursos humanos, a fin de contrarrestar su poca familiaridad con la compañía. Luego, la pareja trabaja con los administradores de línea. El resultado es una relación tridireccional en que se aprovechan las fortalezas de cada componente para lograr el equilibrio, de manera muy similar al enfoque de equipo de los cuidados de salud modernos, en que se requiere la cooperación de médicos, personal de apoyo y paciente. En ocasiones, ante todo en las grandes compañías, la organización tiene su propio especialista de DO. Dicha persona sustituye al asesor externo y trabaja directamente con los gerentes de la empresa para facilitar los esfuerzos de mejoramiento.

Solución de problemas   El desarrollo organizacional pone énfasis en el proceso de solución de problemas. Capacita a los participantes para que identifiquen y resuelvan los problemas importantes para ellos, es decir, los concretos a los que se enfrentan en su trabajo, de modo que la tarea es estimulante, y su resolución, un reto. El enfoque más común para mejorar las habilidades de solución de problemas es hacer que los empleados identifiquen problemas sistémicos, recopilen datos acerca de ellos, emprendan acciones correctivas, evalúen el avance y realicen ajustes sobre la marcha. Este proceso cíclico de aprovechar la investigación como guía de la acción, que a su vez genera nuevos datos como base para nuevas acciones, se conoce como **investigación de acción** o *Action Research*. Al estudiar su propio proceso de solución de problemas mediante este tipo de investigación, los empleados aprenden a aprender de sus experiencias, de tal suerte que en el futuro puedan resolver nuevos problemas por su propia cuenta. Este proceso es otro ejemplo del aprendizaje de doble ciclo, ya mencionado en este capítulo.

Aprendizaje de experiencia   Cuando los participantes aprenden por experiencia en el ambiente de capacitación los tipos de problemas humanos que enfrentan en el trabajo, el proceso se denomina **aprendizaje de experiencia** o vivencial. Los participantes pueden discutir y analizar sus propias experiencias inmediatas y aprender de ellas. Este enfoque tiende a producir más comportamientos modificados que el proceso convencional de exposición y análisis, en que las personas sólo escuchan y hablan acerca de teorías y conceptos abstractos. La teoría que proporcionan esos enfoques convencionales es necesaria y aconsejable; pero los participantes necesitan aprender cómo aplicarla en una situación real. El DO proporciona algunas de las respuestas que se aplicaron. Las experiencias de los participantes ayudan a solidificar o recongelar el nuevo aprendizaje.

Intervención en muchos niveles   El objetivo general del desarrollo organizacional es lograr organizaciones más efectivas, en las que continúen el aprendizaje, la adaptación y el mejoramiento. El DO logra este objetivo al reconocer que los problemas tienen lugar en los niveles individual, interpersonal, grupal, intergrupal y organizacional. Luego, se elabora una estrategia global de DO con una o más **intervenciones**, las cuales son actividades estructuradas y diseñadas para que los individuos o grupos mejoren su efectividad en el trabajo. Estas intervenciones suelen clasificarse con base en su énfasis en los individuos (como la planeación de carreras) o grupos (de lo cual es ejemplo la construcción de equipos). Otra forma de verlas es considerar si se enfocan en *qué* hacen las personas (como al aclarar y modificar sus tareas de trabajo) o en *cómo* lo hacen (con el mejoramiento del proceso interpersonal que ocurre).

Orientación de contingencia   Es usual que se describa el desarrollo organizacional como un proceso orientado a contingencias. Aunque ciertos practicantes del DO se basan en uno o unos cuantos enfoques, muchos son flexibles y pragmáticos, de modo que seleccionan y adaptan las acciones para ajustarlas a las necesidades evaluadas. El diagnóstico tiene una función clave para determinar cómo proceder y por lo general se da un análisis abierto de varias opciones útiles, no la imposición de una sola forma óptima de proceder.

Resumen y aplicación   En el proceso de DO, se aplican los conocimientos y estrategias de las ciencias del comportamiento para mejorar las organizaciones. Es un esfuerzo continuo y de largo plazo en el que se intenta construir relaciones de trabajo cooperativas mediante un agente de cambio. También se pretende integrar en una unidad efectiva a los cuatro elementos que afectan el comportamiento organizacional (analizados en el capítulo 1): personas, estructura, tecnología y ambiente.

> Una intervención de DO en una organización del sector público ocurrió en el Utah Department of Public Safety.[22] Con base en un enfoque de investigación de acción, 750 empleados llenaron una encuesta diagnóstica que se concentraba en 19 áreas de efectividad organizacional y gerencial. Luego, se les brindó retroalimentación de los resultados y se les ayudó a elaborar planes de acción en las áreas donde se advirtieron deficiencias.
> En un estudio de seguimiento, realizado dos años después, la mayoría de supervisores informó que habían mejorado las comunicaciones, los equipos tenían más cohesión y la administración participativa se usaba con mayor frecuencia. Se brindaba más retroalimentación a los empleados acerca de su desempeño y ellos mismos tenían un mayor sentido de "propie-

Es posible clasificar las intervenciones de desarrollo organizacional

Lo que leen los administradores

Merrill Anderson & Associates afirma que tres tendencias clave han forzado la aceleración del ritmo de cambio con el desarrollo organizacional, así como el mayor interés en agregar valor para sus clientes: la rapidez con que ocurren los cambios competitivos, la necesidad creciente de considerar a las organizaciones como sistemas complejos y dinámicos, y el énfasis cada vez mayor del desarrollo organizacional en los asuntos estratégicos. Por consiguiente, se espera que los practicantes del DO tengan tres nuevos conjuntos de competencias:

- Fluidez en el lenguaje de los negocios (por ejemplo, finanzas).
- Dominio sólido de herramientas de formulación y modelos conceptuales estratégicos.
- Herramientas de exploración e investigación para identificar desafíos del mercado, tendencias de la industria, antecedentes y motivaciones de los líderes, e historial de las compañías.

A partir de tal base, se espera que los expertos en DO aprovechen su arsenal de conferencias de búsqueda, rediseño organizacional, kaizen, construcción de equipos, aprendizaje de ciclo rápido y entrenamiento para ayudar a que las empresas alcancen los resultados de negocios sobresalientes en esta época de cambios tumultuosos.

Fuente: Merrill Anderson & Associates, *Fast Cycle Organization Development*, Cincinnati: South-Western, 2000.

---

dad" y responsabilidad por los resultados del trabajo. En las unidades donde el enfoque de DO tuvo menos éxito, las barreras se relacionaron con la falta de apoyo gerencial, las limitaciones de recursos y el escaso apoyo de los colegas.

Proceso de desarrollo organizacional

El DO es un proceso complejo. Puede requerirse un año o más para su diseño e implantación, además de que el proceso continuaría indefinidamente. El desarrollo organizacional intenta mover a la organización de donde está ahora (se requiere diagnosticarlo) a donde debería estar (mediante intervenciones de acción). Incluso entonces, el proceso continúa, ya que es aconsejable evaluar los resultados y mantener el *impulso* de cambio. Aunque existen muchos enfoques distintos del DO, un programa completo por lo general incluye muchos de los pasos siguientes (figura 14-7):

1. *Diagnóstico inicial.* El asesor se reúne con los altos ejecutivos para determinar la naturaleza de los problemas de la empresa, desarrollar los enfoques de DO con mayores probabilidades de éxito y obtener el apoyo pleno de ellos. Durante este paso, el asesor busca información mediante entrevistas con diversos miembros de la compañía.
2. *Recopilación de datos.* Suelen practicarse encuestas para determinar el ambiente y los problemas de comportamiento organizacionales. El asesor habitualmente se reúne con grupos fuera del trabajo, para obtener información con preguntas como las siguientes:

   a) ¿Qué tipos de factores contribuyen más a su efectividad en el trabajo?
   b) ¿Qué tipos de factores interfieren en su efectividad en el trabajo?
   c) ¿Qué le gustaría más cambiar en el funcionamiento de esta organización?

   Entre los productos secundarios de la recopilación de datos, se incluyen la identificación de **huecos de rendimiento** —o sea, deficiencias en las operaciones de la

Pasos del desarrollo organizacional

FIGURA 14-7

Etapas características del desarrollo organizacional

organización— e **información basal**, que es una imagen del nivel actual de operaciones de la organización para compararla luego, ya que se aprecien los efectos de las actividades de desarrollo organizacional.

3. *Retroalimentación de datos y confrontación.* Se designan grupos de trabajo para que revisen los datos recopilados, medien en las áreas de desacuerdo y definan prioridades de cambio.
4. *Planeación de acciones y solución de problemas.* Los grupos utilizan los datos para elaborar recomendaciones de cambio específicas. La discusión se enfoca en los problemas reales de la organización. Los planes son específicos e incluyen la asignación de responsabilidades y la fecha en que deben completarse las acciones.
5. *Uso de intervenciones.* Una vez terminada la planeación de acciones, el asesor ayuda a que los participantes seleccionen y apliquen las intervenciones de DO apropiadas. Según la naturaleza de los problemas clave, la intervención podría enfocarse en individuos, equipos, relaciones interdepartamentales o la organización entera.
6. *Evaluación y seguimiento.* El asesor ayuda a que la empresa evalúe los resultados del DO y elabore programas adicionales para áreas donde se necesita obtener más resultados.

En una empresa, el asesor pidió a los ejecutivos que le proporcionaran videocintas de las juntas de comité que encabezaron después del inicio del programa. El asesor las analizó y las empleó para comentar con los gerentes lo bien que estaban aplicando lo aprendido en el programa de desarrollo organizacional.

Los pasos del DO son parte de todo un proceso, por lo que es necesario aplicarlos todos si una empresa espera obtener beneficios plenos del desarrollo organizacional. Una compañía que sólo aplique dos o tres pasos, como los de diagnóstico y construcción de equipos, probablemente quedará desilusionada con los resultados, mientras que el proceso completo puede generar resultados muy favorables.

Mobil Oil ha implantado numerosos programas de desarrollo organizacional e informa de los resultados siguientes:

- Mejor comunicación entre supervisores y empleados.
- Agilización de los requisitos de papeleo.
- Mayor grado de análisis sistemático y solución de problemas.
- Mejores relaciones interdepartamentales.

La compañía llegó a la conclusión de que el paso fundamental del desarrollo organizacional es el primero: obtener la autorización, el apoyo activo y la participación total de los altos ejecutivos.[23]

Beneficios y limitaciones del desarrollo organizacional

El desarrollo organizacional es una intervención útil en la organización. Su ventaja principal reside en que trata de manejar los cambios en toda una empresa o en sector importante de ésta. De tal suerte, se logra mejoramiento bien difundido. Otros beneficios serían los aumentos en motivación, productividad, calidad del trabajo, satisfacción en el trabajo, trabajo de equipo y resolución de conflictos. También se reducen los factores negativos, como el ausentismo y la rotación de personal.[24] Los beneficios y las limitaciones del DO se resumen en la figura 14-8 y se ejemplifican con el siguiente resumen de investigación.

Después de haber iniciado un programa de DO en una empresa, hubo mejoras estadísticamente significativas en la confianza, el ambiente de apoyo, el compromiso con los objetivos y otros

Beneficios	Limitaciones
• Cambios en toda la organización	• Requisitos de tiempo considerables
• Mayor motivación	• Gasto considerable
• Aumento de la productividad	• Periodo prolongado para ver los beneficios
• Mejor calidad de trabajo	• Posible fracaso
• Mayor satisfacción en el trabajo	• Posibles intromisión en la vida privada
• Mejoramiento del trabajo de equipo	• Posibles daños psicológicos
• Mejor resolución de conflictos	• Potencial de conformismo
• Compromiso con los objetivos	• Énfasis en los procesos de grupo, no en el rendimiento
• Mayor disposición favorable al cambio	• Posible ambigüedad conceptual
• Reducción del ausentismo	• Dificultad de evaluación
• Menor rotación de personal	• Incompatibilidad cultural
• Creación de individuos y grupos que aprenden	

FIGURA 14-8

Beneficios y limitaciones del desarrollo organizacional

Consejos a futuros administradores

1. Realizar únicamente los cambios necesarios y útiles, que reciban apoyo convincente, ya que de lo contrario los empleados podrían sentirse abrumados. Siempre que sea posible, llevar a cabo cambios paulatinos, no revolucionarios.
2. Alertar a los empleados para que esperen un ritmo creciente de cambios y la necesidad consecuente de adquirir nuevas habilidades durante su carrera.
3. Contar con unos cuantos modelos de roles visibles que estén de su lado y encabecen (defiendan) y modelen el cambio para otros.
4. Reconocer la posibilidad de resistencia al cambio y contar con estrategias apropiadas para hacer frente a cada una de sus fuentes.
5. Lograr la participación de los empleados y brindarles *empowerment* durante el proceso de cambio, para disminuir o prevenir la resistencia.
6. Cerciorarse de que los empleados vean y obtengan beneficios del cambio.
7. Ver el cambio organizacional como un proceso largo, con posibles retrocesos, y prestar atención especial a las etapas de descongelación y recongelación.
8. Emplear un enfoque sistemático de cambio, como el modelo de desarrollo organizacional, y estar dispuesto a adoptar los esfuerzos de otros (agentes de cambio) como apoyo.

factores del ambiente organizacional. En cuanto al comportamiento de supervisores, también mejoraron su habilidad para escuchar, el manejo de conflictos, la relación con los demás, la disposición favorable al cambio y otros aspectos. En lo concerniente al rendimiento, hubo cambios en el nivel de calidad y de utilidades, que fueron atribuibles al programa de desarrollo organizacional. Está claro que el efecto de este programa se difundió en toda la compañía.[25]

Al igual que con todo programa complejo, uno de DO tiene problemas y limitaciones inherentes. Por principio de cuentas, requiere mucho tiempo y es costoso. Algunos de los beneficios ocurren a largo plazo y la organización tal vez no estaría en la posición de esperar tanto tiempo para obtener beneficios. Incluso si se recurre a un asesor capaz, es posible el fracaso completo del programa. Ha habido señalamientos de que en ocasiones se presiona a los participantes para que tengan actitudes de grupo y conformismo. También hubo énfasis excesivo en los procesos de comportamiento, no en el rendimiento laboral. Al parecer, se concede prioridad a los procesos de grupo sobre las necesidades de la organización.

Una notable limitación del DO es que parecería más compatible con los valores humanistas de Estados Unidos y los países escandinavos que con los valores dominantes en Japón, Latinoamérica y África.[26] Por lo tanto, para que tenga éxito universal es necesario un conjunto de herramientas que se adapten a las diversas culturas. El campo del desarrollo organizacional también se beneficiaría si ampliara su perspectiva a fin de incluir métodos que ayuden a que las empresas no sólo mejoren y se adapten a entornos cambiantes, sino que también se preparen para realizar transformaciones mayores de su estructura, estrategias y procesos.[27] Por último, todos los gerentes deben aceptar sus roles como responsables del DO, ya que el mejoramiento organizacional es una necesidad casi universal.

RESUMEN

El cambio es omnipresente y su ritmo es creciente. El ambiente de trabajo está lleno de cambios que con frecuencia alteran al sistema social y requieren ajustes de los empleados. Cuando lo hacen, responden con emociones y razonamientos. Los cambios se acompañan de costos al igual que de beneficios y ambos deben considerarse para determinar sus efectos netos. Los trabajadores tienden a presentar resistencia al cambio en virtud de los costos de éste, incluidos los psicológicos. La resistencia al cambio puede derivarse del proceso de cambio mismo, de la forma de implantarlo o de la percepción de sus efectos inequitativos. Además, la resistencia puede ser lógica, psicológica o sociológica.

El liderazgo transformacional puede ser decisivo para originar cambios efectivos. Es necesario que los líderes creen y compartan una visión, inspiren a sus seguidores mediante su carisma y los alienten para convertirse en practicantes del aprendizaje de doble ciclo, de modo que los cambios futuros tengan incluso mayor éxito. Se insta a que los gerentes apliquen un procedimiento de cambio sistemático que abarque las actividades de descongelación, cambio propiamente dicho y recongelación. Los ejecutivos pueden disminuir la resistencia y lograr un nuevo equilibrio influyendo en las fuerzas sustentadoras y restrictivas de los cambios. Siempre se requiere tiempo para que ocurran los beneficios potenciales de los cambios.

Es posible recurrir a una amplia gama de actividades para apoyar el cambio, como la participación, las recompensas compartidas y la comunicación adecuada. Además, es efectivo el desarrollo organizacional, es decir, la aplicación sistemática de los conocimientos de las ciencias del comportamiento en diversos niveles para lograr los cambios planeados en toda la organización. El proceso de DO abarca los pasos de diagnóstico, recopilación de datos, retroalimentación y confrontación, planeación de acciones y solución de problemas, uso de intervenciones, y evaluación y seguimiento. Aunque el desarrollo organizacional tiene sus limitaciones, es una práctica excelente para implantar cambios, realizar mejoras y estimular el aprendizaje organizacional.

Términos y conceptos para revisión

Agente de cambio
Aprendizaje de ciclo sencillo
Aprendizaje de doble ciclo
Aprendizaje de experiencia
Cambio
Cambio propiamente dicho
Carisma
Costo psicológico
Desarrollo organizacional
Descongelamiento
Efecto de reacción en cadena
Efecto Hawthorne
Equilibrio
Homeostasis
Huecos en el rendimiento
Información basal
Intervenciones
Investigación de acción
Líderes transformacionales
Proactivo
Reactivo
Recongelamiento
Regresión
Resistencia al cambio
Valores humanistas
Visión

Preguntas para análisis

1. Piense en un cambio organizacional que le haya tocado vivir. ¿Hubo resistencia al cambio? Analice el tema. ¿Qué podría haberse hecho para prevenir o eliminar esa resistencia?
2. Considere de nuevo el cambio referido en la pregunta anterior. Enumere sus costos y beneficios en una lista con los encabezados siguientes: "lógicos", "psicológicos"

y "sociológicos". ¿Fueron los beneficios mayores que los costos para los empleados y para el patrón? Analice el tema.
3. Continúe el análisis del cambio en cuestión. ¿De qué manera los ejecutivos alteraron las fuerzas sustentadoras y restrictivas de ese cambio? ¿Hubo una curva de aprendizaje organizacional? Analice su magnitud y forma, así como los problemas que hayan surgido.
4. Existe un debate clásico acerca de la relación entre las actitudes y los comportamientos. Ciertas personas afirman que los cambios de actitudes deben preceder a las respuestas de comportamiento, mientras que otros consideran que es más fácil cambiar primero el comportamiento de un empleado y luego permitir que ello vaya seguido de su cambio de actitud. Analice las ventajas y probabilidades de éxito de cada enfoque de cambio.
5. La resistencia al cambio frecuentemente se ve como algo negativo. Analice algunos posibles *beneficios* de tal resistencia en una organización.
6. En el capítulo se dice que un rol proactivo es preferible a otro reactivo. ¿Es eso cierto siempre?
7. Analice los pros y contras de la afirmación: "El cambio es básicamente positivo."
8. Argumente en *contra* de la necesidad de tener visión, carisma y énfasis en el aprendizaje de doble ciclo en un líder transformacional para generar cambios en una organización. ¿Son realmente necesarios esos elementos?
9. En el capítulo se presentan numerosos métodos para apoyar el cambio. ¿Cuál es el riesgo que acompaña a cada método y qué podría hacer que fracase?
10. Repase la figura 14-8 e identifique los tres beneficios y limitaciones más importantes del DO. ¿Acaso piensa que los beneficios compensan sobremanera los costos? Anote su respuesta e indique las razones de sus elecciones.

Evalúe sus propias habilidades

¿Es bueno para mostrar habilidades de administración del cambio apropiadas?

Lea cuidadosamente las afirmaciones siguientes. Marque con un círculo, en la escala de respuestas, el número que refleje mejor el grado en que cada afirmación lo describe con exactitud cuando intenta poner en práctica un cambio. Sume el total de puntos y prepare un breve plan de acción para su mejoramiento personal. Esté listo para señalar su calificación con fines de tabulación ante la clase.

	Descripción satisfactoria								Descripción insatisfactoria
1. Prefiero ser proactivo que reactivo en relación con los cambios.	10	9	8	7	6	5	4	3	2	1
2. Soy muy sensible a la importancia de las actitudes de los empleados cuando se implantan cambios.	10	9	8	7	6	5	4	3	2	1
3. Estoy atento a la posibilidad de regresión de los empleados después de implantar cambios.	10	9	8	7	6	5	4	3	2	1
4. Estoy consciente de que no sólo deben considerarse los costos										

económicos del cambio, sino también los psicológicos. 10 9 8 7 6 5 4 3 2 1
5. Me esfuerzo al máximo en predecir no sólo quién se resistirá al cambio, sino también cuán intensa será la resistencia y cuáles sus fuentes. 10 9 8 7 6 5 4 3 2 1
6. Puedo exponer un conjunto coherente de razones por las que los empleados podrían resistirse o no a un cambio que implante. 10 9 8 7 6 5 4 3 2 1
7. Tengo la capacidad de ser un líder transformacional mediante la creación y comunicación de una visión, además de mostrar carisma. 10 9 8 7 6 5 4 3 2 1
8. Presto tanta atención a las etapas de descongelación y recongelación como a la etapa del cambio propiamente dicho. 10 9 8 7 6 5 4 3 2 1
9. Estoy comprometido plenamente con lograr la participación de mis empleados en todo el proceso de cambio para aumentar su compromiso con el cambio mismo. 10 9 8 7 6 5 4 3 2 1
10. Entiendo el proceso de desarrollo organizacional y sus características principales. 10 9 8 7 6 5 4 3 2 1

Calificación e interpretación Sume el total de puntos de las 10 preguntas. Anótelo aquí ____ y señálelo cuando se le solicite.

- Si obtuvo de 81 a 100 puntos, parece tener capacidad adecuada para demostrar buenas habilidades de administración del cambio.
- Si obtuvo de 61 a 80 puntos, debe revisar más de cerca los elementos con calificación baja y explorar la forma de mejorarlos.
- Si obtuvo menos de 60 puntos, debe estar consciente que sus debilidades en relación con varios elementos podrían ser nocivas para su éxito futuro como administrador del cambio. Le instamos a que relea las secciones pertinentes del capítulo y busque material relacionado en capítulos ulteriores y en otras fuentes.

Ahora, identifique sus tres calificaciones más bajas y escriba los números de preguntas aquí: ____, ____ y ____. Redacte un párrafo breve, en que detalle para usted mismo un plan de acción de cómo mejoraría cada una de esas habilidades.

Incidente

El nuevo procedimiento de ventas

Marin Company es una empresa con más de 100 representantes de ventas de una línea de productos industriales complejos. La venta de estos productos requiere trabajo cercano con los compradores para determinar sus necesidades, de modo que casi todos los representantes de ventas tienen licenciatura en ingeniería o ciencias. La venta de otras líneas de productos de la empresa, como los productos para consumidores comunes, está en manos de otro grupo de vendedores.

En fecha reciente, la compañía estableció un nuevo sistema de informes y controles gracias a un gran sistema de cómputo, que duplica la cantidad de tiempo que los representantes de ventas industriales dedican al llenado de formularios y aporte de información que se alimenta a la computadora. Esos representantes calculan que ahora dedican hasta dos horas diarias al procesamiento de registros y se quejan porque esto no les deja tiempo suficiente para sus actividades de ventas. Un gerente de ventas comentó: "La moral ha disminuido como resultado de estos nuevos controles e informes. La de ventas es una actividad satisfactoria y que brinda recompensas basadas en el esfuerzo individual. Los representantes de ventas están contentos cuando se dedican a vender, ya que ello tiene efecto directo en su ingreso y su reconocimiento. Cuanto más tiempo dedican a los informes, tanto menor es el tiempo con que cuentan para realizar ventas. En consecuencia, ven que se reducen sus ingresos y el reconocimiento que se les brinda, por lo que se resisten a los cambios."

Preguntas
1. Comente el análisis del gerente de ventas.
2. ¿Qué enfoques alternos de esta situación recomendaría? Indique sus razones.

Ejercicio de experiencia

El cambio de ingeniería industrial

Un ingeniero industrial fue asignado a un departamento de montaje de aparatos electrónicos para que mejorara algunos métodos. En una operación de montaje, pronto se dio cuenta de que un nuevo equipo reduciría los costos de mano de obra en casi 30%. Analizó la situación con el líder del grupo y luego con la supervisora. Mientras que el líder mostró una actitud indiferente, la supervisora se interesó y brindó sugerencias adicionales.

Pensando que contaba con la aprobación de ella, el ingeniero industrial mandó fabricar el equipo. Con la autorización de la propia supervisora, asignó a una trabajadora de la línea de montaje para que lo probara. Ésta se mostró cooperativa y entusiasta, y en el primer día superó la mejoría esperada de 30%. Cuando se mostraron los resultados al líder del grupo, al final de la jornada, afirmó que se trataba de una de sus obreras más rápidas en el departamento y que esos resultados no podían generalizarse a todo el departamento.

Al día siguiente, el ingeniero industrial pidió a la supervisora que le proporcionara otro operador para que probara el equipo. Fue entonces cuando ella advirtió que el equipo no correspondía plenamente a sus ideas. El ingeniero industrial le explicó que la había malinterpretado; pero incluiría sus otras sugerencias en el siguiente equipo que se produjera. Sin embargo, la supervisora continuó mostrando una actitud negativa hacia el equipo.

Cuando el ingeniero industrial trató de enseñar el uso del equipo a la segunda mujer como lo había hecho con la primera, la reacción fue negativa. De hecho, tan pronto dejó de enseñarle, pareció como si la mujer deliberadamente se paralizase al usar el equipo. Además, le hizo algunos comentarios negativos al respecto y preguntó al ingeniero si sentía que era merecedor de su sueldo por este tipo de esfuerzos. Al final del día, la producción de la segunda operadora fue 10% menor que la normal con el método antiguo.

1. Fórmense pequeños grupos de discusión y analicen las causas del problema.
2. Analicen las actividades de los administradores para apoyar el cambio presentadas en este capítulo (uso de grupos, señalamiento de fundamentos, participación, recompensas compartidas, protección de la seguridad de los empleados, comunicación y educación, estímulo de la preparación para el cambio y trabajo con el sistema total). Clasifíquenlas de 1 (máximo) a 7 (mínimo) en cuanto su utilidad potencial para el ingeniero industrial. Luego, compárense las clasificaciones entre los grupos de discusión y analicen las diferencias.
3. Elijan a dos personas para que representen los papeles del ingeniero industrial y la supervisora en una junta.

Aplicación del análisis de campo de fuerza

Ejercicio de experiencia

Supóngase que la clase está muy descontenta con el sistema de calificación del profesor y se ha unido para exigirle que lo modifique drásticamente.

A. En grupos pequeños, identifiquen las *razones de comportamiento principales* que tendría el profesor para sentirse inclinado a aceptar o rechazar sus recomendaciones (fuerzas para el cambio y razones para la resistencia al cambio).

Fuerzas para el cambio	Razones para la resistencia
1. _____	1. _____
2. _____	2. _____
3. _____	3. _____
4. _____	4. _____
5. _____	5. _____
6. _____	6. _____
7. _____	7. _____
8. _____	8. _____
9. _____	9. _____
10. _____	10. _____

B. A continuación, intenten predecir la *fuerza* de cada factor (alta, intermedia o baja).
C. Con base en este análisis, ¿podrían predecir la respuesta global del profesor a los cambios recomendados?

Capítulo 15

Estrés y asesoría

El agotamiento es un problema grave en los centros de trabajo actuales: por todas partes, las compañías reducen su personal, subcontratan servicios externos (outsourcing) y emprenden reestructuraciones, lo cual hace que empleados de todos los niveles se sientan estresados, inseguros, malentendidos, subvaluados y enajenados.
—**Christina Maslach y Michael P. Leiter**[1]

Los datos estadísticos indican que la violencia se ha convertido en un problema organizacional fundamental.
—**Anne M. O'Leary-Kelly, Ricky W. Griffin y David J. Glew**[2]

OBJETIVOS DEL CAPÍTULO

ENTENDER:

- La función del estrés en la salud de los empleados
- Las formas extremas de reacciones al estrés
- Las causas y los síntomas del estrés
- Los efectos organizacionales del estrés
- Las acciones para prevenir o reducir el estrés
- Las diferentes funciones de orientación
- Tres tipos de orientación y su utilidad

Los estudios del estrés en trabajadores estadounidenses revelan lo siguiente:

- Los costos anuales del ausentismo, la caída de la productividad, el pago de gastos médicos crecientes y otros gastos médicos relacionados con el estrés llegan a 300 000 000 000 de dólares y van en aumento.
- Treinta por ciento de los ejecutivos piensa que su trabajo ha tenido efectos adversos en su salud.
- Cuarenta por ciento de los obreros se pregunta si tendrá trabajo al año siguiente.
- El número de reclamaciones de compensación a trabajadores relacionadas con el estrés se triplicó en una década, al pasar de 5 a 15% del total de reclamaciones.
- Cuarenta y seis por ciento de los obreros cree que su trabajo es muy estresante.
- Treinta y cuatro por ciento de los trabajadores pensó seriamente en renunciar a su trabajo durante el año pasado, como resultado del estrés.
- Sesenta y nueve por ciento de los obreros señaló que los problemas de salud relacionados con el estrés disminuyeron su productividad.
- Se espera que 34% de los empleados estadounidenses sufra pronto agotamiento en el trabajo.[3]

Muchas personas, como los empleados mencionados, sufren problemas físicos o emocionales a causa del estrés. Estos problemas pueden ser temporales o duraderos; además, muchas veces se debe tanto a factores relacionados con el trabajo como a los ajenos a éste. *Nadie es inmune al estrés*, que puede afectar a empleados de todos niveles en las empresas. Cuando es demasiado intenso o duradero, tendrá efectos negativos tanto en el individuo como en la organización. Por fortuna, existen muchos programas para prevenir o manejar el estrés.

En este capítulo, se analizan la naturaleza del estrés, cómo surge y cuáles son sus efectos en los diversos elementos del rendimiento laboral. Como se advierte en los epígrafes del capítulo, es frecuente que las respuestas al estrés en los empleados vayan seguidas de costos y consecuencias de importancia. Cuando sobrevienen conflictos relacionados con el trabajo o hay tensión en las relaciones interpersonales, una forma primordial de tratar el estrés consecuente es brindar asesoría a las partes afectadas. El capítulo concluye con el análisis de los tres tipos de asesoría y las formas en que puede aprovecharse para ayudar a los empleados con sus problemas.

ESTRÉS EN LOS EMPLEADOS

Naturaleza del estrés

El término **estrés** se refiere de manera general a las presiones que las personas sienten en la vida. La presencia de estrés en el trabajo es casi inevitable en muchos puestos. Sin embargo, las diferencias individuales explicarían la amplia gama de reacciones ante el estrés; una tarea que alguien considera retadora podría causar ansiedad muy intensa en otra persona. Cuando la presión empieza a acumularse, causa tensión y ésta tiene efectos adversos en emociones, procesos intelectuales y estado físico del sujeto. Si el estrés se

Síntomas del estrés

vuelve excesivo, surgen en los empleados diversos síntomas de estrés que pueden dañar su salud y rendimiento laboral e, incluso, poner en riesgo su capacidad para enfrentar el entorno. Como se muestra en la figura 15-1, las personas estresadas suelen estar nerviosas y preocuparse todo el tiempo. Es fácil provocar su ira y no pueden relajarse. Podrían mostrar una actitud no cooperativa o consumir bebidas alcohólicas o drogas. Aunque todo ello puede ocurrir por otras causas, son síntomas comunes del estrés subyacente.

El estrés también origina trastornos físicos, ya que los sistemas corporales internos cambian para tratar de enfrentar el estrés. Algunos padecimientos físicos son breves, como el malestar estomacal. Otros son de mayor duración, entre ellos la úlcera gástrica. El estrés que persiste durante largo tiempo causa enfermedades degenerativas del corazón, los riñones, los vasos sanguíneos y otras partes del cuerpo. También puede provocar angina de pecho y dolor de cabeza por tensión. Así pues, reviste importancia mantener el estrés dentro y fuera del trabajo en un nivel lo suficientemente bajo para que la persona lo tolere sin padecer trastornos emocionales o físicos.

> Peter Randall fue transferido de una ciudad pequeña a otra muy grande, donde su tiempo de transporte al trabajo era de casi una hora. Le desagradaban los ruidos de la ciudad, el tráfico intenso y las multitudes, además de que sentía que desperdiciaba tiempo en desplazarse. Por añadidura, su nuevo trabajo entrañaba más responsabilidades.
>
> Al cabo de unos cuantos meses, empezó a sufrir problemas intestinales. Cuando el examen físico no reveló ninguna causa médica, le enviaron con un asesor. Ocurrió mejoría apenas leve y, finalmente, su asesor y el médico recomendaron su transferencia a una ciudad más pequeña. La compañía hizo los arreglos necesarios y al cabo de un breve lapso sus problemas habían desaparecido.

FIGURA 15-1

Síntomas característicos del estrés incontrolado

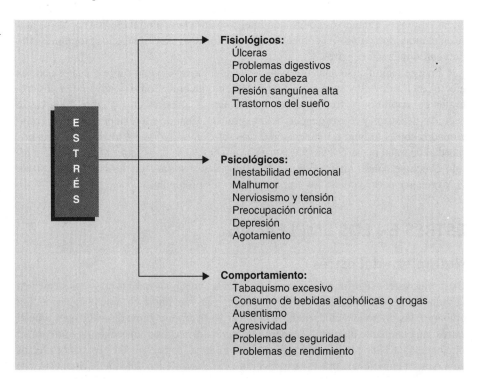

Es cada vez más frecuente que en ciertas situaciones se considere que las empresas tengan responsabilidad legal en los efectos emocionales y físicos del estrés laboral que generaron en empleados como el descrito. Condiciones de trabajo inadecuadas, conflictos permanentes con los supervisores, acontecimientos traumáticos o acoso intencionado llegan a producir angustia, neurosis o incluso suicidios. Si se establecen responsabilidades, los trabajadores podrían reclamar ciertos beneficios de conformidad con las leyes de compensación a trabajadores, además de presentar demandas por daños económicos.[4]

Productos extremos del estrés

El estrés puede ser temporal o de largo plazo, leve o grave. Sus efectos en el empleado dependen principalmente de cuánto tiempo persistan sus causas, lo poderosas que sean y de la capacidad de recuperación del empleado. Si el estrés es transitorio y leve, muchas personas pueden manejarlo o por lo menos recuperarse más bien rápido de sus efectos.

> Meyer Jamison trabajaba como representante de ventas y se le transfirió a un nuevo territorio después de nueve años en uno. De repente, se vio en una situación nueva y desconocida, con personas y requisitos de trabajo distintos. Se sintió frustrado, a disgusto y sobrecargado de trabajo. Tenía mucho que aprender en muy poco tiempo. Surgieron conflictos con dos o tres clientes y se volvió menos cooperativo en casa. Su estado era de estrés leve.
>
> Después de unas cuantas semanas en el nuevo territorio, el estrés desapareció poco a poco y en última instancia se sintió tan a gusto como lo había estado en su antiguo territorio.

Es probable que Jamison se haya recuperado de su estrés transitorio gracias a su **resistencia** interna, es decir, su capacidad para manejar las tensiones de corto plazo. Las personas resistentes con frecuencia tienen una vida personal equilibrada, han aprendido a establecer objetivos realistas y mantienen en perspectiva cada factor irritante. Aunque enfrentan la misma cantidad de estrés que otras personas, lo manejan mejor.

Los empleados necesitan resistencia

Agotamiento En contraste con el estrés transitorio de Jamison, existen algunas presiones de importancia que producen estrés sostenido durante largos periodos. Surgen dificultades predecibles cuando el estrés muy intenso continúa durante mucho tiempo. De conformidad con la teoría de Hans Selye, el cuerpo humano no puede recuperar de manera instantánea su capacidad de enfrentar el estrés una vez que se agota.[5] En consecuencia, las personas se debilitan física y psicológicamente al tratar de combatir el estrés. Dicho estado se llama **agotamiento**, situación en la que la persona está exhausta emocionalmente, no presta atención a sus clientes o su trabajo y se siente incapaz de lograr sus objetivos. Algunos empleos, como los de profesionales dedicados a ayudar a los demás (consejeros o asesores, profesionales de la salud y trabajadores sociales) o que se acompañan de estrés intenso y continuo (controladores de tráfico aéreo, representantes de servicios a clientes, personal de salas de espera y agentes de bolsa) tienen probabilidades de causar agotamiento mayor que con otras actividades.[6]

Cuando los trabajadores se agotan es más probable que se quejen, que atribuyan sus errores a otros y que estén sumamente irritables. El distanciamiento que sienten les conduce a muchos de ellos a pensar en abandonar sus trabajos, a buscar oportunidades para capacitarse en nuevas carreras y, de hecho, a renunciar.[7] Además de la rotación más

Síntomas del agotamiento

elevada, el desgaste también provoca un alza en el abstencionismo y una disminución en calidad y cantidad en el desempeño de las labores.

Un producto trágico del agotamiento de trabajadores en Japón se llama *karoshi*, o muerte súbita en el trabajo.[8] Se cree que es consecuencia del trabajo excesivo, y culmina en paro cardiaco o apoplejía mortales. Aunque el *karoshi* en otros tiempos era una fuente de orgullo del tipo de los samurais, las 10 000 muertes anuales calculadas por esta causa han originado acciones preventivas. Las compañías japonesas estimulan cada vez más a sus empleados para que tomen vacaciones, moderen su dieta, practiquen ejercicio físico y manejen su nivel de estrés.

Las empresas necesitan identificar tanto los trabajos que producen agotamiento prematuro como los empleados que tienen algunos síntomas del agotamiento. En ocasiones, sería posible cambiar ciertas partes de una tarea que contribuyen al agotamiento, por ejemplo, reducir la frecuencia o intensidad de los contactos interpersonales. En otros, la compañía ayudaría a que los empleados aprendan a enfrentar mejor las situaciones laborales estresantes.

Traumas Otra consecuencia grave del estrés, los **traumas**, ocurre después de una amenaza importante a la seguridad personal. Dicha amenaza podría ser un desastre natural, las crisis organizacionales, el maltrato grave a que la organización sometió al empleado o la pérdida del trabajo. Entre los ejemplos de posibles traumas, se encuentran quienes laboran en plataformas petroleras y estuvieron en medio de un huracán devastador; los empleados que trabajan fuera de su país y son raptados por terroristas y mantenidos como rehenes, o los miembros de una cuadrilla de instalación de antenas que ven cómo se electrocuta accidentalmente un compañero. A continuación, se analizan tres tipos de trauma que han alcanzado notoriedad en años recientes: traumas en los centros de trabajo, enfermedad de los sobrevivientes de despidos masivos y síndrome de estrés postraumático luego de que ocurren hechos violentos en los centros de trabajo.

Causas de traumas en los centros de trabajo

Un trastorno problemático es el llamado **trauma del centro de trabajo**, que es la desintegración del concepto que tiene de sí mismo el empleado y la creencia en su propia capacidad. Puede ser el resultado del acoso en el trabajo, el despido injustificado, la discriminación o incapacidad percibida del empleado para cumplir las expectativas de rendimiento progresivas. En cada caso, el empleado podría asumir inapropiadamente responsabilidad por la situación, sentirse víctima de las circunstancias y desmoronarse en lo emocional. Entre los indicios de actitudes que apuntan a traumas en centros de trabajo se incluyen los cambios graves del estado de ánimo, la dificultad para concentrarse y la enajenación, además de los comportamientos más distintivos de llegadas tarde, ausentismo y propensión a accidentes.

Una fuente habitual de trauma en centros de trabajo es la *pérdida repentina del trabajo*, con su *efecto potencialmente aplastante de la autoestima personal*. Este fenómeno se generalizó en la década de 1990 como consecuencia de la oleada de reducción de personal en muchas compañías. Miles de empleados en numerosas empresas —más de nueve millones, tan sólo en Estados Unidos— se quedaron sin trabajo como consecuencia de despidos repentinos y masivos. Muchos de ellos sufrieron por lo menos un choque a corto plazo en su autoestima. El efecto en el nivel personal con frecuencia se amplificó por dos factores: la falta de aviso (en ocasiones, después de señalamientos previos de que no habría más despidos) y la falta de protección contra esta situación, incluso para los trabajadores de más alto rendimiento (la seguridad en el trabajo ha perdido rápidamente su significado para *muchos* empleados, no sólo los que ocupan posiciones menores).

Sufren estrés incluso las personas que conservan su trabajo después de reducciones masivas de personal. En algunas, surge la **enfermedad del sobreviviente de despidos**, cuyos síntomas son los sentimientos de incertidumbre, ira, culpabilidad y desconfianza.[9] Esos sobrevivientes se sienten al mismo tiempo contentos por mantener su trabajo y culpables porque sus compañeros resultaron desplazados. Entretanto, es frecuente que aumenten considerablemente las presiones en su trabajo, pues deberán abarcar las tareas de sus antiguos colegas. Además, se preguntan: "¿Seré yo el siguiente?"

Otra fuente de trauma —y un producto del estrés— es presenciar la **violencia en los centros de trabajo**. En ocasiones, un empleado con problemas personales emprende ataques físicos impresionantes contra sus compañeros de trabajo, superiores o bienes de la compañía. Estos actos violentos, causados por la ira, pueden abarcar peleas no provocadas, destrucción de bienes o uso de armas para lesionar (o incluso asesinar) a otras personas. Los hechos violentos en los centros de trabajo han hecho que el homicidio pase a ocupar el tercer lugar entre las causas más frecuentes de muertes relacionadas con el trabajo en Estados Unidos.

> Una dependencia gubernamental que ha sido el blanco de numerosos actos violentos en centros de trabajo es el Servicio Postal de Estados Unidos. Los estudios dan cuenta de por lo menos 100 incidentes de empleados golpeados por supervisores, otros 300 de supervisores atacados por empleados y varias decenas de personas muertas en tiroteos ocurridos en diversas centrales postales. Muchos de estos casos ocurrieron poco después de suspensiones o despidos injustificados, o del aviso de despidos. Los actos violentos por lo general fueron causados por personas con bajo autocontrol, individuos que asumen riesgos de manera impulsiva y con temperamento inestable.[10]

Los actos violentos en centros de trabajo, como los del Servicio Postal estadounidense, se caracterizan por ser, con frecuencia, producto del estrés y, al mismo tiempo, fuente de mucho estrés para otras personas. Todo individuo que presencia actos violentos, resulta lesionado en ellos o vive con el temor de que se repita la violencia en el futuro puede sufrir el **síndrome de estrés postraumático**. El choque producido por incidentes violentos repentinos y dramáticos produce inmediatamente síntomas relacionados con estrés. Lo más significativo es que los efectos de estas crisis traumáticas suelen persistir durante años y requieren tratamiento prolongado.

La *prevención* de estrés, agotamiento y traumas es incluso más importante que su detección.

> A manera de ejemplo, el Servicio Postal estadounidense ha establecido un plan de manejo de crisis que se enfoca en cinco áreas: selección cuidadosa de nuevos empleados, política de no tolerancia hacia el comportamiento aberrante, mejoramiento de la cultura laboral, capacitación obligatoria de gerentes para que ayuden a identificar problemas potenciales y un proceso de evaluación de amenazas que se activa de manera automática tan pronto se despide a un empleado. Como resultado de ello, han disminuido considerablemente los ataques, mientras que el temor de los empleados a la violencia se ha reducido a la mitad.[11]

Causas del estrés

El primer paso importante en la prevención es analizar y entender las causas del estrés. Se denomina **agentes** o **factores estresantes** a los que tienden a causar estrés. Aunque un solo factor estresante puede causar estrés significativo, es usual que se combinen varios para ejercer presión en un empleado de diversas maneras, hasta que surge el estrés.

> La experiencia de Walter Mathis, un mecánico de automóviles, ilustra cómo varios factores pueden combinarse para producir estrés. Mathis sentía que estaba trabajando bien hasta que no recibió el aumento de sueldo que esperaba. Casi al mismo tiempo, su esposa le pidió el divorcio. Poco tiempo después, en parte a causa de los problemas relacionados con el divorcio, fue sometido a una auditoría detallada por parte de las autoridades hacendarias estadounidenses. Así pues, tantos problemas distintos golpearon a Mathis que empezó a mostrar signos de estrés.

Este ejemplo ilustra un fenómeno común: las fuentes principales de estrés para los empleados se dividen más o menos por igual entre factores organizacionales y el ambiente extralaboral. Estas causas de doble origen se mencionan en la figura 15-2, donde se muestra que las diferencias individuales entre los empleados pueden hacer que algunos respondan a los factores estresantes con estrés positivo (que los estimula), y otros, con estrés negativo (que obstaculiza sus esfuerzos). Por lo tanto, podría haber consecuencias destructivas o constructivas tanto para la empresa como para el empleado. Estos efectos podrían ser de corto plazo y disminuir rápidamente, o durar largo tiempo. Así pues, para controlar el estrés las empresas usualmente empiezan por explorar sus causas relacionadas con el trabajo.

Causas de estrés relacionadas con el trabajo

Casi cualquier factor laboral puede originar estrés, lo cual depende de la reacción del empleado al factor en cuestión. Por ejemplo, alguien acepta un nuevo procedimiento de trabajo con estrés mínimo, si acaso, mientras que otro experimenta una presión abrumadora en relación con ese mismo procedimiento. Una parte de la diferencia reside en las experiencias, el panorama general que perciba y las expectativas de cada trabajador, que

FIGURA 15-2

Un modelo de causas, tipos y consecuencias del estrés

Fuente: Algunas partes del modelo se adaptaron de Randall S. Schuler, "An Integrative Transactional Process Model of Stress in Organizations", *Journal of Occupational Behavior*, enero de 1982, pp. 5-19.

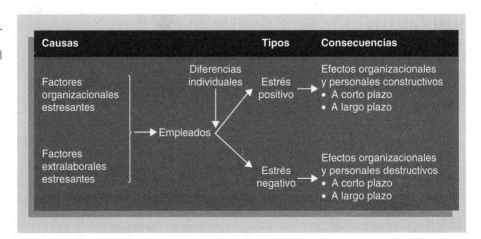

Estrés y asesoría **Capítulo quince**

FIGURA 15-3

Causas habituales de estrés en el trabajo

- Sobrecarga de trabajo
- Presiones de tiempo
- Supervisión de calidad deficiente
- Ambiente de inseguridad en el trabajo
- Falta de control personal
- Autoridad incongruente con las responsabilidades
- Conflicto y ambigüedad de roles
- Diferencias entre los valores de la compañía y los personales
- Cambios de cualquier tipo, en especial si son de gran magnitud o inusuales
- Frustración
- Tecnología con capacitación o apoyo

son factores internos. Sin embargo, también existen factores del trabajo que con frecuencia causan estrés en los empleados. Algunos de carácter importante se enumeran en la figura 15-3.

La *sobrecarga de trabajo y las fechas límite* ejercen presión y producen estrés. Por lo general esas presiones se originan en los administradores y su baja calidad puede causar estrés. Otros ejemplos de factores causales de estrés relacionados con los gerentes son un supervisor autocrático, un ambiente de trabajo inseguro, la falta de control sobre el propio trabajo y la autoridad inadecuada en relación con las responsabilidades del empleado.

Ejemplos de factores estresantes en el trabajo

> Marsha Oldburg trabajaba como aceleradora de producción en una fábrica de productos electrónicos. Era usual que tuviera que hacer frente a emergencias, conflictos, programas apretados y presiones. Pocas veces contaba con autoridad suficiente para cumplir sus responsabilidades. En ocasiones, comentó: "Este trabajo está acabando conmigo." Después de tres años en su puesto, en un examen físico periódico se le diagnosticó presión sanguínea alta. Luego de conversar con el médico, consultó a un asesor de recursos humanos, quien la ayudó a que se la transfiriera a un puesto con menor presión y mayor correspondencia en cuanto a autoridad y responsabilidades. Antes de seis meses, su presión sanguínea estaba bajo control.

Los *conflictos y la ambigüedad de roles* también guardan relación con el estrés. En situaciones de este tipo, las personas tienen expectativas diferentes de las actividades de un empleado en el trabajo, de modo que éste no sabe qué hacer y no puede cumplir con todas las expectativas. Además, es frecuente que el puesto no esté bien definido, así que el empleado no tiene un modelo oficial que pueda seguir.

Una causa más de estrés reside en las *diferencias entre los valores y las prácticas éticas de la compañía*, que suelen reflejarse en la cultura organizacional, *y la ética y los valores del empleado*. Si tales diferencias son considerables, puede surgir estrés mental significativo en la medida en que la persona intenta equilibrar los requisitos de ambos conjuntos de valores.

Algunos puestos generan más estrés que otros. Los que incluyen rotación del turno de trabajo, tareas al ritmo de una máquina, trabajo rutinario y repetitivo o ambientes peligrosos poseen mayor estrés. Asimismo, los trabajadores que dedican muchas horas diarias a estar frente a una computadora señalan mayor estrés. De igual modo, los datos indican que las fuentes de estrés difieren con el nivel organizacional. El estrés de los ejecutivos resultaría de la presión para obtener resultados financieros en el corto plazo o el temor a un intento de adquisición hostil. Los gerentes de nivel intermedio sufrirían estrés cuando la seguridad en su trabajo se ve amenazada por las noticias de una inminente reducción de personal. El estrés de los supervisores incluiría la presión para mejorar la calidad y el servicio a clientes, el requisito de asistir a numerosas juntas y la responsabilidad por el trabajo de otras personas. Los trabajadores tienen mayores probabilidades de sufrir el estrés del estatus bajo, la falta de control percibido, la escasez de recursos y la exigencia de un gran volumen de trabajo sin errores.

Las fuentes varían

Una causa general y ampliamente reconocida de estrés es un cambio de cualquier tipo (*véase* el recuadro adjunto "Lo que leen los administradores"), ya que requiere adaptaciones de los empleados. Tiende a ser particularmente estresante cuando el cambio es significativo o inusual, como un paro temporal de labores o una transferencia. Una fuente relacionada de estrés que afecta a muchos trabajadores es la preocupación por su bienestar económico. Es una situación que puede surgir cuando se implanta tecnología de ahorro de costos, se inician las negociaciones del contrato de trabajo o disminuye el rendimiento financiero de la compañía. Está claro que fuerzas numerosas y poderosas en el trabajo pueden contribuir al estrés.

Frustración

Otra causa de estrés es la **frustración**. Resulta de una motivación (impulso) bloqueada, que impide alcanzar un objetivo deseado. Por ejemplo, imagine que intenta terminar un informe para la hora de salida; pero, una tras otra, surgen interferencias que requieren su atención y su tiempo. A media tarde, al darse cuenta cuán improbable es que logre el objetivo que se trazó para ese día, tenderá a sentirse frustrado. Quizás esté irritable, tenga sensación de malestar en el estómago o presente alguna otra reacción. Esas reacciones a la frustración se conocen como **mecanismos de defensa**, ya que tienen como fin proteger al organismo contra los efectos psicológicos de ver bloqueados sus objetivos.

¿Qué son los mecanismos de defensa?

El ejemplo precedente es tan sólo la frustración de un día, que probablemente habrá desaparecido al día siguiente; pero la situación es más grave cuando existe frustración a largo plazo, como el bloqueo de oportunidades para una promoción. En tales circunstancias, la persona tiene que vivir con la frustración día tras día, y empiezan a acumularse trastornos emocionales que obstaculizan su capacidad para funcionar efectivamente.

Tipos de reacciones   Una de las reacciones más comunes ante la frustración es la *agresión*. Siempre que las personas están agresivas, es probable que reflejen frustraciones que las alteran. Otras reacciones a la frustración son la apatía, el retraimiento, la regresión, la fijación, los trastornos físicos y los objetivos sustitutos. Es posible ilustrarlas con el ejemplo de la promoción bloqueada. Suponga que piensa que su jefe está

Lo que leen los administradores

El aumento considerable del uso de la tecnología en el trabajo durante las últimas décadas del siglo XX fue una bendición mixta. En el lado positivo, aceleró el flujo de información, brindó acceso a enormes fuentes de conocimientos y conectó a personas de todo el mundo. En el negativo, causó tres problemas principales entre los empleados:

1. La sensación de que tienen escaso control respecto de qué tecnología usarán.
2. La sensación de que reciben capacitación inadecuada o insuficiente para uso de esa tecnología.
3. La sensación de que pocas veces cuentan con un descanso respecto del bombardeo diario de información recibida.

La combinación de estas sensaciones produce el llamado "tecnoestrés" generalizado, que se complica todavía más con la pérdida de la intimidad, inundación de mensajes, necesidad de aprender nuevas habilidades y deterioro considerable de los importantes contactos cara a cara. Es imperativo que las empresas adopten un modelo de capacitación basado en las personas, que reduzca el malestar de los empleados con la tecnología al hacer que todo el personal participe en las decisiones tecnológicas futuras.

Fuente: Michelle M. Weil y Larry D. Rosen, *Technostress: Coping with Technology @Work@Home@Play*, Nueva York, John Wiley & Sons, 1997.

---

bloqueando una promoción. El bloqueo podría ser real o sólo estar en su imaginación, si bien en cualquier caso, es real para usted. Como resultado de la frustración, podría tornarse agresivo y exigir mejor trato o amenazar con recurrir a autoridades superiores. También podría tener la reacción inversa y volverse *apático*, sin responder a su trabajo o compañeros. Otro posible reacción es el *retraimiento*, como en el caso de pedir su transferencia o renunciar. También es factible la *regresión* a conductas más inmaduras, como la autocompasión y hacer gestos.

En caso de haber una *fijación*, es factible que se culpe constantemente al supervisor de los problemas de uno y de los demás, sin importar cuáles sean los hechos. También es posible que surja un *trastorno físico*, como el malestar estomacal, o se elija un objetivo sustitutivo, como el de convertirse en líder de un poderoso grupo informal en la política organizacional. Todas ésas son posibles reacciones a la frustración. Es evidente que no suelen ser favorables para el individuo o la empresa, de modo que es aconsejable reducir las condiciones frustrantes como parte del comportamiento organizacional.

Causas de la frustración   Aunque los administradores pueden ser origen de frustración, son apenas una de sus posibles fuentes. Otra de importancia serían los compañeros de trabajo que ponen obstáculos al logro de objetivos. Por ejemplo, no dando información y, por ende, demorar su trabajo. También podrían hacerle aportaciones de baja calidad, lo cual impide que su trabajo sea de buena calidad. Asimismo, es posible que esté frustrado con el trabajo mismo, por ejemplo, un repuesto que no encaja o una máquina que se descompone. Incluso el entorno, como el día lluvioso, podría impedir que trabaje como lo había planeado.

Ciertas investigaciones hacen pensar que los pequeños detalles o **inconvenientes**, no las crisis mayores en la vida, son los que producen frustración. Los inconvenientes son factores de la vida cotidiana que se perciben como amenaza al bienestar personal. Se ha observado que guardan relación con síntomas de enfermedades y con los niveles de ausentismo.[12] Los inconvenientes más usuales serían tener demasiadas tareas pendientes, perder objetos, ser interrumpido o tener frente a sí un trabajo aburrido. Algunos de estos inconvenientes con mayor

Frecuencia y gravedad de los pequeños inconvenientes

435

gravedad promedio se relacionan con el trabajo o el entorno, como enfrentar el problema de tener padres de edad avanzada o sufrir prejuicios o discriminación, así como la falta de energía personal suficiente. Es posible que ninguno de esos pequeños inconvenientes baste para que una persona común y corriente sienta frustración. Sin embargo, el efecto acumulativo de inconvenientes *múltiples* podría generar una sensación de estrés no bienvenido.

En ocasiones, los administradores muestran una actitud dura ante los efectos de los pequeños inconvenientes en el sentir de los empleados y les instan para que hagan caso omiso de ellos. Sin embargo, ello tiene dos consecuencias evidentes. En primer término, este comportamiento de hacer a un lado los problemas personales puede originar **empleados marginados**, que se sienten insignificantes por el rechazo franco a sus sentimientos legítimos. En segundo lugar, ello excluye la posibilidad muy real de que los empleados que no tengan resueltos adecuadamente los pequeños problemas de sus vidas incluso podrían tener menor capacidad de responder de manera constructiva ante las fuentes más poderosas de frustración. Es habitual que los trabajadores se sientan molestos por situaciones como el favoritismo, las evaluaciones injustas, los recursos insuficientes, la falta de capacitación, el acoso, la insensibilidad, la comunicación deficiente y la falta de confianza. Estos problemas reales pueden generar incluso una **espiral de incivilidad**, en la que un empleado frustrado se desquita injustamente con otro, quien complica la situación al hacerlo en grado todavía mayor con uno más, y así sucesivamente.[13] Por consiguiente, es aconsejable que los administradores estén atentos a los problemas pequeños antes de que se agranden, y los enfrenten.

Frustración y prácticas administrativas   Cuanto mayor sea la motivación o el impulso hacia un objetivo bloqueado, tanto mayor la frustración consecuente, al igual que otros factores. En ausencia de motivación, es probable que sea mínima la frustración. Una consecuencia de esto es que cuando los ejecutivos intentan motivar con fuerza a los empleados, también deben estar preparados para eliminar barreras y abrir camino al logro de los objetivos de los trabajadores. El rol que se precisa de los gerentes es de apoyo. Por ejemplo, si se requiere trabajo en maquinaria de precisión, el operador necesita capacitación, equipo, herramientas y materiales apropiados para la tarea. De igual modo, si un empleado es asignado a un proyecto especial y está motivado para llevarlo a cabo, se requieren un presupuesto adecuado y otros tipos de apoyos para prevenir la frustración. La idea no es eliminar todas las dificultades, de modo que el trabajo asignado deje de ser un reto, sino más bien brindar el apoyo suficiente para que el proyecto sea razonablemente posible.

Se necesita la administración de apoyo

La asesoría (que se analiza más adelante en el capítulo) ayuda a reducir frustraciones permitiendo que los empleados elijan acciones más maduras para superar los bloqueos que impiden el logro de sus objetivos. Un consejero o asesor puede aconsejar a los administradores respecto de esos bloqueos, de modo que tratan de reducirlos o eliminarlos.

Estrés y rendimiento en el trabajo

Efectos del estrés en el rendimiento

El estrés puede ser útil o dañino para el rendimiento en el trabajo, según el nivel que alcance. En la figura 15-4, se presenta un **modelo de estrés-rendimiento**, que muestra la relación entre estos dos factores. En ausencia de estrés, no hay retos en el trabajo y el rendimiento tiende a ser bajo. En la medida en que se intensifica el estrés, también tiende

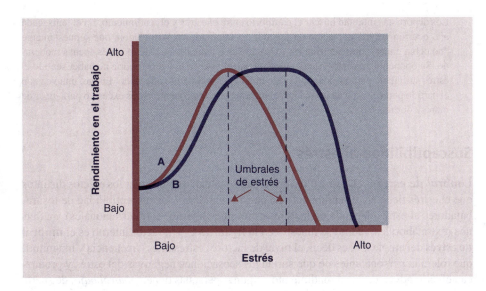

FIGURA 15-4

Modelo de estrés-rendimiento que muestra dos umbrales de estrés

a hacerlo el rendimiento, ya que el primero ayuda a que la persona haga uso de sus recursos para satisfacer los requisitos del trabajo. El estrés constructivo es un estímulo saludable que alienta en los empleados la respuesta a desafíos. En última instancia, el estrés alcanza una meseta que corresponde aproximadamente a la capacidad máxima de rendimiento cotidiano de la persona. En dicho punto, el estrés adicional no suele producir una mejoría.

En última instancia, si el estrés se vuelve excesivo pasa a ser una fuerza destructiva. *El rendimiento empieza a disminuir en algún punto porque el estrés excesivo interfiere en él.* El empleado pierde su capacidad de enfrentarlo, se vuelve incapaz de tomar decisiones y muestra comportamiento errático. Si el estrés aumenta hasta el punto de ruptura, el rendimiento se vuelve nulo y el trabajador tiene una crisis, está demasiado enfermo para trabajar, lo despiden, renuncia o se muestra renuente a ir al trabajo y enfrentar el estrés.

La importancia de las diferencias individuales en la relación estrés-rendimiento se pone de relieve con los resultados de una encuesta sobre las percepciones que los empleados tienen del estrés.[14] De los encuestados, 62% respondió que el estrés obstaculizaba su rendimiento, mientras que el 23%, que en realidad le ayudaba a trabajar mejor. El otro 15% señaló que no sabía cuál era el efecto o que no lo había. Al parecer, lo que funciona bien en una persona puede ser disfuncional en otra.

La relación estrés-rendimiento podría compararse con las cuerdas de un violín. Cuando la tensión en las cuerdas es excesiva o insuficiente, no producen sonidos adecuados. Además, las cuerdas tienen que ajustarse cuando cambian las condiciones, por ejemplo, con la humedad alta. Al igual que las cuerdas de un violín, cuando es excesiva o insuficiente la tensión a que está sometido el empleado, su rendimiento tiende a deteriorarse. El reto para los administradores es vigilar los niveles de tensión y realizar ajustes periódicos.

Los deportistas intentan buscar el equilibrio entre el estrés y el rendimiento. En el tenis, cada año ocurren sorpresas cuando un jugador no sembrado en Wimbledon, que supuestamente "no debía ganar", obtiene triunfos y más adelante comenta que sintió estrés apenas moderado. Su oponente derrotado, que se tomó el partido muy a la ligera, podría no haber sentido el estrés suficiente para brindar en la fase inicial el rendimiento adecuado. Luego, una vez que el partido parece írsele de las manos, el jugador sembrado siente estrés excesivo para jugar de manera óptima.

Susceptibilidad al estrés

Umbral de estrés   Dos factores principales ayudan a determinar los efectos distintos que el estrés tiene en el rendimiento de puestos similares. La susceptibilidad de los trabajadores al estrés depende de factores estresantes internos (organizacionales) y externos (extralaborales), como se muestra en la figura 15-2. Un factor interno es el **umbral de estrés** del empleado, es decir, el nivel de factores estresantes (frecuencia y magnitud) que tolera la persona antes de que surjan las sensaciones negativas del estrés y produzcan efectos adversos en su rendimiento. Algunas personas tienen *umbral bajo*, de suerte que incluso el estrés de cambios relativamente pequeños o alteraciones mínimas de su rutina de trabajo hace que disminuya su rendimiento. Tal respuesta se muestra con la línea A de la figura 15-4. Otras (*véase* la línea B de esa figura) tienen *umbral alto* y se mantienen tranquilas y productivas más tiempo en las mismas condiciones. Esta respuesta se deriva en parte de su experiencia y confianza en su capacidad de enfrentarlo. El umbral de estrés alto ayuda a prevenir la disminución del rendimiento, a menos que el factor estresante sea considerable o prolongado.

> Marie Johnson era cajera en un supermercado local. Todos los días, tenía que hacer frente a las filas de clientes, presiones de tiempo, quejas de los clientes y errores de precios, sin que estos acontecimientos parecieran alterarla. Antonio Valenzuela, que trabajaba en la caja adyacente, tenía dificultades para lidiar con las quejas y presiones a que estaba sometido. Empezó a cometer errores y discutir con clientes y otros cajeros. Finalmente, pidió que le transfirieran a otro puesto de la tienda. Es evidente que estos dos empleados tenían un umbral distinto de estrés.

Control percibido   El segundo factor interno con efecto en el estrés que sienten los empleados es la magnitud del **control percibido** por ellos mismos respecto de su trabajo y condiciones de trabajo. Quienes gozaban de un grado considerable de independencia, autonomía y libertad para la toma de decisiones parecen manejar mejor las presiones del trabajo. Dos empleados podrían tener el mismo control y flexibilidad reales, de modo que está claro que lo que cuenta es su *percepción* relativa de tal libertad. Los gerentes pueden responder a esta necesidad de control mediante diversas medidas (que ya se comentaron en capítulos previos de la obra) como permitir horarios de trabajo flexibles, enriquecer los puestos, integrar empleados a equipos autoadministrados o brindarles *empowerment* mediante el uso de estilos de liderazgo participativos.

Comportamientos del tipo A

Personalidades tipos A y B   La susceptibilidad al estrés se relaciona a menudo con las características de las personalidades tipos A y B.[15] La **personalidad tipo A** es la de individuos agresivos y competitivos, que se fijan estándares altos, son impacientes consigo mismos y con los demás, y crecen bajo presiones constantes de tiempo. Se exigen mucho a sí mismos, incluso en actividades recreativas. Es frecuente que no se den cuenta de que muchas de las presiones que sienten son de su propia creación, no un producto del entorno. En virtud del estrés constante en el cual viven, algunos individuos con personalidad tipo A son más propensos a enfermedades físicas relacionadas con el estrés, como los paros cardiacos.

La **personalidad tipo B** es la de individuos más relajados y que se toman la vida con calma. Aceptan las situaciones y el trabajo, en vez de luchar contra ellos. Este tipo de personas se relaja ante todo en lo concerniente a presiones de tiempo, de modo que sufren menos problemas relacionados con el estrés. Aun así, pueden ser empleados muy productivos y que cumplan con las expectativas fijadas; simplemente logran resultados de otra manera.

Comportamientos del tipo B

Todavía se están acumulando los resultados de investigaciones sobre las personalidades tipos A y B.[16] Por ejemplo, algunos comportamientos de tipo A, como la competitividad y el deseo de éxito profesional, parecen ser compatibles con los valores sociales. Al mismo tiempo, la hostilidad y agresividad de estas personas podría dificultar que muchos empleados trabajen con ellas. Ciertos estudios hacen pensar que podría haber diferentes formas de personalidades tipo A. En consecuencia, los individuos tipo A más expresivos y menos hostiles serían menos propensos a las enfermedades cardiacas. Otros individuos tipo A parecen disfrutar tanto de su éxito que hacen caso omiso del estrés circundante y no padecen paros cardiacos ni otras consecuencias físicas.

La distinción entre las personalidades tipos A y B genera varias preguntas retadoras para los administradores. ¿Debe considerar la empresa a la personalidad tipo A o a la B de los empleados al asignarles puestos? ¿Debe crear programas de capacitación para ayudar a que los empleados tipo A se conviertan en tipo B? ¿Tiene la responsabilidad de brindar capacitación que ayude a personas de ambos tipos a enfrentar los hábitos y las expectativas laborales de los supervisores cuyo tipo de personalidad difiere del correspondiente al empleado? Aunque la reducción del estrés en el trabajo es un objetivo deseable, encontrar las respuestas a estas preguntas requiere la consideración de aspectos éticos, económicos y prácticos.

Enfoques de manejo del estrés

Tanto las organizaciones como los individuos están preocupados por el estrés y sus efectos. A fin de manejar el estrés, cuentan con tres opciones generales: prevenirlo o controlarlo, escapar de él, o aprender a adaptarse (manejar sus síntomas). Las empresas pueden buscar el mejoramiento de las habilidades de comunicación de los gerentes, brindar *empowerment* a los empleados mediante la participación, rediseñar los puestos para que sean más satisfactorios o implantar programas de desarrollo organizacional. Estos pasos tienen como fin *reducir o eliminar los factores estresantes* a que están expuestos los empleados. Algunos de ellos *escapan* del estrés pidiendo un cambio de puesto, encontrando otro trabajo, solicitando la jubilación anticipada o adquiriendo habilidades de asertividad que les permitan afrontar el factor estresante. También existen diversos enfoques para *afrontar* el estrés (por ejemplo, las prescripciones personales de la figura 15-5).[17] Es frecuente que incluyan esfuerzos cooperativos entre los empleados y administradores, como los programas de apoyo social, los esfuerzos de relajación, la biorretroalimentación y el bienestar personal.

Tres opciones: prevención, escape o enfrentamiento

FIGURA 15-5

Estrategias personales comunes para manejar el estrés

1. Resistir largas jornadas de trabajo o aceptar tiempo extra.
2. Ofrecerse como voluntario para horario de trabajo flexible u otros horarios alternos.
3. Identificar a las personas que causan estrés y evitarlas.
4. Llevar una dieta saludable.
5. Practicar ejercicio con regularidad.
6. No dejar las cosas para después.
7. Establecer objetivos personales razonables.
8. Desarrollar un método sencillo para organizar su trabajo y apegarse a él.
9. Dar un paso atrás para alejarse del estrés y decidir si es necesario librar o no cada batalla.
10. Consultar con un amigo de confianza antes de iniciar nuevas actividades.

Tipos de apoyo

Apoyo social Ciertas personas experimentan estrés porque están distantes del mundo que las rodea, es decir, carecen de relaciones interpersonales cálidas. Los individuos con una ambición que los impulsa y la necesidad considerable de independencia tal vez no formen vínculos cercanos con amigos y colegas. A fin de lograr éxito, es frecuente que sacrifiquen la satisfacción de sus necesidades sociales. Su falta de vínculos sociales puede originar ira, ansiedad y soledad, factores que producen estrés en su vida.

Un antídoto poderoso de este problema reside en la presencia de apoyo social en el trabajo. El **apoyo social** consiste en una red de actividades, interacciones y relaciones útiles, que brindan al empleado la satisfacción de necesidades importantes. Existen cuatro tipos de apoyo en una red total: instrumental (ayuda de tareas), informativo, evaluativo y emocional. Cada uno se muestra en el ejemplo siguiente, que trata de las respuestas a un factor estresante personal.

> El padre de Diane falleció repentinamente. Ella faltó al trabajo una semana, mientras se encargaba del funeral y de poner en orden los asuntos familiares por cuenta de su madre. Durante ese lapso: 1. Aggie, una compañera, se quedó a trabajar horas extra para evitar que se atrasara el trabajo de Diane (apoyo de tareas); 2. Marilyn, supervisora de Diane, le proporcionó recursos útiles (información) como guía para las decisiones económicas relativas a su madre; 3. Karen, su hermana, cuidó a Diane y la ayudó a recuperarse del duelo, al brindarle retroalimentación diaria (evaluación) de su manejo de la situación, y 4. el esposo de Diane tuvo una actitud de empatía e interés genuino (apoyo emocional) hacia ella, al emprender largas caminatas en su compañía o platicar tranquilamente en casa.

El ejemplo precedente muestra que el apoyo social puede provenir de supervisores, compañeros de trabajo, amigos o familiares. Es posible que se enfoque en las tareas de trabajo o en intercambios sociales e incluso puede asumir la forma de juegos, bromas o tomaduras de pelo. Las investigaciones indican que los empleados que cuentan al menos con una persona de la cual puedan recibir apoyo social (en especial, apoyo emocional) sufren menos estrés.[18] En particular, las mujeres no sólo conceden más valor al apoyo social, sino que también parecen sentirse más a gusto y capaces en brindarlo a otras personas. Una acción alterna es simplemente brindar oportunidades para el apoyo social y fomentar su desarrollo en un grupo de trabajadores. Los administradores deben dedicar tiempo a que los empleados elaboren y nutran sus redes de apoyo social en el trabajo.

Relajación   Algunos empleados han recurrido a diversos métodos de relajación mental para disminuir el estrés en su vida. Modelada con base en la meditación, la **respuesta de relajación** consiste en pensamientos internos tranquilos y concentrados para descansar física y emocionalmente el cuerpo. Ayuda a que las personas se "alejen" durante un tiempo del mundo estresante y reduzcan sus síntomas de estrés. Los componentes ideales de la respuesta de relajación incluyen:

- Una posición cómoda en un sitio relativamente tranquilo.
- Estar con los ojos cerrados y respirar profunda y cómodamente.
- Repetir una palabra tranquilizante o concentrarse en una imagen mental agradable.
- Evitar distracciones o acontecimientos negativos.
- Escuchar música de fondo tranquilizante.

La práctica de una respuesta de relajación sencilla es como darse un descanso en el trabajo. Requiere unos cuantos minutos y puede ser particularmente fructífera justo antes o después de un encuentro tenso. Se la valora tanto que algunas empresas han creado salas especiales para que los empleados las usen en esta actividad y muchos de ellos que las aprovechan para la relajación momentánea señalan resultados favorables en su capacidad para enfrentar el estrés.

Biorretroalimentación   Un enfoque distinto de enfrentamiento del estrés es la **biorretroalimentación**, en que la persona obtiene retroalimentación instrumentada, con la guía de un médico, para influir en síntomas del estrés, como la frecuencia cardiaca acelerada o el dolor de cabeza intenso. En el pasado, se pensaba que los seres humanos no podían controlar su sistema nervioso autónomo (involuntario), que se encarga de regular procesos internos, como la frecuencia de los latidos cardiacos, el consumo de oxígeno, el flujo de los jugos gástricos y las ondas cerebrales. Hoy, se tienen pruebas de que es *posible* ejercer cierto control sobre estos procesos internos, de modo que la biorretroalimentación sería útil para disminuir los efectos indeseables del estrés.

Descansos sabáticos   La relajación y la biorretroalimentación son métodos de enfrentamiento del estrés, si bien en ocasiones es más recomendable alejarse por lo menos temporalmente del estrés mismo. Algunas compañías, al reconocer esta necesidad que tienen los empleados de escapar del estrés, han creado programas que permiten **descansos sabáticos** para fomentar el alivio del estrés y la educación continua. Algunos de esos programas consisten en descansos sin goce de sueldo, en otros se paga una parte del sueldo y algunos más pagan todo el sueldo mientras el empleado descansa. Aunque muchas empresas sólo brindan de cuatro a ocho semanas de descanso, también las hay, como Xerox, que autorizan hasta un año. Muchos empleados regresan al trabajo descansados emocionalmente, sintiéndose recompensados y valorados por la compañía, y con frecuencia con nuevas perspectivas que obtuvieron en lecturas y talleres de trabajo. Un beneficio colateral que a veces se menciona es la capacitación cruzada que ocurre entre colegas mientras un empleado está en un descanso sabático. Este efecto aumenta la flexibilidad organizacional y la competencia y autoestima de los trabajadores.

Enfoques preventivos

Bienestar personal Por lo general, existe la tendencia hacia programas organizacionales internos de conservación preventiva del **bienestar personal**, basados en investigaciones de la medicina del comportamiento. Los centros de bienestar corporativos incluirían la evaluación en busca de enfermedades, la educación para la salud y los centros de acondicionamiento físico. Los especialistas en cuidados de la salud pueden recomendar prácticas que fomenten cambios del estilo de vida, como regular la respiración, la relajación muscular, la imaginería positiva, el manejo de la nutrición y el ejercicio físico, lo cual permitiría que los empleados aprovechen más su potencial. Está claro que un enfoque preventivo es preferible para reducir las causas del estrés; pero los métodos de enfrentamiento ayudan a que los trabajadores se adapten a factores estresantes que están más allá de su control directo. La clave es crear un mejor ajuste entre la persona y su ambiente laboral, de modo que enfoques alternos serían útiles con empleados distintos.

Travelers Corporation creó el Taking Care Program, que incluye un centro de acondicionamiento físico, consejos de educación para la salud y otros servicios. En la última evaluación de este programa, se comprobaron ganancias de productividad y reducción de los costos de atención médica y ausentismo que produjeron 3.40 dólares de ahorros por cada dólar gastado. El total de ahorros netos en apenas un año fue de 9 800 000 dólares.[19]

ASESORÍA A EMPLEADOS

Naturaleza de la orientación

Objetivo de la asesoría

La **asesoría** consiste en ayudar a ventilar, con un empleado, un problema que usualmente tiene contenido emocional, con el fin de ayudarle a que lo enfrente de la mejor manera posible. Recibir asesoría al parecer mejora la salud mental y el bienestar de los empleados. Como se muestra en la figura 15-6, la *buena salud mental* significa que la persona se siente a gusto consigo misma y con los demás, y le permite enfrentar las exigencias de la vida.

La definición de asesoría tiene implícitas diversas características. Es un intercambio de ideas y sentimientos entre dos personas, llamadas asesor o consejero y aconsejado, de modo que se trata de un acto de comunicación. Puesto que ayuda a que los empleados enfrenten sus problemas, debe mejorar el rendimiento organizacional por el hecho de que el trabajador se vuelve más cooperativo, se preocupa menos por sus problemas personales o mejora en otros aspectos. La asesoría también ayuda a que la empresa se vuelva más humana y considerada con los problemas de su personal.

La asesoría puede estar o no en manos de profesionales. Por ejemplo, pueden brindarla a los empleados tanto un profesional de recursos humanos especializado en asesoría como un supervisora sin capacitación en dicha área. Los terapeutas y médicos también aconsejan a los empleados, e incluso los amigos pueden brindar consejos a una persona.

Es usual que lo que se trata en esta actividad sea confidencial, de modo que el empleado se sienta en libertad de hablar abiertamente acerca de sus problemas. Ello suele incluir dificultades tanto en el trabajo como personales, ya que ambos tipos afectarían el rendimiento laboral del individuo. Por ejemplo, un trabajador podría experimentar el estrés de nuevas expectativas en su trabajo, mientras que otro tendría la aflicción del duelo por la muerte de un familiar. Ambos son idóneos para recibir los beneficios de la asesoría en el trabajo.

Las personas con buena salud mental:

1. **Se sienten a gusto consigo mismas**
   - No se dejan llevar por sus emociones: temores, ira, amor, celos, sentimientos de culpa o preocupaciones
   - Toman las desilusiones de la vida con actitud positiva
   - Tienen una actitud tolerante y tranquila respecto de sí mismas y de los demás; son capaces de reírse de sí mismas
   - No subestiman ni sobreestiman sus capacidades
   - Aceptan sus propias deficiencias
   - Tienen respeto de sí mismas
   - Pueden afrontar muchas situaciones que aparecen en su vida
   - Obtienen satisfacción de los placeres sencillos y cotidianos

2. **Se sienten a gusto con otras personas**
   - Son capaces de dar amor y considerar los intereses de los demás
   - Tienen relaciones personales satisfactorias y duraderas
   - Esperan agradar a los demás y confiar en ellos, además de que dan por sentado que los demás los aceptarán y tendrán su confianza
   - Respetan las múltiples diferencias que observan en las personas
   - No empujan a los demás ni se permiten ser empujados por ellos
   - Se sienten parte de un grupo
   - Tienen una sensación de responsabilidad con sus vecinos y otras personas

3. **Enfrentan las exigencias de la vida**
   - Hacen algo para resolver sus problemas conforme surgen
   - Aceptan sus responsabilidades
   - Conforman su entorno siempre que es posible, y se ajustan a él cuando es necesario
   - Planean anticipadamente, pero no tienen miedo del futuro
   - Dan la bienvenida a nuevas experiencias e ideas
   - Aprovechan sus capacidades naturales
   - Definen objetivos realistas para sí mismas
   - Piensan por sí mismas y toman sus propias decisiones
   - Dedican su mayor esfuerzo a lo que hacen y derivan satisfacción de ello

FIGURA 15-6

Características de las personas con buena salud mental
Fuente: Mental Health Is 1, 2, 3, Arlington, VA: Mental Health Association, n.d.

Polaroid Corporation reconoce que la violencia doméstica en sus empleados tiene un efecto negativo poderoso en su productividad y moral en el sitio de trabajo. (En Estados Unidos, cuatro millones de mujeres sufren anualmente maltrato de su esposo o compañero, además de que los trabajadores faltan al trabajo 175 000 días-hombre cada año a causa de este problema.) Polaroid amplió su programa de asistencia a empleados para incluir el tratamiento de la violencia doméstica y elaborar programas de capacitación, de modo que sus ejecutivos puedan reconocer y enfrentar mejor los incidentes de violencia en el hogar.[20]

Necesidad de asesoría

La necesidad de la asesoría se deriva de diversos problemas de los empleados, incluido el estrés. Cuando existen esos problemas, los trabajadores se benefician por la comprensión y la guía que puede brindar el consejero. Por ejemplo, un trabajador podría sentirse inseguro respecto de su jubilación. Otro dudaría en asumir riesgos necesarios para una promoción y, de tal suerte, dejaría de crecer en su trabajo. Un tercer empleado podría sentirse inestable en su puesto. En todos esos casos, la asesoría es necesaria.

Ross Callander era entrevistador en una oficina estatal de empleo en Estados Unidos. A lo largo de varias semanas, se comportó de manera errática en su puesto: se enojaba fácilmente y trataba a los entrevistados en forma poco amable. Su supervisora se dio cuenta y lo comentó con él. Como ese comportamiento continuó, fue remitido a un asesor. Éste se enteró de que el hijo de Callander había sido arrestado y, en su ira, había dicho que su padre era un fracaso como tal. Callander albergaba resentimiento, frustración y una sensación de derrota, emociones que estaba transmitiendo a los entrevistados. Con la ayuda de un organismo de su comunidad, se resolvió su problema familiar y pronto recuperó su rendimiento normal en el trabajo.

Las emociones pueden causar problemas

Muchos problemas que requieren los servicios de un consejero tienen contenido emocional. *Las emociones son parte normal de la vida.* La Naturaleza dio emociones a las personas y es parte de lo que las hace humanas. Por otra parte, las emociones pueden salirse de control y hacer que los trabajadores cometan actos dañinos para sus propios intereses y los de la empresa. Así pues, es posible que abandonen su trabajo a raíz de conflictos insignificantes que les parecen de gran importancia o que socaven la moral en su departamento. Los administradores necesitan que sus empleados mantengan la salud mental adecuada y canalicen sus emociones de manera constructiva para trabajar juntos efectivamente.

Qué pueden hacer los asesores

Entre los objetivos generales de la asesoría, están fomentar la confianza en uno mismo, la comprensión, el control de uno mismo y la capacidad para trabajar efectivamente por parte de los empleados. Estos objetivos son compatibles con los modelos de apoyo, colegiado y sistémico del comportamiento organizacional, que alientan el crecimiento y la autodirección de los empleados. También lo son con las necesidades de orden superior de Maslow y las de crecimiento de Alderfer, como la autoestima y la realización personal.

Seis funciones de la asesoría

El objetivo de la asesoría se logra mediante una o más **funciones de asesoría**. Las seis actividades que realizan los asesores o consejeros se muestran en la figura 15-7. Como se señala más adelante, algunas sirven más para una función que las otras.

FIGURA 15-7

Funciones de los orientadores

Dar consejos	Indicar a una persona lo que el consejero piensa que debe hacerse; entrenamiento
Tranquilizar	Imbuir en la persona valor y confianza para enfrentar un problema
Comunicar	Aportar información y comprensión
Ayudar a liberar la tensión emocional	Ayudar a que la persona se sienta más libre de frustraciones y estrés
Aclarar el pensamiento	Alentar el pensamiento más coherente, racional y maduro
Reorientar	Alentar el cambio interno de objetivos, valores y modelos mentales

1. Asesoramiento Muchas personas ven en la asesoría principalmente una actividad de dar consejos, si bien en realidad es sólo una de las diversas funciones que puede desempeñar. El consejo requiere que el consejero elabore juicios acerca de los problemas del aconsejado y trace un curso de acción. Es aquí donde reside la dificultad, ya que resulta casi imposible entender los complejos problemas de otra persona, y lo es en mucho mayor grado decir a esa persona qué debe hacer con ellos. Brindar asesoramiento puede generar una relación en la que el aconsejado se sienta inferior y dependiente del consejero. No obstante, los consejos se dan habitualmente como parte de la asesoría, ya que los trabajadores la esperan y los gerentes tienden a brindarla.

2. Tranquilidad El asesor puede brindar tranquilidad a los empleados, lo cual es una forma de estimularlos para enfrentar un problema o darles la sensación de confianza en el sentido de que las acciones que emprendan son las adecuadas. Es algo representado por comentarios del consejero como los siguientes: "Vas muy bien, Linda" y "No te preocupes; todo saldrá bien."

Un problema con dar tranquilidad es que el aconsejado no siempre la acepta. Tiene inteligencia suficiente para saber que el asesor no puede adivinar si el problema se resolverá o no. Incluso si el aconsejado acepta inicialmente que le den tranquilidad, esta renovada confianza en sí mismo puede desaparecer con prontitud, al resurgir los problemas, lo cual significa que se habrá logrado escasa mejoría real. Su falsa sensación de confianza en sí mismo incluso podría llevarlo a tomar decisiones personales inadecuadas.

Aunque dar tranquilidad tenga sus aspectos débiles, es útil en algunas situaciones y resulta imposible proscribirla. No es posible evitarla simplemente porque es arriesgada, de igual modo que no se prohíbe el uso de automóviles porque haya accidentes de tránsito; pero, al igual que los automóviles, debe manejarse con cuidado.

3. Comunicación La asesoría puede mejorar la comunicación ascendente y descendente. En la dirección ascendente, es clave para que los empleados expresen sus sentimientos ante los gerentes. Como han dicho muchas personas, los altos ejecutivos de las empresas con frecuencia no saben cómo se sienten quienes están en la parte inferior de la jerarquía. La asesoría permite señales ascendentes, y si están abiertos los canales, algunas de ellas llegarán a niveles superiores. Aunque debe mantenerse la confidencialidad, es posible agrupar e interpretar los sentimientos expresados ante los gerentes. Una parte importante del trabajo de los consejeros es descubrir problemas emocionales relacionados con políticas organizacionales e interpretarlos para los altos ejecutivos. Además, la asesoría permite lograr la comunicación descendente, ya que el consejero ayuda a interpretar las actividades de la compañía ante los empleados cuando se comentan problemas relacionados con ellas.

La catarsis emocional reduce las tensiones

4. Liberación de la tensión emocional Una función importante de casi todas las actividades de asesoría es la liberación de la tensión emocional, lo que a veces se denomina **catarsis emocional**. Las personas tienden a liberarse emocionalmente de sus frustraciones y otros problemas siempre que tengan la oportunidad de contarlos a alguien más. La historia de la orientación muestra invariablemente que la tensión en las personas tiende a ceder conforme empiezan a explicar sus problemas a quien sabe escuchar por ellas. Están más relajadas y su discurso es más coherente y racional. Esta liberación de tensiones no siempre resuelve los problemas de las personas, si bien elimina bloqueos mentales que obstaculizan la solución, lo cual hace posible que enfrenten de nuevo sus problemas y piensen constructivamente en ellos. En algunos casos, la liberación emocional es lo único que se necesita y disipa los problemas de los empleados como si fueran fantasmas mentales, que en gran parte son.

> En una bodega, un conductor de camiones eléctricos, Bill Irwin, empezó a tener conflictos con su supervisor. Irwin estaba convencido de que no le agradaba a su supervisor y nunca le concedería un aumento de sueldo. Un día, el controlador de horarios de la compañía estaba en el almacén, verificando los registros de entrada y salida, e Irwin, que estaba particularmente molesto en el momento, lo acorraló y empezó a contarle sus problemas. Todo empezó cuando Irwin comentó: "Es innecesario que se preocupe por mi tarjeta. Nunca recibo aumento de tarifas ni tampoco cobro tiempo extra." El controlador de horarios preguntó: "¿Por qué?" Y ése fue el punto de partida de la conversación.
>
> El controlador de horarios era un empleado de planta que trabajaba para el superintendente de la bodega y no estaba en la cadena de mando que abarcaba al superintendente, el supervisor de Irwin, de modo que este último se sintió en libertad de hablar. Quizás Irwin también vio en él un medio de comunicación para evitar a su supervisora e ir directamente al superintendente. Sea como fuere, Irwin habló. Y el controlador de horarios escuchó.
>
> Puesto que éste pasaba gran parte de su jornada laboral en la bodega, conocía de cerca las asignaciones de trabajo y al supervisor. Irwin lo sabía, y mientras expresaba sus quejas, empezó a modificarlas y minimizarlas, ya que se dio cuenta de que no concordaban con los detalles reales de la situación, acerca de la cual el controlador de horarios tenía conocimiento de primera mano. En la medida en que continuó ventilando sus sentimientos, Irwin se sintió más a gusto y pudo comentar sus problemas con más calma. Se dio cuenta de que lo que había dicho al principio era en gran parte producto de su imaginación y no tenía sentido respecto de la situación verdadera. Irwin terminó la conversación con el comentario: "Creo que en realidad no tengo un gran problema; pero me agrada habérselo contado."

5. Aclaración del pensamiento El caso recién descrito ejemplifica otra función de los asesores, la **aclaración del pensamiento**. Irwin empezó a darse cuenta de que sus comentarios emocionales no concordaban con los hechos. Advirtió que estaba agrandando incidentes sin importancia y sacando conclusiones drásticas. Cuando desapareció su bloqueo emocional y se aclaró su pensamiento, empezó a pensar más racionalmente. En este caso, el pensamiento realista se vio estimulado porque Irwin se dio cuenta de que estaba hablando con alguien que conocía los hechos y no estaba involucrado emocionalmente.

La aclaración del pensamiento tiende a ser un resultado normal de la liberación de emociones, si bien un consejero hábil puede facilitar este proceso. A fin de aclarar el pensamiento del aconsejado, el asesor sirve únicamente como auxiliar y se abstiene de decir al aconsejado qué es lo correcto. Además, la aclaración del pensamiento podría no ocurrir mientras conversan el consejero y aconsejado. Ocurriría parcial o totalmente después, como resultado de acontecimientos que sobrevengan durante la relación de asesoría. El efecto de la aclaración del pensamiento es que el aconsejado se ve estimulado a aceptar la responsabilidad por sus problemas emocionales y a resolverlos de una manera más realista.

6. Reorientación   Otra función del consejero es reorientar. Implica más que la mera liberación de emociones o aclarar los pensamientos relativos a un problema. La **reorientación** consiste en un cambio de la psique del empleado mediante la modificación de sus objetivos y valores básicos. Por ejemplo, ayuda a que la persona reconozca y acepte sus propias limitaciones. La reorientación es el tipo de función necesario para ayudar a que los alcohólicos se recuperen o para tratar a personas con depresión mental grave. En gran parte, es tarea de asesores profesionales, los cuales conocen sus usos y limitaciones, además de contar con la capacitación necesaria. El trabajo de los gerentes es reconocer a quienes necesitan reorientación antes de que tal necesidad adquiera carácter grave, de modo que sean enviados a tiempo para recibir ayuda profesional y el tratamiento tenga éxito.

La reorientación precisa cambios importantes

Función de asesoría de los administradores

Salvo en el **caso** de la reorientación, es usual que los gerentes o administradores puedan llevar a cabo con éxito las funciones de asesoría. En ocasiones, practican las otras cinco

Cuestión de ética

Es frecuente que los supervisores se encuentren atrapados entre la espada y la pared proverbiales. Como parte del equipo administrativo, podrían conocer decisiones corporativas inminentes, que todavía no se anuncian a los empleados. Tienen la obligación de no revelar prematuramente información clave, aunque se sientan tentados a hacerlo. Esta disyuntiva ética surge con frecuencia durante las reducciones de personal, en la fase de tomar decisiones acerca de cuáles empleados se quedan y cuáles no. Considérese el caso de un empleado no muy importante —que probablemente estaría en su lista de recomendaciones de despido— que se acerca a usted en su papel de consejero supervisor y le revela una amplia gama de problemas personales graves. Luego, la persona cambia repentinamente el tema y pregunta: "¿Piensa realmente que esta compañía despediría a una persona con los problemas que yo tengo?" ¿Cómo le respondería?

funciones. En otras, si se cuenta con los servicios de un consejero profesional y el problema es significativo, deben canalizar al empleado con él. La clave es que cuando se inician los servicios de asesoría *los gerentes no deben llegar a la conclusión de que todas sus responsabilidades como consejeros se transfieren al personal de asesoría.*

Los gerentes son consejeros importantes, ya que tienen interacción cotidiana con los empleados. Si cierran sus ojos ante los problemas emocionales de sus trabajadores y se muestran renuentes a analizarlos, parecería que dicen al empleado: "No me preocupa *usted*, sino únicamente su trabajo." Cuando surgen problemas emocionales, los ejecutivos no pueden decir: "Eso no es parte de mi trabajo. Busque un consejero." Las emociones son parte del empleado como persona y deben considerarse como elemento de la situación laboral total, de la cual es responsable el gerente. Por ello, *todos los administradores, desde el nivel inferior hasta el nivel más alto, necesitan capacitación que les ayude a entender los problemas de sus empleados y a aconsejarles efectivamente.*

Se necesita capacitación de los gerentes

Casi todos los problemas que se plantean a un gerente tienen una combinación de contenido emocional y objetivo, por lo que no deben dedicar todo el día a buscar contenido emocional cuando una respuesta racional podría resolver el problema.

Durante la reorganización del espacio de oficina, si un empleado pregunta: "¿Moverán mi escritorio?", tal vez en realidad esté preguntando si se planea mover su escritorio o si hacerlo reduciría su estatus; pero también es posible —simplemente eso, posible— que sólo quiera saber si se va a mover su escritorio. En caso de responder: "Sí, junto a la ventana", se habrá resuelto la duda planteada sin necesidad de tratar de hacer el papel de psiquiatra aficionado.

Se ha dicho que el precursor de la psiquiatría, Sigmund Freud, advirtió acerca del peligro de buscar contenido emocional en todo lo que dice o hace una persona. Cuando un amigo le preguntó cuál era el significado emocional de la pipa con la que fumaba, la respuesta fue: "Señor mío, a veces una pipa es simplemente una pipa", con lo cual quería decir que no tenía una interpretación emocional específica.

TIPOS DE ORIENTACIÓN

En lo referente al grado de dirección que el asesor o consejero brinda al aconsejado, la asesoría podría verse como un continuo que va desde la dirección completa (asesoría directiva) hasta su ausencia (asesoría no directiva), como se ilustra en la figura 15-8. La orientación participativa se ubica entre esos dos extremos. Se analizarán los tres tipos de asesoría, para mostrar cómo pueden los consejeros variar el grado de dirección en una situación de asesoría.

Un continuo de tipos de asesoría

FIGURA 15-8

Tipos de orientación según la cantidad de dirección que brindan los consejeros

Asesoría directiva

La **asesoría directiva** es el proceso de escuchar el problema del empleado, decidir con éste qué debe hacerse, señalar qué se hará y motivarlo para que lo haga. La asesoría directiva logra principalmente la función de *dar consejos*; pero también puede proporcionar confianza, comunicar, facilitar la liberación de emociones y —en menor grado— aclarar el pensamiento. La reorientación pocas veces se alcanza en la etapa de orientación directiva.

A casi todo el mundo le gusta dar consejos, incluidos los consejeros, y es fácil hacerlo. Sin embargo, ¿es efectivo? ¿Acaso el consejero realmente entiende el problema del empleado? ¿El asesor posee los conocimientos y juicio necesarios para tomar la decisión correcta? Incluso si la decisión es correcta, ¿la llevará a la práctica el empleado? La respuesta a esas preguntas suele ser negativa, por lo que dar consejos no sería útil en la asesoría.

Aunque los consejos sean de valor cuestionable, algunas otras funciones de la asesoría son valiosas. Si el consejero directivo es bueno para escuchar, el empleado debe sentir que libera hasta cierto punto sus emociones. Como resultado de esa liberación emocional, aunada a las ideas que imparte el consejero, podría aclararse el pensamiento del empleado. Por añadidura, es probable que tenga lugar la comunicación útil. Tanto dar consejos como tranquilizar serían valiosos si brindan al empleado mayor estímulo para emprender acciones útiles y que cuenten con su apoyo.

Asesoría no directiva

La **asesoría no directiva** o *centrada en el cliente* es el extremo opuesto del continuo. Se trata de un proceso de escuchar hábilmente al aconsejado y alentarlo para que explique problemas difíciles, entenderlos y determinar las soluciones apropiadas. Se concentra en el aconsejado, no en el asesor como juez y consejero, por lo que se dice que se centra en el cliente. Los gerentes pueden usar la asesoría no directiva; pero deben tener cuidado de no recurrir tanto a ella que hagan a un lado sus responsabilidades normales de liderazgo.

Se requiere escuchar con interés

La asesoría no directiva fue un desarrollo simultáneo de dos grupos, el de Elton Mayo, Fritz Roethlisberger y otros en la Western Electric Company, y el de Carl R. Rogers y su grupo.[21] La siguiente es la forma en que puede funcionar.

> Harold Pace fue a ver a la asesora Janis Peterson en busca de ayuda. Peterson trató de conformar una relación que estimulara en Pace hablar libremente. En dicho punto, Peterson definió la relación de asesoría explicando que no diría a su aconsejado cómo resolver su problema, en vez de lo cual intentaría ayudarle a entenderlo y afrontarlo satisfactoriamente.
>
> Luego, Pace explicó sus sentimientos y la asesora alentó esa expresión, mostró interés en ellos y los aceptó sin acusaciones ni alabanzas. Tarde o temprano, se desvanecieron los sentimientos negativos, lo cual permitió que Pace expresara tentativamente uno o dos sentimientos positivos, hecho que marcó el inicio de su crecimiento emocional. La consejera alentó esos sentimientos positivos y los aceptó de nuevo sin acusaciones ni alabanzas, como lo había hecho con los sentimientos negativos.
>
> Al paso del tiempo, Pace empezó a tener una idea de su problema y a proponer soluciones alternas. En la medida en que continuó creciendo, pudo elegir acciones positivas y ver claramente el camino para intentarlas. Luego, sintió que disminuía su necesidad de ayuda y reconoció que la relación de asesoría debía llegar a su fin.

Parte seis *Cambios y sus efectos*

Es necesario aceptar los sentimientos

Durante la relación de asesoría, es importante que el asesor *acepte* los sentimientos —en vez de *juzgarlos* y expresar alabanzas o acusaciones— porque los juicios y las evaluaciones desalientan en los empleados la expresión de sus sentimientos verdaderos. La idea básica es que el trabajador ventile sus sentimientos, explore soluciones y tome decisiones sabias. Las diferencias principales entre la asesoría no directiva y la directiva se resumen en la figura 15-9. Revelan que el aconsejado es la persona clave en la asesoría no directiva, mientras que el asesor lo es en el enfoque directivo.

Práctica profesional Los asesores profesionales usualmente practican alguna forma de asesoría no directiva y suelen lograr cuatro de las seis funciones mencionadas. La comunicación ocurre en sentidos ascendente y descendente por su intermedio. La liberación de emociones tiene lugar incluso con mayor efectividad que en el caso de la asesoría directiva, en muchos casos seguida de la aclaración del pensamiento. La ventaja que singulariza a la asesoría no directiva es que permite la reorientación del empleado. Se

FIGURA 15-9

Diferencias principales entre la asesoría no directiva y la directiva

	Asesoría no directiva	Asesoría directiva
Método de asesoría	El empleado controla en gran parte la dirección de la conversación y dice la mayor parte de lo que se habla.	El consejero controla gran parte de la dirección de la conversación y es el que más habla.
Responsable de la solución	Empleado.	Consejero o asesor.
Estatus de los participantes	Empleado y consejero están en el mismo nivel.	El consejero es, por lo menos implícitamente, superior al empleado.
Roles de los participantes	El empleado es psicológicamente independiente como persona, elige una solución e incrementa su capacidad para tomar decisiones en el futuro.	El empleado depende psicológicamente del asesor, cuyo rol como solucionador de problemas tiende a limitar el crecimiento personal del empleado.
Énfasis en	El ajuste psicológico es primordial, con énfasis en los sentimientos profundos y problemas emocionales.	Se pone énfasis en la solución de los problemas actuales y es frecuente que se haga caso omiso de los sentimientos y las emociones.

centra en *cambiar a la persona*, no en *enfrentar únicamente el problema inmediato*, como es usual en la directiva.

Los asesores profesionales tratan a cada aconsejado como igual desde el punto de vista social y organizacional. Escuchan de una manera interesada y apoyadora, además de tratar de ayudar a que el aconsejado descubra y utilice acciones mejoradas. En particular, escuchan entre líneas para identificar el significado pleno de los sentimientos del empleado. Buscan los supuestos que subyacen a lo que éste dice, así como acontecimientos y sentimientos tan dolorosos que la persona tiende a no hablar de ellos. Como se ilustra en la figura 15-10, los asesores no directivos se basan en un **modelo de témpano de hielo de la asesoría**, en el cual reconocen que en ocasiones están ocultos, bajo la superficie de lo que comunica el aconsejado, más sentimientos que los revelados. Por ello, estimulan constantemente al aconsejado para que se abra y revele sus sentimientos profundos, lo que podría ayudar a resolver su problema.

Limitaciones Pese a todas sus ventajas, la asesoría no directiva tiene varias limitaciones que restringen su uso en el trabajo. Por principio de cuentas, requiere más tiempo y es más costosa que la directiva. Puesto que un solo empleado con un problema puede precisar muchas horas del consejero, se restringe el número de trabajadores que éste puede atender. Los asesores profesionales tienen estudios universitarios y, por consiguiente, sus servicios son caros. Además, la asesoría no directiva depende de que el empleado sea capaz y esté bien dispuesto. Supone que posee un impulso para el bienestar, tiene inteligencia social suficiente para percibir cuáles problemas deben solucionarse y posee estabilidad emocional suficiente para enfrentarlos. La asesoría no directiva debe emprenderse con el cuidado necesario para que no se convierta en una especie de muleta donde puedan apoyarse los empleados emocionalmente dependientes para evitar sus responsabilidades de trabajo.

En ciertos casos, la asesoría misma es una solución débil porque el empleado regresa necesariamente al mismo entorno donde surgió el problema. Lo que en verdad se necesita es mejorar el ambiente para brindarle apoyo psicológico. En esta situación, el consejero iría más allá de su función usual y aconsejaría a los gerentes para que emprendan acciones correctivas.

Costo de la asesoría no directiva

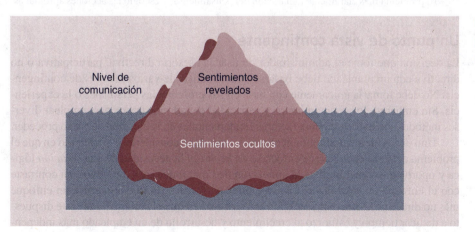

FIGURA 15-10

Modelo de témpano de hielo de la consejería

Asesoría participativa

¿Cómo funciona la asesoría participativa?

La asesoría no directiva de empleados es limitada porque requiere consejeros profesionales y es cara. Por otra parte, es frecuente que los empleados modernos e independientes no la acepten. El tipo de orientación a que se recurre por lo general en las empresas se ubica entre los dos extremos de asesoría directiva y no directiva, y se llama asesoría participativa.

La **asesoría participativa** o asesoría *cooperativa* es una relación mutua de consejero-aconsejado en que se establece un intercambio cooperativo de ideas como ayuda para resolver los problemas del aconsejado. No se centra por completo en el asesor ni en el aconsejado. En vez de ello, ambos aplican mutuamente sus conocimientos, perspectivas y valores distintos a los problemas. La asesoría participativa integra las ideas de ambos participantes en la relación misma de orientación. Por consiguiente, es un término medio equilibrado en que se combinan muchas ventajas de los otros dos tipos de asesoría, al mismo tiempo que se evitan muchas de sus desventajas.

La asesoría participativa parte del uso de las técnicas de saber escuchar de la asesoría directiva; pero el consejero desempeña una función más activa que en el caso de los consejeros no directivos, en la medida en que avanza la entrevista. Brindan pequeñas muestras de sus conocimientos y agudeza, y suelen analizar la situación desde sus conocimientos amplios de la organización, con lo que brindan al empleado un punto de vista diferente del problema. Por lo general, los consejeros participativos aplican cuatro funciones de orientación: dar tranquilidad, propician la comunicación, permiten la liberación de emociones y la aclaración del pensamiento.

> Mary Carlisle estaba alterada emocionalmente porque no recibía las promociones que deseaba. Aunque comentó el problema con su supervisor, no estaba del todo satisfecha y pidió ver a un consejero. Con éste, estableció una comunicación abierta desde el comienzo de la entrevista, ya que había llegado a un punto en que estaba lista para ventilar abiertamente sus problemas.
>
> El consejero no dijo a Carlisle qué debía hacer (enfoque directivo) ni se limitó meramente a escuchar (enfoque no directivo). En su lugar, exploró diversas opciones con la empleada, le comunicó ciertas ideas acerca de la capacitación y le brindó la tranquilidad de que cumpliría plenamente con los requisitos para la promoción. El resultado fue que Carlisle vio su problema más claramente (aclaración del pensamiento) y escogió las acciones apropiadas.

Un punto de vista contingente

La decisión que tome el administrador de usar la asesoría directiva, participativa o no directiva con un empleado debe basarse en un análisis de varios factores de contingencia. No debe tomarla únicamente con base en sus preferencias personales o la experiencia. Sin embargo, los conocimientos y capacidad del administrador para emplear diversos métodos son evidentemente factores fundamentales en la elección de cómo proceder.

Uno de los elementos contingentes clave que debe considerarse es el grado en que el problema del empleado parece enfocarse en *hechos* y la necesidad de una *solución* lógica y oportuna (lo cual implica la aplicación de un enfoque más directivo), en contraste con el enfoque en *sentimientos y emociones* personales (lo que requeriría un enfoque más no directivo). Otra consideración es la medida en que el administrador esté dispuesto a dedicar tiempo y esfuerzo al crecimiento y desarrollo de un empleado más indepen-

Consejos a futuros administradores

1. Esté atento a los signos de estrés en cada uno de sus empleados; analice los factores que contribuyen a dicho problema y sus posibles consecuencias.
2. Estudie los fenómenos de comportamiento clave subyacentes a las reacciones de sus empleados al estrés, como la amenaza a su autoestima, el nivel de tolerancia a la frustración, la pérdida de control, los mecanismos de defensa y los conflictos de valores.
3. Preste atención a la existencia de inconvenientes menores, frustraciones, factores estresantes y crisis. Intervenga con la mayor brevedad para prevenir una espiral de incivilidad.
4. Trate de identificar el umbral de estrés de cada empleado y cree las condiciones que mejoren al máximo su rendimiento con estrés moderado.
5. Ayude a sus empleados en la reducción del estrés negativo en su vida mediante el estímulo de diversas prácticas de manejo personal del estrés, además de brindarles apoyo social.
6. Reconozca la importancia vital de la sensibilidad ante los sentimientos y las emociones de los demás en la conservación de un ambiente laboral positivo.
7. Recuerde que casi todos los empleados necesitan alguna asesoría en algún momento; determine si se requiere un enfoque directivo, participativo o no directivo, y evalúe si cuenta con la capacitación, el tiempo y las habilidades para proceder a brindar esa asesoría o debe enviar al empleado con un consejero profesional.

diente. El aconsejado también tendría expectativas diferentes del comportamiento y características de su consejero, por lo que deben considerarse sus preferencias. Por ejemplo, es factible que el aconsejado prefiera la función educativa de los métodos participativo o no directivo. También podría ser que busque a alguien con experiencia relacionada con el trabajo o habilidades de solución de problemas, que se comparten más fácilmente con el enfoque directivo. Por lo general, un administrador efectivo debe tener conciencia de las opciones disponibles, las habilidades necesarias con cada método y la capacidad analítica para tomar una decisión adecuada para cada situación.

RESUMEN

En ocasiones, es necesaria la asesoría a los empleados a causa de problemas laborales o personales que los someten a estrés excesivo. El estrés afecta la salud física y mental, además de producir agotamiento si es crónico. Entre los factores causales de estrés, llamados factores estresantes, se incluyen la sobrecarga de trabajo, las presiones de tiempo, la ambigüedad de roles, las dificultades económicas y los problemas familiares. El modelo de estrés-rendimiento indica que el estrés excesivo disminuye el rendimiento en el trabajo, si bien en grado moderado sirve para que los empleados respondan a los retos de éste. Los individuos con personalidad tipo A tienden a sufrir estrés en mayor grado que los sujetos con personalidad tipo B.

La asesoría permite que el empleado ventile un problema que suele tener contenido emocional, ello con el fin de ayudar a que enfrente la dificultad de la mejor manera posible. Tiene como objetivo mejorar la salud mental; se encargan de dicha tarea tanto gerentes como consejeros profesionales. Las funciones principales del consejero son dar consejos y tranquilidad, permitir la comunicación, liberación de emociones, aclaración del pensamiento y reorientación. La asesoría participativa es el tipo más apropiado de asesoría cuando no se es profesional en el área. Se requiere que los programas de asesoría sirvan para manejar los problemas del trabajo y personales, lo cual depende de la fuente del estrés subyacente.

Términos y conceptos para revisión

- Aclaración del pensamiento
- Agotamiento
- Apoyo social
- Asesoría
- Asesoría directiva
- Asesoría no directiva
- Asesoría participativa
- Bienestar personal
- Biorretroalimentación
- Catarsis emocional
- Control percibido
- Descanso sabático
- Empleados marginados
- Enfermedad del sobreviviente de despidos
- Espiral de incivilidad
- Estrés
- Factores estresantes
- Frustración
- Funciones de la asesoría
- Hechos violentos en el centro de trabajo
- Inconvenientes
- Mecanismo de defensa
- Modelo de estrés-rendimiento
- Modelo de témpano de hielo de la asesoría
- Personalidad tipo A
- Personalidad tipo B
- Reorientación
- Resistencia
- Respuesta de relajación
- Síndrome de estrés postraumático
- Trauma
- Trauma en el centro de trabajo
- Umbral de estrés

Preguntas para análisis

1. Enumere y analice las cinco fuentes principales de estrés en su vida durante los últimos cinco años.
2. Piense en algún conocido suyo que sufra agotamiento. ¿Cuáles son sus síntomas? ¿Qué podría haberlo causado?
3. Analice la relación del estrés con el rendimiento en el trabajo. ¿Ayuda o interfiere el estrés en su rendimiento en la universidad? Analice el tema.
4. ¿Se considera una persona con personalidad tipo A o tipo B? Analice las razones de su respuesta. Elabore una lista de sus cinco principales características del tipo A e igual número del tipo B.
5. Analice cuatro prácticas administrativas mencionadas en capítulos anteriores de la obra que deben ayudar a la reducción del estrés en los empleados.
6. Analice las seis funciones principales de los consejeros. ¿Cuál se desempeña óptimamente con las asesorías directiva, no directiva y participativa?
7. Piense en alguna persona que haya perdido su trabajo a causa de reducción de personal en su ex empresa. Entrevístela para determinar lo estresante que fue la situación y cómo ha logrado manejar con éxito el estrés consecuente.
8. ¿Deben proporcionar las organizaciones siguientes consejeros profesionales internos? Analice por qué sí o no.

    a) Una gran planta de fabricación de aviones en la costa Oeste de Estados Unidos en rápida expansión.
    b) Una oficina gubernamental en Valdosta, Georgia, donde trabajan 700 personas
    c) Una fundición de Chicago que trabaja sobre pedidos y tiene necesidades de personal variables, de 30 a 60 trabajadores.

9. ¿Cuál debe ser el tipo principal de asesoría en las situaciones que siguen?

    a) Un agente viajero (de ventas) con 15 años de antigüedad que se vuelve alcohólico.

b) Un ingeniero recién contratado que realiza pequeños hurtos de artículos de oficina.
c) Una recepcionista que tiene dos ofertas de trabajo y debe tomar la decisión durante el fin de semana.
d) Un trabajador de mantenimiento cuya esposa le pide el divorcio.

10. Delinee un programa preventivo de bienestar personal que podría poner en práctica para usted mismo a lo largo de los cinco años siguientes. ¿Cuáles son sus elementos?

Evalúe sus propias habilidades

¿Qué tan bueno es para mostrar habilidades de asesoría y manejo del estrés adecuados?

Lea cuidadosamente las afirmaciones siguientes. Marque con un círculo, en la escala de respuestas, el número que refleje mejor el grado en que cada afirmación lo describe con exactitud cuando intenta manejar el estrés en usted mismo y en otras personas. Sume el total de puntos y prepare un breve plan de acción para su mejoramiento personal. Esté listo para señalar su calificación con fines de tabulación ante la clase.

	Descripción satisfactoria								Descripción insatisfactoria	
1. Puedo enumerar un conjunto completo de síntomas fisiológicos, psicológicos y del comportamiento propios del estrés en los empleados.	10	9	8	7	6	5	4	3	2	1
2. Estoy consciente de las formas en las que puedo convertirme en causa directa de estrés en los empleados.	10	9	8	7	6	5	4	3	2	1
3. Podría identificar el agotamiento, la enfermedad del sobreviviente de despidos o el síndrome de estrés postraumático en un empleado.	10	9	8	7	6	5	4	3	2	1
4. Estoy consciente de la relación estrecha entre los factores estresantes ajenos al trabajo y el comportamiento en el trabajo mismo.	10	9	8	7	6	5	4	3	2	1
5. Estoy consciente de las reacciones cada vez más graves de los empleados a una situación frustrante.	10	9	8	7	6	5	4	3	2	1
6. Estoy consciente de la naturaleza de la relación del estrés con el rendimiento y buscaría identificar el umbral de estrés de cada empleado.	10	9	8	7	6	5	4	3	2	1
7. Me siento a gusto trabajando con personas con personalidad de los										

tipos A y B, y tenerlas trabajando
para mí.   10   9   8   7   6   5   4   3   2   1
8. Puedo enumerar por lo menos tres
formas en que podría brindar
apoyo social a mis empleados.   10   9   8   7   6   5   4   3   2   1
9. Entiendo los factores de
contingencia que podrían
indicarme la necesidad de usar las
asesorías directiva, participativa o
no directiva.   10   9   8   7   6   5   4   3   2   1
10. Puedo identificar si un empleado
necesita principalmente consejos,
tranquilidad, oportunidades de
comunicación, catarsis emocional,
aclaración del pensamiento o
reorientación.   10   9   8   7   6   5   4   3   2   1

Calificación e interpretación   Sume el total de puntos de las 10 preguntas. Anótelo aquí ____ y señálelo cuando se le solicite.

- Si obtuvo de 81 a 100 puntos, parece tener capacidad adecuada para demostrar buenas habilidades de administración del estrés y orientación.
- Si obtuvo de 61 a 80 puntos, debe revisar más de cerca los elementos con calificación baja y explorar la forma de mejorarlos.
- Si obtuvo menos de 60 puntos, debe estar consciente de que sus debilidades en relación con varios elementos podrían ser nocivas para su éxito futuro como administrador del estrés. Le instamos a que relea las secciones pertinentes del capítulo y busque material relacionado en capítulos ulteriores y en otras fuentes.

Ahora, identifique sus tres calificaciones más bajas y escriba los números de preguntas aquí: ____, ____ y ____. Redacte un párrafo breve, en que detalle para usted mismo un plan de acción de cómo mejoraría cada una de esas habilidades.

Incidente

Unit Electronics Company

Unit Electronics Company es una fábrica que produce controles electrónicos de procesos para empresas industriales. El alto nivel de confiabilidad necesario en estos controles, cada uno de los cuales se diseña para un cliente específico, requiere que el departamento de producción trabaje muy de cerca con la sección de pruebas del departamento de control de calidad, la cual determina si el producto satisface o no las especificaciones del cliente. En el caso de un pedido importante, fue necesario que un representante de producción trabajara en el departamento de control de calidad con el jefe de ingenieros de pruebas. Charles Able, director de producción, asignó para esta tarea a William Parcel, uno de sus asistentes más capaces. Parcel ha trabajado con Able durante años y está bien familiarizado con estos pedidos, ya que ha coordinado su producción para Able. El jefe de ingenieros del departamento de pruebas se llama Dale Short.

Una semana después de que Parcel empezó a trabajar con Short, informó a Able que tenía dificultades con el ingeniero, que al parecer resentía su presencia en la sección de pruebas. Able estuvo de acuerdo en que podría estar surgiendo una situación problemática y señaló que visitaría la sección de pruebas y trataría de hablar con Short.

Cuando Able llegó a la sección de pruebas, Short empezó a quejarse inmediatamente de Parcel. Le comentó que éste minaba su autoridad dando instrucciones a los probadores que estaban bajo las órdenes de Short. Afirmó que Parcel incluso lo contradecía enfrente de su personal. Después de otras quejas similares, le pidió que retirara a Parcel de la sección de pruebas y enviara a un sustituto. Incluso amenazó con que si no retiraba a Parcel, pasaría por encima de él para que fuese retirado. Able escuchó e hizo preguntas, sin elaborar juicios ni hacer promesas.

Al parecer, Parcel presenció cuando Able conversaba con Short, por lo que antes de que su jefe saliera de la sección de pruebas se le acercó y le comentó: "Bien, me imagino que Short le ha contado un cuento de terror acerca de mí."

Able reconoció que Short se había quejado, si bien omitió la mención de la amenaza relativa a la transferencia de Parcel.

Parcel añadió: "Así es Short. No soporta que nadie trate de corregirle; pero las cosas estaban tan mal que sentí la necesidad de hacer algo."

Able aceptó que la situación era delicada, al mismo tiempo que resaltó que Short estaba a cargo de la sección de pruebas. Terminó la conversación con el comentario: "Manejemos la situación tranquilamente, sin presionar demasiado."

Sin embargo, Able estaba molesto por la situación y en los días siguientes pensó mucho en ella. Puesto que Short se sentía mal, Able decidió finalmente retirar a Parcel de la sección de pruebas y enviar a otro empleado. Cuando iba a tomar el teléfono para llamar a Parcel en la sección de pruebas, Short entró sonriendo a su oficina.

Short comentó: "No sé cómo darte las gracias, Charlie. No sé qué le dijiste a Parcel el otro día; pero indudablemente cambió su actitud. Ahora ya no tenemos problemas. Curiosamente, cuando conversamos el otro día, tenía la impresión de que no harías nada; pero creo que me equivoqué."

Able tragó saliva varias veces e hizo algunos comentarios vagos. Luego, Short salió de la oficina muy contento.

Able se quedó muy intrigado acerca de la situación, de modo que más avanzado el día, cuando estuvo a solas con Parcel, le comentó de pasada: "Bien, Bill, ¿cómo van las cosas con Short?"

Parcel respondió: "He querido comentártelo, Charlie. Short ha tenido una actitud mucho más favorable durante los últimos días. De hecho, acepta algunos de mis consejos e incluso los pide. Creo que lo que hablaron realmente sirvió de algo."

Pregunta

Analice los acontecimientos en este caso, en lo referente a la asesoría y comunicación. ¿Hubo asesoría? ¿De qué tipo? ¿Cuándo y quién la brindó?

Evaluación de comportamientos relacionados con el estrés

Ejercicio de experiencia

1. Evalúese a usted mismo en relación con cada uno de los criterios enumerados en la lista que aparece líneas abajo. Marque con un círculo el número que indique su eva-

luación del grado en que habitualmente experimenta cada fuente de estrés relacionada con su papel de estudiante. Calcule la calificación total y preséntela a su profesor para tabulación.

2. Examinen la gama de calificaciones de la clase y calculen el promedio. Tomen nota de que una calificación alta indica la posibilidad de mayor estrés en la vida.

   a) ¿Qué interpretación pueden dar a su calificación personal y la de los demás?
   b) ¿Qué elementos parecen generar mayor estrés entre los miembros de la clase?
   c) ¿Qué acciones propondría para disminuir el estrés entre los estudiantes?

	Grado bajo				Grado alto
1. Vida privada deficiente	1	2	3	4	5
2. Vivir con un presupuesto restringido	1	2	3	4	5
3. Baja calidad de la alimentación	1	2	3	4	5
4. Preocupación por la seguridad personal	1	2	3	4	5
5. Preocupación por las perspectivas profesionales	1	2	3	4	5
6. Presión de los padres relativa a las calificaciones	1	2	3	4	5
7. Problemas de transporte	1	2	3	4	5
8. Conflictos éticos (por ejemplo, bebidas alcohólicas o drogas)	1	2	3	4	5
9. Conciencia de sí mismo respecto del aspecto físico	1	2	3	4	5
10. Falta de retos intelectuales	1	2	3	4	5

Calificación total: _____

Parte siete

Aspectos emergentes del comportamiento organizacional

Capítulo 16

Comportamiento organizacional transcultural

Uno de los grandes errores que cometen los estadounidenses expatriados es ir a otros países con grandes sueños de transformar los centros de trabajo.
–Brenda Paik Sunoo[1]

Si se considera el hecho de que las tasas de fracaso de asignaciones a expatriados promedia 45%, los patrones deben entender cómo apoyarlos óptimamente.
–Barbara Fitzgerald-Turner[2]

OBJETIVOS DEL CAPÍTULO

ENTENDER:

- Cómo varían las condiciones sociales, legales, éticas, políticas y económicas en las distintas culturas
- El etnocentrismo y choque cultural
- Formas de superar las barreras para la adaptación cultural
- Contingencias culturales en el logro de alta productividad
- La teoría Z como ejemplo de adaptación de las prácticas administrativas a una cultura

La economía globalizada es ya una realidad. El comercio internacional ha cambiado mucho en años recientes, con el surgimiento de la Unión Europea, los cambios revolucionarios en la antigua Unión Soviética y Europa oriental, así como el surgimiento de fuertes mercados en China, Japón, Corea y muchas naciones emergentes. Como resultado de ello, muchas compañías ahora hacen negocios en varios países, y estas **organizaciones multinacionales** añaden nuevas y poderosas dimensiones al comportamiento organizacional. Empero, la expansión más allá de las fronteras nacionales es mucho más que cruzar líneas geográficas. Es también un paso gigantesco y a veces atemorizante en entornos sociales, legales, políticos y económicos diferentes. Las líneas de comunicación se alargan y el control frecuentemente se dificulta. Los administradores de hoy deben adquirir el lenguaje y las habilidades interculturales para tratar con personas —clientes, proveedores, competidores y colegas— de otros países.

Organizaciones multinacionales

De por sí es difícil el funcionamiento de una organización con un idioma y una cultura. Cuando participan dos, tres, cuatro, cinco —o una decena— de idiomas y culturas (como en Canadá, Escandinavia o Europa), las dificultades de comunicación se multiplican muchas veces. Las empresas multinacionales complejas exigen hasta el límite las habilidades de comportamiento de los ejecutivos. Es frecuente que resulte más fácil administrar los factores técnicos relativos a la construcción de una nueva y moderna fábrica que manejar los factores sociales de su operación ulterior. El caso siguiente ilustra la complejidad que surge cuando se mezclan diversas culturas en operaciones multinacionales.

En una nación sudamericana, se llamó a un asesor estadounidense para que estudiara por qué la maquinaria alemana en una planta de celofán propiedad de sudamericanos no funcionaba correctamente. (En esta primera oración, ya se revela la participación de tres culturas distintas en el incidente.) Cuando llegó el asesor a donde estaba la fábrica, estudió la situación durante varias semanas. Llegó a la conclusión de que no había ningún problema con la maquinaria. Era de calidad excelente y su ajuste era perfecto. Las materias primas y otros factores de apoyo eran del todo satisfactorios.

El problema real, en opinión del asesor, correspondía a los supervisores, que tenían una imagen paterna del patriarcal director de fábrica y no podían o no querían tomar decisiones operativas sin su aprobación. Veían en él a su mayor y a su superior. Cuando algo andaba mal en la fábrica, esperaban indefinidamente su decisión antes de corregir el problema. Puesto que el director tenía intereses en otras empresas y con frecuencia estaba fuera durante una parte del día, o incluso dos o tres días, los supervisores permitían que la maquinaria de producción continuara generando celofán de calidad inaceptable durante horas o incluso días a causa de un desajuste leve que podían haber corregido. El director trataba de delegar la toma de decisiones relativas a este tipo de controles en sus supervisores; pero ni él ni ellos pudieron superar esta poderosa costumbre de deferencia a la autoridad, que existía en su cultura. El asesor finalmente resumió la situación de la manera siguiente: "El problema está en las personas, no en las máquinas."

La maquinaria de producción de celofán se diseñó para ser operada en una cultura industrial avanzada, mientras que en este caso se requería su funcionamiento en una cultura menos desarrollada. Ni la maquinaria ni los supervisores pudieron cambiar con la rapidez suficiente para enfrentar esta nueva situación. La reingeniería de la maquinaria habría sido costosa y hubiera llevado tiempo, además de que en este caso habría reducido su capacidad de producción. La capacitación de los supervisores para cambiar sus carencias culturales, incluso si fuera posible, también habría requerido mucho tiempo. La solución que brindó el asesor fue un término medio efectivo. Recomendó al director que designara a una persona como director interino en su ausencia, le diera una oficina imponente y trabajara en construir su imagen de autoridad con los supervisores. De tal manera, siempre habría alguien en la planta que tomara decisiones rápidas.

Aunque esta situación presenta contrastes extremos, ilustra los predicamentos culturales que surgen frecuentemente en nuestro tiempo por las diferencias entre las naciones industrializadas y otros países menos desarrollados. En estos últimos (donde los contrastes culturales de un país a otro suelen ser menores), los problemas que se plantean en este capítulo también tienden a no ser tan extremos, sin que por ello dejen de existir. El análisis que se realiza en este capítulo se limita a aspectos que afectan al comportamiento en el trabajo, mientras que otros aspectos de las operaciones multinacionales se dejan para otras obras; aquí se estudian la naturaleza de las operaciones multinacionales, las formas en que una empresa integra diferentes sistemas sociales y la manera de mejorar la motivación, productividad y comunicación cuando se opera una compañía en países en vías de desarrollo.

FACTORES QUE AFECTAN LAS OPERACIONES MULTINACIONALES

Los pueblos del mundo están organizados en comunidades y naciones, cada una a su propia manera, según sus recursos y herencia cultural. Aunque existen similitudes entre las naciones, también hay diferencias significativas. Algunas están desarrolladas económicamente, mientras que otras apenas empiezan a desarrollar sus recursos naturales y humanos. Las hay que son dictaduras políticas, y otras, más democráticas. Ciertos países están avanzados en lo social y educativo, mientras que otros tienen alfabetismo y desarrollo social mínimos. En cada caso, las condiciones de trabajo son distintas a causa de actitudes, valores y expectativas diferentes de los participantes. Entender estas diferencias y cómo influyen en el comportamiento organizacional internacional se facilita con el examen de condiciones sociales, legales, éticas, políticas y económicas clave.

Condiciones sociales

En muchos países, la condición social predominante es de escaso desarrollo de los recursos humanos. Existe escasez de personal administrativo, científico y técnico, deficiencias que limitan la capacidad de empleo productivo de la mano de obra local. El personal con las habilidades necesarias tiene que importarse temporalmente de otros países, mientras que amplios programas de capacitación empiezan a preparar a los trabajadores locales.

> En una nación centroamericana, se dio la bienvenida a una planta de ensamble de productos electrónicos que se iba a instalar en su ciudad capital. La fábrica hacía uso intensivo de la mano de obra, de modo que los numerosos empleos generados redujeron la alta tasa de desempleo de ese país. Los sueldos eran mayores que el estándar en la localidad, las condiciones

de trabajo eran buenas y las instalaciones no contaminaban el ambiente. Además, el valioso y diminuto producto ensamblado proporcionaba las divisas necesarias, ya que se embarcaba por avión a plantas de ensamble en otras partes del mundo.

Quizá lo más importante es que el convenio de la compañía con el país en cuestión especificaba que la empresa proporcionaría un grupo de administradores y técnicos para que capacitaran a trabajadores locales en todas las fases de operación de la planta; ellos se convertirían poco a poco en supervisores, superintendentes, técnicos, contadores, especialistas de compras, y así sucesivamente. Al cabo de cinco años, la compañía no tendría más de ocho empleados extranjeros en la planta, incluidos el gerente general, los ingenieros y el personal de auditoría. De tal manera, se mejoraría la mano de obra local.

Como se muestra en el ejemplo, el envío de personas capacitadas a una nación para capacitar a sus sustitutos locales genera un beneficio más duradero para su desarrollo que los préstamos de capital. En tales circunstancias, actúa el **efecto multiplicador de la capacitación**, gracias al cual el personal en préstamo ayuda al desarrollo de empleados locales, quienes se convierten en el núcleo de desarrollo de más personal. *Existe un efecto de onda expansiva del autodesarrollo*, de igual modo que en un guijarro que se tira a un estanque crea una onda que va más allá del punto donde hace contacto con el agua (figura 16-1). De igual modo que el tamaño y sitio de contacto del guijarro es factor del que dependerá la magnitud de las ondas que se generan, la cantidad y el enfoque de la capacitación inicial determina su efecto a largo plazo. Las áreas ocupacionales en las que el desarrollo genera mayores rendimientos corresponden al personal científico, profesional y administrativo.

Efecto multiplicador de la capacitación

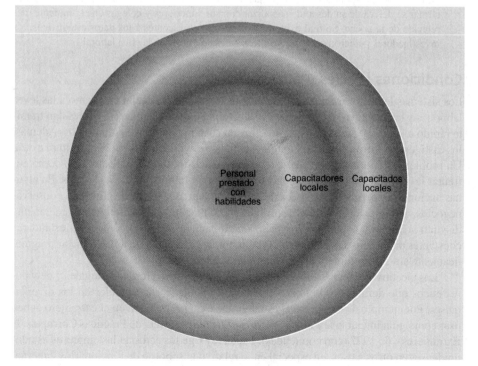

FIGURA 16-1

El efecto multiplicador de la capacitación en acción

Un factor social de importancia en muchos países es que la cultura local no está familiarizada con la tecnología avanzada o las organizaciones complejas. A lo largo de casi dos siglos, en las naciones occidentales se ha adaptado la cultura a un modo de vida industrial y organizacional, lo cual no ha ocurrido en muchos otros países. En ellos, muchos de sus empleados todavía son de origen campesino, lo cual indicaría que no están familiarizados con los productos de alta tecnología y el escaso margen de error que toleran estos últimos.

Otro factor social en relación con el cual es frecuente comparar a los países sería la ética laboral de sus empleados (convendría que repase su análisis en el capítulo 4). Por ejemplo, cuando se comparan las jornadas laborales de los trabajadores japoneses con las de los estadounidenses, se llega a una conclusión sencilla: los japoneses a menudo trabajan varios cientos de horas anuales más que sus congéneres estadounidenses. Por desgracia, ese mayor número de horas trabajadas suelen atribuirse a la mejor ética laboral de los trabajadores japoneses o a la holgazanería de los estadounidenses.

> En un estudio reciente, se analizaron las causas de que los empleados japoneses estén dispuestos a trabajar largas jornadas laborales.[3] Se determinó que el alto costo de la vida en Japón genera una respuesta racional en los trabajadores: el deseo de obtener más sueldo, en vez de buscar la disminución de la jornada laboral. Los trabajadores tampoco estuvieron dispuestos a tomar, en promedio, más de la mitad de los días de vacaciones a que tenían derecho. Sin embargo, sus decisiones no dependieron de preferencias, sino de un sentimiento de obligación, su carga de trabajo, el sentido de responsabilidad con otros trabajadores que tendrían que encargarse de sus tareas y una sensación de presión tácita de los administradores (que los calificarían de egoístas y desleales si se tomaran sus vacaciones completas). Por último, muchos japoneses aceptaron que su disposición a continuar trabajando hasta horas tardías se deriva de su deseo de socializar con sus superiores y colegas en el ambiente más relajado de la noche. Sólo al explorar los factores subyacentes a los datos estadísticos, los investigadores pudieron entender las diferencias aparentes en la ética laboral.

Condiciones legales y éticas

Los sistemas legales varían mucho de un país a otro, en particular en cuanto a las leyes laborales y las prácticas de negocios. En el sistema judicial, algunas naciones dan trámite rápido a los casos, mientras que en otras un caso judicial puede durar años. Además, los castigos por infracciones aparentemente menores varían mucho de una cultura a otra. Un problema importante que afecta a las compañías multinacionales ha sido cómo enfrentar las convenciones, las costumbres y los comportamientos éticos locales. En algunas naciones, se perdona la práctica del soborno como una forma de obtener y conservar negocios, al tiempo que en otras se prohíbe estrictamente. Tales diferencias generan una disyuntiva importante para las compañías multinacionales: ¿deben mantener estándares constantes para todos sus empleados, sin importar en cuál país estén, o adaptar pragmáticamente sus operaciones a las normas éticas del país de que se trate?

Los ejecutivos deben estar conscientes de las posibles diferencias legales y de valores éticos que definen los comportamientos aceptables e inaceptables en los diversos países. Por ejemplo, los empleados estadounidenses que trabajan en el extranjero deben usar como guía inicial la ley *Foreign Corrupt Practices* (Acta de Prácticas Corruptas de Extranjeros), de 1977 (con enmiendas). Dicha ley rige los actos de las empresas estadounidenses en otros países, en especial en lo relativo al soborno de funcionarios gubernamentales con el fin de hacer negocios. Luego, los gerentes tendrían que familiarizarse con las costumbres y prácticas locales. Mediante la aplicación de sus propios sistemas de valores personales y organizacionales, decidirían qué comportamientos son o no compatibles con las expectativas de ambas partes. Por último, sería necesario que reconozcan que la resolución de problemas éticos no siempre es clara. (Por ejemplo, ¿es poco ético invitar a clientes a cenar?) Aunque las cuestiones éticas plantean disyuntivas reales, es necesario enfrentarlas y resolverlas.

Un tema importante para muchas empresas gira en torno al trato que se da a mujeres y grupos minoritarios. Aunque el título VII de la ley llamada *Civil Rights* (Acta de Derechos Civiles), de 1974, prohíbe la discriminación en centros de trabajo con base en el sexo y otros factores, no fue sino hasta 1991 que otras leyes federales ampliaron esos derechos a ciudadanos estadounidenses que trabajan en el extranjero para compañías que son propiedad de estadounidenses. La experiencia global es cada vez más un requisito para la promoción a puestos administrativos altos, de modo que numerosas mujeres se interesan en puestos en el extranjero, que proporcionan visibilidad, retos y la oportunidad para el crecimiento personal. Aunque el camino dista de ser sencillo, los patrones todavía deben resolver tales problemas con el establecimiento de políticas locales claras, conocer la situación legal de las prácticas estándar locales, emplear asesores locales para identificar problemas potenciales y "capacitación de la realidad" cuidadosa para alertar a los expatriados potenciales respecto de los problemas culturales con que podrían toparse.[4]

> En muchas culturas, el centro de trabajo todavía es territorio dominado por los hombres, mientras que a las mujeres se las excluye sistemáticamente de los puestos administrativos altos. No obstante esa situación, es posible la superación de los problemas pasados. En un estudio realizado entre 52 ejecutivas estadounidenses expatriadas, la inmensa mayoría (97%) tuvo éxito pese a que no hubo una predecesora que sirviera como modelo de rol en el puesto de referencia. Esas mujeres atribuyeron su éxito a su mayor visibilidad, sensibilidad cultural y habilidades interpersonales.[5] El éxito de las expatriadas debe estimular a otras empresas para que centren su elección de candidatos a la expatriación en identificar características similares en hombres y mujeres.

Condiciones políticas

Las condiciones políticas que tienen efecto significativo en el comportamiento organizacional abarcan la inestabilidad de los gobiernos, las tendencias nacionalistas y la subordinación de los patrones y mano de obra a un gobierno autoritario. La inestabilidad se extiende sobre las organizaciones que desean establecerse o ampliar sus operaciones al país de que se trate, lo cual las hace cautelosas acerca de futuras inversiones. Esa inestabilidad organizacional provoca inseguridad en los trabajadores y los vuelve pasivos y de poca iniciativa. Llevan a su trabajo la actitud: "Lo que será, será; así pues, ¿para qué tratar de hacer algo al respecto?"

Inestabilidad y nacionalismo

Por otra parte, las tendencias nacionalistas fuertes pueden hacer que los nativos del país deseen manejar su país y sus empresas por sí solos, sin interferencia de extranjeros. Ello podría hacer que simplemente no sea bienvenido un ejecutivo extranjero.

> En una ex colonia británica, un profesor visitante presentó a un grupo de estudiantes un estudio de caso que trataba de un problema entre un capitán del barco británico y la tripula-

ción local. El profesor, que esperaba analizar con el grupo la autoridad, los conflictos interpersonales y otros temas del comportamiento, se sorprendió cuando la clase enfocó su atención en cómo capacitar a los marinos locales para quitarle el control al capitán británico. Su razonamiento —que de esa manera la tripulación ya no tendría que tratar con el capitán— era un reflejo claro de sus valores nacionalistas.

En muchos países, los sindicatos no son una fuerza independiente, sino ante todo un brazo del gobierno autoritario. En otros, son hasta cierto punto independientes; pero con tendencias socialistas, de conciencia de clase y orientados hacia la acción política, más que a la negociación directa con las empresas. Los patrones se topan con que el Estado tiende a participar en la negociación de contratos colectivos y otras prácticas que afectan a los trabajadores. Por ejemplo, en ciertas naciones el despido de empleados está restringido por la ley y es muy costoso, pues hay que pagar una liquidación. Incluso las transferencias de empleados estarían limitadas. El siguiente es un incidente que ilustra cómo las prácticas de empleo diferentes de una nación a otra pueden generar fricciones entre patrones y empleados, en compañías multinacionales. En este caso, se trata de dos países industrializados.

La importante aerolínea internacional Air France tiene vuelos a Japón. Emplea a azafatas japonesas que residen en Tokio y atienden los vuelos hacia esa ciudad y desde ella. A fin de brindar más capacitación e integración internacionales a las tripulaciones, la compañía decidió transferir 30 azafatas japonesas a París. Las empleadas rechazaron la medida, de modo que la empresa amenazó con despedirlas por su renuencia al traslado. Las azafatas buscaron apoyo en los tribunales, y el Tribunal Supremo de Tokio apoyó la decisión de una corte de nivel más bajo, que impedía a Air France despedirlas. Conservarían su trabajo con la aerolínea en Tokio, ya que la transferencia a París: "1. restringiría sus derechos civiles como ciudadanas japonesas; 2. les causaría la ansiedad de vivir en un sitio donde el lenguaje y las costumbres son distintas, y 3. afectaría su situación conyugal".[6]

Condiciones económicas

Las condiciones económicas más significativas en las naciones en vías de desarrollo son el ingreso *per cápita* más bajo, mayor inflación, y distribución desigual de la riqueza. En cuanto al ingreso, en muchas naciones existe pobreza verdadera, en comparación con otras, como Estados Unidos o Canadá. Por ejemplo, en promedio las familias en algunos países tienen que sobrevivir con menos de 3 000 dólares anuales. El crecimiento rápido de la población, aunado a la falta de crecimiento económico nacional, hace improbable que el ingreso familiar aumente significativamente. Por consiguiente, los nativos de esos países podrían no creer que el esfuerzo adicional de su parte genere las recompensas correspondientes.

Un problema económico habitual en los países en vías de desarrollo es la inflación. No obstante las preocupaciones periódicas en naciones como Estados Unidos acerca del aumento de los precios de alimentos, combustibles y vivienda, los estadounidenses han disfrutado de tasas de inflación más bien moderadas durante las últimas décadas. En contraste, México y algunos países de Sudamérica, Europa y Cercano Oriente han tenido periodos de inflación considerable. Incluso los residentes de la ex Unión Soviética padecieron los avatares de la inflación luego de su transición de una economía controlada a otra de mercado.

La inflación hace que la vida económica de los trabajadores sea insegura. Alienta en ellos a gastar rápidamente su dinero, antes de que pierda valor, hábito que agrava el problema inflacionario de sus países. Los ahorros pierden con rapidez su valor, de modo que los trabajadores no tienden a planear su jubilación. En su lugar, dependen del gobierno, que en muchos casos no puede responderles. La inquietud social se complica con la enorme disparidad de la distribución de la riqueza. Las consecuencias tienden a ser variadas: algunos trabajadores aceptan pasivamente la situación, mientras que otros protestan en forma airada. Todos estos factores hacen difícil motivar a los empleados.

Pese a las dificultades en otros países y la situación política y económica con los consumidores y trabajadores en sus propios países, algunas empresas han transferido parte considerable de sus operaciones de producción a otras naciones. Por ejemplo, ciertas compañías estadounidenses han instalado fábricas en naciones como México, Malasia o Corea del Sur para aprovechar la mano de obra relativamente barata en esas naciones. Estas empresas argumentan que la economía local obtiene ganancias de la creación de nuevos empleos, y la de Estados Unidos, con los costos de producción más bajos (en el supuesto de que los ahorros en costos se transfieran al consumidor). En lo fundamental, la situación económica desfavorable en otros países puede representar una oportunidad para muchas compañías.

Si se consideran de manera conjunta las condiciones sociales, legales, éticas, políticas y económicas, se aprecia que pueden obstaculizar la introducción de tecnología avanzada y sistemas organizacionales modernos. Esas condiciones restringen la estabilidad, seguridad y capacitación de recursos humanos que los países en desarrollo necesitan para ser más productivos. El hecho infortunado es que esos factores limitantes por lo general no se pueden cambiar con rapidez, ya que están bien establecidos y entretejidos en la estructura social total de las naciones. En vez de ello, constituyen factores ambientales cruciales a los cuales deben adaptarse los administradores de empresas internacionales.

Diferencias individuales

¿Existen diferencias entre las personas de un país y las de otro? Es un hecho que hay diferencias considerables de una nación a otra, como también hay similitudes sorprendentes. Está claro que los residentes de cada país tienen sus preferencias en cuanto a vestimenta, alimentos, actividades recreativas y vivienda. En lo referente al comportamiento organizacional, también existen contrastes importantes entre las culturas respecto de actitudes, valores y creencias de los empleados que influyen en su manera de actuar en el trabajo. En una investigación sobre la cultura nacional en 60 países, se identificaron cinco dimensiones importantes que explican las diferencias más claras entre los trabajadores.[7] Estas diferencias individuales abarcan el individualismo-colectivismo, distancia del poder, la elusión de la incertidumbre, masculinidad-feminidad y orientación en el tiempo.

Las culturas difieren en cinco factores clave

Individualismo/colectivismo Las culturas que dan importancia al **individualismo** tienden a acentuar los derechos y libertades individuales ("¡Busque el número uno!"), tienen redes sociales muy laxas y prestan atención considerable a la dignidad. Se concede gran valor a la carrera y recompensas personales. El **colectivismo** acentúa más la armonía de grupos y de valores entre los miembros de la sociedad. Los sentimientos personales están subordinados al bienestar general del grupo, y es más probable que los empleados pregunten: "¿Qué es lo mejor para la organización?" La actitud de *guardar las apariencias* (mantener la imagen de sí mismo frente a otros) es muy importante en las culturas colectivistas. Cuando se logra, es posible mantener el estatus personal en el grupo. A manera de ejemplo, la cultura estadounidense es individualista ("Cada quien para su santo"), mientras que la japonesa es colectivista y podría caracterizarse con el popular adagio: "Clavo que se sale se vuelve a martillar."

Distancia del poder   ¿Son importantes el estatus, prestigio y nivel organizacionales en la jerarquía? ¿Qué derechos de toma de decisiones se confieren a los administradores en función de su puesto? ¿En qué medida los empleados deben ceder automáticamente ante los deseos y las decisiones de sus superiores? El término **distancia del poder** se refiere a la creencia de que existen derechos poderosos y legítimos de toma de decisiones que separan a los administradores de los empleados, costumbre que se observa con frecuencia en países asiáticos y sudamericanos. En contraste, los empleados estadounidenses y escandinavos tienen creencias de menor distancia del poder y es menos probable que crean que sus gerentes están siempre en lo correcto. Por consiguiente, muchos empleados de Estados Unidos y Escandinavia no acatan ciegamente los deseos de sus superiores.

> Se preguntó a administradores de diversos países si pensaban que era importante para ellos tener respuestas precisas a muchas de las preguntas de sus subordinados relativas al trabajo.[8] Casi 75% de los administradores indonesios y japoneses respondieron que sí (lo cual indica mayor distancia del poder). En contraste franco, apenas 25% de los ejecutivos británicos, daneses y estadounidenses respondieron de tal manera. En vez de aceptar su rol como expertos, pensaban que debían ser un recurso, no solucionadores de problemas, así como una fuente de apoyo personal (dato indicativo de menor distancia del poder).

Elusión de la incertidumbre   En algunas culturas, los empleados valoran la claridad y se sienten muy a gusto cuando reciben instrucciones específicas de sus supervisores. Se trata de empleados con nivel alto de **elusión de la incertidumbre** y que prefieren no sentir ambigüedad en el trabajo. En otras partes, los trabajadores reaccionan de manera opuesta, ya que la ambigüedad no amenaza su menor necesidad de estabilidad y seguridad. Estos empleados incluso progresarían con la incertidumbre que acompaña a su trabajo. Los trabajadores de países como Grecia, Portugal y Bélgica poseen alto nivel de elusión de la incertidumbre y con frecuencia prefieren situaciones estructuradas, estabilidad, reglas y claridad. Entre los países con bajo nivel de elusión de la incertidumbre, se encuentran China, Irlanda y Estados Unidos.

Masculinidad-feminidad   Las **sociedades masculinas** definen los roles de género de manera más tradicional y estereotipada, al tiempo que las **sociedades femeninas** tienen puntos de vista más amplios acerca de la gran variedad de funciones que los hombres y las mujeres pueden desempeñar en el trabajo y el hogar. Por añadidura, en las sociedades masculinas se valoran el comportamiento asertivo y la adquisición de riqueza, y en las femeninas, las relaciones entre las personas, la preocupación por los demás y el logro de mayor equilibrio entre la familia y el trabajo. Los países escandinavos tienen las culturas más femeninas; en Japón la cultura es muy machista y en Estados Unidos existe una cultura moderadamente masculina.

Orientación en el tiempo Ciertas culturas brindan importancia a valores como la preparación para el futuro, los ahorros y la persistencia. Los miembros de esas culturas, de lo cual son ejemplos Hong Kong, China y Japón, tienen una **orientación de largo plazo**. En otras, se concede valor al pasado y se acentúa el presente, con un amplio respeto por la tradición y la necesidad de cumplir obligaciones sociales históricas. Esas sociedades, como las de Francia, Rusia y África occidental, por lo general poseen una **orientación de corto plazo**.

Comparación intercultural En la figura 16-2 se resaltan las diferencias entre dos países —Japón y Estados Unidos— respecto de las cinco dimensiones analizadas. Debe señalarse que no se trata de que la cultura de un país sea mejor que la de otro, sino simplemente son muy distintas. Empero, los administradores en cualquier país deben estar más conscientes de sus propias características culturales, buscar las peculiaridades de la cultura de otros países y aprender a usar la cultura local para su provecho. Por otra parte, no deben estereotipar a personas que no conocen. Evitar problemas de adaptación cultural reviste importancia especial en las asignaciones de trabajo en otros países, que se analizan a continuación.

ADMINISTRACIÓN DE UNA FUERZA LABORAL INTERNACIONAL

Siempre que una empresa amplía sus operaciones de modo que abarquen dos o más países, tiende a volverse multicultural y enfrenta el desafío de mezclar las diversas culturas. El **multiculturalismo** ocurre cuando los empleados de dos o más culturas interactúan con regularidad. Los administradores y empleados técnicos que trabajan fuera de un país para adaptar un sistema organizacional avanzado necesitan adaptar sus estilos de liderazgo, hábitos de comunicación y otras prácticas a las de la cultura que los recibe. En algunos casos, estos nuevos empleados son *ciudadanos del país de origen* de la organización, donde están sus oficinas centrales; pero también podrían ser *ciudadanos de un tercer país*. Sea cual fuere el caso, se consideran **expatriados**, ya que provienen de otra nación. Su misión es lograr una fusión de culturas, en que ambas partes se adapten a la nueva situación de buscar mayor productividad para beneficio de la compañía y de los ciudadanos del país donde ésta opera.

Roles de los expatriados

Dimensión cultural	Japón	Estados Unidos
Individualismo-colectivismo	Colectivista	Individualista
Distancia del poder	Alta	Baja
Elusión de la incertidumbre	Fuerte	Débil
Masculinidad-feminidad	Masculinidad alta	Machismo moderado
Orientación en el tiempo	De largo plazo	De corto plazo

FIGURA 16-2

Diferencias culturales características entre Japón y Estados Unidos

Barreras para la adaptación cultural

Un administrador expatriado podría enfrentar diversos obstáculos para adaptarse a una nueva cultura. Uno de los primeros requisitos para superar esos obstáculos consiste en *adquirir conciencia cultural* relativa a los múltiples aspectos en que difieren las culturas (idioma, religión, alimentación, espacio personal y comportamientos sociales). Por ejemplo, se clasifica a algunas culturas como de alto contexto, lo cual significa que las personas de esos países se basan en indicios situacionales para formarse una imagen completa de un visitante. Las **culturas de alto contexto**, como las de China, Corea y Japón, tienden a conferir importancia a las relaciones personales, asignan gran valor a la confianza, dan mucha atención a señales no verbales y acentúan la importancia de atender las necesidades sociales antes que los asuntos de negocios. Se clasifica a otras culturas como de bajo contexto y en ellas sus miembros tienden a interpretar más literalmente los indicios. Las **culturas de bajo contexto**, como las de Alemania, Estados Unidos y los países escandinavos, suelen basarse en reglas escritas y documentos legales, atender primero los asuntos de negocios, y valorar la experiencia y el rendimiento. La falta de atención a estos factores produce fracasos costosos para los expatriados, con tasas de 18% para quienes son enviados a Londres, 36% para los expatriados a Tokio y 68% para quienes llegan a Arabia Saudita.[9] Además de las áreas principales de diferencias individuales ya mencionadas, tienen efecto factores como la mentalidad provinciana, el etnocentrismo, la distancia cultural y el choque cultural (figura 16-3). Es necesario entender y enfrentar estas barreras para la adaptación cultural.

Problemas que suelen vivir los expatriados

Mentalidad provinciana *La característica predominante de todas las operaciones internacionales es que se realizan en un sistema social que difiere del sistema de origen de la organización.* Ese otro sistema social afecta las respuestas de todos los participantes. Los administradores y otros empleados que llegan a un país para establecer nuevas operaciones tienden a exhibir naturalmente diversos comportamientos que son propios

FIGURA 16-3

Fuerzas que inhiben y sustentan la adaptación cultural

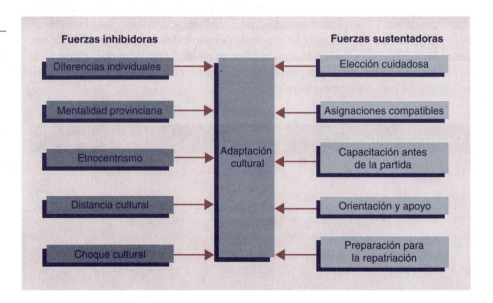

de los ciudadanos en su lugar de origen. Por ejemplo, muchas personas están predispuestas a la **mentalidad provinciana**, lo cual significa que ven la situación que les rodea desde su propia perspectiva. No reconocen diferencias clave entre su cultura y la de los demás. Incluso si las reconocen, tienden a llegar a la conclusión de que es insignificante el efecto de esas diferencias. De hecho, suponen que las dos culturas son más similares de lo que en realidad lo son.

Etnocentrismo   Otra posible barrera para la adaptación a otra cultura ocurre cuando las personas están dispuestas a pensar que las condiciones en su país de origen son las mejores. Esta predisposición se conoce como **etnocentrismo** o *criterio de autorreferencia*. Aunque esta manera de percibir la realidad es muy natural, interfiere en la comprensión del comportamiento humano en otras culturas y el logro de productividad de los empleados de esas culturas. A fin de integrar los sistemas sociales importado y local, los expatriados necesitan por lo menos desarrollar **empatía cultural**. Ésta es la conciencia de las diferencias entre culturas, la comprensión de los aspectos en que esas diferencias pueden afectar las relaciones de negocios y la apreciación de las contribuciones de cada cultura al éxito global. La empatía cultural es similar, en el nivel internacional, a la valoración de la diversidad que se analiza en el capítulo 4. Cuando se practica con constancia, produce organizaciones geocéntricas, en que se hace caso omiso en gran parte de la nacionalidad del empleado, al tiempo que se presta atención a su capacidad para las decisiones de selección, asignación y promoción.[10] Las **organizaciones geocéntricas** buscan integrar los intereses de las diversas culturas participantes. El intento por construir una sensación de comunidad es compatible con el enfoque de apoyo del comportamiento humano en su uso productivo de todos los empleados.

Empatía cultural

Distancia cultural   Predecir la magnitud de la adaptación necesaria de un administrador expatriado a otro país requiere comprender la **distancia cultural** entre las dos naciones. Esa distancia es la magnitud de la diferencia entre dos sistemas sociales cualesquiera y puede variar desde mínima hasta considerable. Es un contraste que expresó con precisión un ciudadano de otro país: "Estamos distantes apenas un día (geográficamente); pero muchos años (tecnológica y socialmente) de Washington, D.C." Las investigaciones han demostrado que algunas medidas de la distancia cultural respecto de Estados Unidos son mayores con los países mediterráneos y asiáticos y menores con las naciones escandinavas y otras angloparlantes.[11]

Sin importar cuál sea la distancia cultural, afecta las respuestas de todos los participantes respecto de cuestiones relacionadas con los negocios. Los administradores expatriados tienden naturalmente a cierto grado de etnocentrismo y a juzgar las condiciones en su nuevo país de trabajo según las normas de su país de origen. Estos problemas se amplían si la distancia cultural es considerable. No obstante, los expatriados deben ser adaptables en grado suficiente para integrar los intereses de las dos o más culturas participantes. Esa adaptación cultural dista de ser sencilla, como lo muestra un ejemplo relacionado con un país asiático y Estados Unidos.

> Los ejecutivos de una compañía estadounidense en un país asiático no pudieron adaptarse a la filosofía del socio de negocios local acerca de la contratación de familiares (nepotismo). En la matriz estadounidense, existían reglas estrictas contra esta práctica, de modo que los ejecutivos expatriados trataron de aplicar la misma política a la sucursal asiática. Por otra parte, el

socio y directivo asiático veía la empresa como una fuente de empleo para sus familiares, de modo que contrató a muchos de ellos, pese a que no estaban capacitados. Sus acciones fueron compatibles con la creencia cultural de que como uno de los hombres de mayor edad en su familia debía ver por las necesidades económicas de toda ella. Las diferencias entre Asia y Estados Unidos al respecto eran tan grandes, ante todo por la distancia cultural, que finalmente se rompió la sociedad.[12]

Choque cultural Es frecuente que las compañías asignen nuevos puestos a los empleados en áreas distintas para brindarles la invaluable amplitud de experiencia. Los trabajadores que se mudan a nuevos sitios de trabajo con frecuencia experimentan grados diversos de **choque cultural**, que es la sensación de confusión, inseguridad y ansiedad resultante de un entorno nuevo y desconocido.[13] Les preocupa con todo derecho no saber cómo comportarse y perder la confianza en sí mismos cuando su respuesta es inadecuada.

Los cambios culturales no tienen que ser drásticos al punto de que causen cierto grado de choque. Por ejemplo, cuando un empleado pasa de la oficina en una pequeña población a las oficinas centrales en Chicago, es probable que tanto él como su familia sufran por el choque cultural. Éste ocurriría de manera similar si alguien originario de Boston es transferido a un pequeño poblado rural de Kansas. Su familia entera no sabría qué hacer con su tiempo libre ni cómo actuar o vestirse. En el caso de trabajadores que no tienen oportunidad de prepararse, su nuevo entorno puede parecer caótico y un tanto abrumador. Sin embargo, la nueva cultura en la que están inmersos tiene una estructura sistemática y que le es propia de modelos del comportamiento, probablemente tan sistemáticos como los de su cultura de origen. Aunque distintos, son comprensibles si se tiene una actitud receptiva, se dedica tiempo a aprender sobre esa nueva cultura y el empleado se adapta a ella.

> María nació y creció en Houston, Texas. Después de terminar allí sus estudios universitarios, encontró trabajo en el norte de Wisconsin. Empero, descubrió muchas diferencias en su nueva comunidad y le resultó difícil adaptarse a ellas. Señalaba: "En los restaurantes de aquí es imposible encontrar chile decente. Además, las personas hablan de una manera distinta y es difícil entenderles." Pronto se dio cuenta de que el ritmo de trabajo también era diferente del que ella conocía y, lo peor de todo, en sus propias palabras: "Aquí no hay nada que hacer durante todo el invierno, ¡excepto pescar en el hielo o pasear en el trineo a motor!" María estaba sufriendo el choque cultural provocado por su nuevo ambiente social.

El choque cultural resulta incluso mayor cuando el empleado es transferido de un país a otro. Quienes trabajan en compañías multinacionales reciben cada vez más asignaciones de trabajo fuera de su país natal o por lo menos tienen que colaborar con personas nacidas en distintos países. Esta exposición a otras culturas puede generar un choque inicial. Cuando el empleado llega a otra nación, experimentaría diversas reacciones en una sucesión de cuatro fases, como sigue:

Los empleados transferidos suelen experimentar estimulación, desilusión, choque y adaptación

- En la primera fase, es frecuente que se sientan *emocionados y estimulados* por el reto de tener un nuevo trabajo, hogar y cultura. Cada día está lleno de nuevos descubrimientos.
- Esta actitud positiva va seguida poco después de una segunda fase, la de *desilusión*, conforme descubren diversos problemas que no habían previsto en relación con viajes, compras o conocimientos del idioma.

- En la tercera etapa, que es la más difícil, tienden a sufrir el choque cultural, que es la *inseguridad y desorientación* al toparse con diversos aspectos de otra cultura. No saben cómo comportarse, temen perder la compostura y confianza en sí mismos, o se alteran emocionalmente. En casos graves, el entorno les parece un caos social, percepción que disminuye su capacidad para funcionar con efectividad. Algunos individuos se aíslan, e incluso los hay que deciden regresar a su país de origen en el siguiente vuelo. Sin embargo, una cultura distinta no es un caos del comportamiento; es una estructura sistemática de modelos del comportamiento, quizá tan sistemática como la del país de origen del empleado. Empero, sí *es* distinta, y las diferencias existentes tensan a los recién llegados, sin importar su grado de flexibilidad.
- Es usual que si los empleados sobreviven emocionalmente a las primeras semanas, alcancen la cuarta fase de *adaptación*. En ésta, aceptan la nueva cultura, recuperan su autoestima y responden constructivamente a su nuevo entorno en el trabajo y el hogar.

El choque cultural es casi universal. Sobreviene en respuesta a las diferencias considerables de idioma, formas de cortesía, costumbres, condiciones de vivienda y orientaciones culturales en el uso del espacio (énfasis relativo en la vida privada), tiempo (atención hacia el pasado, el presente o el futuro) y actividades (énfasis en los logros o en las experiencias vitales). Este fenómeno ocurre incluso más en el cambio de un país industrializado a otro. Por ejemplo, en años recientes muchas compañías japonesas instalaron fábricas, realizaron inversiones considerables en bienes raíces o distribuyeron sus productos electrónicos y fotográficos en Estados Unidos. Cuando envían ejecutivos para que supervisen las operaciones fuera de su país, éstos sufren choque cultural; lo mismo ocurre con empleados estadounidenses que se mudan a Japón u otros países.[14]

Las costumbres sociales varían mucho de una nación a otra. Considérense los ejemplos siguientes:

- En Estados Unidos, lo usual es saludarse con un simple apretón de manos, mientras que en otras culturas el saludo consistiría en un abrazo cálido, una reverencia o un intercambio de besos.
- En Estados Unidos, las personas tienden a exigir respuestas, llenar el silencio con conversación y usar el contacto visual directo, mientras que en otras culturas se demuestra respeto no mirando directamente a los ojos y se aprecia el silencio como un momento para pensar y evaluar un tema.
- En Estados Unidos es frecuente que las personas se manejen con base en el tiempo, fechas límite, puntualidad y programas, al tiempo que en otras culturas suelen llegar tarde a sus citas y dedican horas a desarrollar la relación social antes de pasar a asuntos de negocios.

Algunos factores que tienen mayores probabilidades de contribuir al choque cultural se enumeran en la figura 16-4. Muchos expatriados señalan dificultades para adaptarse a las diferentes filosofías de administración de recursos humanos, el idioma desconocido, la falta de familiaridad con la moneda de curso legal y las actitudes diferentes hacia el trabajo en otras culturas.

FIGURA 16-4

Factores que contribuyen al choque cultural y al choque cultural inverso

El choque cultural puede resultar de	El choque cultural inverso puede resultar de
• Filosofías administrativas diferentes	• Pérdida de autoridad en la toma de decisiones
• Idioma desconocido	• Pérdida de responsabilidades
• Nuevos alimentos, estilos de vestimenta, hábitos de conducción de vehículos, y así sucesivamente	• Cambios del estatus personal en la empresa
• Sistema de moneda de curso legal no familiar	• Cambios del estilo de vida personal
• Disponibilidad reducida de bienes	• Cambios tecnológicos y organizacionales
• Actitudes distintas hacia el trabajo y la productividad	
• Separación de amigos y compañeros de trabajo	

Superación de las barreras para la adaptación cultural

No obstante la necesidad intensa y evidente de que los empleados expatriados entiendan la cultura local y sean adaptables, es frecuente que lleguen sin preparación a su nuevo país de residencia. Su selección tiende a basarse en su rendimiento laboral en el país de origen o su necesidad de entender mejor las operaciones internacionales de su compañía como requisito para obtener puestos administrativos altos. En virtud de sus creencias provincianas, individualistas o etnocéntricas, podría no interesar el hecho de que hagan negocios con personas cuyas creencias tradicionales difieren de las propias. Es factible que desconozcan el idioma local y que tengan poco interés en integrarse a la comunidad que los recibe. También sería posible que su elección se haya basado principalmente en sus conocimientos técnicos, mientras que la empresa pasa por alto la necesidad del ajuste satisfactorio entre el expatriado y la cultura a la cual llega. Las compañías parecerían decir: "Nuestra preocupación principal es que pueda realizar el trabajo técnico para el cual lo enviamos." Sin embargo, el entender una cultura es indispensable para prevenir errores y malentendidos que pueden ser costosos para la compañía. Por fortuna, existen diversas medidas que las empresas pueden tomar para prevenir el choque cultural y reducir el efecto de otras barreras ya mencionadas. Algunas de las medidas más útiles son las siguientes (consúltense las fuerzas de apoyo mencionadas en la figura 16-3).

Elección cuidadosa Podría elegirse a empleados con grado bajo de etnocentrismo y otras características que podrían representar un problema. El *deseo* de experimentar otra cultura y vivir en otro país también sería un importante requisito que vale la pena evaluar. Los expatriados potenciales podrían ser valorados a fin de determinar quiénes dominan el idioma del país al cual se les asignará o han viajado previamente a la región geográfica correspondiente. Indagar las actitudes del cónyuge y familia del empleado acerca de la asignación de trabajo también sería importante para garantizar que apoyen abiertamente el hecho de convertirse en expatriados.[15]

Asignaciones compatibles El ajuste al nuevo entorno se facilita si los empleados, en especial en su primera asignación fuera del país, son enviados a una nación similar a la suya. Esta práctica tiene mayores probabilidades de ser factible en compañías gigantescas, como Exxon o IBM, con filiales en muchos países, en comparación con empresas más pequeñas y con apenas unas cuantas sucursales internacionales.

El análisis de las naciones industrializadas muestra que es posible dividirlas en seis grupos socioculturales (figura 16-5). El grupo *angloamericano* incluye a Estados Unidos, Reino Unido, Canadá y Australia; el *nórdico*, a Noruega, Finlandia, Dinamarca y Suecia; el *europeo latino*, a Portugal, España, Italia, Francia y Bélgica; el *latinoamericano*, a Perú, México, Argentina, Chile y Venezuela; el de la *Cuenca del Pacífico*, a Japón, China, Hong Kong, Taiwán y Corea, y el *europeo central*, a Alemania, Austria y Suiza. Algunos países, como Israel, la India y Brasil, no encajan claramente en ninguno de esos grupos.

Con base en la información acerca de los grupos, una empresa intentaría enviar a sus trabajadores a un país de su propio grupo de naciones, lo cual produce un mejor ajuste y menor choque cultural. Por ejemplo, un empleado canadiense asignado a Aus-

Algunas culturas son relativamente similares; es posible dividirlas en grupos

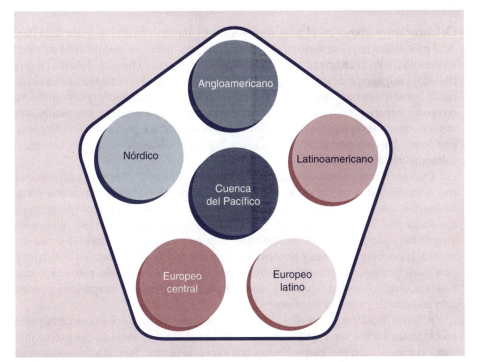

FIGURA 16-5

Grupos socioculturales principales de naciones industrializadas
Fuente: Adaptado de Sincha Ronen y Allen I. Kraut, "Similarities among Countries Based on Employee Work Values and Attitudes", *Columbia Journal of World Business*, verano de 1977, p. 94.

tralia tiene probabilidades de ajustarse más rápidamente que un empleado español con la misma asignación.

El análisis de los grupos socioculturales también brinda una explicación de la complejidad relacionada con la mezcla de prácticas en la Unión Europea. Aunque existen similitudes entre algunos de sus miembros (por ejemplo, en el grupo nórdico), las diferencias culturales son sustantivas en la Unión si se la considera en su totalidad. Estas diferencias en los factores de distancia del poder, masculinidad-feminidad, individualismo-colectivismo, elusión de la incertidumbre y orientación en el tiempo harían pensar que se necesitan prácticas de comportamiento organizacional un tanto variadas y flexibles para tener éxito.[16]

Capacitación antes de la partida   Muchas empresas intentan como mínimo acelerar el ajuste de sus empleados a otro país estimulándolos para que aprendan el idioma de esa nación. Les brindan capacitación al respecto antes de la asignación, e incluso algunas pagan un diferencial de sueldo a empleados expatriados que aprenden ese idioma (una forma de pago basada en los conocimientos). El dominio de otra lengua parece valer la pena en relación con sus costos personales y organizacionales, ya que quien lo posee puede hablar a los empleados en su lengua materna. La fluidez en el idioma de país anfitrión contribuye a la adaptación cultural de dos maneras. En primer término, ayuda a evitar malentendidos que surgirían cuando es necesario que alguien más interprete lo que se comunica. En segundo lugar, genera una mejor impresión del expatriado como alguien que está dispuesto a invertir tiempo y esfuerzo en adaptarse al ambiente local. Hoy, la capacitación antes de la partida con frecuencia incluye la orientación respecto de la geografía, las costumbres, la cultura y el ambiente político en que vivirá el empleado.[17]

Orientación y apoyo en el país anfitrión   El ajuste se facilita después de la llegada al país de destino si se realizan esfuerzos especiales para que se instalen el empleado y su familia. Ello abarcaría la ayuda en vivienda, transporte y compras. Resulta en especial útil la asignación de un mentor que facilite la transición. En ocasiones, es un rol que puede llenar quien ocupaba antes el puesto, si permanece durante un breve periodo para compartir experiencias útiles antes de su transferencia a una nueva asignación. Otro mentor valioso sería alguien del país en cuestión que trabaje para la misma empresa y esté disponible para responder preguntas y brindar consejos relativos al comportamiento culturalmente aceptable.

Otro problema que puede surgir con la transferencia de empleados a otra cultura es que se intensifiquen sus deficiencias de satisfacción de necesidades. Ello ocurre porque tal satisfacción, en el caso de expatriados, es menor que la de empleados que permanecen en su país de origen. Aunque el mudarse a otro país puede ser una oportunidad interesante y que se acompañe de nuevos retos, responsabilidades, autoridad y reconocimiento, la carencia de bienes y servicios básicos interferiría gravemente en el disfrute de esos otros factores. De manera específica, una asignación de trabajo como expatriado podría acompañarse de dificultades económicas, inconvenientes, inseguridad y separación respecto de parientes y amigos.

Incentivos y garantías   A fin de inducir a los empleados para que acepten las asignaciones en otros países, las empresas suelen verse en la necesidad de aumentarles el sueldo y las prestaciones como compensación por los problemas que experimentarán. También es necesario que se garantice al trabajador la asignación de un puesto comparable o mejor en la compañía cuando regrese a su país de origen y que se apreciará su experiencia en el extranjero. Reviste importancia especial que se ponga por escrito anticipadamente la disposición de la empresa a valorar la experiencia del expatriado, ya que algunos administradores en el país de origen podrían sufrir **xenofobia**, es decir, el temor e incluso el rechazo de ideas y objetos que les son extraños. El efecto de este temor puede ser desastroso para el expatriado que regresa a su país, cuyas experiencias internacionales podrían ser devaluadas o incluso rechazadas por los ejecutivos xenofóbicos.[18]

Xenofobia

Preparación para el regreso Es habitual que los empleados regresen a su país natal luego de trabajar en otra nación durante unos tres años, y es necesario que se integren adecuadamente a la organización y se les aproveche. Este proceso se llama **repatriación**. En vez de ello, a menudo tienden a sufrir un choque cultural en su propia nación de origen. El proceso de *reentrada transcultural* puede causar el **choque cultural inverso** (figura 16-4). Después de adaptarse a la cultura de otro país y disfrutar de su carácter singular, es difícil que los expatriados se adapten al entorno de su país natal. La situación se vuelve todavía más difícil con la multitud de cambios que han ocurrido desde que salieron al extranjero. De igual modo que los filósofos dicen que nadie se baña dos veces en el mismo río, también es improbable que el entorno de su país de origen permanezca sin cambios. No sólo se modifica, sino que también es probable que los expatriados idealicen los aspectos positivos de su país mientras están fuera, sólo para sorprenderse de la realidad cuando regresan.

Choque cultural inverso

Además de lo anterior, en el país anfitrión los expatriados suelen disfrutar de estatus más alto, mejor sueldo y privilegios especiales (como servicio doméstico), mientras que a su regreso son simplemente uno más de varios empleados con jerarquía similar en la oficina matriz. Los colegas que permanecieron en su país natal tal vez hayan obtenido promociones, lo cual hace que el repatriado tenga la sensación de que lo "saltaron" y, por lo tanto, ha perdido oportunidades valiosas de progreso. Como se menciona en la figura 16-4, los ejecutivos expatriados con frecuencia mencionan dificultades de autoridad insuficiente en la toma de decisiones y responsabilidades disminuidas después de su repatriación. A manera de ejemplo, 46% de estadounidenses repatriados señala disminución de su autonomía y autoridad cuando regresan a su país natal, mientras que 60 a 70% cita la incertidumbre de no saber siquiera cuál será su nueva asignación.[19] Por consiguiente, las compañías necesitan tener políticas y programas de repatriación para ayudar a que los empleados repatriados obtengan asignaciones idóneas y se ajusten a su "nuevo" entorno.

PRODUCTIVIDAD Y CONTINGENCIAS CULTURALES

El desafío de lograr productividad

La productividad —mejorar la cantidad y calidad de los resultados a igualdad de insumos— es el concepto central que los habitantes de un país necesitan absorber y adoptar para desarrollar su capacidad de progreso. Sin la devoción hacia la productividad, persisten las condiciones de pobreza, ineficacia y desperdicio de recursos naturales, además de que se diluyen las aportaciones de capital. A falta de creencia en la productividad, tener un mayor nivel de estudios simplemente aumenta el deseo de lograr un mejor estatus personal. Si no aumenta la productividad, lo que gane una persona por lo general se logra a expensas de otras.

No obstante lo anterior, es frecuente que los expatriados se den cuenta de que algunos ejecutivos del país anfitrión no entienden la idea de productividad. Incluso los que sí la entienden experimentan dificultades para comunicarla a sus supervisores y trabajadores. No obstante la sencillez de los conceptos de orientación a resultados y productividad (capítulo 1), los gerentes y empleados locales podrían ver la productividad sólo con base en la producción (un aumento neto de los productos, sin importar los insumos). En contraste, los esfuerzos educativos y de publicidad dedicados a la productividad en Europa, Estados Unidos y Japón han llevado a que resurjan el entendimiento y la búsqueda activa de productos de calidad, que satisfagan o excedan las expectativas de los clientes.

La deficiente comprensión de la productividad en otros países se amplía por el hecho de que los gerentes locales a menudo hacen caso omiso de métodos racionales de solución de problemas y toma de decisiones. Tienden a considerar la administración como un arte personal y solucionan los problemas de manera subjetiva y no prestan la debida atención al hecho de si sus decisiones producirán o no el resultado que se pretende. Puesto que estos hábitos de decisión están enraizados firmemente, es difícil cambiarlos, sin importar la calidad de las actividades de comunicación y el número de programas de capacitación que proporcione la casa matriz. El problema se complica todavía más cuando esas decisiones subjetivas no van seguidas de mediciones objetivas para determinar si en realidad aumentaron o no la productividad y la satisfacción de los clientes.

Contingencias culturales

Adaptar las prácticas a la cultura

Los resultados no se logran fácilmente, incluso cuando una nación desea reducir el desperdicio de sus recursos y tener más bienes y servicios para sus ciudadanos. Cada país es diferente, de modo que las prácticas de negocios efectivas en una nación no pueden transferirse directamente a otra. La idea de la **contingencia cultural** significa que las prácticas más productivas en determinado país dependen en gran parte de su cultura. Las ideas que funcionan en la cultura de una nación deben mezclarse con el sistema social, nivel de desarrollo económico y valores de los empleados en el país anfitrión. La lección difícil de aceptar para los administradores expatriados y locales es que ni los enfoques de productividad del país donde está la matriz ni las prácticas tradicionales del país anfitrión se usen de manera excluyente. En vez de ello, debe lograrse un tercer conjunto de prácticas, que integre las ideas más funcionales de ambas naciones. De esta manera, tanto el país anfitrión como la nueva organización obtienen beneficios de las operaciones de la segunda.

Teoría Z Las contingencias culturales se ilustran con la **teoría Z**, modelo interactivo del comportamiento organizacional que propone William Ouchi.[20] La teoría Z es un ejemplo útil de la forma en que las *prescripciones de comportamiento de los administradores deben adaptarse al ambiente cultural de la organización.* Su mezcla de conceptos estadounidenses y japoneses se ha utilizado en muchas compañías de Estados Unidos. Mientras que un modelo japonés puro de prácticas administrativas incluye muchas características que serían inapropiadas en Estados Unidos (sindicatos blancos, las mujeres como trabajadores eventuales y evaluaciones promociones basadas en la antigüedad), *la teoría Z adapta selectivamente algunas prácticas japonesas a la cultura estadounidense.*[21]

Las características distintivas de las compañías que aplican la teoría Z se enumeran en la figura 16-6. Se piensa que el uso del modelo de la teoría Z fomenta las relaciones estrechas, cooperativas y de confianza entre trabajadores, administradores y otros grupos. El concepto central es la creación de un equipo industrial en un ambiente de trabajo estable, en el que se satisfacen las necesidades de afiliación, independencia y control de los empleados al mismo tiempo que las necesidades organizacionales de trabajo de alta calidad. El primer paso en esta dirección es crear y promover una declaración humanista de la filosofía organizacional, la cual servirá de guía para las políticas de la compañía. Muchos gigantes corporativos, como Eli Lilly, Rockwell International y Target, aplican los valores de la teoría Z. Algunos de los ejemplos más visibles de las prácticas administrativas japonesas en acción han ocurrido en las plantas de producción de automóviles en Estados Unidos de las empresas Toyota, Honda y Nissan.

> Al conceder énfasis a la calidad, al trabajo de equipo, a la producción justo a tiempo y a las relaciones industriales cordiales, los gerentes japoneses de la empresa conjunta de Toyota-General Motors en Fremont, California, lograron resultados que difieren considerablemente de otras operaciones de GM. Los niveles de producción de los nuevos automóviles se alcanzaron con la mitad de la fuerza laboral previa, las quejas pendientes disminuyeron de 5 000 a 2 y la tasa de ausentismo se desplomó de 20% a menos de 2%. El director general de recursos humanos afirma: "La filosofía japonesas es hacer que las personas sean importantes",[22] y los resultados parecen apoyar su afirmación.

Pros y contras de la teoría Z

Las evaluaciones de los enfoques de la teoría Z hacen pensar que posee características positivas y negativas. En lo positivo, las empresas que aplican el modelo de la teoría Z han hecho un encomiable intento de adaptación, no trasplante, de las ideas japonesas a su compañía. La teoría Z se basa en la preocupación compartida por las necesidades múltiples de los empleados; está claro que tipifica la tendencia hacia los enfoques sistémico, de apoyo y colegiado mediante decisiones orientadas al consenso. Además, existen datos de que las empresas que aplican la teoría Z han sido y pueden ser más productivas (como en el ejemplo precedente de la planta de Fremont).

La teoría Z de Ouchi no ha estado exenta de críticas.[23] Se ha planteado que no es nueva, sino una mera ampliación de teorías previas que recibieron menos aclamación popular. En especial, la teoría Z parece reflejar los supuestos que subyacen a la teoría Y de McGregor y proporciona un conjunto de prácticas de comportamiento compatibles con esta última. Otros críticos han llegado a la conclusión de que son limitadas las investigaciones que sustentan su eficacia. Quizá la crítica más demoledora es la que indica

FIGURA 16-6

Características habituales de las empresas que aplican la teoría Z

- Empleo a largo plazo
- Carrera no especializada
- Responsabilidad individual
- Interés por la persona en su totalidad
- Sistemas de control menos formales
- Toma de decisiones por consenso
- Ritmo de promociones más lento

que la teoría Z no proporciona criterios de contingencias útiles, que ayuden a los administradores en la decisión de *cuándo* utilizarla y cuándo *no*. Algunas compañías en ciertas industrias, como la electrónica, experimentan dificultades para equilibrar su tendencia a brindar empleos de por vida con la necesidad de ajustar su fuerza laboral conforme a las necesidades del mercado. Por último, los empleados estadounidenses, acostumbrados a promociones frecuentes en giros de rápido crecimiento, podrían sentirse frustrados con el ritmo mucho más lento de promociones en las compañías que aplican la teoría Z (incluso los empleados japoneses están empezando a impacientarse con este sistema). No obstante estos problemas iniciales, el modelo de la teoría Z de Ouchi ha cumplido una función muy importante, al estimular en muchos gerentes el examen de la naturaleza y probable efectividad de su modelo actual de comportamiento organizacional.

Consecuencias administrativas   La idea de la contingencia cultural propone que los ejecutivos expatriados deben aprender a funcionar efectivamente en un nuevo entorno. Aunque tienen que trabajar dentro de los límites de las políticas de su compañía matriz, también deben contar con la flexibilidad suficiente para responder a las condiciones locales. Es necesario adaptar las políticas laborales, las prácticas de personal y los métodos de producción a una fuerza laboral distinta. La estructura y los métodos de comunicación organizacionales deben ser idóneos para la empresa local, además de coordinarse con la oficina matriz y otras filiales. Existen mucho mayores probabilidades de lograr mejoras en la productividad cuando la compañía y sus expatriados se adaptan a las condiciones del país anfitrión.

Mezclar la tecnología con la cultura

Rol integrador de los administradores   Una vez que los ejecutivos están en el país anfitrión, deben dirigir su atención a integrar los enfoques tecnológicos con la cultura local. Cuando es imposible cambiar las prácticas de ésta que interfieren en la productividad, tal vez sería factible evitarlas o integrarlas a un plan de producción modificado. Por ejemplo, si debe aceptarse una siesta de una hora, quizá sea posible escalonar los horarios de siesta de modo que se mantenga en operación el equipo o se brinde servicio continuo a los clientes.

El trabajo de los gerentes internacionales es tratar de mantener, en sus prácticas administrativas, los elementos esenciales de su propia cultura y la del país anfitrión, de modo que los empleados trabajen con la seguridad de algunas prácticas que les son conocidas y también con mayor productividad de la que normalmente se lograría con su cultura. Como lo muestran la experiencia y las investigaciones, el cambio tecnológico también se acompaña de cambio social. La parte tecnológica del cambio se facilita con las herramientas y enfoques lógicos de la ciencia, mientras que la social depende del liderazgo efectivo.

Tanto administradores como técnicos deben abstenerse de su tendencia a establecer complejos sistemas de producción y administrativos en el país anfitrión, similares a los de su tierra natal. Estos sistemas podrían estar más allá de las habilidades o estudios del personal local y sería posible que fueran malentendidos y operados ineficazmente. Un sistema más sencillo quizá funcionaría mejor, como lo muestra la situación siguiente.

> Un especialista en administración de recursos humanos asignado fuera de su patria estableció un complejo sistema de evaluación del rendimiento que incluía 10 elementos, como el que se

usaba en la oficina matriz de Chicago. Los supervisores locales asintieron con la cabeza mientras les impartía instrucciones, de modo que el especialista pensó que todo estaba en orden y le habían entendido completamente. Sin embargo, cuando le devolvieron los formularios de evaluación llenos, observó que los siete supervisores habían calificado exactamente igual a cada empleado en relación con los 10 elementos.

    Las investigaciones revelaron que los supervisores habían asentido con la cabeza porque no querían ofender al especialista, que para ellos era un huésped y un superior, pero que no entendieron el concepto del sistema de evaluación. Además, culturalmente no podían aceptar la idea de juzgar por escrito a sus empleados (que también eran sus vecinos), ya que en tal situación ninguna de las dos partes podría salvarse de sentir vergüenza.

Rol comunitario de los ejecutivos expatriados   Los administradores expatriados deben considerar su rol en la comunidad que los recibe. Aunque por lo general son figuras respetadas y con poder económico considerable, están como huéspedes en el país y tal vez no se integren fácilmente a las estructuras sociales y de poder de una localidad. Incluso si hablan el idioma local y viven en la comunidad durante años, podría ocurrir que no se les acepte plenamente en su estructura social. Debido a su rol marginal y su aislamiento subsiguiente respecto de cuestiones importantes, están en riesgo de malinterpretar gran parte de la estructura de valores de la comunidad. Como resultado de ello, deben ser cautelosos para no traspasar las costumbres locales con un trato excesivamente familiar. Por ejemplo, el español y otros idiomas tienen ciertos pronombres e inflexiones verbales que se usan sólo entre amigos cercanos y parientes. Un gerente estadounidense relató la experiencia siguiente al respecto.

> Me asignaron a un país donde se habla español. He trabajado allí dos años y, puesto que hablo con fluidez ese idioma, sentí que trabajaba bien con la comunidad. En una ocasión, me sentí particularmente halagado cuando uno de los altos ejecutivos locales me invitó a su casa para que conociera a su abuela, quien como matriarca de la familia, era reverenciada. Cuando me la presentaron en circunstancias más bien informales, sin pensarlo hablé con ella tuteándola. De inmediato, el ambiente se congeló y mi visita fue interrumpida rápidamente. Aunque todavía no entiendo qué ocurrió, de regreso a casa pregunté sobre ello al ejecutivo en cuestión, quien respondió en tono emocional que ese tipo de familiaridad no es aceptable en su cultura. Tardé semanas en disculparme a través de los intermediarios necesarios y todavía siento que no me he recuperado socialmente por ese error.

Aunque estos tipos de errores culturales parecerían insignificantes para un fuereño, pueden ser muy importantes para los miembros de una comunidad. Los ejecutivos expatriados no deben formarse una imagen de insensibles a la cultura local o de que desean cambiarla. Es más probable que tengan éxito si logran el equilibrio entre el respeto por la cultura local y su compatibilidad con la cultura de la compañía matriz. Si hacen caso omiso de la cultura local, el desequilibrio resultante interferirá en la productividad. De igual manera, si la empresa se somete por completo a la cultura del país anfitrión, la falta de ajuste con el sistema tecnológico origina pérdidas de eficacia. Debe integrarse la cultura local con la tecnología avanzada.

COMUNICACIÓN TRANSCULTURAL

Además de ser aconsejable aprender a hablar y entender el idioma del país anfitrión, los expatriados deben apreciar las diferencias importantes en la comunicación no verbal. De

Lo que leen los administradores

Los equipos virtuales en la economía globalizada —individuos que trabajan juntos mediante comunicación electrónica a través de las fronteras— son cada vez más comunes en empresas como Shell Oil, Verifone y Nortel Networks. Los autores Duarte y Snyder recomiendan varias estrategias para evitar errores potenciales en los equipos virtuales:

- Que el equipo virtual tenga las conexiones clave con quienes ostentan el poder en la organización para recibir apoyo patrocinadores de equipo, interesados, equipo de apoyo (*stakeholders*) y defensores de su causa.
- Crear un reglamento de equipo claro, con apoyo de los participantes, administradores e interesados clave, en el que se aclaren la misión y los objetivos del equipo.
- Reclutar a miembros de equipo fuertes e informarles sobre su tipo de expectativa de roles, es decir, miembros centrales, miembros de apoyo y otros cuya única función sea revisar y aprobar los resultados.
- Facilitar la incorporación de miembros al equipo y orientarlos respecto de las tareas y otros integrantes, de preferencia, en un contexto cara a cara.
- Decidir sobre un proceso de equipo para intercambiar y compartir información, así como administrar el trabajo.

Fuente: Deborah Duarte y Nancy Tennant Snyder, *Mastering Virtual Teams: Strategies, Tools, and Techniques That Succeed*, San Francisco, Jossey-Bass, 1999.

---

no ser así, se arriesgan a cometer errores graves que podrían dañar su relación con los empleados, socios, clientes y proveedores. Las áreas en que podrían diferir las orientaciones a la **comunicación transcultural** incluyen los contrastes en el valor relativo que se concede al uso eficaz del tiempo, hábitos de pensamiento, valor asignado a prever el futuro, necesidad de espacio personal, contacto visual, aspecto físico, postura, gestos, significado del silencio y legitimidad del contacto físico. Estos factores hacen que sea muy difícil comunicarse efectivamente con otra persona en un contexto internacional. Por consiguiente, se trata de factores de contingencia importantes, que deben sopesar con mucho cuidado los administradores.

No obstante el hecho de que sea aconsejable que los ejecutivos estadounidenses aprendan el idioma del país anfitrión para los negocios, se ha establecido la tendencia contraria, es decir, la aceptación creciente del inglés como idioma de los negocios en Europa. Hoy, habla inglés 69% de los ejecutivos en Europa occidental, amén de que más de 90% de los estudiantes europeos cursa el inglés como asignatura. ¿Qué factores han estimulado este uso generalizado? Aunque existen diversas explicaciones, se menciona su rico vocabulario y capacidad de cambio, así como su poderosa fuerza tecnológica, por ejemplo, la influencia del correo electrónico e Internet, en el que el inglés es el común denominador en el campo de los negocios.[24]

Administradores transculturales

Se necesitan empleados transculturales

Es evidente que debe prestarse mucha atención a la preparación cultural de los empleados expatriados. Con el paso del tiempo, es posible preparar cuadros de empleados con adaptabilidad transcultural en organizaciones con operaciones internacionales de gran magnitud. Se trata de **empleados transculturales**, ya que trabajan efectivamente en varias culturas. Tienen nivel bajo de etnocentrismo y se adaptan con facilidad a culturas distintas, sin sufrir choque cultural de importancia. Es usual que se comuniquen con fluidez en varios idiomas.

Consejos a futuros administradores

1. Aprender tanto como sea posible acerca de diversas culturas, tanto nacionales como extranjeras.
2. Tener relaciones de colaboración (aprendizaje conjunto) a intervalos regulares con colegas extranjeros.
3. Participar en la capacitación transcultural y de la diversidad.
4. Entrevistar a personas que fueron expatriadas, así como a extranjeros que trabajan en su país, para aprender de sus valiosas experiencias.
5. Empezar hoy mismo a adquirir fluidez por lo menos en otro idioma.
6. Identificar a un mentor que esté dispuesto a asesorarle sobre temas transculturales y tenga la capacidad para hacerlo.
7. Examinar las características culturales (por ejemplo, individualismo-colectivismo) del país al cual es más probable que sea asignado.
8. Luchar conscientemente por evitar los problemas de comportamiento de la xenofobia, etnocentrismo, etcétera.

Los empleados transculturales son necesarios en las grandes compañías multinacionales que operan en diversos países. A fin de que una empresa sea de veras multinacional, debe tener propiedad, operaciones, mercados y administradores bien diversificados, sin predominio franco de ninguno de estos cuatro elementos en ningún país. Sus líderes ven en el mundo una unidad económica y social; pero reconocen cada cultura local, respetan su integridad, aceptan sus beneficios y aprovechan sus diferencias en la compañía.

RESUMEN

El mundo de los negocios se ha convertido en una sola economía global. Muchas empresas estadounidenses se han vuelto multinacionales con la ampliación de sus operaciones a otros países. De igual modo, las compañías de esos países han ampliado sus operaciones a Estados Unidos y otras partes. Sus ejecutivos se topan con una amplia variedad de ambientes sociales, legales, éticos, políticos y económicos, así como con las diferencias individuales correspondientes. Entre muchos otros factores, la dificultad para entender el punto de vista local acerca de la productividad puede ser una barrera importante para el mejoramiento. Sin embargo, cuando los ejecutivos expatriados son efectivos, ayudan a crear el efecto multiplicador de la capacitación, con el que proporcionan habilidades que se multiplican muchas veces en el país anfitrión.

Los empleados que llegan a otro país suelen tener dificultades para adaptarse en virtud de su mentalidad provinciana o etnocentrismo, o a causa de diferencias por la distancia cultural entre las naciones. El choque cultural es una posible barrera para el éxito, si bien es posible prevenirlo o minimizarlo mediante la selección cuidadosa, las asignaciones compatibles, la capacitación previa a la partida, y con orientación y apoyo. Los empleados repatriados también necesitan atención, de modo que su regreso genere pocos problemas y sea productivo.

Los administradores expatriados deben reconocer que sus prácticas de comportamiento organizacional no pueden transferirse directamente de una nación a otra, en particular si el país anfitrión está menos desarrollado. Es necesario adaptar los modelos de comprensión y administración del personal a la cultura social de que se trate. Los mejores resultados ocurren cuando no se aplican sólo ni las prácticas del país de origen ni las del país anfitrión. La teoría Z es un ejemplo de enfoque organizacional que integra las ideas más funcionales de ambos conjuntos de prácticas existentes. Los gerentes transculturales —los que se adaptan con éxito a diversas culturas y logran el objetivo de mejorar la productividad— serán cada vez más necesarios.

Términos y conceptos para revisión

- Choque cultural
- Choque cultural inverso
- Colectivismo
- Comunicación transcultural
- Contingencia cultural
- Culturas de contexto alto
- Culturas de contexto bajo
- Distancia cultural
- Distancia del poder
- Efecto multiplicador de la capacitación
- Elusión de la incertidumbre
- Empatía cultural
- Empleado transcultural
- Etnocentrismo
- Expatriado
- Individualismo
- Mentalidad provinciana
- Multiculturalismo
- Organizaciones geocéntricas
- Organizaciones multinacionales
- Orientación de corto plazo
- Orientación de largo plazo
- Repatriación
- Sociedades femeninas
- Sociedades masculinas
- Teoría Z
- Xenofobia

Preguntas para análisis

1. Seleccione un país que se haya mencionado recientemente en las noticias. Busque información acerca de sus factores sociales, legales, éticos, políticos y económicos clave, útiles para que un administrador, que está a punto de mudarse a ese país, entienda su cultura.
2. Identifique compañías de su región geográfica que sean multinacionales. ¿En qué partes del mundo operan? ¿Hace poco que se volvieron multinacionales? Si es posible, invite a un representante de una de esas empresas para que hable ante la clase acerca de políticas, experiencias y problemas con que se ha topado la empresa en sus operaciones multinacionales.
3. Examine los cinco factores que constituyen las principales diferencias individuales entre culturas (como la distancia del poder). ¿Hasta qué punto encaja usted en la imagen de una persona de su país respecto de esas dimensiones? ¿Podría trabajar con alguien que tenga características opuestas?
4. Analice los efectos de la mentalidad provinciana o etnocentrismo. ¿Cómo se comportarían los empleados si tuvieran esa característica? ¿Cómo respondería a trabajadores de otro país si mostraran esos rasgos?
5. Piense en una circunstancia en la que haya experimentado el choque cultural. ¿Cómo reaccionó? ¿Habría sido posible que lo anticipara mejor y lo evitara? ¿Es posible experimentar el choque cultural con sólo viajar por su país? Explique sus respuestas.
6. Evalúe las diversas recomendaciones para minimizar o superar las barreras para la adaptación cultural. ¿Cuáles tendrían mayores probabilidades de éxito?

7. ¿Quién cree que sufrirá el choque cultural más intenso cuando se muda a un nuevo país, el empleado expatriado o su cónyuge? ¿Por qué?
8. Haga varias sugerencias para prevenir o al menos minimizar el problema de la repatriación (choque cultural inverso).
9. ¿Por qué el concepto de la orientación a resultados (énfasis en la productividad) es difícil de asimilar para algunos empleados en los países anfitriones? ¿Dónde sería más fácil de explicar su necesidad, en una nación petrolera u otra con recursos naturales muy limitados? Explique sus respuestas.
10. En la teoría Z, se adaptan algunas prácticas administrativas japonesas al entorno estadounidense. Especule acerca de las razones por las que algunos empleados estadounidenses que trabajan para una compañía que aplica la teoría Z se resistan a esas prácticas. Ahora, intente crear un modelo de la teoría ZZ, en el que se adapten ciertas prácticas estadounidenses al ambiente y cultura japoneses. ¿Cómo sería la teoría ZZ y de qué manera sería recibida?

Evalúe sus propias habilidades

¿Qué tan buenas son sus habilidades de administración intercultural?

Lea cuidadosamente las afirmaciones siguientes. Marque con un círculo, en la escala de respuestas, el número que refleje mejor el grado en que cada afirmación lo describe con exactitud cuando intenta administrar el comportamiento transcultural. Sume el total de puntos y prepare un breve plan de acción para su mejoramiento personal. Esté listo para señalar su calificación con fines de tabulación ante la clase.

	Descripción satisfactoria								Descripción insatisfactoria
1. Puedo adaptarme a los diferentes niveles de ética laboral con que me topo en las diversas culturas.	10	9	8	7	6	5	4	3	2	1
2. Pienso que las expatriadas pueden ser tan efectivas como los expatriados.	10	9	8	7	6	5	4	3	2	1
3. Soy sensible a la necesidad que tienen las personas de todas las culturas, en particular las de culturas colectivistas, de guardar las apariencias.	10	9	8	7	6	5	4	3	2	1
4. Puedo evaluar las diferencias entre culturas nacionales con base en los cinco factores clave (como la distancia del poder o la elusión de la incertidumbre).	10	9	8	7	6	5	4	3	2	1
5. Me sentiría a gusto en igual grado trabajando tanto en culturas de										

	contexto alto como en las de contexto bajo.	10	9	8	7	6	5	4	3	2	1
6.	Hablo con fluidez por lo menos dos idiomas.	10	9	8	7	6	5	4	3	2	1
7.	Puedo mostrar un grado considerable de empatía cultural por cualquier país que visite o donde trabaje.	10	9	8	7	6	5	4	3	2	1
8.	Estoy consciente de las etapas habituales del choque cultural y pienso que podría pasar a la etapa de adaptación con prontitud razonable en otra cultura.	10	9	8	7	6	5	4	3	2	1
9.	Sé cuáles países tienden a formar grupos socioculturalmente similares.	10	9	8	7	6	5	4	3	2	1
10.	Puedo enumerar las características y ventajas del modelo de teoría Z de la administración.	10	9	8	7	6	5	4	3	2	1

Calificación e interpretación   Sume el total de puntos de las 10 preguntas. Anótelo aquí _____ y señálelo cuando se le solicite.

- Si obtuvo de 81 a 100 puntos, parece tener la capacidad adecuada para demostrar buenas habilidades de administración intercultural.
- Si obtuvo de 61 a 80 puntos, debe revisar los elementos con calificación baja y explorar la forma de mejorarlos.
- Si obtuvo menos de 60 puntos, debe estar consciente de que sus debilidades en relación con varios elementos podrían ser nocivas para su éxito futuro como administrador transcultural. Le instamos a que relea las secciones pertinentes del capítulo y busque material relacionado en capítulos ulteriores y en otras fuentes.

Ahora, identifique sus tres calificaciones más bajas y escriba los números de preguntas aquí: _____, _____ y _____. Redacte un párrafo breve, en que detalle para usted mismo un plan de acción de cómo mejoraría cada una de esas habilidades.

Incidente

Piedmont Compan

Piedmont Company es una importante empresa manufacturera multinacional con filiales que operan en diversas naciones de todo el planeta. Su oficina central está en Estados Unidos, si bien ha enviado administradores expatriados a trabajar en sus diversas sucursales. La compañía realizó hace poco una encuesta entre sus administradores de nivel intermedio para determinar sus niveles relativos de satisfacción de necesidades en el trabajo. Los resultados de la encuesta se muestran en el cuadro siguiente:

Nivel aproximado de satisfacción de necesidades de los administradores intermedios estadounidenses en Estados Unidos y sucursales de otros países

Elementos de la encuesta	Administradores en Estados Unidos	Administradores expatriados (originarios de EUA) en sucursales
Satisfacción con		
Seguridad en el trabajo	Alta	Moderada
Oportunidad de amistades	Alta	Baja
Sensación de autoestima	Alta	Moderada
Prestigio en la compañía	Moderada	Moderada
Prestigio en la comunidad	Moderada	Alta
Oportunidades de autonomía	Moderada	Alta
Nivel de autoridad	Baja	Alta
Sensación de logros	Moderada	Moderada
Sensación de realización personal	Baja	Moderada

Preguntas

1. Analice los resultados e indique su interpretación de los tipos de problemas existentes. Brinde posibles explicaciones de ellos.
2. Prepare un conjunto de recomendaciones para solucionar o disminuir los problemas que identificó.
3. Especule acerca de cuáles serían los resultados si se hubiera encuestado a empleados que no desempeñan funciones de supervisores en cada país. ¿En qué basa sus conclusiones?

Adaptabilidad a una asignación multicultural

Ejercicio de experiencia

Suponga que lo contrató una empresa que opera en muchos países. Su primera asignación de trabajo lo llevará fuera de su país durante casi tres años y se iniciará en 30 días a partir de la fecha.

1. Repase el análisis en el texto de la mentalidad provinciana, etnocentrismo y choque cultural. Piense en el grado en que con seguridad mostraría cada una de estas barreras a la adaptación cultural y registre su respuesta en la parte superior del cuadro siguiente. Luego, en la parte inferior del mismo cuadro, indique el grado en que esperaría sinceramente tener dificultades para adaptarse a la cultura de cada uno de los seis grupos socioculturales que se mencionan.

Parte siete *Aspectos emergentes del comportamiento organizacional*

	Grado bajo						Grado alto
Barrera							
Mentalidad provinciana	1	2	3	4	5	6	7
Etnocentrismo	1	2	3	4	5	6	7
Choque cultural	1	2	3	4	5	6	7
Grupos socioculturales	1	2	3	4	5	6	7
Angloamericano	1	2	3	4	5	6	7
Latinoamericano	1	2	3	4	5	6	7
Europeo latino	1	2	3	4	5	6	7
Nórdico	1	2	3	4	5	6	7
Europeo central	1	2	3	4	5	6	7
Cuenca del Pacífico	1	2	3	4	5	6	7

2. Comparta sus evaluaciones personales con el resto de la clase. (Debe crearse una distribución de frecuencia de las respuestas.) Explique por qué existen diferencias entre los miembros de la clase y las consecuencias de la respuesta general acerca de la capacidad de los participantes para convertirse en empleados transculturales. ¿Qué podría hacer usted o su patrón para mejorar sus probabilidades de éxito, a la luz de sus evaluaciones?

Parte ocho

Problemas de casos

INTRODUCCIÓN

Los problemas de casos son un medio útil para poner a prueba y aplicar algunas ideas de este libro de texto. Acercan la realidad a los conceptos abstractos del comportamiento organizacional. Todos los problemas de caso siguientes son situaciones de la vida real, obtenidas mediante investigaciones de caso. Aunque se modificaron algunos detalles, ninguno de ellos es ficticio. Se cambiaron los nombres y toda similitud con personas reales es mera coincidencia.

En estos casos, se hace énfasis en la toma de decisiones, es decir, terminan en un punto donde los administradores o empleados tienen que tomar ciertas decisiones. En muchos de los casos, se resaltan problemas de decisión de los ejecutivos. Es frecuente que las decisiones se basen en la pregunta: ¿Tengo un problema? Si la respuesta es afirmativa, continúa el análisis: ¿Cuáles son los problemas que existen? ¿Por qué existen problemas? ¿Qué puede hacerse respecto de ellos con los recursos limitados que se tienen (es decir, qué opciones hay disponibles)? Por último, ¿qué *debe* hacerse para resolver este problema específico en esta organización específica? La toma de decisiones basada en las respuestas a estas preguntas es la realidad que todos los administradores enfrentan en la situaciones operativas. No hay forma de escapar de ella.

Incluso las personas que no planean ser ejecutivos pueden ganar mucho con el análisis de estos casos, ya que todos los empleados necesitan desarrollar sus propias habilidades analíticas del comportamiento humano para trabajar exitosamente con sus compañeros y *con los administradores* de las organizaciones. Al ponerse en el lugar del empleado en un caso dado, podría preguntarse: ¿Por qué mis compañeros actúan como lo hacen en esta situación? ¿Por qué los gerentes actúan así en este caso? ¿Acaso mi comportamiento causó estas acciones? ¿Cómo puedo cambiar mi comportamiento para trabajar mejor en la empresa y con mis compañeros, de modo que alcance con más facilidad mis objetivos?

Puesto que en estos problemas de caso se describen situaciones reales, incluyen prácticas adecuadas e inadecuadas. Se trata de casos que no se presentan como ejemplos de buena administración, comportamiento organizacional efectivo, mala administración o comportamiento organizacional inefectivo. El lector debe juzgar por sí mismo al respecto. El valor principal de estudiar estos casos reside en el desarrollo de herramientas analíticas y la aplicación de los conocimientos del comportamiento organizacional a la solución de problemas retadores.

Caso 1

El equipo de trabajo virtual

T. A. Stearns era un despacho de contabilidad fiscal que operaba en el nivel nacional y cuyo principal negocio era su popular servicio de preparación de declaraciones de impuestos para personas físicas. Su reputación superior se basaba en la alta calidad de su asesoría y la excelencia de sus servicios. Las bases de datos y herramientas de análisis computarizadas excelentes que sus agentes usaban para asesorar a los clientes eran clave en el logro de su reputación. Estos programas fueron desarrollados por individuos altamente capacitados, por lo general abogados y contadores fiscalistas que habían adquirido conocimientos de programación.

Los programas que ellos generaban eran muy técnicos tanto en lo referente a las leyes fiscales como el código en que estaban escritos. Perfeccionarlos requería conocimientos de programación y de leyes. Las nuevas leyes y la interpretación de las existentes tenían que integrarse rápida y correctamente en las herramientas de análisis y reglamentos existentes.

Esa tarea la llevaba a cabo un equipo virtual de cuatro programadores en el área metropolitana de Boston. Cuatro sitios de trabajo estaban conectados entre sí y con la compañía mediante correo electrónico, teléfono y software de videoconferencias. Las juntas formales de los programadores tenían lugar sólo unas cuantas veces por año, si bien en ocasiones se reunían informalmente fuera de esas ocasiones programadas.

En párrafos siguientes, se describe a los miembros del equipo de trabajo virtual.

Tom Andrews era un abogado fiscalista titulado en la Universidad Estatal, donde también fue jugador de hockey. A sus 35 años de edad, había trabajado en programas durante seis años y era el miembro del grupo con mayor antigüedad. Además de sus responsabilidades de diseño, era el enlace principal con la compañía. También tenía la

---

Este caso lo preparó Rae André y se usa con autorización del autor. © 1999. Todos los derechos reservados.

responsabilidad de capacitar a los nuevos integrantes del grupo. Era soltero y cultivaba los terrenos de su granja en el sur de Nueva Hampshire, donde también cazaba y pescaba en su tiempo libre.

Cy Crane era un contador fiscalista de 32 años de edad con estudios en ciencias de la computación en la Universidad Estatal, casado y con dos hijos, de 4 y 6 años. Su esposa trabajaba tiempo completo en un despacho de abogados del centro de Boston, mientras que él alternaba entre la cocina y su computadora en su hogar de un suburbio de Boston. En su tiempo libre, disfrutaba de andar en bicicleta y pescar.

Marge Dector era una abogada fiscalista de 38 años titulada en la Universidad No Estatal, casada y con dos hijos, de 8 y 10 años de edad. Su esposo trabajaba tiempo completo como ingeniero eléctrico con un contratista militar local. Marge vivía y trabajaba en su hogar de un suburbio de Boston y le gustaban el golf y el esquí.

Megan Harris, contadora fiscalista de 28 años de edad titulada en la Gran Universidad, era soltera. Se había mudado recientemente Boston para aprovechar la amplia gama de oportunidades en su especialidad y disfrutar de la belleza de Nueva Inglaterra. Trabajaba en su departamento frente a la bahía.

Como parte de su trabajo, estas cuatro personas intercambiaban mensajes de correo electrónico varias veces por día y era usual que cualquiera de ellos dejara por un momento a sus invitados o hijos para conectarse y ver si había algún mensaje. Era frecuente que los mensajes de correo electrónico resultaran divertidos y relacionados con el trabajo. En ocasiones, se ayudaban mutuamente con su trabajo, por ejemplo, cuando alguno de ellos tenían un hijo enfermo y debía cumplir una fecha límite. De vez en cuando, Tom invitaba a los demás a su granja, de igual modo que Marge y Cy reunían a sus familias para cenar. Una vez por mes, todo el grupo almorzaba junto.

Los cuatro eran empleados asalariados y, de conformidad con la costumbre en la compañía, cada uno negociaba su sueldo por separado y en secreto con la administración. El factor importante de su compromiso con el trabajo era la flexibilidad. Aunque se requería que se conectaran con regularidad durante cada jornada laboral, podían dedicarse a laborar cuando les resultara conveniente. En sus reuniones, con frecuencia hacían bromas relativas a los administradores y empleados que tenían que estar en las oficinas durante un horario específico, llamándolos "esclavos del horario", mientras que ellos mismos se calificaban como "agentes libres".

Cuando se pedía a estos programadores que realizaran un cambio importante en el programa, era frecuente que desarrollaran herramientas de programación, llamadas macroinstrucciones, que les ayudaban a realizar con mayor eficacia su trabajo. Las macroinstrucciones aceleraban mucho la rapidez con que podía integrarse un cambio a los programas. A Cy le gustaba particularmente trabajar con macroinstrucciones. Por ejemplo, en un proyecto reciente, se obsesionó con la perspectiva de crear un atajo de teclado que le ahorraría mucho tiempo. Una semana después de entregar el código y las notas de liberación a la compañía, Cy comentó a Tom que haya creado una nueva macroinstrucción, la cual le había ahorrado ocho horas de trabajo en esa semana. Cy añadió: "Las olas están buenas y quiero estar en la playa". Aunque Tom se mostró escéptico respecto de la macroinstrucción, después de probarla en su propio trabajo se dio cuenta de que en realidad le permitía ahorrar mucho tiempo.

T. A. Stearns tenía un programa de sugerencias de empleados que recompensaba a quienes aportaran innovaciones que ahorraran dinero a la compañía. El programa concedía a los empleados 5% de los ahorros logrados con su innovación durante un periodo de tres meses. Además, contaba con un plan de reparto de utilidades. Tom y Cy sentían que el poco dinero que habían obtenido con una recompensa de la compañía no era equiparable con el tiempo libre que habían logrado por la macroinstrucción. Querían tener tiempo para diversiones o para brindar otros servicios de asesoría, además de que estaban de acuerdo en que, puesto que el dinero provenía de las utilidades, en realidad salía de una u otra manera de los bolsillos de los empleados. Parecían tener pocos incentivos para compartir su innovadora macroinstrucción con la administración.

Además de lo anterior, Tom y Cy pensaban que el grupo se vería afectado si los ejecutivos se enteraban de su innovación. Sería posible que el trabajo se hiciera tan rápidamente que sólo fueran necesarios tres programadores. Si los gerentes se enteraban acerca de la macroinstrucción, uno de los programadores probablemente se quedaría sin trabajo y los otros tres tendrían que trabajar más.

Cy y Tom decidieron que no tenían incentivos suficientes para informar a la compañía acerca de la macroinstrucción. Sin embargo, se estaba iniciando la temporada de más trabajo y sabían que todos los miembros del grupo estarían estresados por ello. Decidieron distribuir la macroinstrucción a los demás miembros del grupo y hacer que juraran mantener el secreto.

Un día, durante el almuerzo, el grupo estableció un nivel de producción que en su opinión no despertaría sospechas de los administradores. Pasaron varios meses y el grupo usó una parte del tiempo que le sobraba para mejorar todavía más la calidad de su trabajo. Utilizaron el resto del tiempo sobrante para sus propios intereses personales.

Dave Regan, administrador del grupo de trabajo, se dio cuenta de la innovación varias semanas después de que la empezaron a aplicar. Se preguntaba por qué el tiempo de producción había disminuido un poco, mientras que la calidad había aumentado, y su primer indicio de la respuesta fue cuando vio un mensaje de correo electrónico de Marge a Cy, en que agradecía a éste haberle ahorrado tanto tiempo con su "brillante inteligencia". No queriendo avergonzar a su grupo de empleados, el administrador dio a entender a Tom que quería saber qué estaba ocurriendo, sin que obtuviera una respuesta satisfactoria. No contó sobre sus sospechas a su propio superior, con base en el razonamiento de que con el aumento de la calidad y productividad en realidad no había necesidad de profundizar más en el asunto.

Un buen día, Dave escuchó que Cy presumía acerca del truco a un miembro de otro grupo de trabajo virtual de la compañía. De repente, la situación parecía haberse salido de control. Dave invitó el almuerzo a Cy y le pidió que explicara qué ocurría. Cy le comentó sobre su innovación, insistiendo en que la acción del grupo estaba justificada para proteger al grupo mismo.

Dave sabía que su propio superior pronto se enteraría de esa situación y que pediría respuestas, pero a él.

Guías de estudio

1. ¿Por qué este grupo es un equipo?
2. ¿Qué características del equipo lo predisponen a tomar decisiones inefectivas?
3. ¿Cuáles son las características de pensamiento de grupo que se manifiestan en el equipo de trabajo?
4. ¿Ha sido Dave un líder del grupo efectivo? ¿Qué debe hacer ahora?

Caso 2

El hospital escuela

El doctor Robert Uric era jefe de la unidad de medicina renal en un gran hospital escuela y facultad de medicina de una universidad. Este hospital escuela, que también era el centro médico regional, tenía más de 1 000 camas y era considerado una institución médica de prestigio.

Existía una corriente subterránea y constante de hostilidad y competencia entre el hospital y la facultad. Las dos instituciones, una universidad estatal y un hospital con patrocinio estatal, sólo tenían en común a un alto funcionario, el rector. Desde él hacia abajo, la organización se dividía en dos partes, con la facultad de medicina y sus profesores y los de enfermería por un lado, y los administradores del hospital, personal de apoyo hospitalario y personal de servicios auxiliares por el otro (figura 1).

El edificio, diseñado en forma de H, guardaba paralelismo y acentuaba la estructura organizacional. La facultad de medicina iba de Este a Oeste, con 10 pisos en el ala norte, y el hospital en la misma dirección, con ocho pisos en el ala sur. Los conectaba únicamente la barra transversa de la H, un corredor sin oficinas que unía a la facultad de medicina y hospital en los primeros seis pisos.

Una gran parte del problema residía en la naturaleza inusual de la administración financiera. Los médicos, como profesores, recibían un salario fijo por sus servicios a los pacientes. Pero, éstos se les facturaban como servicios profesionales, si bien los ingresos (que no se pagaban a los médicos) se asignaban a fondos departamentales que se desembolsaban a discreción de los jefes de departamento. Por otra parte, el hospital entregaba al gobierno estatal todos sus ingresos por concepto de atención de pacientes y luego

Prepararon este caso Roberta P. Marquette y Michael H. Smith con la supervisión de Theodore T. Herbert. No se pretende que el caso refleje prácticas técnicas o administrativas efectivas o inefectivas; se preparó sólo para discusión en clase. Copyright Theodore T. Herbert, Crummer Graduate School of Business, Rollins College, Winter Park, FL 32789.

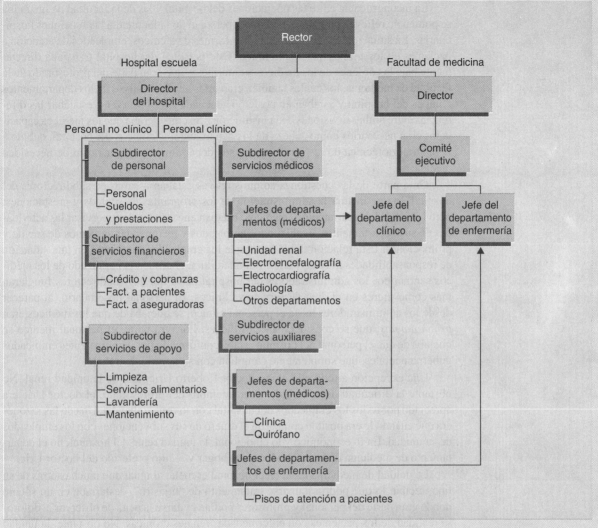

FIGURA 1

Organigrama del hospital escuela-facultad de medicina

tenía que solicitar a dicho gobierno cada centavo de ingresos operativos que recibía y justificar los gastos que hacía.

Las subvenciones complicaban todavía más la situación, especialmente en el área de sueldos. Los empleados del hospital eran trabajadores del servicio civil, regulados estrictamente por clasificaciones de puestos y escalafones de salarios, sin que se hicieran excepciones. Sin embargo, los profesores de la facultad de medicina con frecuencia podían aprovechar las subvenciones para complementar su sueldo de escalafón, contratar personal con sueldos más altos o proporcionar incentivos monetarios aparte del salario. Debido a la flexibilidad financiera, las condiciones de trabajo frecuentemente eran mejores en la facultad de medicina, cuyo personal tenía dinero para más equipos, más viajes e incluso más fiestas.

Parte ocho *Problemas de casos*

La incongruencia entre las operaciones del hospital y las de la facultad de medicina se ponían de relieve con la integración del personal de la facultad a las funciones hospitalarias. La situación se agravaba con los informes de técnicos, empleados de atención a pacientes en los pisos y personal clínico. Este personal del hospital trabajaba directamente bajo las órdenes de los médicos y enfermeras que eran parte del profesorado de la facultad de medicina, los cuales también eran jefes administrativos de los departamentos clínicos del hospital y estaban en posición adecuada para observar y escuchar las diferencias entre ambas divisiones de la institución. (Se consideraba que los médicos capacitados eran necesarios como cabeza de los departamentos clínicos del hospital, debido a la naturaleza técnica de las funciones de sus departamentos y por razón de necesidad médica.)

Gran parte de las cuestiones administrativas estaban a cargo de subdirectores del hospital, lo que incluía la administración de los programas de sueldos y prestaciones; pero los jefes de departamento (médicos) estaban encargados de supervisar las actividades de sus departamentos, evaluar a los empleados y recomendar aumentos de sueldo y promociones. Esta relación doble hacía que los empleados estuvieran en una situación de responsabilidades muy divididas. Por añadidura, el desdén generalizado de los médicos sentían por los administradores del hospital hacía que los subdirectores fungieran más como títeres en el área de servicios clínicos. El personal hospitalario, al parecer desde los administradores hasta el personal clínico, se quejaba de que los médicos eran *prima donnas*, que se consideraban casi dioses. Por otra parte, el personal médico se quejaba de que el personal del hospital estaba conformado por incompetentes empleados gubernamentales, que simplemente cumplían con su horario de trabajo.

Una excepción a todo ello era el doctor Roberto Uric, jefe de la unidad renal. No obstante la dificultad de su trabajo y ser miembro del profesorado, el doctor Uric era apreciado por todos los empleados del hospital con los que trabajaba. Una de las razones era que cuando le era posible compartía el dinero de sus subvenciones con los empleados de su unidad. En lo económico y lo emocional, la unidad renal del hospital, no el departamento de medicina de la facultad, eran el hogar y el hijo preferido del doctor Uric.

La unidad de medicina renal en el hospital escuela, al igual que muchas otras de su tipo, recibía lo que podría llamarse tratamiento de "hijastro", desterrada en un sótano donde gran parte del personal y profesores podían evitarse la pena de observar la dolorosa realidad de los pacientes con enfermedades renales crónicas. No obstante, la unidad renal *era* un sitio agradable. El personal, bajo la dirección del doctor Uric, mantenía una alta moral, bastante alta a la luz del carácter desesperado de muchos casos y las muertes frecuentes de pacientes que asistían durante años a la unidad y, con el paso del tiempo, casi se convertían en miembros de una gran familia. El trabajo que realizaba el personal de la unidad —residentes, internos y técnicos por igual— era apreciado sinceramente por los pacientes y sus familiares, además de que maravillaba al resto de los profesores y personal, que estaban familiarizados con las condiciones tipo calabozo de la unidad renal. De hecho, el doctor Uric mismo era una especie de maravilla.

En las tardes de clima agradable, podía vérsele caminar por los campos, con un emparedado y refresco en la mano, seguido de media docena de estudiantes, enseñando al estilo Sócrates entre abedules y ardillas. Llevar su almuerzo en una bolsa de papel de estraza no era la única peculiaridad del doctor Uric; circulaban muchas leyendas, incluida una que narraba que en una ocasión lo multaron por descender a exceso de velocidad en su bicicleta por una de las colinas del campus. Además, mediante quienes lo conocían en la unidad renal, empezaron a difundirse otro tipo de historias, relatos de fiestas de viernes por la noche con mucho alcohol y lo que es peor, rumores de una cena mensual en que se daba muerte indolora a los animales de experimentación cuyos trasplantes fracasaban y luego se los cocinaba sobre mecheros de Bunsen.

Otros profesores pensaban que el doctor Uric era una fuente constante de vergüenza e incomodidad. Sus acciones "no eran dignas"; para ser un médico investigador, se involucraba excesivamente con sus pacientes. De hecho, lloraba abiertamente cuando fallecía un paciente (¡qué actitud tan poco profesional!). Sin embargo, era un buen director de medicina renal, un profesor excelente y, después de todo, un motivo de bromas en la institución.

Todo eso cambió con Flower Life.

Al doctor Uric le daban varias subvenciones federales del organismo National Institutes of Health (NIH) para sus investigaciones sobre trasplantes renales. Las había iniciado de manera activa en el mismo primer año después de asumir el cargo en la unidad renal. Al no ser el tipo de hombre fascinado por cuestiones académicas, casi se obsesionó con la necesidad de respuestas cuando vio que sus pacientes sufrían y morían por la falta de disponibilidad de tratamientos. Empezó por resolver problemas pequeños e individuales de pacientes específicos y luego generalizó y publicó las soluciones. Con la confianza adquirida por sus éxitos iniciales, solicitó y obtuvo una subvención para empezar a trabajar en los grandes problemas que enfrentan los pacientes con insuficiencia renal crónica.

Un problema importante en el caso de los trasplantes es mantener la perfusión adecuada del riñón (mantenerlo vivo y lleno de líquido) entre el donador y receptor, problema al cual se dedicó el doctor Uric. Durante su trabajo de investigación, descubrió un líquido que se absorbía mucho más rápidamente que el agua en el nivel celular. Aunque las pruebas demostraron que era inefectivo como solución de perfusión, el buen doctor tuvo la idea de que si las plantas absorbían líquidos como lo hacían las células humanas, serviría para flores cortadas y prolongaría su vida. Después de encontrar la combinación adecuada de líquidos y una sustancia ácida que impediría el cierre del extremo cortado del tallo, llegó a la conclusión de que tenía un producto superior a cualquiera de los existentes en el mercado.

De conformidad con los requisitos de la subvención, el doctor Uric informó sobre su descubrimiento al organismo NIH. Los funcionarios de éste le contestaron que no les interesaba el líquido. Era propiedad de la universidad. Sin embargo, cuando Uric lo mencionó a los funcionarios universitarios, éstos sonrieron de manera condescendiente y le dijeron que podría conservarlo. Como no era un hombre que se desalentara fácilmente, lo ofreció a un gran fabricante de productos para jardinería. La compañía lo compró, lo llamó Flower Life y empezó a obtener millones de dólares de utilidades. Repentinamente, el organismo NIH cambió de opinión y presentó una demanda. La noticia salió en los periódicos, primero en los locales, luego los regionales y finalmente en los nacionales; sobra decir que el doctor Uric fue motivo de incontables bromas.

El doctor Uric y sus peculiaridades habían dejado de ser una broma interna y el profesorado se empezó a preocupar por la reputación de la facultad. En la siguiente junta del comité ejecutivo, los jefes de departamentos clínicos analizaron la situación con el director de la facultad y sugirieron que podría asignarse un puesto menos visible al doctor Uric hasta que el asunto pasara a segundo plano. El director estuvo de acuerdo. El comité ejecutivo consideró necesario moverse con cuidado; después de todo, Uric era muy popular entre los estudiantes y el personal. La medida no debería parecer una persecución. El comité finalmente decidió acercarse al rector con un plan para establecer un nuevo puesto de investigación en medicina. Apoyado por el rector y con el financiamiento que donaron otros departamentos, se aprobó el plan y se ofreció rápidamente el puesto a Uric. Aunque al principio lo rechazó, se le aclaró sutilmente que si esperaba el apoyo de la universidad en el litigio inminente tendría que ayudar rodeándose de un aire de respetabilidad. El doctor Uric aceptó y, con gran aumento de sueldo, fue transferido a un laboratorio nuevo y muy bien equipado del piso 10 del edificio principal, mientras que el jefe de residentes de medicina renal, el doctor George Conrad, quedó a cargo de la unidad de diálisis.

El jefe de residentes tenía reputación de ser duro. Había asistido a la facultad de medicina de una universidad pequeña y para él había sido un triunfo obtener su internado y residencia en un hospital escuela grande. Siendo un estudiante excelente, también presentó una solicitud en Bellevue, el brazo hospitalario de la New York University, y en otros grandes hospitales de enseñanza. Sólo lo aceptaron en su actual trabajo y el comité de evaluación revisó largo tiempo su solicitud antes de aceptarlo. Aunque sus calificaciones y pruebas de aptitudes indicaban que se trataba de un joven brillante y extraordinariamente dedicado, sus cartas de referencia indicaban que era inflexible e incluso cruel. Habiendo nacido y crecido en un medio muy pobre, el doctor Conrad estaba decidido a convertirse en doctor y se rodeó con esa aura de seguridad y aparente impenetrabilidad de los médicos, es decir, seguridad económica, social y profesional. Tenía la imagen de que los médicos eran tan sabios, solitarios, autocontrolados y casi infalibles como podría serlo una persona. Hasta cierto punto inseguro respecto de sus orígenes, desde mucho tiempo atrás se había colocado una careta de lo que en su opinión debía mostrar un médico; ahora era difícil, incluso para él, saber si esa careta se había convertido en la realidad.

Ante el cambio del doctor Uric, los miembros del comité ejecutivo pensaron que el doctor Conrad era la persona ideal para asumir la responsabilidad de la unidad renal. Pensaban que podría aplicar su mano fuerte. El jefe del departamento de anestesiología, miembro poderoso y respetado del comité, le entregó la designación y le dijo al doctor Conrad que el comité estaba seguro de que podría encargarse de la unidad renal y que no esperaban que esa unidad tuviera problema alguno bajo su mano capaz. Además, sugirió que Conrad se mostrara firme en mantener a Uric lejos de la unidad y, con ello, lograr que ocurriera con rapidez la transición del mando de esa unidad.

Aunque el comité ejecutivo esperaba que hubiera un periodo de ajuste, las alteraciones de funcionamiento de la unidad fueron mayores que lo imaginado. Surgieron graves problemas de personal en la unidad de diálisis, con ausentismo incrementado y quejas constantes acerca de condiciones de trabajo inaceptables. Mientras estas quejas se acumulaban en el departamento de personal del hospital a través de los procedimientos apropiados, eran pocos los mensajes que emitían el comité ejecutivo o el director. Los administradores del hospital, imposibilitados para modificar la situación sin la participación del jefe del departamento, en este caso el doctor Conrad, esperaban la autorización apropiada para investigar el asunto y tratar de mejorar las condiciones.

Hacia el final del primer mes después de cambio, empezó la rotación de personal, y luego de un trimestre ya habían desaparecido 90 de los empleados anteriores. El doctor

Conrad no creía en el trato personal hacia los pacientes y al parecer sentía lo mismo en relación con sus subordinados. Los internos que estaban en rotación en la unidad de medicina renal se quejaron amargamente de la actitud y trato del doctor Conrad hacia ellos, y disminuyó considerablemente el número de residentes que solicitaba su integración a la unidad de medicina renal.

Entretanto, unos pisos más arriba, el trabajo de investigación del doctor Uric estaba paralizado, al igual que su actitud. No entregó un informe de avance de investigación a tiempo y el organismo que le otorgó la subvención aplicó mano dura y canceló el resto de la misma.

El rector no estaba contento y el comité ejecutivo distaba de estar satisfecho con la situación, si bien todo el mundo pensaba que las cosas mejorarían solas. Sin embargo, nadie creía que el problema tuviera gravedad suficiente para investigar sus efectos en los pacientes renales tratados en el sótano. El rector y el comité incluso parecían haber olvidado que la unidad de diálisis ocupaba el sótano. Cuando se filtraban las noticias, quedó en claro que los efectos eran mucho más dañinos de lo que podrían haber sido los hábitos extraños del doctor Uric.

Una paciente que había recibido diálisis tres veces por semana durante varios años dejó de hacerlo y regresó a su casa para morir. Su tipo de sangre y de tejidos era muy poco frecuente, de modo que había esperado durante largo tiempo un trasplante. Había visto morir a muchos otros pacientes mientras esperaban e incluso había visto cómo muchos más recibían el trasplante, al tiempo que parecían disminuir las probabilidades de que ella lo obtuviera. Poco después de que el doctor Uric fue cambiado de la unidad, tomó la decisión de interrumpir su diálisis; la noticia se filtró poco después de su muerte.

Horrorizados al darse cuenta de cuán grave se había vuelto la situación, el rector y el comité ejecutivo reinstalaron de inmediato al doctor Uric como jefe de la unidad de medicina renal y empezaron a analizar qué había ocurrido y qué podía hacerse para recuperar la reputación de la unidad y del propio hospital.

Guías de estudio

1. Identifique las barreras a la comunicación en este caso y describa su impacto en la efectividad del hospital.
2. Compare y contraste los estilos administrativos de los dos médicos y el uso evidente de los supuestos de las teorías X e Y por cada uno de ellos.
3. Relacione este caso con diversas teorías motivacionales, como los impulsos de McClelland, la teoría de dos factores de Herzberg y el modelo de expectativas.

Caso 3

Creative Toys Company

John Wilson formó Creative Toys Company, pequeña empresa especializada en la producción de pequeños juguetes de madera. Carpintero por afición, el señor Wilson había hecho numerosos juguetes para sus hijos. Observó que esos juguetes eran muy comercializables, en esta era de juguetes de plástico operados por baterías y que se rompen fácilmente. La compañía está orgullosa de su historia, estabilidad y crecimiento. Las tasas bajas de rotación de personal son resultado de sueldos y prestaciones adecuados.

Un departamento en particular había sido muy productivo. En una ocasión, el departamento de transporte superó a todos los demás en volumen producción durante 12 meses. La única razón de su éxito es la baja tasa de rotación de personal. Sus ocho obreros habían estado en su puesto actual durante por lo menos dos años.

Ese departamento se encarga de producir todos los automóviles y camiones de juguete de la línea de productos de la compañía. Cada miembro del departamento tiene las herramientas y el equipo necesarios, en su estación de trabajo, para producir un juguete completo. Cuatro trabajadores producen automóviles por la mañana, mientras los otros cuatro fabrican camiones. El sistema se invierte por la tarde, para disminuir la monotonía.

En el pasado, los altos ejecutivos permitían que cada departamento decidiera sus procedimientos y métodos, siempre que se surtieran a tiempo los pedidos. Esta autonomía departamental permitió que el área de transporte reorganizara sus ocho sectores de trabajo en forma circular (figura 1). Tal distribución permitía que los miembros del departamento conversaran y se mantuvieran informados unos a otros de sus hábitos de

---

Debra J. Mooney preparó este caso con la supervisión de Theodore T. Herbert. El caso no pretende reflejar prácticas técnicas administrativas de naturaleza efectiva o inefectiva; se preparó sólo para discusión en clase. Copyright Theodore T. Herbert, Crummer Graduate School of Business, Rollins College, Winter Park, FL 32789.

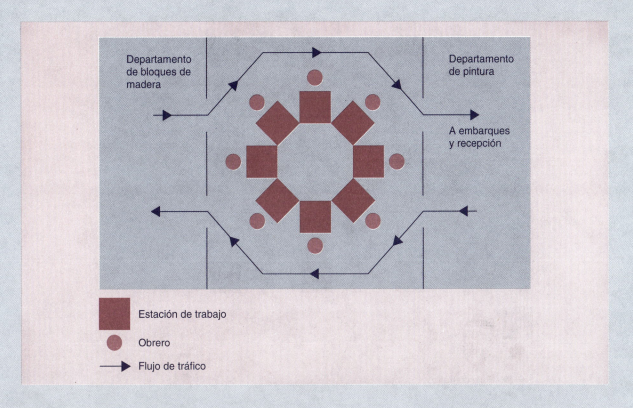

FIGURA 1

Distribución física inicial del departamento de transporte

trabajo y productividad. No sólo eran los más productivos, sino que también se llevaban bien fuera de la jornada laboral.

El gerente de la planta decidió recientemente contratar a asesores para determinar si era posible aumentar la producción sin ampliar la capacidad instalada; la demanda de productos de la compañía era mayor que su capacidad de producción. Una de las recomendaciones correspondió al departamento de transporte. Su distribución física no facilitaba el flujo eficiente de personal hacia otros departamentos y desde éstos. El departamento de transporte se localizaba entre el de pintura y el de bloques de madera. Los insumos y productos terminados se colocaban en un área de almacenamiento del departamento de embarques y recepción, lo cual generaba tráfico considerable entre las diferentes áreas. Un trabajador en un montacargas llevaba los suministros a todos los departamentos y retiraba simultáneamente los productos terminados.

Los asesores aconsejaron reorganizar las áreas de trabajo del departamento de transporte en ocho áreas individuales, para facilitar el flujo de tráfico (figura 2). En su informe, mencionaban que la productividad del departamento podría mejorarse considerablemente. El director de planta estuvo de acuerdo con la evaluación e hizo que se reordenaran las estaciones de trabajo durante el fin de semana siguiente.

Dos meses después de esa medida, era evidente que la productividad del departamento de transporte estaba disminuyendo. El gerente de la planta habló con todos los miembros del departamento, esperando encontrar respuestas; pero ellos no acertaron a describir el problema. Sólo sabían que algo había cambiado, además de la distribución física de las áreas de trabajo.

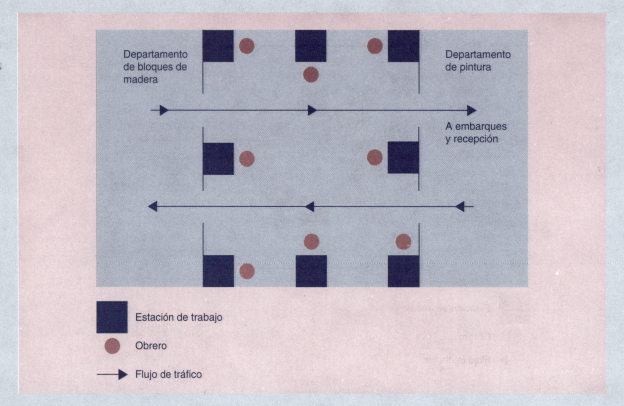

FIGURA 2
Nueva distribución física del departamento de transporte

Wilson pidió al gerente de la planta una explicación por la productividad decreciente del departamento de transporte.

GERENTE DE LA PLANTA: No veo una razón evidente de la disminución. El departamento está formado por las mismas personas, que realizan el mismo trabajo. La única diferencia es la distribución de las áreas de trabajo y los obreros parecen haberse adaptado bien. Quizá la respuesta sea un aumento de sueldo. En el pasado, este departamento produjo más que los otros. Una recompensa monetaria podría ser la respuesta.

WILSON: Hemos reordenado otros departamentos más inestables. En ellos, ha aumentado la productividad, lo cual me hace pensar que la distribución física no es el problema. Pienso que el departamento disminuyó su producción a propósito. Los trabajadores quieren un aumento y ésta es su forma de llamar nuestra atención. ¡A mí nadie me chantajea de esa manera! No tendrán aumentos de sueldo hasta que alcancen su nivel de rendimiento de producción previo.

El director de la planta salió de la junta sintiendo que no se había resuelto el problema verdadero, sino que únicamente se había evitado, y que todavía no sabía cuál era el problema verdadero.

Guía de estudio

Analice el rol de los sistemas sociales y su influencia en la productividad en este caso. Es necesario que incluya comentarios sobre el cambio, la organización informal, comunicación y motivación.

Caso 4

Eastern International Food Service Corporation

Stanley Strayhorn, director general de la Ocean Point Division de Eastern International Food Service Corporation, tenía un problema. En la semana anterior, la rotación de personal creció, la moral de los empleados disminuyó y el porcentaje de costo de los alimentos se incrementó, mientras que el margen de utilidades sobre las ventas se redujo. Strayhorn está preocupado, ya que todavía quedan dos semanas de la temporada veraniega. No sólo es demasiado tarde para capacitar a nuevos empleados, sino que incluso es difícil encontrar sustitutos. La escasez de mano de obra afectará drásticamente las ventas potenciales de los dos semanas siguientes, periodo que se caracteriza por buenas ventas.

ANTECEDENTES

Eastern International Food Service Corporation (EI) era una compañía de servicios de alimentos en el este de Estados Unidos. Brindaba servicios en muchos parques de diversiones. El Ocean Point Amusement Park era una de sus principales divisiones, tanto en ventas como en número de empleados, 300. EI tenía un contrato con Ocean Point para operar todas las concesiones de alimentos en las instalaciones del parque. Los 15 locales concesionados a EI se distribuían en todo el parque, de 500 hectáreas. Las ventas de alimentos incluían hot dogs, hamburguesas, papas fritas, palomitas de maíz, helados de crema, bebidas, etcétera. Cada local concesionado tenía gerente y subgerente, así

Este caso se adaptó a partir de material que preparó David Hau con la supervisión de Theodore T. Herbert. El caso no pretende reflejar prácticas técnicas administrativas de naturaleza efectiva o inefectiva; se preparó sólo para discusión en clase. Copyright Theodore T. Herbert, Crummer Graduate School of Business, Rollins College, Winter Park, FL 32789.

como de cinco a 20 empleados, según su tamaño. Los puestos iban desde la limpieza de parrillas y freidoras hasta la atención de clientes en el mostrador.

Además de los locales de concesiones, la compañía operaba seis restaurantes en las instalaciones, lo que incluía restaurantes de comida rápida, cafeterías y un comedor. Cada uno de estos restaurantes tenía su propio gerente y dos o tres subgerentes, así como servidores de alimentos, lavaplatos, ayudantes de cocina, cocineros y camareros de ambos sexos.

El parque abría sólo durante el verano, de modo que muchos trabajadores eran estudiantes, un arreglo que funcionaba para la empresa. Los estudiantes de bachillerato y universidad consideraban que el trabajo en EI era conveniente y bien pagado, ya que incluía alojamiento y alimentos, además de que la temporada de trabajo coincidía con las vacaciones de verano. En el parque también encontraban a cientos de estudiantes de su edad con los cuales establecían relación tanto fuera como dentro del trabajo. Casi todos los puestos —administrativos y de otros tipos— estaban en manos de estudiantes.

Todos los gerentes de concesiones y restaurantes reportaban ante uno de varios supervisores, cada uno de los cuales era un empleado de tiempo completo (no estudiante) de la compañía. Las funciones de los supervisores abarcaban supervisar los locales y restaurantes para cerciorarse de que todo funcionara correctamente, ningún empleado holgazaneara y se alcanzaran los objetivos de margen de utilidades y costo de los alimentos. Por encima de todos los supervisores, estaban el director general de la división —el propio Strayhorn— y el subdirector general, Edwards.

El trabajo durante el verano se consideraba como empleo de medio tiempo, de modo que no había sindicato. En otras palabras, no había garantía alguna de empleo de tiempo completo. No obstante, la compañía trataba de conservar a sus trabajadores mientras fuera posible. Muchos de ellos no tenían ninguna experiencia laboral y recién habían terminado el bachillerato. Era frecuente que se necesitaran unos cuantos días de capacitación, además de varias semanas en el trabajo para efectuar sus tareas con rapidez. El secreto de un local de alimentos concesionado es que cuanto más rápido trabaja el personal, tanto mayores son las posibles ventas, consideración importante para ser contratado de nuevo en la temporada siguiente. Lo usual era que los empleados recontratados tuvieran un aumento de sueldo de 20-25% o quizás una promoción, si mostraban iniciativa y capacidad administrativa. En lo fundamental, la compañía trataba de conservar trabajadores con experiencia, tarea difícil si se consideran las largas jornadas de trabajo y la naturaleza estudiantil de la fuerza laboral.

SITUACIÓN PROBLEMÁTICA

Todos los empleados de Ocean Point sabían que EI era un concesionario. El contrato terminaba cada año en el Día del Trabajo. Sólo faltaban dos semanas para el final del periodo de contrato y de la temporada; pero todavía no se tenía una respuesta a la pregunta de si Ocean Point decidiría renovar o no la concesión para el próximo año.

La situación se complicaba por el hecho de que desde hacía tres años Ocean Point había establecido sus propios locales de concesiones de alimentos. Ése era uno de sus derechos contractuales, a condición de que estableciera y administrara concesiones de alimentos que no compitieran directamente con las de EI. Ocean Point tenía en operación cuatro locales donde se servían pizzas, tacos y plátanos congelados. La empresa utilizaba a sus propios empleados del parque para operar los locales. El director se había dado cuenta de que tenía libre por la mañana al personal de limpieza (antes de que se acumulara la basura) y podría asignarlo al primer turno de los locales de alimentos. A su vez, el personal de limpieza era sustituido por los vendedores de boletos en la tarde, cuando se vendía poco y la limpieza del parque era trabajo de tiempo completo. Esta medida inteligente permitía ampliar las funciones de ventas sin aumentar los costos de mano de obra.

Los rumores se esparcieron como reguero de pólvora, alentados por los operadores de las concesiones en el parque. Algunos dijeron que se abrieron los locales con el fin de que el personal del parque adquiriese las habilidades necesarias para administrar todas las concesiones. Una vez logrado este objetivo, se terminaría el contrato con EI y los empleados del parque se encargarían de la operación de los locales de EI en la temporada siguiente. Un complejo sistema de promoción y antigüedad que usaba el parque impediría que los empleados de EI fueran transferidos al personal del propio parque de diversiones.

Si se renovaba el contrato, todo permanecería sin cambio. Sin embargo, en caso de no renovarlo, EI no tendría actividades en Ocean Point al año siguiente y 200 a 300 estudiantes universitarios no volverían a sus trabajos veraniegos.

Los rumores se diseminaron entre los empleados de EI. Algunos dijeron que la empresa volvería al año siguiente, y otros, que no lo haría. Los directivos de EI no confirmaron ninguna de las dos alternativas. Incluso al ser confrontados, lo único que pudieron decir fue que EI *tal vez* no regresara. (Se observó a varios gerentes de locales de Ocean Point deambular frente a los locales de EI. Se pensó que estaban espiando.) La temporada se acercaba a su fin y los directivos habían mantenido el silencio. A estas alturas, los rumores afirmaban que EI *no* regresaría en el verano siguiente y que Ocean Point no pensaba contratar a nadie que hubiera trabajado para EI.

La actitud de los empleados de EI fue empeorado de manera constante. La moral estaba por los suelos. Los gerentes de los locales se habían vuelto irresponsables y estaban perdiendo el control de sus subordinados. Los costos de los alimentos aumentaron, como resultado de robos y desperdicio. Los empleados disminuyeron su ritmo de trabajo y, con ello, no sirvieron alimentos a numerosos clientes, que manifestaron abiertamente su malestar. Algunos estudiantes renunciaron, "sabedores" de que como quiera que fuese no los recontratarían. Mientras que las ventas *potenciales* de la temporada estaban alcanzando su punto máximo, las ventas y utilidades *reales* habían disminuido. No había habido, en toda la historia de la compañía, una disminución tan considerable de las ventas y utilidades en ese punto de la temporada.

Guías de estudio

1. Evalúe la efectividad de comunicación de Strayhorn. ¿Qué efecto podría tener su enfoque en la moral y productividad?
2. Comente el efecto de la ansiedad, el estrés y la crisis en el uso del rumor por parte de los empleados en este caso.

Caso 5

Goodman Company

LA COMPAÑÍA

Goodman Company fabrica pequeñas partes automotrices de caucho. Entre sus productos, se incluyen piezas (que se montan en los pisos) para transmisiones de automóviles y camiones, balatas para frenos y pedales de embrague y acelerador. Estos productos se venden exclusivamente a fábricas de producción de camiones y automóviles nuevos.

La compañía tiene una sola planta. Joe Smith es el director de producción. Reporta directamente ante el presidente de la compañía, Robert Goodman. A su vez, reportan ante Joe tres supervisores, cada uno de ellos responsable de uno de los tres turnos de producción.

Goodman Company ha tenido una buena situación a últimas fechas. Se contrató a más obreros para que todas las máquinas de la planta contaran con personal en cada turno. De hecho, durante el último trimestre la fábrica trabajó seis días por semana para tratar de surtir los pedidos crecientes.

En vista de la buena situación de la compañía, Robert Goodman espera tener mejores oportunidades en años venideros si es posible ampliar la producción para satisfacer la demanda futura. Todo aumento de la producción debe ocurrir en las instalaciones actuales, ya que no se cuenta con dinero para una multimillonaria ampliación, que se había considerado factible el año anterior.

La compra de equipo nuevo era del todo imposible, por lo que Goodman decidió contratar a un analista de producción, para ver si podía lograrse mayor eficacia con el

---

Prepararon este caso Paul Seifert, Dave Thirion, Roger Young, Gene Sitarz y Debra Mooney con la supervisión de Theodore T. Herbert. El caso no pretende reflejar prácticas o técnicas administrativas efectivas o inefectivas; se preparó sólo como base para el análisis en clase. Copyright Theodore T. Herbert, Crummer Graduate School of Business, Rollins College, Winter Park, FL 32789.

equipo actual. Se contrató a Ann Bennet para la tarea de generar recomendaciones encaminadas a mejorar la productividad de la planta.

ANN BENNET

En 1988, Ann Bennet obtuvo su licenciatura en finanzas, y en 1990, la maestría en administración de empresas, con especialidad en administración de la producción. Realizó su posgrado en una universidad muy conocida, donde terminó sus estudios con el reconocimiento *magna cum laude*.

Antes de aceptar el puesto, Bennet había trabajado para un despacho de asesoría administrativa. Después de dos años, la promovieron a líder de proyecto. Mantuvo ese puesto por espacio de tres años, antes de que la contratara la Goodman Company.

Sus razones para salir de la compañía asesora fueron numerosas. Le otorgaron un diferencial de salario importante en su nueva organización. Mientras que su trabajo anterior requería que viajara 40% del tiempo, con el nuevo empleo no tiene que desplazarse tanto. Por último, siente que su nuevo trabajo es más retador y que en él existen mejores oportunidades de desarrollo.

Los ejecutivos de Goodman Company quedaron muy impresionados con la entrevista que le hicieron a Bennet, su trayectoria y sus referencias. Piensan que será conveniente para la empresa y que su puesto será bueno para ella en lo profesional.

PRODUCCIÓN: ANTES

Actualmente, cada obrero se encarga de todo el proceso de producción. Las láminas de caucho, de 90 por 90 centímetros, se adquieren de una importante compañía hulera, y son la única materia prima utilizada. Se localizan en el centro del área de trabajo. Cada trabajador toma su propio material y luego, en el área de almacenamiento, la corta del tamaño adecuado para un producto específico. Después, se transporta el material cortado a una prensa de curado a vapor. Cada prensa tiene 12 moldes, en los que se coloca el material cortado, luego se activa para un ciclo de curado de cinco minutos. Durante éste, el obrero corta el exceso de caucho de partes extraídas previamente de la prensa. Después de llenar de 10 a 12 cajas, el trabajador las transporta al área de embarque. Todos en el área de producción reciben pago por hora.

PRODUCCIÓN: DESPUÉS

La propuesta de Bennet consiste en usar el mismo equipo pero en un sistema de producción masiva. Ya no se encargará cada trabajador de todo el proceso. Se asignará un obrero a la preparación de la materia prima y será responsable de cortarla al tamaño apropiado para el ciclo de curado. Otro trabajador se encargará del manejo de materiales, es decir, de mover la materia prima a las prensas de curado y transportar las cajas de productos terminados del área de trabajo a la de embarque.

La operación de acabado final, que consiste en cortar el exceso de las partes curadas y colocarlas en cajas para su embarque, estará en manos de otro trabajador. Por último, se asignará a un obrero más al proceso de curado: colocar las partes cortadas en la prensa, activar el equipo, extraer las partes y colocarlas en una banda transportadora, que las llevará a la operación de acabado final. El trabajador de curado se encargará de operar cinco prensas.

Con el proceso que se propone, todos los trabajadores del área de producción cobrarán a destajo. Se usará este enfoque para aumentar la motivación y, con ella, la producción.

TURNOS DE PRODUCCIÓN

El plan de Bennet recibió la aprobación entusiasta de Goodman y los miembros del consejo de administración. Luego, se envió a los supervisores de producción para que lo pusieran en práctica. Goodman y los miembros del consejo esperaban ansiosamente los resultados. Brown, miembro del consejo, observó cada turno antes y después de que se puso en operación el nuevo plan de producción.

Primer turno

Antes   Cleverson Anthony es el supervisor del primer turno. *Clev*, como lo llaman afectuosamente sus trabajadores, tiene el mismo aspecto y pensamiento que cuando contrató la compañía, en 1965. Cuando se le pregunta acerca de las operaciones de la planta, se arrellena en su silla, da una bocanada a su puro e improvisa el tiempo que sea acerca del rendimiento de la planta. Los altos ejecutivos respetan mucho al viejo *Clev* y lo consideran uno de los empleados leales que ayudaron a convertir la empresa en lo que es actualmente.

Clev no tiene necesidad verdadera de trabajar. Su cuñado falleció varios años antes y dejó a *Clev* y su esposa una fortuna considerable. Desde entonces, *Clev* ha viajado por todo el país en busca del sitio perfecto para vivir después de que se jubile. Esa búsqueda la realiza durante sus seis semanas de vacaciones; en ocasiones, estira un día feriado tomando uno o más días antes o después de él. El departamento funciona solo y puede darse esos lujos sin que haya problemas. Todavía faltan ocho años para su jubilación; pero dedica gran parte de su jornada laboral a hablar acerca del sitio todavía no encontrado donde piensa vivir sus últimos años.

Nancy Pearson, la cronometradora, es una mujer de casi 30 años que se encarga del papeleo del departamento. Programa la producción, pide materiales, elabora el inventario de producto terminado y escribe a máquina las etiquetas de embarque.

Joe Bob Haymaker, el operador de la primera prensa, está orgulloso porque fue contratado el mismo día que *Clev*. Con éste, ha acordado vivir en la misma localidad cuando se jubilen. *Clev* se acerca a su sitio de trabajo una vez por turno y le ayuda a operar la prensa mientras hablan acerca de los sitios que *Clev* ha visitado recientemente.

John (*Fireball*) Malone es el operador de la segunda prensa. Aunque tiene casi 60 años, asiste a la escuela por las noches con la esperanza de volverse programador de computadoras. Le gusta llevar sus libros al comedor y comentar lo último que ha aprendido. La programación de computadoras es uno de los muchos cursos que ha iniciado. El año pasado, estaba estudiando un curso de contabilidad.

Malone se convirtió en el vocero del turno por elección propia. Camina por el departamento durante el día y toma notas de las quejas y mejoras que podrían hacerse en las operaciones. Aunque los trabajadores lo toleran, hacen comentarios poco agradables acerca de él; siempre que ve a Joe Smith o Robert Goodman, corre a alcanzarlos y les lee las sugerencias de su libreta de notas que lleva en el bolsillo.

Los otros miembros del primer turno son más o menos de la misma edad que *Clev*, Joe Bob y Malone; pero no socializan entre ellos. Aunque se llevan bien en el trabajo, después de éste cada uno se va por su propio camino. La mayoría de los trabajadores del primer turno sienten que a ellos se debe lo que es la compañía. También creen que la empresa no ha sido del todo justa con ellos a lo largo de los años, ya que no ha compartido las grandes utilidades que han generado para la compañía. Por consiguiente, siempre que les es posible interrumpen su trabajo antes de terminar el turno o llegan tarde a laborar.

El primer turno nunca pierde la producción programada. Los trabajadores lo logran ayudando a Nancy en la planeación del trabajo cada lunes. *Clev* no ve nada malo en esta práctica; después de todo, esos obreros conocen más que nadie la capacidad del equipo.

La calidad de la producción del primer turno es de alto nivel. Siempre que los clientes devuelven un producto defectuoso, Malone y *Clev* se presentan en la oficina para inspeccionarlo. Casi siempre se piensa que el producto es de uno de los turnos "malos". ¡Los trabajadores del primer turno tienen demasiada experiencia para cometer errores costosos!

Después   El volumen de producción y la cantidad del trabajo del primer turno disminuyeron considerablemente después del cambio. Luego de dos semanas de trabajar con el plan de Bennet, *Clev* preguntó si podría anticipar su jubilación. Los altos ejecutivos no vieron con agrado la idea de perder a un empleado tan valioso, de modo que crearon un puesto para él en las oficinas. Malone siempre piensa en forma progresista respecto del trabajo, de modo que sus jefes opinaron que sería un buen capataz.

A ninguno de los empleados del primer turno le gustaron los cambios. Son constantes sus quejas acerca del nuevo proceso. Los productos no se preparan adecuadamente para el paso siguiente del proceso de producción.

Joe Bob, quien señala que la compañía les apretó las tuercas con el sistema de pago a destajo, está tratando de organizar un sindicato. El resto de los trabajadores parece estar de acuerdo con la idea. Sienten que la empresa no valora mucho sus habilidades, ya que de lo contrario no se habría simplificado el trabajo, además de que no había necesidad de degradarlos con el requisito de pago a destajo.

Segundo turno

Antes   El supervisor del segundo turno es Norm Leonard. De 54 años de edad, ha estado por la compañía apenas tres años. Fue contratado directamente como supervisor por su buen amigo y hermano de logia, Bob Goodman.

Antes de llegar a la empresa, Norm había sido supervisor asistente de piso en el control de la producción de otra fábrica. Aprovechó su opción de jubilación a los 30 años de servicio cuando cumplió los 50 años de edad. Después de un año de jubilado, se dio cuenta de que su pensión sería insuficiente, además de que si quería contar con todas las prestaciones de seguridad social cuando tuviera 65 años tendría que continuar cotizando durante 10 u 11 años más.

Bob Goodman dijo a Norm que había un lugar para él en su compañía. La empresa podría usar la experiencia de Norm, y éste, el dinero adicional para facilitar su transición del empleo pleno a la jubilación completa. Norm pensó que sería un trabajo sencillo.

En septiembre, Norm se hizo cargo de la supervisión del segundo turno. Éste incluía a 12 empleados, todos ellos de 30 a 40 años de edad. Muchos han trabajado con la compañía durante siete u ocho años, y por lo general parecen ser un equipo productivo. Cuando Norm se encargó del puesto, el grupo no lo aceptó precisamente con los brazos abiertos, si bien ninguno de sus integrantes pareció rechazarlo en particular.

Hasta este momento, el trabajo de Norm había sido relativamente sencillo. Siempre que sus trabajadores tienen problemas con el material o la maquinaria, buscan a Jim Fask. Éste es uno de los miembros más experimentados del turno y parece conocer con exactitud cómo deben manejarse cada máquina y producto en el segundo turno. Aunque no tiene autoridad formal sobre sus compañeros, todos parecen mostrar que les agrada y confían en él.

Además de Jim, Norm no ha identificado a ninguna otra estrella de su turno. Norm socializa muy poco con sus obreros; siente que sus hombres deben dedicarse a su trabajo, y él debe hacer lo mismo. Acata las reglas y reglamentos que estableció la compañía, y mantiene funcionando el turno con ritmo satisfactorio. En otras palabras, Norm no quiere hacer olas.

Después   Al reflexionar en lo ocurrido desde que se implantó el programa de Bennet, Norm piensa que ha cooperado hasta donde es posible. Está convencido de que la disminución considerable de la producción en su turno es resultado del nuevo programa que implantó la asesoría.

Por principio de cuentas, Bennet quitó a Jim Fask del segundo turno y lo designó como mecánico y preparador de máquinas del turno, por su experiencia. Norm piensa que este simple movimiento explica en gran parte la gran magnitud de la caída en la producción, ya que Jim producía más que nadie en el turno y compensaba las caídas en la producción por la holgazanería de sus compañeros.

Desde que está en funcionamiento el nuevo plan, Norm ha estado en el área de producción todo el tiempo. Quiere cerciorarse de que sus empleados acaten al pie de la letra el plan de Bennet.

Norm no siente que haya nada de malo en el plan de Bennet. De hecho, desearía haber pensado en un plan como éste. Habría mostrado a Bob Goodman su aprecio por el puesto y la compañía. Está convencido de que si un hombre lo hubiera planeado y puesto en práctica, los trabajadores habrían estado más dispuestos a adoptarlo. Al pensar en esto, se convence de que los obreros se están revelando contra el plan porque es creación de una mujer.

Tercer turno

Antes   El tercer turno se agregó a fines de mayo para satisfacer la demanda creciente que resultó del cambio de modelos en la industria automovilística. El turno incluye a 12 trabajadores, de los cuales apenas cinco eran empleados de tiempo completo, cada uno con menos de cinco años de experiencia. Siete estudiantes universitarios, contratados temporalmente durante el verano, conforman el resto de la cuadrilla.

Había una amistad estrecha entre los empleados de tiempo completo, a quienes los estudiantes apodaron *Jackson Five* en honor del supervisor del turno, Bob Jackson (con una obvia referencia al antiguo grupo musical de Michael Jackson), y los *Siete Fantásticos*, título irónico conferido a los estudiantes durante su primera semana de capacitación. Era habitual la socialización entre los miembros del turno después del trabajo. La cooperación durante la jornada laboral era muy alta, de modo que los trabajadores se ayudaban mutuamente cuando tenían dificultades mecánicas o con los materiales.

A la cabeza del turno estaba el sargento y ex infante de marina Bob Jackson de 29 años. Había trabajado con la compañía durante los últimos cuatro años y medio. Su experiencia militar le permitió tener acceso a un programa de capacitación para supervisores cuando se integró a la compañía. Después de estar asignado a varias cuadrillas más pequeñas, quedó a cargo del nuevo turno, luego de tres semanas de capacitación extensa en relación con todos los aspectos de las operaciones.

Al ser el único supervisor en el turno, Bob no creía en la necesidad de presionar constantemente a sus trabajadores para cumplir las cuotas de producción de la compañía; otros supervisores lo hacían para impresionar a cualquiera de sus colegas que pudiera estar observando. Se le ha visto trabajar, hombro con hombro, con los miembros de su turno que tienen dificultades con la maquinaria o materiales.

Los otros cuatro empleados de tiempo completo eran operadores de máquina relativamente nuevos en el sistema. Junto con los siete estudiantes universitarios, dedicaron sus primeras dos semanas en el departamento a familiarizarse con las operaciones. Los cambios de partes durante este periodo fueron manejados por personal de turnos previos. La producción mejoró a lo largo de las tres semanas siguientes, en la medida en que los trabajadores se acostumbraron a los procedimientos.

Cuando llegó la orden de modificación del proceso de producción, Bob lo notificó al personal de su turno y explicó los planes que se aplicarían. Bob se dio cuenta de que seis de los operadores de máquina continuarían en producción, uno más recibiría capacitación como mecánico del turno y los otros cuatro funcionarían como almacenistas, cortadores y curadores.

Después   La maquinaria estaba automatizada, de modo que las únicas habilidades realmente necesarias se relacionaban con su mantenimiento y a los conocimientos necesarios para cambiar las partes. John Baluck, empleado con antigüedad de tres años, fue el operador elegido para capacitarlo como mecánico. Los otros tres veteranos permanecerían a cargo de las máquinas y Jackson pensó que, junto con los *Siete Fantásticos*, debería alternarlos como operadores.

A fin de interrumpir el aburrimiento que acompañaba a la tarea de procesar los moldes, fue frecuente que se dividiera a los operadores en dos grupos, que jugarían "carreras de producción"; los perdedores tendrían que pagar las cervezas durante una de las salidas vespertinas después del trabajo. Lo habitual fue que la cuota se alcanzara con apenas cinco horas de trabajo del turno. Quienes no estaban operando los moldes seguían el juego, ya que sabían que en la semana siguiente estarían como operadores.

Preocupado por la posibilidad de que esta práctica pudiera disminuir la calidad de los productos, Jackson estableció complejos sistemas de calificación, con que se castigaba a los grupos por los defectos de producción. El proceso completo funcionaba tan bien que Jackson no se molestaba por las pausas para "almuerzo" de una a una y media horas, que sus trabajadores tomaban a mediados de la noche. Su turno excedía todo el tiempo las cuotas de producción y había superado a los otros dos turnos durante el mes de agosto.

No existían los problemas de cambios de productos y ajustes mecánicos, que sí afectaba a los otros turnos. John Baluck podía realizar los ajustes necesarios durante el "almuerzo" de los trabajadores. Cuando era preciso hacerlo en otro momento, los trabajadores abreviaban su pausa de "almuerzo" para compensar el tiempo.

Jackson alentaba el aporte de ideas. Quería que el nuevo sistema funcionara. Los trabajadores respondieron sugiriendo formas en que podría facilitarse la producción. Ni Bob ni sus trabajadores querían establecer nuevos objetivos de producción. Estaban satisfechos con su rendimiento un poco mejor que la norma. La cuadrilla se dio cuenta que cuanto más eficiente fuera el proceso, tanto más tiempo tendrían para descansar. Siempre que todo permaneciera dentro de lo normal, Jackson no molestaría a ninguno de sus trabajadores presionando para una mayor producción, en especial porque su turno superaba a los otros.

Otros grupos de trabajadores y supervisores estaban sorprendidos con el rendimiento del tercer turno. Bennet lo atribuyó a sus propias ideas, si bien nunca ha podido descubrir por qué un solo turno ha tenido éxito, mientras que los otros dos no. Incluso al observar al grupo de Jackson un par de noches no pudo averiguarlo. Los *Jackson Five* y los *Siete Fantásticos* sabían que tenían una buena situación entre las manos; no la arruinarían permitiendo que alguien más se enterase de sus arreglos y métodos especiales.

EFECTOS GLOBALES

La implantación de cambios en el proceso de manufactura generó resultados perturbadores. La producción disminuyó en el primero y segundo turnos. La del tercer turno recién creado permaneció relativamente estable, si bien continuó con la cuota de producción estandarizada. Goodman no estaba contento con los resultados globales y se preguntaba si contratar a Ann Bennet como analista de producción había sido un error.

Guías de estudio

1. ¿Qué cambios ocurrieron en la compañía y qué dificultó su implantación?
2. ¿Cuáles son los problemas de comunicación, motivación y liderazgo que puede identificar?
3. Analice el rol de los grupos informales en la Goodman Company.

Caso 6

Falcon Computer

Un pequeño grupo de administradores de Falcon Computer celebraba una junta con regularidad los miércoles por la mañana para elaborar una declaración que capturaría lo que consideraban era la "cultura de Falcon". Sus análisis eran amplios y abarcaban lo que en su opinión había sido la cultura de la compañía, lo que debía ser y la forma de crear esa visión. Era probable que estuvieran influidos por otras compañías en su entorno, ya que la empresa tenía sus oficinas en Silicon Valley, California.

Falcon Computer era una compañía nueva, creada apenas ocho meses antes. Como estaba todavía en la fase de arranque, los administradores decidieron que sería oportuno crear e imbuir el tipo de cultura que en su opinión fuese más apropiado para la empresa. Después de varias semanas de lluvias de ideas, redacción, debate y nueva redacción, el grupo administrativo finalmente produjo un documento llamado "Valores de Falcon", en el que se describe la cultura de la compañía según la ven ellos. La declaración de cultura organizacional abarcaba temas como el trato a los clientes, las relaciones entre compañeros de trabajo, el estilo preferente de comunicación social, el proceso de toma de decisiones y la naturaleza del ambiente de trabajo.

Peter Richards leyó esa declaración poco después de haber sido contratado como capacitador en software. Luego de observar el comportamiento de administradores y empleados en la compañía durante varias semanas, se sorprendió por la gran discrepancia entre los valores expresados en el documento y lo que observó como práctica real en la empresa. Por ejemplo, el documento referido contenía afirmaciones como las siguientes: "Calidad: la atención al detalle es nuestra marca registrada; nuestro objetivo es hacer las cosas bien a la primera. Pretendemos brindar productos y servicios sin defectos a

Preparó este caso Mel Schnake, quien lo adaptó de un artículo de Peter C. Reynolds, "Imposing a Corporate Culture", *Psychology Today*, marzo de 1987, pp. 33-38.

nuestros clientes en la fecha prometida". Sin embargo, Richards había visto los informes de embarques, en los que se mostraba que varias computadoras defectuosas habían sido enviadas a los clientes. Y su experiencia personal sustentaba sus peores temores. Cuando pidió en préstamo cuatro computadoras nuevas al área de embarques, para su uso en una clase de capacitación, sólo dos arrancaron bien sin necesidad de trabajo técnico adicional de su parte.

Otro ejemplo de la diferencia entre el documento de valores de la empresa y las prácticas reales es el concerniente a su declaración sobre la comunicación: "La administración mediante comunicación personal es parte de la manera de hacer las cosas en Falcon. Valoramos y alentamos la comunicación abierta y directa de persona a persona como parte de nuestra rutina cotidiana". Los ejecutivos presumían como disponían sus sillas en círculo para mostrar igualdad y facilitar la comunicación abierta siempre que se reunían para discutir el documento de valores de la empresa. Richards había escuchado mucho la expresión "comunicación abierta" desde que llegó a Falcon, sin que hubiera visto mucho de ella. De hecho, en todas las demás juntas se usaba una distribución más tradicional, con los altos ejecutivos al frente de la sala. Richards creía que la cultura organizacional verdadera que se estaba desarrollando en Falcon se caracterizaba por el secreto y la comunicación mediante de la cadena de mando formal. Incluso el documento de valores de la compañía había sido creado en secreto, según le dijeron a Richards.

Richards pronto se desilusionó. Una tarde, comentó a un compañero de trabajo: "El documento de valores de la compañía difiere tanto de lo que las personas ven todos los días que muy pocas lo toma en serio". Los empleados pronto aprendieron en que se hacía énfasis realmente en la organización —jerarquía, secreto e intereses personales— y se enfocaron en esa realidad, haciendo caso omiso de muchos conceptos incluidos en el documento de valores. No obstante su frustración, Richards permaneció con Falcon hasta que la compañía se declaró en bancarrota, dos años después. Mientras recogían las cosas de su escritorio, pensaba: "La próxima vez, prestaré más atención a lo que en verdad sucede y menos a lo que dicen los altos ejecutivos que es válido. Además, me imagino que simplemente es imposible crear valores".

Guías de estudio

1. ¿Qué es más importante, las declaraciones en un documento de cultura organizacional o el comportamiento real de los ejecutivos?
2. ¿Por qué los ejecutivos de la compañía se comportaron como lo hicieron?
3. ¿Por qué empleados como Richards no denunciaron la situación en la compañía, poniendo en tela de juicio la incongruencia entre los valores y el comportamiento?
4. ¿De qué manera los ejecutivos pueden cambiar los viejos valores que rigen en una organización?

Caso 7

Consolidated Life

PARTE 1

Todo empezó de manera positiva. Tres días después de obtener su licenciatura en administración de empresas, Mike Wilson se presentó por primera vez a trabajar en una prestigiada compañía aseguradora, Consolidated Life. Ocupaba un puesto en el departamento de emisión de pólizas. El trabajo de ese departamento era principalmente administrativo y no requería alto grado de conocimientos técnicos. Debido a su naturaleza repetitiva, los empleados con éxito en el departamento tiene que ser constantes y dispuestos a enfrentar el papeleo.

Rick Belkner era el vicepresidente de la división, "el hombre a cargo" por el momento. Como había estudiado actuaría, era un profesional técnico cuyo estilo de liderazgo consistía en dejar hacer. En la división, lo describieron como "el espejo de quien fuera la personalidad más fuerte a su alrededor". También se sabía que ganaba 60 000 dólares anuales por pasar el tiempo llenando crucigramas.

Mike fue contratado como pasante de administración y se le prometió un puesto de supervisor a más tardar en un año. Sin embargo, a causa de una reorganización administrativa apenas seis semanas después lo pusieron a cargo de una unidad de ocho empleados.

La reorganización tenía como fin acelerar el flujo de trabajo, mejorar y combinar los puestos de oficina, y aprovechar al máximo los sistemas de cómputo. Era un cambio drástico respecto de la antigua forma de hacer las cosas y generó mucha animosidad y ansiedad en el personal de oficina.

Los ejecutivos se dieron cuenta de que era necesario un estilo de supervisión flexible para sacar adelante la reorganización sin una alta tasa de rotación de personal, de

---

Joseph Weiss, Mark Wahlstrom y Edward Marshall prepararon este caso, que se usa con autorización de los autores y de su editorial, Elsevier Science Publishing Co., Inc.

modo que los gerentes dieron a los supervisores carta blanca para operar sus unidades como les pareciera conveniente. Mike aprovechó esta laxitud para implantar juntas de grupo y clases de capacitación en su unidad. Además, prometió aumentos de sueldo a todos sus empleados si trabajan intensamente para merecerlos. Al laborar jornadas largas, participar en las tareas de su unidad y ser flexible en su estilo administrativo, pudo aumentar la productividad, disminuir los errores y reducir el tiempo perdido. La situación mejoró a tal punto que los altos ejecutivos se fijaron en él y se ganó la reputación de superestrella, no obstante ser considerado un espíritu libre y heterodoxo. Se tenía la sensación de que su estilo administrativo laxo y orientado a las personas era tolerable porque sus resultados eran excelentes.

Una oportunidad de avance

Después de un año, Mike recibió una oferta de otra división de la empresa cuyas instalaciones estaban al otro lado de la ciudad. Se le pedía que administrara una oficina en el área de marketing. El sueldo era excelente y el puesto le brindaba la oportunidad de poner a funcionar una oficina que estaba desorganizada. La reorganización en su división actual había terminado y gran parte de sus mentores y amigos en puestos administrativos habían cambiado de trabajo. Mike decidió aceptar el ofrecimiento.

En su entrevista de despedida, se le aseguró que si quería volver siempre habría un puesto para él. Estaba claro que tanto ejecutivos como empleados lo apreciaban. Se celebró una gran fiesta de despedida en su honor.

Aunque su nuevo puesto resultó satisfactorio durante un breve lapso, resultó evidente para Mike que no tenía el potencial de largo plazo que le habían prometido. Después de contratar nuevo personal, computarizar la oficina y auditar los libros, empezó a buscar un puesto que lo estimulara y le brindara la autonomía necesaria para tener éxito.

Tarde o temprano, llegó a oídos del vicepresidente de su antigua división en Consolidated Life, Rick Belkner, que Mike estaba buscando trabajo. Le ofreció un puesto con el mismo sueldo que tenía y el control sobre una unidad de 14 personas en el departamento en que solía trabajar. Después de considerar otras opciones, Mike decidió aceptarlo, con la idea de que podría progresar constantemente a lo largo de los años siguientes.

Entra Jack Greely; regresa Mike Wilson

Después de volver a su puesto anterior, Mike se dio cuenta de que habían ocurrido varios cambios durante los seis meses que había estado ausente. El más importante fue la contratación de un nuevo vicepresidente divisional, Jack Greely, quien tenía autoridad plena para administrar la división. Ahora, Rick Belkner debía reportar ante Jack Greely.

Jack tenía la reputación de ser una persona dura pero justa. Era necesario que sus empleados hicieran las cosas a su manera y sacaran adelante el trabajo.

Mike también se topó con que reportaría ante una de sus antiguas colegas, Kathy Miller, quien había sido promovida a gerente durante la reorganización. Mike siempre había tenido una buena relación con Kathy y no esperaba que hubiera problemas al trabajar con ella.

Después de una semana, Mike realmente advirtió la magnitud de los cambios ocurridos. Había desaparecido el ambiente relajado e informal de su primera etapa en la división. Ahora, se practicaba una nueva doctrina administrativa, más estricta y orientada a tareas. La moral del personal de supervisión había disminuido hasta niveles alarmantes. Jack Greely era el principal tema de conversación en el departamento. El personal bromeaba en el sentido de que APO ahora significaba "administración por opresión", no administración por objetivos.

Mike fue recibido con saludos como "Bienvenido a la cárcel" o "¿Por qué regresaste? ¡Debes estar desesperado!" Parecía como si todo el mundo estuviera buscando un nuevo trabajo o una transferencia. La actitud negativa se reflejaba en la baja calidad del trabajo realizado.

La idea de Mike: el foro de supervisores

Mike sentía que era necesario un cambio en el estilo administrativo de su jefe (Jack) para mejorar una situación tan frustrante. Al darse cuenta de que sería difícil producir efectos directos en el estilo de Jack, pidió autorización a Rick para formar un foro de supervisores con todos los administradores que estaban en el nivel de Mike en la división. Explicó que el propósito era mejorar el programa existente de capacitación de administradores. El foro incluiría juntas semanales, expositores invitados y análisis de temas relacionados con la división y la industria. Mike pensaba que el foro mostraría a Jack no sólo que tomaba con seriedad su trabajo, sino también el mejoramiento de la moral en la división. Rick autorizó una primera junta.

La junta tuvo lugar y 10 supervisores que eran colegas de Mike en la compañía aprovecharon ávidamente la oportunidad para enfrascarse en una discusión. Hubo una actitud eufórica en el grupo cuando los miembros elaboraron en su declaración de intenciones. El contenido es el siguiente:

Para: Rick Belkner

De: Supervisores de servicios de emisión de pólizas nuevas

Asunto: Foro de supervisores

El jueves 11 de junio, el Foro de supervisores celebró su primera junta. El objetivo era identificar áreas comunes de interés entre los administradores y decidir sobre temas que valdría la pena discutir.

El primer tema discutido fue el vacío que percibimos que existe en el programa de capacitación de administradores. Como resultado de condiciones que están más allá de nuestro control, durante el año pasado muchos de nosotros hemos desempeñado los deberes de supervisión sin el beneficio de la capacitación formal o la experiencia apropiada. Por consiguiente, proponemos el uso del Foro de supervisores como un medio para mejorar el programa existente de capacitación a administradores. Las áreas en que esperamos influir con esta capacitación complementaria son las siguientes: *a)* moral-satisfacción en el trabajo; *b)* calidad del trabajo y los servicios; *c)* productividad, y *d)* experiencia administrativa en lo relativo al sector de los seguros de vida. Con estos objetivos en mente, a continuación delineamos una lista de actividades que nos gustaría emprender:

1. Aprovechar los programas de capacitación existentes en la compañía y que se proporcionan a supervisores y personal al que se capacita para puestos gerenciales: Introducción a la supervisión, EEO, y Entrenamiento y orientación.

> 2. Un conjunto de exposiciones de oradores de diversas partes de la compañía, que nos ayudarían a conocer los aspectos técnicos de sus departamentos y su estilo administrativo.
> 3. Invitaciones a oradores ajenos a la empresa para que se dirijan al foro sobre temas como el desarrollo administrativo, la estructura y el comportamiento organizacionales, la política empresarial y el sector de aseguradoras. Los oradores serían profesores universitarios, asesores y funcionarios estatales del área de seguros.
> 4. Capacitación exterior y visitas de campo. Esta actividad podría incluir la asistencia a seminarios sobre teoría y desarrollo administrativos relacionados con el sector de los seguros. Se adjunta una muestra representativa de un programa que nos gustaría que sea considerada en el futuro.
>
> En conclusión, esperamos que este memorando aclare lo que intentamos lograr con el programa. Es nuestra esperanza que el esquema delineado brinde credibilidad al foro y lo establezca como una herramienta efectiva ante todos los niveles de administradores en el área de servicios de emisión de pólizas nuevas. Al complementar nuestra capacitación en el trabajo con exposiciones y clases, esperamos lograr el personal administrativo tenga una perspectiva amplia del sector de los seguros de vida y la función de los administradores en ella. Además, nos gustaría extender una invitación a los aseguradores para que asistan a cualquier programa que resulte de su interés.
>
> cc: J. Greely
> Administradores

El grupo sintió que el memorando expresaba de manera precisa y diplomática su insatisfacción con la situación actual. Sin embargo, ponderaron cuáles serían los resultados de sus acciones y qué más podría haberse hecho.

PARTE 2

A solicitud de Jack, Rick convocó a una junta administrativa de urgencia para tratar el tema de la unión que habían formado los supervisores. Asistieron a ella cuatro gerentes generales, Rick y Jack. Durante la junta, se planteó la disolución del foro, "para ponerlos en su lugar". Sin embargo, Rick manifestó que si lo guiaban en la dirección apropiada, el foro desaparecería por falta de interés. Se adoptó su propuesta, si bien era de conocimiento común que ya se oponía abiertamente al grupo y quería poner en su lugar a los fundadores. Su comentario fue: "Ésta no es una democracia y ellos no forman un sindicato. Si no les gusta como están las cosas, pueden irse". Los ejecutivos iniciaron una investigación para determinar quiénes eran los principales autores del memorando, a fin de enfrentarlos.

Casi al mismo tiempo, la unidad de Mike había cometido un error en un caso, situación que Jack tuvo que aceptar avergonzado ante su propio jefe. Esta vergüenza era más de lo que Jack estaba dispuesto a soportar de Mike Wilson. Ese día, en la junta de gerentes, Jack entró como tromba en la sala y sentenció que el siguiente supervisor que fallara estaría fuera de la compañía. No permitiría que su división pasara más vergüenzas y repitió su comentario previo, de que "si no les gusta como están las cosas, pueden irse". Quedó claro para Mike y todos los presentes que Mike Wilson era un hombre marcado.

Mike siempre había sido un supervisor relajado y amigable. La principal razón de que sus unidades hayan sido tan exitosas era la atención que prestaba a cada uno de sus miembros y la forma en que interactuaba con el grupo. Tenía la reputación de ser justo, lo veían como juez excelente de personal para nuevos puestos y se singularizaba por su habilidad para convertir a personas que se habían vuelto problemáticas. Motivaba al personal con su estilo dinámico y personalizado, además de resaltar por su falta de respeto a las reglas. Daba a éstas el trato de obstáculos a la administración y usualmente decidía por su propia cuenta cuáles eran importantes. En su oficina, había un letrero que decía: "Cualquier tonto puede administrar con reglas. Se requiere una persona poco común para administrar sin ellas". Aunque ese letrero era una afrenta a las políticas de la compañía, en el pasado no se le había prestado importancia a causa de sus resultados. Sin embargo, las acciones de Mike con el foro de supervisores hicieron que ahora se le considerara un alborotador, no un superestrella, y su estilo administrativo descabellado sólo empeoró la situación.

Ante el hecho de que se rumoraba su salida, Mike se sentó a evaluar la situación.

PARTE 3

Mike decidió las acciones siguientes:

1. Mantener vivo el foro; pero moderar su tono, de modo que no incomodara a Jack.
2. No dejarse vencer por el pánico. Simplemente trabajar más y ser más inteligente que el resto de la división. Su plan incluía volver a capacitar y motivar masivamente a su personal. Inició juntas semanales, capacitación cruzada con otras divisiones y muchos reconocimientos interpersonales para motivar al grupo.
3. Hacerse eco de las alabanzas de proveedores y clientes por el excelente servicio y dirigirlas a Jack.

Después de ocho meses, los resultados fueron impresionantes. La unidad de Mike mejoró su velocidad de procesamiento en 60% y disminuyó sus errores en 75%. Su personal fue el de más alto nivel de capacitación en la división. Mike tenía un expediente con varias cartas dirigidas a Jack en las que se alababa el servicio excelente de la unidad. Además, el foro de supervisores logró la credibilidad buscada, si bien se redujo el alcance de sus actividades. Mike había mejorado incluso hasta el punto de entregar a tiempo sus informes, como una concesión a sus superiores.

Mike tenía la confianza de que los resultados hablarían por sí solos. Sin embargo, un mes antes de su promoción programada y un mes después de un aumento de sueldo excelente en reconocimiento a su trabajo excepcional, fue llamado a la oficina de su supervisora, Kathy Miller. Allí, le informó que después de considerarlo larga y cuidadosamente, se había tomado la decisión de no promoverlo por su falta de atención a los detalles. Ello no significaba que fuera un mal supervisor, simplemente que necesitaba tener una actitud más de seguidor y menos de líder. Mike estaba sorprendido y lo expresó. Sin embargo, antes de decir nada más, pidió reunirse con Rick y Jack al día siguiente.

El enfrentamiento

Sentado cara a cara con Rick y Jack, Mike les preguntó si estaban de acuerdo con la evaluación de Kathy. Ambos contestaron afirmativamente. Cuando les preguntó si algún otro supervisor había superado su capacidad y resultados, cada uno de ellos afirmó que Mike era uno de los mejores supervisores que habían tenido, si no es que *el* mejor. Mike preguntó: "¿Entonces por qué me niegan la promoción cuando aprueban las de otros con menos capacidad?" Jack le respondió: "No es nada personal; simplemente no nos gusta tu estilo administrativo. Es descabellado. No podemos administrar una división en que cada uno de los 10 supervisores hagan las cosas a su manera. ¿En qué tipo de empresa crees que estás? Necesitamos que el personal se adapte a nuestro estilo y métodos, de modo que podamos medir objetivamente sus resultados. No hay espacio para interpretaciones subjetivas. Sentimos que si de verdad lo deseas podrías ser un administrador excelente. Pero ahora causas problemas y haces olas. No podemos permitirlo. No importa que ahora seas el mejor. Tarde o temprano, conforme subas de nivel, te verás forzado a prestar más atención a los deberes administrativos y no podrás manejarlos bien. Si corregimos ahora tus malos hábitos, en nuestra opinión llegarás lejos".

Mike estaba abrumado. Enfrentó a Rick y espetó: "¿Eso significa que no importan los resultados que obtenga? ¿Lo único que importa es cómo hago las cosas?" Rick se arrellenó en la silla y dijo, como no dándole importancia: "En una palabra, sí".

Mike salió de la oficina sabiendo que su carrera en la compañía había terminado y de inmediato empezó a buscar trabajo. ¿Cuál había sido el problema?

Guías de estudio

1. Este caso puede tratarse como un ejercicio predictivo de tres partes.

   a) Lea únicamente la parte 1 y deténgase. ¿Cómo cree que los altos ejecutivos de la compañía recibirán la declaración de intenciones de los supervisores?

   b) Lea la parte 2. En su opinión, ¿qué hará Mike ahora? ¿Qué le recomendaría?

   c) Lea la parte 3. ¿Acaso debe intentar la continuación de su carrera en la compañía o buscar trabajo en otra parte? ¿Qué efecto tiene la realización de la propia profecía en esta situación? Si Mike sale de la empresa, ¿cree que tendrá éxito en otra?

2. ¿Se comportó sabiamente Mike al tratar de cambiar el comportamiento de su jefe? ¿Fue ético dicho intento? ¿Cuáles de los métodos que ha leído podría haber utilizado Mike? ¿Qué hubiera hecho usted de manera diferente?

3. ¿Cómo cree que Mike describiría la cultura organizacional en la compañía? ¿Era responsabilidad de los empleados leer el documento relativo a esa cultura y adaptarse a él?

4. Evalúe el memorando que redactó Mike. Luego, valore la justicia y el efecto motivacional de la retroalimentación que le brindaron. ¿Será útil esa retroalimentación para cambiar su comportamiento? ¿Qué consejo habría dado a Rick y Jack antes de la junta con Mike?

Caso 8

Video Electronics Company

Frank Simpson, presidente y accionista mayoritario de Video Electronics Company, empresa que está en su décimo año de operaciones, enfrentaba el problema de adaptar su planta para satisfacer un aumento en la demanda de producción como resultado de la expansión de la industria de aparatos electrónicos y de la competencia creciente de otros fabricantes de la misma línea de productos. Aunque se triplicó el número de empleados de la fábrica durante el último año, la producción por obrero disminuyó casi 20%, mientras que los costos aumentaron casi hasta el punto de equilibrio. En el trimestre precedente, las utilidades sobre ventas fueron inferiores a 1%, y la utilidad sobre el capital invertido, menor de 3%. Estas tasas fueron la cuarta parte de lo que Simpson consideraba normal.

La compañía contrataba principalmente mano de obra no capacitada, a la cual brindaba capacitación. Los obreros no tenían sindicato. Todos recibían pago por hora, en vez de salarios con incentivos.

Simpson y unos cuantos amigos inversionistas fundaron la compañía para producir una línea restringida de pequeñas partes electrónicas que vendían a otras empresas manufactureras. La empresa creció lentamente, de modo que tenía apenas 105 trabajadores a comienzos del último año. Su reputación de calidad era excelente. De hecho, fue la principal razón de una avalancha de pedidos de nuevos clientes durante la primavera del año pasado, lo cual requirió que la empresa triplicara su fuerza laboral para julio. Simpson comentó: "No busco esos pedidos. *Ellos* llegan a nosotros. Aunque no quería que nos expandiéramos tan rápidamente, ¿qué puedo hacer? Si se quiere estar en el negocio, es imposible decirle a los clientes que estamos demasiado ocupados para venderles lo que quieren".

La compañía tenía sus instalaciones en una localidad manufacturera de 15 000 habitantes de una zona rural de Nueva York, a unos 90 kilómetros de poblaciones más grandes. Se contaba localmente con suficientes personas no capacitadas que podía ser contratadas para la expansión, la cual requería operar dos turnos en vez de uno. Los pronósticos de los administradores indicaban que la expansión sería permanente, con la posibilidad adicional de crecimiento moderado durante los siguientes cinco años o más.

Simpson, de acuerdo con el consejo de administración, llegó a la conclusión de que era necesario crear el puesto de gerente general de la planta, de modo que él (Simpson) pudiera dedicar más tiempo a tareas de alto nivel, no a corregir los problemas de producción. También sacó en conclusión que en las condiciones actuales se requeriría personal de ingeniería industrial, que pudiera hacer frente a los problemas actuales de producción y brindar a la empresa el trabajo de desarrollo necesario para mantenerse adelante de sus competidores.

Casi todo el personal de supervisión actual había estado con la compañía desde su fundación. Se trataba de personas hábiles en su fase específica de las operaciones; pero Simpson sentía que ninguna de ellas tenía la capacitación o los conocimientos globales de los problemas de la compañía para hacerse cargo de la gerencia general de la planta.

Después de mucho pensar, Simpson decidió contratar a un gerente general que no fuera empleado de la compañía. Esa persona reportaría directamente ante él y tendría toda la responsabilidad de la producción y el desarrollo del departamento de ingeniería industrial de alto nivel. Simpson convocó a una junta de todo el personal de supervisión y explicó con detalles su decisión. Describió la necesidad de este plan de acción y resaltó que precisaba toda su cooperación. Los supervisores de mayor edad no parecían complacidos con la decisión. Pero prometieron cooperar plenamente con el nuevo gerente general.

Unos cuatro meses después de esta junta con los supervisores, Simpson encontró a una persona adecuada para el puesto de gerente general, John Rider. Éste, de 36 años de edad, era un ingeniero mecánico que había trabajado como supervisor general en una gran fábrica de productos electrónicos de Filadelfia. Una de sus primeras tareas como director general era encontrar a alguien capacitado para desarrollar la función de ingeniería industrial. Se contrató a Paul Green, ingeniero industrial de 31 años de edad que a la sazón trabajaba en el departamento de ingeniería industrial de una gran compañía acerera de Pittsburgh. Tenía maestría en administración de empresas, un buen expediente académico, baja con honores del ejército y dos años de experiencia en el área.

Green y Rider consideraron que la compañía presentaba una mala situación en la utilización de maquinaria y empleados, desperdicios y tasas de rechazo. Con base en su primera impresión de las instalaciones de producción, calcularon que los cambios de ingeniería industrial y administración de la producción podrían incrementar la productividad al menos en 25% y reducir los costos unitarios en 35%.

Green quería contar con tiempo para familiarizarse con los procesos y el personal de supervisión antes de recomendar mejoras importantes. Rider le concedió esa oportunidad y Green dedicó dos meses a familiarizarse con los supervisores. Durante ese periodo, aconsejó sólo cambios menores a Rider, los cuales fueron aceptados por los supervisores con poco desacuerdo. Sin embargo, después de ese periodo Simpson, Rider y Green sintieron que debían emprenderse mayores medidas para mejorar la producción y la calidad. Decidieron que el primer proyecto de ingeniería industrial sería una investigación de los procesos de producción, departamento por departamento. El estudio abarcaría todas las operaciones efectuadas con los productos. Todos los procesos se pondrían por escrito, ya que muchos se habían desarrollado sin que nadie documentara cómo debían realizarse. Algunos de los supervisores eran las únicas personas que entendían cómo se preparaban y ejecutaban ciertas operaciones, de modo que los supervisores que se iban de la compañía frecuentemente se llevaban consigo valiosos conocimientos y no era fácil sustituirlos.

En la siguiente junta de supervisores (todo el personal administrativo), Simpson anunció el plan del estudio de producción. No se indicó una fecha calculada de terminación de la investigación. Los supervisores de producción no hicieron comentarios, si bien fue evidente para Rider y Green que varios de los supervisores de mayor edad no estaban contentos con la idea. Simpson trató de convencerlos de que se requería toda su cooperación y que la compañía tenía que "superar a sus competidores o cerrar".

Green inició el estudio la semana siguiente. Hubo una rebelión franca en algunos casos, si bien la contrarrestó comentando con el supervisor las razones de la investigación y luego no regresando al departamento en cuestión durante varios días. Green pensaba que estaba convenciendo a quienes habían objetado el estudio, de modo que éste continuó adelante sin que comentara la resistencia encontrada con Rider o Simpson.

Unas cinco semanas después de que Green comenzó el estudio, él y Rider salieron del pueblo en un viaje de negocios que duró dos días. En la noche del segundo día, uno de los supervisores del segundo turno se comunicó telefónicamente con Simpson, quien se había quedado a trabajar tarde en su oficina ese día. El supervisor le dijo que un grupo de sus colegas quería platicar con él. Puesto que muchos de sus supervisores conocían a Simpson desde tiempo atrás e incluso se tuteaban con él, Simpson no opuso ninguna objeción y les dijo que subieran a su oficina.

El grupo estaba formado por todos los supervisores que tenían más de un año de antigüedad en la compañía. Incluía a los del primer turno, aunque habían salido de trabajar tres horas antes. Tan pronto llegó el grupo, a Simpson le resultó evidente que estaban preocupados por algo y que no se trataba de una visita social. Todos los supervisores entraron en su oficina y Charles Warren, un hombre de edad avanzada que había sido supervisor durante nueve años, fungió como vocero del grupo.

Warren dijo: "Frank, hemos estado juntos en el mismo barco durante muchos años. Sabemos de este negocio más que nadie y no nos agrada que alguien se pare frente a nuestro departamento y observe lo que hacemos. Tampoco nos gusta la idea de que un jovencito venga a decirnos que debemos hacer esto y lo otro para mejorar la producción y la calidad. Esta industria es diferente y esas nuevas ideas de la ingeniería industrial no funcionan con nosotros. Queremos que le digas a ese nuevo tipo, Green, que sus ideas no funcionarán en una compañía como ésta". Luego, Warren hizo una pausa para que Simpson tuviera la oportunidad de responder. Los otros supervisores esperaban de pie, en silencio.

Guías de estudio

1. Si fuera Simpson, ¿qué haría ahora? ¿Qué haría más adelante, si acaso? ¿Qué modelos de comportamiento e ideas estarían implícitos en sus decisiones?
2. ¿Debería haber permitido Simpson que los supervisores lo abordaran, puesto que ahora reportan directamente ante Rider?
3. ¿Qué tipos de cambios están ocurriendo en este caso? ¿Cuáles son los efectos de esos cambios? ¿Cuáles ideas sobre el cambio serían útiles en esta situación?
4. ¿Se aplican en este caso las tres etapas del cambio (descongelación, cambio propiamente dicho y recongelación). Explique su respuesta.

1. Suponga que usted es Simpson. Responda a los comentarios de Warren y los otros supervisores reunidos en su oficina.
2. Representen los papeles de Simpson, Rider y Green en una junta celebrada en la oficina de Simpson para analizar la situación cuando los últimos dos regresen de su viaje.
3. Representen los papeles de la junta de supervisores en que Simpson anuncia a sus supervisores el estudio del proceso de producción. Incluyan los papeles de Rider y Green.

Situaciones de representación de papeles

Caso 9

Elite Electric Company

Elite Electric Company es una subsidiaria manufacturera moderadamente pequeña de un gran conglomerado europeo. La empresa fabrica componentes eléctricos que vende a la casa matriz para su reventa en establecimientos minoristas y para distribución comercial. Cinco años atrás, las ventas totalizaron 10 000 000 de dólares, y en el último año, $35 000 000. Elite Electric Company tiene dos plantas, una en Pennsylvania y otra en Massachusetts. La de Pennsylvania es relativamente nueva y puede manufacturar el triple de las unidades producidas en la planta de Massachusetts. Ésta se estableció a comienzos de la década de 1920 y está en terrenos muy grandes y bellamente mantenidos. Los edificios son muy viejos, y la maquinaria, anticuada. Sin embargo, las oficinas centrales de la compañía se localizan en ese lugar, y el presidente de la empresa insiste en mantener activas las dos plantas. (*Véase* el historial de producción quinquenal de las plantas en la tabla de este caso.)

A fin de hacer frente al crecimiento administrativo de la compañía, se contrató personal adicional. Sin embargo, no existe un plan organizado para el establecimiento de sistemas y procedimientos de capacitación, mecanización, etcétera, en previsión de la carga de trabajo incrementada y de la especialización de actividades y funciones que tarde o temprano ocurrirán. El personal que ha estado en la compañía durante largo tiempo conoce sus tareas y es el que saca adelante a la empresa en sus actividades cotidianas. Cuando hubo que despedir a mucha gente repentinamente durante una reducción de personal, se generó un vacío de información porque no había procedimientos documentados que sirvieran de guía a quienes permanecieron y a los empleados de reposición que fueron contratados.

Barry R. Armandi preparó este caso, que se usa con autorización del autor y de la editorial Elsevier Science Publishing Co., Inc.

Elite Electric Company **Caso nueve**

Historial de producción de cinco años de Elite Electric Company
(en unidades)

	Año 1	Año 2	Año 3*		Año 4		Año 5	
			Mass.	Penn.	Mass.	Penn.	Mass.	Penn.
Transistores (miles)	800	600	500	400	475	535	452	629
Tarjetas de circuito integrado grandes (miles)	475	479	325	201	300	227	248	325
Tarjetas de circuito integrado chicas (miles)	600	585	480	175	250	212	321	438
Chips de gran capacidad (millones)	1.2	1.1	0.7	0.5	0.6	0.7	0.6	0.9
Chips de baja capacidad (millones)	1.8	2.0	0.5	1.3	0.2	2.0	0.3	2.7
Tubos de rayos catódicos (miles)	325	250	210	22	126	46	147	63
Porcentaje con defectos	0.1	0.15	0.9	4.2	1.6	2.5	2.5	1.2

*Inicio de operaciones de la nueva planta.

Otro factor significativo en la historia de la compañía ha sido su rotación de personal. Un organigrama de empleados administrativos muestra que 40% de las personas contratadas cuando mucho dos años atrás ya no están con la compañía. De quienes permanecen, 90% tiene hoy asignaciones distintas. Muchas de las pérdidas de personal correspondieron a puestos importantes y se vieron afectados todos los niveles. (En las figuras 1 y 2 se muestran los organigramas de la compañía y de la planta de Massachusetts, respectivamente.)

LA PLANTA DE MASSACHUSETTS

El presidente de la compañía, William White, provenía de LTV, empresa localizada en Dallas, Texas. De allí fue contratado como director de operaciones de planta en Massachusetts. Cuando los propietarios originales vendieron la empresa al conglomerado europeo, White se convirtió en presidente. Al año siguiente, abrió la planta de Pennsylvania.

Como presidente, White desarrolló una filosofía operativa de seis elementos. Sus componentes son los siguientes:

1. Conceder prioridad máxima a la calidad de los productos y el servicio a clientes.
2. Fomentar un ambiente de trabajo orientado a las personas.
3. Optimizar la comunicación, interacción y participación.
4. Minimizar las capas de la estructura organizacional y controlar el crecimiento de la burocracia.
5. Valorar y respetar la forma de organización de la compañía.
6. Luchar por la excelencia en los negocios.

Parte ocho *Problemas de casos*

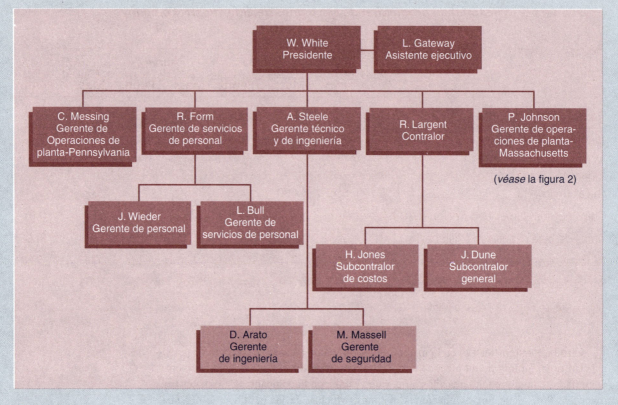

FIGURA 1

Organigrama de Elite Electric Company

Después de su designación como presidente, White promovió a Peter Johnson al puesto de director de operaciones de planta, cuyo puesto anterior era ser el director de producción. White dijo a Johnson que tenía mucho que aprender acerca de la operación de una planta y que se tomara las cosas con calma hasta que se empapara de la situación. También le indicó que con la operación proyectada de la nueva planta al año siguiente debería esperar una caída en la demanda de productos. Sin embargo, White sentía que esa reducción sería temporal. Por añadidura, White recordó con énfasis a Johnson la filosofía operativa de la compañía.

Cuando White fue director de operaciones de planta, inició juntas operativas diarias con el personal siguiente: director de compras (Paul Barbato), director de producción (Brian Campbell), directora de control de caridad (Elizabeth Schultz), director de ingeniería (David Arato), director de seguridad (Martin Massell), directora de personal (Jane Wieder), director de servicio a clientes (Michael St. John) y uno de los subcontralores (Harvey Jones).

Cuando Johnson asumió el cargo de director de operaciones, decidió continuar con las juntas diarias. Un día, después de analizar problemas de la compañía en una junta abierta, se decidió que personas de otras áreas de línea y oficina también deberían asistir. La transcripción de una junta típica es la siguiente:

PETER JOHNSON: Muy bien, son las 9:00, vamos a empezar. Todos saben cuál es la agenda, de modo que comenzamos con el tema de seguridad.

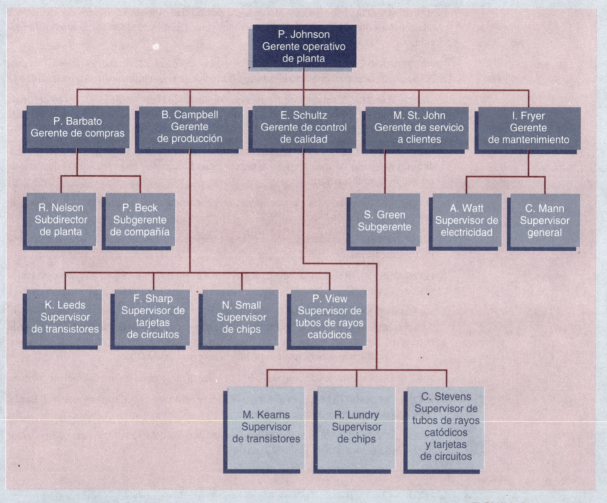

FIGURA 2

Organigrama de la planta de Massachusetts

MARTIN MASSELL (Director de seguridad): Muy bien, Peter, tengo varios aspectos que deseo mencionar. En primer término, debemos considerar la retroalimentación que da mantenimiento. El otro día, tuvimos un incidente en que la cuadrilla de mantenimiento estaba lavando los muros y cayó agua al cableado eléctrico. No se comentó a nadie y tiempo después, empezó la filtración el viernes y luego se produjo humo.

PETER JOHNSON: De acuerdo, pediremos a mantenimiento que vea ese asunto y se informe. ¿Qué más, Marty?

MARTIN MASSELL: Nos enteramos de que uno de los operadores de montacargas conducía a velocidad excesiva en la planta. Estamos enviando un memorando para decirle que disminuya la velocidad.

DAVID ARATO (Director de ingeniería): ¿Por qué no ponemos topes, de modo que no puedan acelerar?

MARTIN MASSELL: Estamos considerando esa posibilidad. Aunque tal vez nos decidamos por ella, tenemos que obtener algunas cotizaciones y mantenimiento tendría que darnos información.

PETER JOHNSON: Dicho sea de paso, ¿dónde está el representante de mantenimiento? Bueno, después me pondré en contacto con Irving (Director de mantenimiento). ¿Algo más, Marty?

MARTIN MASSELL: Sí, olvidé decirte ayer que se limpió toda el área de carga. Ya no debemos tener problemas. Por cierto, Brian, no se te olvide ponerte en contacto con Irv acerca del derrame en esa área.

BRIAN CAMPBELL (Director de producción): ¡Oh!, Olvidé decirte, Peter, que Irv dijo que tendríamos que parar las máquinas 1 y 6 para arreglar la fuga que está causando el derrame de aceite. Ya procedí a pararlas.

PETER JOHNSON: ¡Caramba!, Brian, me gustaría que primero me informaras. ¿En qué medida afectará la producción?

BRIAN CAMPBELL: No mucho, pero debemos compensarlo con un poco de tiempo extra este fin de semana.

PETER JOHNSON: El siguiente tema es el servicio a clientes. Mike, ¿cómo van las cosas con la matriz?

MICHAEL ST. JOHN (Director de servicio a clientes): No hay muchas novedades que informar. Aunque empezamos a sufrir los efectos de no aceptar el pedido de Japón, en la matriz lo entienden. Tal vez no les guste; pero pueden aceptarlo. ¡Oh!, Paul, ¿tendrás en existencia transistores suficientes para surtir el pedido el próximo martes?

PAUL BARBATO (Director de compras): Claro, Mike, ayer te envié un memorando al respecto.

MICHAEL ST. JOHN: Disculpa, es que todavía no he podido revisar mi correspondencia. Estaba muy ocupado con los visitantes de Europa.

PETER JOHNSON: ¿Están atendiendo bien a esas personas, Mike? ¿Hay algo que podamos hacer para que su estancia sea más placentera?

MICHAEL ST. JOHN: No, todo está en orden.

PETER JOHNSON: Bueno. Pasemos a relaciones industriales. ¿Jane?

JANE WIEDER (Directora de personal): Me gustaría presentarles a dos huéspedes de Training Programs, Inc. Como saben, pronto iniciaremos nuestro programa de capacitación final. La queja de Al Janow se resolvió. En la junta de administradores y empleados de la semana pasada, se llegó al arreglo de que participaría un representante de cada departamento. Como saben, esa junta se celebra mensualmente. Resulta curioso que la queja más importante en la junta haya sido la solicitud de una silla adicional para la sala de conferencias. (*Risas.*) Se preparó el memorando del taller de entrevistas, Peter, y aquí lo tienes. Además, Peter, tenemos que trabajar en la publicación de las fechas para la reunión familiar anual. No sé si estaría bien celebrarla en julio.

MICHAEL ST. JOHN: No me parece muy bueno que sea en julio. Tendremos mucho tiempo extra, ya que debemos surtir el pedido de Australia a comienzos de agosto. ¿Podemos adelantarla a junio?

HARVEY JONES (Subcontralor): No se les olvide que en junio hay que entregar los presupuestos actualizados. (*Continúa la discusión de la mejor fecha para la reunión familiar anual durante otros 15 minutos.*)

JANE WIEDER: Una cosa más. Por favor, infórmenos sobre cualquier cambio de estado civil, dirección, etcétera. Debemos tener al día nuestros expedientes. También les comento que los empleados pueden comprar los automóviles de la compañía. La venta tendrá lugar por medio de un sistema de lotería.

DAVID ARATO: ¿Se nos enviará un memorando al respecto?

JANE WIEDER: Sí, lo enviaré hacia el fin de semana.

PETER JOHNSON: ¿Podemos pasar a control de calidad, Elizabeth?

ELIZABETH SCHULTZ (Directora de control de calidad): Las máquinas 1 y 8 han estado produciendo transistores doblados. Estarán paradas durante el fin de semana. Irv y Brian ya saben al respecto. Tenemos que corregir este problema antes de surtir el pedido de IBM. También nos dimos cuenta de que el último cargamento de oro contenía otros metales. Paul, ¿podrías encargarte de esto y ver cuál es el problema?

PAUL BARBATO: ¿Cuál es la cantidad de metales extraños presente?

ELIZABETH SCHULTZ: Aunque todavía no terminamos las pruebas del material, al parecer 140 g por cada 45 kilogramos.

PAUL BARBATO: No me parece que sea significativo.

ELIZABETH SCHULTZ: Bueno, eso es según nuestros cálculos, y me gustaría que se verificara.

PETER JOHNSON: Muy bien, Elizabeth, Paul se encargará de eso. Pasemos a producción.

BRIAN CAMPBELL: El lunes pasado fabricamos 3 000 transistores. Las máquinas 1, 2 y 8 produjeron 300 cada una, las máquinas 2 y 4 estuvieron paradas, y el resto de la producción correspondió a las demás máquinas. El lunes, tuvimos que realizar un cambio para producir los circuitos integrados grandes que necesita Control Data. Tuvimos dos horas de paro para ajuste de máquinas. Las máquinas 6 y 7 produjeron 20% de la corrida total de producción, de 5 000 circuitos. La máquina 1 continuó con la producción de los pequeños chips transistorizados, mientras que las 2 y 5 se encargaron del resto de las corridas de tarjetas de circuitos integrados. (*En este momento, dos personas se levantan y salen de la sala mientras Brian habla.*) El miércoles regresamos a las corridas de transistores en todas las máquinas. Desgraciadamente, la máquina 2 estuvo parada todo el día, mientras que la máquina 7 estaba en mantenimiento preventivo. Produjimos 2 700 transistores. Las máquinas 3, 5 y 8 generaron casi 60% de la producción. (*Varios de los asistentes empiezan a bostezar.*) El jueves produjimos apenas 1 000 transistores y tuvimos que embarcar parte de la corrida para la producción de tubos de rayos catódicos del pedido de Digital Equipment Corp., se produjeron 500 unidades para ese cliente. Las máquinas 3, 4 y 5 se usaron para la corrida de DEC, mientras que las máquinas 1, 2 y 8 continuaron con la producción de transistores. La máquina 7 estuvo parada. El viernes tuvimos media jornada y por la mañana se interrumpió el suministro de energía eléctrica, de modo que se produjeron sólo 100 transistores y 22 tubos de rayos católicos.

PETER JOHNSON: Brian, ¿piensas que podemos completar el pedido esta semana sin mucho tiempo extra?

BRIAN CAMPBELL: No lo sé. Creo que debemos hablar con Harry. (*Harry Brown es el representante sindical.*)

PETER JOHNSON: Eso sería difícil, ya que Harry está de vacaciones; pero trataré de ponerme en contacto con él. Si no lo logro, tendremos que seguir adelante y asumir las consecuencias. Bien, recorramos la mesa para ver si alguien más tiene algo que decir.

Parte ocho *Problemas de casos*

PAUL BARBATO: Nada.

BRIAN CAMPBELL: Dave, quiero conversar contigo acerca del cambio de máquinas y también ver si podemos diseñar una mejor rampa.

ELIZABETH SCHULTZ: Peter, ¿puedo verte después de la junta para hablar de un asunto personal?

DAVID ARATO: Nada.

MARTIN MASSELL: Quisiera que todo el mundo se entere de que tuvimos un problema en uno de los pozos de máquinas. Al parecer, mientras vertían concreto alrededor del pozo, se derramó algo y tardamos dos días en limpiarlo.

JANE WIEDER: Paul, quiero verte en relación con el problema de Mary Bernstein.

MICHAEL ST. JOHN: Quisiera informarles que podría haber un pedido muy grande de Grumann.

HARVEY JONES: Las personas siguientes no han informado de su estado de exención a nóminas. (*Lee una lista de 12 nombres.*) Recuerden que se les solicitó en un memorando de Jane hace tres semanas.

PETER JOHNSON: Brian, planeó hacer un recorrido de la planta con un par de visitantes de la universidad, la próxima semana. Te llamaré para que preparemos algo. ¿Está bien? Buena junta. Nos veremos mañana, a la misma hora y en el mismo lugar.

Guías de estudio

1. Comente la filosofía operativa de White, desde el punto de vista de:

    a) La influencia motivacional de sus seis objetivos
    b) El tipo general de cultura organizacional que probablemente existe en la compañía

2. Evalúe la naturaleza y calidad de la comunicación que tuvo lugar en la junta dirigida por Johnson, indicando los puntos fuertes y débiles. ¿Acaso alguien practica la comunicación asertiva? ¿Qué relaciones interpersonales son evidentes?

3. Examine una parte de la dinámica de grupo presente en la junta. ¿Cuáles roles de liderazgo de tareas y social emplearon los participantes? ¿Cómo podría haberse mejorado la junta?

4. En su opinión, ¿por qué Johnson concluyó diciendo que había sido una "buena junta"? ¿Está de acuerdo? Explique su respuesta.

Caso 10

La Operación Patterson

ANTECEDENTES

Carrington, Inc. es una compañía internacional dedicada a la producción y distribución de productos farmacéuticos, medicamentos de patente, cosméticos y artículos de baño. En sus operaciones mundiales, la empresa tiene más de 15 000 empleados y ventas que superan los 500 000 000 de dólares anuales.

En la planta ubicada en el sur central, los directivos enfrentan problemas de baja productividad, baja moral de los empleados y costos unitarios altos en la sección encargada de la producción de diversos tipos de empaques que contienen varios productos de la compañía. Estos "paquetes", como se conocen en la empresa, se preparan especialmente según las especificaciones de ciertos clientes. Cada paquete contiene de 24 a 480 artículos y el número total de paquetes para determinado cliente varía entre 10 y 1 500 unidades. Muchos de estos paquetes se preparan de manera que los establecimientos minoristas puedan mostrarlos en exhibidores promocionales especiales, en el punto de venta. Desde la perspectiva de la empresa, el objetivo de usar estos exhibidores es crear espacio de estantería adicional para sus productos. En las tiendas, estos exhibidores podrían estar en pasillos o usarse a la cabecera de los estantes. La preparación de los paquetes es en esencia un proceso sobre pedido y hasta antes del último año la sala de preparación se localizaba en una parte de la planta principal, la llamada Sección 10.

Los empleados de las actividades de manufactura y montaje de la empresa están sindicalizados y la compañía utiliza un plan de incentivos 50-50 de Halsey, que es un plan de bonos por tiempo ahorrado. Según este plan, un trabajador que realiza su tarea en tiempo menor al estándar recibe un bono de 50% de la tarifa por hora, multiplicado por

---

James M. Todd y Thomas R. Miller prepararon este caso, que se usa con autorización de los autores y de la revista *Journal of Case Studies*.

el tiempo ahorrado. A manera de ejemplo, un empleado que completa 10 horas estándar de trabajo en ocho horas recibiría sus ocho horas de pago y una de las dos que ahorró. Así pues, si la tarifa por hora es de 8.50 de dólares, ganaría 76.50 ese día.

PROBLEMAS CON LA SECCIÓN 10

En la preparación de paquetes en la Sección 10, se utilizan bandas transportadoras continuas que proporcionan a cada obrero los productos que se incluirán en un paquete. Las condiciones de trabajo son sobresalientes; el área está muy limpia, bien iluminada y con aire acondicionado. Una agradable cafetería para empleados está disponible en el mismo edificio.

No obstante las buenas condiciones de trabajo y la oportunidad de ganar más dinero con el sistema de incentivos de la compañía, en las operaciones de la Sección 10 ha habido una tendencia marcada de aumento de los costos unitarios y disminución de la producción por hora-hombre. De hecho, en los últimos tres años las cifras de costos revelan que la sección está por debajo del punto de equilibrio. Contribuyen a esta situación de deterioro la baja productividad y que los empleados no cumplan el estándar de trabajo. Este último problema resultó particularmente evidente por el hecho de que ninguno de ellos pudo obtener bonos con el plan de incentivos.

La disciplina en la Sección 10 era deficiente y los supervisores tenían problemas constantes. Se habían generado diversas quejas. La moral no mejoraba porque los obreros eran transferidos frecuentemente de una línea de montaje a otra. Esta acción tendía a incrementar los costos de producción, ya que cualquier trabajador tenía pocas probabilidades de avanzar en su curva de aprendizaje antes de que fuera transferido a otra actividad. Un factor más indicativo de la baja moral era la actitud de los obreros. No existía el espíritu de cooperación mutua y prevalecía la actitud del tipo "eso no me corresponde".

Por lo general, trabajar en la Sección 10 se consideraba casi como un castigo. Requería actividad manual percibida como relativamente intensa, en comparación con la que se aplicaba en las líneas de montaje automatizadas de otras áreas. Además, se había corrido el rumor de que nadie podía "obtener bonos" si trabajaba en esa sección. En última instancia, como efecto del sistema que utilizaba la empresa, la fuerza laboral de la Sección 10 llegó a consistir principalmente en empleados jóvenes e inexpertos, trabajadores problemáticos y disidentes. Un gerente describió la situación como sigue: "La Sección 10 tiene lo peor de la fuerza laboral".

UNA NUEVA OPERACIÓN

A comienzos del año pasado, los ejecutivos de la empresa enfrentaron un grave problema de espacio para ampliar sus operaciones de montaje y manufactura. Aunque se consideraron varias opciones, ninguna pareció ser una solución económicamente factible del problema de espacio. Así pues, en la desesperación, celebraron una sesión de lluvia de ideas y se llegó a la decisión de mover una gran parte de la preparación de los paquetes a un local que ya tenía en arriendo la compañía y que se usaba actualmente como almacén. El local se localizaba en la calle Patterson, de modo que la nueva área de preparación de paquetes llegó a ser conocida en la compañía como la "Operación Patterson".

El nuevo local no brindó el espacio o las condiciones de trabajo comparables con las de la Sección 10. El edificio se localizaba en un área distante casi 4.5 kilómetros de la planta principal, en un barrio de viviendas de bajos ingresos y almacenes.

El edificio que albergaba a la Operación Patterson se había considerado aceptable sólo para almacenaje. Era una antigua estructura de ladrillo con varias áreas para embarque y recepción de mercancías. El edificio tenía iluminación y ventilación deficientes, sin aire acondicionado y la calefacción era inadecuada. Resultaba inapropiado para trabajadores dedicados a la preparación de los paquetes. La temperatura en su interior promediaba unos 10°C en invierno y más de 32°C en verano. No había cafetería ni servicio de alimentos, de modo que los obreros tenían que llevar su propio almuerzo o ir a una pequeña tienda de comestibles del barrio para comprar alimentos. También eran deficientes otros servicios, como los sanitarios y las áreas de descanso. En resumen, las condiciones de trabajo contrastaban abiertamente con las de la Sección 10, que tenía instalaciones limpias, aire acondicionado y calefacción adecuada en una buena zona y con una cafetería de primera categoría.

No obstante todas esas desventajas y al parecer contra su propia voluntad, los ejecutivos, presionados por la necesidad de espacio para manufactura, decidieron transferir la preparación de paquetes al almacén de la calle Patterson. Se gastó muy poco dinero en modificar el local.

RESULTADO DE LA TRANSFERENCIA

El cambio a las instalaciones de la calle Patterson comprendió la transferencia de casi 40 empleados de la planta principal, muchos de ellos afroestadounidenses con poca antigüedad en el puesto. Con la nueva estructura, todos ellos estarían bajo el mando de Fred Hammond, un supervisor que también era afroestadounidense.

Como supervisor, Fred realizó algunos cambios drásticos en la preparación de los paquetes. Creó una línea de montaje, de modo que los trabajadores realizaron un mismo trabajo hasta que se completaba un pedido específico. Esta situación era muy distinta a la que había en la Sección 10, donde un empleado podía trabajar hasta en tres tipos distintos de paquetes durante un día. Con el nuevo sistema, la repetición del trabajo permitía que los obreros laborasen con rapidez, lo cual les permitió obtener bonos.

El nuevo supervisor también puso en práctica otras innovaciones. Permitió que los empleados participaran en las decisiones relativas a su jornada laboral y la hora de sus descansos. Mientras que en la planta principal estaba prohibido el uso de aparatos de radio en las áreas de producción, en la calle Patterson poco a poco se aceptó tener radios sintonizados en estaciones de música popular, usualmente a todo volumen. También existían otras condiciones no habituales en el nuevo local. Los obreros no tenían que acatar códigos de vestimenta, usar gorros o abstenerse de portar piezas de joyería en el trabajo. Dada la gran distancia que los separaba de la planta principal, los gerentes o supervisores de la planta no solían visitar las nuevas instalaciones. Aunque existían ciertas violaciones a las políticas de la compañía, los administradores mostraban una actitud hasta cierto punto tolerante.

A fin de tener un lugar para comer o descansar, los trabajadores se pusieron de acuerdo y acondicionaron un pequeño cuarto con mesas y sillas suficientes para equipar modestamente un comedor y un área de descanso más bien austera. Más adelante, ese cuarto tuvo aire acondicionado. Además, los empleados pidieron pintura de la compañía, para pintar el cuarto en cuestión.

Con estos y otros cambios, empezó a surgir un cambio de actitud en los trabajadores. Llegaron a ver en la Operación Patterson su propia "compañía". Prevalecía una actitud de cooperación mutua, evidente en la disposición de ayudarse unos a otros cuando era posible. En otras palabras, surgió el espíritu de equipo en los trabajadores de la calle Patterson. La productividad aumentó a tal punto que los obreros recibían bonos, lo cual había ocurrido pocas veces en la Sección 10. Trabajar en la Operación Patterson se volvió más popular y la composición de la fuerza laboral cambió poco a poco, de trabajadores inexpertos e insatisfechos a otra en que personal de mayor edad y más capacitado empezó a solicitar su integración a la Operación. Desde que se inició esta última, sólo se ha presentado una queja, además de que en el primer año de sus actividades hubo aumento de 32.8% en la productividad, en comparación con la que había en la Sección 10.

Después de haber iniciado la Operación Patterson, Fred Hammond, el primer supervisor, fue promovido. Lo sustituyó May Allison, quien ha continuado las operaciones de la misma manera que su predecesor. Para un observador externo, resulta más bien divertido ver a May, quien mide menos de 1.50 metros y pesa apenas 45 kilogramos, en su función de supervisora de esta fuerza laboral, particularmente de hombres fornidos y mujeres de mayor edad que ella. Es evidente que ha logrado el respeto y la admiración de sus empleados y que ha formado relaciones de trabajo efectivas con ellos. Datos recientes indican productividad y bonos más altos para sus obreros que en la planta principal. May agrada personalmente a sus empleados, como se notó cuando aportaron 75 dólares para su regalo de cumpleaños.

May ha continuado haciendo que sus empleados participen en la toma de decisiones, por ejemplo, la de cambiar el horario de trabajo durante el verano de las 5:30 a las 14:00 horas, en vez del horario de 7:30 a 16:00 horas de otras partes de la planta. Este cambio se debió al calor casi insoportable por la tarde en el viejo almacén. Aunque no concuerda con las políticas de la compañía, los ejecutivos lo han tolerado. Los trabajadores de la Operación Patterson incluso habrían preferido empezar a hora más temprana, si bien no fue factible a causa de problemas de coordinación en la recepción de productos de la planta principal.

Otro acontecimiento interesante en la Operación Patterson fue la formación de su propio equipo de softbol, los *Guerreros de Patterson*. En condiciones normales, los equipos deportivos de la compañía se componen de jugadores de todas las unidades, no de una sola. De nuevo, los empleados de la Operación tomaron su decisión y actuaron de manera independiente, sin considerar las políticas de personal de la compañía.

Los expedientes laborales en la Operación Patterson no son mejores que en la planta principal, en lo referente a ausentismo, llegadas tarde y rotación de personal. En unos cuantos casos, incluso son peores, si bien esta diferencia es insignificante en opinión de los ejecutivos. Sin embargo, la tasa muy baja de quejas, el alto nivel de moral de los empleados y la productividad más alta en la Operación Patterson son sorpresas agradables para la administración.

Las actividades de la Operación Patterson son muy conocidas para los ejecutivos de la planta sudcentral de Carrington. Sus reacciones han variado de positivas a negativas, con ambivalencia en algunos casos. Sin embargo, todos parecen concordar en que por lo menos resulta interesante.

Parte ocho *Problemas de casos*

Guías de estudio

1. ¿Ha tenido éxito la Operación Patterson? En la medida en que pueda considerarse exitosa, ¿cuáles son los factores que han contribuido a ello?
2. Identifique el estilo de liderazgo de Fred Hammond y May Allison. Aplique varios modelos de liderazgo al caso, como el modelo de contingencia de Fiedler y el modelo situacional de Hersey-Blanchard.
3. Comente respecto de la organización informal en la Operación Patterson. ¿En qué aspectos los empleados crearon su propia "compañía"?
4. Repase el modelo de dos factores de Herzberg. ¿Por qué el cambio de las condiciones físicas de trabajo (deterioro del factor de higiene) no tuvo efecto negativo en la productividad? ¿Qué *hizo* que los trabajadores fueran productivos?

Caso 11

TRW-Oilwell Cable Division

Era el 5 de julio, y Bill Russell había estado esperando la llamada telefónica que acababa de recibir de las oficinas corporativas de TRW en Cleveland, en la que le anunciaban su nombramiento de gerente general. Bill había sido gerente general en funciones de la Oilwell Cable Division en Lawrence, Kansas, desde que en enero Gino Strippoli dejó la división por otro nombramiento. Aunque había esperado que lo designaran gerente general, la segunda parte de la llamada, en que le informaron que debía despedir a 20 empleados o lograr una reducción equivalente en costos de mano de obra, lo dejó preocupado. Eran las 8:00 a.m. y Bill había convocado a una junta de todo el personal de planta a las 8:15 a.m. para anunciar su designación y, ahora, también los despidos inminentes. Se preguntaba cómo manejaría las difíciles decisiones que tenía frente a sí.

TRW

TRW era una compañía manufacturera multinacional y diversificada con ventas cercanas a 5 500 000 000 de dólares. Sus raíces correspondían a la Cleveland Cap Screw Company, fundada en 1901 con una inversión total de 2 500 dólares y 29 empleados. Hoy, gracias a una estrategia de crecimiento con adquisiciones y diversificación, la compañía da trabajo a 88 000 empleados en más de 300 sitios de 17 países. La inversión original de los accionistas ha crecido hasta ser mayor de 1 600 000 000 de dólares. Como se cita en una publicación de la empresa: "Este crecimiento refleja la capacidad de la

---

Michael G. Kolchin, Thomas J. Hyclak y Sheree Deming prepararon este caso, que se usa con autorización de los autores y la editorial, Elsevier Science Publishing Co., Inc.

compañía para anticiparse a nuevos y promisorios campos, y ser pionera en su desarrollo: automotriz, industrial, aeronáutica, aeroespacial, sistemas, electrónica y energía. Crecimos con estos mercados y ayudamos a crearlos".

OILWELL CABLE DIVISION, DE LAWRENCE, KANSAS

La Oilwell Cable Division es parte del Industrial and Energy Segment de TRW. Este segmento representa 24% de las ventas totales y 23% de las utilidades operativas totales. El grupo de bombas, válvulas y servicios de energía, del cual es parte de la división, comprende 30% de las ventas netas de este segmento.

La Oilwell Cable Division tuvo sus orígenes en la Crescent Wire and Cable Company, de Trenton, Nueva Jersey. Cuando TRW adquirió esa compañía, tenía pérdidas, ocupaba una planta obsoleta y sufría significativos problemas de mano de obra. A fin de mejorar la rentabilidad, TRW decidió sacar la planta de Trenton. Primero la trasladaron a Lawrence, Kansas, hace unos 10 años. La división se mudó a un nuevo edificio y se adquirió equipo totalmente nuevo. Sólo Gino Strippoli, el gerente de planta, y otros tres empleados, siguieron trabajando en Kansas.

Hubo cuatro razones para elegir Lawrence como nuevo sitio para la división. La más importante es que Lawrence estaba mucho más cerca de la base de clientes de la división, que se localiza en el noreste de Oklahoma. En segundo lugar, Kansas era un estado con derecho al trabajo y, debido a los problemas de mano de obra en la planta de Trenton, TRW buscaba un entorno con más apoyo de mano de obra para sus nuevas operaciones. En tercer sitio, los salarios en el área de Lawrence eran razonablemente similares a los de Trenton. Por último, existía un edificio que podía alojar a la línea de producción en un parque industrial del norte de Lawrence. Por añadidura, se contaba con terrenos muy amplios junto a dicha construcción, para futuras ampliaciones.

Con el simple hecho de mover la división a Lawrence, TRW esperaba poder enfocarse en este producto y hacerlo más rentable antes de mover los otros productos de la fábrica de Trenton. Poco después, cuando la planta de cable alcanzó el estatus de división, ya no se consideró mover el resto de la planta de Trenton, sino que se vendió.

ADMINISTRACIÓN POR EQUIPOS EN LAWRENCE

Cuando se asignó a Gino Strippoli la tarea de iniciar las operaciones en Lawrence, vio en ella una gran oportunidad de establecer un nuevo sistema administrativo. Con planta nueva, equipo nuevo y casi todos los empleados nuevos, era el momento perfecto para poner a prueba el valor de la administración por equipos. Gino había sido partidario de este modelo desde tiempo atrás y ahora se le presentaba una oportunidad de oro para establecer un experimento que permitiera poner a prueba sus ideas.

En el caso de la planta de TRW en Lawrence, se incluyen 11 equipos, cuyo tamaño varía entre cuatro y 17 miembros. Los nombres de los equipos y una breve descripción de su composición se muestran en el cuadro. El organigrama actual de la Oilwell Cable Division se presenta en la figura 1.

Los cinco equipos de producción se forman alrededor del proceso de producción que se aplica en la planta de Lawrence. Cada equipo se reúne semanalmente o cuando es

Estructura de equipos

Equipo	Número de equipos	Composición
Altos ejecutivos	1	Miembros de la alta dirección
Recursos	1	Sistemas de información administrativa, ingeniería de diseño, ingeniería de procesos, personal, contabilidad, etcétera
Técnico	1	Personal de laboratorio no exento
Administración	1	
Mantenimiento	1	Personal de mantenimiento de calderas, eléctrico y mecánico
Embarques y recepción	1	
Producción	5	Extrusión, armadura, trenzado

FIGURA 1
Estructura organizacional de la Oilwell Cable Division
Nota: No existe un organigrama de la Oilwell Cable Division. El de esta figura representa la descripción que los autores del caso hacen de la estructura existente en TRW-Lawrence a partir de conversaciones sostenidas con el personal de la división

necesario, con excepción del equipo de recursos, que lo hace catorcenalmente. Lo habitual es que las juntas duren de una y media a dos horas. No existe una estructura formal de las juntas de grupo, si bien muchas se apegan a una agenda como la siguiente:

1. Programar las horas de mano de obra y el tiempo extra
2. Discusión de grupo e informes de los diversos comités de planta (por ejemplo, seguridad o ganancias compartidas)
3. Comentarios de los gerentes de área acerca del desperdicio, la eficacia de mano de obra y toda información nueva surgida desde la última junta

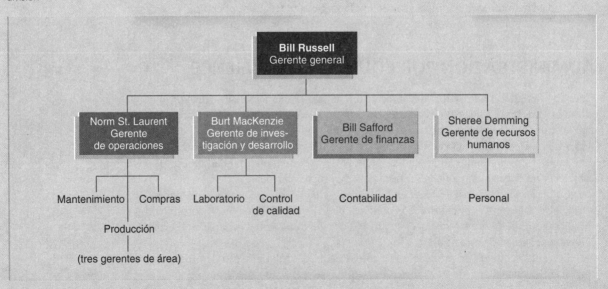

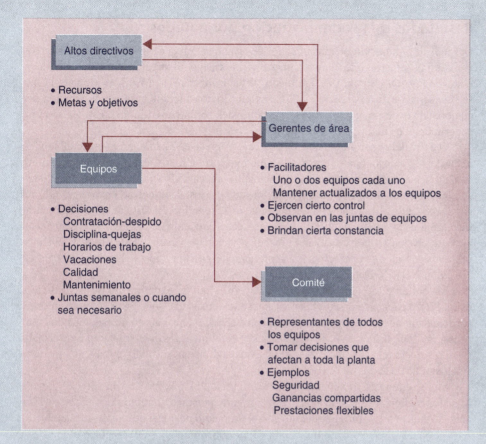

FIGURA 2

Relaciones entre los diversos niveles en el concepto de administración por equipos

Las otras decisiones se enumeran en la figura 2, en la que se ilustran los roles de los diversos niveles administrativos en la Oilwell Cable Division. Dicha figura también muestra las relaciones entre esos niveles. Por ejemplo, los altos ejecutivos tienen la responsabilidad de establecer los objetivos globales de la división y proporcionar los recursos necesarios para que los equipos alcancen esos objetivos.

El rol de los gerentes de área es el de intermediarios. Están presentes en muchas juntas de equipo para fungir como facilitadores y aportar a los equipos la información necesaria para llevar a cabo sus funciones programadas. Además, los gerentes de área desempeñan una función de coordinación, para lo cual se reúnen dos veces por semana y analizan problemas comunes y otros que deban presentarse en las juntas semanales de equipo.

Como se aprecia en la figura 2, los equipos llenan funciones administrativas y las decisiones que toman son más propias de los supervisores en plantas tradicionales. En esencia, los miembros de equipos tienen control sobre sus áreas de trabajo.

En el caso de decisiones que afectan a toda la planta, se crea un grupo de trabajo o un comité divisional que incluya a representantes de todos los equipos. Entre los ejemplos de estos comités divisionales, se encuentran los de seguridad, ganancias compartidas y prestaciones.

Resultados de la administración por equipos

Después de algunos problemas iniciales de arranque con el concepto de administración por equipos, el experimento que comenzó Gino Strippoli parecía tener éxito. En un artículo de *Fortune* (Burck, 1981), titulado "What Happens When Workers Manage Themselves, se cita a Gino diciendo: "Al principio, lo consideramos (la administración por equipos) un experimento; pero en algún punto del camino nos dijimos: 'Esto ya no es un experimento; es la forma en que operamos'".

El éxito del experimento no sólo apareció impreso en *Fortune*, sino que también fue tema de varios estudios de caso. Sin embargo, no se logró fácilmente. En principio, había mucha desconfianza entre los empleados acerca de los motivos de los ejecutivos. Además, cuando arrancaron las operaciones de las instalaciones de Lawrence, sólo un empleado sindicalizado de Trenton continuó en la plantilla. El resto del personal contratado tenía poca experiencia con el proceso de producción de cable. En consecuencia, hubo mucha frustración con el alto nivel de rotación de personal. Éste fue de 12% en los primeros dos años de operaciones, en comparación con el promedio nacional de 3.8% en ese entonces (U.S. Department of Labor, p. 180).

No obstante todo lo anterior, nada impediría que el experimento de Gino tuviera éxito. Se dio cuenta de que estaba concentrando demasiada atención en los conceptos de participación de equipos y no en los aspectos técnicos. Se elaboró un esquema de compensación que estimulaba en los empleados el dominio de los diversos equipos de la planta. Ello pareció tener el efecto deseado, ya que la división se volvió rentable por primera vez luego de dos años de su traslado.

En ese entonces, la plantilla había disminuido del máximo de 132 a lo que parecía un valor óptimo, 125 empleados. La rotación de personal se redujo del excesivo 12% al intervalo de 2-4%, más de acuerdo con el promedio nacional de empresas manufactureras. Lo más impresionante fue la tasa de ausentismo, que se estacionó en el intervalo de 2.5-3% durante varios años. El promedio nacional a la sazón era cercano a 6.5% (U.S. Department of Labor, p. 136). Además, la productividad mejoraba constantemente. La Oilwell Cable Division logró la productividad más alta de todas las fábricas de su tipo.

No sólo los datos objetivos indicaban que la administración por equipos era un éxito, sino que también parecían confirmarlo ciertos comentarios de empleados de la Oilwell Cable Division. Todos los trabajadores calificaban a TRW-Lawrence como una buena compañía y preferían el concepto de administración por equipos frente a métodos más tradicionales de administración.

Algunos ejemplos de los comentarios de diversos niveles de administradores verifican esa conclusión:

Miembros de equipos

"... un sitio excelente para trabajar".

"La administración por equipos confiere mucha responsabilidad a los empleados".

"Ahora por lo menos tenemos cierto control sobre la programación".

"La compañía gana tanto como los trabajadores a causa de la flexibilidad. Ahora hay menos tiempo muerto".

"La administración por equipos da al empleado una sensación de igualdad".

"El sistema hace posible las aportaciones máximas de cada miembro del equipo".

Gerentes de área

"La planta no es Utopía; pero me siento mejor al final del día".

"Aunque la toma de decisiones es más difícil, la administración por equipos facilita la implantación y mejora la comprensión por los miembros del equipo".

Directivos

"El sistema hace posible cruzar las líneas de responsabilidad. No existe un problema de territorios, como en las plantas estructuradas tradicionalmente".

"El concepto de administración por equipos ha originado un excelente ambiente laboral. TRW-Lawrence es un buen sitio para trabajar y aquí los trabajadores son receptivos al cambio".

"El mayor beneficio del concepto de administración por equipos es la flexibilidad, al mismo tiempo que se mantiene la orientación a objetivos".

La última de esas afirmaciones es la clave real de la administración por equipos: flexibilidad. Con este tipo de sistema administrativo, se reducen mucho los tiempos muertos, al igual que la participación del gerente de planta en los problemas operativos cotidianos. Como señala Strippoli: "Por primera vez sentí realmente que estaba administrando, no apagando incendios. Los equipos suelen apagar los incendios en todos los niveles de la empresa". (Burck, p. 69.)

Desde el punto de vista de los trabajadores, el beneficio principal de la administración por equipos es su capacidad para controlar su propio trabajo. Este control generó un mayor nivel de compromiso de los empleados, como es evidente en las numerosas sugerencias de los equipos que produjeron mejoras significativas de calidad y productividad.

Por supuesto, el concepto de administración por equipos no está exento de dificultades. Como se mencionó, hay muchos problemas al arranque. Se requiere cierto tiempo para que los participantes se sientan a gusto con el sistema y acepten la responsabilidad de autoadministrarse. En este caso, ese tiempo fue de casi dos años. Sin embargo, después del periodo de ajuste del primer año, la productividad mejoró considerablemente y se ha mantenido en ese nivel. Dicho logro se ilustra en la figura 3.

Además de hacer frente a los problemas de arranque, el personal de puestos administrativos intermedios tiene mayores dificultades para ajustarse a sus nuevos roles como facilitadores, en contraposición con el de jefes en el sentido tradicional. Este conflicto de roles es un área que con frecuencia se pasa por alto al poner en práctica el sistema de participación en fábricas. En el caso de la Oilwell Cable Division, la incapacidad para adaptarse a un nuevo puesto hizo que cuatro gerentes de área dejaran su trabajo. Los directivos de la planta trataron de enfrentar este problema mediante la capacitación de facilitadores para esos puestos. Aunque esos gerentes todavía expresan cierta frustración por no poder *decir* simplemente a los trabajadores qué deben hacer, sienten que el concepto de administración por equipos es un sistema mucho más efectivo que el de supervisión tradicional y preferirían no regresar a este último.

FIGURA 3
Productividad en TRW-Lawrence

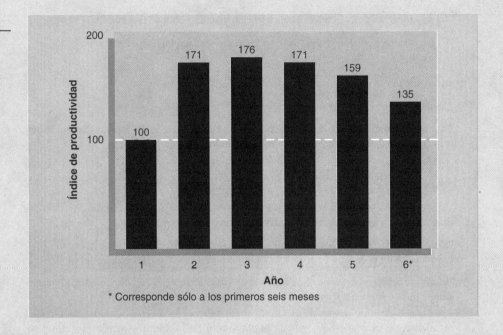

En líneas generales, Gino estaba muy complacido con el experimento. Después de cinco años, dejó las instalaciones de Lawrence para ocupar otro puesto, y Bill Russell, quien había sido su gerente de operaciones, lo sustituyó como gerente general.

MERCADO DE LA OILWELL CABLE DIVISION

El producto básico de la Oilwell Cable Division es un cable que se utiliza en bombas sumergibles para la perforación de pozos petroleros marinos. Como resultado de ello, la demanda de su producto depende en forma directa de la correspondiente a tales bombas, la que a su vez varía según el precio del crudo. Al aumentar este último, ocurre lo mismo con la demanda de bombas, ya que se vuelve económicamente factible perforar pozos más profundos.

La perforación de pozos más profundos también genera la necesidad de cables que puedan soportar el ambiente más inhóspito de tales pozos. Por ejemplo, es frecuente que en ellos se requiera el uso de protecciones de plomo en los cables, contra el efecto corrosivo del sulfuro de hidrógeno.

A raíz de la crisis del petróleo iraní y el consecuente aumento en el precio del crudo, los productores pudieron vender casi todo el cable que les era factible producir. El precio se determinó con base en la calidad y entrega. Sin embargo, con el advenimiento del exceso de oferta de petróleo, ha disminuido la demanda de bombas sumergibles y los factores de competencia en el mercado dependen más del precio del cable.

TRW tiene en total 10 competidores en el mercado de cable. Es el líder de este mercado, con participación significativa en él, si bien enfrenta competencia intensa de productores nacionales y extranjeros.

La ubicación también es un factor que favorece a los competidores extranjeros, en especial para la perforación de pozos de petróleo y gas en el Sudeste asiático y Cercano

Oriente. Puesto que la producción de cable era básicamente un proceso semicontinuo, las economías de escala eran importantes. Con este factor en mente, resultaba imposible construir plantas más pequeñas y cercanas a la base de clientes, muy dispersa. Como se señaló, una de las razones de trasladar a la planta a Lawrence era la mayor cercanía con los clientes principales en Oklahoma.

Hacia fines de junio, el mercado de cable había disminuido considerablemente. Cuando Bill Russell revisó los datos financieros trimestrales y observó la información de equipo y empleados parados en la planta, supo que tenía que hacer algo, y pronto, si pretendían que su división mantuviera su participación de mercado y rentabilidad.

LA DECISIÓN DE REDUCIR PERSONAL

Mientras Bill Russell se preparaba para reunirse con todo el personal de la planta de Lawrence, se preguntaba cómo manejar el proceso de despedir a 16% de su fuerza laboral actual, de 125 empleados. Dos aspectos le preocupaban en particular. En primer término, su predecesor, Gino Strippoli, había dado a entender implícitamente a los empleados que nunca habría un despido masivo en la Oilwell Cable Division. En segundo lugar, y quizá lo más importante, tenía que determinar si la decisión de cómo reducir los costos de mano de obra debía tomarla solo o los equipos deberían entenderla como parte su responsabilidad.

Son ya las 8:15 a.m. y Bill se dirige hacia la reunión con sus empleados.

Referencias

Burck, Charles G., "What Happens when Workers Manage Themselves", *Fortune*, 27 de julio de 1981, pp. 62-69.

U.S. Department of Labor, *Handbook of Labor Statistics*, Washington, D.C., Bureau of Labor Statistics, 1983.

Guías de estudio

1. Evalúe la administración por equipos en la planta de TRW en Lawrence. ¿Con cuál sistema de comportamiento organizacional guarda más similitud? ¿Acaso refleja los supuestos de las teorías X o Y?
2. Examine los resultados de la administración por equipos en Lawrence. ¿Acaso sustentan que la satisfacción genera productividad o que la productividad causa satisfacción?
3. Asuma el papel de Bill Russell al final del caso. Prepare su anuncio relativo a los despidos de empleados de la división. ¿Cuáles espera que sean sus reacciones y cómo les respondería?
4. ¿Pueden funcionar igualmente bien los enfoques participativo y de administración por equipos durante épocas de crisis organizacional y en tiempos normales? Explique su respuesta.

GLOSARIO

Abogado del diablo   Persona que pone en tela de juicio las ideas de otros, sondea en busca de hechos sustentadores, brinda crítica constructiva y desafía la lógica para mejorar la calidad de una decisión de grupo.

Acción afirmativa   Esfuerzo de los empleados para aumentar las oportunidades de trabajo de miembros capacitados de grupos protegidos, que parecen estar representados insuficientemente en la fuerza laboral de una empresa.

Acoso sexual   Proceso de hacer que las decisiones de contratación o promoción dependan de favores sexuales; también todo comportamiento físico o verbal que genere un ambiente laboral sexualmente ofensivo.

Actitud arriesgada   Acto de un grupo que está dispuesto a asumir más riesgos cuando sus miembros negocian con los recursos de otros y no se les puede hacer responsables de manera individual.

Actitud de seguidor   Comportamiento que ayuda a que una persona sea subordinada efectiva de un líder.

Actitudes   Sentimientos y creencias que determinan en gran parte la forma en que los empleados perciben su ambiente, su dedicación a las acciones que se pretenden y, en última instancia, su comportamiento en general.

Administración de la calidad total (TQM)   Proceso de hacer que cada empleado participe activamente en la tarea de buscar el mejoramiento continuo de su trabajo.

Administración de libros abiertos   La que pone a disposición de los empleados los estados financieros y otros datos operativos de la compañía, lo cual les permite vigilar y entender en forma independiente el desempeño de la empresa.

Administración participativa   Uso de programas que generan un sentido considerable de empowerment en los empleados.

Administración por impresión   Habilidad para proteger la imagen de uno mismo al mismo tiempo que se afecta la que tiene otro individuo de su propia persona.

Administración por objetivos   Proceso de definición conjunta de objetivos, ejecución de revisiones periódicas y participación en la evaluación anual del rendimiento para facilitar el logro del rendimiento que se pretende.

Administración recorrido   Comunicación y aprendizaje que tienen lugar cuando los administradores emprenden la iniciativa de tener contacto sistemático con un gran número de empleados.

Afectividad negativa   Característica personal de los empleados que los predispone a estar insatisfechos con su trabajo.

Afectividad positiva   Característica personal de los empleados que los predispone a estar satisfechos con su trabajo.

Afrenta   Señalamiento que lesiona física o emocionalmente al recibirlo y disminuye la sensación de bienestar del receptor.

Agenda superficial   Tarea oficial de un grupo.

Agendas ocultas   Emociones y motivos personales de los miembros de un grupo.

Glosario

Agentes de cambio   Personas cuya función es estimular, facilitar y coordinar los cambios en un sistema, al mismo tiempo que conservan su independencia respecto de éste.

Agotamiento   Estado en que los empleados presentan cansancio emocional, desprendimiento de su trabajo y sensación de impotencia para lograr sus objetivos.

Alcance del puesto   Evaluación de un puesto en dos dimensiones, su anchura y su profundidad, para determinar su potencial de ampliación o enriquecimiento.

Ambigüedad de roles   Sentimiento que surge cuando los roles se definen en forma inadecuada o se desconocen.

Ampliación   Adición de los sentimientos y razonamientos intensos de la propia persona a un comunicado.

Ampliación del puesto   Política de dar a los empleados una mayor variedad de obligaciones para reducir la monotonía.

Análisis de costos-beneficios   Determinación de los efectos netos de una acción que tiene efectos positivos y negativos (económicos y de otros tipos).

Anchura del puesto   Número de diferentes tareas de las que es directamente responsable un individuo.

Ansiedad por estatus   Sentimiento perturbador de los empleados a causa de las diferencias entre su nivel de estatus real y el que desean.

Aportes   Los elementos abundantes y diversos que los empleados creen llevar a su trabajo.

Apoyo a tareas   Situación en que los líderes proporcionan los recursos, el presupuesto, el poder y otros elementos indispensables para que se realice el trabajo.

Apoyo psíquico   Situación en la que los líderes estimulan a las personas para que quieran realizar una tarea específica.

Aprendizaje de doble ciclo   Proceso de emplear la información actual acerca de un cambio en la preparación de los participantes para manejar incluso mejor cambios futuros.

Aprendizaje de un solo ciclo   Proceso de resolver los problemas inmediatos y adaptarse a cambios que son impuestos a los empleados.

Aprendizaje vivencial   Proceso en que los participantes aprenden por experiencia, en el entorno de capacitación, los tipos de problemas de las relaciones humanas que enfrentan en el trabajo.

Área de libertad laboral   La de discrecionalidad, después de aplicar todas las restricciones.

Asertividad personal   Proceso de expresar sentimientos, solicitar cambios legítimos, y proporcionar y recibir retroalimentación sincera.

Asesoría   Análisis de un problema que usualmente tiene contenido emocional para el empleado, a fin de ayudarlo a que lo enfrente de mejor manera.

Asesoría de procesos   Conjunto de actividades que ayudan a que otros perciban, entiendan y reaccionen constructivamente ante los acontecimientos de comportamiento actuales que los rodean.

Asesoría directiva   Proceso de escuchar el problema de un empleado, decidir con éste qué debe hacerse, y luego comentar y motivarlo para que lo haga.

Asesoría interpersonal   La forma dominante de tratar a las personas en la que cree un individuo y la cual despliega.

Asesoría no directiva   Proceso de escuchar hábilmente al asesorado y alentar en él la explicación de problemas graves, entender esos problemas y determinar las soluciones apropiadas. También llamada *orientación centrada en el cliente.*

Asesoría participativa   Relación mutua del orientador o asesor y asesorado, en la que se establece un intercambio cooperativo de ideas como ayuda para resolver los problemas del asesorado. También llamada *orientación cooperativa.*

Atribución   Proceso en el que las personas interpretan las causas de su propio comportamiento y el de otros.

Ausencia sabática   La que se brinda a los empleados con o sin paga, para alentar el alivio del estrés y la educación personal.

Ausente   Empleado que no se presenta a trabajar conforme a lo establecido.

Autoevaluación   Proceso de pedir al individuo que identifique y evalúe sus logros y sus fortalezas y debilidades.

Autoliderazgo   Acto de dirigirse a uno mismo para realizar tareas que motivan en forma natural y administrarse con independencia para realizar trabajos necesarios, sin que sean naturalmente satisfactorios.

Autonomía   Política de conceder a los empleados cierta discrecionalidad y control sobre decisiones relacionadas con su trabajo.

Barrios de oficinas   Centros de oficinas relacionadas entre sí, distribuidos de tal forma que alienten la formación de grupos sociales.

Bases del poder   Las que permiten a los líderes obtener y ampliar su influencia sobre otros; abarcan el poder personal, legítimo, experto, de remuneración y coercitivo.

Bienestar personal   Programas de mantenimiento preventivo que ayudan a los individuos en la reducción de las causas de estrés o a enfrentar los factores estresantes que están más allá de su control directo.

Biorretroalimentación   Método sujeto a vigilancia médica para el aprendizaje a partir de la retroalimentación instrumental con el fin del influir en los síntomas del estrés, como la aceleración del ritmo cardiaco.

Cadena de rumores   Chismes mediante los cuales una persona se pone en contacto con muchas otras.

Cadena grupal   Cadena de redes naturales en la que una persona transmite el mensaje a varias, y algunas de estas últimas lo cuentan a dos o más personas.

Calidad de la vida laboral   Carácter favorable o desfavorable del ambiente laboral total de las personas.

Calificación de potencial de motivación   Índice que muestra el grado en que se percibe un trabajo como significativo, que fomenta la responsabilidad y que proporciona conocimiento de los resultados.

Cambiante   Dícese del aprendizaje de las ideas y prácticas de razonamiento, pensamiento y ejecución.

Cambio   Toda modificación que ocurre en el ambiente laboral y que afecta la forma en que deben actuar los empleados.

Capacidad de instrumentación   Creencia de qué se recibirá una retribución cada que se logre una tarea.

Capacitación justo a tiempo   Proporcionar información clave a los empleados en módulos pequeños y convenientes, a los que pueden tener acceso cuando lo necesiten.

Glosario

Carisma Característica de los líderes que inspira a los empleados e influye en ellos para emprender acciones oportunas y sostenidas con el fin de llevar a cabo una visión.

Castigo Consecuencia desfavorable que acompaña al comportamiento y desalienta la repetición de éste.

Catarsis emocional Liberación de la tensión emocional y las frustraciones, con frecuencia al comentarlas con otra persona.

Chisme electrónico Trasmisión de mensajes informales por medio de las computadoras.

Chismes Sistema de comunicación informal en una organización informal.

Choque cultural Sensación de confusión, inseguridad y ansiedad que resulta de estar en un entorno nuevo y extraño.

Choque cultural inverso Dificultades que sufren las personas expatriadas para reajustarse al entorno de su país de origen cuando regresan a éste.

Ciclo rendimiento-satisfacción-esfuerzo Modelo de flujo que muestra la relación direccional entre esos tres factores.

Círculos de calidad Grupos de voluntarios que reciben capacitación en técnicas estadísticas y habilidades de solución de problemas, con lo cual generan ideas para mejorar la productividad y las condiciones laborales.

Ciudadanos organizacionales Los empleados que participan de manera discrecional en actos sociales positivos que promueven el éxito de la compañía, como el trabajo voluntario, compartir sus recursos o cooperar con otros.

Codeterminación Representación de trabajadores, por mandato gubernamental, en el consejo de administración de una empresa.

Cohesión Grado en que los empleados se mantienen unidos, confían el uno en el otro y desean continuar siendo miembros de un grupo.

Colectivismo Proceso de conceder gran énfasis al grupo y valorar la armonía entre sus integrantes.

Comité Tipo específico de reunión de grupos en los que se ha delegado en los miembros, en su función de grupo, autoridad respecto del problema de que se trate.

Comparación de costo-remuneración Proceso en el que los empleados identifican los costos y las remuneraciones personales para determinar el punto en que son aproximadamente equivalentes.

Comportamiento de retroalimentación Acto de vigilar el rendimiento de uno mismo e investigar acerca del progreso hacia los objetivos trazados.

Comportamiento organizacional holístico Filosofía que interpreta las relaciones personas-organización con base en la persona, el grupo, la organización y el sistema social, considerados como entidades.

Comportamiento organizacional Estudio y aplicación de los conocimientos acerca de la forma en que las personas, como individuos y grupos, actúan en las organizaciones.

Comportamientos de ciudadanía organizacional Actos discrecionales que promueven el éxito de la organización.

Compromiso creciente Acto de perseverancia para defender un curso de acción y, posiblemente, asignar recursos adicionales a un proyecto, no obstante datos racionales de que fracasará.

Compromiso organizacional Grado en que un empleado se identifica con la empresa y desea continuar participando activamente en ella.
Comunicación Transferencia de información y su comprensión de una persona a otra.
Comunicación ascendente Flujo de información de los niveles inferiores a los superiores en una organización.
Comunicación descendente Flujo de información de los niveles superiores a los inferiores de una empresa.
Comunicación lateral La que ocurre en las cadenas de mando. También llamada *comunicación transversa*.
Comunicación no verbal Acciones, o falta de acciones, que sirven como medio de comunicación.
Comunicación transcultural Capacidad de un expatriado para hablar y entender el idioma del país donde se encuentra y los indicios no verbales respectivos.
Concepto de uno mismo Nivel de autoestima de un empleado.
Confianza Capacidad para depender de las palabras y acciones de otras personas.
Confianza mutua La fe que tiene cada participante de una relación en la responsabilidad y las acciones de los demás.
Conflicto Desacuerdo acerca de los objetivos que deben alcanzarse o los métodos usados para lograrlos.
Conflicto de roles Sentimiento que aparece cuando otras personas tienen percepciones o expectativas distintas acerca del papel de un individuo.
Conformación Aplicación sistemática y progresiva del refuerzo positivo a medida que el comportamiento se acerca a lo deseado.
Conformidad Dependencia respecto de las normas de otros, sin pensamiento independiente.
Confrontación Acto de enfrentar directamente un conflicto y trabajar hasta lograr una resolución mutuamente satisfactoria. También llamada *solución de problemas* o *integración*.
Conjunto de percepción Tendencia de una persona a percibir lo que espera percibir.
Consenso Acuerdo de la mayoría de los miembros de un grupo.
Consideración Deferencia del líder hacia los empleados, lo cual refleja su preocupación por las necesidades humanas de ellos.
Contenido del puesto Factores que se relacionan directamente con el trabajo en sí y su ejecución por parte del empleado, no con factores del ambiente externo al trabajo.
Contexto del puesto Condiciones del puesto en el ambiente que lo rodea, no las relacionadas con el rendimiento en el trabajo.
Contingencia cultural Reconocimiento de que las prácticas de comportamiento organizacional más productivas en determinado país dependen en gran parte de su cultura.
Control ecológico Alteración del entorno para influir en los sentimientos y comportamientos de los demás.
Control percibido Cantidad de control que los empleados creen tener sobre su trabajo y las condiciones de éste.
Convenio psíquico Acuerdo no escrito que define las condiciones de la participación psíquica de cada empleado con el sistema, es decir, lo que pretende dar a éste y recibir de él.

Correo electrónico (*e-mail*) Sistema de comunicaciones computarizado que permite enviar simultáneamente mensajes a diversas partes.

Cortocircuito Situación en que las personas omiten uno o más pasos en la jerarquía de comunicación.

Costos psíquicos Los que afectan el yo interno o psique de la persona.

"Cubrir las apariencias" Motivación para mantener la imagen de sí mismo que se desea.

Cultura organizacional Conjunto de valores, creencias y normas que comparten los miembros de una empresa.

Cultura social Entorno social de creencias, costumbres, conocimientos y prácticas creadas por el hombre, que definen el comportamiento convencional en una sociedad.

Culturas de contexto alto Culturas en que las personas tienden a utilizar los indicios circunstanciales para tener una imagen completa de un visitante.

Culturas de contexto bajo Las que muestran la tendencia de las personas a interpretar los indicios de manera literal, basarse en reglas escritas y documentos jurídicos, hacer primero los negocios, y valorar la experiencia y el rendimiento.

Deficiencias de rendimiento Las que existen en el funcionamiento de una organización.

Definición de objetivos Establecimiento de objetivos para el éxito en el rendimiento, tanto a corto como a largo plazos.

Definición de tarifas Proceso de determinar la producción estándar de cada puesto.

Delegación Asignación de deberes, autoridad y responsabilidades a otros.

Democracia industrial Participación de los trabajadores, estipulada por el gobierno, en diversos niveles de una organización respecto de decisiones que los afectan.

Denuncia Revelación de supuestas conductas indebidas a una fuente interna o externa.

Derechos a la vida privada Libertad para evitar la intromisión organizacional en la vida privada de una persona y la difusión no autorizada de información confidencial sobre ella.

Desarrollo organizacional Aplicación sistemática de los conocimientos de las ciencias del comportamiento en diversos niveles (grupal, intergrupal y de toda la organización) para generar los cambios planeados.

Descongelamiento Situaciones que entrañan cambios y hacer un lado viejas ideas y prácticas, de modo que puedan aprenderse otras nuevas.

Despido Interrupción de la relación laboral de una compañía con un empleado por cualquier causa.

Diferencias individuales La idea de que cada persona es diferente de las demás y que estas diferencias suelen ser sustantivas, no insignificantes.

Dimensiones centrales Cinco factores de los puestos —variedad de habilidades, identidad de tareas, importancia de las tareas, autonomía y retroalimentación— identificados en un enfoque de las características de un puesto para su enriquecimiento.

Dinámica de grupo Proceso social en el que las personas interactúan cara a cara en grupos pequeños.

Disciplina Acción administrativa para hacer que se cumplan las normas de una empresa.

Disciplina correctiva Acciones emprendidas para desalentar más infracciones, de modo que los actos futuros correspondan a las normas.

Disciplina preventiva   Acciones emprendidas para alentar en los empleados el acatamiento de estándares y reglas, de modo que no ocurran infracciones.

Disciplina progresiva   Política que estipula castigos mayores ante transgresiones repetidas.

Discriminación   Tratamiento prejuiciado que se da a ciertos individuos o grupos.

Disonancia cognoscitiva   Conflicto interno y ansiedad que ocurren cuando las personas reciben información que es incompatible con sus sistemas de valores, decisiones previas u otra información con la que cuenten.

Disposición a aceptar la influencia de otros   Factor de contingencia del modelo del liderazgo de ruta-objetivos, según el cual el estilo de elección de un líder depende en parte de la disposición del empleado para aceptar la dirección de otros.

Dispositivos de vigilancia   Equipos y procedimientos usados para observar las acciones de los empleados (frecuentemente, en forma secreta).

Distancia cultural   Diferencias entre dos sistemas sociales cualesquiera.

Distancia de poder   Creencia de que existen derechos de toma de decisiones legítimos y fuertes que separan a los administradores de los empleados.

Distancia psíquica   Sensación de estar separado emocionalmente de otra persona, lo cual constituye un obstáculo personal a la comunicación efectiva.

Diversidad cultural   Reconocimiento, apreciación y uso positivo de la amplia variedad de diferencias entre las personas de un centro de trabajo.

División del trabajo   Creación de niveles de autoridad y unidades funcionales.

Efecto   Disminución de la producción por un miembro de un equipo en la creencia de que otros han hecho lo mismo y que sería una tontería comportarse de otra manera.

Efecto de Hawthorne   Concepto de que la mera observación de un grupo tiende a cambiar la forma en que éste funciona.

Efecto de reacción en cadena   Situación en que un cambio u otro factor que afecta directamente sólo a una o unas cuantas personas puede llevar a una reacción de muchos individuos, incluso centenares o miles, a causa del interés de ellos en dicha situación.

Efecto disfuncional   Influencia desfavorable de una acción o de un cambio de un sistema.

Efecto funcional   El que influye de manera favorable, como una acción o un cambio en un sistema.

Efecto indirecto   El que la satisfacción en el trabajo tiene en la satisfacción con la vida, y viceversa.

Efecto multiplicador de la capacitación   Proceso por el que personas con habilidades capacitan a otras, que a su vez se constituyen en el núcleo para capacitar a otras más.

Eficacia personal   Creencia interna de que se tienen las capacidades y la competencia necesarias para realizar una tarea, cumplir con las expectativas del rol asignado o enfrentar con éxito un reto.

Elogio   Reconocimiento gracias al cual la persona se sienta bien cuando lo recibe y contribuye a la sensación de bienestar del individuo. Todo acto de reconocimiento dirigido a otra persona.

Elogios incondicionales   Los que se brindan sin conexión alguna con el comportamiento.

Elusión de la incertidumbre Incomodidad con la ambigüedad, que impulsa en ciertos empleados tratar de evitarla y buscar la claridad.

Empatía cultural Conciencia y apreciación de diferencias entre culturas y de las formas en que tales diferencias afectan las relaciones de negocios.

Empleados marginados Personas a quienes se les hace sentir que ellas o su puesto son insignificantes.

Empleados transculturales Los que han aprendido a funcionar efectivamente en varias culturas.

Empowerment Proceso que brinda mayor autonomía a los empleados, al compartir información pertinente y brindarles control sobre factores que afectan su rendimiento en el trabajo.

Encuesta de satisfacción con el puesto Procedimiento mediante el cual los empleados informan de sus sentimientos hacia su trabajo y su entorno laboral.

Enfermedad del superviviente de despidos Sentimientos de incertidumbre, ira, culpabilidad y desconfianza luego del despido de compañeros de trabajo.

Enfoque de apoyo del comportamiento organizacional Filosofía de trabajar con las personas de maneras que buscan satisfacer sus necesidades y desarrollar su potencial.

Enfoque de contingencia del comportamiento organizacional Filosofía según la cual los diferentes entornos requieren prácticas de comportamiento distintas para ser efectivas.

Enfoque de recursos humanos del comportamiento organizacional Creencia de que las organizaciones deben preocuparse por el crecimiento y desarrollo de las personas hacia niveles de competencia, creatividad y satisfacción más altos. También llamado *enfoque de apoyo*.

Enfoque de sistemas del comportamiento organizacional Creencia de que existen muchas variables en las organizaciones y que cada una de ellas afecta a las demás en una relación compleja.

Enfoque del comportamiento organizacional orientado a resultados Énfasis en los resultados organizacionales pertinentes, con frecuencia expresados con base en la productividad.

Enriquecimiento del puesto Política de añadir factores de motivación a un puesto para hacerlo más satisfactorio.

Entrenador Función del liderazgo en que un líder prepara, guía, facilita, alienta y dirige al equipo, sin que participe en el juego.

Entrevista de evaluación Sesión en la que los supervisores proporcionan retroalimentación a sus empleados sobre su rendimiento, analizan problemas y solicitan una respuesta.

Equal Pay Act **(1963)** Ley federal estadounidense en la cual se estipula que el sistema de remuneración se debe diseñar y administrar de modo que personas que llevan a cabo el mismo trabajo o trabajos similares reciban igual paga, sin importar su sexo.

Equilibrio Estado en el que hay un balance dinámico entre las fuerzas en que se sustenta toda práctica existente y las que obstaculizan dicha práctica.

Equilibrio social Armonía funcional dinámica entre partes interdependientes de un sistema.

Equipo de tarea Grupo cooperativo pequeño que tiene contacto con regularidad y se dedica a una acción coordinada.

Equipos autoadministrados Grupos de trabajo naturales, a los que se confiere mucha autonomía en la toma de decisiones y de los cuales se espera que controlen su comportamiento y sus resultados. También conocidos como *equipos autodirigidos, equipos basados en sí mismos, equipos sociotécnicos* o *grupos de trabajo semiautónomos*.

Equipos transfuncionales Los que obtienen sus miembros de varias áreas especializadas.

Equipos virtuales Grupos de trabajo que se reúnen sin que todos sus miembros estén en el mismo sitio; es frecuente que se basen mucho en la tecnología para satisfacer sus necesidades de comunicación y coordinación.

Espiral de incivilidad La resultante de que un empleado frustrado se desahogue injustamente en otro, que a su vez complica el problema al desahogarse, a su vez y con mayor intensidad, en otro más.

Estado de ánimo laboral Sentimientos de los empleados hacia su trabajo, los cuales pueden cambiar en cuestión de días, horas o minutos.

Estatus Posición social de una persona en un grupo.

Estilo de liderazgo Modelo total de filosofía, habilidades, rasgos y actitudes de un líder, que se muestran en su comportamiento.

Estrés Término general que se aplica a las presiones que las personas sienten en la vida.

Estructura Orientación a tareas de un líder que, en caso extremo, hace caso omiso de los problemas personales y emociones de los empleados.

Estructura de la tarea Grado en que se requiere un método específico para realizar un trabajo (una de las variables en el modelo de contingencia del liderazgo, de Fiedler).

Etapas del desarrollo de equipos Movimiento de un grupo por las fases evolutivas de formación, confrontación del problema, definición de normas, ejecución y, posiblemente, disolución.

Ética laboral Actitud de los empleados de ver el trabajo como un interés central y un objetivo importante en la vida.

Etnocentrismo Predisposición a utilizar nuestra cultura como criterio para juzgar a otras personas.

Evaluación del rendimiento Proceso de valorar el desempeño de los empleados.

Evaluador del estrés psíquico Instrumento que analiza cambios de la voz con el fin de determinar si se está mintiendo o no.

Expatriados Empleados que trabajan en una nación (y en una cultura) que no es la suya.

Expectación Intensidad de la creencia en que los esfuerzos relacionados con el trabajo llevarán al éxito en la ejecución de una tarea (rendimiento).

Extinción Anulación de consecuencias positivas de carácter significativo que se brindaban previamente para un comportamiento aconsejable.

Facilitación social Proceso por el que el individuo frecuentemente se esfuerza más en contribuir a una tarea por el simple hecho de que están presentes otras personas.

Facilitadores Personas que fungen como asesores de procesos y hacen que los empleados examinen sus funciones en un equipo.

Glosario

Factores de higiene Los que tienden a la satisfacción de los trabajadores cuando existen y a generar su insatisfacción en caso de estar ausentes, si bien su existencia no suele ser muy motivadora. También llamados *factores de mantenimiento*.

Factores de mejoramiento del liderazgo Elementos que amplían la influencia de un líder en los empleados.

Factores de motivación Los que tienden a hacer que los trabajadores se sientan impulsados a realizar tareas, cuando existen, si bien su ausencia pocas veces resulta muy insatisfactoria.

Factores de motivación extrínsecos Retribuciones externas, que ocurren con independencia del trabajo.

Factores de motivación intrínsecos Satisfacción interna que una persona siente al realizar un trabajo, de modo que existe una conexión directa e inmediata entre una y otro.

Factores estresantes Los que tienden a causar estrés.

Fenómeno del impostor Creencia de que las capacidades personales no son tan buenas como creen otras personas.

Fiabilidad Capacidad de un instrumento de encuesta para producir resultados constantes.

Filosofía del comportamiento organizacional Conjunto integrado de supuestos y creencias explícitos o implícitos acerca de cómo funciona una organización y cómo debería funcionar.

Filtración Reducción de la comunicación a unos cuantos detalles básicos que se pueden recordar y transmitir a otros.

Formación de equipo Proceso de constituir equipos más efectivos mediante el aliento en sus miembros para que examinen su forma de trabajar juntos, identifiquen sus debilidades y desarrollen formas más efectivas de cooperar.

Frustración Resultado de que una motivación (impulso) quede bloqueada y se impida el alcance de un objetivo deseado.

Funciones de asesoría Seis actividades que pueden realizarse mediante la asesoría; esto incluye brindar consejos, tranquilizar, comunicar, liberar tensión emocional, aclarar el pensamiento y reorientar.

Grid o cuadrícula gerencial Marco de referencia de estilos administrativos basados en las dimensiones de preocupación por las personas y la producción.

Grupo de decisión Delphi Estructura de grupo en la que se distribuye un conjunto de cuestionarios a los interrogados para recibir su respuesta, si bien es innecesario que los miembros del grupo se reúnan frente a frente.

Grupo de referencia Grupo cuyas normas acepta una persona.

Grupo nominal Estructura de grupo en la que se combinan los aportes individuales, las discusiones de grupo y la toma de decisiones independiente.

Grupos formales Los que establece la organización, con identidad pública y objetivos que alcanzar.

Grupos informales Los que se constituyen con base en intereses comunes, proximidad y amistad.

Habilidad autopercibida para tareas Grado de confianza del empleado en su capacidad para realizar con éxito una tarea.

Glosario

Habilidad conceptual   La de pensar con modelos, marcos de referencia y relaciones amplias.

Habilidad para tratar a las personas   La capacidad para trabajar efectivamente con personas y crear el trabajo de equipo.

Habilidad técnica   Conocimientos y habilidades relacionados con todo tipo de proceso o técnica.

Habilidades múltiples   El aprendizaje de una amplia gama de capacidades pertinentes en los miembros de un equipo, de modo que puedan alternar con flexibilidad entre áreas diversas y realizar tareas igualmente distintas.

Halagos condicionales   Los que se brindan a los empleados si su desempeño es correcto o evitan problemas.

Holgazanería social   Producción disminuida por los empleados cuando piensan que su contribución al grupo es inconmensurable.

Homeostasis   Mecanismo de autocorrección en un grupo, gracias al cual se utiliza la energía para restaurar el equilibrio siempre que los cambios resultan amenazantes.

Identidad de tarea   Práctica de permitir que los empleados realicen un trabajo completo.

Iguales oportunidades de empleo   Brindar las mismas oportunidades de obtener un trabajo y la remuneración correspondiente, sin importar factores no relacionados con el rendimiento en el trabajo.

Imperativo ética   Creencia de que los administradores deben participar por razones morales.

Importancia de la tarea   Magnitud del efecto que el trabajo tiene en otras personas, según la percibe el trabajador.

Impulsos   Factores que motivan a un empleado, trátese de logros, afiliación o poder.

Incentivos   Factores ambientales que se establecen para motivar a una persona.

Incentivos de sueldos   Sistemas de remuneración que brindan más pago por mayor producción.

Indicios sociales   Fragmentos de información negativa o positiva que los empleados reciben de su entorno social, los cuales influyen en su manera de reaccionar a la comunicación.

Individualismo   Énfasis cultural en conceder mayor importancia a los derechos y libertades individuales, las redes sociales laxamente tejidas y el respeto de sí mismo.

Individualización   Proceso por el que los empleados ejercen influencia con éxito en el sistema social que los rodea.

Individuos con personalidad tipo A   Los que son agresivos y competitivos, se fijan estándares altos y se someten constantemente a presiones de tiempo.

Individuos con personalidad tipo B   Los que están relajados, no son muy exigentes y aceptan fácilmente las situaciones.

Individuos de enlace   Los que son comunicadores activos de chismes.

Inferencia   Interpretación de símbolos basada en supuestos, no en hechos.

Información basal   Nivel de operaciones actual de una organización, que puede usarse para comparación ulterior con los efectos de un programa de cambio.

Intenciones de comportamiento   Planes de los empleados y su predisposición a actuar de cierta manera (por ejemplo, llegar tarde, faltar al trabajo, ser improductivos, ser creativos o renunciar).

Glosario

Interconexión   Participación activa en una red de personas.

Intervalo de credibilidad   Diferencia entre lo que alguien dice y lo que hace.

Intervenciones   Actividades estructuradas e ideadas para ayudar a que los individuos o grupos mejoren su efectividad en el trabajo.

Investigación   Proceso de recopilación e interpretación de datos pertinentes, que brindan sostén a una teoría del comportamiento o ayudan a cambiarla.

Investigación-acción   Proceso cíclico de identificación de problemas de un sistema, recopilación de datos, restauración de medidas correctivas, evaluación del progreso, realización de ajustes continuos y aprendizaje de la experiencia.

Jerarquía de necesidades   Filosofía de Abraham Maslow en el sentido de que los diferentes grupos de necesidades tienen un orden de prioridad específico en muchas personas, de modo que un grupo de necesidades precede a otro en importancia.

Job Diagnostic Survey   Instrumento que sirve para determinar la presencia relativa de las cinco dimensiones centrales en los puestos.

Juicio postergado   Una ventaja de la lluvia de ideas, gracias a la cual se alienta todo tipo de ideas y se posterga su crítica hasta después de la sesión.

Legibilidad   Grado en que el lenguaje escrito y hablado es comprensible para el receptor.

Legitimidad de la influencia organizacional   Interacción de dos variables —conducta dentro o fuera del trabajo y conducta relacionada o no con el trabajo— para producir grados variables de aceptabilidad de un acto.

Lenguaje corporal   Forma en que las personas comunican significado a otros con su cuerpo en la interacción personal.

Ley de las diferencias individuales   La que cree que cada persona es diferente de las demás.

Ley de los rendimientos decrecientes   Principio según el cual se recibe una cantidad decreciente de producción adicional cuando se añade una cantidad aconsejable de insumos apropiados a un sistema en operación.

Ley del efecto   Tendencia de una persona a repetir un comportamiento que se acompaña de consecuencias favorables y a no repetir otro que entraña consecuencias desfavorables.

Líder de tarea   Persona que ayuda a que un grupo logre sus objetivos y no los pierda de vista.

Líder informal   La persona que tiene el estatus más alto en una organización informal y que emerge para ejercer influencia en los miembros de ese grupo.

Líder social   Persona que ayuda a restaurar y mantener las relaciones grupales.

Liderazgo   Proceso de alentar y ayudar a los demás para que trabajen con entusiasmo en el logro de objetivos.

Liderazgo de ruta-objetivo   Modelo según el cual la función del líder es crear un ambiente de trabajo que facilite a los empleados el logro de los objetivos de la empresa, mediante estructuras, apoyos y retribuciones.

Liderazgo ético   El basado en altos niveles de integridad ética o moral, conforme a principios como los de responsabilidad social, comunicación abierta y análisis de costos-beneficios.

Líderes autocráticos   Quienes centralizan el poder y la autoridad para la toma de decisiones en ellos mismos.

Líderes consultativos Los administradores que se acercan a uno o más empleados y piden su retroalimentación antes de tomar una decisión.

Líderes participativos Los que descentralizan la autoridad mediante la consulta a sus seguidores.

Líderes transformacionales Administradores que inician cambios estratégicos audaces para posicionar a la organización en relación con su futuro.

Lluvia de ideas electrónica Uso de las computadoras personales para facilitar la generación y el registro de ideas durante las sesiones de lluvia de ideas.

Locus de control Creencia acerca de si los logros de un empleado son producto de sus esfuerzos (internos) o de fuerzas ajenas a él (externos).

Loose rates Pago de tarifas que permiten a los empleados alcanzar la producción estándar con un esfuerzo menor que el normal.

Los "vínculos" Empleados que mantienen vínculos comunicativos intensos en su departamento, con personas de otras unidades y, frecuentemente, con la comunidad exterior.

Manipulación de las personas Uso de los conocimientos y técnicas de comportamiento organizacional para hacer que las personas actúen de maneras poco éticas con fines de ganancia personal.

Mecanismos de defensa Reacciones ante la frustración que intentan defender a la persona respecto de los efectos psíquicos del bloqueo de un objetivo.

Mentalidad pueblerina Ver la situación que rodea a una persona sólo desde la perspectiva de ella misma.

Mentor Persona que funge como modelo para ayudar a que otros empleados reciban consejos valiosos sobre los roles que deben desempeñar y los comportamientos que han de evitar.

Método de decisión dialéctico Creación de dos o más propuestas competidoras, identificación de los supuestos que subyacen en ellas, examen mediante subgrupos defensores y toma de decisiones por parte de todo el grupo.

Misión Declaración en que se identifica el tipo de negocio al que se dedica una empresa, los nichos de mercado que intenta atender, sus clientes y las razones de su existencia.

Modelo autocrático Enfoque administrativo en el cual el poder y la autoridad formal son necesarios para controlar el comportamiento de los empleados.

Modelo colegiado Enfoque administrativo según el cual el trabajo de equipo es la forma de lograr una actitud responsable en los empleados.

Modelo de apoyo Enfoque administrativo de que los líderes deben apoyar a los empleados en sus intentos por crecer en el trabajo y lograr que su rendimiento sea satisfactorio.

Modelo de contingencia del liderazgo Estilo del liderazgo que se adapta al carácter favorable de la situación, especialmente en las relaciones del líder con los miembros, la estructura de tareas y el poder del puesto.

Modelo de estrés-rendimiento Imagen visual de la relación entre el estrés y el rendimiento en el trabajo, ilustrativo de los diferentes umbrales de estrés de personas distintas.

Modelo de expectación Teoría de que la motivación es producto de tres factores: valencia, expectación y capacidad de instrumentación.

Glosario

Modelo de intercambio líder-miembro Idea de que los líderes y sus seguidores intercambian información, recursos y expectativas de roles, que determinan la calidad de su relación interpersonal.

Modelo de la motivación de dos factores Modelo motivacional que elaboró Frederick Herzberg, según el cual un conjunto de factores del trabajo (motivadores) impulsa de manera primaria al empleado y produce satisfacción cuando es adecuado, mientras que otro conjunto (factores de higiene) causa insatisfacción primaria en el mismo empleado si resulta inapropiado.

Modelo de liderazgo situacional Teoría del liderazgo según la cual el estilo del líder debe depender de que se acople al nivel de desarrollo relacionado con tareas (madurez) de cada subordinado.

Modelo de rol Líder que sirve como ejemplo para sus seguidores.

Modelo de sistema Enfoque administrativo de que a los empleados les interesa encontrar significado en su trabajo; contar con un contexto laboral en el que haya integridad, confianza y una sensación de comunidad, y recibir atención y compasión de los administradores.

Modelo de tempano de hielo de la asesoría Punto de vista que reconoce que los sentimientos ocultos bajo la superficie de la comunicación con un asesorado son más numerosos que los revelados.

Modelo de toma de decisiones del liderazgo Enfoque estructurado de elección de un estilo de liderazgo, que idearon Vroom y otros, el cual alienta la evaluación de diversos atributos de los problemas y el emparejamiento de los resultados de ese análisis con una de las cinco opciones de estilo de liderazgo.

Modelo E-R-G Modelo motivacional, que desarrolló Clayton Alderfer, según el cual existen tres niveles de necesidades: existenciales, de relaciones y de crecimiento.

Modelos de comportamiento organizacional Teorías con marcos de referencias subyacentes que fungen como guías conscientes o inconscientes, si bien poderosas, del pensamiento y comportamiento administrativos. También llamados *paradigmas*.

Modificación del comportamiento organizacional La de la conducta que se aplica en muchas empresas para conformar el comportamiento individual mediante el sistema de consecuencias positivas y negativas.

Moral En el contexto motivacional, grado de satisfacción con el trabajo en un grupo.

Motivación Intensidad del impulso que lleva a una acción.

Motivación hacia la afiliación Impulso para relacionarse con las personas sobre bases sociales.

Motivación hacia los logros Impulso para superar dificultades y obstáculos en el alcance de objetivos.

Motivación por el poder Impulso para influir en las personas y cambiar situaciones.

Multiculturalismo Mezcla exitosa de dos o más culturas cuando empleados de éstas interactúan con regularidad.

Mutualidad de intereses La idea de que las personas necesitan a las organizaciones, y viceversa, lo cual genera un objetivo superior de intereses conjuntos que une a las unas con las otras.

Narración de historias Proceso de usar historias significativas como ayuda para forjar una cultura y comunicar valores clave a los empleados.

Necesidad de relacionarse   La que implica el deseo que tiene un empleado de ser comprendido y aceptado.

Necesidades de crecimiento   Las relacionadas con el deseo de autoestima y realización personal.

Necesidades de orden superior   Las de los niveles tres a cinco (sociales, de autoestima y de realización personal) en la jerarquía de necesidades de Maslow.

Necesidades de órdenes inferiores   Las de los niveles 1 y 2 (fisiológicas y de seguridad física y psíquica) en la jerarquía de necesidades de Maslow.

Necesidades existenciales   Factores fisiológicos y de seguridad.

Necesidades primarias   Las básicas, de carácter fisiológico y de seguridad.

Necesidades secundarias   Las de carácter social y psíquico.

Neutralizadores   Atributos de subordinados, tareas y organizaciones que interfieren o disminuyen en los intentos de un líder por influir en sus empleados.

Nivel de desarrollo   Combinación de competencia y motivación del empleado específicas para la ejecución de tareas, la cual determina el estilo del liderazgo que debe usarse.

Norma de reciprocidad   Principio que establece que dos personas en una relación continua sienten una obligación intensa de pagar las deudas sociales entre ellas.

Normas   Requisitos de grupos informales en cuanto al comportamiento de sus miembros.

Objetivo de orden superior   El que integra los esfuerzos de individuos o grupos.

Objetivos   Formulación concreta de logros que espera alcanzar la organización en periodos establecidos.

Objetivos del comportamiento organizacional   Descripción, comprensión, predicción y control (efecto favorable) del comportamiento humano en el entorno laboral.

Observación del rendimiento   La que se hace del comportamiento, cuando se inspecciona lo producido o se estudian documentos sobre indicadores del rendimiento.

Obstáculos físicos   Interferencias en la comunicación que ocurren en el ambiente donde tiene lugar la propia comunicación.

Obstáculos personales   Interferencias en la comunicación que surgen de las emociones humanas, los valores y no saber escuchar.

Obstáculos semánticos   Limitaciones a la comunicación como resultado de la diversidad de significados en los símbolos que se usan.

Oficina virtual   Disposición en la que el espacio físico de las oficinas y los escritorios se sustituyen con una gama de herramientas de comunicación portátiles, lo cual permite que los empleados trabajen casi en cualquier sitio.

Ombudsperson   Persona que recibe solicitudes, quejas o peticiones de aclaración de políticas o afirmaciones de actos indebidos de los empleados y responde a todo ello.

Organigramas de red   Los de organizaciones informales, en que se documentan los modelos de sentimientos expresados o comportamientos mostrados.

Organización informal   Red de relaciones sociales y personales no establecida ni obligatoria, sino que surge espontáneamente entre las personas.

Organización matricial   Sobreposición de una organización en otra, de modo que existen dos cadenas de mando que dirigen a los empleados.

Organizaciones egocéntricas   Las que hacen caso omiso en gran parte del factor nacionalidad al integrar la comunión de intereses de las diversas culturas participantes.

Glosario

Organizaciones mecanicistas Las que se caracterizan por el uso de jerarquías, dirección centralizada, certidumbre en la asignación de tareas y definición estricta de roles.

Organizaciones multinacionales Las que hacen negocios en dos o más países.

Organizaciones orgánicas Las que se caracterizan por tareas y papeles flexibles, comunicación abierta y toma de decisiones descentralizada.

Orientación de corto plazo Valor cultural que destaca la valoración del pasado y acentúa el presente, respeto de las tradiciones y la necesidad de cumplir obligaciones sociales históricas.

Orientación de largo plazo Valor cultural que pone de relieve la preparación para el futuro, asigna importancia a los ahorros y frugalidad, y concede mérito a la persistencia.

Pago basado en habilidades Sistema que retribuye a los empleados por lo que saben hacer. También conocida como *pago basado en conocimientos* o *pago de habilidades múltiples*.

Pago en riesgo Porción del sueldo que no recibirá un empleado si no logra ciertos objetivos de rendimiento individual.

Paradigmas Marcos de referencia de posibles explicaciones sobre el funcionamiento de algo.

Participación Involucramiento mental y emocional de personas en situaciones de grupo que las alienta a contribuir a los objetivos de éste y compartir al respecto.

Participación excesiva Situación en que los empleados tienen más participación de la que preferirían.

Participación insuficiente Estado en que los empleados desean una participación mayor de la que tienen.

Pensamiento clarificado Eliminación de bloqueos emocionales al pensamiento racional y realista.

Pensamiento de grupo Tendencia de los miembros de un grupo a que el pensamiento individual concuerde con la calidad promedio del pensamiento del grupo.

Percepción Visión que tiene una persona del mundo.

Percepción selectiva Acto de prestar atención a las características del entorno laboral que son compatibles con las expectativas de uno mismo o las refuerzan.

Percepciones de roles La manera en que una persona supone que debe actuar su rol y en la que otros individuos deben hacerlo.

Plan de reparto de ganancias Programa que establece un periodo base histórico de rendimiento organizacional, cuantifica su mejoramiento y comparte las ganancias con los empleados sobre la base de alguna fórmula. También se llama *producción compartida*.

Poder Capacidad para influir en los demás y en acontecimientos.

Poder coercitivo Capacidad para castigar a otras personas (o crear la amenaza percibida de que así se hará) con el fin de influir en ellas.

Poder de las retribuciones Capacidad de controlar y administrar elementos valiosos para otras personas, a fin de influir en ellas.

Poder del experto El que resulta de los conocimientos y la información que tiene alguien acerca de una situación compleja.

Poder legítimo El que delegan en forma válida autoridades superiores establecidas.

Poder personal Capacidad de los líderes para desarrollar seguidores con base en las fortalezas de la personalidad de éstos.
Poder político Capacidad para trabajar con personas y sistemas sociales a fin de obtener su apoyo y alianza.
Polarización Posición rígida y extrema de las actitudes de alguien.
Polarizada Situación que resulta cuando dos partes asumen posiciones o puntos de vista extremos respecto de un tema.
Polígrafo Instrumento (detector de mentiras) que trata de medir los cambios fisiológicos que ocurren cuando una persona miente.
Política Forma en la que los líderes obtienen y emplean el poder.
Política de puertas abiertas La que alienta que los empleados se acerquen a su supervisor o administradores de nivel superior con cualquier asunto que les preocupe.
Política organizacional Uso de conductas que mejoran o protegen la influencia y los intereses de una persona.
Práctica Aplicación consciente de modelos conceptuales y resultados de investigaciones con el objetivo de mejorar el rendimiento individual y organizacional.
Preguntas abiertas Las que se usan para introducir un tema amplio durante la orientación o en otro tipo de conversaciones y brindan al receptor la oportunidad de responder de maneras muy diversas.
Preguntas cerradas Las que se enfocan en un tema restringido y dirigen al receptor hacia una respuesta específica.
Preguntas de respuesta abierta Las que se presentan en una entrevista o formulario de encuesta, y que debe responderse con sus propias palabras para expresar sus sentimientos, pensamientos e intenciones.
Preguntas de respuesta cerrada Las que se presentan en una entrevista o formulario de encuesta de modo que piden al entrevistado o encuestado que responda simplemente con seleccionar y marcar la respuesta que corresponda mejor a sus sentimientos u opinión.
Prejuicio Actitud negativa hacia otros individuos o grupos.
Prejuicio de autoservicio Tendencia a reclamar crédito excesivo por el éxito propio y minimizar la responsabilidad personal por los problemas.
Prejuicio de comportamiento Punto de vista estrecho de algunas personas, que resaltan las experiencias satisfactorias de los empleados mientras pasan por alto el sistema más amplio de la organización y la relación con todos sus públicos.
Prejuicio de conveniencia social Modificación de las respuestas a una encuesta o entrevista con base en lo que el encuestado o entrevistado piensa que valora la sociedad.
Prejuicio fundamental de atribución Tendencia a atribuir los logros de otras personas a la buena suerte o a la sencillez de las tareas y sus fracasos a que no se esfuerzan en grado suficiente o no poseen las características personales necesarias.
Premisas de hechos Puntos de vista descriptivos acerca de cómo se comporta el mundo, basados en investigaciones y en la experiencia personal.
Premisas de valor Puntos de vista personales acerca de la conveniencia de ciertos objetivos y actividades.
Privación del estatus Pérdida del estatus o que el nivel de éste sea insuficiente para una persona. También conocido como *pérdida de la autoestima*.

Glosario

Proactivo Que prevé acontecimientos, inicia cambios y asume el control de su propio destino.

Problemas menores Pequeños factores de la vida cotidiana a los que se percibe como amenazantes para la sensación de bienestar personal.

Procesamiento de la información social Reconocimiento de que los indicios sociales provenientes de los colegas y otras personas afectan la percepción que el empleado tiene de su trabajo.

Proceso de comunicación bidireccional Proceso de ocho pasos en que el emisor desarrolla, codifica y transmite una idea, mientras que el receptor la recibe, decodifica y usa, ello seguido del envío de retroalimentación al emisor.

Proceso de comunicación Pasos por los que el mensaje de un emisor llega a un receptor, que a su vez le proporciona retroalimentación sobre el mensaje mismo. Véase *proceso de comunicación bidireccional*.

Productividad Razón que compara las unidades de producción (salida) con las de insumos (entrada).

Profecía de autocumplimiento Situación que existe cuando las expectativas que un administrador tiene de un empleado hacen que el primero dé trato distinto al segundo y que el trabajador responda de manera tal que se confirman las expectativas iniciales. También conocido como *efecto de Pigmalión*.

Profundidad del puesto Magnitud del control, responsabilidad y discrecionalidad que los empleados tienen sobre la forma de ejecutar su trabajo.

Programa de intervalos fijos El que establece un refuerzo después de cierto periodo.

Programa de intervalos variables El que brinda refuerzo después de periodos no fijos.

Programa de pago completa Sistema de remuneración completa, que utiliza bases distintas para lograr objetivos diversos (por ejemplo, retención, producción, trabajo de equipo).

Programa de venta de acciones a empleados El que sirve para que los empleados proporcionan el capital a fin de adquirir el control de una empresa ya existente.

Programas de refuerzo Frecuencia con que el refuerzo acompaña a un comportamiento aconsejable.

Programas de sugerencias Planes formales para alentar en los empleados la ejecución de las mejoras recomendadas en el trabajo. Es frecuente que se brinde una retribución monetaria por sugerencias aceptables.

Protegido Persona que recibe y acepta los consejos y ejemplos de un mentor en quien confía.

Proxémica Exploración de las prácticas y sentimientos distintos acerca del espacio interpersonal en una cultura y entre culturas.

Pruebas de impedimentos Determinación de la capacidad de un empleado para realizar su trabajo sin la influencia de alguna droga, para lo cual se le somete a una breve prueba de habilidades motoras en una computadora.

Pruebas de sinceridad Métodos para evaluar la integridad de los empleados y su propensión a tener comportamientos poco éticos. También llamadas *pruebas de integridad*.

Pruebas genéticas Proceso para predecir si un empleado es genéticamente susceptible o no a uno o más tipos de enfermedades o sustancias dañinas.

Rasgos Características físicas, intelectuales o de la personalidad que diferencian a los líderes de quienes no lo son y a los líderes exitosos de los fracasados.

Razonamiento defensivo Comportamiento de comunicación al que recurren las personas a punto de perder una discusión, en las cuales acusan indebidamente a otros, recopilan y utilizan datos en forma selectiva, buscan mantener el control y suprimen los sentimientos negativos.

Reactivo Que responde ante acontecimientos, se adapta al cambio y atempera sus consecuencias.

Realización personal Necesidad de lograr todo lo que la persona puede alcanzar.

Recongelamiento Término que se aplica a situaciones que entrañan cambios; en ella, se integra lo que se ha aprendido a la práctica real.

Red Grupo de personas que establecen y mantienen contacto para el intercambio de información de manera informal, usualmente con base en un interés compartido.

Refuerzo Consecuencia de la modificación de la conducta que influye en el comportamiento futuro.

Refuerzo a intervalos fijos El que se proporciona luego de un cierto periodo.

Refuerzo continuo El que acompaña a cada comportamiento adecuado.

Refuerzo de intervalo variable El que se brinda después de un periodo no fijo.

Refuerzo de proporción fija El brindado tras cierto número de respuestas correctas.

Refuerzo de proporción variable El proporcionado tras un número no fijo de respuestas correctas.

Refuerzo negativo Eliminación de una consecuencia desfavorable de un comportamiento dado.

Refuerzo parcial Acto de alentar el aprendizaje reforzando ciertos comportamientos correctos en uno de cuatro posibles esquemas.

Refuerzo positivo Consecuencia favorable que acompaña al comportamiento y alienta su repetición.

Regresión Tendencia de una persona o grupo, de regresar a un modo de vida, que perciben como óptimo, después de que ocurren cambios.

Relaciones líder-miembro Grado en que el grupo acepta al líder (una de las variables en el modelo de contingencia del liderazgo, de Fiedler).

Remedios rápidos Uso administrativo de una medida con la que se atacan los síntomas mientras que se hace caso omiso de los problemas subyacentes.

Reorientación Cambio en la psique de un empleado mediante la modificación de sus objetivos y valores básicos.

Reparto de ganancias Política de otorgar a los empleados una proporción considerable de los ahorros en costos que resultan del mejoramiento en su trabajo.

Reparto de utilidades Sistema que distribuye a los empleados una parte de las utilidades de la empresa.

Repatriación Regreso de un empleado a su país de origen, readaptación sin problemas a su cultura y su trabajo efectivo en la empresa después de haberse desempeñado en otra nación durante varios años.

Resistencia Capacidad de una persona para manejar las tensiones de corto plazo.

Resistencia al cambio Deseo de no aceptar el cambio o de hacerlo sólo parcialmente, lo que suele generar acciones encaminadas a desacreditar, postergar o prevenir la implantación de un cambio laboral.

Glosario

Resolución ganar-ganar de conflictos El que permite que ambas partes perciben que están en una mejor posición de la que tenían antes de iniciar el conflicto.

Responsabilidad social Reconocimiento de que las organizaciones influyen de manera significativa en el sistema social, lo cual se debe considerar y ponderar en todas las acciones organizativas.

Respuesta de relajación Uso de pensamientos internos tranquilos y concentrados para dar reposo físico y emocional al cuerpo, con lo que se reducen los síntomas del estrés.

Restricción de producción Situación en que los trabajadores optan por producir menos de lo que podrían con un esfuerzo normal.

Resultados Satisfacción que los empleados perciben como obtenida de su trabajo y la empresa donde trabajan.

Resultados primarios La retribución que reciben directamente los empleados como resultado de sus acciones.

Resultados secundarios Los satisfactores que reciben indirectamente los empleados, después de sus resultados primarios.

Retraimiento físico Ausentismo no autorizado, salida antes de la hora estipulada, descansos prolongados, desaceleración del trabajo o actos de agresión y venganza.

Retraimiento psíquico Desprendimiento emocional respecto del propio trabajo, por ejemplo, soñar despierto.

Retroalimentación Información proveniente del trabajo mismo, administradores u otros empleados, que indica a los empleados lo bueno que es su rendimiento.

Retroalimentación de 360 grados Proceso de recopilación sistemática de datos acerca de las capacidades, las habilidades y los comportamientos de una persona; dichos datos provienen de diversas fuentes, como superiores, colegas, subordinados y clientes, con el fin de indagar dónde existen problemas y dónde pueden realizarse mejoras.

Retroalimentación del rendimiento Aporte oportuno de datos o juicios acerca de resultados que guardan relación con tareas.

Robo Sustracción no autorizada de recursos de la compañía por parte de un empleado.

Rol Modelo de acciones que se espera de una persona en actividades relacionadas con otros individuos.

Roles limítrofes Puestos que requieren la habilidad de interactuar con diversos grupos para lograr el éxito de un proyecto.

Rotación de personal Ritmo con que los empleados salen de una empresa.

Rotación de puestos Asignación periódica de un empleado a conjuntos totalmente distintos de actividades laborales.

Ruido Obstáculos físicos o emocionales para la comunicación, que limitan la comprensión del receptor.

Rumor Chisme que se comunica sin verificar su veracidad.

Saber escuchar Uso de diversos principios y comportamientos para recibir el mensaje relativo a hechos y emocional que envía otra persona.

Sanciones Recompensas y castigos que aplica un grupo para persuadir a sus miembros con el fin de que se adapten a sus normas.

Satisfacción con el puesto Conjunto de sentimientos favorables o desfavorables con que los empleados ven su trabajo.

Semántica Ciencia del significado.

Señalamiento mixto El que sirve para que el individuo envíe o reciba una combinación de mensajes positivo y negativo, de modo que con frecuencia no está clara su intención.

Sensibilidad de equidad Reconocimiento de que los empleados tienen preferencias distintas en cuanto a las remuneraciones excesivas, equidad o remuneraciones insuficientes.

Símbolos de estatus Objetos visibles y externos relacionados con una persona o sitio de trabajo, que sirven como indicadores de su posición social.

Síndrome de estrés postraumático Consecuencias residuales que guardan relación con el estrés en un empleado que ha sufrido incidentes negativos de carácter repentino y dramático (por ejemplo, violencia o lesiones).

Síndrome de inmunodeficiencia adquirida (sida) Enfermedad viral contagiosa del sistema inmunitario humano.

Sistema de apoyo de las decisiones del grupo Uso de computadoras, modelos de decisión y adelantos tecnológicos para eliminar los obstáculos a la comunicación, estructurar el proceso de toma de decisiones y, en general, dirigir las discusiones en un grupo.

Sistema de apoyo social Red de actividades y relaciones que satisfacen la necesidad que percibe el empleado de que se le atienda, estime y valore.

Sistema de comportamiento organizacional Marco de referencia integrado de elementos que muestran cómo se guía el comportamiento hacia el logro de los objetivos de la organización.

Sistema de incentivos económicos El que varía el pago al empleado según algún criterio de rendimiento individual, de grupo o de la empresa.

Sistema de retribución triple Prácticas con efecto favorable en el conjunto de las necesidades y objetivos de las personas, organizaciones y sistema social como entidades.

Sistema social Conjunto complejo de relaciones humanas con interacción de maneras muy diversas.

Sistemas abiertos Los que participan en intercambios con su entorno a través de sus límites, intercambios en los que reciben entradas y proporcionan salidas.

Sistemas de estatus Jerarquías de estatus que definen la posición de un empleado en relación con otros del grupo.

Sobrecarga de comunicación Estado en que los empleados reciben más comunicación de la que pueden procesar o necesitan.

Socialización Véase *Socialización organizacional.*

Socialización organizacional Proceso continuo de transmitir elementos clave de la cultura de una compañía a sus empleados.

Sociedades femeninas Las que se caracterizan por un punto de vista más amplio acerca de la gran diversidad de funciones que pueden desempeñar hombres y mujeres en los centros de trabajo y el hogar, así como el valor que se concede a las relaciones interpersonales.

Sociedades masculinas Las que definen los papeles de cada sexo de la manera tradicional y estereotípica, valoran el comportamiento de afirmación personal y alientan la acumulación de riqueza.

Superliderazgo Acción de trabajar activamente para liberar las habilidades de los subordinados y alentarlos para que sean capaces de su propio autoliderazgo.

Supervisión electrónica Observación del comportamiento de los empleados por diversos métodos tecnológicos.

Supervisión genética Identificación de sustancias dañinas en los centros de trabajo, análisis de sus efectos en la composición genética de los empleados y uso de esa información para emprender acciones correctivas.

Sustitutos del liderazgo Características de una tarea, empleado u organización que puede reducir la necesidad de comportamientos propios del liderazgo.

Tarifa a destajo Sistema de pago a los empleados según el número de unidades aceptables que producen.

Teoría Explicación de cómo y por qué piensan, sienten y actúan las personas del modo en que lo hacen.

Teoría de la equidad Tendencia de los empleados a juzgar mediante comparación de su aporte pertinente contra lo que reciben y a comparar dicha proporción contra la de los demás.

Teoría X Conjunto autocrático y tradicional de supuestos acerca de las personas.

Teoría Y Conjunto humanista y sustentador de supuestos sobre las personas.

Teoría Z Modelo que adapta elementos de sistemas administrativos japoneses a la cultura estadounidense y resalta la cooperación y los procesos de toma de decisiones por consenso.

Territorio de los empleados Espacios que los empleados pueden llamar propios, donde les es posible diseñar su trabajo, decorar a su satisfacción y, por lo general, controlar qué ocurre.

Tormenta de ideas Estructura de grupo que alienta el pensamiento creativo dejando para otro momento los juicios sobre las ideas generadas.

Trabajo de equipo El que permite que sus integrantes conozcan sus objetivos, contribuyan de manera responsable y entusiasta a la tarea, y se apoyen unos a otros.

Trabajo en casa Sistema que permite que un empleado trabaje en su casa conectado a la empresa por una computadora.

Tratamiento ético Creencia de que las empresas y sus administradores deben tratar a los empleados y clientes de manera ética.

Trauma Estrés resultante de una amenaza grave a la seguridad personal.

Trauma laboral Desintegración de los conceptos y las creencias que el empleado tiene en cuanto a su capacidad para superar experiencias o factores negativos y dramáticos en el trabajo.

Umbral de estrés Intensidad de los factores estresantes que tolera la persona antes de que surja la sensación de estrés y el rendimiento se vea afectado adversamente.

Valencia Intensidad de la preferencia del individuo por recibir recompensas.

Validez Capacidad de un instrumento de encuesta para medir lo que se supone que debe medir.

Valor comparable Intento por brindar la misma remuneración a los empleados de puestos comparables, que tienen igual valor ante el patrón.

Valoración de la diversidad Filosofía y programas en los que se afirma que las diferencias entre personas se deben reconocer, apreciar y usar para provecho colectivo.

Valores humanistas   Creencias positivas acerca del potencial de crecimiento y deseo de crecimiento en los empleados.
Variedad de habilidades   Política de permitir que los empleados realicen operaciones distintas, que suelen requerir habilidades diferentes.
Vinculación   Función administrativa de conectar al grupo con el resto de la organización.
Violencia   Formas diversas de agresión física o verbal en el trabajo.
Violencia laboral   Acción dramática que lesiona a los empleados, sus compañeros de trabajo, los administradores o los bienes de la compañía.
Visión   Imagen de largo plazo respecto de lo que la organización y sus miembros pueden y deben hacer, es decir, una imagen posible y aconsejable del futuro.
Visión en túnel   Punto de vista estrecho, con el que se pasa por alto una perspectiva más amplia.
Vista preliminar realista del puesto   Proceso de contratación en el que los candidatos a un puesto reciben una pequeña muestra de la realidad organizacional.
Xenofobia   Temor a ideas y objetos ajenos a una persona, y su rechazo.

REFERENCIAS

Capítulo 1

1. Daniel Goleman, "What Makes a Leader?", en *Harvard Business Review*, noviembre-diciembre de 1998, p. 102.
2. Karlene H. Roberts *et al.*, "Reflections on the Field of Organizational Behavior", en *Journal of Management Systems*, vol. 2, núm. 1, 1990, p. 33.
3. Larry Hirschhorn y Thomas Gilmore, "The New Boundaries of the 'Boundaryless' Company", en *Harvard Business Review*, mayo-junio de 1992, pp. 104-115.
4. Véase por ejemplo, Ramon J. Aldag y Timothy M. Stearns, "Issues in Research Methodology", en *Journal of Management*, junio de 1988, pp. 252-276.
5. Un autor señala que una docena de modelos del comportamiento organizacional parten del supuesto de que es posible lograr al mismo tiempo tanto satisfacción de los empleados como desempeño organizacional mediante esta mutualidad de intereses. Véase Barry M. Staw, "Organizational Psychology and the Pursuit of the Happy/Productive Worker", en *California Managemente Review*, verano de 1986, pp. 40-53.
6. Uno de los primeros en destacar la importancia del enfoque de recursos humanos del comportamiento organizacional fue Raymond E. Miles, "Human Relations or Human Resources?", en *Harvard Business Review*, julio-agosto de 1965, pp. 148-163.
7. La oportunidad de desempeño laboral se expone en Melvin Blumberg y Charles D. Pringle, "The Missing Opportunity in Organizational Research: Some Implications for a Theory of Work Performance", en *Academy of Management Review*, octubre de 1982, pp. 560-569.
8. Esta disertación es una adaptación de Keith Davis, "A Law of Diminishing Returns in Organizational Behavior?", en *Personnel Journal*, diciembre de 1975, pp. 616-619.
9. Jack Stack, *The Great Game of Business*, Nueva York, Currency Doubleday, 1992, p. 203.
10. Adaptación de Keith Davis, "Five Propositions for Social Responsibility", en *Business Horizons*, junio de 1975, pp. 5-18.
11. Véase como ejemplo, John Micklethwait y Adrian Wooldridge, *The Witch Doctors: Making Sense of the Management Gurus*, New York Times Business, 1996.
12. Roberts *et al.*, pp. 25-38.

Capítulo 2

1. Geoffrey Colvin, "Managing in the Info Era", en *Fortune*, 6 de marzo de 2000, p. F9.
2. Pamela Leigh, "The New Spirit at Work", en *Training and Development*, marzo de 1997, p. 26.
3. Edmund J. Metz, "Managing Change toward a Leading-Edge Information Culture", en *Organizational Dynamics*, agosto de 1986, pp. 28-40. Otro ejemplo de una orga-

nización que se conduce mediante el examen explícito de sus valores y filosofía aparece en Diane Filipowski, "The Tao of Tandem", en *Personnel Journal*, octubre de 1991, pp. 72-78.

4. Judith Simpson, "Visioning: More than Meets the Eye", en *Training and Development Journal*, septiembre de 1990, pp. 70-72. Para un comentario preventivo sobre la creación de visión, véase Jay Conger, "The Dark Side of Leadership", en *Organizational Dynamics*, otoño de 1990, pp. 44-45.

5. La teoría X y la teoría Y fueron publicadas primero en Douglas McGregor, "The Human Side of Enterprise", en *Proceedings of the Fifth Anniversary Convocation of the School of Industrial Management*, Cambridge, MA: Massachusetts Institute of Technology, 9 de abril de 1957.

6. Joel Arthur Barker, *Paradigms: The Business of Discovering the Future*, Nueva York: Harper Business, 1992.

7. Las distinciones entre los primeros cuatro modelos de comportamiento organizacional fueron publicadas originalmente en Keith Davis, *Human Relations at Work: The Dynamics of Organizational Behavior*, 3a. ed., Nueva York, McGraw-Hill, 1967, p. 480.

8. "The Law of the Hog: A Parable about Improving Employee Effectiveness", en *Training*, marzo de 1987, p. 67.

9. Véase, por ejemplo, los programas de 3M Corporation e IBM en "3M Offers Buyouts to 1,300 Employees", en *Duluth News Tribune*, 10 de diciembre de 1995, p. 5B; y Aaron Bernstein, Scott Ticer y Jonathan B. Levine, "IBM's Fancy Footwork to Sidestep Layoffs", en *Business Week*, 7 de julio de 1986, pp. 54-55.

10. Dawn Anfuso, "Creating a Culture of Caring Pays Off", en *Personnel Journal*, agosto de 1995, pp. 70-77.

11. Como ejemplo de estas primeras investigaciones puede citarse el estudio sobre la Prudential Insurance Company en Daniel Katz, Nathan Maccoby y Nancy C. Morse, *Productivity, Supervision and Morale in an Office Situation*, parte 1, Ann Arbor, MI., Institute for Social Research, University of Michigan, 1950. La conclusión sobre satisfacción laboral y productividad aparece en la p. 63.

12. Rensis Likert, *New Patterns of Management*, Nueva York, McGraw-Hill Book Company, 1961, pp. 102-103. En cursivas en el original.

13. Elton Mayo, *The Human Problems of an Industrial Civilization*, Cambridge, Mass., Harvard University Press, 1933; F. J. Roethlisberger y W. J. Dickson, *Management and The Worker*, Cambridge, Mass., Harvard University Press, 1939, y F.J. Roethlisberger, *The Elusive Phenomena: An Autobiographical Account of My Work in the Field of Organizational Behavior at the Harvard Business School*, Cambridge, Mass., Harvard University Press, 1977. El simposio para celebrar el quincuagésimo aniversario de los estudios Hawthorne en la Western Electric Company se recoge en Eugene Louis Cass y Frederick G. Zimmer (eds.), *Man and Work in Society*, Nueva York, Van Nostrand Reinhold Company, 1975. Testimonios de los participantes aparecen en Ronald G. Greenwood, Alfred A. Bolton y Regina A. Greenwood. "Hawthorne a Half Century Later: Relay Assembly Participants Remember", en *Journal of Management*, otoño-invierno de 1983, pp. 217-231. El primer libro de texto general sobre relaciones humanas aparecido en Estados Unidos fue el de Burleigh B. Gardner y David G. Moore, *Human Relation in Industry*, Chicago, Irwin, 1945.

14. Véase, por ejemplo Alex Carey, "The Hawthorne Studies: A Radical Criticism", en *American Sociological Review*, junio de 1967, pp. 403-416; y Richard Herbert Franke y James D. Kaul, "The Hawthorne Experiments: First Statistical Interpretations", en *American Sociological Review*, octubre de 1978, pp. 623-643.
15. Frank Harrison, "The Management of Scientists: Determinants of Perceived Role Performance", en *Academy of Management Journal*, junio de 1974, pp. 234-241.
16. Naomi Weiss, "How Starbucks Impassions Workers to Drive Growth", en *Workforce*, agosto de 1998, pp. 59-64.
17. Los lectores interesados pueden consultar la historia del comportamiento organizacional expuesta por Keith Davis en "Human Relations, Industrial Humanism, and Organizational Behavior", conferencia dictada en Southern Division of the Academy of Management el 13 de noviembre de 1986.
18. Sandra L. Robinson, Matthew S. Kraatz y Denise M. Rousseau, "Changing Obligations and the Psychological Contract: A Longitudinal Study", en *Academy of Management Journal*, febrero de 1994, pp. 137-152.

Capítulo 3

1. Jennifer J. Salopek, "Is Anyone Listening?", en *Training and Development*, septiembre de 1999, p. 59.
2. Edward M. Hallowell, "The Human Moment at Work", en *Harvard Business Review*, enero-febrero de 1999, p. 58.
3. Los lectores interesados pueden consultar la fascinante colección e interpretación de una amplia variedad de coloquialismos en Keith Davis, *Popular American Colloquialisms: Their Meaning and Origin*, Tempe, Ariz., Keith Davis, 1991.
4. J. David Pincus, "Communication Satisfaction, Job Satisfaction, and Job Performance", en *Human Communication Research*, primavera de 1986, pp. 395-419.
5. Chris Argyris, "Good Communication That Blocks Learning", en *Harvard Business Review*, julio-agosto de 1994, pp. 77-85.
6. Rudolph Flesch, *The Art of Readable Writing*, rev. ed., Nueva York, Harper & Row, 1974. (La edición anterior fue publicada en 1949.)
7. James M. Kouzes y Barry Z. Posner, "The Credibility Factor: What Followers Expect from Their Leaders", en *Management Review*, enero de 1990, pp. 29-33, y Alan Farnham, "The Trust Gap", en *Fortune*, 4 de diciembre de 1989, pp. 57-78.
8. Para un análisis retrospectivo de un estudio clásico sobre la errónea percepción de las necesidades de los empleados por parte de los supervisores, véase Stephen A. Rubenfeld, John W. Newstrom y Thomas Duff, "Caveat Emptor: Avoiding Pitfalls in Data-Based Decision Making", en *Review of Business*, invierno de 1994, pp. 20-23.
9. James R. Larson, Jr., "The Dynamic Interplay between Employees' Feedback-Seeking Strategies and Supervisors' Delivery of Performance Feedback", en *Academy of Management Review*, julio de 1989, pp. 408-422.
10. "Communications: Key to Product Redesign at McDonnell Douglas", en *Quality Digest*, julio de 1994, pp. 62-65.
11. Sandra L. Kirmeyer y Thung-Rung Lin, "Social Support: Its Relationship to Observed Communication with Peers and Superiors", en *Academy of Management Journal*, marzo de 1987, pp. 138-151.

12. Jennifer J. Laabs, "Interactive Sessions Further TQM Effort", en *Personnel Journal*, marzo de 1994, pp. 22-28.
13. Véase, por ejemplo M. M. Extejt, "Teaching Students to Correspond Effectively Electronically: Tips for Using Electronic Mail Properly", en *Business Communication Quarterly*, junio de 1998, pp. 57-67; y Charlene Marmer Solomon, "Building Teams across Borders", en *Global Workforce*, noviembre de 1998, pp. 12-17.
14. Jonathan N. Goodrich, "Telecommuting in America", en *Business Horizons*, julio-agosto de 1990, pp. 31-37.
15. Robert C. Ford y Frank McLaughlin, "Questions and Answers about Telecommuting Programs", en *Business Horizons*, mayo-junio de 1995, pp. 66-71, y Edward C. Baig, "Welcome to the Wireless Office", en *Business Week*, 26 de junio de 1995, pp. 104, 106.
16. Thomas H. Davenport y Keri Pearlson, "Two Cheers for the Virtual Office", en *Sloan Management Review*, verano de 1998, pp. 51-65; Michael Adams, "Remote Control", en *Performance*, marzo de 1995, pp. 44-48, y David Stamps, "The Virtual Office", en *Training*, febrero de 1994, pp. 17-18.
17. Keith Davis, "Management Communication and the Grapevine", en *Harvard Business Review*, septiembre-octubre de 1953, p. 44.
18. Nuestras propias investigaciones revelan una veracidad de 80 a 99% de la información no controvertida de las compañías. Es probable que la veracidad disminuya en información personal o de alto contenido emocional.
19. John W. Newstrom, Robert M. Monczka y William E. Reif, "Perceptions of the Gravepine: Its Value and Influence", en *Journal of Business Communication*, primavera de 1974, pp. 12-20.

Capítulo 4

1. Chip R. Bell, "The Bluebirds' Secret: Mentoring with Bravery and Balance", en *Training and Development*, febrero de 1997, p. 33.
2. Dawn Anfuso, "Core Values Shape W. L. Gore's Innovative Culture", en *Workforce*, marzo de 1999, p. 50.
3. Kenneth Labich, "Hot Company, Warm Culture", en *Fortune*, 27 de febrero de 1989, pp. 74-78.
4. Alex Taylor III, "The Odd Eclipse of a Star CEO", en *Fortune*, 11 de febrero de 1991, pp. 87-96.
5. Elizabeth Wolfe Morrison y Sandra L. Robinson, "When Employees Feel Betrayed: A model of How Psychological Contract Violation Develops", en *Academy of Management Review*, enero de 1997, pp. 226-256.
6. Meena Wilson, "The Intercultural Values Questionnaire", en *Issues and Observations*, *Center for Creative Leadership*, vol. 15, núm. 1, 1995, pp. 10-11.
7. Charlene Solomon, "Affirmative Action: What You Need to Know", en *Personnel Journal*, agosto de 1995, pp. 56-67.
8. Karen Stinson, "Managing a Diverse Workforce", en *Corporate Report Ventures*, agosto de 1995, pp. 40-41.
9. Frances J. Milliken y Luis L. Martens, "Searching for Common Threads: Understanding the Multiple Effects of Diversity in Organizational Groups", en *Academy of Management Review*, abril de 1996, pp. 402-433.

10. "For Bottom-Line Benefits, Develop a Diverse Workforce", en *ASTD National Report*, julio-agosto de 1995, pp. 1, 3.
11. Ahmad Diba y Lisa Muñoz, "America's Most Admired Corporations", en *Fortune*, 19 de febrero de 2001, pp. 64-66.
12. Susan M. Schor, "Separate and Unequal: The Nature of Women's and Men's Career-Building Relationships", en *Business Horizons*, septiembre-octubre de 1997, pp. 51-58, y Belle Rose Ragins, "Diversified Mentoring Relationships in Organizations: A Power Perspective", en *Academy of Management Review*, abril de 1997, pp. 482-521. Para discusión de programas de mentoría para estudiantes de educación superior, véase Rebecca Ganzel, "Researching Tomorrow's Workers", en *Training*, junio de 2000, pp. 70-75.
13. Terry A. Scandura, "Dysfunctional Mentoring Relationships and Outcomes", en *Journal of Management*, vol. 24, núm. 3, 1998, pp. 449-467.
14. Robert L. Kahn *et al.*, *Organizational Stress: Studies in Role Conflict and Ambiguity*, Nueva York: John Wiley & Sons, 1964, pp. 56, 99-124.
15. Chester I. Barnard, "Functions and Pathology of Status Systems in Formal Organizations", en William F. Whyte (ed.), *Industry and Society*, Nueva York, McGraw Hill, 1946, p. 69.
16. Para definiciones de cultura de corporación, véase Edgar H. Schein, *The Corporate Culture Survival Guide: Sense and Nonsense about Culture Change*, San Francisco, Jossey-Bass, 1999, y Daniel Denison, "What *Is* the Difference between Organizational Culture and Organizational Climate? A Native's Point of View on a Decade of Paradigm Wars", en *Academy of Management Review*, julio de 1996, pp. 619-654,
17. Stephenie Overman, "A Company of Champions", en *HRMagazine*, octubre de 1990, pp. 58-60.
18. J. Robert Carleton, "Cultural Due Diligence", en *Training*, noviembre de 1997, pp. 67-75.
19. John Sheridan, "Organizational Culture and Employee Retention", en *Academy of Management Journal*, diciembre de 1992, pp. 1036-1156.
20. Elizabeth R. Moore, "Prudential Reinforces Its Business Values", en *Personnel Journal*, enero de 1993, pp. 84-89.
21. "Storytelling", en *ASTD Info-Line*, núm. 0006, junio de 2000, pp. 1-16; y Beverly Kaye y Betsy Jacobson, "True Tales and Tall Tales: The Power of Organizational Storytelling", en *Training and Development*, marzo de 1999, pp. 45-50.
22. Organizational Culture", en *ASTD Info-Line*, núm. 9304, abril de 1993, pp. 1-16.

Capítulo 5

1. Brenda Paik Sunoo, "Praise and Thanks–You Can't Give Enough", en *Workforce*, abril de 1999, p. 56.
2. Thomas L. Quick, "Expectancy Theory in Five Simple Steps", en *Training and Development Journal*, julio de 1988, p. 30.
3. James E. Ellis, "Feeling Suck at Hyatt? Create a New Business", en *Business Week*, 10 de diciembre de 1990, p. 195.
4. La obra original sobre la motivación de logros es de David C. McClelland, *The Achieving Society*, Nueva York, Van Nostrand, 1961.

Referencias

5. A. H. Maslow, "A Theory of Motivation", en *Psychological Review*, vol. 50, 1943, pp. 370-396, y A. H. Maslow, *Motivation and Personality*, Nueva York, Harper & Row, 1954. La necesidad de que los estudiantes de comportamiento organizacional lean las versiones originales de textos clásicos como éstos es subrayada en W. Dennis Patzig y Barry L. Wisdom, "Some Words of Caution about Having Students Read the Classics", en Dennis Ray (ed.), Memorias de la Southern Management Association, Mississippi State, MS, Southern Management Association, 1986.
6. Para una explicación más detallada, véase Richard M. Steers y Lyman W. Porter, *Motivation and Work Behavior*, 5a. ed., Nueva York, McGraw-Hill, 1991.
7. Frederick Herzberg, Bernard Mausner, y Barbara Snyderman, *The Motivation to Work*, Nueva York, John Wiley & Sons, 1959; Frederick Herzberg, *Work and the Nature of Man*, Cleveland, World Publishing Company, 1966, y Frederick Herzberg, *The Managerial Choice: To Be Efficient or to Be Human*, ed. rev., Salt Lake City, Olympus, 1982.
8. Las primeras críticas aparecieron en Martin G. Evans, "Herzberg's Two-Factor Theory of Motivation: Some Problems and a Suggested Test", en *Personnel Journal*, enero de 1970, pp. 32-35, y Valerie M. Bockman, "The Herzberg Controversy", en *Personnel Psychology*, verano de 1971, pp. 155-189. En este último artículo se recoge información sobre los primeros diez años de investigaciones sobre el modelo.
9. Clayton P. Alderfer, "An Empirical Test of a New Theory of Human Needs", en *Organizational Behavior and Human Performance*, vol. 4, 1969, pp. 142-175.
10. B. F. Skinner, *Science and Human Behavior*, Nueva York, Macmillan (Free Press), 1953, y B. F. Skinner, *Contingencies of Reinforcement*, Nueva York, Appleton Century-Crofts, 1969. La Mod OB se explica en Fred Luthans y Robert Kreitner, *Organizational Behavior Modification and Beyond: An Operant and Social Learning Approach,* Glenview, IL, Scott, Foresman, 1985.
11. Tawn Nhan, "A Little Thoughtfulness Can Mean More than Lots of Pay", en *Duluth News-Tribune*, 11 de diciembre de 1995, pp. B1, B3.
12. "Productivity Gains from a Pat on the Back", en *Business Week*, 23 de enero de 1978, pp. 56-62.
13. Véase, por ejemplo, Alexander D. Stajkovic y Fred Luthans, "Going beyond Traditional Motivational and Behavioral Approaches", en *Organizational Dynamics*, primavera de 1998, pp. 62-74.
14. Helen Rheem, "Performance Management", en *Harvard Business Review*, mayo-junio de 1995, pp. 11-12.
15. Victor H. Vroom, *Work and Motivation*, Nueva York, John Wiley & Sons, 1964, y Lyman W. Porter y Edward E. Lawler III, *Managerial Attitudes and Performance,* Homewood, IL, Dorsey Press y Richard D. Irwin, 1968.
16. El significado original del término instrumentalidad, propuesto por Victor Vroom, se refería al nivel de asociación entre desempeño retribución, y era por lo tanto una correlación que podía variar entre -1 y $+1$. Sin embargo, posteriores interpretaciones y modificaciones del modelo de expectativa por otros autores han limitado generalmente de 0 a $+1$ la escala efectiva de la instrumentalidad para incluir en ella sólo asociaciones positivas. Para una explicación más detallada, véase Craig C. Pinder, "Valence-Instrumentaly-Expectancy Theory", en Richard M. Steers y Lyman W.

Porter (eds.), *Motivation and Work Behavior*, 4a. ed., Nueva York, McGraw-Hill Book Company, 1987, pp. 69-89.
17. J. S. Adams, "Inequity in Social Exchange", en L. Berkowitz (ed.), *Advances in Experimental Social Psychology,* vol. 2, Nueva York, Academic Press, 1965, pp. 267-299. Para una explicación del impacto de diferentes antecedentes culturales, véase Lynda M. Kilbourne y Anne M. O'Leary-Kelly, "A Reevaluation of Equity Theory: The Influence of Culture", en *Journal of Management Inquiry,* junio de 1994, pp. 177-188.
18. Jerald Greenberg, "Employee Theft as a Reaction to Underpayment Inequity: The Hidden Cost of Pay Cuts", en *Journal of Applied Psychology*, octubre de 1990, pp. 561-568.
19. Richard C. Huseman, John D. Hatfield y Edward W. Miles, "A New Perspective on Equity Theory: The Equity Sensitivity Construct", en *Academy of Management Review,* abril de 1987, pp. 222-234; también véase Richard J. Huseman y John D. Hatfield, "Equity Theory and the Managerial Matrix", en *Training and Development Journal*, abril de 1990, pp. 98-102.
20. Basado en un artículo de Liz Roman Gallese, "Stephen Jellen Builds Pianos Not for Money but for Satisfaction", en *The Wall Street Journal* (edición de la costa del Pacífico), 6 de septiembre de 1973, pp. 1, 12.

Capítulo 6

1. Jean-Francois Manzoni y Jean-Louis Barsoux, "The Set-Up-to-Fail Syndrome", en *Harvard Business Review*, marzo-abril de 1998, p. 101.
2. Larry Cipolla, "Make Performance Appraisals Count", en *Corporate Report Ventures,* agosto de 1995, p. 20.
3. Una estrategia de recompensa de quinto nivel es descrita en Elizabeth J. Hawk, "Culture and Rewards", en *Personnel Journal*, abril de 1995, pp. 30-37.
4. Carolyn Wiley, "Incentive Plan Pushes Production", en *Personnel Journal*, agosto de 1993, pp. 86-91.
5. Tres pruebas de campo de las hipótesis de equidad de subremuneración/sobrerremuneración apoyan una relación curvilínea con la satisfacción salarial en Paul D. Sweeney, "Distributive Justice and Pay Satisfaction: A Field Test of an Equity Theory Predication", en *Journal of Business and Psychology*, primavera de 1990, pp. 329-341.
6. Esta disyuntiva entre redistribuciones extrínsecas y satisfacción intrínseca fue propuesta originalmente por Edward L. Deci, "Effects of Externally Mediated Rewards on Intrinsic Motivation", en *Journal of Personality and Social Psychology,* vol. 18, 1971, pp. 105-115. Reciente sustento de investigación de campo a esta propuesta aparece en Paul C. Jordan, "Effects of an Extrinsic Reward on Intrinsic Motivation: A Field Experiment", en *Academy of Management Journal*, junio de 1986, pp. 405-412.
7. Jackee McNitt, "In Good Company: An Employee Recognition Plan with Staying Power", en *Compensation and Benefits Management*, primavera de 1990, pp. 242-246.
8. Véase, por ejemplo, Linda Davidson, "The Power of Personal Recognition", en *Workforce*, julio de 1999, pp. 44-49, y Shari Cuadron, "Flattery Will Get You Everywhere", en *Workforce*, julio de 1999, pp. 25-26.

Referencias

9. Un problema excepcional es la posibilidad de que algunos empleados incurran en el manejo de impresiones negativas por varias razones. Véase Thomas E. Becker y Scott L. Martin, "Trying to Look Bad at Work: Methods and Motives for Managing Poor Impressions in Organizations", en *Academy of Management Journal*, febrero de 1995, pp. 174-199.
10. Mary N. Vinson, "The Pros and Cons of 360-Degree Feedback: Making It Work", en *Training and Development*, abril de 1996, pp. 11-12.
11. Robert Carey, "Coming around to 360-Degree Feedback", en *Performance*, marzo de 1995, pp. 56-60.
12. Los cuatro problemas proceden de Robert E. Lefton, "Performance Appraisals: Why They Go Wrong and How to Do Them Right", en *National Productivity Review*, invierno de 1985-1986, pp. 54-63.
13. El proceso de atribución fue presentado originalmente en Fritz Heider, *The Psychology of Interpersonal Relations,* Nueva York, John Wiley & Sons, Inc., 1958. Se le complementó en H. H. Kelley, "The Processes of Causal Attribution", en *American Psychologist*, febrero de 1973, pp. 107-128.
14. El cumplimiento de la propia profecía fue originalmente propuesto en Robert K. Merton, "The Self-Fulfilling Prophecy", en *Antioch Review*, vol. 8, 1948, pp. 193-210. Estudios recientes se documentan en R. H. G. Field, "The Self-Fulfilling Prophecy Leader: Achieving the Metharme Effect", en *Journal of Management Studies*, marzo de 1989, pp. 151-175, y Dov Eden, "Pygmalion without Interpersonal Contrast Effects: Whole Groups Gain from Raising Manager Expectations", en *Journal of Applied Psychology*, agosto de 1990, pp. 394-398.
15. El sistema Nucor se describe en "Nucor's Ken Iverson on Productivity and Pay", en *Personnel Administrator*, octubre de 1986, pp. 46 ss.
16. Arvid Wellman, "1987 Profit Sharing Rate Announced", *The Frame Maker* (Andersen Corporation newsletter), 16 de enero de 1988, p. 1.
17. Útiles descripciones generales del reparto de ganancias se ofrecen en Susan C. Hanlon, David C. Meyer y Robert R. Taylor, "Consequences of Gainsharing: A Field Experiment Revisited", en *Group and Organizational Management*, vol. 19, núm. 1, 1994, pp. 87-111, y Denis Collins, Larry Hatcher y Timothy L. Ross, "The Decision to Implement Gainsharing: The Role of Work Climate, Expected Outcomes, and Union Status", en *Personnel Psychology*, primavera de 1993, pp. 77-104.
18. Garry M. Ritzky, "Incentive Pay Programs That Help the Bottom Line", en *HRMagazine*, abril de 1995, pp. 68-74.
19. Timothy L. Ross, Larry Hatcher y Ruth Ann Ross, "From Piecework to Companywide Gainsharing", en *Management Review*, mayo de 1989, pp. 22-26.
20. Elementos del programa de condicionamiento de Du Pont se describen en Robert P. McNutt, "Sharing Across the Board: Du Pont's Achievement Sharing Program", en *Compensation and Benefits Review*, julio-agosto de 1990, pp. 17-24, y Edward J. Ost, "Team-Based Pay: New Wave Strategic Incentives", en *Sloan Management Review*, primavera de 1990, pp. 19-27.
21. Edward E. Lawler III, Gerald E. Ledford, Jr. y Lei Chang, "Who Uses Skill-Based Pay, and Why", en *Compensation and Benefits Review*, marzo-abril de 1993, pp. 22-26; véase también, por ejemplo, el número completo dedicado a la remuneración con base en habilidades de General Mills, la planta de ensamble de pertrechos de

Honeywell y Northern Telecom en *Compensation and Benefits Review*, marzo-abril de 1991.

Capítulo 7

1. Gregory G. Dess y Joseph C. Picken, "Changing Roles: Leadership in the 21st Century", en *Organizational Dynamics,* invierno de 2000, p. 19.
2. Brent B. Allred, Charles C. Sow y Raymond E. Miles, "Characteristics of Managers in the 21st Century", en *Academy of Management Executive*, noviembre de 1996, p. 25.
3. John A. Byrne, "The Shredder", en *Businnes Week*, 15 de enero de 1996, pp. 56-61.
4. Eli Cohen y Noel Tichy, "How Leaders Develop Leaders", en *Training and Development*, mayo de 1997, pp. 58-73.
5. Shelley A. Kirkpatrick y Edwin A. Locke, "Leadership: Do Traits Matter?", en *Academy of Management Executive*, mayo de 1991, pp. 48-60.
6. Para otra perspectiva acerca de los *continuums* del liderazgo —de microliderazgo al liderazgo de equipos al macroliderazgo— véase Ed Kur, "Developing Leadership in Organizations: A Continuum of Choices", en *Journal of Management Inquiry*, junio de 1995, pp. 198-206.
7. Gregory H. Dobbins y Stephen J. Zaccaro, "The Effects of Group Cohesion and Leader Behavior on Subordinate Satisfaction", en *Group and Organization Studies,* septiembre de 1986, pp. 203-219, y Chester A. Schriesheim, "The Great High Consideration-High Initiating Structure Leadership Myth: Evidence on Its Generalizability", en *Journal of Social Psychology,* abril de 1982, pp. 221-228.
8. Ejemplos de los primeros informes de cada universidad son Daniel Katz *et al.*, *Productivity, Supervision and Morale in an Office Situation,* Ann Arbor, University of Michigan Press, 1950, y E. A. Fleishman, *Leadership Climate and Supervisory Behavior,* Columbus, Ohio, Personnel Research Board, Ohio State University Press, 1951.
9. Robert R. Blake y Jane S. Mouton*, The Managerial Grid*, Houston, Gulf Publishing Company, 1964.
10. Fred E. Fiedler, *A Theory of Leadership Effectiveness*, Nueva York, McGraw-Hill, 1967, y Fred E. Fiedler y Martin M. Chemers, *Leadership and Effective Management*, Glenview, IL, Scott, Foresman, 1974. Para una crítica, véase Arthur G. Jago y James W. Ragan, "The Trouble with Leader Match Is That It Doesn't Match Fiedler's Contingency Model", en *Journal of Applied Psychology*, noviembre de 1986, pp. 555-559.
11. Paul Hersey y Kenneth H. Blanchard, *Management of Organizational Behavior*, 5a. ed., Englewood Cliffs, NJ, Prentice Hall, 1988. Un enfoque ligeramente modificado con la inclusión de los estilos de dirección, entrenamiento, apoyo y delegación aparece en Kenneth H. Blanchard *et al.*, *Leadership and the One Minute Manager*, Nueva York, William Morrow, 1985. Los autores ofrecen una mirada restrospectiva de su modelo en Paul Hersey y Ken Blanchard, "Great Ideas Revisited", en *Training and Development,* enero de 1996, pp. 42-51.
12. Perspectivas críticas sobre el modelo de liderazgo situacional de Hersey-Blanchard aparecen en Barry-Craig P. Johansen, "Situational Leadership: A Review of the Research", en *Human Resource Development Quarterly*, primavera de 1990, pp.

73-85, y Warren Blank, John R. Weitzel y Stephen G. Green, "A Test of the Situational Leadership Theory", en *Personnel Psychology*, otoño de 1990, pp. 579-597. Sin embargo, el modelo se sigue usando ampliamente en la industria, como se informa en Marshall Whitmire y Philip R. Nienstedt, "Lead Leaders into the '90s", en *Personnel Journal,* mayo de 1991, pp. 80-85.

13. Robert J. House, "A Paht Goal Theory of Leadership Effectiveness", en *Administrative Science Quarterly,* septiembre de 1971, pp. 321-328. Para la explicación original, véase M. G. Evans, *The Effects of Supervisory Behavior upon Worker Perceptions of Their Path-Goal Relationships*, tesis doctoral inédita, New Haven, CT, Yale University, 1968. Para una amplia revisión de la bibliografía acerca del modelo de ruta-meta, véase J. C. Wofford y Laaurie Z. Liska, "Path-Goal Theories of Leadership: A Meta-Analysis", en *Journal of Management*, invierno de 1993, pp. 857-876.

14. "Mgr. Forum", *Mgr.* (American Telephone and Telegraph Company, Long Lines Division), núm. 4, 1976, p. 2.

15. V. H. Vroom y P. W. Yetton, *Leadership and Decision Making*, Pittsburgh, University of Pittsburgh Press, 1973, contiene tanto un modelo individual (consultivo) como uno similar para la toma grupal de decisiones. Subsecuentes investigaciones y modificaciones al modelo original se documentan en Victor H. Vroom y Arthur G. Jago, *The New Leadership: Managing Participation in Organizations*, Englewood Cliffs, NJ, Prentice Hall, 1988. Investigaciones que apoyan la importancia de los atributos de problemas se documenta en Richard H. G. Field, Peter C. Read y Jordan J. Louviere, "The Effect of Situation Attributes on Decision Method Choice in the Vroom-Jago Model of Participation in Decision Making", en *Leadership Quarterly*, otoño de 1990, pp. 165-176. Para actualización, véase Victor H. Vroom, "Leadership and the Decision-Making Process", en *Organizational Dynamics*, vol. 28, núm. 4, 2000, pp. 82-94.

16. Steven Kerr y J. M. Jermier, "Substitutes for Leadership: Their Meaning and Measurement", en *Organizational Behavior and Human Performance*, diciembre de 1978, pp. 375-403.

17. Jon P. Howell *et al.*, "Substitutes for Leadership: Effective Alternatives to Ineffective Leadership", en *Organizational Dynamics*, verano de 1990, pp. 20-38.

18. Charles C. Manz y Henry P. Sims, Jr., "Leading Workers to Lead Themselves: The External Leadership of Self-Managing Work Teams", en *Administrative Science Quarterly*, vol. 32, 1987, pp. 106-127, y Charles C. Manz, *Mastering Self-Leadership: Empowering Yourself for Personal Excellence*, Englewood Cliffs, NJ, Prentice Hall, 1991.

19. Charles C. Manz y Henry P. Sims, Jr., "SuperLeadership: Beyond the Myth of Heroic Leadership", en Organizational Dynamics, verano de 1991, pp. 18-35.

20. Christopher A. Bartlett y Sumantra Ghoshal, "Changing the Role of Top Management: Beyond Systems to People", en *Harvard Business Review*, mayo-junio de 1995, pp. 132-142, y Walter Kiechel III, "The Boss as Coach", en *Fortune*, 4 de noviembre de 1991, pp. 201-202.

21. Véase, por ejemplo, John O. Burdett, "Forty Things Every Manager Should Know about Coaching", en *Journal of Management Development*, vol. 17, núm. 2, 1998, pp. 142-152, y William Q. Judge y Jeffrey Cowell, "The Brave New World of Executive Coaching", en *Business Horizons*, julio-agosto de 1997, pp. 71-76.

Capítulo 8

1. Chris Argyris, una crónica en Suzy Wetlaufer, "Organizing for Empowerment: An Interview with AES's Roger Sant and Dennis Bakke", en *Harvard Business Review*, enero-febrero de 1999, p. 111.
2. Jay Klagge, "The Empowerment Squeeze–Views from the Middle Management Position", en *Journal of Management Development*, vol. 17, núm. 8, 1998, p. 557.
3. Robert C. Ford y Myron D. Fottler, "Empowerment: A Matter of Degree", en *Academy of Management Executive*, vol. 9, núm. 3, 1995, pp. 21-31; un caso y múltiples perspectivas sobre él aparecen en Lawrence R. Rothstein, "The Empowerment Effort That Came Undone", en *Harvard Business Review,* enero-febrero de 1995, pp. 20-31.
4. David E. Bowen y Edward E. Lawler III, "Empowering Service Employees", en *Sloan Management Review*, verano de 1995, pp. 73-83.
5. Gretchen M. Spreitzer, Mark A. Kizilos y Stephen W. Nason, "A Dimensional Analysis of the Relationship between Psychological Empowerment and Effectiveness, Satisfaction, and Strain", en *Journal of Management*, vol. 23, núm 5, 1997, pp. 679-704.
6. Peter Lazes, "Employee Involvement Activities: Saving Jobs and Money Too", en *New Management*, invierno de 1986, pp. 58-60.
7. F. J. Roethlisberger y W. J. Dickson, *Management and the Worker*, Cambridge, MA, Harvard University Press, 1939, y Lester Coch y John R. P. French, Jr., "Overcoming Resistance to Change", en *Human Relations*, vol. 1, núm. 4, 1948, pp. 512-532. La presencia de visiones opuestas sobre el valor de la participación se ilustra en estos dos artículos: Carrie R. Leana, Edwin A. Locke y David M. Schweiger, "Fact and fiction in Analyzing Research on Participative Decision Making: A Critique of Cotton, Vollrath, Froggatt, Lengnick-Hall, and Jennings", en *Academy of Management Review*, enero de 1990, pp. 137-146, y John L. Cotton *et al.*, "Fact: The Form of Participation Does Matter—A Rebuttal to Leana, Locke, and Schweiger", en *Academy of Management Review*, enero de 1990, pp. 147-153.
8. John A. Wagner III, "Participation's Effects on Performance and Satisfaction: A Reconsideration of Research Evidence", en *Academy of Management Review*, vol. 19, núm. 2, 1994, pp. 312-330. Véase también David J. Glew, Ricky W. Griffin y David D. Van Fleet, "Participation in Organizations: A Preview of the Issues and Proposed Framework for Future Analysis", en *Journal of Management*, vol. 21, núm. 3, 1995, pp. 395-421.
9. Este interés queda demostrado por la amplia difusión de libros sobre administración, véase Jon L. Pierce y John W. Newstrom, *The Manager's Bookshelf: A Mosaic of Contemporary Views*, 6a. ed., Englewood Cliffs, N.J., Prentice Hall, 2002.
10. Véase, por ejemplo, "Companies Hit the Road Less Traveled", en *Business Week,* junio de 5, 1995, pp. 82-83, y Donald W. McCormick, "Spirituality and Management", en *Spirit at Work*, invierno de 1995, pp. 1-3.
11. Un resumen de las virtudes y defectos en los enfoques participativos por nivel de análisis se halla en Robert E. Cole, Paul Bacdayan y M. Joseph White, "Quality, Participation, and Competitiveness", en *California Management Review*, primavera de 1993, pp. 68-81.
12. Apoyo en favor del proceso participativo se ofrece en Carla S. Smith y Michael T. Brannick, "A role and Expectancy Model of Participative Decision-Making: A

Replication and Theoretical Extension", en *Journal of Organizational Behavior*, marzo de 1990, pp. 91-104. Para resultados en otras culturas, véase James P. Guthrie, "High Involvement Work Practices, Turnover, and Productivity: Evidence from New Zealand", en *Academy of Management Journal*, vol. 44, núm. 1, 2001, pp. 180-190.

13. Este modelo fue presentado originalmente en F. Dansereau, Jr., G. Graen y W. J. Haga, "A Vertical Dyad Linkage Approach to Leadership within Formal Organizations: A Longitudinal Investigation of the Role Making Process", en *Organizational Behavior and Human Performance*, vol. 13, 1975, pp. 46-68. Recientes adiciones se incluyen en Raymond T. Sparrowe y Robert C. Liden, "Process and Structure in Leader-Member Exchange", en *Academy of Management Review*, vol. 22, núm. 2, 1997, pp. 522-552, y Elaine M. Engle y Robert G. Lord, "Implicit Theories, Self-Schemas, and Leader-Member Exchange", en *Academy of Management Journal*, vol. 40, núm. 4, 1997, pp. 988-1010.

14. Una legible descripción del incremento de poder para ambas partes por medio del *empowerment* se halla en William C. Byham (con Jeff Cox), *Zapp! The Lightning of Empowerment*, Pittsburgh, DDI Press, 1989; la dinámica general de la administración con poder se expone en Jeffrey Pfeffer, "Understanding Power in Organizations", en *California Management Review*, invierno de 1992, pp. 29-50.

15. Un peculiar enfoque de equipos para presentar sugerencias en Black and Decker se describe en Steve Palonçy, "Team Approach Cuts Costs", en *HRMagazine*, noviembre de 1990, pp. 61-62; un informe de caso que muestra un índice de participación del 82% aparece en Rosalie A. Steele, "Awards Energize a Suggestion Program", en *Personnel Journal*, octubre de 1992, pp. 96-100.

16. Mitchell Lee Marks *et al.*, "Employee Participation in a Quality Circle Program: Impact on Quality of Work Life, Productivity, and Absenteeism", en *Journal of Applied Psychology*, febrero de 1986, pp. 61-69. Una explicación de las opciones para varios niveles de participación se encuentra en C. Philip Alexander, "Voluntary Participation", en *Quality Digest*, octubre de 1994, pp. 50-52.

17. Un ejemplo es la compañía de H. J. Heinz, organización global de procesamiento de alimentos. Véase "O'Reilly Supports Total Quality Management at Heinz", en *Beta Gamma Sigma Newsletter*, verano de 1991, p. 1.

18. Katherine J. Klein, "Employee Ownership", en *New Management*, primavera de 1986, pp. 55-61.

19. Hay quienes argumentan que es necesario que los empleados experimenten psicológicamente la propiedad antes de que se pueda esperar resultados de ellos. Véase Jon L. Pierce, Stephen A. Rubenfeld y Susan Morgan, "Employee Ownership: A Conceptual Model of Process and Effects", en *Academy of Management Review*, enero de 1991, pp. 121-144; y Jon L. Pierce y Candace A. Furo, "Employee Ownership: Implications for Management", en *Organizational Dynamics*, invierno de 1990, pp. 32-43.

20. Randall Hanson, Rebeca I. Porterfield y Kathleen Ames, "Employee Empowerment at Risk: Effects of Recent NLRB Rulings", en *Academy of Management Executive*, vol. 9, núm. 2, 1995, pp. 45-56.

21. Robert E. Quinn y Gretchen M. Spreitzer, "The Road to Empowerment: Seven Questions Every Leader Should Consider", en *Organizational Dynamics*, otoño de 1977, p. 46.

22. Chris Lee y Ron Zemke, "The Search for Spirit in the Workplace", en *Training*, junio de 1993, pp. 21-28, y Peter Block, "From Paternalism to Stewardship", en *Training*, julio de 1993, pp. 45-50.

Capítulo 9

1. George M. C. Fisher, "A New Relationship with Employees." en *CEO Series* (Washington University in St. Louis), núm. 14, marzo de 1997, p. 1.
2. Diane E. Lewis, "Employee Perks Keep Workers from Leaving", en *Minneapolis Star Tribune*, 8 de noviembre de 1999, p. D9.
3. Hugh Aaron, "Recession-Proofing a Company's Employees", en *The Wall Street Journal*, 4 de marzo de 1991, p. A10.
4. Jack C. Davis y Denny Organ, "The Happy Curve", en *Business Horizons*, mayo-junio de 1995, pp. 1-3.
5. Véase, por ejemplo, Donald L. Kanter y Philip H. Mirvis, "Managing Jaundiced Workers", en *New Management*, primavera de 1986, pp. 50-54. Los lectores interesados también pueden remitirse a Jeffrey S. Rain, Irving M. Lane y Dirk D. Steiner, "A Current Look at the Job Satisfaction/Life Satisfaction Relationship: Review and Future Considerations", en *Human Relations*, vol. 44, núm. 3, 1991, pp. 287-307.
6. Relevantes investigaciones y discusiones se documentan en Charlene Marmer Solomon, "The Loyalty Factor", en *Personnel Journal*, septiembre de 1992, pp. 52-62; R. D. Iverson y P. Roy, "A Causal Model of Behavioral Commitment: Evidence from a Study of Australian Blue-Collar Employees", en *Journal of Management*, primavera de 1994, pp. 15-42, y Thomas E. Slocombe y Thomas W. Dougherty, "Dissecting Organizational Commitment and Its Relationship with Employee Behavior", en *Journal of Business and Psychology*, verano de 1998, pp. 469-491. Para una discusión de prácticas encabezadas por el sinónimo más común del compromiso, véase Caroline Louise Cole, "Building Loyalty", en *Workforce*, agosto de 2000, pp. 43-52.
7. Véase, por ejemplo, J. M. George y A. P. Brief, "Feeling Good–Doing Good: A Conceptual Analysis of the Mood at Work-Organizational Spontaneity Relationship", en *Psychological Bulletin*, 1992, vol. 112, pp. 310-329.
8. Una clasificación sistemática de respuestas activas/pasivas y constructivas/destructivas de los empleados se ofrece en C. Rusbult, *et al.,* "Impact of Exchange Variables on Exit, Voice, Loyalty, and Neglect: An Integrative Model of Responses to declining Job Satisfaction", en *Academy of Management Journal*, vol. 31, núm. 3, 1988, pp. 599-627.
9. Para una descripción clásica de esta relación, véase Edward E. Lawler III y Lyman W. Porter, "The Effect of Performance on Job Satisfaction", en *Industrial relations*, octubre de 1967, pp. 20-28. Para actualización en antecedentes y consecuencias del ausentismo, véase David A. Harrison y Joseph J. Martocchio, "Time for Absenteeism: A 20-Year Review of Origins, Offshoots, and Outcomes", en *Journal of Management*, vol. 24, núm. 3, 1998, pp. 305-350.
10. W. H. Mobley, "Intermediate Linkages in the relationship between Job Satisfaction and Employee Turnover", en *Journal of Applied Psychology*, vol. 6, 1977, pp. 237-240.

11. "New Behavioral Study Defines Typical 'Turnover Personality'", en *Human Resource Measurements*, en suplemento de *Personnel Journal*, abril de 1992, p. 4; la "personalidad de rotación" es apoyada por Timothy A. Judge y Shinichiro Watanabe, "Is the Past Prologue? A Test of Ghiselli's Hobo Syndrome", en *Journal of Management*, vol. 21, núm. 2, 1995, pp. 211-229.
12. Véase, por ejemplo, Nicholas Stein, "Winning the War to Keep Top Talent", en *Fortune*, mayo 29, 2000, pp. 132-138, y "Twelve Ways to Keep Good People", en *Training*, abril de 1999, p. 19.
13. John Putzier y Frank T. Nowak, "Attendance Management and Control", en *Personnel Administrator*, agosto de 1989, pp. 58-60.
14. El robo se expone en Samuel Greegard, "Theft Control Starts with HR Strategies", en *Personnel Journal*, abril de 1993, pp. 81-91, y Alan Weiss, "Seven Reasons to Examine Workplace Ethics", en *HRMagazine*, marzo de 1991, pp. 69-74.
15. Kevin Dobbs, "The Lucrative Menace of Workplace Violence", en *Training*, marzo del 2000, pp. 55-62.
16. Dennis W. Organ, "Personality and Organizational Citizenship Behavior", en *Journal of Management*, verano de 1994, pp. 465-478, y John R. Deckop, Robert Mangel y Carol C. Cirka, "Getting More than You Pay for: Organizational Citizenship Behavior and Pay-for-Performance Plans", en *Academy of Management Journal*, agosto de 1999, pp. 420-428.
17. Mark C. Bolino, "Citizenship and Impression Management: Good Soldiers or Good Actors?", en *Academy of Management Review*, enero 1999, pp. 82-98.
18. El índice de reacciones organizacionales se describe en F. J. Smith y L. W. Porter, "What Do Executives Really Think about Their Organizations?", en *Organizational Dynamics*, otoño de 1977, pp. 68-80. El índice de descripción de funciones se documenta en P. C. Smith, L. M. Kendall y C. L. Hulin, *The Measurement of Satisfaction in Work and Retirement*, en Chicago, Rand McNally & Company, 1969. El ejemplo del uso de una escala numérica para indicar el grado de acuerdo o desacuerdo con un juicio fue adaptado a partir de Lymann W. Porter, "A Study of Perceived Need Satisfactions in Bottom and Middle Management", en *Journal of Applied Psychology*, enero de 1961, pp. 1-10. El cuestionario de satisfacción de Minessota se presenta en D. J. Weiss *et al.*, *Manual for the Minnesota Satisfaction Questionnaire*, Minnesota Studies in Vocational Rehabilitation: XXII University of Minnesota Industrial Relations Center, Work Adjustment Project, 1967.
19. Brad Fishel, "A New Perspective: How to Get the Real Story from Attitude Surveys", en *Training*, febrero de 1998, pp. 91-94.
20. "Bringing Sears into the New World", en *Fortune*, 13 de octubre de 1997, pp. 183-184.
21. Karen B. Paul y David W. Bracken, "Everything You Always Wanted to Know about Employee Surveys", en *Training and Development*, enero de 1995, pp. 45-49; Terrence R. Gray, "A Hospital Takes Action on Employee Survey", en *Personnel Journal*, marzo de 1995, pp. 74-77, y Claire Krulikowski, "Measuring Employee Satisfaction", en *Quality Digest*, septiembre de 1994, pp. 58-63.

Capítulo 10

1. Samuel Greengard, "Privacy: Entitlement or Illusion?", en *Personnel Journal*, mayo de 1996, p. 242.

2. Janet P. Near y Marcia P. Miceli, "Effective Whistle-Blowing", en *Academy of Management Review*, julio de 1995, p. 680.
3. Edgar H. Shein y J. Steven Ott, "The Legitimacy of Organizational Influence", en *American Journal of Sociology*, mayo de 1962, pp. 682-689, y Keith Davis, "Attitudes toward the Legitimacy of Management Efforts to Influence Employees", en *Academy of Management Journal*, junio de 1968, pp. 153-162.
4. Paul Tholchinsky *et al.*, "Employee Perceptions of Invasion of Privacy: A Field Simulation Experiment, en *Journal of Applied Psychology*, junio de 1982, pp. 308-313.
5. Adaptación de Virginia E. Shein, "Privacy and Personnel: A Time for Action", en *Personnel Journal*, diciembre de 1976, pp. 604-607.
6. Gene Bylinski, "How Companies Spy on Employees", en *Fortune*, 4 de noviembre de 1991, pp. 131-140; véase también Peter Coy, "Big Brother, Pinned to Your Chest", en *Business Week*, 17 de agosto de 1992, p. 38; Jennifer J. Laabs, "Surveillance: Tool or Trap?", en *Personnel Journal*, junio de 1992, pp. 96-104, y Wayne E. Barlow, "Do Employees' Electronic Massages Speel Trouble for You?", en *Personnel Journal*, octubre de 1995, pp. 135 ss.
7. Ron Zemke, "Do Honesty Tests Tell the Truth?", en *Training*, octubre de 1990, pp. 75-81.
8. David E. Nagle, "The Polygraph Shield", en *Personnel Administrator*, febrero de 1989, pp. 18-23, y Lawrence S. Kleiman, Robert H. Faley y David W. Denton, "Legal Issues Concerning Polygraph Testing in the Public Sector", en *Public Personnel Management*, invierno de 1990, pp. 365-379.
9. H. John Bernardin y Donna K. Cooke, "Validity of an Honesty Test in Predicting Theft among Convenience Store Employees", en *Academy of Management Journal*, octubre de 1993, pp. 1097-1108; véase también Paul R. Sackett, Laura R. Burris y Christine Callahan, "Integrity Testing for Personnel Selection: An Update", en *Personnel Psychology*, otoño de 1989, pp. 491-529.
10. Robert J. Nobile, "The Drug-Free Workplace: Action on It!", en *Personnel*, febrero de 1990, pp. 21-23, y Minda Zetlin, "Combating Drugs in the Workplace", en *Management Review,* agosto de 1991, pp. 17-19.
11. Timothy L. Baker, "Preventing Drug Abuse at Work", en *Personnel Administrator*, julio de 1989, pp. 56-59.
12. Cory R. Fine, "Video Tests Are the New Frontier in Drug Detection", en *Personnel Journal*, julio de 1992, pp. 146-161.
13. Los datos citados proceden de Gary N. Powell, "Sexual Harassment: Confronting the Issue of Definition", en *Business Horizons*, julio-agosto 1983, pp. 24-28, y Diane Feldman, "Sexual Harassment: Policies and Prevention", en *Personnel*, septiembre de 1987, pp. 12-17.
14. S. Trowers Crowley, *ADA Primer: A Concise Guide to the Americans with Disabilities Act of 1990*, Englewood Cliffs, NJ, Maxwell Macmillan, 1990.
15. Michael A. Campion, Lisa Cheraskin y Michael J. Stevens, "Career-Related Antecedents and Outcomes of Job Rotation", en *Academy of Management Journal*, diciembre de 1994, pp. 1518-1542.
16. Edward E. Lawler III, "For a More Effective Organization-Match the Job to the Man", en *Organizational Dynamics*, verano de 1974, pp. 19-29.

17. J. Richard Hackman *et al.*, "A New Strategy for Job Enrichment", en *California Management Review*, verano de 1975, pp. 57-71.
18. "The Signature of Quality", en *Management in Practice*, American Management Associations, marzo-abril de 1977, pp. 2-3.
19. J. Richard Hackman y Greg R. Oldham, "Development of the Job Diagnostic Survey", en *Journal of Applied Psychology*, abril de 1975, pp. 159-170.
20. Fred Luthans *et al.*, "The Impact of a Job Redesign Intervention on Salespersons' Observed Performance Behavior: A Field Experiment", en *Group and Organization Studies*, marzo de 1987, pp. 55-72.
21. Ricky W. Griffin *et al.*, "Objective and Social Factors as Determinants of Task Perceptions and Responses: An Integrated Perspective and Empirical Investigation", en *Academy of Management Journal*, septiembre de 1987, pp. 501-523.
22. La idea de liderazgo ético procede de Richard P. Nielson, "Changing Unethical Organizational Behavior", en *Academy of Management Executive*, mayo de 1989, pp. 123-130; los resultados encuestales sobre políticas aparecen en Timothy R. Barnett y Daniel S. Cochran, "Making Room for the Whistleblower", en *HRMagazine*, enero de 1991, pp. 58-61, y sugerencias para denunciantes aparecen en Amy Dunkin, "Blowing the Whistle without Paying the Piper", en *Business Week*, 3 de junio de 1991, pp. 138-139.
23. Janet P. Near y Marcia Miceli, "Effective Whistle-Blowing", en *Academy of Management Review*, julio de 1995, pp. 679-708, y Marcia P. Miceli y Janet P. Near, "Relationships among Value Congruence, Perceived Victimization, and Retaliation against Whistle-Blowers", en *Journal of Management*, invierno de 1994, pp. 773-794.
24. Richard W. Stevenson, "A Whislte Blower to Get $7.5 Million in Big Fraud Case", en *New York Times*, 15 de julio de 1992.

Capítulo 11

1. Jennifer Laabs, "Managing-up Secrets: I Did It the Boss's Way", en *Workforce*, agosto de 2000, p. 22.
2. Len Schlesinger, "It Doesn´t Take a Wizard to Build a Better Boss", en *Fast Company's* "Handbook of the Business Revolution", n.d., p. 20.
3. Kenneth W. Thomas y Warren H. Schmidt, "A Survey of Managerial Interests with Respect to Conflict", en *Academy of Management Journal*, junio de 1976, pp. 315-318.
4. Ellen Van Velsor y Jean Brittain Leslie, "Why Executives Derail: Perspectives Across Time and Cultures", en *Academy of Management Executive*, vol. 9, núm. 4, 1995, pp. 62-72.
5. M. K. Mount y M. R. Barrick, "The Big Five Personality Dimensions: Implications for Research and Practice in Human Resources Management", en *Research in Personnel and Human Resources Management*, 1995, pp. 153-200.
6. W. L. Gardner y M. J. Martinko, "Using the Myers-Briggs Type Indicator to Study Managers: A Literature Review and Research Agenda", en *Journal of Management*, vol. 22, 1996, pp. 45-83.
7. Robert R. Blake y Jane S. Mouton, *Managing Intergroup Conflict in Industry*, Houston, Gulf Publishing Co., 1964. Cabe señalar que éstos y otros autores suelen

incluir una estrategia intermedia llamada "de negociación". Véase también Evert Van de Viert y Boris Kabanoff, "Toward Theory-Based Measures of Conflict Management", en *Academy of Management Journal*, marzo de 1990, pp. 199-209.
8. Una propuesta útil para las negociaciones es el uso de resoluciones en disputas internas. Véase, por ejemplo, Bryan Downie, Mary Lou Coates y Gary Furlong, "Meet Me Inside", en *Ivey Business Quarterly*, verano de 1998, pp. 56-61.
9. Eric Berne, *Transactional Analysis in Psychotherapy*, Nueva York, Grove Press, 1961; Eric Berne, *Games People Play*, Nueva York, Grove Press, 1964, y Thomas A. Harris, *I'm OK–You're OK: A Practical Guide to Transactional Analysis*, en Nueva York, Harper & Row, 1969.
10. La importancia del apoyo de la dirección y otras acciones para alentar cambios de comportamiento se expone en John W. Newstrom, "Leveraging Management Development through Transfer of Training Strategies", en *Journal of Management development*, vol. 5, núm. 5, 1986, pp. 33-45.
11. J. R. P. French y B. H. Raven, "The Bases of Social Power", en D. Cartwright (ed.) *Studies in Social Power*, Ann Arbor, University of Michigan Press, 1959.
12. Véase, por ejemplo, Daniel Sandowsky, "The Charismatic Leader as Narcissist: Understanding the Abuse of Power", en *Organizational Dynamics*, primavera de 1995, pp. 57-71.
13. Christopher P. Parker, Robert L. Dipboye y Stacey L. Jackson, "Perceptions of Organizational Politics: An Investigation of Antecedents and Consequences", en *Journal of Management*, vol. 21, núm. 5, 1995, pp. 891-912, y Amos Drory y Tsilia Romm, "The Definition of Organizational Politics: a Review", en *Human Relations*, noviembre de 1990, pp. 1133-1154.
14. Jeffrey K. Pinto y Om P. Kharbanda, "Lessons for an Accidental Profession", en *Business Horizons*, marzo-abril de 1995, pp. 41-50.
15. Jeffrey Gandz y Victor Murray, "The Experience of Workplace Politics", en *Academy of Management Journal*, junio de 1980, p. 244.
16. Allen R. Cohen y David L. Bradford, *Influence without Authority*, Nueva York, John Wiley & Sons, 1990.
17. Martin Kilduff y David V. Day, "Do Chameleons Get Ahead? The Effects of Self-Monitoring on Managerial Careers", en *Academy of Management Journal*, vol. 37, núm. 4, 1994, pp. 1047-1060.
18. Sandy J. Wayne y Robert C. Liden, "Effects of Impression Management on Performance Ratings: A Longitudinal Study", en *Academy of Management Journal*, vol. 38, núm. 1, 1995, pp. 232-260.

Capítulo 12

1. Eric Matson, "The Seven Sins of Deadly Meetings", en *Handbook of the Business Revolution*, Fast Company n.d., p. 27.
2. Bob Filipczak, "Critical Mass: Putting Whole-Systems Thinking into Practice", en *Training*, septiembre de 1995, p. 33.
3. La idea de que las actividades, interacciones y sentimientos de las organizaciones informales surgen de las organizaciones formales procede de George C. Homans, *The Human Group*, Nueva York, Harcourt Brace Jovanovich, 1950.

Referencias

4. Beatrice Shultz, "Communicative Correlates of Perceived Leaders in the Small Group", en *Small Group Behavior*, febrero de 1986, pp. 51-65.
5. Stuart Drescher, Gary Burlingame y Addie Fuhriman, "Cohesion: An Odyssey in Empirical Understanding", en *Small Group Behavior*, febrero de 1985, pp. 3-30. Para una explicación de un instrumento confiable para medir la cohesión, véase Nancy J. Evans y Paul A. Jarvis, "The Group Attitude Scale: A Measure of Attraction to Group", en *Small Group Behavior*, mayo de 1986, pp. 203-216.
6. Cuatro tipos de reacciones de grupos de trabajo (aceptación, elusión, confrontación y apoyo) se exponen por James W. Fairfield-Sonn, "Work Group Reactions to New Members: Tool or Trap in Making Selection Decisions?", en *Public Personnel Management*, invierno de 1984, pp. 485-493.
7. Daniel Feldman, "The Development and Enforcement of Group Norms", en *Academy of Management Review*, enero de 1984, pp. 47-53.
8. Monika Henderson y Michael Argyle, "The Informal Rules of Working Relationships", en *Journal of Occupational Behavior*, vol. 7, 1986, pp. 259-275.
9. La expresión "Sent to Coventry" se deriva de la siguiente situación: Los ciudadanos de Coventry, Inglaterra, despreciaban tanto a los soldados, que a quienes eran sorprendidos hablando con alguno de ellos se les excluía de la comunidad social, de modo que los pocos ciudadanos a quienes les gustaba hablar con los soldados no se atrevieran a hacerlo. De ahí que un soldado enviado a Coventry era excluido de la interacción comunitaria.
10. David Krackhardt y Jeffrey R. Hanson, "Informal Networks: The Company Behind the Chart", en *Harvard Business Review*, julio-agosto de 1993, pp. 104-111.
11. Bernard Johann, "The Meeting as a Lever for Organizational Improvement", en *National Productivity Review*, verano de 1994, pp. 369-377.
12. Mary Lippitt Nichols, "An Exploratory Study of Committee Composition as an Administrative Problem-Solving Tool", en *Decision Sciences*, abril de 1981, pp. 338-351.
13. La importancia de un temario intencional planeado se expone en Gary English, "How about a Good Word for Meetings?", en *Management Review*, junio de 1990, pp. 58-60. Otras útiles sugerencias aparecen en Wayne Hensley, "Guidelines for Success and Failure in Groups", en *Supervision*, septiembre de 2000, pp. 9-10.
14. Los roles de tareas y social fueron originalmente presentados por R. F. Bales, *Interaction Process Analysis*, Cambridge, MA, Addison-Wesley, 1950.
15. Bob Rosener, "What Are Your Secrets for Running a Successful Meeting?", en *Workforce*, enero de 1999, pp. 22-23.
16. La lluvia de ideas fue desarrollada por Alex F. Osborn y la describió en su libro *Applied Imagination*, Nueva York, Charles Scribner's Sons, 1953. Una revisión de la lluvia de ideas y otros métodos estructurados aparece en Ron Zemke, "In Search of Good Ideas", en *Training*, enero de 1993, pp. 46-52. Para actualización de aplicaciones en IDEO, véase Michael Schrage, "Playing around with Brainstorming", en *Harvard Business Review*, marzo de 2001, pp. 149-154.
17. Greg Bachman, "Brainstorming Deluxe", en *Training and Development*, enero de 2000, pp. 15-17.
18. R. Brent Gallupe, Lana M. Bastianutti y William H. Cooper, "Unblocking Brainstorms", en *Journal of Applied Psychology*, enero de 1991, pp. 137-142; para

resultados comparados, véase Alan R. Dennis y Joseph S. Valacich, "Group, Sub-Group, and Nominal Group Idea Generation: New Rules for a New Media?", en *Journal of Management*, vol. 20, núm. 4, 1994, pp. 723-736. Una exposición aplicada del *groupware* aparece en David Kirkpatrick, "Groupware Goes Boom", en *Fortune*, 27 de diciembre de 1993, pp. 99-106, y Michael Finley, "Groupware Gives Whole New Meaning to Meeting", en *St. Paul Pioneer Press*, 23 de abril de 1995.

19. Gene E. Burton, "The 'Clustering Effect': An Idea-Generation Phenomenon during Nominal Grouping", en *Small Group Behavior*, mayo de 1987, pp. 224-238.
20. Se ha recomendado repetir de dos a cinco veces el proceso Delphi. En un estudio se determinó que los resultados se estabilizan después de cuatro rondas; véase Robert C. Erffmeyer *et al.*, "The Delphi Technique: An Empirical Evaluation of the Optimal Number of Rounds", en *Group and Organization Studies*, marzo-junio de 1986, pp. 120-128.
21. Richard A. Cosier y Charles R. Schwenk, "Agreement and Thinking Alike: Ingredients for Poor Decisions", en *The Executive*, febrero de 1990, pp. 69-74, y David M. Schweiger, William R. Sandberg y Paula L. Rchner, "Experiential Effects of Dialectical Inquiry, Devil's Advocacy, and consensus Approaches to Strategic Decision Making", en *Academy of Management Journal*, diciembre de 1989, pp. 745-772.
22. Un hallazgo asombroso (que las técnicas estructuradas generan consenso) se documenta en Richard L. Priem, David A. Harrison y Nan Kanoff Muir, "Structured Conflict and Consensus Outcomes in Group Decision Making", en *Journal of Management*, vol. 21, núm. 4, 1995, pp. 691-710.
23. Steven Saint y James R. Lawson, *Rules for Reaching Consensus*, San Diego, Pfeiffer & Company, 1994.
24. Irving L. Janis, *Victims of Groupthink*, Boston, Houghton-Mifflin, 1972; véase también Glen Whyte, "Groupthink Reconsidered", en *Academy of Management Review*, enero de 1989, pp. 40-56. Un relato de un problema –el efecto Nut Island– se expone en Paul F. Levy, "When Good Teams Go Wrong", en *Harvard Business Review*, marzo de 2001, pp. 51-59.
25. Zemke, "In Search of Good Ideas".
26. Véase, por ejemplo, Gail Kay, "Effective Meetings through Electronic Brainstorming", en *Journal of Management Development*, vol. 14, núm. 6, 1995, pp. 4-25 y *Basics of Electronic Meeting Support*, Alexandria, VA, ASTD, 1995.

Capítulo 13

1. Thomas R. Keen y Cherie N. Keen, "Conducting a Team Audit", en *Training and Development*, febrero de 1988, p. 13.
2. David X. Swenson, "Teams: Good, Bad, and Often Just Plain Hard", en *Business North*, agosto de 2000, p. 6B.
3. Carrie R. Leana, "Predictors and Consequences of Delegation", en *Academy of Management Journal*, diciembre de 1986, pp. 754-774; véase también Stephen C. Bushardt, David L. Huhon y Aubrey R. Fowler, Jr., "Management Delegation Myths and the Paradox of Task Assignment", en *Business Horizons*, marzo-abril de 1991, pp. 38-43.

Referencias

4. T. Burns y G. M. Stalker, *The Management of Innovation*, Londres, Tavistock Publications, 1961.
5. William F. Joyce, "Matrix Organization: A Social Experiment", en *Academy of Management Journal*, septiembre de 1986, pp. 536-561.
6. Las cinco etapas mencionadas aquí fueron originalmente identificadas por B. W. Tuckman, "Developmental Sequence in Small Groups", en *Psychological Bulletin*, vol. 63, 1965, pp. 384-399; una ampliación del modelo aparece en Anthony R. Montebello y Victor R. Buzzotta, "Work Teams That Work", en *Training and Development*, marzo de 1993, pp. 59-64.
7. Russ Forester y Allan B. Drexler, "A Model for Team-Based Organization Performance", en *Academy of Management Executive*, agosto de 1999, pp. 36-49.
8. Beverly Geber, "The Bugaloo of Team Pay", en *Training*, agosto de 1995, pp. 25-34, y Sam T. Johnson, "Work Teams: What's Ahead in Work Design and Rewards Management", en *Compensation and Benefits Review*, marzo-abril de 1993, pp. 35-41.
9. Melville, Cottrill, "Give Your Work Teams Time and Training", en *Academy of Management Executive*, agosto de 1997, pp. 87-89.
10. Miriam Erez y Anit Somech, "Is Group Productivity Loss the Rule or the Exception? Effects of Culture and Group-Based Motivation", en *Academy of Management Journal*, diciembre de 1996, pp. 1513-1537.
11. Un ejemplo de consolidación de equipos en el sector público en Robin N. Amadei y Lyn Wade, "Government Employees Learn to Work in Sync", en *Personnel Journal*, septiembre de 1996, pp. 91-94.
12. Los efectos de la consolidación de equipos en la satisfacción y la productividad, respectivamente, aparece en George A. Neuman, Jack E. Edwards y Nambury S. Raju, "Organizational Development Interventions: A Meta-Analysis of Their Effects on Satisfaction and Other Attitudes", en *Personnel Psychology*, otoño de 1989, pp. 461-489, y Paul Buller y Cecil H. Bell, Jr., "Effects of Team Building and Goal Setting on Productivity: A Field Experiment", en *Academy of Management Journal*, junio de 1986, pp. 305-328.
13. "Team Building at Its Best", en *ASTD Info-Line*, núm. 701, enero de 1987, p. 4.
14. Un ejemplo se presenta en Heidi Campbell, "Adventures in Teamland", en *Personnel Journal*, mayo de 1996, pp. 56-62. Una crítica a los programas abandonados se presenta en John W. Newstrom, "Mod' Management Development: Does It Deliver What It Promises?", en *Journal of Management Development*, vol. 4, núm. 1, 1985, pp. 3-11.
15. Edgar H. Schein, *Process Consultation Revisited: Building the Helping Relationship*, Reading, MA, Addison-Wesley Longman, 1998.
16. Lawrence Holpp, "Applied Empowerment", en *Training*, febrero de 1994, pp. 39-44. Véase también los resultados de investigación sobre "qué administran los equipos autodirigidos" (lo más común: horarios de trabajo; lo menos común: despidos) en "1994 Industry Report", en *Training*, octubre de 1994, p. 62.
17. James Kochanski, "Hiring in Self-Regulating Work Teams", en *National Productivity Review*, primavera de 1987, pp. 153-159. Otros ejemplos aparecen en Richard W. Wellins, "Building a Self-Directed Work Team", en *Training and Development*, diciembre de 1992, pp. 24-28.

18. Dale E. Yeatts, Martha Hipskind y Debra Barnes, "Lessons Learned from Self Managed Work Teams", en *Business Horizons*, julio-agosto de 1994, pp. 11-18.

Capítulo 14

1. "On the Paradox of Competence", en *Fast Company*, enero-febrero de 2000, p. 232.
2. Thomas S. Bateman y J. Michael Crant, "Proactive Behavior: Meaning, Impact, Recommendations", en *Busines Horizons*, mayo-junio de 1999, p. 63.
3. Tom Duening, "Our Turbulent Times: The Case for Evolutionary Organizational Change", en *Business Horizons*, enero-febrero de 1997, pp. 2-8.
4. F. J. Roethlisberger, *Management and Morale*, Cambridge, MA, Harvard University Press, 1941, p. 10. Véase también F. J. Roethlisberger y William J. Dickson, *Management and the Worker*, Cambridge, MA, Harvard University Press, 1939. Una actualización se halla en Ronald G. Greenwood *et al.*, "Hawthorne a Half Century Later: Relay Assembly Participants Remember", en *Journal of Management*, otoño-invierno de 1983, pp. 217-231.
5. John Donne (1572-1631), *The Complete Poetry and Selected Prose of John Donne and the Complete Poetry of William Blake*, Nueva York, Random House, 1941, p. 332. El énfasis es propio del original.
6. Una amplia exposición de costos y beneficios aparece en Wayne F. Cascio, *Costing Human Resources: The Financial Impact of Behavior in Organizations*, 3a. ed., Boston, PWS-Kent, 1991.
7. Jennifer J. Laabs, "Expert Advice on How to Move Forward with Change", en *Personnel Journal*, julio de 1996, pp. 54-63.
8. W. Warner Burke *et al.*, "Managers Get a 'C' in Managing Change", en *Training and Development*, mayo de 1991, pp. 87-92.
9. Bernard M. Bass, "From Transactional to Transformational Leadership: Learning to Share the Vision", en *Organizational Dynamics*, invierno de 1990, pp. 19-31. Investigaciones en apoyo de la dimensionalidad y positivos efectos (esfuerzo y satisfacción extras) del liderazgo transformacional se documentan en Philip M. Podsakoff *et al.*, "Transformational Leader Behaviors and Their Effects on Followers' Trust in Leader, Satisfaction, and Organizational Citizenship Behaviors", en *Leadership Quarterly*, verano de 1990, pp. 107-142, y Francis J. Yammarino y Bernard M. Bass, "Transformational Leadership and Multiple Levels of Analysis", en *Human Relations*, octubre de 1990, pp. 975-995.
10. El papel de la visión en el éxito de la planta de Crotonville GE se describe en Noel M. Tichy, "GE's Crotonville: A Staging Ground for Corporate Revolution", en *Academy of Management Executive*, mayo de 1989, pp. 99-106; una concepción contraria de las limitaciones del papel de la visión se encuentra en Jay A. Conger, "The Dark Side of Leadership", en *Organizational Dynamics*, otoño de 1990, pp. 44-55.
11. Explicaciones sobre el carisma se encuentran en David A. Nadler y Michael L. Tushman, "Beyond the Charismatic Leader: Leadership and Organizational Change", en *California Management Review*, invierno de 1990, pp. 77-97; véase también Jay A. Conger, "Inspiring Others: The Language of Leadership", en *Academy of Management Executive*, febrero de 1991, pp. 31-45. El liderazgo carismático fue propuesto originalmente en Robert J. House, "A 1976 Theory of Charismatic

Referencias

Leadership", en J. G. Hunt y L. L. Larson (eds.), *Leadership: The Cutting Edge*, Carbondale, Southern Illinois University Press, 1977.

12. Chris Argyris, "Teaching Smart People How to Learn", en *Harvard Business Review*, mayo-junio de 1991, pp. 99-109. Estas ideas fueron originalmente presentadas en Chris Argyris, "The Executive Mind and Double-Loop Learning", en *Organizational Dynamics*, otoño de 1982, pp. 4-22. Un grupo paralelo de ideas son, el cambio de primer orden (un solo lazo de aprendizaje) y el cambio de segundo orden (doble lazo de aprendizaje); véase Andrew H. Van De Ven y Marshall Scott Poole, "Explaining Development and Change in Organizations", en *Academy of Management Review*, julio de 1995, pp. 510-540.

13. Linda Honold, "The Power of Learning at Johnsonville Foods", en *Training*, abril de 1991, pp. 54-58.

14. Un estudio en el que se usan los tres pasos se documenta en Paul E. O'Neill, "Transforming Managers for Organizational Change", en *Training and Development Journal*, julio de 1990, pp. 87-90.

15. Paul Strebel, "Choosing the right Change Path", en *California Management Review*, invierno de 1994, pp. 29-51.

16. Albert S. King, "Expectation Effects in Organizational Change", en *Administrative Science Quarterly*, junio de 1974, pp. 221-230, y Dow Eden y Gad Ravid, "Pygmalion versus Self-Expectancy: Effects of Infrastructure and Self-Expectancy on Trainee Performance", en *Organizational Behavior and Human Performance*, diciembre de 1982, pp. 351-364.

17. David Dorsey, "Change Factory", *Fast Company*, junio de 2000, pp. 211-224.

18. Un modelo sistemático para el proceso de cambio se ofrece en Paul Dainty y Andrew Kakabadse, "Organizational Change: A Strategy for Successful Implementation", en *Journal of Business and Psychology*, verano de 1990, pp. 463-481.

19. Jim Grieves, "Introduction: The Origins of Organizational Development", en *Journal of Management Development*, vol. 19, núm. 5, 2000, pp. 345-351.

20. W. Harvey Hegarty, "Organizational Survival Means Embracing Change", en *Business Horizons*, noviembre-diciembre de 1993, pp. 1-4.

21. Un esfuerzo precursor por identificar variables causales en sistemas organizacionales se realizó en Rensis Likert, *The Human Organization: Its Management and Value*, Nueva York, McGraw-Hill, 1967, y Rensis Likert, *New Patterns of Management*, Nueva York, McGraw-Hill, 1961.

22. Debra D. Burrington, "Organization Development in the Utah Department of Public Safety", en *Public Personnel Management*, verano de 1987, pp. 115-125.

23. A. M. Barrat, "Organizational Improvement in Mobil Oil", en *Journal of Management Development*, vol. 1, núm. 2, 1982, pp. 3-9.

24. Un estudio de resultados de DO a través de las percepciones de especialista en DO se encuentra en Jerry I. Porras y Susan J. Hoffer, "Common Behavior Changes in Successful Organization Development Efforts", en *Journal of Applied Behavioral Science*, vol. 22, núm. 4, 1986, pp. 477-494.

25. John R. Kimberly y Warren R. Nielsen, "Organizational Development and Change in Organizational Performance", en *Administrative Science Quarterly*, junio de 1975, pp. 191-206.

26. Richard W. Woodman, "Organizational Change and Development: New Arenas for Inquiry and Action", en *Journal of Management*, junio de 1989, pp. 205-228.
27. Véase, por ejemplo, Daniel J. McCarthy, "View from the Top: Henry Mintzberg on Strategy and Management", en *Academy of Management Executive*, agosto de 2000, pp. 31-42.

Capítulo 15

1. Christina Maslach y Michael P. Leiter, "Take this Job and Love It!", en *Psychology Today*, septiembre-octubre de 1999, p. 50.
2. Anne M. O'Leary-Kelly, Ricky W. Griffin y David J. Glew, "Organization Motivated Aggression: A Research Framework", en *Academy of Management Review*, vol. 21, núm. 1, 1996, p. 225.
3. Leslie Brooks Suzukamo, "Fed Up. Fired Up or (Gulp) Fired", en *Duluth News Tribune*, 26 de febrero de 1996, pp. 1B, 4B, y Jennifer J. Laabs, "Job Stress", en *Personnel Journal*, abril de 1992, p. 43.
4. Resa W. King e Irene Pave, "Stress Claims Are Making Business Jumpy", en *Business Week*, 14 de octubre de 1985, pp. 152, 154.
5. Hans Selye, *The Stress of Life*, ed. rev., Nueva York, McGraw-Hill, 1976.
6. Cynthia L. Cordes y Thomas W. Dougherty, "A Review and an Integration of Research on Job Burnout", en *Academy of Management Review*, octubre 1993, pp. 621-656.
7. Susan E. Jackson, Richard L. Schwab y Randall S. Schuler, "Toward an Understanding of the Burnout Phenomenon", en *Journal of Applied Psychology*, noviembre de 1986, pp. 630-640, y Joseph Seltzer y Rita E. Numeroff, "Supervisory Leadership and Subordinate Burnout", en *Academy of Management Journal*, junio de 1988, pp. 439-446.
8. Karen Lowry Miller, "Now Japan Is Admitting It: Work Kills Executives", en *Business Week*, 3 de agosto de 1992, p. 35.
9. David M. Noer, "Leadership in an Age of Layoff", *Journal of Management Development*, vol. 14, núm. 5, 1995, pp. 27-38.
10. Explicaciones muy completas de los factores contribuyentes se encuentran en Michael G. Harvey y Richard A. Cosier, "Homicides in the workplace: Crisis or False Alarm?", en *Business Horizons*, marzo-abril de 1995, pp. 11-20, y Romauld A. Stone, "Workplace Homicide: A Time for Action", en *Business Horizons*, marzo-abril de 1995, pp. 3-10.
11. Samuel Greengard, "Zero Tolerance: Making It Work", en *Workforce*, mayo de 1999, pp. 28-34. Véase también Helen Frank Bensimom, "What to Do about Anger in the Workplace", en *Training and Development*, septiembre de 1997, pp. 28-32.
12. John M. Ivancevich, "Life Events and Hassles as Predictors of Health Symptoms, Job Performance, and Absenteeism", en *Journal of Occupational Behavior*, enero de 1986, pp. 39-51.
13. Lynne M. Andersson y Christine M. Pearson, "Tif for Tat? The Spiraling Effect of Incivility in the Workplace", en *Academy of Management Review*, julio de 1999, pp. 452-471.
14. "Employees Value Workplace Relationships", en *Personnel Journal*, junio de 1996, p. 25.
15. Meyer Friedman y Ray H. Rosenman, *Type A Behavior and Your Heart*, Nueva

York, Alfred Knopf, 1974; véase también Meyer Friedman y Diane Ulmer, *Treating Type A Behavior and Your Heart*, Nueva York, Alfred A. Knopf, 1984.
16. Un metanálisis o recuento y síntesis cuantitativos de resultados de investigaciones anteriores aparece en Stephanie Booth-Kewley y Howard S. Friedman, "Psychological Predictors of Heart Disease: A Quantitative Review", en *Psychological Bulletin*, mayo de 1987, pp. 343-362; una legible actualización aparece en Joshua Fischman, "Type A on Trial", en *Psychology Today*, febrero de 1987, pp. 42-50, 64.
17. Sacha Cohen, "De-Stress for Success", en *Training and Development*, noviembre de 1997, pp. 77-80, y "Tips for Reducing Work-Related Stress", en *Workforce*, julio de 1999, p. 24.
18. Monika Henderson y Michael Argyle, "Social Support by Four Categories of Work Colleagues: Relationships between Activities, Stress, and Satisfaction", en *Journal of Occupational Behaviour*, julio de 1985, pp. 229-239.
19. Mike NcNamee, Chris Roush y Sandra D. Atchison, "A Health-Care Winner that May Get Zapped", en *Business Week*, 9 de agosto de 1993, p. 33.
20. Charlene Marmer Solomon, "Picture This: A Safer Workplace", en *Workforce*, febrero de 1998, pp. 82-86.
21. F. J. Roethlisberger y William J. Dickson, *Management and the Worker*, Cambridge, MA, Harvard University Press, 1939, pp. 189-205, 593-604, y William J. Dickson y F. J. Roethlisberger, *Counseling in an Organization: A Sequel to the Hawthorne Researches*, Boston, Harvard Business School, Division of Research, 1966.

Capítulo 16

1. Brenda Paik Sunoo, "Adapting to the Land Down Under", en *Global Workforce*, enero de 1998, p. 24.
2. Barbara Fitzgerald-Turner, "Myths of Expatriate Life", en *HRMagazine*, junio de 1997, p. 70.
3. Robert E. Cole, "Work and Leisure in Japan", en *California Management Review*, primavera de 1992, pp. 52-63. Otra aportación son los elementos del medio en las instalaciones de algunas organizaciones japonesas es conocido como *ijime* – la conformación de empleados para trabajos pesados por los supervisores, para igualar los puntos muertos del trabajo, un fenómeno llamado *karoshi*—. Véase Christopher B. Meek, "Ganbatte: Understanding the Japanese Employee", en *Business Horizons*, enero-febrero de 1999, pp. 27-36.
4. Patricia Feltes, Robert K. Robinson y Ross L. Fink, "American Female Expatriates and the Civil Rights Act of 1991: Balancing Legal and Business Interests", en *Business Horizons*, marzo-abril, 1993, pp. 82-85. Una variedad de sugerencias para ayudar a generar candidatas femeninas para trabajos en otros países, se expone en Charlene Marmer Solomon, "Women Expats: Shattering the Myths", en *Global Workforce*, mayo de 1998, pp. 11-14.
5. Mariann Jelinek y Nancy J. Adler, "Women: World-Class Managers for Global Competition", en *Academy of Management Executive*, febrero de 1998, pp. 11-19.
6. "Court Invalidates Airline's Policy for Transfers to Foreing Cities", en *Japan Labor Bulletin*, 1 de noviembre de 1974, p. 7.
7. Geert Hofstede, "Cultural Constraints in Management Theories", en *Academy of Management Executive*, febrero, 1993, pp. 81-94.

8. Andre Laurent, "The Cultural Diversity of Western Conceptions of Management", en *International Studies of Management and Organization*, primavera-verano de 1983, pp. 75-96.
9. Gary Bonvillian y William A. Nowlin, "Cultural Awareness: An Essential Element of Doing Business Abroad", en *Business Horizons*, noviembre-diciembre de 1994, pp. 44-50, y Mary Munter, "Cross-cultural Communication for Managers", en *Business Horizons*, mayo-junio de 1993, pp. 69-78.
10. Actitudes geocéntricas se exponen en Lennie Copeland y Lewis Griggs, "The Internationable Employee", en *Management Review*, abril de 1988, pp. 52-53.
11. Geert Hofstede, "Motivation, Leadership, and Organization: Do American Theories Apply Abroad?", en *Organizational Dynamics*, verano de 1980, pp. 42-63.
12. John I. Reynolds, "Developing Policy Responses to Cultural Differences", en *Business Horizons*, agosto de 1978, pp. 28-35.
13. Jean McEnery y Gaston DesHarnais, "Culture Shock", en *Training and Development Journal*, abril de 1990, pp. 43-47.
14. Richard G. Linowes, "The Japanese Manager's Traumatic Entry into the United States: Understanding the American-Japanese Cultural Divide", en *Academy of Management Executive*, vol. 7, núm. 4, 1993, pp. 21-40.
15. "As Costs of Overseas Assignments Climb, Firms Select Expatriates More Carefully", en *The Wall Street Journal*, 9 de enero de 1992, pp. B1, B8.
16. Richard M. Hodgetts y Fred Luthans, "U.S. Multinationals' Compensation Strategies for Local Management: Cross-Cultural Implications", en *Compensation and Benefits Review*, marzo-abril de 1993, pp. 42-48.
17. Explicaciones acerca de la capacitación previa a la partida aparecen en Gary W. Hogan y Jane R. Goodson, "The Key to Expatriate Success", en *Training and Development Journal*, enero de 1990, pp. 50-52, y "Why Aren't American Firms Training for Global Participation?", en *Management Development Report* (ASTD), verano de 1990, pp. 1-2.
18. Hoon Park y J. Kline Harrison, "Enhancing Managerial Cross-Cultural Awareness and Sensitivity: Transactional Analysis Revisited", en *Journal of Management Development*, vol. 12, núm 3, 1993, pp. 20-29.
19. Charlene Marmer Solomon, "Repatriation: Up, Down or Out?", en *Personnel Journal*, enero de 1995, pp. 28-37; véase también Marvina Shilling, "How to Win at Repatriation", en *Personnel Journal*, septiembre de 1993, pp. 40-46.
20. William Ouchi, *Theory Z: How American Business Can Meet the Japanese Challenge*, Reading, MA, Addison-Wesley, 1981.
21. J. B. Keys *et al.*, "The Japanese Management Theory Jungle–Revisited", en *Journal of Management*, verano de 1994, pp. 373-402.
22. Aaron Bernstein, Dan Cook, Pete Engardio y Gregory L. Miles, "The Difference Japanese Management Makes", *Business Week*, 14 de julio de 1986, pp. 47-50.
23. Véase, por ejemplo, Jeremiah J. Sullivan, "A Critique of Theory Z", en *Academy of Management Review*, enero de 1983, pp. 132-142, y Edgar H. Schein, "Does Japanese Management Style Have a Message for American Manager?", en *Sloan Management Review*, otoño de 1982, pp. 55-68.
24. Justin Fox, "The Triumph of English", en *Fortune*, 18 de septiembre de 2000, pp. 209-212.

ÍNDICE ONOMÁSTICO

Aaron, Hugh, 245
Adams, J. Stacy, 144
Adams, Michael, 80
Adler, Nancy J., 465
Aldag, Ramon J., 8
Alderfer, Clayton P., 126, 129
Alexander, C. Philip, 233
Allen, Robert W., 331
Allred, Brent B., 191-192
Amadei, Robin N., 379
Ames, Kathleen, 235
Anderson, Merrill, 417
Andersson, Lynne M., 435
André, Rae, 492
Anfuso, Dawn, 41, 90
Argyle, Michael, 343, 440
Argyris, Chris, 218
Armandi, Barry R., 530
Atchinson, Sandra D., 442

Bacdayan, Paul, 225
Bachman, Greg, 351
Baig, Edward C., 80
Baker, Timothy L., 283
Bakke, Dennis, 218
Bales, R. F., 348
Ballmer, Steve, 38
Barker, Joel Arthur, 37
Barlow, Wayne E., 280
Barnard, Chester I., 104
Barnes, Debra, 386
Barnett, Timothy R., 299
Barnevik, Percy, 191
Barrat, A. M., 419
Barrick, M. R., 315
Barsoux, Jean-Louis, 156
Bartlett, Christopher A., 212
Bass, Bernard M., 405
Bastianutti, Lana M., 351
Bateman, Thomas S., 394
Becker, Thomas E., 168
Bell, Cecil H., Jr., 379
Bell, Chip R., 90
Bensimon, Helen Frank, 431

Berkowitz, L., 144
Bernardin, H. John, 281
Berne, Eric, 318
Bernstein, Aaron, 41, 479
Bezos, Jeff, 38
Blake, Robert R., 201-203, 313
Blanchard, Kenneth H., 204, 213, 220
Blank, Warren, 204
Block, Peter, 237
Blumberg, Melvin, 18
Bockman, Valerie M., 130
Bolino, Mark C., 257
Bolman, Lee G., 325
Bolton, Alfred A., 42
Bonvillian, Gary, 470
Booth-Kewley, Stephanie, 439
Bowen, David E., 219
Bracken, David W., 263
Bradford, David L., 323
Brannick, Michael T., 225
Brief, A. P., 251
Buller, Paul, 380
Burdell, John O., 213
Burke, W. Warner, 402
Burlingame, Gary, 343
Burns, T., 369
Burrington, Debra D., 416
Burris, Laura R., 281
Burton, Gene E., 351
Buzzotta, Victor R., 374
Byham, William C., 226
Bylinski, Gene, 280
Byrne, John A., 193

Callahan, Christine, 281
Callister, Ronda Roberts, 315
Campbell, Heidi, 381
Campion, Michael A., 289
Carey, Alex, 42
Carleton, J. Robert, 108
Carlos, John P., 220
Cartwright, D., 321
Cascio, Wayne F., 400
Case, John, 58

Casey, Robert, 170
Cass, Eugene Louis, 42
Catlette, Bill, 250
Caudron, Shari, 143, 165
Chang, Lei, 182
Chemers, Martin M., 203
Cheraskin, Lisa, 289
Cipolla, Larry, 156
Cirka, Carol C., 257
Coates, Mary Lou, 317
Coch, Lester, 223
Cochran, Daniel S., 299
Cohen, Allen R., 323
Cohen, Eli, 194
Cohen, Sacha, 439
Cole, Caroline Louise, 250
Cole, Robert E., 225, 464
Collins, Denis, 181
Colvin, Geoffrey, 30
Conger, Jay A., 33, 406
Cook, Dan, 479
Cooke, Donna K., 281
Cooper, William H., 351
Copeland, Lennie, 471
Cordes, Cynthia L., 429
Cosier, Richard A., 353, 431
Cotton, John L., 223
Cottrill, Melville, 379
Cowell, Jeffrey, 213
Cox, Jeff, 226
Coy, Peter, 380
Crant, J. Michael, 394
Crowley, S. Trowers, 287

Dainty, Paul, 412
Dansereau, F., Jr., 226
Davenport, Thomas H., 80
Davidson, Linda, 166
Davis, Jack C., 246
Davis, Keith, 21-22, 40, 47, 55, 81, 275
Day, David V., 326
Deal, Terrence E., 325
Deci, Edward L., 163
Deckop, John R., 257

603

Índice onomástico

Deming, Sheree, 544
Denison, Daniel, 107
Dennis, Alan R., 352
Denton, David W., 281
DesHarnais, Gaston, 472
Dess, Gregory G., 192
Dickson, William J., 42, 223, 397, 449
Dipboye, Robert L., 322
Dobbins, Gregory H., 200
Dobbs, Kevin, 257
Donne, John, 399
Dorsey, David, 411
Dougherty, Thomas W., 250, 429
Downie, Bryan, 317
Drescher, Stuart, 342
Drexler, Allan B., 375
Drory, Amos, 322
Duarte, Deborah, 482
Duening, Tom, 395
Duff, Thomas, 69
Dunkin, Amy, 298
Dunlap, Al, 193

Eden, Dov, 173, 410
Edwards, Jack E., 380
Ellis, James E., 121
Engardio, Pete, 478
Engle, Elaine M., 226
English, Gary, 348
Erez, Miriam, 377
Erffmeyer, Robert C., 353
Evans, Martin G., 129, 205
Evans, Nancy J., 342
Extejt, M. M., 79

Fairfield-Sonn, James W., 343
Faley, Robert H., 281
Farnham, Alan, 66
Feldman, Daniel, 343
Feldman, Diane, 286
Feltes, Patricia, 465
Fiedler, Fred E., 202-204
Field, Robert H. G., 173, 208
Filipczak, Bob, 334
Filipowski, Diane, 33
Fine, Cory R., 284
Fink, Ross L., 465
Finley, Michael, 352
Fiorina, Carly, 38
Fischman, Joshua, 439

Fishel, Brad, 252
Fisher, George M. C., 244
Fitzgerald-Turner, Barbara, 460
Fleishman, E. A., 200
Flesch, Rudolph, 64
Ford, Robert C., 80, 219
Forester, Russ, 375
Fottler, Myron D., 219
Fowler, Aubrey R., Jr., 368
Fox, Justin, 482
Franke, Richard Herbert, 42
French, John R. P., Jr., 223, 321
Friedman, Howard S., 323
Friedman, Meyer, 323
Fuhriman, Addie, 342
Furlong, Gary, 317
Furo, Candace A., 235

Gallese, Liz Roman, 153
Gallupe, R. Brent, 351
Gandz, Jeffrey, 322
Ganzel, Rebecca, 101
Gardner, Burleigh B., 42
Gardner, W. L., 312
Gates, Bill, 193
Geber, Beverly, 377
George, J. M., 251
Ghoshal, Sumantra, 212
Gilmore, Thomas, 7
Glew, David J., 223, 426
Godin, Seth, 394
Goleman, Daniel, 2
Goodrich, Jonathan N., 80
Goodson, Jane R., 476
Gore, Sally, 90
Graen, G., 226
Gray, Terrence R., 263
Greegard, Samuel, 257
Green, Stephen G., 205
Greenberg, Jerald, 146
Greengard, Samuel, 274, 431
Greenwood, Regina A., 42
Greenwood, Ronald G., 42, 397
Grieves, Jim, 412
Griffin, Ricky W., 222, 295, 426
Griggs, Lewis, 471

Hackman, J. Richard, 291, 294
Hadden, Richard, 250
Haga, W. J., 226

Hallowell, Edward M., 54, 79
Hanlon, Susan C., 181
Hanson, Jeffrey R., 344
Hanson, Randall, 235
Harris, Thomas A., 318
Harrison, David A., 252, 356
Harrison, Frank, 45
Harrison, J. Kline, 476
Harvey, Michael G., 431
Hatcher, Larry, 182
Hatfield, John D., 147
Hau, David, 506
Hawk, Elizabeth J., 157
Hegarty, W. Harvey, 413
Heider, Fritz, 170
Henderson, Monika, 343, 440
Herbert, Theodore T., 493, 502, 506, 510
Hersey, Paul, 204
Herzberg, Frederick, 126-128, 289
Hipskind, Martha, 386
Hirschhorn, Larry, 7
Hodgetts, Richard M., 316, 475
Hoffer, Susan J., 419
Hofstede, Geert, 467, 471
Hogan, Gary W., 477
Holpp, Lawrence, 386
Homans, George C., 338
Honold, Linda, 407
House, Robert J., 204, 405
Howell, Jon P., 210
Huhon, David L., 368
Hulin, C. L., 261
Hunt, J. G., 406
Huseman, Richard C., 147
Hyclak, Thomas J., 544

Ivancevich, John M., 436
Iverson, R. D., 250

Jackson, Stacey L., 323
Jackson, Susan E., 429
Jacobson, Betsy, 112
Jago, Arthur G., 203, 208
Janis, Irving L., 357
Jarvis, Paul A., 343
Jelinek, Mariann, 465
Jermier, J. M., 209
Johann, Bernard, 346
Johansen, Barry-Craig P., 205

Índice onomástico

Johnson, Sam T., 377
Jordan, Paul C., 149
Joyce, William F., 372
Judge, Timothy A., 255
Judge, William Q., 213
Jung, Carl, 194, 311

Kabanoff, Boris, 314
Kahn, Robert L., 103
Kakabadse, Andrew, 412
Kanter, Donald L., 249
Katz, Daniel, 42, 201
Kaul, James D., 42
Kay, Gail, 360
Kaye, Beverly, 112
Keen, Cherie N., 366
Keen, Thomas R., 366
Kelley, H. H., 170
Kendall, L. M., 252
Kerr, Steven, 209
Keys, J. B., 479
Kharbanda, Om P., 322
Kiechel, Walter, III, 212
Kilbourne, Lynda M., 145
Kilduff, Martin, 326
Kimberly, John R., 420
King, Albert S., 410
King, Resa W., 427
Kirkpatrick, David, 351
Kirkpatrick, Shelley A., 194
Kirmeyer, Sandra L., 71
Kizilos, Mark A., 220
Klagge, Jay, 218
Klein, Katherine J., 234
Kleinman, Lawrence S., 281
Kochanski, James, 386
Kohn, Alfie, 137
Kolchin, Michael G., 544
Kouzes, James M., 66
Kraatz, Matthew S., 48
Krackhardt, David, 344
Kraut, Allen I., 475
Kreitner, Robert, 131
Krulikowski, Claire, 263
Kubler-Ross, Elizabeth, 402
Kur, Ed, 199

Laabs, Jennifer J., 76, 280, 306, 400, 427
Labich, Kenneth, 91

Lane, Irving M., 249
Larson, James R., Jr., 71
Larson, L. L., 405
Laurent, Andre, 468
Lawler, Edward E., III, 139, 182, 209, 252, 291
Lawson, James R., 356
Lazes, Peter, 221
Leana, Carrie R., 222, 368
Ledford, Gerald E., Jr., 182
Lee, Chris, 237
Lefton, Robert E., 170
Leigh, Pamela, 30
Leiter, Michael P., 426
Leonard, Dorothy, 353
Leslie, Jean Brittain, 308
Levering, Robert, 47
Levine, Jonathan B., 41
Lewin, Kurt, 107, 335, 408
Lewis, Diane E., 244
Liden, Robert C., 226, 326
Likert, Rensis, 42, 367, 413
Lin, Thung-Rung, 71
Linowes, Richard G., 473
Liska, Laurie Z., 205
Locke, Edwin A., 194, 223
Lord, Robert G., 226
Louviere, Jordan J., 208
Luthans, Fred, 131, 137, 294, 316, 475

McCarthy, Daniel J., 420
McClelland, David C., 122
Maccoby, Nathan, 42
McCormick, Donald W., 223
McEnery, Jean, 472
McGregor, Douglas, 36-37
McLaughlin, Frank, 80
McNamee, Mike, 442
McNitt, Jackee, 163
McNutt, Robert P., 182
Madison, Dan L., 331
Mangel, Robert, 257
Manz, Charles C., 212
Manzoni, Jean-Francois, 156
Marks, Mitchell Lee, 233
Marquette, Roberta P., 493
Marshall, Edward, 520
Martens, Luis L., 97
Martin, Scott L., 168

Martinko, M. J., 312
Martocchio, Joseph H., 252
Maslach, Christina, 427
Maslow, A. H., 124-127, 444
Matson, Eric, 334
Mausner, Bernard, 127
Mayes, Bronston T., 331
Mayo, Elton, 42, 335, 449
Meek, Christopher B., 464
Merton, Robert K, 173
Metz, Edmund J., 33
Meyer, David C., 181
Miceli, Marcia P., 274, 299
Micklethwait, John, 23
Miles, Edward W., 147
Miles, Gregory L., 479
Miles, Raymond E., 15, 192-193
Miller, Karen Lowy, 429
Miller, Thomas R., 538
Milliken, Frances J., 97
Mirvis, Philip H., 249
Mobley, W. H., 253
Monczka, Robert M., 83
Montebello, Anthony R., 374
Mooney, Debra J., 502, 510
Moore, David G., 42
Moore, Elizabeth R., 111
Morgan, Susan, 235
Morrison, Elizabeth Wolfe, 94
Morse, Nancy C., 42
Mount, M. K., 311
Mouton, Jane S., 201, 314
Muir, Nan Kanoff, 356
Munter, Mary, 470
Murray, Victor, 322

Nadler, David A., 406
Nagle, David E., 281
Nason, Stephen W., 221
Near, Janet P., 274, 299
Neuman, George A., 380
Newstrom, John W., 69, 82, 223, 320, 381
Nhan, Tawn, 133
Nichols, Mary Lippitt, 348
Nielsen, Warren R., 420
Nielson, Richard P., 299
Nienstedt, Philip R., 205
Nobile, Robert J., 284
Noer, David M., 431

Nowak, Frank T., 256
Nowlin, William A., 470
Numeroff, Rita E., 429

Oldham, Greg R., 291, 294
O'Leary-Kelly, Anne M., 426
O'Neill, Paul E., 407
Organ, Dennis W., 246, 257
Osborn, Alex F., 351
Ost, Edward J., 182
Ott, J. Steven, 275
Ouchi, William, 478-479
Overman, Stephanie, 109

Paloncy, Steve, 232
Park, Hoon, 476
Parker, Christopher P., 322
Patzig, W. Dennis, 125
Paul, Karen B., 263
Pave, Irene, 429
Pearlson, Keri, 80
Pearson, Christine M., 435
Pfeffer, Jeffrey, 166, 226
Picken, Joseph C., 192
Pierce, Jon L., 223, 235
Pincus, David, 56
Pinder, Craig C., 140
Pinto, Jeffrey K., 323
Podsakoff, Philip M., 406
Poole, Marshall Scott, 405
Porras, Jerry I., 419
Porter, Lyman W., 127, 139, 252, 261, 331
Porterfield, Rebecca I., 235
Posner, Barry Z., 66
Powell, Gary N., 286
Powers, Dennis, 277
Priem, Richard L., 356
Pringle, Charles D., 18
Putzier, John, 256

Quick, Thomas L., 120
Quinn, Robert E., 236

Ragan, James W., 203
Ragins, Belle Rose, 101
Rain, Jeffrey S., 249
Raju, Nambury S., 380
Randolph, Alan, 220
Raven, B. H., 321

Ravid, Gad, 410
Ray, Dennis, 125
Read, Peter C., 208
Rechner, Paula L., 353
Reif, William E., 82
Renwick, Patricia A., 331
Reynolds, John, II, 472
Reynolds, Peter C., 518
Rheem, Helen, 139
Ritzky, Garry M., 182
Roberts, Karlene H., 2, 24
Robinson, Robert K., 465
Robinson, Sandra L., 48, 94
Roethlisberger, Fritz J., 42, 156, 223, 397
Rogers, Carl R., 449
Romm, Tsilia, 323
Ronen, Simcha, 475
Rosen, Larry D., 435
Rosener, Bob, 349
Rosenman, Ray H., 438
Ross, Ruth Ann, 182
Ross, Timothy L., 181-182
Rothstein, Lawrence R., 219
Roush, Chris, 442
Rousseau, Denise M., 48
Roy, P., 250
Rubenfeld, Stephen A., 69, 235
Rusbult, C., 251

Sackett, Paul R., 281
Saint, Steven, 356
Salopek, Jennifer J., 54
Sandberg, William R., 353
Sandowsky, Daniel, 322
Sant, Roger, 218
Scandura, Terri A., 101
Schein, Edgar H., 107, 275, 382, 479
Schein, Virginia E., 279
Schlesinger, Len, 306
Schmidt, Warren H., 228, 307
Schnake, Mel, 518
Schor, Susan M., 101
Schriesheim, Chester A., 200
Schuler, Randall S., 430, 432
Schultz, Howard, 42
Schwab, Richard L., 429
Schweiger, David M., 223, 354
Schwenk, Charles R., 354

Seltzer, Joseph, 430
Selye, Hans, 430
Shapiro, David A., 15
Sheridan, John, 109
Shilling, Marvina, 478
Shula, Don, 213
Shultz, Beatrice, 340
Siefert, Paul, 510
Simpson, Judith, 33
Sims, Henry P., Jr., 212
Sitarz, Gene, 510
Skinner, B. F., 131
Slater, Robert, 108
Slocombe, Thomas E., 250
Smith, Carla S., 225
Smith, F. J., 252
Smith, Michael H., 493
Smith, P. C., 252
Snow, Charles C., 192-193
Snyder, Nancy Tennant, 482
Snyderman, Barbara, 127
Solomon, Charlene Marmer, 79, 96, 250, 444, 465, 477
Somech, Anit, 379
Sparrowe, Raymond T., 226
Spreitzer, Gretchen M., 221, 237
Stack, Jack, 21
Stajkovic, Alexander D., 137
Stalker, G. M., 369
Stamps, David, 80
Staw, Barry M., 14
Stearns, Timothy M., 8
Steele, Rosalie A., 232
Steers, Richard M., 127, 140
Stein, Nicholas, 255
Steiner, Dirk D., 249
Stevens, Michael J., 290
Stevenson, Richard W., 298
Stinson, Karen, 97
Stone, Romuald A., 431
Streubel, Paul, 408
Sullivan, Jeremiah J., 480
Sunoo, Brenda Paik, 120, 460
Suzukamo, Leslie Brooks, 427
Swap, Walter, 353
Sweeney, Paul D., 163
Swenson, David X., 366

Tannen, Deborah, 73
Tannenbaum, Robert, 228

Índice onomástico

Taylor, Alex, III, 92
Taylor, Robert T., 181
Thirion, Dave, 510
Thomas, Kenneth W., 307
Thompson, Leigh, 379
Ticer, Scott, 41
Tichy, Noel M., 194, 406
Todd, James M., 538
Tolchinsky, Paul, 279
Tuckman, B. W., 374
Tushman, Michael L., 406

Ulmer, Diane, 438
Urda, Christopher, 299

Valacich, Joseph S., 351
Van De Ven, Andres H., 406
Van de Viert, Evert, 314
Van Fleet, David D., 223
Van Velsor, Ellen, 308
Ventura, Jesse, 97

Vinson, Mary N., 169
Vroom, Victor H., 138-139, 208

Wade, Lyn, 379
Wagner, John A., III, 223
Wahlstrom, Mark, 520
Wall, James A., Jr., 316
Watanabe, Shinichiro, 255
Wayne, Sandy J., 326
Weil, Michelle M., 434
Weiss, Alan, 257
Weiss, D. J., 262
Weiss, Joseph, 520
Weiss, Naomi, 47
Weitzel, John R., 205
Welch, Jack, 109, 193
Wellins, Richard W., 386
Wellman, Arvid, 180
Wetlaufer, Suzy, 218
White, M. Joseph, 225
Whitman, Meg, 38

Whitmire, Marshall, 205
Whyte, Glen, 357
Whyte, William F., 104
Wiley, Carolyn, 159
Wilson, Meena, 95
Wisdom, Barry L., 126
Wofford, J. C., 205
Woodman, Richard W., 420
Wooldridge, Adrian, 23

Yammarino, Francis J., 406
Yang, Jerry, 38
Yeatts, Dale E., 386
Yetton, P. W., 208
Young, Roger, 510

Zaccaro, Stephen J., 200
Zemke, Ron, 237, 280, 350, 360
Zetlin, Minda, 284
Zimmer, Frederick G., 42

ÍNDICE DE MATERIAS

Abierta, comunicación, 22, 56
Abiertas, preguntas, 74
Abiertas, pruebas, 281
Abiertos, sistemas, 92
Abogado del diablo, 358
Academy of Management Executive, 9
Academy of Management Journal, 9
Academy of Management Review, 9
Acción (comunicación no verbal), 66
    investigación, 415
    planeación, 165
Acción de evitar, estrategia, 314
Acción positiva, programas, 96
Aceptación de la responsabilidad, 222
Aceptación del mensaje, 69
Actitudes
    ausentismo y llegadas tarde, 255-256
    cambio de las, 266-268
    ciudadanía organizacional, 298
    compromiso organizacional, 250
    dedicación al trabajo y, 249
    efectos de las, 251-258
    naturaleza de las, 246-251
    otros efectos, 257
    rendimiento y, 252-253
    respuesta al cambio, 397-400
    retraimiento físico, 251
    retraimiento psicológico, 251
    robos, 256-257
    rotación de personal y, 253-255
    satisfacción en el trabajo y, 246-249
    violencia, 257
Adaptación, 469-477
Administración por objetivos, 165, 293
Administración por recorridos, 76
Administración, liderazgo y, 194
Administrador(es)
    aceptación de la teoría e investigaciones del comportamiento organizacional, 9
    aplicación de impulsos motivacionales, 124

como vínculos, 368
comunicación ascendente y, 73-76
comunicación descendente y, 68
comunicación laboral, 66
comunicación/cambio de cultura, 111-114
consejos a futuros administradores, 23, 50
    acerca del liderazgo, 215
    actitudes de los empleados, 266
    cambio y, 420
    comportamiento interpersonal, 326
    comunicación, 85
    diferencias culturales, 482
    empresas e individuos, 300
    equipos, 385
    estrés y asesoría, 453
    evaluación y pago con base en habilidades, 183
    grupos, 360
    modelos de motivación, 148
    participación y, 237
    sistemas sociales y cultura, 114
contingencias culturales y, 481-482
espiritualidad y, 45
estilo de liderazgo, 35
evaluaciones del rendimiento y, 174
expatriados, 481
factores transculturales, 48
flexibilidad y, 49
función del asesor, 447-448, 452-453
funciones de facilitador, 47
interpretación de la jerarquía de necesidades, 126
objetivos/modelos de comportamiento organizacional y, 4, 39
organizaciones informales y, 337
percepciones de roles de administrador-empleado, 100
poder de los, 226-227
preocupaciones de participación, 231, 237

teoría, investigación y práctica, 8
transculturales, 482
Administrador-empleado, percepciones de roles, 99
Administrative Science Quarterly, 9
Administrativos, paradigmas, 37
Afectividad negativa, 246
Afectividad positiva, 246
Agendas, 348
    oculta, 348
    superficial, 348
Agotamiento, 429
Agresión, 434
Aislamiento, 112
Alcoholismo, tratamiento, 281, 279
    programas exitosos, 282
    razones para programas en las compañías, 282
Alderfer, modelo E-R-G, 125, 130, 160
Alianzas de poder político, 323
Allanamiento, estrategia, 313
Ambiente, 7
    comportamiento organizacional y, 7-8, 20
    de apoyo a equipos, 374
    efecto en la satisfacción laboral, 247
Ambigüedad, 433
Americans with Disabilities Act (1990), 287
America's Most Admired Companies, 99
Analfabetismo, 65
Analfabetos funcionales, 65
Annual Review of Psychology, 9
Aportaciones, 145
Apoyo, enfoque, 14
Apoyo, liderazgo, 207
Apoyo, modelo, 42-44
Aprendizaje de doble ciclo, 406-407
Aprendizaje experimental, 416
Ascendente, comunicación, 71-72
    dificultades, 72-73

Índice de materias

fase de escuchar, 74
grupos sociales y, 76
juntas con empleados, 74
maneras de preguntar, 74
política de puertas abiertas, 76
prácticas, 73-76
Asertivos, comportamiento, 317-318
etapas, 317
Asesor(ía), 444. *Véase también*
Empleados, asesoría
directiva, 449, 450
función del administrador como, 447-448, 452
modelo de iceberg, 451
no directiva, 449-450
participativa, 452
Asesoría cooperativa, 452
Asignaciones compatibles, 475
Atribución, 170
aplicaciones, 173-174
naturaleza, 170-171
Atribución, prejuicio fundamental, 172
Ausencias, 255-256
Ausentismo y llegadas tarde, 255-256
Autoadministrados, equipos, 234, 385-386
Autocumplimiento, profecía, 172
Autodisciplina, 44
Autoevaluación, 168
Autoliderazgo, 211
Automotivación, 45
Autonomía, 293
Autopercibida, capacidad para tareas, 207
Autoridad, 39
de conocimientos, 321
Autoridad formal, sistema, 207
Autoservicio, prejuicio, 172
Autovigilancia alta, 326
Autovigilancia baja, 326

Bancos de datos computarizados, 279
Barreras físicas, 61, 68
Basados en sí mismos, equipos, 385
Bases del poder, 321
Biorretroalimentación, 441
Blake y Mouton, grid gerencial de, 201, 209
Boundary spanners, 77
Business Horizons, 9

Cadena de grupos, 81
Calidad, círculos, 232
Calidad, control total, 17, 233, 360
California Management Review, 9
Cambio(s)
actitudes individuales y, 397
agentes, 415
como problema humano y técnico, 396
como trabajo en el sistema como entidad, 412
comunicación y educación, 411
costos psíquicos, 400
costos y beneficios, 400-401
creación de apoyo para, 409-412
desarrollo organizativo y. *Véase* Desarrollo organizativo
diversidad y, 397
efecto de Hawthorne, 398
efectos, 396
estimulación de la disposición favorable de los empleados, 412
etapas, 407-408
fuerzas grupales y, 409
fundamentos, 410
homeostasia, 399
implantación exitosa, 404-412
liderazgo transformador y, 405-406
manipulación de fuerzas, 408
modificación del comportamiento organizativo y, 130-136
naturaleza, 395-397
papeles proactivo y reactivo, 396
participación y, 410
resistencia al. *Véase* Resistencia al cambio
respuesta grupal, 398-399
respuestas a, 397-400
retribuciones compartidas, 411
seguridad de los empleados, 411
Cambio riesgoso, 358
Capacitación justo a tiempo, 70
Capacitación, efecto multiplicador, 463-464
Capacitación, necesidades, 258
Características de los empleados orientados a logros, 104-105
Carisma, 406
Cascada, efecto, 247

Casos, problemas, 491
Consolidated Life, 520-525
Creative Toys Company, 502-504
Eastern International Food Service Corporation, 506-508
Elite Electric Company, 530-536
Falcon Computer, 518-519
Goodman Company, 510-516
Patterson Operation, 538-542
The Teaching Hospital, 496-501
TRW-Oilwell Cable Division, 544-551
Video Electronics Company, 526-529
Virtual Environment Work Team, 492-494
Castigo, 132
Causalidad en el desarrollo organizativo, 412
Centros de trabajo, traumatismos en, 430
Centros de trabajo, violencia en, 431
Challenger, desastre del, 275, 298
Choosing the Right Thing To Do (Shapiro), 15
Ciberespacio, navegación, 280
Ciclo único, aprendizaje, 406
Ciclo vital, modelo de liderazgo, 204-205
Círculo completo, retroalimentación, 168
Civil Rights Act (1964), 95, 465
Codeterminación, 234
Codificación, 58
Cognoscitiva, disonancia, 60
Cognoscitivo, modelo (del proceso), 147
Cohesión, 342
Colectivismo, 467
Comités, 346
agendas, 348
composición, 347-348
debilidades, 356-357
enfoques estructurados, 350-353
factores de éxito, 349-350
factores sistémicos, 347
roles de liderazgo, 348-350
tamaño, 347
Compañías para trabajar en Estados Unidos, las mejores, 46

Índice de materias

Competencia de ejecución, 204
Comportamiento basal, 134
Comportamiento humano, 3
    dirigido a objetivos, 206
Comportamiento, habilidades, 212
Comportamiento, intenciones, 246
Comportamiento, modificación, 130-136
    consecuencias alternas, 131-133
    dinero y, 161
    interpretación, 134-135
    ley del efecto, 131
    programas de refuerzo, 134
Comportamiento, prejuicios respecto del, 20-21
Compromiso acrecentado, 359
Compromiso con el rendimiento, 204
Comunicación. *Véanse también*
    Comunicación descendente;
    Comunicación bidireccional,
    proceso; Comunicación
    ascendente
    abierta, 22, 56
    aceptación, 69
    barreras, 61-63
    de la cultura organizacional, 110-114
    definición, 56
    dificultades, 72-73
    diversidad en, 73
    efecto de obstáculos en el proceso de, 67-68
    electrónica, 78
    flujo, 258
    fundamentos, 55
    importancia, 56-57
    informal (chisme), 81-84
    íntima, 62
    lateral, 76-77
    necesidad de respuesta, 72
    necesidades, 69-71
    no verbal, 65-66
    oficinas virtuales y, 80
    orientación y, 448-453
    otras formas, 76-80
    palabras y, 63
    problemas potenciales, 60-61
    reconocimiento como, 319
    símbolos, 63-67
    sobrecarga, 69
    trabajo a distancia y, 79-80
    transcultural, 481-482
Comunicación bidireccional, proceso, 57-60
    aceptación o rechazo, 59
    barreras, 61-63
    codificación, 58
    control del receptor, 58
    decodificación y entendimiento, 59
    desarrollo de una idea, 57
    problemas potenciales, 60-61
    retroalimentación, 60
    transmisión, 58
    uso, 59
Comunicación descendente, 68-71
    apoyo social, 71
    instrucciones relativas al trabajo, y, 69
    necesidades de comunicación y, 69-70
    noticias y, 70
    requisitos y problemas, 68
    retroalimentación del rendimiento, 70
Comunicación informal, 81-84
Comunicación lateral, 76
Comunicación transcultural, 481-482
Comunicación, demoras, 72
Comunidad, 45
Confiabilidad, diseño de encuestas y, 263
Concepto de sí mismo, 60
Confianza, 311
Conflicto(s)
    amenazas al estatus, 309
    cambio organizacional y, 309
    choque de personalidades/diferencias, 311
    de roles, 103, 309, 343, 432
    desventajas, 313
    diversidad de preferencias y, 315
    efectos, 312-313
    estrategia de la no acción, 316
    estrategias de resolución, 310, 314
    falta de confianza y, 311
    fuentes, 309-312
    intenciones de los participantes, 313
    intergrupal, 309
    interpersonal, 308
    modelo, 313-317
    naturaleza, 307-308
    niveles, 308-309
    percepciones contrastantes, 311
    personal, 308
    resolución, 310, 313, 314
    poder personal y, 321
    tácticas de negociación, 316-317
    valores distintos y, 309
    ventajas, 312
Conformación, 133
Conformismo, 112, 343
Confrontación, estrategia, 314-317
Consejo, asesoría y, 445
Consenso, 171, 355-356
Consideración, 200
Consolidated Life (caso 7), 520-525
Consumo de drogas, 282-284
    programas de tratamiento, 282
Consumo de drogas, pruebas de, 282
Contenido, teorías, de la motivación, 130
Contexto, 63
Contexto bajo, culturas, 470
Contingencia, enfoques, 16
    comportamiento organizacional, 48
    estilo de liderazgo, 229-230
    estrategia de desarrollo organizativo, 367-373, 417
    programas participativos, 231-232
    sistemas de retribución, 221
Contingencia, factores
    compartidas ganancias, 182
    enriquecimiento de puestos, 296-297
    participación, 229-231
Contingencia, modelos, 202, 360
Control, 165, 220
    como objetivo del comportamiento organizacional, 4
    de la información, 323
    de rumores, 83
    ecológico, 62
    locus, 207
    percibido, estrés y, 438
    por el receptor de la comunicación, 58
Cooperación pasiva, 41
Corrección rápida, 22
Correo electrónico (e-*mail*), 78-79
    "redtiqueta", 78
Corto circuito en la comunicación, 72
Corto plazo, orientación de, 466
Costos-beneficios, análisis, 19, 22

Costos-recompensa, comparación, 162
Creative Toys Company (caso 3), 502-504
Creatividad, 353
    deficiencia, 66
Crecimiento, necesidades, 129
Crianza, 10
"Cubrir las apariencias", 60
Cultural inverso, choque, 474, 477
Cultural, choque, 472-473
Cultural, distancia, 471
Cultural, diversidad, 95
Cultural, empatía, 471
Culturales, contingencias, 477-481
    función integradora de los administradores, 480-481
    productividad y, 477-481
    teoría Z, 478-480
Culturales, diferencias
    administración a través de las fronteras, 48
    barreras semánticas, 62-63, 67
    colectivismo, 467
    distancia del poder y, 468
    evitación de la incertidumbre, 468
    formas internacionales de participación, 234
    individualismo, 467
    obstáculos a la adaptación cultural, 470-473
    orientación en el tiempo, 469
    sociedades masculinas/femeninas, 468
    superación de obstáculos, 474-477
Culturas de contexto alto, 470
Custodia, modelo, del comportamiento organizacional, 40-41

Decisiones, grupos de toma, consenso en, 355-356
    calidad, 208
    estilo de liderazgo de Vroom, 208-209
    modelo de toma, 208
    socioeconómico, 99
Decodificación, 59
Defensa, mecanismos, 434
Definición como objetivo del comportamiento organizacional, 4

Delegación de responsabilidades, 367
Delphi, grupos de decisión, 352
Democracia industrial, 234
Denuncia, 298-299
Dependencia, 40
Derecho a la vida privada, 278-279
    lineamientos de política, 279
Derecho a recibir algo, 245
Desarrollo, nivel, 204
Descanso pagado, fondo de días de, 255
Despidos, 299
Despidos, enfermedad del sobreviviente de, 431
Destajo, pago a, 175
Detector de mentiras, pruebas, 279-281
Dialéctico, método, de toma de decisiones, 353
Dimensiones centrales de los puestos, 291
Dinero como retribución
    apoyo a la ley, 164
    como medio de intercambio social, 159
    comparación costo-recompensa, 162
    consideraciones de su uso, 163-165
    equidad y, 161-163
    impulsos motivacionales y, 160
    modelos motivacionales y, 160-163
    modificación del comportamiento y, 161
    necesidades y, 160
    otros factores, 164
    recompensas extrínsecas e intrínsecas, 163-164
    valencia, 160
Directiva, asesoría, 349, 350
Directivo, liderazgo, 207
Directivos, altos, 108
Disciplina, 287
    correctiva, 287
    preventiva, 287
Disciplinarias, medidas, 287
Discriminación, 96, 285-287
Disfuncionales, efectos, de los sistemas sociales, 92
Dispositivos de vigilancia, 279
Disposición a aceptar la influencia de otros, 207
Distorsión, 72

Diversidad de la fuerza laboral, 6
    cultural, 95-96
    efectos en el cambio, 397
    necesaria en grupos, 357
    trabajadores eventuales y, 143
    valorar, 97
División de la mano de obra, 288
División del trabajo, 367
Dos factores, modelo de motivación, 127
    contenidos y contexto del puesto, 128
    factores de motivación intrínsecos y extrínsecos, 128
    interpretación, 129
Drogas, consumo, 282
Drug Free Workplace Act (1988), 283

Eastern International Food Service Corporation (caso 4), 506-508
Ecológico, control, 62
Económicos, incentivos, sistemas de, 175-184
    dificultades, 177
    ganancias compartidas, 181-183
    incentivos de salarios, 177-180
    pago basado en habilidades, 183-184
    programa de remuneración completo, 175
    propósitos y tipos, 175
    remuneración vinculada al rendimiento, 175-177
    reparto de utilidades, 180-181
    ventajas, 176-177
Económicos, recursos, 41
Educación, importancia en el cambio, 411
Efecto funcional, 92
Eficacia personal baja, 219
Electrónica, casita, 79
Electrónica, comunicación, 78-79
Electrónica, lluvia de ideas, 351
Electrónica, vigilancia, 280
Electrónico, rumor, 81
Elite Electric Company (caso 9), 530-536
Emocional, apoyo, 220
Emocional, catarsis, 446
Emocional, resistencia, 403

Índice de materias

Empleado, asesoría a
　funciones, 444-448
　necesidad de, 444
　objetivo, 442-444
　papel del administrador y, 447-448, 452-453
　para aclaración del pensamiento, 446-447
　para comunicación, 445-446
　para consejos, 445
　para reorientación, 447
　para tranquilización, 445
　por tensión emocional, 446
　tipos, 448-452
Empleados. *Véanse también* Puesto, satisfacción; Calidad de la vida laboral
　acoso sexual, 278, 285-286
　capacidad para tareas autopercibida, 207
　celebración de convenios con, 237
　ciudadanía organizacional, 298
　confianza mutua y, 299
　denuncia, 298-299
　derecho a la vida privada, 278
　disposición a aceptar la influencia de otras personas, 207
　expectativas de programas participativos, 231
　impotencia y baja eficacia personal, 219
　marginados, 436
　modelo autocrático y, 40
　modelo colegiado y, 44-45
　modelo de apoyo y, 42-44
　modelo de custodia y, 40-42
　modelo sistémico y, 45
　percepciones de roles de administradores-empleados, 99, 142
　responsabilidad del individuo con la empresa, 297-300
　responsabilidades de participación, 231
　retroalimentación de informe de encuesta, 266
　seguridad y cambio, 411
　transculturales, 482
Empleados, aceptación por, dimensión de, 208

Empleados, estrés. *Véase* Estrés
Empleados, habilitación, 12
Empleados, juntas con, 74
Empleados, necesidades, 122
Empleados, orientación a, 200
Empleados, programas de compra de acciones por, 234-235
Empleados, satisfacción, 32, 207
Empleados, seguridad, 411
Empleados, territorios, 384
Empleo, oportunidades iguales, 95, 285-286
Employee Polygraph Protection Act (1988), 281
Encuentro, grupos, 279
Encuestas, diseño
　incidentes críticos, 263-264
　preguntas de respuesta abierta, 261
　preguntas de respuesta cerrada, 261-262
　seguimiento, 260
　tipos de preguntas, 261
Encuestas, informe
　comentarios de los empleados, 265
　comunicación de los resultados, 265
　datos comparativos, 264
　retroalimentación a los empleados, 266
　seguimiento, 265
Enfoque autocrático del poder, 225
Enlace, individuos, 81
Entrenamiento, 212-213
Equal Pay Act (1963), 164
Equidad, modelo de motivación, 144-146
　factores clave, 145
　inequidad percibida, 147
　interpretación, 147
　recompensa excesiva/insuficiente, 146
　sensibilidad, 147
　teoría, 144-145
Equilibrio, 409
Equipos autodirigidos, 385
Equipos maduros, características, 384
Equipos transfuncionales, 373
E-R-G, modelo de necesidades, 129-130

Escala de calificación basada en el comportamiento, 167
Escuchar, habilidades para, 67, 74
　lineamientos de interlocución efectiva, 75
Espíritu laboral, 223
Estatus, 103-107, 309
　ansiedad relacionada, 104
　fuentes, 106
　importancia, 106-107
　privación, 104
　relaciones, 104
　símbolos, 104-105, 325
　sistemas, 104
Estatus, privación, 104
Estrés
　agotamiento y, 429
　causas, 432
　causas laborales, 432-434
　conflicto y ambigüedad de papeles, 433
　control percibido y, 438
　enfermedad del superviviente de despidos, 431
　frustración y, 434-436
　manejo, 439-442
　　apoyo social, 440-441
　　ausencias sabáticas, 441
　　bienestar personal, 442
　　biorretroalimentación, 441
　　enfoques, 439-442
　　respuestas de relajación, 441
　personalidad tipo A, 438-439
　personalidad tipo B, 438-439
　productos extremos, 429-431
　rendimiento laboral y, 436
　síntomas de conducta o comportamiento, 429
　síntomas fisiológicos, 428
　síntomas psíquicos, 428
　síntomas, 428-429
　traumático, 430-431
　umbrales, 438
　violencia en el centro de trabajo y, 431
　vulnerabilidad a, 438-439
Estrés postraumático, síndrome, 431
Estrés, umbral, 438
Estresantes, factores, 432
Estrés-rendimiento, modelo, 436

Índice de materias

Estructura, 6, 200
Estructuración de grupos, técnicas alternativas, 360
Ética de las empresas, 14-15, 22
Éticas, cuestiones
  actitudes de los empleados, 251
  compensaciones a ejecutivos, 196
  del rendimiento, 175
  equipos y, 385
  ética laboral, 98
  función de asesor del administrador, 446
  prácticas de contratación, 285
Ético, liderazgo, 22
Ético, trato, 14
Etnocentrismo, 471
Evaluación anual, 165
Evaluación, entrevista de, 167-168
Evaluación, filosofía de la, 166-167
Eventuales, empleados, 7, 143
Exámenes médicos, 279
Existencia, necesidades, 129
Expatriados, 469
Expectativas, 139, 160, 167, 231
Expectativas, modelo de motivación, 138-144
  capacidad de la instrumentalidad, 140
  cómo funciona, 141-142
  efecto de la incertidumbre, 141-142
  factores, 139-140
  interpretación, 142-144
  limitaciones, 143-144
  teoría, 138
  valencia, 139
  ventajas, 142
Experto, poder del, 321
Exposición pública, ética, 15
Externo, *locus*, de control, 207
Extinción, 133
Extrínsecos, factores motivacinales, 128, 163

Facilitadores, 47, 382
Falcon Computre (caso 6), 518-519
Fechas límite, presión, 433
Femeninas, sociedades, 468
Fiedler, modelo de contingencia, 202-204, 209

Fijación, 435
Filosofía, 33, 34
Filtración, comunicación y, 72
Flexibilidad, 49, 164
Flujo de la comunicación, 258
Foreign Corrupt Practices Act (1977), 464
Fortune, 99
Frustración, 434
  ejercicio de la administración y, 436
  empleados marginados, 436
  fuentes, 435
  tipos de reacciones, 434-436
Fuera del trabajo, comportamiento, 276-277
Fuerza laboral
  diversidad cultural, 95
  diversidad, 6
  factores que afectan la, 6
  valorar la diversidad, 97
Fuerza laboral contingente, 6
Fuerza laboral internacional, 469-477
  asignaciones compatibles, 475
  capacitación antes de la expatriación, 476
  choque cultural inverso, 477
  elección minuciosa, 474
  obstáculos a la adaptación cultural, 470-477
  orientación y apoyo a, 476
  productividad y contingencias culturales, 477-481
Fuerza laboral, cambios, 5
Fuerza, estrategia, 314
Fusiones corporativas, 109

Ganancias compartidas, 181, 185, 291
  bases de comportamiento, 182
  factores de contingencia, 182
  paga en riesgo, 183
Ganar-ganar, como desenlace de conflictos, 313
Genética, vigilancia, 284
Genéticas, pruebas, 284
Genéticas, pruebas de tamizaje, 279
Globalización, 7. *Véanse también* Fuerza laboral internacional; Operaciones multinacionales
Goodman Company (caso 5), 510-516

Grid Gerencial de Blake y Mouton, 201, 210
Grupo(s), 336
  administradores como vínculos, 368
  ambiente de apoyo, 376
  autoadministrados, 385-386
  ciclo vital, 374-375
  composición cambiante, 377
  conceptos clásicos, 367-368
  contexto organizativo, 367-373
  disyuntivas técnicas en, 385
  efectividad, 375
  formación, 379-384
    consultoría de procesos, 382
    etapas, 374, 381
    facilitadores y, 382
    habilidades útiles, 382
    indicios de su necesidad, 380
    proceso, 380
    retroalimentación y, 383
    temas específicos, 380-382
  habilidades y claridad de papeles, 376
  maduros, 384
  objetivos de orden superior, 376-377
  posibles problemas, 377-379
  retribuciones, 377
  territorios individuales comparados con espacios de equipo, 384-385
  trabajo de, 44, 222, 373-379
  virtual, 378
Grupo nominal, 351-352
Grupo, comportamiento, 276
Grupo, dinámica, 335
Grupo, liderazgo, 208
Grupo, moral del, 246
Grupo, sistemas de apoyo a las decisiones de, 360
Grupos. *Véanse también* Grupos formales; Organizaciones informales
  cambio y, 409
  comportamiento intergrupal, 5
  compromiso acrecentado, 359
  conflicto intergrupal, 309, 344,
  consenso de grupo en la toma de decisiones, 355-356
  de encuentro, 279
  de intereses, 325

Índice de materias

de trabajo semiautónomos, 134
dinámica, 335-336
direcciones emergentes, 360
diversidad necesaria, 358
formales e informales, comparación, 336
grupos de decisión Delphi, 352
necesidad de diversidad, 358
pensamiento de, 357
polarización, 358
responsabilidad dividida, 359
sociales, 76
técnicas de estructuración alternas, 360
tipos, 336
Grupos formales, 336, 345-361
apoyo a las decisiones, 354-355
calidad de las decisiones, 355
comités. *Véase* Comités
consenso en, 355-356
debilidades de los comités, 356-357
desarrollo individual, 355
grupos de decisión Delphi, 352
lluvia de ideas, 350-351
método de decisión dialéctica, 353
pensamiento de grupo, 357
potenciales resultados, 354-360
técnica de grupo nominal, 351-352
técnicas de estructuración alternas, 360
Grupos informales. *Véase* Organizaciones informales

Habilidad, 17, 121
Habilidad conceptual, 196
Habilidades para relacionarse, 196
Habilidades, pago basado en, 158, 183
desventajas, 183
ventajas, 183
Habilidades, pago basado en, 183
Habilidades, variedad, 292
Habilitación, 12. *Véase también* Participación
definición, 219
naturaleza, 219-221
proceso, 220
Harvard Business Review, 9
Hawthorne, efecto, 398
Hawthorne, investigaciones, 42

Hechos, premisas, 33
Hersey y Blanchard, modelo del liderazgo circunstancial, 204-205, 210, 228
Herzberg, modelo de dos factores, 127-129, 160, 167
Higiene, factores, 127, 159
Historias, narración, 111-112
Holístico, comportamiento organizativo, 18
Homeostasia, 399
Honradez, pruebas, 281, 380-381
Human Relations, 9

Iceberg, modelo de asesoría, 451
Ideación en los rumores, 83
Identificación con autoridades superiores, 223-225
Identificaciones con sensor electrónico, 280
Igualdad, 164
Imágenes, 65
Impedimentos, pruebas, 284
Imperativo ético, participación como, 223
Impostor, fenómeno, 140
Impotencia, 219
Impresión, administración por, 327
Impulsos, 122
Incentivos, 157, 177-178
Incentivos indirectos, 157
Incentivos, pirámide, 158
Incertidumbre, evitación, 468
Incivilidad, espiral, 436
Inclusión, 221
Incondicionales, reconocimientos, 319
Individualismo, 467
Individualista creativo, 113
Individualización, 112
Individuo, comportamiento, 5
Individuo, responsabilidades, 297-300
Individuos. *Véase también* Empleados
comportamiento motivado, 11
comportamiento organizacional y, 5
con personalidad tipo A, 438-439
con personalidad tipo B, 438-439
concepto integral del, 11
deseo de participación, 12
diferencias entre, 10
manipulación poco ética, 22

naturaleza, 10
percepción, 11
percepción selectiva, 11
Individuos, diferencias entre, 10
Inequidad, reacción ante, 146
Inferencia, 63
Información basal, 418
Información práctica, 8
Instrumentalidad, 140, 176
Insuficiente, pago, 146
Insuficiente, participación, 230
Intercambio, teoría, 94
Interculturales, comparaciones, 469
Interdisciplinarios, estudios, 8
Intereses, grupos, 325
Intergrupal, comportamiento, 4
Intergrupal, conflicto, 309, 344
Interlocución efectiva, lineamientos, 75
Internet, 7
navegación en el ciberespacio, 80
Interno, conflicto, 309
Interno, locus, de control, 207
Interpersonal, conflicto, 308, 380
Interpersonal, orientación, 318-320
Interpersonales, relaciones, 5
Intervalos fijos, refuerzo a, 134
Intervenciones, 416-417
Íntima, comunicación, 62
Intrínsecos, factores motivacionales, 128, 163
Intromisión en la vida privada, 278
Investigación, 8-9

Jerarquía de necesidades, 125
interpretación, 126
limitaciones, 127
necesidades de orden inferior, 125
necesidades de orden superior, 126
Job Diagnostic Survey, 294
Journal of Applied Psychology, 9
Journal of Management, 9
Journal of Organizational Behavior, 9
Juicio diferido, 351
Juntas. *Véase también* Comités
enfoques estructurados, 350-354
factores de éxito, 350
Juntas con pequeños grupos de empleados, 74

Karoshi, 98

Índice de materias

Laboral, ética, 97-98
Laboral, relación, 380
Largo plazo, orientación, 469
Lateral, comunicación, 76-77
Lealtad, 250
Legibilidad, 64-65
Legitimidad de la influencia
 organizativa, 276
Lenguaje corporal, 66-67
Ley de las diferencias individuales, 11
Ley de rendimientos decrecientes, 21-22
Ley del efecto, 131
Libertad de trabajo, área, 228
Libros abiertos, administración, 58
Líder, posición de poder, 203
Liderazgo, 43
 administración y, 194
 aspectos situacionales, 197
 autoliderazgo y superliderazgo, 212
 capacidad, 6
 comportamientos, 195
 de apoyo, 207
 enfoques emergentes, 209-213
 entrenamiento y, 212-213
 estilo. *Véase* Liderazgo, estilo
 factores neutralizantes, 177
 habilidad conceptual, 196
 habilidades para relacionarse, 196
 habilidades técnicas y, 196
 mejoras del, 210
 modelos de intercambio
  líder-miembro, 226
 naturaleza, 193-198
 otros enfoques, 213
 rasgos de los líderes efectivos, 194
 seguidores y, 197
 sirviente, 237
 sustitutos y mejoras del, 209-211
 transformador. *Véase* Transformador,
  liderazgo
 visionario, 213
Liderazgo consultivo, 199-200, 209
Liderazgo negativo, 199
Liderazgo orientado a logros, 175
Liderazgo positivo, 199
Liderazgo, estilos, 35
 autocrático, 199, 209
 consultivo, 199-200, 209
 de apoyo, 207
 de grupo, 209

directivo, 207
enfoques de comportamiento, 198-201
enfoques de contingencias, 202-209
 factores "suaves" y "duros", 209
 grid gerencial de Blake y Mouton, 201-202
 modelo de contingencia de Fiedler, 202-204
 modelo de liderazgo situacional, 204-205
 modelo de toma de decisiones de Vroom, 208-209
 modelo de trayecto-objetivo, 205-208
 modelos de liderazgo circunstancial de Hersey y Blanchard, 204-205, 210, 228
 orientado a logros, 207
 participativo, 200, 207
 positivo y negativo, 199
 uso de la consideración y estructura, 200
Liderazgo, funciones
 en comités, 347-350
 líder de tareas, 348
 líderes sociales, 348-349
Líderes informales, 338-339
 identificación y otorgamiento de recompensas, 339
 precauciones relativas, 340
Líderes, rasgos clave, 195
Líderes/liderazgo autocráticos, 199, 209
Líder-miembros, intercambio, modelo de liderazgo de, 226
Líder-miembros, relaciones, 203
Locus de control, 207
Lógica, resistencia, 402-403

Malcolm Baldrige National Quality Award, 233
Manera poco ética, manipulación, 22
Maneras de preguntas, 74
Manipulación de las personas, 22
Marginados, empleados, 436
Masculinas, sociedades, 468
Maslow, jerarquía de necesidades, 125-126, 160

Matricial, organización, 370-373
 efectos, 371-373
 equipos transfuncionales, 373
 factores de contingencias, 373
 gerente de proyecto, 371
 papeles limítrofes, 371
Mayo-Roethlisberger, investigaciones, 42
Mecanicistas, organizaciones, 369
Mejoras del liderazgo, factores, 210
Mental, salud, 443
Mentales, actividades, 212
Mentores, 101-102
México, 48
Microorganizativo, comportamiento, 275
Minorías étnicas, modelos de papeles, 102
Misión, declaración, 34
Mixto, reconocimiento, 319
Modelado, 222
Modelo autocrático del
 comportamiento organizativo, 39-40
Modelo colegiado del comportamiento organizativo, 44-45
Modelos, 36
Modelos de comportamiento organizacional. *Véase*
 Organizacional,
 comportamiento, modelos
Modificación, 407
Moral (ánimo), 247
Motivación, 7, 18, 141. *Véase también* Necesidades
 enriquecimiento del puesto para, 294
 interpretación del modelo, 147
 modelo de equidad, 144-147
 modelo de expectativas, 138-144, 160
 modelo, 121-122
 para participar/contribuir, 222
 remuneración y, 159-165
Motivación hacia el logro, 207
Motivación hacia la afiliación, 123
Motivación, factores, 129
Motivacionales, factores, 128
Motivacionales, impulsos, 122-124
 aplicación administrativa, 124
 motivación hacia el logro, 123

motivación hacia el poder, 124
motivación hacia la afiliación, 123
Motivado, comportamiento, 12
Motivador, calificación del potencial de, 294
Mujeres
  acoso sexual de, 278, 285-286
  comunicación y, 73
  modelos del rol, 103
Multiculturalismo, 469
Multinacionales, operaciones, 462
  administración de una fuerza laboral internacional, 469-477
  condiciones económicas y, 466-467
  condiciones jurídicas y éticas, 464
  condiciones políticas y, 465-466
  condiciones sociales y, 462-463
  diferencias culturales y, 467-469
  efecto multiplicador de la capacitación, 363-364
  factores con efecto en, 462-469
  teoría Z y, 478-479
Múltiple, retroalimentación, 169
Múltiples, habilidades, 385
Múltiples, pago basado en habilidades, 183
Mutua, confianza, 299
Mutua, transacción social, 275
Mutualidad de intereses, 14
Myers-Briggs Type Indicator (MBTI), prueba, 194, 311

National Labor Relations Board (NLRB), 235
Natural, líder, 40
Naturaleza, comparación con crianza, 10
Necesidades
  Alderfer, modelo E-R-G, 129-130
  comparación de los modelos de Maslow, Herzberg y Alderfer, 130
  de comunicación, 69-70
  de crecimiento, 129
  de existencia, 129
  de los empleados, 122
  dinero y, 159
  jerarquía, 125-126
  jerarquía, de Maslow, 125-127, 160

  modelo de dos factores de Herzberg, 127-129
  modelo E-R-G, 129-130
  modelos organizacionales y, 47-48
  primarias y secundarias, 124
  tipos, 124-125
Negociación, tácticas, 316-317
Neutralizantes, factores, del liderazgo, 210
No directiva, asesoría, 449-451
No laborales, condiciones, 95
No verbal, comunicación, 66-67
Normas, 343
  de reciprocidad, 323
Noticias, 70

Obediencia, 40
Objetivos, 34
  comportamiento humano dirigido por, 206
  de equipo de orden superior, 376
Objetivos del comportamiento organizacional, 4
  entender, 4
  controlar, 4
  describir, 4
  predecir del comportamiento, 4
Objetivos, aceptación, 137
Objetivos, administración por, 165, 293
Objetivos, definición, 136-138, 165, 206, 222
  aceptación de objetivos, 137
  elementos, 137-138
  especificidad, 137
  modelo de trayecto-objetivo del liderazgo, 205-208, 209
  reto, 137
  sistemas de evaluación del rendimiento, 165
  supervisión y retroalimentación del rendimiento, 138
Ocultas, agendas, 348
Ombudperson, 77
Oportunidad de desempeñarse, 18, 144
Oportunidades de empleo iguales, leyes, 95, 285
Orden inferior, necesidades, 125
Orden superior, necesidades, 45, 126
Orden superior, objetivos, 376-377

Organizacional, cambio, 309. *Véase también* Cambio
Organizacional, ciudadanía, 257, 298
Organizacional, comportamiento, modelos de, 35-45
  aceptación de la teoría e investigación, 9
  administradores y, 4, 9, 38
  ambiente y, 7, 23
  autocrático, 39-40
  características positivas, 8-9
  carencia de una definición única, 24
  castigo, 133
  colegiado, 38, 44-45
  comportamiento microorganizacional, 275
  conceptos fundamentales, 9-14
  conclusiones, 47
  conformación, 133
  conocimientos de investigación, 8
  consecuencias alternas, 131-133
  controlar como objetivo, 5
  de apoyo, 39, 42-44
  de custodia, 40-42
  describir, 4
  efectividad, 47
  elementos, 33-35
  enfoque de contingencia, 16, 48
  enfoque de sistemas, 18
  enfoque en las consecuencias, 132
  enfoque orientado hacia los resultados, 17
  enfoques de recursos humanos, 14-16
  entornos variables y, 23
  estructura, 6
  evaluación del rendimiento y, 165-173
  extinción, 133
  flexibilidad gerencial, 49
  fórmula de sistemas de trabajo, 17
  fuerzas que afectan, 5-6
  holístico, 18
  interpretación, 134-135
  ley de los rendimientos decrecientes, 21-22
  ley del efecto, 131
  limitaciones, 135
  limitaciones, 20-22
  lineamientos de aplicación, 135

Índice de materias

manipulación poco ética de las personas, 22
marco de referencia, 8
modelos. *Véase* Comportamiento organizativo, modelos de
modificado del, 130
naturaleza de las personas, 10-12
naturaleza interdisciplinaria, 8
objetivos, 4
para comprender, 4-9
personas y, 6
prejuicios respecto del comportamiento, 20-21
programas de refuerzo, 134
refuerzo negativo, 133
refuerzo positivo, 133
relación con las necesidades humanas, 47
sistema de, 31-35
sistémico, 45-47
tecnología y, 7
teoría, investigación y práctica, 8-9
teorías X e Y de McGregor, 36-37
uso contingente, 48
uso creciente, 48
uso evolución del, 47
Organizacional, compromiso, 250
Organizacional, conflicto. *Véase* Conflicto
Organizacional, cultura, 108-114
 características, 108-110
 comunicación y cambio, 111-114
 medición/comparación, 110-111
 representaciones simbólicas, 108
Organizacional, eficacia, 22
Organizacional, estructura
 conceptos de vinculación de Likert, 367-368
 diseño organizativo de contingencia, 369-370
 matricial, 370-373
 mecanicista, 369
 orgánica, 369
Organizacional, influencia
 áreas legítimas, 275-276
 comportamiento fuera del trabajo, 276-277
 derecho a la vida privada, 278-279
 modelo de legitimidad, 276

Organizacional, política
 influencia y, 323-327
 poder y, 322
Organizacional, socialización, 111
Organizacionales, resultados, 17-18
Organizaciones
 como sistemas complejos, 3
 comportamiento humano en, 3
 interés mutuo, 14
 naturaleza, 10, 13-14
 sistema de retribución triple, 14
 sistemas sociales y, 13-14
 trato ético, 14
Organizaciones formales, comparación entre las organizaciones informales, 336-337
Organizaciones geocéntricas, 471
Organizaciones informales, 6, 336
 beneficios, 340-342
 cohesión, 342
 comparación con organizaciones formales, 336-337
 conflicto de papeles y, 343
 definición, 336
 estatus de miembro, 338-340
 líderes informales, 338-340
 lineamientxos que influyen en, 344-345
 naturaleza, 336-345
 normas y conformidad, 343
 observación, 344
 poder en, 337
 problemas, 342-344
 surgimiento, 337
Organizaciones orgánicas, 369
Organizaciones, desarrollo, 412-420
 aprendizaje experimental, 416
 beneficios y limitaciones, 419-420
 características, 414
 comprensión de la causalidad, 413
 deficiencias de rendimiento, 417
 fundamentos, 413-414
 información basal, 418
 intervenciones, 416
 orientación de contingencias, 416
 orientación de sistemas, 413
 proceso, 417-419
 resumen y aplicación, 416
 solución de problemas, 415
 supuestos, 414

 usos de agentes de cambio, 415
 valores humanistas, 415
Organizational Behavior and Human Decision Process, 9
Organizational Dynamics, 9
Orientación centrada en el cliente, 449

Pago en riesgo, 183
Palabras como símbolos de comunicación, 63
Papel y lápiz, pruebas, 281
Paradigmas, 37
Participación
 aceptación de responsabilidad, 222
 actitudes de sindicatos y, 235
 apoyo al cambio y, 410
 beneficios, 223-225
 control total de la calidad, 233
 consideraciones, 235-238
 efectos en el poder de los administradores, 226-227
 elementos, 221
 énfasis en la calidad, 232
 equipos autoadministrados, 233
 factores de contingencia, 228-229
 formas internacionales, 234
 fuerzas que afectan el uso de, 224
 habilitación, 219-221
 imperativo ético y, 223
 límites, 236-237
 motivación para contribuir, 222
 necesidades distintas de empleados en cuanto a, 229
 planes de compra de acciones por los empleados, 234-235
 popularidad, 222
 preocupaciones gerenciales relativas a la, 237
 proceso, 225
 programas de, 231-234
 requisitos, 227-231
 responsabilidades de empleados y gerentes, 231
Participación excesiva, 230
Participativa, administración, 221, 231
Participativa, asesoría, 452
Participativo, liderazgo, 200, 207
Participativo, puntos de vista, del poder, 225

Índice de materias

Paternalismo, 41
Patrones, programas de tratamiento del alcoholismo, 281
Patterson Operation (caso 10), 538-542
Pensamiento clarificado, 446-447
Pensamiento objetivo, 246
Percepción(es), 11, 142, 231
   conflicto y, 309
   conjunto, 172
   de los roles de administradores-empleados, 101, 142
   de roles, 99
   estrés y control percibido, 438
   indicios sociales y, 295-296
   selectiva, 11
Percibido, control, 438
Perder-ganar, situación, 313
Perder-perder, situación, 313
Pérdida repentina del trabajo, 430
Persona como entidad, 11
Personal, bienestar, 442
Personal, distancia, 62
Personal, eficacia, 136
   consejos para lograrla, 138
Personal, poder, 124, 321
Personales, atributos, 171
Personales, barreras, 61, 68
Personales, crecimiento y desarrollo, 27
Personales, redes, 78
Personalidad, choques de, 311
Personalidad, diferencias, 311
Personalidad, pruebas, 279
Personalidad, rasgos, 312
Personality Selection Inventory, 281
Personas. *Véase* Individuos
Pigmalión, efecto de, 172
Plantilla laboral, reducción, 6
Poder
   coercitivo, 321
   de retribución, 321
   definición, 320
   del experto, 321
   distancia, 468
   efectos de las bases del, 321-322
   juegos, 324
   legítimo, 321
   modelo autocrático y, 39, 226
   motivación, 124
   personal, 321
   política organizacional y, 322

   punto de vista participativo del, 225
   respuestas al, 322
   tipos, 321
Poder carismático, 321
Poder coercitivo, 321
Poder informal, 337-338
Poder institucional, 124
Poder legítimo, 321
Poder oficial, 321
Poder político, 323-327
   influencia y, 323-327
   pasos para incrementarlo, 323
Polarización, 358
Polígrafo, prueba, 280-281, 298
Posiciones polarizadas, 60
Potencial de rendimiento humano, 17
Potencial motivador, calificación de, 294
Potencial, rendimiento, 121
Práctica, 8
Preguntas cerradas, 74
Preguntas de respuesta cerrada, 261-262
Prejuicio, 96
Preventiva, disciplina, 287
Primarias, necesidades, 124
Primarios, resultados, 141
Proactivo, papel, 396
Problema, atributos, 208
Problemas menores, 435
Proceso, consultores/orientación, 382
Proceso, teorías, 130
Producción compartida, 181-182
Producción, restricción, 180
Productividad, 17
   contingencias culturales y, 478-481
Profesional, asesoría, 450
Progresiva, disciplina, 287
Propiedad psicológica, 45
Protegidos, 101-103
   consejos, 102
Provinciana, actitud, 470
Proxémica, 62
Proyecto, equipo, 371
Proyecto, gerente, 371
Pseudoparticipación, 221
Psicológica, distancia, 61
Psicológico, apoyo, 206
Psicológico, retraimiento, 251
Psicológicos, costos, 400

Psíquica, resistencia, 403-404
Psíquico, convenio, 93
Psíquico, estrés, evaluador de, 281
Psychological Bulletin, 9
Puertas abiertas, política, 76
Puesto, alcance, 289
Puesto, ampliación, 289
Puesto, análisis, 157
Puesto, anchura, 289
Puesto, contenido, 128, 247
Puesto, contexto, 128, 247
Puesto, enriquecimiento, 289
   aplicación, 291
   autonomía y, 293
   beneficios, 291
   comparación con ampliación del puesto, 289-291
   condiciones para, 294
   dimensiones centrales, 291
   enfoque de las características del puesto, 291-292
   factores de contingencias que afectan el, 295-296
   identidad de tareas, 293
   importancia de tareas, 293
   indicios sociales que afectan las percepciones, 295-296
   limitaciones, 297
   potencial motivador y, 294
   preguntas clave, 296
   retroalimentación y, 293
   variedad de habilidades, 292
Puesto, poder del, 321
Puesto, profundidad, 289
Puesto, retroalimentación, 221
Puestos, rotación, 289
Punishment by Rewards (Kohn), 136

Rasgos, 194
Razonamiento defensivo, 60
Reacción en cadena, efecto, 401
Reactivo, papel, 396
Realistas, descripciones preliminares de puestos, 70
Realización personal, 126
Rebelión, 112
Recompensa excesiva, 146
Reconocimientos, 319
Reconocimientos condicionales, 319

Índice de materias

Reconocimientos negativos, 319
Recorridos, administración por, 76
Recursos, 17
Recursos humanos, enfoque, de recursos humanos, 14-16
Red, 77, 324
Redetiqueta, 78
Red, estar en, 77, 323
Red, organigrama, 344
Redacción, lineamientos de legibilidad, 64
Redes electrónicas, 78-79
Reestructuración, 7
Referencia a sí mismo, criterio, 471
Referencia, grupo, 343
Referente, poder, 321
Refreezing, 407
Refuerzo
    a intervalo fijo, 134
    a intervalo variable, 134
    continuo, 134
    de proporción fija, 134
    de proporción variable, 134
Refuerzo continuo, 134
Refuerzo negativo, 133
Refuerzo parcial, 134
Refuerzo positivo, 132
Refuerzo, programas, 134
Regresión, 399, 435
Relación, necesidad de, 129
Relajación, respuesta, 441
Remuneración completo, programa de, 175
Remuneración, sistemas, 158-159. *Véase también* Dinero
    dinero como recompensa, 159-165
    evaluación del rendimiento y, 165
    por rendimiento, 157
    programas no económicos, 160
    reparto de utilidades, 158
    programa completo, 157-159
    sueldo base, 158
Remuneración-rendimiento, vinculación, 175-177
Rendimiento, 31
    actitudes de los empleados y, 251-252
Rendimiento mínimo, 40
Rendimiento, deficiencia, 417

Rendimiento, evaluaciones, 157, 165-166
    aclaración de expectativas, 167
    anual, 165
    atribuciones, naturaleza, 170-171
    comportamiento organizacional y, 165-174
    definición conjunta de objetivos mutuos, 167
    definición de objetivos, 165
    efectos gerenciales, 173
    enfoques propuestos, 168
    entrevista, 167-168
    filosofía, 166-167
    planeación de acciones, 165
    problemas, 170
    programas de retroalimentación de 360 grados, 168-170
    revisiones periódicas, 165
    sistemas de recompensa, 165
    sistemas de retroalimentación y, 167
Rendimiento, orientación, 166
Rendimiento, remuneraciones, 157
Rendimiento, retroalimentación del, 70, 138, 167, 168
Rendimiento, supervisión, 138
Rendimiento-satisfacción-esfuerzo, ciclo, 252-253
Reorientación, 447
Repatriación, 477
Representativa, participación, 234
Resistencia, 429
    al cambio, 401-404
    beneficios, 404
    consecuencias, 404
    efecto de reacción en cadena, 401
    lógica, 402-403
    naturaleza y efectos, 401-402
    psíquica, 403-404
    razones, 402
    resistencia emocional, 403
    social, 403
    tipos, 402-404
Resolución, estrategia de, 314
Responsabilidad, 44, 219
    aceptación, 222
    trabajo de equipo y, 222
Respuesta abierta, preguntas, 143
Restringida, comunicación, 56
Resultados, 144

Resultados, ética, 14
Resultados, orientación hacia los, 17
Retos en la definición de objetivos, 137
Retraimiento, 435
Retraimiento físico, 251
Retribución triple, sistema, 14
Retribución, poder, 321
Retroalimentación, 60, 138, 293
    comportamiento en busca de, 70
    de 360 grados, programas, 168-170
    de círculo completo, 168
    del rendimiento, 70, 138, 168
    enriquecimiento de puestos y, 294
    evaluaciones y, 166
    formación de equipos y, 384
    informe de encuesta, 264-266
    múltiple, 169
    proceso de comunicación bidireccional y, 60
    sistemas, 166
Revisiones periódicas, 165
Robos, 256-257, 298
Roles, 99-101
    ambigüedad, 103, 309
    conflictos, 103, 308, 343, 432
    definición, 99
    flexibilidad, 99
    mentores y, 101-103
    modelos, 101-103, 220
        para mujeres y grupos minoritarios, 103
    percepciones, 99
Roles limítrofes, 103, 371
Romances en el trabajo, 277
Rotación de personal
    actitudes de los empleados y, 251-255
    consecuencias, 254-255
Ruido, 61
Rumor, 81-82
    características, 81
    exactitud, 81
Rumores, 82-83
    control, 83
    definición, 82
    tipos, 83

Sabáticas, ausencias, 441
Saber escuchar, 74

Índice de materias

Salarios, incentivos, 177-180
   dificultades, 178
Sanciones, 339
Satisfacción-rendimiento, relación, 252-253
Satisfactores, 128
Secundarias, necesidades, 124
Secundarios, resultados, 141
Seguidores, 198
Seguridad, necesidades, 41
Seguridad, válvula, 258
Selectiva, percepción, 11
Selectivo, servicio, 324-325
Semántica, 62
Semánticos, barreras, 62-63, 67
Semiautónomos, grupos de trabajo, 233
Servicio, liderazgo de, 237
Sexual, acoso, 278, 285-286
   definición, de la Equal Employment Opportunity Commission, 286
   prácticas preventivas, 286
sida (síndrome de inmunodeficiencia adquirida), 286-287
Sindicatos, 6, 235
Sindicatos, participación y, 235
Síndrome de inmunodeficiencia adquirida (sida), 286-287
Sistemas considerados como entidades, 5
Sistemas, enfoque, 16, 18, 45-47
Situacional, liderazgo, modelo de, 204-205
Situacionales, atributos, 171
Soborno, 464
Social, apoyo, 71, 440
Social, barrio, 384
Social, cultura, 94-97
   diversidad cultural, 95-97
      valores, 97-99
         ética laboral, 97-98
         responsabilidad social, 99
Social, deseabilidad, prejuicio de, 264
Social, distancia, 62
Social, equilibrio, 92
Social, facilitación, 355
Social, holgazanería, 379
Social, información, procesamiento de, 295
Social, líder, 348-350
Social, reciprocidad, 323

Social, resistencia, 403
Social, responsabilidad, 22, 99
Sociales, grupos, 76
Sociales, indicios, 63, 295-296
Sociales, refuerzo y persuasión, 220
Sociales, sistemas, 13, 91-92
   contratos económicos, 93-94
   convenios psicológicos, 93-94
   efectos del cambio, 93
   efectos disfuncionales, 92
   efectos funcionales, 92
   equilibrio social, 92
Socialización, 112
Sociedad, 44
   con empleados, 237
Socioeconómico, modelo, de toma de decisiones, 99
Sociotécnicos, equipos, 234
Subculturas, 109
Sueldo base, 158
Sueldos mínimos, 40
Sueldos, encuestas, 157
Sugerencias, programas, 231
Superficial, agenda, 348
Superliderazgo, 211
Sustitutos del liderazgo, 210

Tareas
   apoyo a, 206
   equipo, 373
   estructura, 203
   identidad, 293
   importancia, 293
   líder, 348
   orientación, 200
   participación, 43
Tarifas laxas, 179
Tasa, definición, 179
Técnica, habilidad, 196
Tecnología, 7
Teoría X, 36-37, 198, 229, 237
Teoría Y, 37, 142, 198, 204
   liderazgo y, 228
   participación y, 221
Teoría Z, 478-480
Teoría, fuentes de información, 9
Teorías, 9
The Teaching Hospital (caso 2), 496-501
Tiempo, orientación, 469

Tipo A, personalidad, 438-439
Tipo B, personalidad, 438-439
Toma de decisiones, método dialéctico, 353
Tormenta de ideas, 351
   electrónica, 351
   juicio diferido, 351
   pros y contras, 351
Trabajo a distancia, 79
Trabajo, comportamiento relacionado con, 276
Trabajo, comportamiento, 276
Trabajo, dedicación al, 249
Trabajo, diferencias relacionadas con, 95
Trabajo, dominio, 219
Trabajo, estados de ánimo en, 250-251
Trabajo, grupo, 207
Trabajo, instrucciones, 69
Trabajo, libertad, 228
Trabajo, pérdida del, estrés y, 431
Trabajo, rendimiento, estrés en empleados y, 437
Trabajo, satisfacción
   actitudes de los empleados y, 246-249
   compromiso organizacional, 250
   dedicación al trabajo y, 249
   elementos, 246
   enfoque individual y, 246
   estabilidad, 247
   estado de ánimo en el trabajo y, 250-257
      beneficios, 258
      condiciones ideales de encuesta, 259
      diseño de encuesta y seguimiento, 260-266
      observación de actitudes, 258
      uso de la información, 259-260
      uso de las encuestas, 264-265
   estudio, 258-260
   impacto ambiental, 247
   importancia, 248
   nivel de, 249
Trabajo, sobrecarga, 433
Transculturales, administradores, 482
   empleados, 482

Transformacional, liderazgo, 213, 405-406
   aprendizaje de ciclo doble/sencillo, 406-407
   carisma en la comunicación y, 406
   estímulo del aprendizaje, 406-407
   visión creativa, 405
Trauma, 430-431
Trayecto, mejoramiento, 206
Trayecto-objetivo, modelo, del liderazgo, 205-208, 209
360 grados, programas de retroalimentación, 168-170
TRW-Oilwell Cable Division (caso 11), 544-551
Túnel, visión de, 20

Unfreezing, 407
Unidad de análisis, 24
Universal, ética, 15
Utilidades, reparto, 158, 180-181
   dificultades, 181
   naturaleza y ventajas, 180

Valencia, 139-140
Validez en el diseño de encuestas, 263

Valor comparable, 164
Valorar de la diversidad, 97
Valores, 309
Valores humanistas, 415
Valores, premisas, 33
Variable, intervalo, programas de, 134
Variable, proporción, 134
Ventosa, efecto, 379
Vida laboral, calidad, 288-297
   ampliación del puesto contra enriquecimiento del puesto, 289-291
   comportamiento organizacional de apoyo y, 288
   fuerzas de cambio, 288
   fundamentos, 288
   limitaciones, 296
   trabajo humanizado y, 289
Vida privada, derecho a, 278-279
   lineamientos de políticas y, 279
   pruebas de honradez, 280-281
   pruebas genéticas y, 284
   vigilancia, 277
Video Electronics Company (caso 8), 526-529

Vigilancia, 279-280
   dispositivos, 279
Vinculación, concepto (Likert), 367-368
Violencia, 257
Virtual Environment Work Team (caso 1), 492-494
Virtuales, equipos, 378
Virtuales, oficinas, 80
Virtudes, ética, 14
Visión, 33, 406
Visionarios, líderes, 213
Vocational Rehabilitation Act (1973), 287
Vroom, modelo de expectativas, 138-144
Vroom, modelo de toma de decisiones, 208-209

Western Electric, estudios, 336, 449

Xenofobia, 477

Zonas de oficinas, 384